Aref Hajjaj

Heimatlos mit drei Heimaten

Dr. Aref Hajjaj wurde im Februar 1943 in Jaffa/Palästina geboren. Nach der Vertreibung 1948 wuchs er in Beirut und Kuwait auf. Er studierte in Heidelberg Politikwissenschaft, Geschichte und Völkerrecht. Nach der Promotion arbeitete er im Auswärtigen Amt in Bonn als Übersetzer und Dozent für Arabistik und interkulturelle Kommunikation.

Er ist Publizist und Vorsitzender des Palästina-Forums. 2010 erschien sein Buch „Angekommen in Deutschland – Der Preis der Integration" im LIT-Verlag. Anfang 2017 erschien sein zweites Buch „Land ohne Hoffnung? – Arabischer Nationalismus, politischer Islam und die Zukunft Palästinas" im Schöningh-Verlag. Das Buch wurde u.a. in der FAZ und in der Rheinischen Post rezensiert. WDR 5 machte eine Sendung darüber.

Er ist häufiger Interview-Gast deutscher, österreichischer und arabischer TV- und Radiosender zu innerarabischen und europäischen Themen. Hajjaj ist mit einer Schweizerin verheiratet und hat zwei erwachsene Kinder.

Die Deutsche Nationalbibliothek verzeichnet diese Publikation in der Deutschen Nationalbibliografie; detaillierte bibliografische Daten sind im Internet über https://www.d-nb.de/ abrufbar

Redaktion: Petra Münzel-Kaiser, Christl Kiener, München
Herstellung: Kadja Gericke, Herrenberg
Umschlaggestaltung: SpieszDesign, Neu-Ulm unter Verwendung eines Bildes von stock.adobe.com (© Jorm S)
Druck und Bindung: CPI Books GmbH, Leck

MIX
Papier aus verantwortungsvollen Quellen
FSC www.fsc.org FSC® C083411

ISBN 978-3-948442-21-7
www.kiener-verlag.de

Aref Hajjaj

Heimatlos mit drei Heimaten

Prosatexte über das Anderssein

KIENER

Vorwort

In zwei Kulturen zuhause zu sein, ist eine Bereicherung und eine Bürde zugleich. Menschen mit monokultureller Identität haben es in der Regel einfacher als andere, die mit ihren vielfachen „Identitäten" nicht selten hadern und sich nicht immer klar entscheiden können. Andererseits sind Menschen mit unterschiedlichem kulturellem Hintergrund oft weniger für verallgemeinernde Sichtweisen anfällig, denn differenziertes Denken gehört meist zu ihren Charaktereigenschaften. Gleichzeitig müssen sie sich oft erklären und rechtfertigen – gegenüber der ursprünglichen Gemeinschaft und, noch schwieriger, der neuen Gemeinschaft. Häufig müssen sie sich zudem der Herausforderung stellen, zwischen den beiden Kulturkreisen zu vermitteln und dabei den schwierigen Spagat wagen, Vorurteile auf beiden Seiten abbauen zu helfen. Träger doppelter kultureller Identitäten sind allerdings nicht a priori gegen Vorurteile gefeit, insbesondere dann, wenn ihnen die innere Balance abhandenkommt und sie sich infolge dessen darauf versteifen, entweder die ursprüngliche oder die neu gewonnene Identität als die absolut „wahre" zu verinnerlichen. Denn das kann entweder in eine selbst verordnete Isolation („Parallelgesellschaft") oder zu einer Grundhaltung führen, welche die Herkunft und die eigenen Wurzeln verbissen leugnet. Dieser Status der Unausgewogenheit muss nicht zwingend Ergebnis einer gelungenen Integration oder sogar Assimilation sein.

In diesem Buch ist Nader der Hauptprotagonist, wobei er nicht in jedem Detail oder jeder Nuance mit dem Autor identisch ist. Aber wie der Autor gehören er und andere Protagonisten zu den Menschen, die in zwei recht unterschiedlichen Kulturen zu Hause sind und mit ihrer Identität oft hadern. Nader ist gut integriert, man könnte auch „assimiliert“ sagen. Doch seine Entfremdung gegenüber der ursprünglichen Identität macht ihn innerlich irgendwie gespalten und heimatlos. In den Augen der „neuen“ Heimat bleibt er der Palästinenser oder Araber. Die Araber nehmen ihn hingegen längst nur als den „kompletten“ Deutschen wahr.

Nader ist in der Beurteilung beider Kulturräume kritisch und selbstkritisch, da er deren Stärken und Schwächen gut kennt oder zu kennen glaubt. Mit dem Autor teilt er das Schicksal, ein Heimatloser zu sein, der in Deutschland – in Europa – eine Ersatz- oder auch eine zusätzliche Heimat gefunden hat. Da Nader in Deutschland zwar sozialisiert wurde, im arabischen Raum jedoch seine Kindheit und einen Teil seiner Frühjugend verbrachte, macht er es zu seiner Lebensaufgabe, im Bestreben um einen gütlichen, aber ergebnisoffenen Aussöhnungsversuch beide Seiten wegen mancher verkrusteten Voreingenommenheit zu mehr Sachlichkeit im Verhältnis zueinander zu ermahnen. Es geht im Buch also darum, die häufig negative stereotypische Betrachtung der jeweils anderen Seite kritisch zu hinterfragen und sie für die vielen bestehenden, gegenseitigen Missverständnisse und Vorurteile verantwortlich zu zeigen. Die häufig fehlende selbstkritische Reflexion auf beiden Seiten geht mit dem Glauben einher, die Belange und Probleme der anderen Seite besser beurteilen zu können.

Die Themen sind vielfältig, manchmal auch sperrig und mithin strapaziös. Aus der Sicht des Autors lohnt sich dieses Unterfangen, weil er hofft, zwar nicht im Sinne einer „Mission“, aber immerhin etwas „Sinnvolles“ zu bewirken, was man mit dem oft strapazierten Begriff „Völkerverständigung“ übersetzen könnte.

Dem nationalen, erst recht nationalistischen Denkmuster steht der Autor klar ablehnend gegenüber. Diese

Grundeinstellung mag vom aufgeklärten Bürgertum weltweit positiv beurteilt werden. Dennoch haftet dem Ganzen gefühlsmäßig wie rational ein Defizit an, das mit Beschwernissen und Verbitterung verbunden bleibt.

Das Buch beleuchtet die Themen Integration und Identität aus dem Spektrum des teils liberalen, teils konservativen Bildungsbürgertums. Dass das eine Einengung bewirkt, ist sicherlich ein Manko, was allerdings einzig auf mangelnde, gut verwertbare Erfahrungen mit anderen relevanten gesellschaftlichen Schichten zurückgeht.

Der Stil ist bewusst nicht im Duktus eines wissenschaftlichen Sachbuches, sondern einer Erzählung gewählt mit Nader als Hauptprotagonist und seinen Verwandten und Freunden aus der Vergangenheit und Gegenwart. Damit können sich auch interessierte junge Menschen angesprochen fühlen und vielleicht sogar zum Teil wiederfinden.

Danksagung

Der Autor bedankt sich herzlich bei Dr. Ruth Gremse Oberstudienrätin und Peter Herse: Studiendirektor für ihre wertvolle Unterstützung.

Inhalt

Zwischen geliebter und gelebter Mentalität

Religion und Kultur in der Ehe

Rami, Mediziner und Landsmann von Nader, liebte es, möglichst in allen Lebens- und Berufslagen alle Risikofaktoren auszuschalten oder sie zumindest kleinzuhalten. Potenziellen Konflikten und kniffligen Entwicklungen ging er aus dem Weg. So entschied er sich wie selbstverständlich für die „homogene Ehe", wie er sich ausdrückte. Seine Frau Muna kommt aus demselben Heimatdorf, spricht dieselbe Sprache, gar denselben Dialekt und ist derselben Religion, den gleichen Sitten, Ritualen und Traditionen verpflichtet wie er. Sie stammt zwar – wie ihr Mann – aus Familie Abu Scham, war aber nur eine Cousine zweiten Grades. Deshalb schien ihm, dem Mediziner und ethisch bewussten Menschen, das Risiko eines Gendefekts in Bezug auf künftigen Nachwuchs vernachlässigbar.

Die Absicht Naders, eine Europäerin zu heiraten, nahm Rami zwar gewohnt gelassen, aber „ambivalent" auf: Er schwankte zwischen Skepsis und Wohlwollen. Er sagte, eine im kulturellen Sinn „heterogene" Ehe, bei der die Partner also zwei verschiedenen Kulturkreisen entstammen, sei einerseits anregend, bereichernd, andererseits wesentlich komplexer als das übliche Modell der homogenen Ehe.

Mit dieser Skepsis war er nicht allein: So stand Naders Schwiegermutter in spe der sich anbahnenden Liaison misstrauisch gegenüber, und auch seine Mutter war darüber alles andere als begeistert. Sie hätte es deutlich lieber gesehen, wenn ihr „Junge" eine Araberin, am liebsten eine Palästinenserin und idealerweise sogar eine aus dem ihr vertrauten Familien- und Freundeskreis geheiratet hätte. Ihr schwebte eine Frau aus ihrer heimatlichen Küstenregion um Jaffa und Haifa vor. Zur Not wäre auch eine Braut aus einer ländlichen Region in Palästina infrage gekommen, sofern sie äußerlich ansehnlich, charakterlich solide, gesund, gebildet und imstande gewesen wäre, hübsche und gesunde Kinder in die Welt zu bringen.

Doch es kam anders. Eines schönen lauwarmen Sommerabends fand in der Universität das alljährliche „Fest der Nationen" statt. Es wurde getanzt, getrunken, gegessen, geplaudert und unentwegt geflirtet. Nader forderte eine schüchtern wirkende, hübsche junge Studentin zum Tanzen auf. Das Gespräch gestaltete sich allerdings nicht gerade einfach, denn sie sprach nicht gut genug Deutsch und so gut wie kein Englisch, während er weder Französisch noch Italienisch sprach. Ob sie Französin sei, fragte er. „Nein, ich komme aus der italienischen Schweiz, aus dem Tessin", antwortete sie in gebrochenem Deutsch. Das war der Beginn einer glücklichen Beziehung, wobei die Faszination des Tessins, das Nader kurz zuvor bereist hatte, als zusätzlicher Motivationsschub wirkte.

Nach einigen Jahren – inzwischen war Nader mit dem Studium fertig und Elisa hatte eine feste Anstellung als Lehrerin in der Schweiz – fingen die beiden an, Heiratspläne zu schmieden. Probleme gab es sowohl im schwierigen interkulturell-religiösen Dickicht als auch im Gestrüpp überbordenden bürokratischen Eifers. Par ordre de Mufti riet die für Elisa zuständige Kommune ihr explizit von einer Ehe mit einem Muslim ab. Man schrieb das Jahr 1970. Dies verunsicherte die angehende Ehefrau damals nachhaltig und sie vereinbarte einen Beratungstermin mit dem zuständigen Kommunalbeamten.

Das Gespräch verlief aus ihrer Sicht äußerst entmutigend. Der Beamte schickte zunächst die gut gemeinte, jedoch erkennbar paternalistische Bemerkung voraus, dass er als treuer Freund und früherer Kollege ihres verstorbenen Vaters und zugleich als für das Wohlergehen der Gemeindebürger zuständiger Referent über die Heiratspläne Elisas im höchsten Maße besorgt sei. Er müsse sie in aller Entschiedenheit vor den großen und irreparablen Gefahren der Eheschließung mit einem muslimischen Araber dringend warnen. Als dem Islam „qua Dogma und Praxis“ innewohnenden „Gefahren“ und „Risiken“ listete er sodann im Einzelnen auf: Polygamie, theologisch legitimierte Gewaltanwendung gegen Frauen durch die Männer, bei Ehestreitigkeit Verstoßung der Frau und Entzug des Sorgerechts für die Kinder. Außerdem sei Kindesentführung in muslimische Länder bei Auseinandersetzungen in der Ehe „gängige Praxis“. Der Gemeindebeamte fügte zwar hinzu, dass gelegentlich eine solche muslimisch-christliche „Mischehe“ halbwegs gut funktioniere, solange der „Muselmane“ in einem europäischen Land wohnen bleibe. Sobald er aber in ein muslimisches Land zurückgehe, entstünden für die europäische Ehefrau unweigerlich gravierende, ja unüberbrückbare Nachteile, denn ab diesem Zeitpunkt handle der Ehemann nur noch nach den Regularien der Familie und der islamischen Scharia. Die Fremde, zumal wenn sie Nichtmuslima sei, verlöre mit einem Schlag alle Rechte, jeden Freiraum und jegliche Individualität.

Weinend berichtete die junge Frau ihrer Familie von dem harten Urteil des Beamten. Diese schien die Warnungen anfänglich bis zu einem gewissen Grad zu teilen, obwohl sie den künftigen Bräutigam bisher nicht persönlich kennengelernt hatte. Trotz dieser Widerstände aber blieb Elisa zur Heirat entschlossen. Also blieb der Familie trotz aller Zweifel nichts anderes übrig, als in die geplante Eheschließung einzuwilligen. Außerdem waren die ersten Begegnungen zwischen der Familie und Nader harmonisch verlaufen. Die Mutter konstatierte mit Erleichterung, dass der junge Mann weder im Denken noch in der Optik so „verschiedenartig“ sei, wie sie befürchtet hatte. Zudem verfehlte der Umstand, dass Nader das zur Feier des Tages angebotene Glas Rotwein nicht nur annahm, sondern durchaus mit Genuss trank, seine positive Wirkung auf die Familie nicht. Denn dieses Verhalten verlieh ihm in den Augen der Familienmitglieder den Hauch von Liberalität, Weltgewandtheit und Toleranz, und das obwohl die Mutter ansonsten eine abgrundtiefe Abneigung gegen alles Alkoholische hegte. Bei dieser ersten Begegnung sprang sogar sie bewusst über ihren Schatten und trank, wenn auch merklich widerwillig, einen Schluck prickelnden süßen Weißweins.

Nachdem fast alle anstehenden Fragen mit der Brautfamilie geklärt waren, galt es nun, eine weitere Hürde im Tessin zu überwinden. Elisa musste nun ein klärendes Gespräch mit dem Gemeindepriester ihrer Kirche führen. Dieser Pfarrer, nennen wir ihn einfach Padre Andrea, war Anfang 80 und selbst von vielen seiner eigenen Gemeindemitglieder aufgrund seines in Religions- und Ethikfragen streng konservativen Denkens gefürchtet. Daher war es nicht verwunderlich, dass Elisa sich mit einem mulmigen Gefühl auf den Weg zu dieser „Privataudienz" machte, der ihr beinahe wie der Gang nach Canossa vorkam. Und tatsächlich verlief das Gespräch alles andere als harmonisch. Der Pater tobte angesichts des Ausbleibens eines verbindlichen Versprechens, zumindest künftigen Nachwuchs im Sinne der katholischen Kirche taufen zu lassen. In der darauffolgenden Sonntagsmesse prangerte der alte Priester von der Kanzel aus erzürnt und fassungslos den Verfall von Anstand und Sitten unter der jungen Generation an, allerdings ohne die betreffende Person namentlich zu nennen. Ein anderer jüngerer Priester von einer Wallfahrtskirche sprang der jungen Frau jedoch auf ihrer Suche nach dem kirchlichen Placet für ihre Ehe bei: Er bekundete seine Bereitschaft, die Ehe zwischen einer Christin und einem Muslim zu segnen, und betonte demonstrativ die Verwandtschaft zwischen den einzelnen monotheistischen Religionen.

Die palästinensische Seite war ebenfalls nicht einfach zu überzeugen: Während Naders Geschwister der Sache zwar wohlwollend bis gleichgültig gegenüberstanden, bangte die tief gläubige und traditionell denkende Mutter um die religiöse Erziehung ihrer künftigen „euro-arabischen" Enkel und die unvermeidbar bevorstehende Schwierigkeit bei der Verständigung: Schließlich war sie selbst nur des Arabischen mächtig. Darüber hinaus hatte sie auch „praktische" Bedenken gegen die Ehe mit einer Europäerin. Sie hatte die berechtigte Sorge, der Sohn würde allein infolge dieser Ehe dauerhaft in der Fremde bleiben, was ihr als kränkelnde und unter Vertreibung und Familientrennung leidende Mutter weiteren Schmerz und Verdruss bereitete. Der Mythos vom „verlorenen Sohn" wurde allerdings durch die Einsicht gemildert, dass die ganze Familie, ja fast alle Palästinenser sich ohnehin im dauerhaften Status der Diaspora befanden oder gar befinden mussten. Letztendlich willigte sie also – auch angesichts fehlender Handlungsmöglichkeiten – wenn auch widerstrebend in die Heiratspläne Naders ein.

Interessanterweise wäre die Angelegenheit für die Familie ungleich folgenschwerer gewesen, wenn nicht der Sohn, sondern eine Tochter oder eine Nichte sich dazu entschlossen hätte, einen Christen zu heiraten – gleichgültig ob dieser Palästinenser oder ein „echter" Fremder gewesen wäre. Heiratet der Muslim eine Angehörige einer der beiden anderen monotheistische Religionen, so darf diese ihren Glauben beibehalten – auch wenn sie nach konservativer islamischer Auffassung idealerweise, zwar ohne Zwang, aber mit „argumentativer Hilfe", ebenfalls dazu bewogen werden sollte, zum Islam zu konvertieren. Im umgekehrten Fall bleibt es nicht beim „sollen": Gemäß der islamischem Glaubens- und Rechtslehre muss der nicht-muslimische männliche Partner zum Islam konvertieren, damit die Ehe überhaupt als rechtsgültig anerkannt werden kann!

Man sollte sich im Westen angesichts der traditionellen Vorgaben in den arabischen Ländern nicht zu überheblich zeigen, denn immerhin gab es auch hier noch vor wenigen Jahrzehnten deutliche Hemmschwellen bezüglich einer Ehe zwischen katholischen und evangelischen Christen. Oft musste als Gegenleistung der Ehepartner oder die Ehepartnerin zur anderen Konfession konvertieren oder sich zumindest verpflichten, künftige Kinder gemäß der Glaubensrichtung der anderen Seite religiös und ethisch zu erziehen.

In diesem Punkt hatten Elisa und Nader übrigens früh beschlossen, ihre beiden Kinder selbst und frei über ihre Religion entscheiden zu lassen mit dem Ergebnis, dass Sohn Loris den säkularen Weg bevorzugte, während sich die Tochter Suad für eine „reduzierte" Form des Katholizismus entschied. Mit beiden Entscheidungen kam die ganze Familie problemlos zurecht.

Nachdem nun also die geplante „Mischehe" zwischen Elisa und Nader in religiöser und kultureller Hinsicht halbwegs bereinigt war, war sie es im bürokratischen Rahmen noch lange nicht. So teilte das zuständige Standesamt der Stadt Heidelberg dem Heiratswilligem Nader aktenkundig mit, dass er zwecks Heiratserlaubnis eine „Ledigkeitsbescheinigung" vorzulegen habe. Auf die Frage, ob dies nur bei Muslimen erforderlich sei, wollte sich das Amt nicht festlegen. Das Amt forderte ihn schriftlich auf, einen entsprechenden Antrag bei dem in seinem Fall zuständigen Bezirksbürgermeister seines Heimatortes zu stellen. Bezirksbürgermeister des Heimatortes Jaffa? Nader informierte die Beamten über die mit seinem Status als heimatlosem Palästinenser verbundenen Beschwernisse. Ein Beamter sagte zu ihm in einer Mischung aus Pragmatismus und Gleichgültigkeit: Im liberalen und zunehmend säkularer werdenden Deutschland biete sich als machbarer Ausweg die so genannte wilde Ehe an. Dieses Konstrukt war jedoch weder den Eheleuten in spe, noch den beiden Familien im Ansatz vermittelbar.

Schließlich entschieden sich die beiden einfachheitshalber, den Akt der Ehe in einem arabischen Land zu vollziehen, da dort die Vorlage einer Ledigkeitsbescheinigung nicht erforderlich ist.

Bedeutend größere Probleme hinsichtlich der Anbahnung ihrer interreligiösen Ehe hatten Naders Freunde Michel und Leila zu bewältigen. Beide stammten zwar aus demselben arabischen Land, dennoch waren die trennenden kulturellen und religiösen Barrieren erdrückend: Während Leila eine Muslima war, gehörte Michel der maronitischen-katholischen Kirche an. Sie waren beide gebildet, sprachen dieselbe Sprache, waren säkular denkend und verstanden sich kulturell und in ihrer Mentalität blendend. Doch Michel weigerte sich, aus prinzipiellen Gründen und aus Rücksicht auf seine Familie, zum Islam überzutreten, was für die Familie von Leila die Grundvoraussetzung für die Eheschließung gewesen wäre. Sie konnten also wegen des Widerstandes ihrer beiden Familien nicht heiraten, sodass ihre Beziehung bald in die Brüche ging.

Leila heiratete kurze Zeit später einen Deutschen, der die ihm abverlangte Konvertierung aus Liebe zu ihr formal vollzog. Die beiden lebten danach in einem Städtchen im Südwesten Deutschlands weder nach den Regeln des Islam noch nach denen des Christentums. Im Gegensatz zu Leilas Familie war die Familie ihres deutschen Ehemanns zunächst über die Konversion alles andere als begeistert. Tröstend war für sie indessen der rein „formale“ Charakter des Übertritts in eine andere Religion. Die Ehe hielt allerdings nur kurz.

Und bald danach heirateten Leila und Michel, die „Versprochenen“, um es in der literarischen Formulierung von Alessandro Manzoni *(I Promessi Sposi)* auszudrücken, dann doch noch. Sie hatten sich auf eine zugleich pragmatische wie unredliche, für ihre beiden Familien dennoch zufriedenstellende Sprachregelung geeinigt: Leilas Familie wähnte sich sicher, dass Michel zum Islam konvertiert war, während Michels Familie fest daran glaubte, dass er dem Christentum treu geblieben sei. Das Brautpaar selbst klammerte das Thema Religionsübertritt stillschweigend aus. Auch im engsten Freundeskreis wusste man über die näheren Umstände nichts.

In einer befreundeten palästinensischen Familie wollte eine Tochter der Familie einen Spanier heiraten, den sie in ihrem Studienort Barcelona kennengelernt hatte. Die Familie war zunächst dagegen, doch das säkular denkende Ehepaar konnte nach dem obligatorischen Übertritt des männlichen Partners heiraten. Für die palästinensische Familie war damit die Welt wieder in Ordnung, und die Mutter der Ehefrau erzählte in Familien- und Freundeskreisen oft und gerne voller Begeisterung davon, dass der Schwiegersohn ein echter Muslim geworden sei und intensive Koranstudien betreibe. Tatsächlich nahm der Ehemann den Übertritt viel ernster als seiner muslimischen Frau lieb war. Er besuchte regelmäßig eine Koranschule, die von einer streng religiösen Organisation geleitet wurde. Dort fing er an, Arabisch und eine dezidiert strenge Auslegung der Islamlehre zu lernen. Allmählich wurde er weit religiöser als seine Frau und ließ sich den arabisch-islamischen Namen Abdurrahim geben. Urplötzlich hörte er damit auf, Alkohol zu trinken, und verlangte im patriarchischen Ton das Gleiche von seiner Frau. Sie trank ohnehin wenig und nur gelegentlich, dennoch weigerte sie sich, auf ihren leichten Sommer-Roséwein und den roten Rioja im Winter gänzlich zu verzichten. Ebenfalls lehnte sie vehement seinen im Befehlston vorgetragenen „Wunsch“ ab, von nun an eine Kopfbedeckung zu tragen. Sogar gegenüber seiner eigenen Familie wurde er manchmal verbal übergriffig: So verlangte er von seiner Mutter und den beiden Schwestern den Übertritt in den Islam, was bei ihnen auf Unverständnis und Ratlosigkeit stieß. Dann jedoch forderte ein Imam den jungen Mann mit Nachdruck zum Kampf gegen die „Ungläubigen“ im Bürgerkriegsland Syrien auf. Daraufhin brach dieser in

Kenntnis der davon ausgehenden Gefahr abrupt mit der Koranschule. Mit der Zeit mäßigte er sich der Ehefrau und den Kindern und auch den Eltern und Geschwistern gegenüber, ohne jedoch seinen tiefen Glauben an den Islam im Geringsten einzubüßen. Diese Wendung rettete schließlich die Ehe vor dem befürchteten Abgrund.

Doch zurück zu Rami. Dieser stand, wie anfangs erwähnt, der „Mischehe“ bzw. „Multikulti-Ehe“ nicht gänzlich ablehnend gegenüber, gab wohl aber der „homogenen“ Ehe den Vorzug, da sie nach seiner Sicht „organischer“ und „nachhaltiger“ sei. Doch er wusste aus eigenen Erfahrungen, dass auch in der „homogenen“ Ehe die Probleme nicht ausbleiben.

Er selbst war ja einerseits ein gemäßigt praktizierender Muslim. Andererseits war er gerade wegen seiner ausländischen Wurzeln vom Wunsch getrieben, als Paradebeispiel für eine gelungene Integration zu gelten. Hier lag aber bisweilen der Keim potentieller, zum Teil schwer überwindbarer Konflikte. So eröffnete ihm seine Frau Muna eines Tages ihren Wunsch, ein Kopftuch nach islamischem Ritus zu tragen. Darauf reagierte er ungehalten. Man sollte eigentlich erwarten, dass ihm als gläubigem Muslim eine solche Initiative gelegen hätte sein müssen. Schließlich trägt mindestens die Hälfte seiner weiblichen Verwandtschaft ein Kopftuch. Doch er wandte sich, wie er sich ausdrückte, „aus optischen Gründen“ vehement gegen diesen Vorschlag. Muna rechtfertigte ihren Plan leidenschaftlich und beharrlich, dass viele Ihrer verwandten und befreundeten Frauen sowohl hier als auch daheim inzwischen wie selbstverständlich Kopftücher trügen. Dieser Schritt sei aus ihrer Sicht nicht nur berechtigt, sondern er diene auch ihrem Schutz als Frau vor unangenehmen sexistischen Belästigungen aller Art, die es auch in Deutschland gäbe. Rami dagegen begründete seinen Einspruch damit, dass er einen derartigen Schritt gegenüber seinen deutschen Freunden und vor allem Kollegen im Krankenhaus schwer vermitteln könne. Er sei darüber hinaus überzeugt, dass diese mehrheitlich behaupten würden, dass er und nicht Muna dieses Ansinnen aufgebracht haben müsse. Schnell denkend und anpassungsfähig, wie er nun mal war, wusste Rami genau, dass dieses Thema in Deutschland meist kontrovers und voreingenommen debattiert wird. Muna pflichtete ihm bei und räumte ein, dass seine Analyse tatsächlich der geläufigen Erzählung in der Mehrheitsgesellschaft entspräche. Sie würde deshalb, um dieses zu erwartende Missverständnis von vorne herein zu vermeiden, seinen Kollegen und dem gemeinsamen Freundeskreis klipp und klar mitteilen, dass hinter diesem Entschluss ausschließlich sie, und niemand anderer sonst stehe. Außerdem würde sie die Kollegen und Freunde auf die jüngsten Langzeitstudien aus Frankreich aufmerksam machen, die belegten, dass die überwältigende Mehrheit der Kopftuchträgerinnen und sogar der Nikab-Trägerinnen dies aus freien Stücken täten und nicht unter dem Druck patriarchalischer Männer. Auch dieser Kompromissvorschlag wurde von Rami nachdrücklich abgewiesen.

Letztendlich musste Muna enttäuscht und verbittert ihren Plan um des Familienfriedens willen aufgeben. Dafür bekundete Rami ihr seine Bereitschaft, über dieses Vorhaben in „naher Zukunft“ ernsthafte Überlegungen anzustellen. Im tiefsten Inneren wäre Rami mit dem Kopftuchvorschlag einverstanden gewesen, hätte die Familie in der Heimat gelebt und nicht in der Ferne. Einfacher wäre es für ihn auch gewesen, wenn seine Frau nicht abrupt, sondern von Beginn an Kopftuch getragen hätte. Er glaubte, dass das plötzliche Tragen zu folgenschweren Mutmaßungen und Verdächtigungen führen könnte, auf die man lieber verzichten sollte. Er befürchtete, manche könnten auf den Gedanken kommen, ihn des Islamismus, womöglich auch des Abdriftens in eine terroristische Spirale zu verdächtigen. Was das für sein berufliches Fortkommen bedeutet hätte, hätte man sich leicht ausmalen können.

Als Gegenleistung dafür, dass Muna von ihrem Plan ihm zuliebe Abstand nahm, verlangte sie Rami allerdings ein Zugeständnis ab. Zwar nahm er keine alkoholischen Getränke zu sich oder gab zumindest vor, darauf zu verzichten. Allerdings hatte er zum Ärger von Muna in einer kleinen, unscheinbaren Kommode am Rande des Esszimmers einige Flaschen hochprozentigen Alkohols deponiert. Rami rechtfertigte das Vorhandensein dieses, wie er sagte, „Teufelszeugs" gegenüber Muna damit, seine Kollegen würden ihn nicht mehr besuchen wollen, wenn er ihnen lediglich süße Fruchtsäfte offerieren würde. Muna fand sein Argumentationsmuster wenig glaubhaft und konfrontierte ihn einmal bewusst mit der schockierenden Behauptung, sie habe zwar nie im Leben Alkohol getrunken, habe dennoch ein-, vielleicht zweimal angewidert gespürt, dass er, Rami, nach einer „ekelhaften" Alkoholfahne gestunken hätte. Diesen Vorwurf wies er zutiefst konsterniert, aber wenig überzeugend von sich. Die Harmonie der kleinen homogenen Familie wurde schließlich wiederhergestellt, indem Rami unter den strengen Augen Munas sämtliche Flaschen alkoholischen Inhalts entsorgte – wenn auch unter der bitteren Klage, dass das „Teufelszeug" immerhin ganz schön viel Geld gekostet habe. Damit war dann aber auch die Phase des Tabubruchs und des damit einher gehenden Herumexperimentierens für den gläubigen, aber von Zweifeln geplagten Rami ein für alle Mal beendet.

Als Muna eines Tages Nader von Ramis „Experimentierfreude" mit dem „Zeug" erzählte, reagierte dieser aus zwei Gründen mit betretenem Schweigen. Einerseits war er angesichts Ramis zur Schau gestellter Frömmigkeit von der Mitteilung überrascht. Andererseits war es Muna zuvor nicht entgangen, dass Nader dem, wenn auch nicht gerade exzessiven Genuss eines guten Tropfens nicht gerade abgeneigt war.

Orientalischer Haushalt

Es war für Nader trotz des langen Aufenthaltes in Deutschland ein bemerkenswertes Erlebnis der kulturellen Art: Ein ranghoher Politiker aus einem arabischen Land weilte in Bonn, damals noch Hauptstadt der Bundesrepublik, und führte dort Gespräche zum Ausbau der bilateralen Beziehungen. Er wurde von Bundespräsidenten, Bundeskanzler und einigen Fachministern in einer, wie es oft so schön heißt, vertrauensvollen und freundschaftlichen Atmosphäre empfangen. Der deutsche Amtskollege wollte darüber hinaus seinem engen persönlichen Verhältnis zu dem Gast, aber auch den gut entwickelten Beziehungen zu dessen Land eine besondere persönliche Note verleihen. Was macht man in solchen Fällen? Man lädt zur Kaffeestunde bei sich zuhause ein.

Bis dahin lag alles noch im relativ normalen Rahmen. Doch dann kam die überraschende, besondere Auszeichnung: Es war die Gattin des Bundesministers höchstpersönlich, die den Gast und seine Entourage mit Kaffee, Saft und Gebäck versorgte. Der hohe arabische Gast war angesichts solcher ausgesprochen großen Gastfreundschaft spürbar gerührt. Dennoch brachte ihn diese freundliche Geste auch spürbar in Verlegenheit, denn die Geste kam einem Kulturschock gleich, wenn auch einem schmeichelhaften. Daheim berichtete er häufig und gerne in den Medien über diese Episode, was wahrscheinlich das Ansehen und die Beliebtheit Deutschlands in seinem Land merklich steigerte.

Im Nahen Osten wäre so etwas nicht nur undenkbar – ja, es käme sogar einem Tabubruch gleich. Schließlich lässt man sich ab einem bestimmten gesellschaftlichen Status bedienen. Und weilt ein besonders hoher Gast zu Besuch im eigenen Haus, hat das Dienstpersonal selbstverständlich und klaglos zum kräfteverzehrenden Dauereinsatz zu kommen.

Auch wenn Nader noch immer einige orientalische Eigenschaften aufweist, ist er jedoch infolge des langen Aufenthalts letztlich eher europäisch sozialisiert. Wenn er Verwandte oder enge Freunde in Kuwait, Jordanien, Saudi-Arabien, im Libanon oder anderswo im Vorderen Orient besucht, macht er zum Teil heute noch Erfahrungen in Sachen Herrschaft und Dienstpersonal, die ihn in Staunen und zum Teil auch Missstimmung versetzen. Da sitzen zum Beispiel die Dame und der Herr des Hauses bequem auf einem gediegenen Sofa im weitläufigen, bis in die letzten Ecken hinein mit allerlei Schmuck und Dekor verzierten sowie mit schönen, wenn auch zum Teil kitschigen Souvenirs vollgepackten Wohnzimmer und rufen dem einen oder anderen Dienstmädchen zu, eiligst zu kommen, um eine Weisung entgegenzunehmen. Dabei geht es oft um kleinste Aufträge, welche beide mit kaum zwei, drei Schritten von ihrem Sofa aus selbst hätten erledigen können. Aber man lässt sich eben gerne bedienen. So muss das arme, meist von den Philippinen, Indonesien, aus Sri Lanka oder Bangladesch stammende Mädchen seine Arbeit für die aufwändige Essenszubereitung oder bei der Reinigung der vier oder fünf Badezimmer oder beim Bügeln von Tischdecken, Hemden, Hosen oder Unterwäsche stehen und liegen lassen, um erst Wasser oder Säfte, dann Obst und ein paar Minuten später vielleicht Nüsse oder kleine Snacks zu bringen … Dabei bekommen die Bediensteten neben Kost und Logis lediglich einen äußerst bescheidenen Monatslohn, der oft nicht einmal regelmäßig ausgezahlt wird. Und hält die Herrschaft eine Sanktionierung für angebracht, wird die kärgliche Entlohnung sogar gekürzt oder gar ganz ausgesetzt.

Solche Situationen erträgt Nader nicht gut. Gelegentlich treiben sie ihn auch zur Weißglut, so dass er sagt: „Lasst das arme

Mädchen doch in Ruhe, ich bringe euch das selber". Daraufhin kommt prompt und mit absoluter Bestimmtheit der eiserne Widerspruch: „Kommt nicht in Frage! Wozu sonst bezahlen wir eigentlich dieses fette, faule Mädchen?" Bemerkt Nader dann korrigierend, er habe in diesem wie in all den anderen Häusern von Verwandten und Freunden beinahe ausschließlich arbeitsame und ausgesprochen schlanke junge Frauen zu Gesicht bekommen, bekommt er als Antwort nur: „Du hast von diesen Dingen hier gar keine Ahnung!" Solche Worte empfindet er als Totschlagargument und fühlt sich gleichsam zum Schweigen gebracht. Das Mädchen dagegen ist prompt mit der gewünschten Sache zur Stelle, jedenfalls prompt genug, um möglicher Rüge oder gar Bestrafung aus dem Weg zu gehen.

Ein „Dankeschön" gegenüber einem Dienstmädchen fällt in diesen Häusern selten. Stattdessen wird alles um ihre Person und ihr Handeln gebetsmühlenartig beanstandet. Der Herrschaft fallen unentwegt triftige Gründe und Argumente ein, um sie zu drangsalieren: So ist das servierte Obst nicht frisch genug, dem Pistaziengebäck fehle es an Saftigkeit und Knackigkeit, das Wasser sei unappetitlich fahl und lauwarm. Diese Rügen dienten, so die Hausherrin, der pädagogischen Ertüchtigung. Ansonsten würde das Personal noch phlegmatischer und unverschämter werden und womöglich der Illusion verfallen, die eigentlichen Herren des Hauses zu sein. Dass zum Beispiel der Kauf von Obst, Gemüse und Gebäck guter oder minderer Qualität eine ausschließliche Domäne des Patrons ist, wird deshalb bei solchen Reklamationen schlicht ausgeblendet.

Auch wenn es unter den im Orient arbeitenden Dienstmädchen durchaus Unterschiede in der Arbeitsmoral geben mag: In sehr vielen Fällen haben diese Menschen, egal ob sie in Abu Dhabi, Beirut oder Riad arbeiten, zu viele Pflichten und zu wenig Rechte. Zwar haben sie alle ein vom jeweiligen Staat garantiertes Recht auf einen Ruhetag in der Woche, was in der

Regel auch eingehalten wird. In einigen wenigen Fällen jedoch – man muss hier fairerweise von Ausnahmen sprechen – wird den Dienstmädchen abverlangt, Tag und Nacht zur Verfügung zu stehen, immerzu freundlich lächelnd ihren Dienst zu verrichten und das sogar bei sichtbarer Erschöpfung oder leichter Erkrankung. Und man hört auch von Fällen, bei denen die Hausherrin Mädchen, die kurz vor dem Zusammenbruch stehen, Simulantentum vorwirft und dieses „Betragen" mit Rausschmiss ahndet. Das ist für das betroffene Mädchen eine Katastrophe, denn es kann weder bei staatlichen oder sonstigen karitativen Stellen eine wirksame Hilfe erwarten.

Dazu kommt, dass in vielen dieser Länder die Reisedokumente des Personals vom Hausherrn beim Dienstantritt einbehalten werden. Damit wird diesen Menschen die Mobilität und Entscheidungsfreiheit etwa hinsichtlich einer eventuellen beruflichen Veränderung genommen. Ohnehin kommt der Wunsch, sich beruflich zu verändern und gleichzeitig im Land bleiben zu wollen, einem riskanten Unterfangen gleich. Denn zunächst muss die betreffende Person die Kündigung einreichen, was ihr nicht nur weitere Schikanen, sondern auch eine automatische Ausreisepflicht einbringt. Erst in ihrem Ursprungsland kann sie sich auf die Suche nach einem neuen Arbeitgeber oder einer Arbeitgeberin machen, was in der Regel mit großem materiellem und zeitlichem Aufwand verbunden ist.

In extrem seltenen Fällen werden die jungen Frauen Opfer von brutalem Missbrauch. Das schließt manchmal sexuelle Übergriffe ein. Allerdings sind die meisten Regierungen der Gastländer nicht zuletzt wegen der ständigen Protestaktionen in- und ausländischer Menschenrechtsaktivisten alarmiert und daher bei der strafrechtlichen Ahndung derartiger krimineller Handlungen deutlich strenger geworden als früher.

Doch sei zur Ehrenrettung gesagt: In vielen anderen Fällen dagegen werden die Dienstmädchen von den Familien nicht nur gesetzestreu, sondern auch großzügig, menschlich und fair behandelt. Da kann es – wenn auch recht selten – passieren, dass das Dienstmädchen mit der Anrede „meine Tochter“ angesprochen und beinahe tatsächlich so behandelt wird, oder die Arbeit des Personals mit „danke“ oder „bitte“ quittiert und eine besondere Leistung mit Geld- oder sonstigen materiellen Geschenken belohnt wird. Außerdem greifen viele Hausherren den Familienangehörigen ihres Dienstpersonals unter die Arme, indem sie ihnen Arbeitsplätze beschaffen und so eine menschenwürdigere Lebens- und Berufsperspektive ermöglichen. Für diese bessere Behandlung gibt es inzwischen guten Gründe: Gutes Dienstpersonal ist in Krisen-, Pandemie- und sonstigen schwierigen Zeiten inzwischen zu einem kostbaren, raren „Gut“ geworden. Das hat die Mädchen zum Teil auch selbstbewusster werden lassen; sie kennen ihre Rechte besser als früher. Sie proben zwar nicht gerade den Aufstand, doch setzen sie mit leisen Tönen sukzessive Mindeststandards durch. Tatsächlich bangen inzwischen manche Hausherren um ihre Bequemlichkeit und ihr soziales Prestige, denn ein Haushalt ohne Dienstpersonal gilt als unschicklich. Sie beginnen deshalb, regelrecht um geschulte Dienstmädchen zu buhlen.

Geschult müssen die Dienstmädchen deshalb sein, weil sie gelegentlich auch entscheiden müssen, in welchen der vielen Räume sie einen Gast platzieren sollen. Denn bei gut situierten Familien im Nahen Osten gibt es noch heute das Ritual der „doppelten“ Wohnzimmer. In den religiös-konservativen Kreisen wird dieser Dualismus durch die traditionelle Trennung von Mann und Frau bestimmt. Doch auch die liberale, in Fragen der Geschlechtertrennung neutral tickende Familie leistet sich dieses Doppelzimmermodell: ein Zimmer für den Alltag, das auch nahe Verwandte und enge Freunde frequentieren dürfen, und einen prächtigen Salon, der meist den fremden oder besonders hochangesehenen Gästen, mit denen man ein förmliches

Verhältnis unterhält, vorbehalten ist. Dieser selten benutzte und wie ein Schatz gehütete Salon verströmt eine fast ikonenhafte Aura, so als wäre er – um es hier maßlos zu übertreiben – mit dem Bernsteinzimmer oder gar der Sixtinischen Kapelle zu vergleichen. Führt das Dienstmädchen eine Person aus dem förmlichen Bekanntenkreis in das „Alltags-Wohnzimmer“, gilt das als unschicklich, unangemessen und geradezu peinlich. Umgekehrt gilt es fast als kränkend, wenn ein naher Verwandter oder enger Freund in den förmlichen Salon gelotst wird. Das hätte dann zur Folge, dass sich der „brüskierte“ Gast beim Gastgeber heftig darüber empört, als „Fremder“ wahrgenommen und entsprechend behandelt worden zu sein. Dann fallen manchmal empörte Sätze wie „Ich dachte bisher, wir gehören zum engsten Freundeskreis“. Daraufhin erfolgt eine – ebenfalls aus dem tiefsten Herzen stammende – zigmal wiederholte Entschuldigung des Gastgebers, dass ihm nichts ferner läge, als diesen geschätzten Besucher als einen fremden, gar förmlichen Gast zu „diskreditieren“. Dann begleitet der Gastgeber den Besucher in den anderen, für vertraute Personen gedachten, „gewöhnlichen“ Wohnraum, wobei der Freund mit einem Seufzer deutlich zu erkennen gibt, wie wohl und entspannt, glücklich und erfreut er sich nunmehr fühle. Die Angelegenheit wird dann vom Gastgeber mit der Bemerkung ad acta gelegt, das alles sei nur die Schuld des fremden Dienstpersonals, das trotz der langen Zeit in der „Obhut“ der Familie das aus der Tradition der Gastfreundschaft abgeleitete höfliche Betragen immer noch nicht verinnerlicht habe. Dem stimmt der Gast in aller Regel zu und es kann passieren, dass das Dienstmädchen beim Servieren von Essen, Gebäck und Getränken immer wieder die Rügen des Hausherrn über sich ergehen lassen muss. Darauf hat sie ihn in ihrem gebrochenen Arabisch wiederholt flehentlich um Verzeihung zu bitten, die er dann irgendwann erteilt, womit die Sache für alle Beteiligten zu einem guten Abschluss kommt.

So sehr Nader im Geist eines aufgeklärten gesellschaftlichen Denkens solche Missstände scharf missbilligte, so sehr wünschte er sich manchmal im Stillen und vornehmlich aus Bequemlichkeitsgründen ebenfalls eine Haushälterin zu haben, die einem die lästigen Aufgaben und Beschwernisse in Haus und Garten zumindest teilweise abnehmen würde. Angesichts dieses in sich widersprüchlichen, rein theoretischen Gedankens suchte er sein unterbewusstes schlechtes Gewissen mit der ebenfalls theoretischen Verpflichtung gutzumachen, dass er die angedachte Helferin sowohl in der Umgangsform als auch in finanzieller Hinsicht fair und gerecht behandeln würde

Es gab für ihn allerdings zwei Beweggründe, von diesem Gedanken Abstand zu nehmen. Erstens würde er eine fremde Person, und sei sie noch so nett, im eigenen Haushalt auf Dauer wohl als eine dezidiert nachhaltige Störung seiner Privatsphäre empfinden, zumal dieser Haushalt nicht an die Größe manch orientalischer Residenzen heranreicht. Außerdem wäre ein solches Vorhaben in Europa finanziell nicht zu bewerkstelligen. Im Nahen Osten sind die Kosten dafür einschließlich im Krankenversicherungsbereich erheblich geringer, was eben dazu führt, dass sich viel zu viele ein oder sogar mehrere Dienstmädchen „leisten" können. In Deutschland müsste man Brutto berechnet mindestens den vierfachen, vielleicht sogar den fünffachen Betrag davon zahlen.

Die tröstliche Seite aus dieser Erkenntnis lautet für den bequemlichen und zugleich sozialbewussten Nader schlicht: Arbeit und Bewegung auch im Haushalt halten gesund und fit.

Feste feiern

So ein opulentes Festessen hat Nader selten erlebt. Es fand in der postmodernen, zum Teil ästhetisch, zum Teil auch kitschig-protzig wirkenden Hauptstadt eines Ministaates statt, der auf der Arabischen Halbinsel lag und in dem er sich für eine kurze Zeit dienstlich aufhielt. Ein aus dem Irak stammender Bekannter lud ihn zum Abendessen an einem Donnerstagabend ein. Dieser Tag entspricht in Deutschland dem Samstag, da der darauffolgende Freitag in fast allen muslimischen Ländern ein gesetzlicher Wochenfeiertag ist. Nader nahm die Einladung an und fragte den Kollegen Sattar, wann er seine Gäste erwarte. Dieser reagierte auf diese – für ihn offenbar ungewohnte – Frage ein wenig erstaunt, dann sagte er: „Wie üblich gegen 21 Uhr."

„Deutsch tickend", wie Nader nun seit etlichen Jahren geworden war, erschien er bei der Familie Sattar pünktlich, aber für seine Verhältnisse nicht pünktlich genug, etwa um eine Viertelstunde nach 21 Uhr. Sattar und seine Frau empfingen ihn höflich, aber etwas irritiert, als hätten sie mit seinem Erscheinen nicht oder zumindest nicht gerade um diese „frühe" Zeit gerechnet. Nader überreichte der Dame das bescheidene Mitbringsel und ließ sich in den weitläufigen, mit Geschmack und Esprit ausgestatteten Salon führen, dessen Fläche mindestens 250 Quadratmeter betrug. Ihm wurde beim Eintritt in den Salon klar, weshalb seine Gastgeber etwas überrascht wirkten: Außer dem Ehepaar Sattar, Nader und einigen Bediensteten war noch niemand anwesend. Ob er sich beim Einladungsdatum geirrt hätte, wollte er mit einem unüberhörbaren Unterton der Peinlichkeit und Verunsicherung wissen. Nein, keinesfalls, erwiderten die beiden nach wie vor im gastfreundlichen und herzlichen Ton.

Im Gegensatz zur kulinarischen Tradition in Deutschland wird im Nahen und Mittleren Osten vor allem bei Gastbewirtungen das Abendessen sehr spät, oft nicht vor 22 oder 23 Uhr eingenommen. Dafür geht der Gast im Orient beinahe unmittelbar nach dem Verzehr des Essens heim. Das wirkt in den Augen der Deutschen wiederum deplatziert und unangemessen, denn hierzulande kommt der eingeladene Gast eher früh und bleibt lange Zeit nach dem Essen. Die sprichwörtliche Kultur der Überpünktlichkeit der Deutschen bei Essenseinladungen löst in den Augen vieler Menschen aus dem Nahen und Mittleren Osten wiederum Verwunderung und Unverständnis aus. Bewunderung aber ebenfalls.

Tatsächlich erschienen die ersten Gäste dieses Gastmahls erst eine Stunde, manche sogar erheblich später. Kurz vor Mitternacht waren dann etwa 70 oder 80 Frauen und Männer anwesend, die aus verschiedenen arabischen und europäischen Ländern stammten. Nader registrierte mit Verwunderung, dass kein einziger Einheimischer darunter war. Später erfuhr er, dass von wenigen Ausnahmen abgesehen, die Einheimischen bei geselligen Anlässen lieber unter sich bleiben. Das wird ihnen von langwährenden, konservativen Traditionen diktiert, an die sie sich trotz aller sichtbaren Erscheinungen von Moderne und Fortschritt bedingungslos halten.

In diesem Land war der Ausschank alkoholischer Getränke damals noch streng verboten, sowohl im privaten wie öffentlichen Raum. Gemäß den geltenden Gesetzen wurde die Nichteinhaltung des Alkoholverbots mit strafrechtlich drastischen Maßnahmen geahndet. Im Falle ausländischer Staatsangehörigen drohte bei der Nichtbeachtung des Verbots eine Haftstrafe und danach die Ausweisung bzw. „Ausschaffung“ aus dem Land, wie sich ein anwesender Schweizer Gast belustigend ausdrückte. Allerdings bestand derartige Gefahr nicht, sofern der Ausländer eine hochangesehene Stellung bekleidete und – vor allem – mit einflussreichen Personen aus staatlichen und gesellschaftlichen Eliten gut vernetzt war.

Umso mehr war Nader angesichts des immensen und vielfältigen Angebots an alkoholischen Getränken, das mit jeder exklusiven Bar in New York, Berlin oder Rio mithalten konnte, merklich überrascht. Neben französischen und italienischen Weinen gab es diverse Sorten von Whisky, Cognac, Brandy, Ouzo, Raki, Arak, Wodka etc. Nader war Zeuge spannender, zum Teil aber auch langatmiger Gespräche über Qualität und Unterschiede zwischen den schottischen, kanadischen und irischen Whiskysorten. Auch wurde über die erheblichen qualitativen Unterschiede zwischen Malt- und Blended Whisky episch schwadroniert. Ein reicher Unternehmer und anscheinend profunder Kenner der Materie gestand offen ein, dass er seit seiner Studienzeit lieber „Red Label" als „Black Label" der Marke Johnnie Walker trinke. Er vergaß nicht, laut lachend zu erwähnen, dass seine ebenfalls gutbetuchten Freunde ihm wegen seiner Vorliebe für das billigere Label dieser Marke unverhohlen Snobismus vorwerfen würden.

Bei Gastmahlen, bei denen zwar der Gastgeber „alkoholaffin" ist, sich unter den geladenen Gästen jedoch einige oder gar etliche strenggläubige Personen befinden, welche den Alkoholkonsum für ein Teufelszeug halten, erfordert dies vom Gastgeber Erfindungsreichtum. Manche lassen dann die alkoholischen Getränke in dunklen Kaffeetassen servieren. Diese Tarnung kann natürlich auffliegen und für Missstimmung und Peinlichkeit sorgen, wenn eine solche „zweckentfremdete" Tasse versehentlich in die Hände eines Religiösen gelangt. Peinlichkeit kann zudem durch penetrante Alkoholfahnen entstehen, denn auch vielen Abstinenzlern entgeht der besondere Geruch bzw. für sie eklige Gestank geistiger Getränke wohl kaum.

Manche waren ja außerdem nicht von vornherein Alkoholverweigerer und mutierten erst später, altersbedingt und die religiösen Werte abrupt verinnerlichend, zu erklärten Hassern derartiger Getränke. Um zu vermeiden, dass Alkoholfahnen derartige Irritationen auslösen, lassen manche gewieften Gastgeber nur Wodka servieren, weil dieser russische Branntwein der Meinung der Experten zufolge angeblich gleichsam geruchlos, mithin nicht verräterisch, sei.

Alkoholgelage gibt es auch in dieser Region, sie sind aber eher die Ausnahme als die Regel. Der Begriff „betrunken" oder auch „trinkfest" gilt auch in „liberalen" orientalischen Kreisen nicht gerade als schmeichelhaft. Auch im Westen gilt das Prädikat „betrunken" oder gar „besoffen" nicht gerade als Synonym für untadelige Charaktereigenschaften. Im Orient haftet dem Genuss alkoholischer Getränke allgemein ein beträchtlicher Makel an, was aus der Religion, Tradition und dem Verständnis von Moral und guten Sitten hergeleitet ist.

Bei diesem Gastmahl wurde jedenfalls lange und ergiebig geplaudert und getrunken, während die Dienstmädchen und die zusätzlich angeheuerten Kellner eines bekannten Catering-Unternehmens die Gäste mit köstlichen Variationen von Fingerfood verwöhnten. Das im Westen herrschende Rauchtabu schien (und scheint) in den nahöstlichen Gesellschaften noch nicht angekommen zu sein. So rauchte mindestens die Hälfte der anwesenden Frauen und Männer, wobei manche Zigarren, manche Zigaretten und einige diese sogar „Kette" rauchten.

In Deutschland wird das Rauchen zunehmend als Indiz für das Verhalten sozial schwacher und bildungsferner Milieus angeprangert, was unangemessen und zum Teil realitätsfern ist. Im Orient wird zwar auch immer weniger geraucht, das Rauchen wird jedoch klassenübergreifend weiterhin als etwas völlig Normales angesehen, was angesichts der nachgewiesenen Gefahren sehr bedenklich ist.

Geplaudert wurde in illustrer Runde über Gott und die Welt. Das schloss auch heikle politische Fragen ein. Nur über die internen Verhältnisse des Gastlandes hüllte man sich lieber in Schweigen, obgleich man ja unter sich war. Aber man wusste nicht, was ein spontaner Ausrutscher auslösen könnte. Zwar gilt in der Region ein formal verkündetes Bekenntnis zur Meinungsfreiheit, doch das geht mit der realen Verfolgung oppositioneller Meinungen einher. Kurz vor Mitternacht wurde das Buffet mit einer Vielfalt an arabischen, italienischen, französischen und ostasiatischen Köstlichkeiten eröffnet. Die Hausherrin wurde in einer Art mit Komplimenten über das einzigartige Buffet überhäuft, dass man beinahe der Versuchung hätte erliegen können zu glauben, sie selbst hätte all diese Köstlichkeiten so meisterhaft zubereitet.

Nach dem Essen blieben die Gäste noch höchstens eine halbe Stunde, tranken Kaffee und Wasser, aber keinen einzigen Tropfen Alkohol mehr. Darin liegt ein kleiner Unterschied zur Trinkkultur in Deutschland. Denn bekanntlich wird hierzulande auch nach dem Verzehr der Mahlzeiten weiter und zum Teil üppig getrunken, ein Wein hier, ein Schnaps dort. Das tun Alkohol-trinkende Orientalen nach dem Essen fast nie. Darin ähneln sie den romanischen Völkern wie Franzosen oder Italienern. Auch diese nehmen nach dem Ende der Mahlzeit kaum ein Glas Wein mehr, höchstens vielleicht noch einen Schnaps und/oder eine Tasse Kaffee.

Im Hinblick auf die Geselligkeit oder wie man damit umgeht, sind die Unterscheide subtiler. In beiden Kulturkreisen redet man sich die Köpfe heiß über aktuelle politische, gesellschaftliche und sportliche Themen. Araber reden am liebsten über Politik – möglicherweise aufgrund der in ihrer Region bestehenden überbordenden Dauerkonflikte um Krieg, Frieden und Ausgleich. Sie sind beinahe so etwas wie politische Freaks, um hier den Begriff „Sucht" nicht zu gebrauchen. Kulturelle

Themen wie Theater, Kunst und Musik dagegen sind im Orient einer kleinen geistigen Elite vorbehalten, in Deutschland ist der Verbreitungskreis etwas größer.

Während in Deutschland, solange der Alkoholpegel überschaubar ist, stundenlang und unermüdlich über ernste Themen geredet wird, findet der Araber dies schnell anstrengend und langweilig. Hat man in ausreichendem Maß die Verantwortlichen für den lokalen, regionalen und globalen Unbill in den verschiedenen Sparten von Politik, Verwaltung und Gesellschaft ausfindig gemacht, geht man danach unweigerlich und ohne Verzug in die Stunde des Vergnügens über. Dann werden Karten oder Backgammon stundenlang gespielt. In Deutschland hingegen wird bei Essenseinladungen oder ähnlichen Anlässen eher selten Karten, Schach oder sonst etwas gespielt. Dafür werden gesonderte Termine vereinbart.

Gerade bei Backgammon steht im arabischen Raum der reine Spaß an vorderster Stelle, Häme und kindlicher Spott auf Kosten des Gegners sind nahezu Normalität. Man spielt es zwar zu zweit, allerdings sind meist mehrere „Zuschauer" zugegen, die später an die Reihe kommen. Manche necken liebevoll, aber mit sichtbarer Schadenfreude den antizipierten Verlierer und freuen sich gar diebisch, wenn sich seine Niederlage einstellt. Manche ärgern hingegen den vermeintlich bevorstehenden Sieger, indem man den scheinbar Unterliegenden mit unerlaubter, scharfsinniger Expertise lautstark „berät" bzw. ihm Anweisungen erteilt, die nicht selten dazu führen, dass sich das Blatt des spielerischen Geschehnisses noch einmal wendet. In Europa, so mokieren sich spielgeübte Menschen aus dem Nahen Osten, werde Backgammon schweigsam, diszipliniert und hingebungsvoll gespielt, als würde man Schach spielen oder als befände man sich in einer feierlichen Veranstaltung. Diese ernste und freudelose Spielkulisse ist den Orientalen völlig fremd.

Die geladenen Frauen beteiligen sich in den meisten Fällen nicht am Spielprogramm, sondern bilden untereinander Gesprächsrunden. Diese lösen sich dann auf, wenn die Männer des Spielens überdrüssig geworden sind oder aber das langersehnte Buffet angerichtet ist. Grundsätzlich ähneln sich allgemein die Sitten um die Geschlechtertrennung. In erzkonservativen arabischen bzw. muslimischen Kreisen ist diese Trennung nach wie vor sakrosankt. Die männlichen Gäste bekommen die Frauen der Gastgeberfamilie gleichsam nie zu Gesicht. Bei den liberalen arabischen Kreisen ist das zwar anders, dennoch bildet sich „spontan" eine geschlechterspezifische Trennung. Nicht selten entsteht eine solche Trennung auch in Deutschland.

Bei religiösen Festen sind die Unterschiede deutlich erkennbar. Weihnachten, das Heiligste aller Feste in Deutschland, ist den Orientalen wesensfremd, es sei denn, sie leben bereits lange genug hier, um diese zum Teil mythische Tradition inzwischen verinnerlicht zu haben. Es wirkt ziemlich exotisch auf die Menschen aus dem Orient, wenn sie erfahren, dass Weihnachten ein ausschließlich der Familie vorbehaltenes Fest ist. Dass gerade am Heiligabend die Straßen in Deutschland auch in Großstädten wie leergefegt sind und Menschen, die aus unerklärlichen Gründen an diesem Abend allein sein müssen, bisweilen in tiefste Depression verfallen. Dass die Familienmitglieder, auch die weniger religiösen unter ihnen, sich dann am Tisch musizierend, singend, betend und fröhlich feiernd versammeln, um sich später gegenseitig Großes, Mittleres oder Kleines zu schenken. Weniger exotisch erscheint in den Augen vieler Araber dagegen der Weihnachtsbaum. Manchen von ihnen, sofern sie zwar gläubige Muslime, den strengen Ritualen des politischen Islam jedoch nicht anhängen, schmücken ihre gute Stube mit einem als Zierde gedachten Baum, ohne natürlich das Fest als solches auch nur annähernd zu feiern. Theologisch schwer vermittelbar für Muslime ist dagegen die in der Bibel verankerte Erzählung,

Jesus, der Gottessohn, sei zuerst gekreuzigt worden und später wiederauferstanden. Denn nach der koreanischen Glaubenslehre ist Jesus kein Gott, sondern Gesandter. Außerdem sei nicht er selbst gekreuzigt worden, sondern ein anderer, dem Gott gleiche Statur und Gestalt verliehen habe. Aber wer schert sich angesichts des zelebrierten Baumes um derartig komplexe theologische Fragen?

Für die Muslime gibt es zwei Hauptfeste religiöser Art: das Große Fest der Pilgerwallfahrt nach Mekka und das Kleine Fest im Anschluss an den Fastenmonat Ramadan. Beide Feste sind, anders als Weihnachten, nicht nur familienbezogen. Allerdings sind auch sie mit opulenten Mahlzeiten und gegenseitigen Schenkungen verbunden. Nur dass etliche Deutsche am Heiligabend traditionell mit Würstchen und Kartoffelsalat bescheiden essen, ist auch mittellosen Muslimen kaum vermittelbar.

Als Kind und Heranwachsender liebte Nader beide Feste sowohl wegen des opulenten Essens als auch wegen der Geschenke. Die Schenkung erfolgte meist in Form von Geldscheinen, was einem je nach der Höhe der Beträge erlaubte, sich selbstbestimmt Geschenke zu machen. Ambivalent fand er hingegen das mit den Festen einhergehende Ritual „gegenseitiger Marathonbesuche“. Schon unmittelbar nach dem Frühstück geht es damit los: Die Familie begibt sich zuerst zur älteren Verwandtschaft – man macht also den Großeltern, Tanten und Onkeln ersten und zweiten Grades seine Aufwartung. Später kommen Cousins und Cousinen an die Reihe, wobei solche in der Reihenfolge priorisiert besucht werden, mit denen man ohnehin engeren Kontakt pflegt. Andere Cousins und Cousinen besucht man gleichsam pflichtgemäß und mit weniger Empathie, sodass man froh darüber ist, wenn die Sache erledigt ist. Dann schließt man mit Besuchen bei den engsten Freunden und Bekannten ab.

Doch damit ist erst der erste Teil, sprich der „aktive" Besuch absolviert. Der zweite Teil besteht aus dem „passiven" Programm des Marathons. Das bedeutet, dass fast alle Personen, denen man bereits einen Ehrenbesuch abgestattet hat, jetzt zum Gegenbesuch kommen, dem Kodex der Gastfreundschaft folgende sogar kommen müssen. Oft sind es je nach Zahl der Verwandten und Freunde um die zehn aktive und zwölf Gegenbesuche, wobei unter Umständen einer der Gegenbesuche erst am zweiten Tag des Eid (Fest) erfolgt, ohne dass dies Argwohn oder Enttäuschung auslöst. Da die Besuche und Gegenbesuche nicht nach dem europäischen Muster geplant und koordiniert werden, passiert es bisweilen, dass ein Besucher vor geschlossenen Türen steht, da die zu besuchenden Personen sich gerade im Modus des aktiven Besuchsprogramms befinden. Dann reicht es normalerweise nicht, einen Zettel an die Tür zu heften, auf dem man seine guten Wünsche zum Eid Ausdruck verleiht. Man muss vielmehr mit oder ohne vorherige Ankündigung den Besuch baldigst nachholen, will man nicht den misslichen Eindruck entstehen lassen, wider die guten Sitten und Gebräuche der sprichwörtlichen orientalischen Gastfreundschaft gehandelt zu haben.

Die Freude an diesem Besuchsmarathon, an dem lebhaften Hin und Her der vielen Personen und an den Geldgeschenken kommt in der Jugend und auch später meist spontan und von Herzen. Zweifelsohne geht die Tradition gegenseitiger Bekundung von Wertschätzung und Zuneigung auf den immer noch bestehenden, in der Gesellschaft tiefverwurzelten Familiensinn der Orientalen zurück. Zwar besteht auch dort zwischen den Menschen nicht ständig Eintracht und Einmütigkeit. Familienfehden und Feindseligkeiten kommen im Gegenteil leider viel zu oft vor und entstehen nicht selten aus nichtigen Meinungsverschiedenheiten, Starrsinn und Besserwisserei. Aber dass Festtage in dramatische Kräche und abrupte Beendigung familiärer

Bande ausarten, wie dies gelegentlich in Deutschland über die Weihnachtstage passiert, gehört im Nahen und Mittleren Osten zu den eher seltenen Ausnahmen.

An diesem Marathon störte den heranwachsenden Nader einzig die Tatsache, dass all diese vielen mehr oder weniger netten Menschen stets die gleichen Gesprächsthemen hatten. Tröstend für ihn war allerdings die jeweilige kurze Dauer des Besuchs, die er als ausgleichende Gerechtigkeit empfand.

Die Strapazen des Besuchsmarathons weichen am Ende rasch der grenzenlosen Vorfreude auf das bevorstehende Festmahl, das entweder im eigenen oder im Haus eines älteren Familienmitglieds zelebriert wird. Serviert werden gut gewürztes Lammfleisch und mit Reis gefülltes Geflügel, dazu kommen in verschiedener Zubereitungsweisen angerichtete Auberginen, Zucchini und Weinblätter. Zuvor gibt es natürlich die unerlässlichen Vorspeisen, also unterschiedlichste kalte und warme Köstlichkeiten, mit Fleisch oder mediterranem Gemüse teils milde, teils pikant gewürzt, wobei Hummus (Kichererbsenpaste mit Sesamöl garniert) fast immer dazugehört.

Sprachen und Geschichten

Wieder einmal befand sich Naders Freund Rami in einer besseren Ausgangslage als er. Diesmal ging es um Sprachen, genauer um Muttersprachen. Da Rami und seine Frau Muna aus dem zur Stadt Dschenin gehörenden Dorf Arrabeh in der Westbank stammen, sprechen ihre Kinder fließend Arabisch – hauptsächlich das gesprochene Palästinensisch-Arabisch. Daneben können sie – allerdings mit einiger Mühe – einfache Texte in der Hochsprache lesen und verstehen. Natürlich beherrschen sie die deutsche Sprache erheblich solider, man könnte diese beinahe als ihre Muttersprache bezeichnen, da sie ja in Deutschland geboren und aufgewachsen sind. Jedoch meint dem Wortlaut nach, die Muttersprache die „Sprache der Mutter", und die Mutter ist nun mal eine arabisch sprechende Palästinenserin.

Gerne beanstandet Rami – im Gegensatz zu der feinfühligeren Muna und mit unüberhörbar bissigem Unterton –, dass Naders Kinder außer einigen wenigen rudimentären Vokabeln wie „haram" (verboten bzw. ach der Arme), „jallah" (los geht's bzw. beeilt euch), „habibi" (mein lieber) oder „khalas" (jetzt ist Schluss) die arabische Sprache nicht im Ansatz beherrschen. Diese wohl richtige Erkenntnis bezeichnet Rami stets als fahrlässig, insbesondere angesichts der großen Bedeutung des Arabischen als überregionale Kultursprache. Auch Naders Frau Elisa und die beiden Kinder verhehlten nicht – ohne ihn dafür an den Pranger zu stellen – dass dieses Manko von ihm zu verantworten und „höchst bedauerlich" sei.

Zu seiner Verteidigung brachte der Gescholtene zwei entlastende Gesichtspunkte vor. Erstens sei er von seinem Beruf dermaßen in Anspruch genommen worden, dass fürs Lehren einer komplexen Sprache kaum Zeit übrig geblieben wäre. Zweitens hätten die Kinder neben dem Deutschen und den beiden obligatorischen Schulsprachen Englisch und Französisch gleichsam als „Muttersprache" auch noch die Sprache der Mutter, also Italienisch, lernen müssen. Tatsächlich sprach Elisa mit den Kindern von Anfang an Italienisch. Nader dagegen sprach mit ihnen „bequemlichkeitshalber" nur Deutsch. Seine Verteidigungsstrategie wurde aber weder von seiner Familie noch von den etlichen deutschen, europäischen und arabischen Verwandten oder Freunden goutiert, sondern mal in milder, mal in scharfer Form als nicht nachvollziehbare Entschuldigung abgewiesen, was von Nader allmählich als zu vernachlässigendes Ritual ignoriert wurde.

Nicht einmal Elisa war in den Genuss gekommen, Arabisch zu lernen. Ihr Ehemann war als Lehrer nicht nur aus den bereits erwähnten, sondern auch wegen zwei weiteren Gründen ausgeschieden: Erstens hatten sie sich bei jedem Versuch sofort in mühselige Debatten um die beste pädagogische Vorgehensweise verstrickt und genervt aufgegeben. Schließlich wollte die studierte Pädagogin Elisa dazu auch ein Wort mitreden. Zweitens gehörte es zu Naders unmittelbaren dienstlichen Aufgabenbereichen, für Diplomaten und sonstige Experten aus den Bereichen Entwicklungsarbeit und Wirtschaft, die in die arabisch-islamische Welt entsandt werden sollten, Arabisch-Kurse über Kultur, Geschichte und Sprache zu konzipieren, zu organisieren und zu leiten. Da er sich wünschte, eine klare Trennlinie zwischen Privatem und Dienstlichem zu ziehen, zog er es vor, privat nicht zu unterrichten – waren ihm doch schon seine dienstlichen, zumal die sprachlichen Kurse nur teilweise Quell der Freude. Auch musste er seine Kursteilnehmer stets darauf aufmerksam machen, dass es im Arabischen zwei Sprachebenen zu bewältigen gab: auf der einen

Seite die Schriftsprache und auf der anderen die Umgangssprachen, die von ersterer zum Teil deutlich abweichen, sowie die diversen Dialekte.

Die Schriftsprache wird in Büchern, Zeitungen und in den Nachrichten und in den meisten Sendungen in Rundfunk und Fernsehen verwendet. Außerdem wird sie für Reden, Vertragstexte und für den überwiegenden Teil der Literatur mit Ausnahme der Volksdichtung genutzt. Diese Schriftsprache ist allerdings nicht mit der „klassischen Sprache“ zu verwechseln, die sich zumeist aus älteren theologischen, dichterischen, philosophischen und naturwissenschaftlichen Schriften speist und lediglich von einer kleinen Bildungselite verwendet wird.

Die zweite Sprachebene besteht aus der arabischen Umgangssprache sowie einer Fülle von Mundarten. In Deutschland ist Umgangssprache, von einigen Regionen im Süden und Osten abgesehen, negativ besetzt weil sie als die Sprache der „einfachen Leute“ wahrgenommen wird. In der arabischen Welt hingegen wird die Umgangssprache als „gesprochene“ Sprache von so gut wie allen sozialen und Bildungsschichten verwendet, wenn auch die unterschiedlichen Facetten der Nutzung von Syntax, Vokabular und Nuancen in der Feinheit den Bildungsgrad des Einzelnen durchaus widerspiegeln. Hier ist der Vergleich mit Schweizerdeutsch angebracht, das ebenfalls von allen Schichten verwendet wird und aus dessen Verwendung der Bildungsgrad deutlich erkennbar ist.

Die Unterschiede der Dialekte sind im Arabischen – wie in jedem anderen Kultur- und Sprachraum – enorm, wobei die Unterschiede zwischen den Dialekten des Nahen Ostens und des Maghreb besonders herausragen. Libyen, zum Teil auch Tunesien bilden die umgangssprachliche Trennlinie. Darauf werde ich später noch zurückkommen.

Naders Unterricht umfasst meist beide Sprachebenen und war deshalb per se eine Herausforderung für Dozent und Lernende.

Einige wenige Teilnehmer konnten danach dank außergewöhnlicher Sprachbegabung und wegen der von der Dienststelle großzügig zur Verfügung gestellten Unterrichtszeit erhebliche Fortschritte erzielen. Sie konnten anschließend fast fehlerfrei und oft nur mit leichtem Akzent Gespräche auf Arabisch über Gott und die Welt führen, kleine, durchaus profunde Vorträge über etwa die politische Lage im Jemen oder über den Stand der bilateralen Beziehungen zwischen der Bundesrepublik Deutschland und dem Irak halten. Bei den meisten Kursteilnehmern jedoch waren die Erträge hinsichtlich des Erlernens der Sprache eher von bescheidenem Umfang. Das lag nur selten an mangelnder Sprachbegabung oder am fehlenden Interesse für fremde Kulturräume, sondern an der oft eng bemessenen und nicht selten abrupt eingekürzten verfügbaren Zeit für den Kurs, was das Erlernen einer Sprache so gut wie unmöglich machte. Manchmal hatten die Teilnehmer dafür nur zwei oder drei Stunden wöchentlich Zeit, während sie „nebenbei" respektive hauptsächlich den eigentlichen dienstlichen Aufgaben nachzugehen hatten. Am Ende von etwa zwei bis drei Monaten lernten deshalb viele Teilnehmer über die eher leicht zu bewältigenden Buchstabenerkennung und einige wenige Alltagsfloskeln hinaus so gut wie nichts.

In dieser Zeit fragte sich Nader oft, ob man seine Muttersprache verlernen kann. Seine eigenen Erfahrungen scheinen das zu widerlegen, wenngleich sein Fall nicht repräsentativ ist, da er auch beruflich mit dem Arabischen befasst war. Allerdings empfand er es gelegentlich als eine Herausforderung, mit jemandem Arabisch zu sprechen, der nur diese Sprache sprach. Denn es ist für die „Deutsch-Araber" wesentlich einfacher, wenn sie inmitten eines Gesprächs auf Arabisch auf bestimmte deutsche Ausdrücke oder Redensarten zurückgreifen können. Dann verwenden sie spontan und unbeschwert vertraute deutsche Vokabeln wie Hausarzt, Bahnhof, Straßenbahn,

Supermarkt, Theater, Fußball usw. Und noch eine Beobachtung machte Nader bei sich selbst und anderen: Da jede Sprache sich mit der Zeit dynamisch weiterentwickelt, kann es Nader und seinen deutsch-arabischen Landsleuten in der „Fremde" durchaus passieren, dass sie aus der Mode geratene Redensarten gebrauchen. Das löst dann nicht nur wohlwollendes Schmunzeln bei den „echten" Arabern aus. Manche Gesprächspartner reagieren trotzdem höflich und empfinden einen Hauch von Nostalgie in Anbetracht schöner, aber nunmehr selten verwendeter Vokabeln.

Die eigene Sprache völlig zu verlernen, könnte einem wohl höchstens infolge eines jahrzehntelangen Aufenthalts auf einer entlegenen Insel passieren – bei strenger, sprachlicher Abstinenz. Undenkbar ist ein solcher Verlust jedoch, wenn man in einem europäischen Land wie Deutschland, Frankreich oder Großbritannien lebt, wo so viele Menschen mit arabischen Wurzeln zeitweilig oder dauerhaft zuhause sind. Dennoch gibt es hier und da kuriose Ausnahmen.

So erzählte man vor einigen Jahren von einem syrischen Allgemeinmediziner, dessen Praxis sich im Ruhrgebiet befand. Ihm sei seine (arabische) Muttersprache völlig abhanden gekommen. Er redete selbst mit seinen arabisch sprechenden Kollegen und Freunden nur Deutsch. Nicht ganz zuverlässige Quellen behaupteten sogar, dass er einmal zu einer arabischen Patientin folgenden Satz – natürlich auf Deutsch – sagte: „Kommen Sie ein anderes Mal mit einem Dolmetscher für Arabisch wieder, damit ich Sie untersuchen und behandeln kann". Einer seiner Bekannten, auch Mediziner, sprach in diesem Zusammenhang allerdings von einem „psychopathischen Hang zur bedingungslosen Anpassungswilligkeit".

Mag sein, dass die einen nur so tun, als verstünden sie ihre Muttersprache nicht mehr. Es gibt aber auch andere, nicht minder kuriose Menschen, die aus bestimmten Gründen im

Gespräch lieber eine Fremdsprache als Arabisch benutzen. So erlebte Nader auf Reisen im arabischen Raum, besonders im Libanon und in Jordanien, nicht selten, dass waschechte Araber, die ihre Sprache in Wort und Schrift lückenlos beherrschten, mit ihm unbedingt das Gespräch auf Englisch führen wollten. Das nagte weniger an seinem Nationalgefühl als an seinem Selbstwertgefühl, denn er mutmaßte zunächst, dass man etwas Gravierendes an seinem sprachlichen Vermögen zu beanstanden hätte. Durch die Häufung derartiger Fälle erkannte er allerdings bald und mit großer Verwunderung, dass dieses Verhalten lediglich dem Umstand geschuldet war, dass er in einem westlichen Land lebte. Da ihm die Situation seltsam, ja bizarr erschien, antwortete er meist auf Arabisch. Das half nicht, denn seine Gegenüber blieben unbeirrt beim Englisch. Schließlich musste er notgedrungen auf Englisch reagieren, um sich keine Blöße zu geben. Dabei wäre es ihm durchaus lieber, leichter und natürlicher gewesen, mit Arabern Arabisch zu sprechen.

Einmal saß er mit einem ehemaligen Kommilitonen in einem Straßencafé im damaligen Szeneviertel Al-Hamra in Beirut und plauderte mit ihm über Gott und die Welt auf Arabisch. Sobald der Kellner an den Tisch kam, um die Bestellung entgegenzunehmen oder das Bestellte auf den Tisch zu platzieren, wechselte der Freund plötzlich ins Deutsche über. Dabei war es in dem Gespräch eher um Belangloses und nicht etwa um Geheimnisvolles gegangen, das man unbedingt für sich hätte behalten wollen. Die Getränkebestellung gegenüber dem Kellner dagegen gab der Freund dann wieder auf Arabisch ab. Der arme Kellner fühlte sich daraufhin dazu genötigt, seinen beiden Gästen das „Kompliment“ zu machen, „barrah“ zu sein, also im Ausland lebend. Für dieses Phänomen gibt es eine einfache Erklärung, die man mit nichts anderem als Minderwertigkeitskomplexen beschreiben kann. Dies ist erstaunlich genug angesichts der überregionalen Bedeutung und des Verbreitungsradius der arabischen Sprache.

Doch dass die Beherrschung gerade des Englischen manchen Arabern als maßgebliches Kriterium für Bildung und Kultiviertheit gilt, erlebte Nader noch bei einer weiteren Gelegenheit in Beirut. Er war dort in Begleitung eines angesehenen deutschen Politikers. Dieser hatte sich zum renommierten Professor für Staatsrecht hochgearbeitet, bevor er in die Niederungen der Politik eintrat. Sein „Manko" war die mangelhafte Beherrschung des Englischen. Anstatt sich mit Hilfe des Dolmetschers auf Deutsch zu verständigen, sah er sich gezwungen, radebrechend auf Englisch zu sprechen – nur weil sein exzellent Englisch sprechender Amtskollege ex Cathedra verkündete, im „kultivierten" Westen beherrsche man selbstverständlich diese Sprache – anders als in der damaligen „finsteren" Sowjetunion. Da der professorale Politiker im Vergleich zu seinem so glänzenden Englisch sprechenden Gastgeber sprachlich keine gute Figur machen konnte, bat er doch Nader, ihm sprachlich unter die Arme zu greifen. Das zu übersetzende Gespräch verlief dann paradoxerweise so: Während der Gast Deutsch sprach, antwortete der libanesischen Minister wie selbstverständlich nicht auf Arabisch, sondern natürlich auf Englisch.

Diese sprachliche Besonderheit beschränkt sich nicht auf offizielle Anlässe, sie ist auch keinesfalls eine Domäne von Snobs und Halbgebildeten. Selbst einige sehr gebildete Menschen verhalten sich im Gespräch mit „Exilarabern" nicht anders. Dabei passen zugegebenermaßen Snobismus, Oberflächlichkeit und Minderwertigkeitskomplexe gut zusammen. Auf einem diplomatischen Empfang in einer arabischen Hauptstadt erzählte eine arabische Dame aus dem Jet-Set-Milieu dem dort dienstlich weilenden Nader voller Stolz, dass ihre Töchter und Söhne Englisch und Französisch in Wort und Schrift komplett beherrschten. Mit nicht weniger „Stolz" verkündete sie gleich im Anschluss, ihre Kinder würden im Arabischen hingegen viele Fehler in Grammatik und Syntax machen und sich darin bei weitem nicht so gut ausdrücken können wie in den beiden Fremdsprachen. Nader wollte der stolzen Dame nicht zu nahetreten, konnte sich allerdings bei der Verabschiedung nicht verkneifen, apodiktisch anzumerken, dass ihm kein einziger Deutscher bekannt sei, der auf die mangelhaften Deutschkenntnisse seiner Kinder stolz wäre. Die Frau schien diesen Seitenhieb aber nicht zu durchschauen, denn sie reagierte darauf mit einem breiten Lächeln und einem von Glamour beseelten Blick so, als wäre man in der Sache einer Meinung.

Einige Menschen genau dieser Verhaltenskategorie reagieren auch überrascht bis konsterniert, wenn sie im europäischen Ausland – etwa beim Besuch eines Sanatoriums oder einer Universitätsklinik – von einem arabischsprachigen Arzt (oder Ärztin) behandelt werden sollen. Dem gesunden Menschenverstand folgend, würde man annehmen, dass dieses schon allein wegen der gemeinsamen Sprache gutgemeinte Arrangement auf Zustimmung, vielleicht sogar auf Begeisterung stoßen müsste. Doch manche Patienten verlangen in solchen Fällen von der Klinikleitung unverblümt eine Behandlung durch einen deutschen Arzt. Oft lautet die „stichhaltige" Begründung, man sei ja schließlich zu diesem Zweck nach Deutschland gereist und nicht etwa nach Amman oder Kairo. Sonst hätte man ja auch zuhause bleiben und sich eben dort von arabischen Medizinern behandeln lassen können. Natürlich ist so eine Situation für den arabischen Arzt ärgerlich und verletzend. Ein arabischer Chefarzt pflegte in solchen Fällen kühl zu sagen, dann könne sein deutscher Assistent gerne den Fall übernehmen.

Anders als im Nahen Osten kommt es in den Maghreb-Staaten oft vor, dass die Einheimischen mit jemandem, der „nahöstliches" Arabisch spricht, auf Französisch antworten. Das geschieht in den meisten Fällen allerdings nicht aus Snobismus oder Narzissmus, sondern in der irrigen Annahme, dass man sich so besser verständigen könnte. Doch hat die französische Sprache in den meisten Ländern des Nahen Ostens an Boden verloren. Selbst in der einstigen Französischhochburg Libanon spricht die überwältigende Mehrheit heute viel besser Englisch als Französisch.

Eine sinnentstellende Verhunzung des Arabischen erlebt man allerdings im gesamten arabischen Sprachraum im Bereich der Social Media. Im Sprachgebrauch der Social Media dominiert eindeutig der Zugriff auf die einfachsten Formen der Umgangssprachen. Die Verwendung des standardmäßigen Hocharabischen klingt in den Augen und Ohren nicht nur der jüngeren Empfänger geschwollen und „uncool". Manche versuchen, in dieser Sparte künstlich und mühsam eine Brücke zwischen der geschriebenen und gesprochenen Sprachform zu bauen, wodurch eine noch stärkere Verhunzung des Arabischen entsteht. Das geschieht aber unabhängig von den Schwierigkeiten, die aus den unterschiedlichen Dialekten im arabischen Sprachraum entstehen.

Wie schon angedeutet gibt es dort eine Vielfalt an Dialekten, die für Menschen aus anderen Regionen teils schwer oder gar nicht verständlich sind. So wie sich eine Verständigung zwischen niederbayerisch und plattdeutsch sprechenden Menschen äußerst schwierig gestalten dürfte, käme ebenfalls ein in Mundart geführtes Gespräch zwischen einem Marokkaner und etwa einem Iraker der Quadratur des Kreises nahe. Denn die Maghreb-Dialekte von Tunesien westwärts sind für die Menschen aus dem vorderasiatischen Sprachraum schwer zugänglich. Innerhalb der Region des Nahen Ostens hingegen, also von Ägypten über den Irak bis hin zum Sultanat Oman auf der Arabischen Halbinsel, dürfte die Verständigung mit einiger Mühe durchaus zu bewerkstelligen sein.

Unter den gebildeten Menschen ist eine Verständigung mit Hilfe des Hocharabischen immer möglich. Mit bildungsfernen Schichten etwa aus dem Maghreb ist es insofern komplizierter, als sich ihre Dialekte aus Fragmenten des Arabischen, Berberischen und Französischen zusammensetzen. In den Ohren der „Nahöstler" klingen sämtliche maghrebinische Dialekte gleich unverständlich. Die Maghreb-Völker ihrerseits können zwischen dem ägyptischen und syrischen Arabisch kaum unterscheiden. Daher halten sie alle aus diesen beiden Regionen stammenden Menschen für Ägypter. Interessanterweise können auch die Ägypter zwischen den Dialekten Syriens, des Libanons, Palästinas und Jordaniens meist nicht unterscheiden. Daher werden von ihnen alle diese Dialekte sprechenden Menschen schlicht als Angehörige von „Bilad Ascham" identifiziert, was mit „Levante" bzw. „Historisch-Syrien" zu übersetzen wäre.

Mit diesem Kulturbegriff kommen die Menschen aus diesen Ländern in der Regel auch problemlos zurecht. Es gibt jedoch einige Libanesen, die aufgrund ihrer konfessionellen und ideologischen Orientierung diese Zugehörigkeitszuordnung ablehnen: Sie sehen den Libanon als eine autonome nationale und kulturelle Einheit. Erst recht verwerfen diese Kreise die These von der Zugehörigkeit des Libanons zum arabischen Kulturraum. Es gab dort kurzzeitig sogar ernstgemeinte Versuche, das Umgangslibanesisch zur selbständigen Sprache zu erheben, weil es mit dem Arabischen nicht verwandt sei, was natürlich jeglicher wissenschaftlichen Grundlage entbehrt. Daraufhin erschienen in einigen nationalistischen Nischenblättern für eine Weile Nachrichten, Kommentare und sonstige Publikationen ausschließlich auf libanesisch. Auch einige führende Denker und Schriftsteller unterstützten diese neue kulturelle Welle. Wie selbstverständlich wurde das lateinische Alphabet verwendet, um sich vom Arabischen auch der

Form halber abzugrenzen. Ein Angehöriger dieser Strömung, ein gebildeter, in den Medien gefeierter Volksdichter stammte mütterlicherseits aus dem syrischen Houran. Er empfand dies als einen Makel, den er auszublenden versuchte.

Inzwischen existiert diese Strömung nicht mehr, vielleicht der späten Erkenntnis geschuldet, dass die libanesische Mundart letztlich doch dem Syrisch-Arabischen zuzuordnen ist.

Vorurteile und Abgrenzung

Zwischen Islamophobie und kultureller Korrektheit

Als bekennender Muslim aufzutreten, ist in diesen Zeiten nicht gerade einfach, weder in Deutschland, noch in vielen anderen Ländern der Welt. Und selbst für den säkular denkenden Nader gestaltet sich die Sache oft schwierig und frustrierend. Aufgezogen als moderater Muslim war er schon seit der Ankunft in Deutschland in Religionsfragen in zunehmendem Maß liberal und zum Teil auch gleichgültig geworden. Dennoch wurde und wird er manchmal mit völlig unangebrachtem Lob oder Vorwürfen konfrontiert, als ob er gleichsam „mitverantwortlich" wäre für alles, was sein Gegenüber mit dem Islam verbindet, sei es eine positive Wahrnehmung oder die Verwerfungen des Dschihadismus.

Wird hierzulande jemand nach seiner Religion und seinen kulturellen Wurzeln gefragt, so löst die Antwort oft eine Reihe extrem unterschiedlicher Reaktionen aus. Positiv voreingenommen und mit einem ersichtlichen, vorauseilenden Gehorsam einhergehend ist die Reaktion in aller Regel dann, wenn der Gefragte sich als Jude zu erkennen gibt. Das ist zwar nachvollziehbar angesichts der systematischen Verbrechen, denen die Juden in Form von Pogromen, Verfolgung, Stigmatisierung und systematischer Vernichtung in den Konzentrationslagern ausgesetzt waren. Ob diese Reaktion allerdings immer ehrlich gemeint ist, kann stark bezweifelt werden. Eine ältere Dame jüdischen Glaubens, die aus einem nordeuropäischen Land stammt und seit vielen Jahren in Frankfurt am Main zuhause ist, schätzte zwar einerseits diese ideelle und zum Teil materiell privilegierende Form staatlichen und gesellschaftlichen

Verhaltensmusters. Andererseits empfand sie diese den Juden überdeutlich entgegengebrachte Empathie nicht durchgängig überzeugend oder notwendig, bisweilen sogar künstlich gezüchtet und daher verstörend. Und sie war dank langjähriger Erfahrungen versiert genug, um nuancenreich zwischen ehrlich gemeinter Sympathie und geheuchelter Anbiederung zu unterscheiden.

Da sie in der nordeuropäischen Sozialdemokratie und in der Menschenrechtsbewegung gedanklich und emotional fest verankert war, empfand sie es darüber hinaus als außerordentlich ärgerlich, wenn die bekundete Liebe zu den Juden mit beträchtlichen Lobreden auf den langjährigen, rechtslastigen israelischen Premierminister Benjamin Netanyahu einherging, den sie nicht primär als „Juden", sondern als einen politischen Kontrahenten ansah.

Die US-amerikanische Jüdin und Leiterin des Potsdamer Einstein-Forums, Susan Neiman, konstatiert, dass in Deutschland eine aus schlechtem Gewissen geborene „überzogene" politische Korrektheit gegenüber den Juden herrscht, die in manchen Fällen dazu führe, dass der deutsche Staat Kritik an der Politik des Staates Israels „unterdrücke". Selbst Juden, die eine solche Kritik ausüben, würden hierzulande nicht selten als „Antisemiten" oder jüdische „Selbsthasser" bezeichnet.

Sachlich falsch und politisch vermessen ist die gerade in Deutschland häufig auftretende Vermengung der beiden Begriffe „Jude" und „Israeli". Diese Gleichsetzung mögen vielleicht dogmatisch denkende Zionisten für zutreffend halten, Viele andere Juden – ob Unterstützer oder Kritiker der Politik des Staates Israel – legen großen Wert auf eine Differenzierung. Ein früherer Präsident des Zentralrats der Juden in Deutschland zum Beispiel störte sich sehr daran, dass „wohlmeinende" Freunde Israels und der Juden insgesamt ihn während eines Besuches des damals amtierenden israelischen Außenministers in

Deutschland stets und selbstverständlich darauf ansprachen, dass „sein“ Außenminister dies oder jenes gesagt oder getan habe. Darauf antwortete er für gewöhnlich prompt und schlagfertig mit den Worten „Aber mein Außenminister ist ja nicht in Deutschland zu Besuch, er ist ja hier zuhause“. Eine Antwort, die manche in großes Erstaunen versetzte.

Einige Male kam der palästinensisch stämmige Nader selbst in den zweifelhaften Genuss des eigenartigen Empathie-Reflexes. Mehrfach glaubte jemand etwa am Infostand eines Museums, einer Konzertkasse oder einer Amtsstube beim näheren Betrachten seines (deutschen) Personalausweises und des darin eingetragenen Geburtsortes Jaffa ihm seine Wertschätzung für Israel und die Juden versichern zu müssen. Solche Situationen waren Nader stets peinlich, so als würde jemand aufgrund einer Namensverwechslung in höchsten Tönen für eine musikalische Meisterleistung gelobt werden, die er nicht vollbracht hatte. Oft reagierte Nader darauf mit einem verlegenen Lächeln oder einer höflichen Richtigstellung, was die betreffende Person wiederum in eine peinliche Situation brachte.

Eine – allerdings durchweg ehrlich gemeinte – positive, nahezu euphorische Reaktion erntet man bei der Frage nach der Religion auch, wenn man sich hierzulande als Buddhist zu erkennen gibt. Neben einigen wenigen Deutschen, die sich mit dieser asiatischen Glaubensrichtung gründlich, gar wissenschaftlich befassen und sie daher objektiv wie subjektiv ein- und wertzuschätzen imstande sind, beurteilen viele andere Menschen diese Religion positiv, obwohl ihnen oft die elementarsten Kenntnisse darüber fehlen. Manche entscheiden sich sogar rein emotional und ohne ein Hinterfragen für eine Konvertierung – ein Vorgehen, vor der kein Geringerer als der Dalai-Lama selbst einst warnte.

Gegenüber dem Hinduismus empfinden die meisten Deutschen nicht die gleiche Bewunderung und Affinität. Doch bewegt sich ihre Haltung zu dieser Glaubensrichtung meist zwischen neutral und positiv, wobei die dieser Religion innewohnenden Rituale der Meditation und Spiritualität Wohlwollen genießen. Negative Reaktionen gegenüber dem Hinduismus gibt es kaum, mit mildem Vorbehalt wird, wenn überhaupt, die Hygiene einiger kultischer Rituale bewertet. Rufe nach Verbannung dieses Glaubens aus dem „christlichen“ Europa sind Nader noch nie zu Ohren gekommen und auch nicht, dass behauptet würde, es bestehe die Gefahr einer Unterwanderung Europas durch den Buddhismus oder Hinduismus. Dabei gibt es nicht wenige, wohl dokumentierte Ereignisse etwa in Indien, China oder Myanmar, die durchaus belegen können, dass auch im Namen des Hinduismus und Buddhismus grausame und menschenverachtende Handlungen gegen religiöse und ethnische Minderheiten begangen werden. Im Fall des formal buddhistischen Chinas muss allerdings hinzugefügt werden, dass der dortige Umgang auch mit dieser Religion nicht gerade vom Geist der Toleranz geprägt ist.

Im Verhältnis zum Islam ist hingegen eine andere Haltung vorherrschend. Von einigen wenigen, zu objektiver Differenzierung neigenden Fachkreisen abgesehen, wird der Islam und werden meist auch die Muslime selbst misstrauisch, zum Teil auch ablehnend wahrgenommen. Dafür sind mehrere Faktoren verantwortlich. Diese sind vor allem geografische Nähe, historisch begründete Anfeindungen und kulturelle Vorurteile.

Die arabischen Muslime sind, anders als die geografisch weit entfernt lebenden Buddhisten oder Hindus, unmittelbare Nachbarn Europas. Oft sind beide Religionsgruppen nur durch das Mittelmeer, manchmal lediglich durch eine Landesgrenze voneinander getrennt. Nachbarschaft ist bekanntlich nicht immer ein Nährboden für gegenseitige Achtung und Empathie. Die historisch angespannten Beziehungen Frankreichs zu

Deutschland und England sind Paradebeispiele für Misstrauen und Missgunst unter Nachbarvölkern.

Es kommt im Fall des europäisch-islamischen Verhältnisses erschwerend hinzu, dass es durch religiös, kulturell und politisch motivierte Kriege vergiftet wurde. Ein weiteres entscheidendes Problem liegt darin, dass jede der drei monotheistischen Religionen (übrigens auch nicht nur sie) der festen dogmatischen Überzeugung ist, die einzig „wahre" Religion und mithin im Besitz der absoluten Wahrheit zu sein. Als jüngste der drei monotheistischen Religionen zollt der Islam dem Judentum und Christentum zwar Anerkennung und Respekt für deren „Vorarbeit", gleichzeitig stellt er allerdings den Anspruch, die „vollendete" Form einer monotheistischen Religion zu sein. Die beiden anderen Religionen sehen nur bedingt eine Verbindungslinie zwischen sich und dem Islam, den sie zwar faktisch, aber nicht religionsdogmatisch als gleichwertig anerkennen.

Das Verhältnis zwischen Christentum und Judentum ist ebenfalls von beträchtlicher Komplexität geprägt. Die Rede ist zwar oft, ja inflationär, von den „gemeinsamen Wurzeln" beider Religionen. Doch die dogmatischen Diskurse im Verlauf der Religionsgeschichte sowie die historischen und zeitgeschichtlichen Konflikte liefern alles andere als ein Bild von Eintracht, gegenseitiger Achtung und Friedfertigkeit.

Allerdings ist es wiederum eine Tatsache, dass etliche historische und zeitgeschichtliche abendländische Werke der Wissenschaft, Kunst und Literatur von einer zwar nicht gerade empathischen, aber auch keiner negativen, eindimensionalen Sichtweise auf den Islam und das Verhältnis zwischen dem Abendland und dem Islam zeugen. Das beschrieb der in Großbritannien geborene syrischstämmige Gelehrte an der Oxford Universität Albert Hourani (1915–1993) ausführlich u.a. in seinem Hauptwerk „Arabic Thought in the Liberal Age 1798–1939". Auch die Wahrnehmung des Islam in Goethes Werk

„West-Östlicher Divan“ sowie Lessings Behandlung der Toleranzthematik waren dem Islam gegenüber positiv. Der Mittelalterhistoriker an der Berliner Humboldt-Universität, Michael Borgolte, schreibt aktuell, dass der Islam zu den Fundamenten deutscher und europäischer Kultur gehöre. Dabei weist er im Rahmen der in Deutschland heftig geführten Islam-Debatte nach, dass nicht nur die hierzulande lebenden Muslime zu Deutschland gehören, sondern der Islam selbst auch. Diese Ansicht vertrat auch der frühere Bundespräsident Christian Wulff, was ihm seitens einiger einflussreicher politischer und gesellschaftlicher Kreise Anfeindungen bescherte.

Kultur- und Glaubensdiskurse führen in der Regel Philosophen, Historiker und Religionswissenschaftler in kleinen, elitären Zirkeln. Deren Wirkung bleibt daher auf zahlenmäßig kleine Kreise beschränkt. Das bedeutet: Diese Diskurse sind für die breiten Massen meist schwer zugänglich. Geschickte Agitatoren und Populisten dagegen erreichen sehr wohl eine größere Öffentlichkeit, da sie das Handwerk der Geschichtsklitterung und kulturellen Manipulation in der Regel besser beherrschen als die Historiker. Es ist nicht so, dass sie durchgängig unwahre Begebenheiten kolportieren oder ihr Leitsatz die Wissenschaftsverfälschung ist. Doch durch die Verbreitung ihrer eigenen, selektiven Auslegung des Glaubens und der Tradition, z. B. von Islam und Muslimen, sind ihre Aussagen viel eingängiger als das sperrige Werk differenzierender Gelehrsamkeit.

Dass die Frühwerke des Islam deutliche paternalistische Züge aufweisen, ist nicht von der Hand zu weisen. Und doch ist es toxisch, wenn rechtslastige Strömungen dem Islam allein anlasten, eine bevormundende, männlich geprägte Religion zu sein. Auch in den Frühwerken von Judentum und Christentum gibt es solche Züge. Und Susanne Koelbl erinnert in ihrem Buch „12 Wochen in Riad“ daran, dass Männer in Deutschland zumindest formaljuristisch bis 1976 die Arbeitsverträge ihrer

Frauen gegen deren Willen hätten kündigen dürfen. Auch hierzulande herrschte lange alles andere als eine fortschrittliche, auf Geschlechtergleichheit basierende Sicht auf die Gesellschaft. Die Praxis in einigen muslimischen Staaten ist allerdings heute noch äußerst rückwärtsgewandt. So gilt in Saudi-Arabien immer noch die diskriminierende Regel, dass selbst eine erwachsene Frau das Land nicht ohne die Zustimmung ihres „Vormunds" verlassen darf – Vater, älterer Bruder, Onkel etc. Dort bestimmen die Männer, sofern sie nicht aufgeschlossen und modern denkend sind, die Regeln für das Alltags- und Berufsleben der Frauen.

Richtig gefährlich sind allerdings die von rechten Strömungen in Umlauf gesetzten Verschwörungserzählungen, die im Islam a priori Keime des Hasses und des Terrorismus und in jedem Muslim einen potenziellen Gewalttäter erkennen wollen. Befremdlich ist, dass in den Medien, insbesondere bei den politischen Talkshows einige als „Experten" auftretende Politiker und Publizisten in ihrem Hang, die Dinge pauschal darzustellen, in fahrlässiger Weise selten erwähnen, dass die überwiegende Mehrheit der Muslime die im Namen des Islam begangenen Terroranschläge und sonstigen Gewaltaktionen scharf missbilligt und sie obendrein für eine große Gefahr für das Ansehen von Islam und Muslimen halten. Bei ihnen stoßen auch die überflüssigen und kontraproduktiven Aktionen wie die Umwidmung ehemaliger Kirchen oder Museen in Moscheen durch geltungsbedürftige Politiker, wie dies mit der Hagia Sofia kürzlich geschehen ist, wenn nicht gerade auf Ablehnung, so zumindest auf Unverständnis und Verwunderung.

Für gerechtfertigt hielte Nader hingegen dezidierte Kritik an der mangelnden, zum Teil fehlenden Fähigkeit und Bereitschaft muslimischer Gelehrter, Soziologen und Politiker den Schritt in Richtung moderner Deutung des Islam zu wagen, wie das etwa bei der Reformation und Aufklärung im christlichen Abendland geschehen war. Im Hinblick auf die zurecht beklagte ungleiche Stellung der Frau im Islam, zum Beispiel im Erbrechtsbereich, wäre eine mutige, reformfreudige Neuauslegung vonnöten. Der entsprechende Tabubruch wäre mit der notwendigen Anpassung an die Moderne zu rechtfertigen. Aus historischer Perspektive mag das Erbrecht in seiner ursprünglichen Fassung durchaus nachvollziehbar sein, in seiner heutigen Wirkung jedoch benachteiligt es die Frauen und Mädchen zu unrecht. Auch steht in den arabischen Golfstaaten den Mädchen zwar das uneingeschränkte Recht auf schulische und hochschulische Ausbildung zu, in der Praxis jedoch wird ihnen danach in einigen Fällen eine berufliche Tätigkeit mit dem wenig überzeugenden Verweis auf angebliche Grundprinzipien des Islams verweigert.

Eine weitere, wenn auch nicht politisch instrumentalisierbare Angriffsfläche bietet das im Islam gegebene Gebot, gleichzeitig vier Ehefrauen zu heiraten. Auf dieses Gebot wird beinahe jeder Muslim, ob fromm, fundamentalistisch oder sogar säkular, häufig kritisch und insistierend angesprochen. Kaum oder nicht bekannt ist die im Koran enthaltene Zusatzklausel, dass Grundvoraussetzung dafür die Einhaltung des uneingeschränkten Gleichbehandlungsprinzips ist und dort auch expressis verbis steht, dass diese Prämisse nicht erreichbar ist. Daraus ließe sich implizit ein Verbot der polygamen Ehe ableiten. Tatsächlich haben einige Staaten wie die Türkei und Tunesien dieses Gebot inzwischen im Gesetzbuch und mithilfe moderner Exegese der religiösen Gebote und Verbote ausdrücklich für nicht anwendbar erklärt. Die Suspendierung des Gebots wird u.a. mit einem Wandel der äußeren Umstände begründet: Früher waren infolge häufiger frühislamischer Kriege viele männliche Personen früh verstorben, außerdem sei die Frau damals vom Mann völlig abhängig gewesen. Das sei inzwischen nicht mehr so. Es wäre wünschenswert, wenn andere muslimisch geprägte Staaten diesem Schritt per Gesetz oder Verordnung folgen würden.

Tatsache allerdings ist, dass die Praxis der polygamen Ehe nur von einer kleinen Minderheit von Männern ausgeübt wird. Die Mehrheit der Muslime weltweit kennt keinen derartigen Fall im persönlichen Umfeld. Es sei zur Erheiterung am Rande erwähnt, dass manch ein Muslim angesichts des allgemein und sichtbar stärker werdenden Selbstbewusstseins auch unter muslimischen Frauen die Auffassung pflegt, eine einzige Ehefrau zu haben, sei „wirklich ausreichend".

Ein unter den Europäern gerne ins Feld geführtes Argumentationsmuster gegen das patriarchalische „Macho-Gehabe" im Islam bezieht sich oft auf die „Houris" bzw. „Huris", die den frommen und gottesfürchtigen Männern als Belohnung im Jenseits, genauer im Paradies, versprochen werden. Dieser Seitenhieb dient meist der harmlosen Belustigung, etwa wenn jemand sinniert, es wäre schön, wenn das Christentum Ähnliches versprochen hätte. Doch manchmal steckt dahinter eine handfeste und unüberhörbare Voreingenommenheit. Hervorzuheben ist, dass dieses „Versprechen" außer im Kreis kleiner gewaltbereiter, fanatisierter Selbstmordattentäter weder von den frommen noch den eher neutral eingestellten Muslimen thematisiert oder überhaupt ernst genommen wird. Dass weder die einen noch die anderen das Versprechen kritisch hinterfragen, liegt wohl in der Tatsache begründet, dass es im Koran tatsächlich erwähnt wird, und zwar im Zusammenhang mit den Glaubenskriegen und dem damit verbundenen Anspornen zum Märtyrertod im Dienst des Glaubens. Allerdings: Dass der untadelige und zu belohnende Mann im Paradies den Anspruch auf sage und schreibe 72 Huris hätte, wird zwar hier und da hinausposaunt, steht nachweislich jedoch nirgends im Koran.

Zwar führt das Recht auf vier Ehefrauen auf Erden und eine Menge Huris im Jenseits in Europa eher zu Vorurteilen der

„harmlosen" Art. Aber auch diese Harmlosigkeit, gepaart mit der Praxis der Verschleierung unterschiedlichen Grades unter muslimischen Frauen und Mädchen trägt erheblich zur Alltagsstigmatisierung von Muslimen bei. Die Ganzkörperverschleierung, Nikab oder Burka genannt, ist – milde formuliert – gewöhnungsbedürftig. Sie ist außerdem im Islam nirgends vorgeschrieben. Ein Verbot, wie dies in Frankreich und Teilen der Schweiz Praxis ist, erscheint dennoch angesichts der extrem geringen Zahl betreffender Frauen massiv übertrieben zu sein. Die Schweizer Regierung, Bundesrat genannt, wandte sich gegen eine entsprechende Volksinitiative Anfang 2021. Zuvor war ihr Versuch gescheitert, auch die Volksinitiative zu verhindern, die 2009 den Bau von Minaretten untersagt.

Anders als die Nikab-Frage scheint die Debatte um das Kopftuchtragen, wie sie von militanten, zum Teil auch ideologisch aggressiven Kreisen in vielen westlichen Ländern geführt wird, in ihrer Schärfe völlig unverhältnismäßig. In manchen arabischen Ländern mit einem christlichen Bevölkerungsanteil wie Libanon, Syrien, Ägypten und Jordanien gehört das Bild „verschleierter" Nonnen zum Alltag, was von der muslimischen Mehrheit mit Ausnahme von extremistischen Fanatikern kaum beanstandet wird. In anderen Ländern wie in Saudi-Arabien und den meisten Golfstaaten gibt es entweder kaum christliche Gemeinden oder der Staat verbietet generell wie im Fall Saudi-Arabiens den Bau von Kirchen und anderen nicht-islamischen Gotteshäusern, was sicherlich von einer intoleranten und falschen Geisteshaltung zeugt. Die größeren Vorurteile gegen den Islam, die mit dem Begriff „Islamophobie" gut umschrieben werden, beziehen sich allerdings einerseits auf den politischen Islam und andererseits auf die Flüchtlings- und Migrantenthematik.

Den politischen Islam automatisch mit Terrorismus und Gewaltbereitschaft gleichzustellen, wie dies im Westen Usus ist, ist sachlich nicht richtig. Zunächst kennt der Islam qua Dogma und Entstehungsgeschichte eine Trennung zwischen Religion und staatlichem Gemeinwesen nicht. Daher ist zwar die Beschreibung des Islam als eine „politisch“ handelnde Religion nicht a priori falsch. Und es gab Ende des 19./Anfang des 20. Jahrhunderts im Rahmen des politischen Islam durchaus reformfreudige Bewegungen unter der Führung des Ägypters Muhammad Abduh und des Persers Djamaluddin Al-Afghani. Diese konnten allerdings einen prägnanten Durchbruch nicht erreichen.

Sicher ist, dass der politische Islam ursprünglich nicht gewaltbereit und für Terrorismus anfällg ist. Er hat sich allerdings in den letzten Jahrzehnten des 20. Jahrhunderts im erschreckenden Maß so radikalisiert, dass heute kein Zweifel darüber besteht, dass seine Hauptakteure wie Al-Kaida, der „Islamische Staat“ oder Boko Haram als rein terroristische Organisationen den „Islam“ instrumentalisieren. Die theologische Gelehrsamkeit in allen muslimischen Ländern genauso wie die breite Masse der Muslime weltweit verneinen zwar eine Kausalität zwischen Islam und Terrorismus. Dennoch fehlt es den meisten islamischen Theologen an Mut und Klarheit bei ihrer Kritik des politischen Islam in seiner gegenwärtigen Phase des physischen und verbalen Terrors. In Zeiten vereinfachender Verallgemeinerungen und populistischer Verschwörungstheorien lassen sich diese Terrororganisationen leicht, vor allem aber leichtfertig als Spiegelbild des gesamten Islam darstellen. Die dschihadistischen Terroranschläge in Europa und weltweit zementieren dann solche Pauschalurteile. Daher ist der islamisch „vermarktete“ Terrorismus im doppelten Sinn gefährlich: Er fügt dem Ansehen der Muslime fatalen Schaden zu und beschert den populistischen Bewegungen und Parteien im Westen einen besorgniserregenden massiven Zulauf.

Den zweiten entscheidenden Impuls für die Stärkung islamophobischer Tendenzen lieferte die Flüchtlingswelle, die

2015 unter anderem wegen der sich in Syrien dramatisch verschlechternden politischen und humanitären Lage ihren Höhepunkt erreichte. Dass die meisten Flüchtlinge – wie übrigens auch viele Migranten der beiden letzten Jahrzehnte – aus muslimisch geprägten Ländern stammen, befeuerte die antiislamischen und fremdenfeindlichen Kreise, die ähnlich den Islamisten vor Anschlägen nicht zurückschreckten. Auch die Rhetorik verbaler Angriffe hat sich auf beiden Seiten besorgniserregend verschärft. Besonders beliebt unter islamophoben Europäern ist ihr Kampf gegen die vermeintliche „Islamisierung des Abendlandes".

Vor nicht langer Zeit hielt ein um Ausgewogenheit bemühter iranischer Soziologe einen Vortrag über das Verhältnis zwischen Europa und der islamischen Welt. Dabei kritisierte er die spalterischen und radikalen Kräfte innerhalb des Christentums, Judentums und Islam, was beim großen Teil des Auditoriums als konstruktive Kritik gut ankam. Einige Zuhörer jedoch, die sich als Angehörige einer unter orientalischen Christen weit verbreiteten Konfession zu erkennen gaben, störten ständig durch Buhrufe und verbale Angriffe auf den Islam und die Muslime. Sie bekundeten lautstark, dass die Christen in vielen muslimischen Ländern Opfer von Diskriminierung und Verfolgung seien. Auf Vorschlag des Vortragenden, darüber in der vorgesehenen Diskussion sachlich, differenziert und besonnen zu debattieren, gingen die Störer nicht ein und setzten ihre verbalen Attacken aggressiv fort. Es war deutlich zu spüren, dass der Wille zu einem sachlichen und objektiven Diskurs fehlte. Das war kein Einzelfall, denn in vielen Foren nicht nur des Internets wimmelt es von Hasstiraden und Diffamierungen, die alles andere suchen als ein konsensuales Gespräch, das womöglich die eine oder die andere Seite durch Sachargumente überzeugen könnte.

Gelegentlich ist zu beobachten, dass einige selbsternannte muslimische Islamdeuter mit ausländischen Wurzeln (Türken,

Iraner, Araber etc.) statt einer kritischen und differenzierten Vermittlung des Islams und seiner Tradition in vorauseilendem Gehorsam gegenüber dem westlichen Mainstream oder auch zwecks Betonung der eigenen gelungenen Integration unbewusst ein destruktives Islambild liefern. Da werden bewusst oder nicht bewusst Begriffe wie Islam/Islamismus, Frömmigkeit/Fanatismus leichtfertig in einen Topf geworfen. Das wiederum bestärkt viele Islamskeptiker auf europäischer Seite in ihrer Haltung.

Ein weiteres Beispiel: Eine moderne türkische Reiseführerin sollte deutschsprachigen Touristen in der Blauen Moschee in Istanbul die Schätze der islamischen Kultur näherbringen. Die vorwiegend gebildeten und wissbegierigen Reisenden waren sichtlich verwundert, als die junge Frau – vielleicht in vorauseilendem Gehorsam – beinahe ausschließlich Negatives und Pauschales über ihre eigene Religion zum Besten gab. So dozierte sie, die Türken seien aufgrund ihrer Zugehörigkeit zum Islam arbeitsscheu, inkonsequent in der Beachtung der Hygieneregeln und in ihrer Lebensgrundhaltung emotional und daher wenig vernunftorientiert. Ein mitreisender deutscher Islamwissenschaftler fand derartige Auslassungen anmaßend und las der jungen Türkin höflich, aber klar die Leviten. Daraufhin war sie peinlich berührt, sah sich dann veranlasst, sich im darauffolgenden Programmteil in Sachen Vorurteile etwas zurückzunehmen.

Die Kehrseite der Medaille: Es gibt in Deutschland und anderswo in Europa neben den notorischen Islamhassern eine gegenläufige Tendenz, die wegen ihrer extrem positiven Voreingenommenheit nicht minder unangenehm auffällt. Es geht um nicht wenige bekennende oder auch säkulare christliche „Gutmenschen“, die den Regeln der politischen Korrektheit in übertriebenem Maß anhängen. Sie schießen in ihrem Bestreben, die in Deutschland vertretenen nichtchristlichen

Glaubensgemeinschaften vor Diskriminierungen zu schützen, über das Ziel hinaus. So fordern manche von ihnen etwa die Umbenennung christlicher Feiertage in religionsneutrale Bezeichnungen, preschen bei Behörden vor, damit Kruzifixe aus allen Schulen und Spitälern entfernt werden und treten dafür ein, aus „Rücksicht" auf Muslime und Juden in den Kantinen von Schulen und Kitas das Schweinefleisch aus dem Angebot zu nehmen – selbst wenn die Konsumenten mehrheitlich Christen oder Angehörige anderer Glaubensrichtungen sind. Das alles fordern sie in der Überzeugung, dass christliche Rituale und Symbole in den Augen von Nichtchristen als provokativer Ballast empfunden würden. Diese Einstellung ist nicht nur angesichts der Tatsache falsch, dass Europa trotz Aufklärung und Säkularisation an christlicher Tradition festhält. Dieser echte oder vermeintliche Toleranzgedanke birgt auch die Gefahr einer Stärkung rechtslastiger Strömungen in sich, die der Gefahr einer „Islamisierung des Abendlandes" das Wort reden und sich häufig als „Fremde im eigenen Land" hochzustilisieren suchen.

Viele Nichtchristen wundern sich über diese Art der Forderungen und sprechen in diesem Zusammenhang von „Konvertiten" im euphemistischen Sinn, also von einer Menschengruppe, die sich in ihrem vorauseilenden Gehorsam päpstlicher gebärdet als der Papst. Der umgekehrte Fall wäre in den Augen der meisten Muslime inakzeptabel, ja ein völliges Tabu, etwa wenn die Muslime aus Rücksicht auf andere Glaubensrichtungen den Fastenmonat Ramadan „Fest der Entschlackung und Entschleunigung" nennen sollten. Oder wenn von den Muslimen verlangt würde, ihre Moscheen in „Begegnungsstätten der hohen Moral" umzubenennen. Auch moderate Muslime machen keinen Hehl daraus, dass sie es als schmerzhaft empfinden würden, sollten ihre Kinder in den Schulen nicht ausdrücklich als Schweinefleisch deklariertes Fleisch zu sich nehmen müssen. Dennoch würden die meisten von ihnen die Sache lediglich als einen unerfreulichen „Betriebsunfall“ ansehen, welcher jedoch ihre Kinder in ihrem islamischen Glauben nicht erschüttern würde. Wirklich schlimm wäre für sie nur der völlig hypothetische und absurde Fall, dass Europa, wie es in Spanien nach der Rückeroberung Andalusiens unter Isabella I. von Kastilien geschah, die muslimischen Migranten als Bedingung für den Verbleib zum Übertritt in das Christentum gezwungen würden.

Doch die erzwungene Christianisierung steht nicht auf der Tagesordnung. Dennoch: Schlimm genug und völlig unverständlich aus der Sicht der Muslime ist die Tatsache, dass der Moscheenbau in Europa zwar weiterhin gestattet ist, in manchen europäischen Staaten wie der Schweiz jedoch ohne die dazu gehörigen Minarette. Diese als „kulturelle Amputation“ empfundene bauliche Einschränkung wird als hanebüchen und einer liberalen Demokratie nicht adäquat kritisiert. Das wäre nach dem Empfinden vieler Muslime so, als würde man in ihren Ländern den Bau von Kirchen mit der Klausel einschränken, dass dort kein Kirchturm entstehen dürfte.

Gerade die gläubigen und praktizierenden Muslime finden es sehr verwunderlich, dass sich in vielen Teilen Europas, vor allem auch in Deutschland, die Austritte aus der Kirche sichtbar häufen und die Zahl bekennender Christen sukzessive abnimmt. Besonders in den extremistischen muslimischen Kreisen wird das als Zeichen der Dekadenz und als Vorbote des moralischen Verfalls angesehen.

Rassismus in allen Kulturen

Naders Freund, der aus Nigeria stammende Osman Abdulrahman Osman legte großen Wert darauf, möglichst immer mit seinem dreiteiligen, bisweilen sperrigen Namen angeredet zu werden. Dieses Beharren erheiterte ihn, es erheiterte ebenfalls seine Freunde. Manchmal begnügten sich Nader oder auch andere Freunde damit, ihn aus rein zeitökonomischen Gründen mit dem schlichten „Osman" anzusprechen. Dann grinste er vorwurfs- und verständnisvoll zugleich. Der Name ist in Nigeria Ausdruck eines starken muslimischen Zugehörigkeitsgefühls, das in den nördlichen Regionen des Landes identitätsstiftend ist und gleichzeitig als Zeichen der Abgrenzung vom mehrheitlich christlichen Süden gilt.

In Osmans Verhältnis zum Islam und zum Arabertum überwogen Gefühle des Stolzes und der Bewunderung. Einerseits dozierte er oft alles andere als einsilbig, dass der Islam die Sklaverei als ethisch verwerflich betrachtet und rechtlich unter Strafe gestellt habe, nur um dann andererseits grinsend hinzuzufügen, dass dies viele arabische Stämme und Völker bis in die Neue Zeit hinein nicht daran gehindert habe, sie weiterhin ertragreich zu betreiben.

Als er Mitte der 1960er-Jahre nach Deutschland kam, zeigte sich der Rassismus hier noch weit subtiler als in unseren Tagen. Doch schon damals wurde Osman gelegentlich verspottet, schikaniert, manchmal auch rassistisch angegangen. Osman Abdulrahman Osman setzte in solchen Situationen seine Intelligenz und sprachliche Eloquenz geschickt als wehrhafte Waffe ein.

Er hatte in seinem westafrikanischen Heimatland die deutsche Schule besucht und war nach Heidelberg gekommen, um, wie die meisten ausländischen Studenten, Medizin zu studieren. Da war er den Ausländern, die erst nach ihrer Ankunft die elementarsten Grundzüge der deutschen Sprache zu erwerben hatten, sprachlich, aber auch landeskundlich weit voraus.

Zu seinen besten Freunden zählte ein Studienkollege aus der Türkei. Die beiden trafen sich sonntagmittags häufig zum Essen – mal bei dem einen, mal bei dem anderen. Osman war auf Fisch, der andere auf Lammfleisch amateurhaft „spezialisiert". Freitags verrichteten sie gemeinsam das Gebet in einem nahe der Stadt gelegenen, zur Moschee behelfsweise umfunktionierten Schuppen. Die beiden waren ein gut eingespieltes Team. Suchte man den einen vergeblich, brauchte man lediglich den anderen aufzusuchen, um weiterzukommen. Das funktionierte so gut, dass man die beiden die „Unzertrennlichen" nannte. In Glaubensfragen war Osman der moderatere, der türkische Freund dank seiner recht guten Arabischkenntnisse der wissensreichere.

Osman Abdulrahman Osman besuchte manchmal seinen Vetter, der in Leipzig Germanistik studierte, und lernte, wenn auch flüchtig, die DDR kennen. In einer Mischung aus spärlichem Wissen und vermeintlichem Fortschrittsglauben verklärten etliche Studenten aus arabischen Ländern, dem Iran und Lateinamerika die DDR zum besseren Teil Deutschlands. Sie taten dies im festen Glauben, dass es dort gerechter zugehe, und der Bruch mit dem faschistischen NS-Erbe systembedingt konsequenter und radikaler vonstatten gegangen sei als in der Bundesrepublik. Seine Kommilitonen wussten wohl, dass in der Bonner Republik viele ehemals bekennende Nationalsozialisten in Amt und Würde geblieben waren, wichtige Ämter in staatlichen Behörden, in der Kulturszene und in Gesellschaft und Wissenschaft bekleideten und – der Anpassungsnotwendigkeit geschuldet – von heute auf morgen eine bemerkenswerte Metamorphose in Richtung Wertedemokratie und Rechtstaatlichkeit gekonnt und blitzartig absolviert hatten. Den meisten war bisher hingegen nicht oder kaum bekannt, dass auch im deutschen Arbeiter- und Bauernstaat nicht wenige alte Nazis in der Führungsriege saßen, die ebenfalls geschickt und versiert den Sprung vom rassistischen Nationalismus zum ideologisch gefestigten Kommunismus mit Bravour geschafft hatten. Eines war kaum übersehbar: Ob progressiv oder konservativ-bürgerlich – es schien so, dass die meisten ausländischen Studierenden, selbst glühende Anhänger der DDR und schärfste Kritiker des kapitalistischen Systems unter ihnen letztlich lieber im Westen lebten und studierten als eine Übersiedlung in die DDR ernsthaft in Erwägung zu ziehen. Man monierte vieles an der BRD, kam jedoch vor allem mit dem angenehmen und konsumorientierten Lebensstil dort meist problemlos zurecht.

Wenn Osman Abdulrahman Osman, der „Experte“ in Sachen DDR, von einem Besuch „drüben“ nach Heidelberg zurückkam, fragten ihn seine Freunde wissbegierig und voller Neugierde, ob es auch dort Anzeichen von Rassismus und Fremdenfeindlichkeit wie im Westen gäbe. Er, der differenzierungsliebende, moderate Sozialismus-Sympathisant, bejahte die Frage mit einem griesgrämigen Gesichtsausdruck. Dabei unterschied er feinsäuberlich zwischen der offiziell verkündeten Agenda der Partei- und Staatsführung (das Wort „Propaganda“ mochte er nicht gerne verwenden) und dem Hang großer Teile der Gesellschaft, den dort lebenden Fremden aus der „Dritten Welt“ Neid, Ressentiment, zum Teil auch Ablehnung entgegenzubringen. Er berichtete von den Blicken, die auf ihn und seine afrikanischen Kameraden in den Straßen oder öffentlichen Verkehrsmitteln häufig gerichtet waren, die voller Abweisung, bisweilen auch voller Verachtung und Hass waren. Manchmal habe er aufgehört, mit seinen Landsleuten auf Englisch oder in der Stammessprache zu sprechen und wechselte bewusst zum Deutschen über um zu testen, ob dies einen anderen, positiveren Eindruck generiere. In den meisten Fällen sei ein positiver Effekt eher ausgeblieben. Andererseits registrierte Osman Abdulrahman Osman dort im Vergleich zur Einstellung der Bevölkerung in der BRD, wie er klarstellte, unter den gebildeten Schichten ein höheres Bewusstsein für die weltweiten Geschehnisse und Konflikte, ob die Einzelnen nun Anhänger oder Gegner des Systems waren.

Osman Abdulrahman Osman maß in seiner Wahrnehmung des Rassismus-Phänomens manchmal mit zweierlei Maß, was sachlich sicherlich unausgewogen, der Unvollkommenheit menschlicher Beschaffenheit dennoch durchaus adäquat war. So unterschied er spitzfindig und feinsäuberlich zwischen stereotypischen Streichen von Personen aus der Dritten Welt, und jenen ähnlich harmlosen Sticheleien, sofern sie von waschechten teutonischen, erst recht von britischen oder französischen Studierenden stammten, deren Heimatstaaten er wegen der bitteren und ausbeuterischen Kolonialgeschichte Hass und Feindschaft entgegenbrachte. Die einen ordnete er der Sparte „Albernheit“ oder „Petitesse“ zu. Hinsichtlich der anderen aber konnte er Brandreden gegen Kolonialismus, Imperialismus und Rassismus aus dem Stegreif halten. Selbst manchen seiner sonst wohlbesonnenen Zuhörern aus Entwicklungsländern schien sein Narrativ bisweilen maßlos übertrieben und verallgemeinernd zu sein. Letztendlich veranlasste sie diese Wucht an inhaltlicher und rhetorischer Kompetenz, von solchen albernen Schelmenstreichen zumindest vorübergehend Abstand zu nehmen.

Manche aus seinem Freundeskreis fanden es dennoch humorvoll und erheiternd, ihn an stickig heißen Sommertagen auf seine „braungebrannte“ Haut hinzuweisen, mit der sicherlich nicht der gesundheitlichen Fürsorge entstammendem Zusatzbemerkung, er möge sich künftig vor einem ausgedehnten

Sonnenbad in Acht nehmen. Darauf reagierte er meist nur schmunzelnd, sogar laut lachend und die vermeintlich Lustigen mit Schlagfertigkeit zum Schweigen bringend, etwa, wenn er sie gelegentlich anmahnte, sie sollten sich nicht partout einbilden, bereits zu den „weißen Ariern“ zu gehören, bloß weil sie ein wenig hellhäutiger seien als er. Dennoch nahm er solche Schelmereien deswegen nicht richtig übel, da sein zumeist aus vorderasiatischen Menschen bestehender Kreis nach seiner Definition „irgendwo in der Mitte zwischen weiß und schwarz“ läge, was für einen Hang zum Rassismus nicht tauge. Da er diesen Freunden durch seine sprachliche Eloquenz ohnehin überlegen war, blieb ihnen nichts anders übrig, als auch dieses Urteil zu akzeptieren, zumal er sie – qua Zugehörigkeit zur Dritten Welt – vom Vorwurf des echten Rassismus von vornherein freisprach.

Einige wenige aus dem „Kreis“ fielen durch ihr extrem überkorrektes Betragen auf. Wenn die meisten im Beisein von Osman Abdulrahman Osman kontrovers, zum Teil auch schrankenlos offen über Gott und die Welt debattierten und sich gegenseitig nicht selten aufs Korn nahmen, verhielt sich diese politisch korrekte „Minderheitsfraktion“ immer rücksichtsvoll und im Stil mustergültiger Schüler höflich bis beschönigend, da es ihr darum ging, bedingungslos fair und anständig zu debattieren. Als ein armenischer Student, der der progressiven Strömung der Jungmarxisten angehörte, das eklatante Maß der Korruption in Schwarzafrikas Staaten und Gesellschaften heftig beklagte, entgegnete ihm ein Freund, seine Rhetorik berge in sich eine rassistische Grundhaltung, da sie den besonders schwierigen Verhältnissen, unter denen dieser Kontinent zu leiden habe, nicht gebührend Rechnung trage. Der in der Kultur der Kritik und Selbstkritik bewanderte Osman konnte sich mit dieser gut gemeinten, aber irgendwie unschlüssigen apologetischen Strategie nicht anfreunden. Denn er verwarf grundsätzlich jenen Denkansatz, der auf vorauseilendem Gehorsam basierte. Daher reagierte er harsch auf diese extreme Form der politischen Korrektheit und bat die bedingungslosen Unterstützer der afrikanischen Sache dringend, sich nicht päpstlicher zu gebärden als der Papst selbst.

Ein umstrittener deutscher Kommilitone aus der Heidelberger Studienzeit, Alexander hieß er, besuchte damals regelmäßig Verwandte in Südafrika, in dem noch die Apartheid in vollen Zügen herrschte. Manche Kommilitonen lästerten deshalb boshaft über ihn. Obendrein machten sie sich auf gemeine Art über seinen starken schwäbischen Akzent lustig. Darauf reagierte er schlagfertig und gebetsmühlenartig mit dem Hinweis auf einige seiner großen schwäbischen Landsleute wie Schiller, Hölderlin, Uhland und Hegel.

Zurück von einer seiner vielen Reisen nach Südafrika berichtete er ausführlich von seinen Erfahrungen und Eindrücken. Stirnrunzelnd und verächtlich pflegte er dann kurz von den „einfallsarmen Negern" zu erzählen. Wortreich und voller Begeisterung berichtete er hingegen von den „tollen Partys" der weißen Oberschicht, zu denen er immer wieder eingeladen wurde, wobei er in eklatanter Weise und wie selbstverständlich von der „nachweisbaren Überlegenheit" der hellhäutigen Menschen schwadronierte. Ausnahmslos positiv hatte er hingegen immer wieder und mit einer für ihn untypischen Inbrunst von den schwarzen Bediensteten erzählt, welche auf den herrschaftlichen Anwesen der Weißen arbeiteten. Diese seien alle nett und zuvorkommend gewesen. So vermuteten seine vielen Gegner, hatten sie dem jungen Mann aus Deutschland den Eindruck vermittelt, ein bedeutsamer und wahrer Herr zu sein.

Zwar erntete er in den langen und fruchtlosen Diskussionen von fast allen Freunden mit und ohne ausländische Wurzeln bissige Kritik wegen seines zur Schau gestellten, dumpfen Rassismus. Wenn er allerdings angesichts der reichhaltigen

Mitbringsel zum Whisky-Gelage einlud, waren alle sofort zur Stelle, wobei sie dann auf seine wie gewohnt höchst despektierlichen Auslassungen über die „Neger“ erstaunlich moderat und weniger boshaft als sonst reagierten. Da pflegte der eine oder andere dann reflexartig zu sagen, dies sei nun doch die Stunde des Vergnügens, nicht der hitzigen politischen Auseinandersetzung, um sich vom in der Luft schwebenden Vorwurf opportunistischer Angepasstheit freizukaufen. Jedenfalls schien den meisten in solchen Augenblicken der Opportunismus deutlich harmloser zu sein als der Rassismus. Wenn der Vorrat an Whisky aufgebraucht war, ging der „Kreis“, beinahe einem Naturgesetz folgend, zur gewohnten Geringschätzung Alexanders zurück, als hätte es das dem Pragmatismus geschuldete friedliche Intermezzo nie gegeben.

War der Rassismus in Deutschland und Europa bis in die Siebzigerjahre hinein unterschwellig und optisch nicht leicht durchschaubar, sind seine Erscheinungsformen seit dem Ende des 20. Jahrhunderts sichtbarer, aggressiver und plastischer geworden. Es gibt politische und gesellschaftliche Strömungen, die den exklusiven Nationalismus offen auf ihre Fahnen schreiben. Sie sind nicht etwa von einer gesunden und natürlichen Heimatliebe beseelt, sondern bringen in erster Linie dem „Anderen“, d.h. dem Angehörigen einer anderen Nation, Kultur oder Ethnie Hass und Feindseligkeit entgegen. Diese offen rassistischen Bewegungen haben in den letzten Jahren deutlich an Zulauf gewonnen, und viele ihre Anhänger sind enttäuschte Bürger, die früher traditionelle Parteien der Mitte gewählt haben. Sicherlich trug die zum Teil abrupt und holprig gemanagte Flüchtlingskrise 2015 zur Stärkung dieser Strömungen bei. Aber dass ein exponiertes Mitglied einer dieser Bewegungen die Erschießung von „illegalen“ Flüchtlingen nicht von vornherein tabuisierte, zeugt von einer neuen, erschreckenden Qualität des gesellschaftlichen und politischen Rechtsrucks.

Dass dieser Rechtsruck in einigen staatlichen Einrichtungen wie Polizei und Feuerwehr innerhalb Deutschlands und der EU angekommen ist, ist besonders besorgniserregend. Die Gängelung der Justiz und Aushöhlung demokratischer und rechtstaatlicher Prinzipien wie Gewaltenteilung und Unabhängigkeit der Justiz wie etwa in Polen und Ungarn sind Paradebeispiele für den zunehmenden Bruch mit althergebrachten Denkmustern. Dafür gibt es, auch aus der Mitte der Gesellschaft, viele Beispiele.

So war in dieser Zeit ein deutscher Kellner mit einer afrikanischen Frau aus Sierra Leone liiert. Eines Tages machte das Paar eine rassistisch motivierte, äußerst irritierende Erfahrung. Ein Gast saß in dem Wirtshaus, wo die beiden arbeiteten, beim Mittagessen. Im Gespräch mit einem anderen Gast sagte er – in Anwesenheit des jungen Paars und für alle Anwesenden akustisch leicht vernehmbar –, er ekle sich vor den Schwarzen, denn sie stänken alle ausnahmslos, auch wenn sie sich zigmal gewaschen hätten. Der Wirt forderte den Mann höflich, aber eindringlich auf, sich für diese Entgleisung zu entschuldigen. Dieser lehnte ab und aß unbekümmert weiter, als hätte er geahnt, dass ihm keine Konsequenzen drohten, wie etwa ein Lokalverbot. Er beklagte sich sogar laut und bitter darüber, dass man heutzutage dafür bestraft werde, die Meinung und die schlichte Wahrheit offen auszusprechen.

Ein mit Nader befreundeter iranischer Internist machte in seiner Aachener Praxis eigene unerfreulichere Erfahrungen in Sachen Rassismus. Vorab ist zu sagen, dass dieser Arzt auf konzilianten Umgangston großen Wert legte und das Gegenteil von etwa der persisch-stämmigen jungen Kolumnistin Hengameh Yanghoobifarah war, die gerne polemisiert und mit Begriffen wie „Almans“ und „Kanaken“ gegen den „alten weißen Mann“ bewusst polarisiert. Ein Patient sagte zu ihm beim ersten Besuch unumwunden, er suche bei ihm zwar wegen seiner Diabeteserkrankung Rat, denn er höre und wisse von seiner anerkannten fachlichen Kompetenz. Gleichwohl sei es ihm unangenehm, sich von einem Orientalen und ausgerechnet auch noch einem Muslim behandeln zu lassen. Der Patient rechnete damit, dass der Arzt ihn aus der Praxis rauswerfen würde. Das tat dieser aber nicht. Vielmehr schlug er dem Patienten nach dem Ende der Behandlung vor, demnächst ein Gespräch über solche Vorbehalte zu führen. Der Patient willigte in das Angebot höflich und korrekt ein, kam aber nie wieder in die Praxis, weder als Patient noch als Gesprächspartner.

Gerechterweise muss man zwischen blankem, oft völkisch getränktem Rassismus und den oft harmlosen stereotypen Verhaltens- und Ausdrucksweisen unterscheiden. Der Umgang des deutsch-ausländischen Studienkreises mit Osman Abdulrahman Osman ist ein Beispiel dafür.

Rassismus ist weit verbreitet. Man muss ihn objektiv und fairerweise nicht nur in Europa verorten. So pflegte ein junger, iranischer Bekannter die Araber für alles Übel verantwortlich zu machen, welches dem Iran in der Vergangenheit und in der Gegenwart widerfahren sei. Als säkularer Mensch schmähte er den Islam im doppelten Sinne, als eine „arabische" Religion – wie er das formulierte – und als eine alle Bereiche des Lebens bestimmende Glaubenslehre. Gerne und häufig genug fügte er dann hinzu, dass letztendlich die gesamte arabische Welt ohne das kulturelle und zivilisatorische Erbe Irans ein Trümmerhaufen beduinischer Barbarei geblieben wäre. Einige seiner arabischen Bekannten reagierten bitterböse auf diese in ihren Augen undifferenzierten Angriffe und verwiesen mit den Beispielen Mesopotamien, Ägypten, Arabia Felix und Al-Andalus in Spanien auf die islamische und vorislamische kulturelle Blüte Arabiens. Dabei vergaßen sie nicht, darauf hinzuweisen, dass selbst in der kulturell auf den ersten Blick kargen arabischen Halbinsel immerhin der Islam, eine der drei monotheistischen Religionen, entstanden sei. In dieser Region seien außerdem wichtige

Wissensbereiche wie Astronomie, Mathematik und Dichtung beheimatet gewesen. Ein Frontalangriff gegen die Thesen des jungen Persers erfolgte prompt und nicht weniger martialisch.

Ein arabischer Bekannter aus dem Irak, der sich als Muslim definierte und seine sunnitische Identität herauszustellen pflegte, machte die Vorfahren des Iraners für das religiöse Schisma innerhalb des Islam verantwortlich und wütete gegen den von ihm verhassten Schiismus, den er am liebsten als nicht zum Islam gehörige Konfession brandmarkte. Diese Glaubensrichtung sei ein nachhaltiger Ausdruck persischen Chauvinismus und aus purem ethnischem und kulturellem Hass gegen die Araber entstanden, um zweierlei zu erreichen: einen „persischen“ Gegenislam zu etablieren und den vermeintlich „arabischen“ Islam zu unterminieren, der in Wahrheit universell und damit antinationalistisch sei.

Es gibt tatsächlich einen rassistisch geprägten Konflikt zwischen vielen Arabern und Iranern, der häufig skurril-bizarre Formen einnimmt. So konstatierte einmal ein iranischer Nationalist apodiktisch und unverblümt, die Iraner seien den Arabern nicht nur „ethisch“, sondern ebenfalls „ethnisch“ überlegen. Er stützte sich dabei auf eine Theorie, welche die „Ethnien“ in verschiedene Entwicklungsebenen, also höhere und niedrigere, stellt. Seine Begründung lautete: Die Araber seien „im völkischen Sinne“ vorwiegend Semiten, während die Iraner „Arier“ respektive Angehörige einer höher angesiedelten Gruppe seien. Zudem verwies er auf Zugehörigkeit des Persischen zur indogermanischen Sprachgruppe, um diese Überlegenheit unter Beweis zu stellen. Dass seine Kritiker die Gemengelage von ethnischen Begriffen und philologischen Strukturen beklagten und ihm vorwarfen, gleichsam Äpfel und Birnen gleichzusetzen, ließ er nicht gelten und beharrte weiterhin auf seinem Standpunkt.

Es gibt eine nicht minder umstrittene Erzählung auch unter Teilen der arabischen Nationalisten, in der die Iraner häufig weniger als Kulturnation, sondern vielmehr als lügenhafte, wenig vertrauenswürdige und intrigante Menschen beschrieben werden. Hier wird die frühislamische Zeit und die neuere Geschichte selektiv und daher manipulativ herangezogen, um derartige Vorurteile und Stereotypen zu untermauern.

Ähnliche und nicht minder vorurteilsverhaftete Sichtweisen und Geschichtsklitterungen kennzeichnen oft das schwierige wechselseitige Verhältnis anderer Nachbarn in der nahöstlichen Region, so zwischen Türken einerseits, Arabern, Iranern, Armeniern und Kurden andererseits. Besonders komplex ist das Verhältnis zwischen Türken und Arabern in der Geschichte und Gegenwart, wobei die rassistischen Facetten nicht in den Bereichen Ethnie und Religion vorzufinden sind, sondern viel stärker im kulturellen Bereich. Es gibt in der Türkei noch heute sichtbare Vorurteile gegen die Araber im Zusammenhang mit dem Zusammenbruch des Osmanischen Reiches am Ende des Ersten Weltkrieges. Aus der Sicht einiger Türken und der sie religiös und kulturell stark unterstützenden Teile der religiösen Eliten in der arabischen Welt selbst hätten sich die Führer der arabischen Länder damals gegenüber der Herrschaft osmanischer Sultane „verräterisch“ verhalten. Tatsächlich wechselte etwa der Emir des Hedschas und Scherif von Mekka, Hussein bin Ali, die Fronten zugunsten einer neuen Allianz mit den Kolonialmächten Großbritannien und Frankreich und zwar in dem Bestreben, in Syrien, Jordanien und im Irak eine machtvolle Dynastie der Haschimiten zu etablieren. Von arabischer, meist säkularer und panarabischer Orientierung wird gegen den Verratsvorwurf argumentiert, dass infolge der jahrhundertalten Herrschaft der Osmanen Rückständigkeit und Reformerstarrung die gesamte Region heimgesucht haben, was dringend zu neuen geopolitischen Allianzen habe führen müssen. Das ist übrigens das gleiche Argumentationsmuster, mit dessen Hilfe der westlich vorgebildete Kemal Atatürk den Sturz der Sultanenherrschaft rechtfertigte. Gleichzeitig war sein eigenes Araberbild synonym für Dekadenz, Rückständigkeit und Unwissen. Daher schuf er die arabische Schrift ab und führte, wenn auch eher förmlich, das säkulare an Stelle des religiösen Systems ein. In der gegenwärtigen Zeit beklagen sich viele Türken über die wegen der Unterbringung von mehreren Millionen syrischen Flüchtlingen grassierenden wirtschaftlichen und demografischen Lasten. In der Tat hat kein anderes Land, erst recht kein einziges arabisches Land so viele syrische Flüchtlinge aufgenommen wie die Türkei. Zu den weitverbreiteten Vorurteilen gerade unter säkularen Türken zählte die Vorstellung, die Araber seien arbeitsscheu und deren Männer würden mehrere Frauen heiraten, was übrigens in der Türkei per Gesetz verboten ist. Einige Araber wiederum sehen im heutigen türkischen Präsidenten Recep Tayyip Erdogan einen expansionslustigen Anführer, der langfristig auf die Errichtung eines neuen Osmanischen Reiches hinarbeite. Zudem glauben manche Araber stereotypisch zu wissen, dass den Türken in ihrem Leben und Denken oft Flexibilität, gesunder Menschenverstand und Ausgewogenheit mangelt.

Diesen Rassismus „kultureller“ Art gibt es in vielen anderen Ländern und Regionen einschließlich Europa in der Vergangenheit und in der Gegenwart. Der Balkan ist eines der Paradebeispiele dafür. Übrigens: Den „ethnisch“ geprägten Rassismus gegen Menschen schwarzer Hautfarbe gibt es, wenn auch weniger brachial, auch in Teilen der nahöstlichen Gesellschaften selbst. So gab es in einem nahöstlichen Seehafen einen Sektor, der sich im Volksmund „Sklavenroute“ nannte, weil die Schiffe von dort aus in Richtung Schwarzafrika fuhren. Es gibt heute in der Region immer noch Menschen, die die Erdnüsse, meist ohne darüber nachzudenken, „Fustuq Abeed“ nennen, Sklavennüsse also, da sie in früheren Zeiten vor allem aus schwarzafrikanischen Ländern eingeführt wurden.

Unbestritten ist der Rassismus ein ausgesprochen hässliches

und menschenverachtendes Phänomen, das man in fast allen Erdteilen, wenn auch mit graduellen Unterschieden, vorfindet.

Der Rassismus „eint" also als gemeinsamer, hässlicher Nenner viele Länder, Kulturen und Traditionen. Dieses Phänomen zu relativieren, um sich gewissermaßen moralisch rein zu waschen, wäre zwar eine Art Balsam für die eigene Seele, dies würde das Problem dennoch nicht wirklich lösen. Der umsichtige Nigerianer Osman Abdulrahman Osman hat die Sache einmal gegenüber seinem Freund Nader vortrefflich und auf den Punkt gebracht: „Der Rassismus eines muslimischen ‚Bruders' tut kaum weniger weh als der eines weißen, nichtmuslimischen ‚Fremden'."

Ausgerechnet ein Palästinenser

Menschen, die in zwei oder mehreren Kulturen zuhause sind, erleben nicht selten kuriose Situationen, bisweilen auch Momente der Anfeindung und ständigen Verdächtigung. So ist es einem leitenden Redakteur einer überregionalen Zeitung gelungen, dem Palästinenser Nader das Leben für einige Zeit schwer zu machen.

Der Redakteur leitete bis in die 1980er-Jahre das Ressort „Nahost“ und war Nader nicht schon immer feindlich gesonnen. Direkt nach Abschluss der Promotion an der Universität Heidelberg im Sommer 1971 hatte er sogar einen Beitrag Naders in der Meinungsseite der Zeitung über die Politik des früheren libyschen Staatschefs Gaddafi veröffentlicht.

1972 fing Nader seine Tätigkeit in einem Bundesministerium an, unterrichtete Arabisch sowie die „Nahostwissenschaft“ und übersetzte und dolmetschte im Auftrag verschiedener Bundesministerien. Im gleichen Jahr brach der Bürgerkrieg im Libanon aus. An diesem waren nicht ausschließlich innerlibanesische Akteure beteiligt. Involviert war Syrien, aber auch die im Libanon tätigen palästinensischen Aktivisten wie die PLO und andere Organisationen beteiligten sich, wenn auch nicht gerade an vorderster Stelle. Für den Journalisten, der exzellent Hocharabisch sprach, ein hervorragender Kenner arabischer und islamischer Kultur war und sich bisher als Freund der arabischen und palästinensischen Sache hervorgetan hatte, brach damit jedoch eine Welt zusammen. Von nun an sah der einige Zeit zuvor vom Protestantismus zum Katholizismus übergetretene Journalist die Dinge nur noch schwarz-weiß. „Hinwendung zum

Fundamentalismus“ wäre eine zulässige Beschreibung seines geistigen Wandels. „Gut“ waren für ihn ab diesem Zeitpunkt im nahöstlichen Kontext nur die libanesischen Christen, „böse“ hingegen die libanesischen Moslems. Und besonders „böse“ waren in seiner Wahrnehmung die Palästinenser, denn schließlich waren (und sind) sie ja mehrheitlich Muslime und darüber hinaus noch Kontrahenten der katholisch-maronitischen Milizen und Parteien. Selbst die vielen palästinensischen Christen, die gegen den rechtskonservativen Kurs der genannten Milizen Partei ergriffen, betrachtete er nicht als „wahre“ Christen.

So war es wohl unausweichlich, dass auch der eigentlich völlig unbeteiligte Nader diese Anfeindung zu spüren bekam. In mehreren Beiträgen der Zeitung äußerte der Journalist Verwunderung, ja Empörung darüber, dass bei heiklen Themen um Gewalt und Terror, Leben und Tod in der Region ein „palästinensischer Dolmetscher“ zwischen deutschen und arabischen Politikern als Sprachmittler fungierte. Einmal schrieb er sogar, dass hohe Gäste aus Saudi-Arabien wegen der Anwesenheit dieses Dolmetschers nicht offen hätten sprechen können – ohne irgendeinen Nachweis für seine Behauptung vorlegen zu können.

Infolge dieser mehrfach erfolgten tendenziösen Berichterstattung kam es sogar zu einer „Kleinen Anfrage“ im Deutschen Bundestag. Eine Staatsministerin nahm Nader gegen Angriffe konservativer Oppositionsparteien mit dem Argument in Schutz, dass es rechtlich und moralisch unhaltbar wäre, einen unbescholtenen Mitarbeiter bloß wegen seiner ethnischen oder religiösen Herkunft aus dem Amt zu entlassen. Auch ein damaliger Bundesminister beschwerte sich beim Herausgebergremium der Zeitung über die ungerechtfertigten Anschuldigungen. Daraufhin erhielt Nader von der Zeitungsleitung die Mitteilung, dass auf Grund seiner Tätigkeit in einem Bundesministerium ein „öffentliches Interesse“ an seiner Person bestehe und alle Andeutungen und Anspielungen ihres Nahost-Redakteurs daher völlig legitim seien.

Später trennte sich das Blatt von diesem Mitarbeiter wegen „gravierender" Meinungsverschiedenheiten, womit möglicherweise sein Hang gemeint war, auch viele andere politischen Vorgänge zunehmend überspitzt ideologisch zu erklären. Der Journalist wechselte daraufhin als Freischaffender zu einer anderen überregionalen Tageszeitung. Von dort aus machte er weiterhin seiner Empörung darüber Luft, dass im deutschen Staatsdienst ein Mitarbeiter „palästinensischer Abstammung" tätig sei.

Nicht nur mit diesem Journalisten, sondern auch mit einigen arabischen „Klienten" hatte Nader durchaus Probleme gehabt. Einmal übernahm er einen delikaten Dolmetscherauftrag. Der Premierminister eines „revolutionären" arabischen Regimes unterhielt sich mit dem amtierenden Bundeskanzler über Gott und die Welt. Plötzlich erwähnte er in einem Nebensatz völlig unvermittelt die „großen Errungenschaften" des „Führers" für das deutsche Volk. Er erwähnte dies aber wirklich nur en passant, auch sprach er das Wort „Führer" mit einem so enormen arabischen Akzent aus, dass es für deutsche Ohren unverständlich war. Da Nader das Aufkommen eines brenzligen zwischenstaatlichen Eklats befürchten musste, entschied er sich zu einer „konstruktiven" Manipulation: Er dolmetschte stattdessen: „Errungenschaften der Vergangenheit". Zwar sprach der Botschafter dieses Landes gut Deutsch, womit die Gefahr einer Entlarvung oder zumindest Richtigstellung hätte bestehen können. doch dieser intervenierte während des Gesprächs mit keinem Wort. Erst nach Beendigung des Termins sagte er zu Nader in beinahe euphorischem Ton: „Sie haben uns einen guten Dienst getan", nicht wissend, dass das nicht die eigentliche Motivation bei Nader gewesen war.

Höfliches Betragen ist als gültiger Verhaltenskodex allen Kulturen gemeinsam. Der Grad der Empfindlichkeit bei der

Wahrnehmung eines konkreten Verhaltens ist dennoch unterschiedlich. In einem Gespräch zwischen einem Bundesminister und seinem arabischen Kollegen, der episch und beinahe atemlos über die „demokratischen“ Strukturen der heimischen und im Übrigen einzig zugelassenen Regierungspartei schwadronierte, verfiel der deutsche Minister in den Zustand eines leichten Schlafes. Sein Kollege bemerkte dies und verkündete leicht gekränkt und irritiert, dass er diese Begebenheit in seinen künftigen Memoiren erwähnen werde. Es war für Nader amüsant zu beobachten, wie vehement der Gastgeber versucht hat, sich gegen diesen „Vorwurf“ zur Wehr zu setzen und wie sein Kollege weiterhin tief beleidigt dastand. Das Gespräch dauerte anschließend kaum noch fünf Minuten. Beide hohen Amtsträger sind längst nicht mehr in Amt und Würden. Die Memoiren mit dem angedrohten Seitenhieb sind bis zum heutigen Tag noch nicht geschrieben.

Hass und Liebe

Antisemitismus und Philosemitismus

Naders Weltbild ist vielschichtig und aufgeklärt. Dennoch oder gerade deswegen fällt es ihm schwer, die glühenden Argumente für Antisemitismus und auch für Philosemitismus nachzuvollziehen, von welcher Seite sie auch immer kommen mögen.

Natürlich ist der Antisemitismus oft kein haltloser Vorwurf. Der wahre und empirisch definierte Antisemitismus ist nach wie vor eine gefährliche, nicht zu unterschätzende Realität. Die physischen und verbalen Angriffe auf Menschen, die als Juden erkennbar sind, häufen sich in den letzten Jahren und werden zu recht mit harten strafrechtlichen Maßnahmen geahndet. Dabei ist es völlig belanglos, ob solche Handlungen von völkisch handelnden Rechtsextremisten oder von politisch inspirierten muslimischen Migranten begangen werden. Es ist ein krimineller Akt.

Interessanterweise schlagen Antisemitismus und Philosemitismus auch manchmal ineinander um, wie folgendes Beispiel zeigt. Einem palästinensischen Studenten, der damals auffallend ausgemergelt aussah, wurde einmal von einem akademisch gebildeten, gut situierten Heidelberger Bürger attestiert, eine frappierende Ähnlichkeit mit Franz Kafka zu haben. Der Bürger war voll des Lobes über die Juden und über alles Jüdische. Das verkündete er – offensichtlich in der falschen Annahme, der erwähnte Student sei Jude. Sobald er jedoch erfuhr, dass diese Annahme falsch war, änderte er seine Aussagen zum Judentum um 180 Grad. Er polemisierte rhetorisch hart gegen diese Religionsgemeinschaft in Vergangenheit und Gegenwart und machte sie für all das Unheil verantwortlich, welches die Menschheit je heimsuchte. Dafür nutzte er ein an Hasstiraden nicht zu überbietendes Vokabular. Irrigerweise war er der festen Überzeugung, dem jungen Studenten aus den israelisch besetzten Gebieten damit einen Gefallen zu tun. Diesem wäre es allerdings viel lieber gewesen, hätte der Wendehals statt in Juden-Bashing zu verfallen, begründete Kritik an der Politik Israels geübt. Übrigens: Auch Nader hatte, wenn auch selten, ähnliches erlebt, was er ebenfalls für eine seltsame Geisteswendung hielt.

Manche tragen paradoxerweise sowohl Antisemitismus wie Philosemitismus, gleichzeitig, in ihrer Brust. Rechtslastige, zum Teil völkische Bewegungen neigen gemäß ihrer geistigen Sozialisierung zu Antisemitismus und allgemeiner Fremdenfeindlichkeit. Gleichzeitig stehen sie – wohl aus „negativen" Beweggründen – eindeutig auf der Seite Israels. Mit „negativ" ist gemeint, dass diese Kreise nicht wirklich eine innige Beziehung zu Israel hegen. Vielmehr handeln sie schlicht gemäß der weit verbreiteten und doch absurden Devise „Der Feind meines Feindes ist mein Freund". Islamophobe Menschen und erbitterte Hasser von Migranten und Flüchtlingen aus muslimisch geprägten Ländern sympathisieren stark mit der rechtslastigen Agenda der israelischen Mainstream-Politik, die sich gegen die Rechte der Palästinenser richtet, und die Flüchtlingspolitik – zum Beispiel Deutschlands – für abwegig und gefährlich hält.

Diese Paradoxie in der politischen und ideologischen Haltung findet sich nicht nur hierzulande, sondern auch unter den nationalistischen und zum Teil völkisch orientierten politischen Parteien und Strömungen etwa in Ungarn, Polen, Frankreich, Italien und den Niederlanden. Sogar aus dem inneren Kreis des früheren US-amerikanischen Präsidenten und bedingungslosen Verbündeten Israels, Donald Trump, gab es einige Berater, auf die dieser doppelbödige Dualismus zutraf: stark proisraelisch in der Außen- und Sicherheitspolitik und gleichzeitig kritisch und reserviert gegenüber den Juden im innenpolitischen Kontext.

Es gibt flankierend zu diesem seltsamen Dualismus bei einigen Anhängern dieser Strömungen auch noch eine weitere, nicht minder abstruse Variante: die Glorifizierung des Systems Vladimir Putin trotz latent bestehender Vorurteile gegenüber den „Russen" als slawische Menschen. Hier geht es nicht um eine nostalgische Haltung gegenüber der Sowjetunion, sondern um eine bewusste Entscheidung zugunsten des starken Staates sowie gegen die liberale Demokratie, Gewaltenteilung und Unabhängigkeit der Justiz. Das erinnert stark an das Werk von Thomas Hobbes „Leviathan", in dem der herbeigesehnte omnipotente Staat verherrlicht wird. Auch der eigentlich „ideologiefreie" Trump galt in diesen Kreisen als Vorbild, denn er verkörperte eins zu eins die Forderung nach einer übermächtigen Exekutive zuungunsten von Parlament und unabhängiger Justiz.

Der Antisemitismus ist also kein Phantasiegebilde, sondern nach wie vor eine reale und bedrückende Gefahr. Real und bedrückend ist aber auch dessen politische und gesellschaftliche Instrumentalisierung. Die Keule des Antisemitismusvorwurfs wird vor allem in Deutschland gerne und häufig eingesetzt, um zum Beispiel berechtigte Kritik an der Besatzungs- und Siedlungspolitik Israels zu kriminalisieren. Auch die Forderung nach Boykott der aus den jüdischen Siedlungen in der Westbank hergestellten Waren wird nicht nur in rechtslastigen Kreisen als „antisemitisch" genannt, sondern auch von den meisten Regierungen der EU-Staaten. Und dies obwohl die EU und die meisten Staaten der Welt den Bau von Siedlungen in besetzten Territorien als völkerrechtswidrig verurteilen. Dadurch liefert die EU das Bild einer unschlüssig handelnden Regionalmacht.

Das gleiche Bild liefern viele Medien und wichtige Institutionen in Deutschland wie etwa der Zentralrat der Juden in Deutschland und der Deutsche Bundestag. letzterer verabschiedete 2019 eine undifferenziert formulierte Resolution gegen die BDS-Bewegung (Boykott, Desinvestitionen und Sanktionen), ohne das wesentliche Problem, die Besetzung und Besiedlung von palästinischem Grund und Boden, auch nur am Rande zu thematisieren. Mehrere Bundestagsabgeordnete bekundeten im privaten Zirkel, sie betrachteten diese Resolution im Nachhinein als „unausgewogen“, und bereuten daher sogar ihre Zustimmung dazu. Ende 2020 übten außerdem namhafte deutsche, europäische und jüdische Künstler und Intellektuelle harsche Kritik an der erwähnten Resolution des Bundestages sowie an der öffentlichkeitswirksamen Instrumentalisierung des Antisemitismusvorwurfs überhaupt.

Genauso bedenklich ist die Position des Antisemitismus-Beauftragten der Bundesregierung Felix Klein und seine Kritik am afrikanischen Historiker Achille Mbembe. Mbembe beschrieb die Lage der Menschen im Gazastreifen als eine humanitäre Katastrophe und übte Kritik an der Politik der israelischen Regierung. Daraufhin warf Klein ihm vor, durch seine Vergleiche den Holocaust zu relativieren, was Mbembe nicht einmal andeutungsweise getan hat. Es gab auf Kleins Polemik hin heftige Reaktionen auf deutscher, europäischer und internationaler Ebene. Klein und seine Gleichgesinnten, die den Philosemitismus kritiklos übernehmen, verurteilen die These, dass trotz des singulären Charakters des Holocaust auch andere Verbrechen gegen die Menschheit im gleichen Maße angeprangert werden dürfen.

Neben dem völkisch begründeten Antisemitismus und dem oft auf Opportunismus und Angepasstheit beruhenden Philosemitismus gibt es in Teilen der Welt, so auch unter Arabern und Muslimen, ein weiteres Phänomen, das zwar nicht auf Rassismus beruht, dennoch nicht minder verstörend ist. Es geht hier um die seltsame und völlig unreflektierte „Hitler-Verehrung“, die man in einigen muslimischen Ländern noch heute vorfindet und die im Wesentlichen auf dem Unwissen über die komplexen zeitgeschichtlichen Zusammenhänge beruht. Auch Hitlers Verhältnis zum damaligen palästinensischen Politiker und Mufti von Jerusalem, Hadsch Amin Al-Husseini, war, wie dies die deutschen und internationalen staatlichen Archive deutlich belegen, rein taktisch-opportunistischer Natur.

Verschwörungstheorien

Dunja, eine Psychiaterin jordanischer Abstammung gehörte zum Freundeskreis Naders. Zwar mochte sie das Spiel mit Mutmaßungen, Gerüchten und – soweit überschaubar und nicht zu skurril – sogar Verschwörungstheorien. Doch dass die Anschläge in den USA am 11. September 2001 von den US-amerikanischen und israelischen Geheimdiensten von langer Hand vorbereitet und ausgeführt worden seien, um den späteren Einmarsch in Afghanistan und in den Irak zu legitimieren, schien ihr an den Haaren herbeigezogen.

Einige ihrer Freunde im In- und Ausland waren sich der Richtigkeit dieses Verschwörungsszenarios jedoch sicher und versuchten mit Nachdruck, die skeptische Freundin umzustimmen. Zwar konnte sie deren Argument nicht ganz von der Hand weisen, dass der harte Kern der Bush-Administration die bereits öffentlich gemachten Invasionspläne mit allen geheimdienstlichen Wahrheiten und Halbwahrheiten vorantrieb. Wenig stichhaltig fand sie jedoch zum Beispiel die unmittelbar nach den Anschlägen lancierte Behauptung, dass unter den zehntausenden Opfern weder Israelis noch Juden gewesen seien. Dunia war der Ansicht, dass Israel, wäre es der Drahtzieher der Anschläge gewesen, sicher billigend in Kauf genommen hätte, dass auch eigene Staatsbürger zu Schaden kämen. Schließlich beherrsche Israel das konspirative Spiel vorgetäuschter Vorgehensweise meisterhaft: Einen solchen plumpen „Fehler" hätte es vermutlich eher nicht begangen.

In der Beurteilung der Entstehungsgeschichte von Al-Kaida teilte Dunia hingegen die vielen, nicht nur in der arabischen

Welt weitverbreiteten Mutmaßungen. Und vielleicht sollte man „Mutmaßungen" besser durch „absolute Gewissheit" ersetzen. So wurde oft kolportiert, dass die USA und Israel mit der Gründung der Terrororganisation Al-Kaida eine weitere Schwächung und Spaltung der arabischen Welt zum Ziel gehabt hätten. Der daraus entstandene Zustand von Chaos und Destabilisierung sollte die wirtschaftlichen und vor allem die Erdöl-bezogenen Interessen des Westens sichern und – als Reaktion auf Anschläge – den Weg ebnen für weitreichende militärische Interventionen. Diese Vermutung sahen viele durch den Einmarsch der Westmächte in Afghanistan 2001 und die Intervention der USA in den Irak unter Saddam Hussein 2003 bestätigt, beide in ihrer Begründung nachweislich weder wahrheits- noch faktenbasiert.

Und so stimmte Dunia zwar den Verschwörungstheoretikern in ihrem Freundeskreis zu, dass die Anschläge vom 11. September der Bush-Administration tatsächlich die erhoffte Gelegenheit zu den beiden längst geplanten Interventionen geboten hätten. Allerdings fügte sie hinzu, dass – solange handfeste Beweise für die Verwicklung der USA und Israels in die Anschläge fehlten – man durchaus die Variante einer eigenständigen Handlung dieser Organisation nicht von vornherein ausschließen sollte. Man entgegnete ihrer Ansicht dann oft mit dem Hinweis, dass dieses Erklärungsmuster schlicht naiv sei, denn eine so „kleine arabische Gruppe" hätte unmöglich eine derart umfängliche militärische Aktion bewerkstelligen können und schon gar nicht „in der Höhle des Löwen". In dieser Entgegnung schwang unüberhörbar ein Minderwertigkeitsgefühl mit, eine Eigenschaft, die übrigens die Verschwörungstheoretiker weltweit kennzeichnet.

Eine weitere gängige Verschwörungserzählung betrifft die Entstehung des sogenannten Islamischen Staates (IS, auf Arabisch „Da-isch"). Auch dahinter stehe der Westen. So soll

Barack Obama der heimliche Drahtzieher hinter der Gründung dieser Terrororganisation gewesen sein. Weiter wird behauptet, der mutmaßlich getötete IS-Chef, Abu Bakr Al Baghdadi, sei in Wahrheit noch am Leben und halte sich in seiner Eigenschaft als israelischer Mossad-Agent abwechselnd in Israel und in den USA auf. Diese Behauptung folgt einem im arabischen Raum verbreiteten Muster: Ein Politiker, der korrupt und inkompetent ist, wird zusätzlich und ohne handfeste Belege als Agent dieses oder jenes Geheimdienstes verunglimpft. Dieses Narrativ ist weit verbreitet und bietet eine unerschöpfliche Quelle für schwerwiegende, aber selten nachprüfbare Verdächtigungen.

Tatsächlich wird so ziemlich jedes politische Ereignis von Verschwörungstheorien gedeutet. So erblühten nach der Niederlage im Junikrieg 1967 in den Köpfen vieler Araber etliche „Erklärungen". Doch hätte König Hussein mit Ägypten und Syrien nicht in den allerletzten Stunden ein Militärbündnis gebildet, wäre er eindeutig zum Verräter an der gesamtarabischen Sache und dem Hauptverursacher des Juni-Desasters abgestempelt worden. Schlimm genug war es allerdings, dass er, wie übrigens erst recht Ägypten und Syrien, unvorbereitet und im Vergleich zu Israel äußerst schlecht ausgerüstet in den Krieg zog. Das führte zum gesamten Verlust Restpalästinas, also der Westbank und des Gazastreifens. Auch dieser Verlust wurde nicht rational aufgearbeitet, sondern eher mit Hilfe von Verschwörungserzählungen fehlinterpretiert. So kam nach der *Nakba* von 1948 (Verlust der palästinensischen Heimat) die *Naksa* von 1967, wodurch die Niederlage verharmlosend zum „vorübergehenden" Rückschlag kleingeredet wurde. Übrigens: Schon in der klassisch-vorislamischen arabischen Dichtung gibt es eine literarisch kostbare Tradition des „Tränenvergießens vor den Ruinen des Niedergangs" *(Al-Buka'alal Atlal).*

Ein weiteres Beispiel: In der landläufigen Beurteilung des gescheiterten Arabischen Frühlings gibt es zwei herausstechende Sichtweisen. Die eine besagt, dass als Drahtzieher der Arabellion finstere, zumeist westliche Mächte zu beschuldigen seien. Deren Ziel sei es gewesen, die ohnehin stark geschwächte und hoffnungslos gespaltene arabische Welt weiterhin zu schwächen und zu unterminieren, um damit noch leichter über sie und ihre Ressourcen die Oberhand zu gewinnen. Auch diene diese Destabilisierung dazu, der westlichen, insbesondere der US-amerikanischen Rüstungsindustrie weitere lukrative Aufträge zukommen zu lassen. Es ist unbestritten, dass das Szenario eines stabilitätsgefährdenden Zustands der Waffenindustrie gelegen kam. Andererseits ist es zeitgeschichtlich falsch, den Arabischen Frühling nur aus dieser Perspektive zu sehen. Denn hier wird die spontane Erhebung junger Frauen und Männer gegen die Unterdrückung durch den Staat, die soziale Verelendung und die berufliche Aussichtslosigkeit völlig ausgeblendet. Tatsache ist, allen Verschwörungstheorien zum Trotz, dass die Selbstverbrennung des vom Staatsapparat tief gedemütigten tunesischen Straßenverkäufers Muhammad Bouazizi am 17. Dezember 2010 spontan und nicht von irgendwelchen finsteren Mächten gesteuert war. Mit diesem Akt begann die zunächst hoffnungsvoll verlaufende Arabellion, die später in fast allen Fällen in Gewalt, Krieg und noch mehr Despotismus umschlug.

Die zweite weitverbreitete Sichtweise betrifft das Scheitern der Bewegung: Danach waren wiederum „finstere fremde Mächte" beteiligt. Diese hätten der arabischen Jugend und der arabischen Welt insgesamt die Früchte einer angestrebten evolutionären Bewegung geraubt und damit den Arabischen Frühling zu Fall gebracht. Tatsache ist, dass das gesamte Establishment in den arabischen Ländern selbst die Arabellion zu untergraben suchte und viele andere Staaten dabei flankierend halfen. Dazu kam ein strategischer Fehler, den diese so gut wie ausschließlich von engagierten, jedoch unerfahrenen jungen Menschen getragene Bewegung machte und ohne den sie sicher erfolgreicher geworden wäre: Die Anführer der Bewegung verzichteten bewusst auf die Unterstützung durch erfahrene und wenig korrupte Teile des Establishments. Dabei gab es auch innerhalb der herrschenden politischen Eliten durchaus Funktionäre, die Korruption, Vetternwirtschaft und Reformstau beklagt und einen Wandel befürwortet hatten.

Das Scheitern des Arabischen Frühlings war folgenschwer, nicht nur weil es den Weg für die Restauration etwa in Ägypten ebnete. In diesem Land sind heute unter Abdelfattah Sissi die politischen Verhältnisse und die Lage der Menschenrechte im Vergleich zur Vorgängerregierung unter Hosni Mubarak dramatisch schlechter. Die Beispiele Syriens und Libyens sind noch viel drastischer, da sich dort unter der Beteiligung vieler interner und fremder Akteure militärische Konflikte entwickelten, die beide Länder und Gesellschaften in eine unermessliche humanitäre Katastrophe katapultierten.

Für Dunia war der Syrienkonflikt verwirrender als andere kriegerisch verlaufende Konfliktherde in der Region. So schwankte sie anfänglich zwischen dem Einverständnis mit Bashar Assad und seinen mächtigen Unterstützern Russland, Iran und Hisbollah und der Sympathie für die jungen Aufständischen. Dabei misstraute sie auch dem Anliegen der zunehmend radikal werdenden Dschihadisten nicht von vornherein. Irgendwann musste sie jedoch Farbe bekennen und so entschied sie sich zugunsten des spontanen Aufstands der Bevölkerung gegen alle fremden Mächte und Milizen auf beiden Seiten, also gleichsam gegen die Assad-Unterstützer und die meist fremden Dschihadisten.

Und wie sieht die arabische Bevölkerung die 2020 unter der Losung „Normalisierung“ oder „Friedensstiftung“ erfolgte

Aufnahme diplomatischer Beziehungen zwischen Israel und den vier arabischen Staaten Emirate, Bahrain, Sudan und Marokko? Bei den meisten löste dieser Schritt Unverständnis und Verbitterung aus. So wurde er nicht als Friedensschluss wahrgenommen, da eine wichtige Konfliktpartei – die Palästinenser – nicht Teil dieser „Normalisierung“ war. Viele sahen in dieser Initiative ein reines Tauschgeschäft, das den innen- oder sicherheitspolitischen Interessen der beteiligten Staaten dient: Im Fall der Emirate und Bahrain sollte die Initiative einen stärkeren militärischen Beistand gegen Iran bewirken. Für den Sudan galt sie als Mittel zur Beendigung der Sanktionen. Und Marokko wollte mit dieser Initiative die Anerkennung seiner Souveränitätsansprüche über die Westsahara durch die USA erreichen. Diese Erklärung erscheint nur auf den ersten Blick verschwörungstheoretisch, denn sie deckt sich mit den Hintergründen und aktuellen Fakten. Verschwörungstheoretisch oder besser aufbauschend ist daran lediglich die implizit versendete Botschaft, Israel wolle und könne dadurch der gesamten arabischen Welt seine eigenen Interessen unterordnen.

Insgesamt machen die zahlreichen, teils verschwörungstheoretisch gefärbten Sichtweisen den politischen Diskurs im gesamten Nahen und Mittleren Osten spannend und zugleich ermüdend. Mehr als in jedem europäischen Land neigen Araber, Kurden, Iraner oder Türken dazu, sich ergiebig und leidenschaftlich mit politischen Themen zu beschäftigen. Die Politik ist dort nahezu überall präsent, wobei auf politische Geschehnisse oft und reflexartig mit einem verschwörungstheoretischen Erklärungsmuster reagiert wird. Oft pflegte Dunia ihre Freunde, die so argumentierten, auf die Möglichkeit hinzuweisen, dass viele, mithin wichtige Ereignisse auch ohne diesen Hintergrund durchaus erklärbar seien. Meist konnte sie damit nicht den Hauch eines Kompromisses oder eines Zugeständnisses erreichen, auch wenn sie immer wieder folgende eigene Geschichte erzählte: Sie habe früher denen recht gegeben, die davon sprachen, dass Israel der Gründung der islamisch orientierten palästinensischen Hamas-Bewegung durchaus positiv gegenübergestanden habe, da es sich davon eine Schwächung des wichtigeren Gegners PLO/Fatah erhofft hatte. Diese Annahme habe sich, wie sie heute beteuert, nur zum Teil als richtig erwiesen, da Hamas sich bald zum Hauptkontrahenten Israels entwickelt habe. Man muss auch die Werke vieler Autoren aus der arabischen Welt, die das Anliegen der Araber, des Islam oder der damit zusammenhängenden Wertvorstellungen zum Inhalt haben, kritisch beurteilen hinsichtlich der Deutung historischer Geschehnisse und Zusammenhänge. Oft wird apologetisch argumentiert, um nachzuweisen, dass an der Entstehung von Problemen, Krisen und Niederlagen immer die „Anderen" schuld gewesen seien. Zwar ist es unbestritten, dass Kolonialismus, äußere ökonomische Ausbeutung und grassierende Korruption den Reformstau und die Rückständigkeit der gesamten Region ausgelöst haben. Dass die Krisen zum Teil auch selbstverschuldet sind, wird dabei jedoch konsequent ausgeblendet, so als wäre die Offenlegung der eigenen Schuld mit nationalem Stolz unvereinbar. Ebenfalls wird die zurecht beklagte Rückständigkeit zu selten mit der nötigen Schärfe in Zusammenhang mit gesellschaftlichen, kulturellen und religiösen Verkrustungen gebracht. Es ist ja auch einfacher für den eigenen Gemütsfrieden die „Anderen" dafür verantwortlich zu machen.

Vergleicht man die deutschen und nahöstlichen Verschwörungsideologien miteinander, stößt man auf frappierende Ähnlichkeiten, aber auch auf markante Unterschiede.

Recherchiert man in den deutschen Sozialen Medien, so erkennt man leicht, dass diese Verschwörungstheoretiker im Vergleich zu den arabischen einen stärkeren Hang haben, nicht nur den bestehenden Rechtsstaat mit seinen Institutionen, sondern auch die Expertisen der Wissenschaft infrage zu stellen. Diese Kreise, die überwiegend rechts stehen, sehen überall den „tiefen Staat" und machtgierige Eliten am Werk, die angeblich die Fremden und erst recht die Flüchtlinge – zuungunsten der einheimischen Bevölkerung – begünstigen und dabei die Gefahr der Islamisierung des Abendlandes bewusst ausblenden. Die Fachleute, ob im politischen oder wissenschaftlichen Kontext, etwa beim Umgang mit dem Coronavirus werden in den deutschen Sozialen Medien häufig auf heftige Art attackiert, weil sie angeblich mehr Schaden anrichten als Gefahren von den Menschen abwenden würden. Der abgewählte US-amerikanische Präsident Donald Trump und der amtierende brasilianische Staatschef Jair Bolsonaro werden dagegen trotz der erschreckenden Todeszahlen im Zusammenhang mit Covid-19 bewundert und gelobt. Eine solche Sichtweise ist selbst in den wirrsten arabischen Foren nicht anzutreffen. Zwar werden dort viele Politiker wegen des gegen sie erhobenen Vorwurfs, korrupt, antidemokratisch und Marionetten innerer wie äußerer Mächte zu sein, gehasst und verachtet. Wissenschaftler dagegen genießen im Allgemeinen Bewunderung und hohe Wertschätzung.

Wo sich deutsche und arabische Verschwörungstheoretiker dagegen wiederum ähnlich lesen, ist beim Frontalangriff auf den Staat. Beide schreiben von „Systempresse" und „Systempolitik" – ungeachtet der wesentlichen Unterschiede zwischen den Verhältnissen in der arabischen Welt und in Westeuropa. Im Letzteren haben die Prinzipien von Rechtstaatlichkeit, Gewaltenteilung und Schutz von Menschenrechten ihre Gültigkeit nicht nur auf dem Papier, trotz zweifellos bestehender Defizite und Mängel, deshalb kann zum Beispiel der zeitweilig angeordnete Lockdown in Deutschland als Mittel zur Eindämmung des Virus mit der in fast allen nahöstlichen Staaten gültigen Praxis der Gängelung, des Drangsalierens und der Freiheitsberaubung in vielen Lebensbereichen wirklich nicht gleichgesetzt werden.

Gesundes und Krankhaftes

Sportkultur im Orient

Die Sportkultur im Vorderen Orient gestaltet sich anders als in Westeuropa. Das heißt aber nicht, dass die Europäer allesamt sportlicher veranlagt wären. So gibt es auch in Ländern Europas übergewichtige Menschen, denen Sport, regelmäßige Bewegung oder gesunde Ernährung eher bedeutungslose Begriffe sind. In den USA sind die Zahlen noch erschreckender. Es gibt auch junge Menschen, die dem Sport gegenüber fremdeln, so zum Beispiel im Nahen und Mittleren Osten. Dort, und zwar nicht nur unter der in extrem heißen Regionen lebenden Bevölkerung der arabischen Halbinsel wie in Saudi-Arabien, in den Emiraten, Katar oder Kuwait wird das schlichte Zufußgehen als etwas „Sonderbares", ja als reine Zumutung angesehen. Sozusagen nach der Devise: Wozu sind das Gefährt und obendrein der Chauffeur überhaupt da, wenn man eine so lange Strecke von sage und schreibe 300 Metern zu Fuß zurücklegen müsste!

Ein gut situierter Herr im besten Alter namens Mohammed Ali lebte und arbeitete in den 1950er-Jahren in einem dieser Länder am Persisch-Arabischen Golf. Nach der Vertreibung aus Palästina wanderte er mit Frau und Kindern dorthin aus und bekam nach relativ kurzer Zeit schon eine gut dotierte Stelle im öffentlichen Dienst. Darüber hinaus wurde er eingebürgert, was in diesen Ländern sehr selten geschah und daher als ein besonderes Privileg galt.

Eines Tages ging er zum Amtsarzt, um sich gründlich auf seinen gesundheitlichen Zustand hin untersuchen zu lassen. Der junge ägyptische Arzt stellte ihm insgesamt einen erfreulich positiven Befund aus, meinte aber, dass der Blutdruck nicht ganz so optimal eingestellt sei und das Körpergewicht vorteilhafterweise ein wenig nach unten justiert werden sollte. Der Arzt hatte an der American University von Kairo studiert und stand dem schnellen Zugriff auf Arzneimittel eher skeptisch, ja ablehnend gegenüber. Daher empfahl er Herrn Mohammed Ali in freundlichem, aber unüberhörbar emphatischem Duktus, es mit einer Art „Sport light“ zu versuchen, der ihm eine langfristige, oft lebenslange Abhängigkeit von Medikamenten und so manche gesundheitliche Erschwernisse ersparen würde. Die Zauberformel lautete schlicht: sich nicht ständig chauffieren zu lassen, sondern etwa zweimal wöchentlich zu Fuß zu gehen. Am Persisch-Arabischen Golf klettern die Temperaturen im Hochsommer auf ca. 50 Grad und mehr und diese Hitzeperiode dauert in aller Regel mindestens sieben Monate. Daher empfahl der Arzt ihm, diese wie auch immer geartete sportliche Betätigung auf die „angenehmeren“ Tageszeiten zu beschränken und zwar frühmorgens oder abends. Herr Mohammed Ali, von Natur aus Neuerungen gegenüber aufgeschlossen, nahm sich den Rat des Fachmanns zu Herzen und wies seinen Fahrer an, ihn abends zur Corniche zu bringen, die rechts dem Meer entlang und links an der Verkehrshauptader der kleinen Stadt lag. Dann stieg er aus dem Auto und lief die Promenade entlang, behäbig und vom bevorstehenden Abenteuer sichtlich inspiriert. Einer dieser verordneten Spaziergänge fand Ende September gegen 20 Uhr statt. Die Temperatur betrug noch immer ca. 40 Grad und die Luftfeuchtigkeit mindestens 70 Prozent, was für den 58-jährigen Herrn schweißtreibend und im wahrsten Sinn des Wortes „atemberaubend“ war. Selbstverständlich trug er wie üblich ein akkurat gebügeltes langärmeliges weißes Hemd. Kurzärmelige Hemden oder gar T-Shirts besaß er gar nicht. Kurze Hosen genauso wenig. Das geziemte sich nicht für einen Herrn seines Alters und seines Standes. Solche Kleidungsstücke eigneten sich in der Golfregion ohnehin entweder nur für flotte, gut situierte und sportlich veranlagte Europäer und US-Amerikaner, allenfalls noch für die gesellschaftlich und arbeitsmarktrechtlich eher stigmatisierten, schlecht bezahlten „Fremdarbeiter“ aus südasiatischen Ländern.

Die ersten Schritte in Richtung „Sport“ hätte er freudig und mit links bewältigen können, gäbe es nicht diesen ohrenbetäubenden Lärm durch den dichten Straßenverkehr. Ein anderer Störfaktor war der falsch verstandenen Fürsorge von Verwandten, Freunden und Bekannten geschuldet, die ihr Fahrzeug neben ihm anhielten und gleichermaßen besorgt und verwundert fragten, warum er um Gottes Namen überhaupt zu Fuß gehe und ob sie ihn irgendwohin mitnehmen könnten. Herr Mohammed Ali bedankte sich jedes Mal freundlich, erklärte jedoch genervt und mit einer für ihn ungewohnten nachhaltigen Beharrlichkeit, dass es ihm gut gehe und er lediglich den Wunsch verspüre, sich einfach Mal die Füße zu vertreten. Unvermindert verwundert fuhren seine Freunde dann weiter, allerdings nicht ohne ihn erneut mit der inbrünstigen Bitte zu bedrängen, doch ins Auto einzusteigen und sich die Mühsal des Laufens inmitten der höllenähnlichen Luft und des ohrenbetäubenden Lärms zu ersparen. Doch jegliches Insistieren war vergeblich, und so ging der ältere Herr weiter auf dem Weg des abenteuerlichen Erforschens weiter.

Eines Tages hatte er jedoch von sich aus dieses ungewohnte sportliche Selbstdrangsalieren satt und entschied sich, erneut zum Doktor zu gehen, damit dieser ihm die bislang verweigerten Präparate doch verordnen möge. Dem Arzt, bzw. dem „Hakim“, dem „Weisen“ im traditionellen Arabisch, blieb nichts anders übrig als ein entsprechendes Rezept auszustellen. Er schien auf einmal, wenn auch nur implizit, für den Sinneswandel seines Patienten ein durchaus beträchtliches Verständnis aufzubringen. Denn neben den strapaziösen und menschenunfreundlichen

Klimabedingungen setzten dem alten Herrn die durch die Autoabgase verursachte Umweltverschmutzung und die damit einhergehenden Atembeschwerden massiv zu. In einem anderen Punkt blieb der Arzt allerdings unnachgiebig: Der potenziell gefährdete Patient sollte unbedingt weniger Salz und Zucker zu sich nehmen und überhaupt darauf achten, sein Gewicht zu reduzieren. Das tat er breitwillig, nicht zuletzt den Anweisungen seiner fürsorglichen Ehefrau folgend, die schon seit langem akribisch auf seine Gesundheit achtete. Tatsächlich wurde er binnen kurzer Zeit schlank und rank, ohne eine einzige sportliche Betätigung in Angriff genommen zu haben. Wohl gemerkt: Diese „Selbstkasteiung", wie er die verordnete Selbstdisziplinierung zu nennen pflegte, war indessen nicht von langer Dauer. Immerhin wurde er, obwohl er sein Gewicht nicht durchgängig in den Griff zu nehmen vermochte, steinalt und war mit sich und der Welt durchaus im Reinen.

Auch in den klimatisch etwas erträglicheren Regionen der arabischen Welt ist die Ausübung sportlicher Aktivitäten lediglich einer winzigen Minderheit vorbehalten, die ein selten anzutreffendes Gesundheitsbewusstsein an den Tag legt. Dass andererseits breite und durchweg ärmere Schichten der dortigen Gesellschaften, wo etwa Tagelöhner oder andere Arbeitssuchende im Niedriglohnbereich bei der Ausübung harter Körperarbeiten viel laufen, ja gar rennen müssen, ist wohl nicht dem Hang zum Sport geschuldet, sondern ihrer schweren körperlichen Arbeit.

Kein Wunder also, dass jemand mit 70 Jahren oder sogar älter, der trotz aller Gelenkbeschwernisse der Liebe zum Tennis unermüdlich verfallen ist, in der arabischen Welt und im gesamten Orient auf Unverständnis, bisweilen auf mitleidiges Bedauern stößt. Die standardmäßige Reaktion auf diesen ungewohnten Sachverhalt ist übrigens auch in Europa nicht eindeutig positiv, sie besteht vielmehr oft aus einem Mix von Neid,

Verwunderung und Bewunderung. „Ach wie toll, und das in Ihrem Alter!“, lautet bisweilen das zweifelhafte, nicht immer gutgemeinte Kompliment. Aus orientalischen Mündern ist die staunend-mitleidsvolle Rückmeldung im Warnton allerdings plastischer und vehementer: „Wie kann das möglich sein! Das ist doch purer Leichtsinn“. Die Verwunderung verwandelt sich sogar in blankes Entsetzen, wenn der ältere Sportler angibt, dass es in seinem Tennisclub einige wenige gebe, die sogar deutlich älter sind als er, etwa 87- und sogar 90-Jährige, welche diese Sportart immer noch, wenngleich in behäbigerer Form, betrieben. So wird man gelegentlich gefragt, ob man beim Spielen zu laufen immer noch imstande sei. Manch einer antwortet darauf differenzierend und relativierend: Das Laufen an sich sei nicht das Kernproblem und oftmals ein hilfreiches Vehikel, eine gottgeschenkte Fertigkeit, um gravierende Schwächen sporttechnischer Art kompensieren zu können wie etwa das Tennis-Spielen mit der eher schwachen und unkonventionellen Rückhand.

Manche wollen der Mühsal des Sports aus dem Weg gehen, ohne darauf verzichten zu müssen, zumindest in dessen zugegebenermaßen passiven Genuss zu gelangen. So soll ein gut betuchter Scheich aus einer der vielen kleinen Stammesdynastien am Golf einen virtuos Tennis spielenden Südasiaten engagiert haben, um sozusagen „für ihn“ auf Turniere zu gehen. Dieser gewinne die in voll klimatisierten Tennishallen stattfindenden Turniere recht häufig. Der Scheich, so erzählte man, habe den Spieler mit einem bescheidenen Monatslohn bedacht und ihn seiner Leistung entsprechend zusätzlich honoriert. Das heißt, dass der Arme für den Fall hätte darben müssen, wenn er von einer hartnäckigen Pechsträhne heimgesucht worden wäre.

Nicht weniger verwundert vernehmen Menschen aus dem Vorderen Orient, dass es in Deutschland, wenn auch in geringer Zahl, Senioren im biblischen Alter gibt, die fast zu jeder Jahreszeit emsig und ausdauernd der Arbeit im eigenen, manchmal recht weitläufigen Garten nachgehen. Umso überraschter sind sie zu erfahren, dass dahinter nicht etwa Geldnot steckt, sondern vielmehr die Leidenschaft und der Wille, zur körperlichen Ertüchtigung beizutragen.

Von einem irakischen Ingenieur, der nach dem Studium in Deutschland in seine Heimatstadt Bagdad zurückkehrte, wusste man, dass er außer dem obligatorischen Sportbesuch an der Sekundarschule in seinem ganzen Leben eine abgrundtiefe Abneigung gegen jegliche sportliche Betätigung hegte. Er war sich absolut sicher, dass für ältere Menschen, wobei dieser Begriff für ihn dehnbar war und bisweilen Menschen ab dem 40. Lebensjahr erfasste, jegliche sportliche Betätigung äußerst gefährlich sei. Er sprach von „Schattenseiten" und gefährlichen „Nebenwirkungen" des Sports und dokumentierte seine These häufig mit einigen Berichten in Zeitungen und Fachzeitschriften, denen zufolge Sportler bei oder nach einer sportlichen Betätigung plötzlich am Herzstillstand verstorben seien. Der regionsüblichen Rhetorik entsprechend hätte man hier den Ausdruck „sportlicher Märtyrertod" verwenden können, wenn der Anlass nicht so traurig wäre und diese Formulierung diesen zynischen Beigeschmack nicht gehabt hätte. Der übergewichtige Ingenieur war von seiner Antisporthaltung partout nicht abzubringen, nicht einmal ein täglicher kurzer Spaziergang am Flussufer des Tigris schien ihm sinnvoll. Im Gegenteil, er vermochte auch in dieser reduzierten Variante nur Nachteile oder gar Gefahren für Kreislauf und Gelenke zu sehen. Um seine unerschütterliche Grundüberzeugung zu untermauern, berichtete er von einem US-amerikanischen Bekannten, der im zivilen Bereich der Militärführung zur Zeit der Besetzung des Irak tätig war und im Alter von nur 45 Jahren an Herzinfarkt starb. Begründung: Sport! Denn dieser habe stundenlang und in exzessiver Form alle möglichen Sportarten gestemmt. Nicht nur Tennis und Fußball habe er gespielt. Das Fitnessstudio sei so gut wie sein zweites Zuhause gewesen. Darüber hinaus sei der „Leichtsinnige" tagtäglich in der Stadt gejoggt, zwar hauptsächlich in der relativ sicheren „Grünen Zone", wo Regierungsämter und diplomatische Vertretungen untergebracht sind, aber nicht ausschließlich dort.

Die fehlende Affinität zum Sport findet man auch in Deutschland. Ein Agrarwissenschaftler, der dem Sport nichts Positives abzugewinnen vermag, beruft sich gerne und häufig auf den früheren britischen Premierminister Winston Churchill, der sein hohes Alter trotz des exzessiven Konsums von Whisky und Zigarren angeblich mit dem lapidaren Spruch „No Sports" begründet haben soll. Ansonsten mochte er als Hobbyhistoriker nicht, sich auf Churchill zu berufen, dessen Kolonial- und Expansionspolitik verurteilte er zutiefst und machte sie für das gegenwärtige Unheil in vielen nahöstlichen und afrikanischen Regionen verantwortlich. Aber das eine Thema hat schließlich mit dem anderen nichts zu tun. Er räsonierte außerdem gerne darüber, dass die sportliche Betätigung für die Lebensdauer eines Menschen kein erwiesener Parameter sei. Ein Kollege von ihm reagierte einmal mit der bissigen Replik, jemand mit seinem naturwissenschaftlichen Hintergrund sollte Qualität von Quantität zu unterscheiden in der Lage sein.

Allergie mit politischem Hintergrund

Eigentlich hatte Nader Schnupfen und sonstige Erkältungskrankheiten nur im tiefsten Winter erlebt, in aller Regel einmal jährlich. Im Sommer 1967 gab es jedoch eine Zäsur, die ihm Verwunderung und große Sorge bereitete. Im Alter von 24 Jahren suchte ihn Mitte Juni regelwidrig eine unangenehm hartnäckige Erkältung heim. Im Vergleich zu früheren Jahren dauerte sie diesmal nicht nur eine Woche oder maximal zehn Tage. Nein, sie dauerte wochenlang, und es schien, als ob sie sich dauerhaft bei ihm einzunisten beabsichtigte. Er musste realisieren, dass in seinem Fall eine Volksweisheit ihre Gültigkeit eingebüßt hatte: Diese Erkältung ließ sich weder nach 14 Tagen mit Medikamenten noch nach zwei Wochen ohne Medikamente überwinden.

Der Gang zum Arzt, den er anfänglich für überflüssig und lästig gehalten hatte, schien ihm bald unumgänglich zu sein. Denn er machte sich Sorgen und dachte im Stillen, dass diese quantitativ zwar ewige, hinsichtlich physischer Belastung dennoch klitzekleine Unpässlichkeit womöglich Vorbote einer besorgniserregenden, schwerwiegenden Krankheit sei.

Der schmächtige ältere Arzt, dessen Praxis in der Altstadt von Heidelberg lag, galt zwar nicht gerade als Meister seines Fachs, dafür umso mehr als überaus „menschlich" und vor allem kostengünstig. Daher wurde er häufig von Studenten frequentiert, sei es krankheitshalber, sei es, um sich ein Attest für einen Examensaufschub rezeptieren zu lassen, mochte dieser objektiv gerechtfertigt oder mehr oder weniger selbstgewählt sein.

Der Arzt sprach gerne viel und zwar in dem gemütlichen

Singsang der Kurpfalz, zu der ja Heidelberg gehört. Zunächst unterhielt er sich mit Nader über dessen Studienfächer, dessen Herkunft und darüber, ob es ihm hierzulande gut gefalle. Erfreut nahm er Naders höflichen Hinweis zur Kenntnis, dass sich nur kauzige, ja „abnormale" Menschen nicht zur mythischen Schönheit Heidelbergs und des Neckartals hingezogen fühlen könnten. Danach eröffnete der Arzt dem jungen Studenten, dass die „Sache" mit der Erkrankung keine leichte zu sein schien. Das verstärkte Naders ohnehin latent vorhandene Hypochondrie verständlicherweise dramatisch.

Nach einigen gründlich und gewissenhaft getätigten HNO-Untersuchungen fügte der Arzt hinzu, dass die „Sache" offenbar eine andere Ursache habe. Naturgemäß dachte Nader bei einer derartig schwammigen Diagnose an etwas Grauenhaftes wie Lungenentzündung, Herzbeschwerden oder gar an eine Krebserkrankung. Der Arzt entließ ihn in einem körperlich wie seelisch desolaten Zustand und bat ihn dringend, zwecks Durchführung weiterer Tests in zwei Tagen wiederzukommen. Nader wagte es nicht, dem Doktor seine tiefsitzenden Ängste anzuvertrauen, weil ihm dies nicht „männlich" erschien und er sich nicht der Lächerlichkeit preiszugeben bereit war. Dies umso mehr, da ihm vor einiger Zeit ein Student der Zahnmedizin bei einer Probebehandlung an der Universitätsklinik, bei der Nader über Schmerzen klagte, gesagt hatte, eine derartige Reaktion sei typisch für Menschen aus südlichen Ländern. Diese Schmach wollte er sich also nicht erneut antun.

Bei dem zweiten Termin führte der Arzt an dem Studenten völlig andere Tests durch, besonders an den Armen und am Oberkörper. Und er teilte Nader schlussendlich mit, dass es sich bei dieser „Sache" nicht um eine wirkliche Erkältung handele, sondern um eine hartnäckige allergische Reaktion. Im Volksmund, so belehrte er ihn, werde diese „Heuschnupfen" genannt. Nader war sehr erleichtert, denn es war ihm noch nie zu Ohren gekommen, dass Allergie eine besorgniserregende, gar unheilbare Erkrankung sei.

Tatsächlich sollte ihn diese Allergie, die sich im Juni 1967 erstmals zeigte, bis ins hohe Alter wie eine treue, aber lästige Seele begleiten. Sie wurde nur – und das war aus seiner Sicht das einzig Positive daran – erträglicher, je älter er wurde. Ihr plötzliches Auftreten aber sah er vor einem dezidiert politischen Hintergrund.

Im Junikrieg 1967 hatte Israel die drei arabischen Staaten Ägypten, Syrien und Jordanien besiegt. Es besetzte teils vorübergehend, teils bis auf den heutigen Tag mehrere große arabische Gebiete. Auch die restlichen Territorien Historisch-Palästinas gingen nunmehr an Israel verloren: das Westjordanland, das von 1948 bis 1967 von Jordanien „verwaltet", de facto jedoch ins eigene Staatsgebiet einverleibt worden war, genauso wie der Gazastreifen, der bis dahin unter ägyptischer Administration gestanden hatte.

Die Schmach und das unbändige Gefühl von Macht- und Wertlosigkeit übermannten Nader, zumal er bereits als Kind und Heranwachsender ähnliche Erfahrungen der Demütigung und der Niederlage im Zusammenhang mit dem arabisch-israelischen Konflikt hatte erleiden müssen: 1948 war das Jahr der Vertreibung aus seiner palästinensischen Heimatstadt Jaffa gewesen, 1956 hatte der Suez-Krieg stattgefunden, bei dem der Gazastreifen für einige Zeit an Israel verloren gegangen war, bis die USA das Suez-Abenteuer der Koalition von Großbritannien, Frankreich und Israel mit einem Machtwort beendeten.

Doch mit dem Junikrieg 1967 war Gesamt-Palästina an Israel verloren gegangen. Das geschah trotz der lautstarken Beteuerungen der Staatschefs von Ägypten und Syrien, alles zu tun, um das palästinensische Volk dabei zu unterstützen, seine elementaren Rechte, sein Selbstbestimmungsrecht und womöglich seine Heimat wiederzuerlangen. Unfähige und korrupte arabische Funktionäre posaunten von ihren pompösen Residenzen aus epische Lieder des bevorstehenden, unaufhaltsamen Triumphes über Israel hinaus. Bitter und enttäuschend war jedoch die Tatsache, dass hinter dieser martialischen Rhetorik niemals eine reale Agenda mit Sinn und Verstand existierte.

Die militärische Führung Israels hingegen hatte die Eroberung arabischer Gebiete generalstabsmäßig, ja mit militärwissenschaftlicher Akribie vorbereitet. Die Regierung in Tel Aviv tat gleichzeitig gegenüber den mit ihr uneingeschränkt sympathisierenden Eliten und Völkern im Westen so als stünde tatsächlich ein gesamtarabischer, vernichtender Angriffskrieg gegen die Existenz Israels bevor.

Eine bleierne Zeit brach für Nader und viele im Westen lebende palästinensische Landsleute an. Ihre Situation war vom psychologischen Standpunkt aus womöglich ungleich schwerer als für die daheim gebliebenen Landsleute. Denn sie lebten zu dieser Zeit in einer ihnen politisch nicht gerade wohlgesonnenen „Diaspora", um es milde auszudrücken. Deutschland unterstützte Israel in den Sechzigerjahren aus der Sicht von Nader bedingungslos und damit massiver als in der Gegenwart. Damals schienen ihm Staat und Gesellschaft in ihrer schrankenlosen proisraelischen Haltung völlig geeint, während sich die Gesellschaft heute bei der Beurteilung der Politik Israels deutlich gespalten gibt, zum Beispiel in ihrer differenzierten, zum Teil sogar kritischen Haltung im Hinblick auf das jüdische Siedlungsprojekt. Da bröckelt inzwischen die bisher dem Mainstreamdenken geschuldete Solidarität gegenüber Israels Besatzungs- und Siedlungspolitik. Auch der harte und demütigende Kurs gegenüber der palästinensischen Zivilbevölkerung findet viel weniger Verständnis als früher. Es gibt sogar inzwischen etliche von Aktivisten geleitete Bewegungen, die Israel offen des Rassismus und der Apartheid bezichtigen, was ja bis in die Achtzigerjahre hierzulande undenkbar gewesen wäre. Die deutschen Politikerinnen und Politiker sind dagegen nach Ansicht von Nader in ihrer Mehrheit nach wie vor stramm proisraelisch. Er hat oft den Eindruck, viele unter ihnen trauen sich nicht, offene und substanzielle Kritik an der Palästinapolitik Israels zu üben. Manche von ihnen äußern sich im kleinen Kreis und hinter vorgehaltener Hand jedoch gemäßigt kritisch – das hat Nader in persönlichen Gesprächen mit Bundestagsabgeordneten und sonstigen Politikern oft genug erlebt. Sobald sie jedoch vor eine Fernsehkamera treten oder in anderer Form öffentlich eine Erklärung darüber abzugeben haben, geht es wieder wie gewohnt los mit der Liebesbezeugung und der moralischen Verpflichtung gegenüber Israel. Dies geschieht aus Naders Sicht inhaltlich und rhetorisch in einer Art und Weise, als gäbe es einen kausalen Zusammenhang zwischen den NS-Verbrechen gegen Juden sowie andere Opfer und der Forderung der Palästinenser nach Gerechtigkeit, Staatlichkeit und Ende der Besatzung und der illegalen Besiedlung der Westbank.

Ja, die Niederlage im Junikrieg hinterließ ihre deutlichen Spuren in Naders körperlicher und seelischer Befindlichkeit. Und das hatte Folgen. Bisher hatte der Umgang mit den deutschen und ausländischen Kommilitonen in seinem Studentenwohnheim am Rande des Stadtzentrums von Heidelberg beinahe reibungslos funktioniert. In der gemeinsamen, weitläufigen Wohnküche hatte man sich unbeschwert, offen und kontrovers über Fragen der Politik, Gesellschaft und Kunst ausgetauscht. Es hatte auch hitzige Debatten gegeben, die gelegentlich lautstark verliefen und von wechselseitiger Häme und Boshaftigkeit begleitet wurden. Aber letztendlich hatte sich dieser rhetorische Zorn selten als langanhaltend erwiesen, sondern war meist folgenlos. Stimmungsmäßig war er sogar beinahe unentbehrlich gewesen wie das Salz in der Suppe.

Auch über den sogenannten Nahostkonflikt hatte man ergiebig, überwiegend fair und sachlich und dennoch mit Emotion und Leidenschaft debattiert. Nur wenige arabische Kommilitonen neigten dabei zu unüberbrückbaren emotionalen Ausbrüchen und waren kaum willens oder in der Lage, zwischen Israel und den Juden im Allgemeinen politisch und in historischer Perspektive zu unterscheiden. Manche deutschen Heimbewohner behaupteten daraufhin voreilig und ungerechtfertigterweise, dass alle Araber vor allem eines im Sinne hätten, nämlich „die Juden ins Meer zu werfen“. Leider konnten sie dafür auch mit Recht auf sporadische Äußerungen einiger arabischer Chefdemagogen (darunter sogenannte Informationsminister) verweisen. Diese saßen in den Machtzentren wichtiger arabischer Hauptstädte und verbreiteten populistische Parolen dieser Art. Die militärisch übermächtigen, außen- und sicherheitspolitisch sowie in PR-Fragen äußerst versierten israelischen Eliten wussten solche Aussagen auch noch geschickt und wirkungsvoll zu instrumentalisieren. Das nährte den Mythos vom friedfertigen, von außen jedoch extrem bedrängten Israel – David also – und der übermächtigen und aggressionsbeladenen arabischen Welt – Goliath – in Deutschland und im gesamten Westen und verpasste der arabischen Welt ein fatales Image.

Vor dem Junikrieg war also in den studentischen und sonstigen akademischen Milieus ein mehr oder weniger respektvoller und ausreichend sachlicher Diskurs auch über Palästina/Israel möglich gewesen. Doch der Krieg veränderte diese Atmosphäre der Verständigung und der gegenseitigen Achtung jäh. Nader und seine arabischen und erst recht seine palästinensischen Freunde spürten auf einmal und mit erheblicher Verbitterung, dass die Mehrheit der deutschen Kommilitonen auf den israelischen Sieg so euphorisch reagierte, als wäre dies ihr eigenes, lang ersehntes Ziel. Von da an mied Nader für eine Weile die Aufenthaltsräume im Studentenwohnheim. Das tat er nicht etwa aus Angst oder Panik, sondern dem tiefen Gefühl folgend, dass die einen ihn und seine Landsleute mit zynischer

Schadenfreude provozieren und die anderen mit gutgemeinten Worten trösten wollen würden, was im Grunde kaum weniger wehtat.

Auf der Straße oder in den wenigen Lokalen, die Nader zu frequentieren pflegte, ging es kaum anders zu. „Du bischt doch Araber" war der lapidare Satz als Ausdruck tiefsitzenden Stigmas, das er in dieser Zeit oft zu spüren bekam, als wäre seine ethnische und kulturelle Herkunft auf seine Stirn plakatiert. Offensichtlich war er von Schock, Wut und Hilflosigkeit dermaßen gekennzeichnet, dass dies auch in seiner Körpersprache und -haltung deutlich wurde. Und so wurde er in jenen leidvollen Zeiten so gut wie ausschließlich als Araber bzw. Palästinenser identifiziert, während zuvor das Ratespiel um seine Herkunft facettenreicher gewesen war: Persien, Türkei, Ägypten, Bulgarien, Griechenland?

Mit den israelischen Kommilitonen hatten sich die palästinensischen und arabischen Studenten vor Juni 1967 zwar ständig verbal verkeilt, dies war dennoch meist gesittet und zivilisiert geschehen. Mit dem triumphalen Sieg im „Sechstagekrieg" sollte der Burgfrieden allerdings beendet sein, zumal die israelischen „Vettern", wie man sich gegenseitig als Nachfahren Abrahams spöttisch, aber nicht verächtlich nannte, die Schmach der Niederlage gerade den arabischen Kommilitonen gegenüber ergiebig und ostentativ auskosteten.

Einige israelische Studenten hielten sich für besonders schlau und versuchten, angesichts der resignativen Stimmung ihrer Dauerkontrahenten unter der arabischen Studentenschaft Zwietracht zu säen. Grundtenor des mit Chuzpe getränkten Plans war eine an Palästinenser, Syrer, Libanesen und Iraker gerichtete gönnerhafte „Charmeoffensive". Deren Inhalt: Diese „Völker" seien im Hinblick auf ihre künftigen politischen, akademischen und gesellschaftlichen Perspektiven dank ihrer „ethnischen" Herkunft besser aufgestellt als jene Araber, die vom afrikanischen Kontinent stammten. Besonders unappetitlich, ja toxisch dabei war, dass sich diese Aktion gegen den damaligen Hauptfeind Israels unter Nasser richtete: Ägypten und die Ägypter. Man bekam von einigen dieser israelischen Studenten zu hören, dass der „Afrikaner" Nasser doch eindeutig „negroide" Züge aufweise und sein auf niederschmetternde Art militärisch geschlagenes Volk nichts als ein Haufen von versklavten Fellachen sei. Die anderen Araber hingegen, die aus der Levante und dem Zweistromland stammten, seien als Nachfahren der Phönizier, Kanaaniter oder Sumerer voll zivilisierte Kulturnationen. Doch viele arabische Studenten waren damals glühende Panarabisten und Anhänger von Nasser. Daher empörte sie dieser überhebliche und plumpe Versuch der Zwietracht zutiefst und veranlasste sie, angesichts des unbestritten höchsten Standards der altägyptischen Kultur derartige plumpe Versuche als Zeichen von Unwissen und Rassismus zu brandmarken.

Die universitären Dienststellen, allen voran das Akademische Auslandsamt, waren angesichts der aus den Fugen geratenen Geschehnisse im Nahen Osten ernstlich besorgt. Sie bemühten sich mit großem und unermüdlichem Einsatz, die jungen arabischen Studenten vor Verzweiflungsakten jeglicher Form zu bewahren. Die vielen Treffen, die zu diesem Zweck teils täglich anberaumt wurden, wirkten auf die angeschlagenen Gemüter der jungen Leute wie Balsam, wie eine heilvolle Therapie. Selbst jenen Funktionären, deren dezidierte proisraelische und philosemitische Einstellung als ungebrochen galt, erwiesen sich von heute auf morgen als einfühlsame, hilfsbereite und menschenfreundliche „Seelsorger".

Parallel zu diesen Bemühungen kündigte sich schon bald nach dem Juni 1967 ein positiverer Prozess an. Unter dem Einfluss linker und linksliberaler Strömungen besannen sich etliche deutsche Kommilitonen schon kurz nach dem Debakel des Junikrieges auf das Gebot einer gegenüber vorher differenzierteren und objektiveren Wahrnehmung der Ereignisse im Nahen Osten. Ab diesem Zeitpunkt waren viele von ihnen willens und imstande, zwischen der Politik Israels und den Verbrechen der Nationalsozialisten gegen die Juden zu differenzieren – das war vorher trotz vieler Vorträge und Diskussionsbeiträge palästinensischer Studenten und Experten nicht gelungen. Einige deutsche Medien brauchten dagegen noch lange Zeit, um objektiver über die Ereignisse im Nahen Osten Bericht zu erstatten. Diese Veränderungen im öffentlichen Diskurs wären wohl ohne den Junikrieg und dessen Auswirkungen kaum möglich gewesen. Das tröstete und motivierte Nader: Zwar hatte ihm der Krieg diese unangenehme Dauerbegleitung in Form der Allergieerkrankung beschert, zugleich hatte dieser in Teilen der Gesellschaft und Intelligenz (weniger der Politik) einige verkrustete Fesseln der politischen Korrektheit im Umgang mit dem Konflikt zwischen Palästina und Israel gesprengt. Auch wenn die Betonung auf dem Wörtchen „einige" liegt …

Pathologie in der Politik

Naders Freund und „konstruktiver" Kritiker Rami stellte spätestens im Verlauf des Jahres 2020 an Nader Züge eines signifikanten Masochismus fest. Zwar sei er, Rami, ausgebildeter Internist, interessiere sich jedoch immer mehr für Fragen der „Seelenheilkunde", wie Rami sich gerne bodenständig auszudrücken pflegte. Seine überraschende, zugleich auch etwas besorgniserregende Diagnose untermauerte er mit Naders angeblicher Besessenheit, sich für alles rund um den früheren US-Präsidenten Trump in einer Weise zu interessieren, welche womöglich auf eine Verhaltensauffälligkeit hindeute. Ramis Exkurs in die Welt der Tiefenpsychologie wies Nader genervt als dilettantisch, voreilig und unbegründet zurück. Dennoch konnte Nader die Feststellung eines gesteigerten Interesses an der Person und ihrer Wirkung nicht ganz von der Hand weisen.

Bevor Trump – in einiger Hinsicht – „Ausnahmepolitiker" im November 2020 alles andere als erwartungsgemäß abgewählt wurde, war Nader wie andere zig Millionen politisch interessierte Menschen tagtäglich darauf erpicht zu erfahren, was dieser schon wieder anstellte und welche zynischen und kuriosen Verwerfungen er schon wieder auslöste. Sein nachweisbar schräg-bizarrer bis pathologischer Charakter übte eine seltsam ambivalente Wirkung auf Nader aus, ja man könnte sogar von einem Faszinosum im dämonischen Sinn sprechen. Lag Rami mit seiner Masochismus-These also doch nicht ganz verkehrt?

Der abgewählte Präsident benahm sich schließlich vier Jahre lang gerade in der Israel-Palästina-Frage wie ein polternder

Irrwisch und ein Möchte-gern-Erklärer komplexer politischer und strategischer Prozesse, denen er weder intellektuell noch moralisch gewachsen war. Zudem fehlten ihm die Selbstdisziplin, Fleiß und Mühe, um sie kognitiv verinnerlichen zu können. Dass er sich nach der verlorenen Wahl dann auch noch mit fadenscheinigen Behauptungen über einen nicht nachweisbaren Wahlbetrug beharrlich weigerte, den Sieg seines Konkurrenten anzuerkennen, bildete den Höhepunkt seiner auf Lügen basierenden politischen Agenda. Er stachelte obendrein seine Anhänger zum Sturm auf das Kapitol am 6. Januar 2021 an, was ein zweites, symbolträchtiges Amtsenthebungsverfahren gegen ihn zur Folge hatte – ein Unikum in der Geschichte der USA, auch wenn beide Verfahren im Senat die erforderliche Mehrheit nicht erlangen konnten.

Naders dezidiertes Interesse an Trump hatte aber auch einen nostalgisch-akademischen Hintergrund. Als er in den Siebzigerjahren in Heidelberg studierte, gab es (und gibt es vermutlich immer noch) neben dem regulären Vorlesungsbetrieb universitäre Vortragsreihen für die Allgemeinheit unter dem Gesamttitel „Studium Generale". Eines Tages stieß er mit Verwunderung auf die plakatierte Ankündigung eines Vortrages zum Thema „Pathologie der Politik". Er wusste schon damals durch befreundete Medizin-Studierende die Bedeutung von „Pathologie" innerhalb der Medizinwissenschaft. Aber „Pathologie" in der Politik? Dann las er den Namen des Vortragenden und dachte sich: ‚Ach, der kokettiert und jongliert schon wieder mit Begriffen, die einfach nicht zueinander passten.' Das war nämlich Carl. J. Q., einer seiner akademischen Lehrer für politische Soziologie.

Nach Auffassung vieler Kommilitonen war Q. vor allem in den Fächern Politische Theorien, Regierungssysteme und Föderalismus eine international anerkannte und kompetente Koryphäe. Aber wie jeder andere Mensch und Gelehrte hatte er ein gerütteltes Maß an Marotten. So war es ungemein ärgerlich und gewöhnungsbedürftig für die Studenten, wenn er inmitten seiner durchaus spannenden und lehrreichen Vorlesungen über Staatstheorien unvermittelt damit begann, die Auslassungen über die Polis bei Platon auf Altgriechisch, Machiavellis „Discorsi sopra la prima deca di Tito Livio" auf Italienisch und Jean Bodins Thesen über die Staatssouveränität auf Französisch vorzutragen. Andererseits zitierte er z. B. John Locke nicht in seiner den meisten Studierenden halbwegs vertrauten englischen Originalfassung, sondern in der deutschen Übersetzung. Diesen Umgang mit Fremdsprachen begründete er mit der seltsamen Erklärung, dass er – obgleich er 40 Jahre US-Aufenthalt auf dem Buckel habe – Englisch nach wie vor mit originär kurpfälzischem Akzent spreche. Um seine regionalen Wurzeln zu untermauern, verwendete er den Komparativ bewusst in dialektaler Form. So sagte er demonstrativ und wie selbstverständlich „... wichtiger wie die Frühwerke Platons", „grauenhafter wie Stalin" oder „schöner wie Florenz".

Die innovativen Theorien Q.s über den Totalitarismus waren ein Meilenstein in der soziologischen und politikwissenschaftlichen Forschung. In diesem Zusammenhang kreierte er den Begriff der „politischen Pathologie", den Nader erst später zu verinnerlichen vermochte.

Was hat nun die Pathologietheorie mit Trump zu tun? Nein, totalitär nach dem Muster des nordkoreanischen Herrschers Kim oder des belarussischen Präsidenten Lukaschenko war er dank gefestigter Institutionen nicht. Allerdings war er auch nicht gerade ein glühender Verfechter des in den USA verfassungsrechtlich fest verankerten Prinzips von „Checks and Balances". Auch empfand er die Gewaltenteilung und die Idee einer unabhängigen Justiz als entscheidungshemmend für die Arbeit der Exekutive.

Am liebsten hätte Trump wohl einem Staat vorgestanden,

dessen Regierungssystem irgendwo in der Mitte zwischen Nordkorea und etwa der Schweiz zu verorten gewesen wäre, also etwa wie Russland oder die Türkei.

Auch außenpolitisch war Trumps Bilanz desaströs. Die EU, insbesondere Deutschland, wo seine Vorfahren herkamen, galt bedingt als ein befreundetes Land. Hingegen war er von manchen diktatorischen oder halbdiktatorischen Staatschefs sichtlich fasziniert. Sein abgrundtiefer Hass gegen den Iran war nicht zuletzt seiner Loyalität gegenüber Israel und der Rücksichtnahme auf finanzstarke, immer nach modernsten und teuren US-Waffen schielende Staaten wie Saudi-Arabien und die Golfstaaten geschuldet. So trat er aus dem Atomabkommen mit Iran aus, verhängte scharfe Sanktionen gegen dieses Land, die nicht zuletzt die leidgeprüfte Zivilbevölkerung hart trafen und verlangte von den anderen Unterzeichnern dieses Abkommens eine bedingungslose Gefolgschaft, ohne auch nur andeutungsweise eine realistische Alternative zum bestehenden Abkommen anzubieten. Diesen bis ins Detail dokumentierbaren destruktiven Starrsinn deutet der US-Psychiater Otto Kernberg als Indiz für einen zwanghaften, d. h. krankhaften Narzissmus.

Naders „Sucht" nach Trump war nicht zuletzt dem Unverständnis geschuldet, dass eine Person mit derartigen pathologischen Charaktereigenschaften es geschafft hat, vom Immobilienmogul und Reality-Show-Star zum mächtigsten Mann der Welt aufzusteigen.

Ein ehemaliger hoher Berater im Weißen Haus unter Trump und Autor eines unter dem Pseudonym „Anonymus" erschienenen Buches („Warnung aus dem Weißen Haus", Köln 2019) beklagt das dominierende irrationale Denkmuster bei Trump und verspottet ihn als jemanden, der häufig „Äpfel mit Kühlschränken" vergleiche.

Naders Trump-bezogene „Sucht" hatte nicht zuletzt mit seinen palästinensischen Wurzeln zu tun. Trumps Kurs in der

Palästinafrage war eklatant einseitig und destruktiv. Es ist zwar hinlänglich bekannt, dass das uneingeschränkte Bekenntnis zu Israel zur Grundeinstellung jedes US-amerikanischen Präsidenten gehört. So übte zum Beispiel Jimmy Carter erst nach Ende seiner Amtszeit deutliche Kritik an der Besatzungs- und Siedlungspolitik Israels. Israel und der Jewish Congress reagierten weltweit so herablassend und aggressiv darauf, dass Carter seine Friedensagenda für die nahöstliche Region bald aufgeben musste.

Trumps pro-israelische Linie sprengte allerdings das gewohnte Maß an Einseitigkeit und grenzte im Vergleich zu seinen Vorgängern an Obsession und Verblendung. Und entsprechend agierte er im israelisch-palästinensischen Konflikt und im Kontext eines wie auch immer gearteten Friedensprozesses regional und global als „Gefährder". Dafür spricht u. a. die Tatsache, dass er eine Woche nach seiner Niederlage bei den Präsidentschaftswahlen Außenminister Pompeo ohne jegliche Abstimmung mit dem bereits gewählten Präsidenten Joe Biden nach Israel schickte, um eine jüdische Siedlung auf palästinensischem Gebiet und dann die Golanhöhen zu besuchen. Dabei ist der Status beider Orte völkerrechtswidrig: die Besiedlung bzw. Annexion besetzter Territorien. Nader schüttelte stets den Kopf, wenn er die offizielle US-amerikanische Begründung dafür hörte: Es gehe, so hieß es immer wieder, um die Förderung des Friedensprozesses zwischen Israelis und Palästinensern.

Die überbordende Affinität Trumps zu Israel hat zwei Hintergründe. Erstens entspricht diese Haltung dem Mainstream besonders in den USA, aber auch in vielen europäischen Staaten, allen voran Deutschland, das ständig bemüht ist, sein infolge der NS-Verbrechen entstandenes Schuldgefühl in gesteigerter Form und ohne hinreichende Rücksicht auf die Palästinenser zu „kompensieren". Auch Obama, dessen Ablehnung der israelischen Siedlungspolitik und persönliche Abneigung gegen

Netanjahus Politik und Charaktereigenschaften hinlänglich bekannt waren, ließ Israel letztlich immer gewähren und erfüllte wie alle anderen Vorgänger fast uneingeschränkt dessen militärische und finanzielle Sonderwünsche. Zweitens wusste Trump genau, dass die verbündeten Scheichtümer auf der arabischen Halbinsel seine Israelpolitik uneingeschränkt übernehmen würden, da sie sich trotz ihrer immensen Erdöl-Reichtümer und der Anhäufung hochmoderner Waffentechnik regional in einer geo- und sicherheitspolitisch schwachen Lage befinden. Die Herrscherhäuser am Persisch-Arabischen Golf sind fest davon überzeugt, dass nur die USA ihre Sicherheit und ihren Fortbestand garantieren könnten. Dabei zeugen regionale Ereignisse wie der Sturz des persischen Schahs 1979, dass die USA nicht durchgängig eine verlässliche Schutzmacht sind. In diesen militärisch und sicherheitspolitisch „schutzbedürftigen" Scheichtümern ist zudem der Anteil einheimischer Bevölkerung verschwindend gering. Der Politikwissenschaftler Shafiq Al Ghabra von der Universität Kuwait spricht im Falle der Vereinigten Emirate und Katar von nur 12 % der Gesamtbevölkerung. Surreal ist deshalb die Tatsache, dass die Vereinigten Arabischen Emirate, die sich nicht nur im Jemen und Libyen politisch und militärisch wie eine große Regionalmacht gebärden, dies fast ausschließlich mit Hilfe eines großen Heers von ausländischen Söldnern tun.

Trumps Palästina-Israel-Agenda bestand aus drei Kernpunkten:

Erstens: Das Duo Trump/Netanjahu glaubte mit Chuzpe (Netanjahu) und Opportunismus (Trump) zu wissen, dass der Landraub palästinensischen Grundes bzw. die Annexion weiter Teile der palästinensischen Gebiete ein „legitimer" Bestandteil des Friedensprozesses sei. Parallel dazu „normalisierten" die vier Staaten Emirate, Bahrain, der Sudan und Marokko unter der Patronage der USA ihre Beziehungen zu Israel. Diese arabischen Staaten spielen jedoch keine wesentliche Rolle im

Rahmen des Nahostkonflikts und sind somit für Fragen von Krieg und Frieden dort irrelevant. Die „relevante" Normalisierung müsste mit den Palästinensern selbst erfolgen, gäbe es auf israelischer und US-amerikanischer Seite den nötigen politischen Willen.

Zweitens: Begünstigt wurde Trumps Politik indirekt durch die Spaltung der palästinensischen Führung in der Westbank und im Gazastreifen, welche aus purer Klientelinteressenpolitik entstanden war, wobei weder die Führung der Westbank noch die des Gazastreifens eine politische Legitimation besitzt. Bereits 2010 hätten Wahlen in Palästina stattfinden sollen. Man gewinnt zunehmend den Eindruck, dass sowohl die palästinensische Doppelführung als auch die Besatzungsmacht Israel am Erhalt des Status quo interessiert sind.

Drittens: Schließlich wurde Trumps Nahostpolitik auch durch ein gesamtarabisches Krisenmanagement gefördert, das sich einer honigsüßen Rhetorik bediente, die jedoch mit einer substanzlosen Agenda in der Außen- und Sicherheitspolitik einherging. Die Folge war, dass es der Arabischen Liga bisher so gut wie nie gelungen ist, nachhaltig und wirkungsvoll interne oder externe Konflikte eindämmen zu helfen.

Kann man mit Biden Hoffnungen für Palästina empfinden? Nüchtern betrachtet gibt es zunächst wenig Hoffnung auf eine substanzielle Veränderung. Dennoch wird der Ansatz Bidens im Palästina-Israel-Konflikt, wenn auch nur in feinen Nuancen, ausgewogener sein als bei Trump. Die (gespaltene) palästinensische Führung wird wohl bald eine klare Agenda auf den Tisch legen müssen, die vor allem inneren Konsens und die baldige Abhaltung neuer Parlamentswahlen bewirken muss. Die neue israelische Regierung unter Bennett bietet wenig Hoffnung für eine konstruktive Veränderung der israelischen Palästinapolitik, zumal dort die rechtslastigen und nationalistischen Parteien die Oberhand haben und Bennett selbst ein dezidierter ideologischer Förderer des Siedlungsprojekts ist. Dass zum ersten Mal in der Geschichte Israels eine palästinensisch-arabische Partei an der Koalition beteiligt ist, wobei ihre Wirkungsmöglichkeiten deutlich begrenzt sind, lässt dennoch einen vorsichtigen Optimismus aufkommen.

Empörungspotenzial allein, und sei es noch so nachvollziehbar, hilft nicht weiter, solange es nicht von konkreten Initiativen und mutigen Projekten begleitet wird. Eines ist allerdings sicher: Ohne einen nachhaltigen Druck auf die rechtslastige israelische Regierung bleibt eine Lösung dem immer wiederkehrenden Versuch einer Quadratur des Kreises gleich, was langfristig im Hinblick auf Frieden und Sicherheit mit vielen Risiken verbunden wäre.

Rami wollte nach Trumps Niederlage von Nader unbedingt wissen, ob nun das Ende des Masochismus, der Verhaltensauffälligkeit in greifbarer Nähe gerückt sei. „Nein“, erwiderte dieser: „Da muss ich dich enttäuschen. Denn ich werde auch künftig beobachten wollen, wie er sich in seiner postpräsidialen Phase politisch, medial und geschäftlich verhalten wird“. Rami schmunzelte angesichts einer derartig beständigen Obsession politischer wie gesundheitlicher Art, war allerdings deutlich nachdenklich und in seiner Urteilskraft seiner Sache nicht mehr so sicher wie sonst. Er verhehlte nicht, dass auch er in den, wie er es ausdrückte, „finsteren vier Jahren der Ära Trump“ genauso besessen gewesen sei, Nachrichten, Analysen und Kommentare über den im negativen Sinne „Ausnahmepräsidenten“ aufzusaugen. Er habe sich allerdings in diesen schrecklichen 48 Monaten, wie er sich arithmetisch korrekt auszudrücken vermochte, bewusst Zurückhaltung auferlegt, da er als Mediziner nicht die gebotene Eloquenz eines Geisteswissenschaftlers besitze. Rami wäre allerdings nicht Rami, hätte er nicht süffisant hinzugefügt, dass er immerhin im Vergleich zu Soziologen und Politikwissenschaftlern ein „solides“ Fach studiert habe. Sein

Studium habe ihn zeitlich und mental so sehr in Beschlag genommen, dass er, anders als Studierende der Philosophischen Fakultät, keine Zeit für ein alltägliches, oft „byzantinisches“ Debattieren gehabt hätte.

Nader und einige seiner Freunde, zu denen auch Rami gehörte, waren jedenfalls über das Ende der Ära Trump glücklich und in der Beurteilung heikler politischer und gesellschaftlicher Konflikte überaus einig. Sie teilten außerdem die Meinung des US-amerikanische Schriftstellers Richard Ford, der wenige Wochen vor dem Ende der Ära Trump die Hoffnung äußerte, sie möge „ein elendes Stück Vergangenheit“ bleiben. Die Runde feierte in einem Szene-Cafe unweit des Kölner Doms das freudige Ereignis und gewissermaßen auch den Konsens unter sich, der selten genug zu Tage trat. Nader trank zur Feier des Tages ein Glas Kölsch, während der nach außen hin frömmelnde Rami wie immer sein Lieblingsgetränk Coca-Cola mit Wonne genoss. Dabei blendete er mit einer entspannt-souveränen Nonchalance die Überzeugung aus, dass das Land, aus dem diese Marke stammt, im Grunde für einige Übel in der Welt verantwortlich sei.

Zwischen geliebter und gelebter Identität

Heimatlos mit drei Heimaten

Heimat Palästina

Als Nader 1948 fünf Jahre alt war, wurden seine Eltern aus seiner palästinensischen Heimatstadt Jaffa vertrieben. Die Anführer der zionistischen Bewegung bedienen sich heute noch einer äußerlich geschickten, in der Substanz jedoch hohlen Semantik, indem sie immer wieder behaupteten, die Palästinenser seien nicht „vertrieben" worden, sondern „aus freien Stücken" und auf Aufforderung der arabischen Staaten geflüchtet. Dabei lassen sie die Tatsache außen vor, dass Leben und Sicherheit der Menschen vor Ort im erheblichen Maß gefährdet waren. Nur das bewog viele Menschen, gerade in den Regionen nahe den zionistischen Hochburgen wie Tel Aviv, dazu, ihr Land „vorübergehend" zu verlassen. Tatsächlich war das „vorübergehend" ernst gemeint, denn keiner von den betroffenen Menschen glaubte damals ernsthaft an einen dauerhaften Zustand der Vertreibung.

Für Naders Mutter – sein Vater war früh verstorben – war der Exodus per Schiff zunächst nach Beirut, später die Umsiedlung nach Kuwait mit ihren teils schon herangewachsenen Kindern eine beträchtliche physische, seelische und wirtschaftliche Herausforderung. Ihr und den beiden älteren Söhnen wurde bald bewusst, dass aus dem angenommenen, vorübergehenden Zustand der Vertreibung ein dauerhaftes, bitteres Exilleben werden sollte. Zwar verbesserte sich die wirtschaftliche Lage der Familie nach dem Umzug ins ölreiche Kuwait merklich. Für die gesamte Familie, allen voran die Mutter, konnte dieser Umstand dennoch nichts an der bitteren Erkenntnis ändern, dass die Heimat endgültig verloren schien. Die Familie erlebte die Mutter zeitlebens als eine leidgeprüfte, aber tapfere Frau, deren Schmerz über diesen Verlust sich beständig auf ihren gesundheitlichen Zustand auswirkte, bis hin zu ihrem frühen Tod. Traurigkeit kennzeichnete ihre Gemütslage, da nach der Vertreibung viele ihrer nahen Angehörigen und sogar die meisten ihrer eigenen Kinder in aller Herren Länder verstreut leben mussten.

Dass Nader die Bodenständigkeit und das Heimatgefühl fehlten, bedeutete nicht, dass ihm das Schicksal seines geschundenen palästinensischen Volkes gleichgültig gewesen wäre. Noch heute berühren ihn mündliche wie schriftliche Erzählungen zutiefst über das, was den Palästinensern während der Vertreibung widerfuhr und in der gegenwärtigen Zeit der Diaspora noch widerfährt. Auch überkommt ihn Verbitterung darüber, dass die Führung Israels taktisch geschickt agierte und noch immer agiert, wie sie sich die nachhaltige Unterstützung maßgeblicher Mächte und internationaler Kreise sichert, während die Führung der Palästinenser und in der gesamten arabischen Welt im Zustand von Korruption, Vetternwirtschaft und Missmanagement verharrt. Nader war dennoch immer der Überzeugung, dass diese arabische „Misere", wie er sich auszudrücken pflegte, Israel nicht von der Verantwortung gegenüber dem Schicksal der Palästinenser entbindet – weder in moralischer noch in materieller Hinsicht. Israel muss seiner Ansicht nach einen erheblichen Beitrag zur Lösung der Palästinafrage leisten.

So oft wie möglich besuchte Nader seine (inzwischen also israelisch gewordene) alte Heimat, wobei ihn bei jedem Besuch jenes seltsam ambivalente Gefühl der Freude und der Bitterkeit beschlich. Jenes „magische" Heimatgefühl wollte dennoch nie aufkommen. Vielmehr erschien ihm vieles fremd und fern, auch wenn er voller Neugierde und Bewunderung durch Jerusalem,

Jaffa, Haifa oder Nazareth flanierte. Sogar wenn er attraktive und historisch bedeutende Städte in den formal selbstverwalteten palästinensischen Gebieten wie Nablus, Hebron, Betlehem oder Jericho besuchte, beschlich ihn unweigerlich die ambivalente Wahrnehmung: Du gehörst dazu, aber irgendwie auch nicht. Diese Empfindung lässt sich gut beschreiben mit Worten wie „Entfremdung“, „Enttäuschung“, „Verbitterung“, „Wut“ und schließlich „Nihilismus“.

Ist ihm sein Heimatgefühl nun aber abhanden gekommen oder hatte er ein derartiges Gefühl nie wirklich besessen? Eine schwer zu beantwortende Frage. Denn ein fünfjähriges Kind hegt wohl keine abstrakten Gefühle, es trägt aber in sich vage – oft schöne, bisweilen auch traumatisierende Erinnerungen. Streng genommen hatte Nader nicht nur eine, sondern drei „Heimaten“: neben Palästina Deutschland und in gewisser Hinsicht auch die Schweiz. Nach der Vertreibung hatte er bis zur Ankunft in Deutschland 1961 mit Mutter und fünf Geschwistern zuerst im Libanon, später in Kuwait gelebt. Beide Länder waren kulturell und landschaftlich zu unterschiedlich und die Aufenthaltsdauer dort war zu kurz, um Heimatgefühle aufkommen zu lassen. Das wäre auch allein aus dem Grund nicht möglich gewesen, da in beiden Staaten die Palästinenser institutionell und gesellschaftlich als „Flüchtlinge“, ja „Adjanib“ (Fremde) bezeichnet bzw. behandelt wurden.

Ein späterer längerer, gar dauerhafter Aufenthalt in einem arabischen Land wäre für Nader aus mentalitätsmäßigen Gründen mit einigen Beschwernissen verbunden gewesen. Denn er hatte diesen kulturell und emotional für ihn nach wie vor wichtigen Raum bereits im Alter von 18 Jahren verlassen, um in Deutschland zu studieren. Zwar bereiste er beruflich wie privat häufig die Länder des Nahen Ostens. Es wäre ihm inzwischen jedoch schwergefallen, sich in dieser Region wieder einzufinden. Dies ist unter anderem der Tatsache geschuldet, dass er sich der anfänglich gewöhnungsbedürftigen Lebensweise der Deutschen bzw. Europäer rasch hat anpassen wollen. Zudem wollte und konnte er, wenn auch mit einiger Mühe und trotz einer Reihe von Vorbehalten das zugleich anspruchsvolle wie lebenserleichternde Klassenziel der Integration erreichen. Es handelte sich dabei sicherlich um eine Win-Win-Situation, die allerdings nicht unbedingt lückenlos verlief. Seine gelungene Integration bewirkte – wie dies häufig, aber nicht zwingend vorkommt – eine spürbare gesellschaftliche und kulturelle Entfremdung gegenüber dem ursprünglichen Kulturraum. Nichtsdestotrotz war es für ihn klar, dass er weder willens noch imstande war, sich von seinen Wurzeln zu lösen, die ihm, emotional gesehen, positiv und kostbar erscheinen. Im arabischen Raum sind die Menschen zwar weniger systematisch strukturiert als etwa in Deutschland, aber umso mehr mit Empathie und Spontaneität ausgestattet. Das generiert im Vergleich zur westlichen Lebensweise ein positives und optimistisches Lebensgefühl. Familiensinn, Freundschaften und sonstige Bindungen sind meist von festerer Qualität. Auch der noch bestehende Hang zur Entschleunigung im Alltagsleben hatte für Nader im Vergleich zur überwiegend stressdominierten Lebensart der Europäer durchaus seinen Charme und eine seelische Heilwirkung. So ist der Mittagsschlaf, der sich zum Beispiel in Südeuropa infolge der alles dominierenden Beschleunigung auf dem Rückzug befindet, im Orient nach wie vor und fast überall eine unumstrittene Lebensart, die auch keiner leichtfertig als Zeichen für Faulheit oder gar Dekadenz anprangern sollte.

Heimatgefühl ist wohl so eine emotionale Sache, die man nicht rational definieren kann. Entweder hat man es oder man hat es (noch) nicht.

So gesehen, mag Rami, der Freund und „Streitkumpel" von Nader, in gewisser Hinsicht durchaus recht haben, wenn er ihm gelegentlich intellektuelle Unredlichkeit oder gar ein gestörtes soziopsychisches Verhalten bescheinigt. Rami ist formal der Inbegriff der Reinheit in Sachen Glauben, Nationalgefühl und Bewahrung traditioneller Werte. Eines Tages „ertappte" er Nader dabei, sich als „Libanesen" zu präsentieren. Das geschah, während beide in einem Heidelberger Café saßen und von einem ihnen unbekannten älteren Ehepaar angesprochen wurden. Die beiden waren von ausgesuchter Freundlichkeit und nicht minder ausgeprägter Neugierde. Zunächst fragte der Mann Rami, ob er mit seinem Freund Arabisch oder Hebräisch gesprochen habe. Rami, der bekanntermaßen die Kunst des „Pokerface" nie beherrschte, versuchte vergeblich, seine Verwunderung über diese unangemessene Verwechslung zu verbergen und sagte lapidar „Nein, gar nicht Hebräisch". Danach unterhielt sich Nader mit der Frau, während ihr Mann sich mit Rami über den Stand der Medizin an den deutschen Universitäten ausließ. Die Dame wollte von Nader wissen, woher er genau komme. Da er annahm, Rami würde seine Aussage akustisch nicht vernehmen können, antwortete er der Einfachheit halber, er sei Libanese. Das entlockte ihr , wie das damals häufig der Fall war, eine nicht enden wollende Lobeshymne auf die „Schweiz des Orients", auf dessen einzigartige Zedernlandschaft und die „einzig funktionierende" Demokratie im gesamten arabischen Raum. Nader ließ diese im doppelten Sinn unverdiente Liebeserklärung über sich ergehen. Anschließend plauderten sie noch über viele andere Themen unbeschwert und ohne Aufgeregtheit. Die Zeit verging und da das ältere Paar ihren Bus nach Handschuhsheim nicht verpassen wollte, standen sie irgendwann etwas abrupt auf und verabschiedeten sich von den beiden jungen Männern freundlich, ja fast jovial. Daraufhin fragte Rami Nader voller Empörung, was es mit dessen Identitätsverzerrung auf sich habe. Nader erwiderte etwas genervt, dass Rami anscheinend unter einer verfrühten Form der Senilität leide: Schließlich habe er ihm ja oft genug, wenn auch nur andeutungsweise, die Beweggründe für dieses Täuschungsmanöver erklärt.

Tatsächlich pflegte Nader zu Beginn seiner Studienjahre in Deutschland sich des Öfteren als Libanese auszugeben. Das war den irritierenden Erfahrungen geschuldet, die er als junger, unerfahrener Mensch in Sachen politische Debatten hier und da gemacht hatte. Zuvor hatte er wahrheitsgemäß und ohne Zögern, ja bisweilen mit Stolz bekundet, Palästinenser zu sein, doch sehr häufig war diese Aussage folgenschwer. Viele konnten Mitte der 1960er-Jahre mit dem Begriff „Palästina" oder „Palästinenser" noch nicht viel anfangen. Und so bemühten die einen zur Erklärung die Heiligen Bücher, um dann zu erkennen, dass man sich längst in völlig anderen Zeiten befindet. Andere, die sich in den aktuellen politischen Geschehnissen besser auskannten oder dies zumindest glaubten, sagten lächelnd und ihrer Sache sicher: „Ach so, Sie sind also Israeli."

Ehe Nader imstande war, die Dinge daraufhin mit der gebotenen Sorgfalt wie auch der erforderlichen Einfühlsamkeit zurechtzurücken, erfolgte dann in der Regel ein Loblied auf Israel, oder wie manche pathetisch äußerten, auf den „neuen David". Das fühlte sich an wie ein prasselnder kalter Regen auf Naders Gemüt. Einige vergaßen auch nicht, sich bei Nader für das unheilvolle Schicksal zu entschuldigen, das die Gesamtheit der Juden und damit auch ihn heimgesucht habe. Von „Schande" und „singulärem Verbrechen" war dann die Rede. Er sagte daraufhin etwas verlegen, dass er die Bewertung dieser Sache durchaus teile, um dann mit einiger Mühe den Versuch zu starten, das grundlegende Missverständnis auszuräumen.

Aussagen wie etwa, er sei kein Jude, sondern Palästinenser und als solcher ein Opfer der Gründung des Staates Israel 1948, traf die meisten Gesprächspartner dann völlig unvorbereitet. Einige wollten dann über die genannten Ereignisse genauer informiert werden und waren willens zuzugeben, dass man während der Schulausbildung nicht das Geringste davon erfahren habe. Andere beklagten die einseitig negative Berichterstattung in den Medien über die „Araber“, wobei sie ehrlich vermerkten, den Begriff „Palästinenser“ weder in der Zeitung noch im Rundfunk oder Fernsehen je vernommen zu haben. Dies waren die noch relativ angenehmen Reaktionen. Doch sie waren leider nicht in der Mehrheit.

Eine besonders unangenehme Erfahrung war, dass einige wenige nach erfolgter Aufklärung der objektiven und subjektiven Sachverhalte rund um Naders Identität unvermittelt und abrupt ihr bisheriges Narrativ über Bord warfen und sich – als wäre es ein Befreiungsschlag – als Judenhasser und Holocaustleugner zu erkennen gaben. Sie taten dies in der verstörenden Annahme, dass diese erschütternd antisemitische Agenda bei jedem Palästinenser auf Gegenliebe stoßen müsse.

Nicht ganz so beklemmend oder gar verstörend, aber auch nicht minder irritierend war eine weitere Reaktion. Die war zu beobachten, wenn sich Naders Gegenüber als eifriger und kompromissloser Unterstützer Israels erwies, unabhängig davon, ob er die notwendigen Hintergrundkenntnisse besaß und sich in der tagesaktuellen Entwicklung auskannte. Die Folgen waren ufer- und fruchtlose Streitgespräche, die fast immer in eine Sackgasse führten. Denn selbst wenn sich Nader zum Existenzrecht Israels in den Grenzen vor dem Ausbruch des Junikrieges 1967 bekannte und der aggressiven und zugleich hohlen Rhetorik mancher arabischer Anführer gegen Israel in den 1960er-Jahren eine vehemente Absage erteilte: Solche Gesprächspartner setzten unbeeindruckt das sachlich zwar falsche, populistisch jedoch wirksame Totschlagargument ein, die Araber zielten trotz ihrer riesigen Gebiete vom Atlantik bis zum persisch-arabischen Golf auf die systematische Vernichtung des „kleinen und friedfertigen“ Israels. Auf eine solche starrsinnige Argumentation einzugehen war nicht nur intellektuell, sondern auch emotional eine mühevolle Herausforderung. Als junger, in der Diskussionsdidaktik noch nicht gereifter Student im zweiten oder dritten Semester war der junge Nader damit überfordert.

Aus diesem Grund schützte er damals in einigen Fällen eine andere nationale Identität vor. Zwar war er schon immer von dem Schicksal seiner Landsleute tief berührt. Dennoch wollte er, jedenfalls zu Beginn seines Studiums der Politikwissenschaft und Soziologie ein normales und relativ sorgenfreies studentisches Leben führen, wie seine deutschen und ausländischen Kommilitonen auch. Und den Libanon hatte er sich deshalb als Identitätsersatz, als vorgeschützte Heimat auserkoren, weil er die ersten Jahre unmittelbar nach der Vertreibung aus Palästina dort verbracht und dieses landschaftlich wunderschöne Land und seine heiter-mediterrane Bevölkerung lieben und schätzen gelernt hatte.

Um seine Identitätstäuschung zu rechtfertigen, griff Nader auf folgenden Vergleich zurück: Wenn ein deutscher Tourist zum Beispiel auf der indonesischen Insel Bali von einem Einheimischen nach seiner Herkunft gefragt wird, geht das Gespräch nach der Klärung des Sachverhalts höflich und unverbindlich weiter. Höchstens folgen einige belanglose Worte darüber, wie spannend Berlin oder wie schön München sei. Vielleicht käme auch eine Bemerkung, die deutschen Biere seien weltweit die besten, daher könnte man das Bier schlechthin als „das deutsche Wasser“ bezeichnen. Das aber war's. Ist die Antwort auf die Frage nach der Herkunft aber „Palästina“ ist immer eine Klärung erforderlich, verbunden mit längeren Debatten und womöglich auch Streit.

Im Grunde genommen verstand Rami diesen Sachverhalt ganz gut, aber er tat gerne so, als könne er – als kompromissloser Purist – eine solche intellektuelle Verbiegung nicht nachvollziehen. Gerne bekundete er, dass ihm für solche taktischen Spielchen die Zeit und die Nerven fehlten. Dass der Hinweis auf seine kaum strapazierfähigen Nerven für solche Gespräche durchaus der Wahrheit entsprach, war der palästinensischen Community von Heidelberg hinlänglich bekannt: Seine Gereiztheit trat bei jeder Debatte über den Konflikt zwischen Palästina und Israel zutage, unabhängig davon, ob er darüber mit Landsleuten, Personen aus seinem deutschen Umfeld oder erst recht mit israelischen Kontrahenten diskutierte. Die Contenance verlor er nur dann nicht, wenn er mit jemandem debattierte, der hinsichtlich der Unterstützung der Sache Palästinas päpstlicher war als der Papst oder – wie Rami selbst – zweierlei Überzeugungen in seiner Brust barg: einerseits die tiefste Hochachtung gegenüber dem Islam und andererseits das Bekenntnis zum bewaffneten Befreiungskampf unter dem Banner marxistischer Ideologie. Diese wahrhaft ungewöhnliche Symbiose zwischen Islambekenntnis und Marxismus verwunderte viele seiner Bekannten. Sie war allerdings nicht selten zu vernehmen.

Heimat Deutschland

Das zweite „Heimatland“ Naders, Deutschland, machte ihm eine Annäherung wegen seines Kernanliegens – dem Konflikt zwischen Palästina und Israel – emotional und mental nicht gerade leicht. Wäre er ausschließlich ein Deutscher mit einem anderen Immigrationshintergrund, stünde er in Sachen NS-Verbrechen und deren Aufarbeitung eindeutig auf der Seite linksliberaler Kreise und würde mit ihnen den Nationalismus vergangener und gegenwärtige Provenienz als die wesentliche Quelle für viele politische und ideologische Verwerfungen verantwortlich machen. Da er aber nun mal Deutscher mit palästinensischen Wurzeln war, war er zwar willens und imstande, einerseits die NS-Verbrechen gegen Juden und andere ethnische und politische Minderheiten bedingungslos zu verurteilen, andererseits nicht jedoch im gleichen Atemzug Israel im Zusammenhang mit diesen Verbrechen Solidarität und Loyalität zu versprechen, wie dies autochthone Deutsche häufig taten und noch tun. Vielmehr trennte Nader feinsäuberlich zwischen dem geschichtlichen Prozess um die Judenverfolgung und der aktuellen Realität des sogenannten Nahostkonflikts.

Und doch ging es Nader im Verhältnis zu seiner zweiten „Heimat" nicht nur um diesen ewigen Konflikt. Schließlich hat er hier die stärksten familiären und sozialen Bindungen, fühlt sich regelrecht „zuhause". So pflegte er stets zu bekunden, er reise zwar gerne umher, käme aber immer gerne wieder nach Deutschland zurück. Und er legt großen Wert auf das Bekenntnis, Deutschland zwar nicht zu „lieben", umso mehr zu „schätzen" – ohne dies abwertend zu meinen. Denn in diesem Land funktioniert vieles besser, ordentlicher und wirksamer als anderswo in Europa und erst recht in der weiten Welt. Nur in wenigen Ländern sind Werte wie Disziplin, Fleiß und Verlässlichkeit so lebensprägend wie hierzulande. Nader weiß dabei allzu gut, dass er damit Stereotypen bedient, die individuell weder nachprüfbar noch gültig sind und darüber hinaus von vielen Menschen hierzulande als anrüchig und überkommen verurteilt wurden. Er hat außerdem feststellen müssen, dass diese Werte in den letzten Jahren Aufweichungserscheinungen ausgesetzt sind. Ob dieser unübersehbare Paradigmenwechsel insgesamt gut oder schlecht ist, mag er nicht befinden. Er hadert mit sich darüber und steht dennoch zu seiner Überzeugung, dass diese Werte das „Besondere" an Deutschland ausmachen. Als im Grunde Wertkonservativer sucht er nach den Gründen dieser realen oder vermeintlichen Aufweichungserscheinungen. Er glaubt, sie entweder in den multikulturellen Umwälzungen der Gesellschaft zu finden oder aber in einem von ihm skeptisch beäugten Zeitgeist postliberaler Gesinnung in Teilen der intellektuellen Eliten, die alles Traditionelle als Altlast betrachten.

Interessanterweise erlebte Nader das „nordische“ Deutschland in Nuancen anders als manche anderen nordischen Gesellschaften. So beobachtete er, dass zum Beispiel die Dänen und Niederländer, die nicht minder fleißig und verlässlich sind, in ihrer Lebensführung oft lockerer und flexibler sind als seine Deutschen. Deren zaghaftes Handeln während der Corona-Pandemie 2020/21 offenbarte Schwächen und zum Teil Ratlosigkeit infolge fehlender Flexibilität und einer nur bedingt anpassungsfähigen Bürokratie. Die Welt staunte darüber, dass das in der Regel als übermäßig effizient geltende Deutschland in der Krise deutliche Versäumnisse zeigte.

Dabei las Nader vor einigen Jahren mit großem Interesse den klugen Beitrag von Tobias Becker. Dieser nannte sein Land hinsichtlich der Arbeits- und Lebensweise sowie des Umgangs mit rationalen und emotionalen Befindlichkeiten berechtigterweise die „Protestantische Republik Deutschland“, wobei er dies nicht religiös oder konfessionell meinte. Tatsächlich empfand auch Nader Deutschland in Fragen der Arbeitsmoral stets als protestantisch geprägt. Dieser Geist gilt übrigens auch für die katholische Hälfte der Bevölkerung, da der Katholizismus hierzulande und anders als in manchen südeuropäischen Regionen ungeachtet der Gegenreformation einiges vom rational-reformerischen Geist der Gegenseite übernahm. Becker resümiert, dass das protestantische „Selbstverständnis“ auch beim Austritt aus der Kirche erhalten bleibe. Es ist eine Art Lebenseinstellung.

Nicht nur deshalb waren die ersten kulturellen „Lehrjahre“ Naders in Deutschland oft alles andere als einfach. Als er mit 18 Jahren Anfang der 1960er-Jahre aus einem muslimisch-konservativ geprägten Kulturraum hierher kam, war er zunächst von seinen ersten, sicherlich noch oberflächlichen Eindrücken überwältigt: sakrale wie weltliche Baudenkmäler, teils gut erhaltene Altstadtkerne, eine nach einem verheerenden Krieg in kürzester Zeit wiederaufgebaute, gut funktionierende Infrastruktur in Stadt und Land. Im Kulturraum, aus dem er kam, lautete das Narrativ in den Kreisen der sich paradoxerweise als nationalistisch und zugleich fortschrittlich definierenden Intelligenz: Deutschland werde nach den Regeln des rein ausbeuterischen Kapitalismus gesteuert. Mit dem naiven, aber wissbegierigen Blick eines Jugendlichen erkannte er jedoch deutlich die positive und konstruktive Komponente der sozialen Marktwirtschaft. Die wenigen (arabischen) Länder, die er bis zur Ankunft in Deutschland besucht hatte, waren (und sind weiterhin) von krassen Klassengegensätzen, der sichtbaren Kluft zwischen Reichen und Mächtigen auf der einen, Armen und Entrechteten auf der anderen Seite geprägt. Unter den Herrschenden und ihren nicht minder korrupten Claqueuren dominierte die Ansicht, dass die Meinungsfreiheit nur dann als legitim gelten kann, wenn sie nicht im Widerspruch zur Agenda des Systems steht. In seiner antizipierten neuen „Heimat“ dagegen wurden nicht nur politische, sondern auch religiöse und traditionelle Werte kritisch hinterfragt. Solche Tabubrüche hatte er zuvor nicht erlebt – Tabubrüche, die in vielen Teilen der Welt nach wie vor strafrechtlich geahndet und moralisch diskreditiert werden. Ein Bekenntnis zum Atheismus oder Austritt aus der Kirche, wie dies in Deutschland und Europa straflos und gängige Praxis geworden sind, wird im arabisch-islamischen Raum, wenn überhaupt, insgeheim und nur in winzigen intellektuellen oder avantgardistischen Künstlerkreisen ausgesprochen. Verständlicherweise war der junge Nader deshalb zunächst verwundert und auch irritiert.

Dennoch nahm seine gesellschaftliche und politische Sozialisierung seit Mitte der 1960er-Jahre sukzessive Gestalt an. Es war die Zeit des Wirtschatsaufschwungs. Personell war diese Zeit verknüpft mit der überzeichneten Glorifizierung des erfolgreichen Wirtschaftsministers Ludwig Erhard und später dessen Demontage als gescheitertem Bundeskanzler. Als intellektuell noch nicht gefestigter Mensch schien Nader dem Charme dieses damals mustergültigen Wirtschafts-Mainstreams zu erliegen, wobei ihn insbesondere der taktisch geschickt verpackte Zahlenvergleich in der Wirtschaftsbilanz zwischen den beiden deutschen Staaten tief beeindruckte. Die genauen Hintergründe komplexer politischer und wirtschaftlicher Prozesse hinterfragte er damals jedoch noch nicht. Gleichzeitig beeindruckte ihn das Bestehen starker und zu einem erheblichen Grad unabhängiger Gewerkschaften sowie relativ freier Medien als ein institutionell wirksames Korrektiv des dominierenden Parteien- und Wirtschaftssystems des Landes. Sozial und gesellschaftlich benachteiligte Angehörige einfacher Berufe sowie eklatant ärmere Unterschichten gab es zu seiner anfänglichen Zeit in Deutschland seiner Beobachtung nach kaum. Dass die soziale Ungleichheit und wirtschaftliche Not, gepaart mit der Marginalisierung vieler arbeitslos gewordener, aber auch bildungsferner Menschen, sich Jahrzehnte später auch in Deutschland manifestierten, nahm er bewusst und enttäuscht als die Entzauberung des vielfach glorifizierten Wirtschaftswundermodells wahr.

Er registrierte mit Bewunderung, dass hierzulande im Vergleich zu vielen anderen Ländern die Kluft zwischen dem Verfassungstext und der Verfassungsrealität gering ist. Schon damals wusste er, dass viele Länder, welche die Prinzipien liberaler Demokratie in der Praxis mit Füßen traten, die schönsten und liberalsten Verfassungstexte in Papierform besaßen. Nader begab sich bewusst auf die Spuren klassischer Philosophie und kam zur Erkenntnis, dass bei einer Relativierung des Begriffs vom „idealen" Staatsgebilde à la Platon man zur objektiven Schlussfolgerung kommen könnte, dass das Leben in Deutschland in politischer, rechtlicher, gesellschaftlicher und sozialer Sicht als „lebenswert" zu bezeichnen sei. Kein Wunder also, dachte Nader, dass Flüchtlinge und Migranten aus vielen Teilen der Welt gerade dieses Land zur Projektionsfläche ihrer

Hoffnungen und Sehnsüchte erklärten, wie dies vor allem 2015 deutlich wurde. Dass die meisten von ihnen dennoch bald bitter erkennen mussten, dass sich Deutschland nicht als das erhoffte „Schlaraffenland" erweisen konnte, war für Nader erwartbare Realität. Als gelegentlicher freiwilliger Helfer syrischer Flüchtlinge und durch viele Begegnungen und Gespräche mit ihnen wurde ihm eines klar: Hinter diesen zum Teil fatalen Missverständnissen verbarg sich eine tiefe Kluft zwischen dem, was man diesem Menschen vor Ort vorgegaukelt hatte, und der mit handfesten Beschwernissen behafteten Wirklichkeit.

Nader will nicht behaupten, die Mentalität in Deutschland mit wenigen Worten beschreiben zu können. Und warum diese aus seiner Sicht unmöglich ist, sich in kurzer Zeit zu adaptieren, hat sowohl banale als auch substanzielle Gründe.

So bringt kaum ein Volk mit einer beachtlichen Selbstverständlichkeit zwei Faktoren, die nicht wirklich zusammenpassen, so bravourös und gekonnt zusammen wie die Deutschen: auf der einen Seite eine tiefsitzende Gefühlsbetontheit und auf der anderen Seite einen unbändigen Hang zur Förmlichkeit. So empfand Nader das Wechselspiel zwischen „du" und „Sie" gerade im akademischen Milieu in den ersten Jahren ziemlich gewöhnungsbedürftig. Auch in seinem alten Kulturkreis gab und gibt es Formen der Ehrerbietung, die zum Teil an vergangene Zeiten erinnern. Aber solche Formen und Floskeln werden heute – wenn überhaupt – nur noch im Umgang mit älteren Menschen beiderlei Geschlechts verwendet, vor allem, wenn diese Personen hohe bzw. höchste Ämter bekleiden oder renommierte Gelehrte oder Koryphäen ihres Fachgebietes sind. Unter Gleichen hingegen entfallen derartige Schranken, und man redet einander von Beginn an mit dem Vornamen an. Es war in den studentischen Kreisen Deutschlands selbst während der semirevolutionären 1968er-Zeit alles andere als selbstverständlich, miteinander „formlos" zu kommunizieren. Als Noch-Ausländer damals „erlaubte" sich Nader gelegentlich wider besseres Wissen, das „du" einfach so anzubieten oder es sogar spontan zu praktizieren. Dabei stieß er auf ein geteiltes Echo. Manche, die genauso jung wie er waren, nahmen das Angebot überrascht als eine Art exotische „Charmeoffensive" an, manche winkten höflich, aber sichtlich konsterniert mit der Begründung ab, das sei zeitlich verfrüht.

Einer dieser Protagonisten der Ablehnungsfront mit Namen Norbert V. wohnte auf derselben Etage des Studentenwohnheims wie Nader und war gerade mal fünf Jahre älter als er. Man sah sich mehrmals täglich im gemeinsamen Aufenthaltsraum, der auch als Küche diente. Herr V. war Doktorand der Philosophie und sprach ein sehr gewähltes Deutsch, das einheimische wie ausländische Studierende tief beeindruckte – wenn auch in der Sprachmelodie des Mannheimer Singsangs. Es schmeichelte ihm zutiefst, wenn etwa unser ägyptischer Mitbewohner Magdi ihn salbungsvoll mit „Dr. Norbert" anredete. Manchmal ließ er dieses Kompliment unkommentiert, gelegentlich reagierte er in einer ihm sonst wesensfremden koketten Bescheidenheit: „Es ist noch nicht soweit". Die meisten Bewohner nannten ihn untereinander bissig-ironisch „Professor Norbert in spe". Er gehörte zu den wenigen unter den Heimbewohnern, die gerne und regelmäßig die Opernaufführungen in Mannheim und die Theatervorstellungen in Heidelberg und sogar Karlsruhe zu besuchen pflegten. Tagelang berichtete er anschließend in der Runde in der Küche ausführlich und oft äußerst kritisch darüber. Stolz erzählte er einmal davon, dass die Saalordner ihn eines Abends aus der Oper herausgetragen hätten, da er dem damals noch herrschenden Mainstream zuwiderhandelte, indem er die Regisseure und ausführenden Künstler nicht mit Huldigungen, sondern mit Buhrufen belegte.

Norbert V. war konservativ und traditionsbewusst und achtete anders als die überwältigende Mehrheit der Etagen-, ja der

Studentenheimbewohner, streng auf die Einhaltung der Sie-Anrede. Schließlich waren diese nach seiner Wahrnehmung im Vergleich zu ihm beträchtlich jünger und obendrein, wie er im tiefsten Innern gedacht haben musste, intellektuell lange nicht so gefestigt wie er. Nur zwei gleichaltrige Studenten duzte er hingebungsvoll und wie selbstverständlich, und das schien so, als würde er ihnen dadurch Ehre zuteilwerden lassen. Der eine war ein palästinensischer Doktorand der Neueren Geschichte, der später nach Oxford überwechselte und eine akademische Karriere in einem arabischen Golfscheichtum machte. Der andere war ein schmächtiger, stets lächelnder Südkoreaner, der dabei war, in Germanistik zu promovieren und bereits wissenschaftliche Aufsätze über Schiller und Novalis in koreanischen Fachzeitschriften veröffentlichte. Dessen Aussprache, zumal er den Hang zum leisen Nuscheln hatte, stellte alle Etagenbewohner auf eine harte Probe, was gelegentlich heitere, zum Teil aber auch spottende Kommentare auslöste. Norbert V. wandte sich gegen dieses Lästern und verkündete, Herr K. spreche so gut Deutsch wie keiner von den Jüngeren im Haus. Manchmal fügte er noch hinzu, schon allein die Fähigkeit eines Ostasiaten, die Geheimnisse der deutschen Literatur zu verinnerlichen, spreche für sich. Dabei schien er nicht zu registrieren, dass dieses von ihm verkündete Urteil unabsichtlich weit mehr Gemeinheit in sich trug als die albernen Bemerkungen der Jüngeren.

Es verstand sich von selbst, dass Norbert V. politisch und gesellschaftlich einer konservativen Einstellung anhing. So zog er ständig über die „Sozis" her, denen er Landesverrat und den Hang zu Verschwörung unterstellte. Die Liberalen, die schon immer zwischen Rechts- und Wirtschaftsliberalismus pendelten, waren ihm ebenfalls verdächtig, denn Liberalismus war für ihn weder Fisch noch Fleisch, sondern ein ideologiefreies Sammelbecken opportunistischer und karrieresüchtiger Emporkömmlinge.

Einige Jahre später schien Norbert V. eine Metamorphose durchgemacht zu haben. Nader traf ihn per Zufall im altehrwürdigen Hauptgebäude der Universität. Inzwischen waren fast alle bereits aus dem Studentenwohnheim ausgezogen und hatten auch ihr Studium abgeschlossen. Nader fiel auf, oder besser, es erschreckte ihn zu sehen, wie verwandelt sich Norbert hinsichtlich seines Outfits, vor allem auch in Bezug auf seine politische Überzeugung gab. Am liebsten hätte Nader sogar von Neugeburt gesprochen. Norbert V. trug eine revolutionär anmutende Kopfbedeckung mit dem Zeichen von Hammer und Sichel. Über der knallroten Hose trug er ein kunterbuntes T-Shirt – also etwas, was er früher als „Gesindel-Klamotten“ abgetan hätte. Natürlich war die 1968er-Bewegung Hauptthema des Gesprächs beim Wiedersehen. Nun stand Norbert allerdings auf der anderen Seite der Agenda, bekannte sich zur revolutionären Erneuerung und beschimpfte ungewohnt derb und voller Leidenschaft den dekadenten und braunen Ungeist, der sich unter den Talaren der Professoren breit gemacht hätte. Obendrein bekannte er sich ohne Umschweife und explizit zum Erbe von Karl Marx, das nach seiner Auffassung den „gesamten Mist“ von Hegel und anderen Idealisten nicht nur revidiert, sondern berechtigterweise auch als Müllhaufen entsorgt hätte. Zum Schluss dieser aufschlussreichen Unterhaltung wurde er auch ungewohnt persönlich und fragte Nader mit einem ihm bisher nie gekannten Unterton der Empathie, Einfühlsamkeit und Verbindlichkeit: „Und welche Pläne hast du nun, Nader?“. Innerlich staunte Nader angesichts dieses unerwarteten Wandels und er dachte darüber nach, ob dieser überraschende Sinneswandel wohl dem damaligen akademischen Wirrwarr geschuldet war und der Hoffnung des jungen Historikers, dass sich ihm so Tür und Tor für eine vielversprechende akademische Karriere öffnen würde. Unabhängig davon empfand Nader diese Verwandlung als recht erfreulich. Und so verabschiedete er sich von Norbert mit der lockeren Formel „Mach's gut Norbert“, und dieser erwiderte genauso locker mit den Worten „Mach's besser, mein lieber Nader“. Wow!

Eine andere Erfahrung mit dieser anscheinend typisch deutschen Mischung aus Empathie und Förmlichkeit machte Nader zu Beginn seiner Promotionszeit. Sein Freund Richard stand kurz vor dem Abschluss seines Biologiestudiums. Eines Tages erzählte er, sein Vater, dem er viel und wohl nur Positives über Nader berichtet habe, würde ihn gerne einmal kennenlernen. So verbrachte Nader mit seinem Freund Richard ein Wochenende bei dessen Vater, der in einem hübschen Odenwaldstädtchen wohnte. Dieser und seine Lebensgefährtin (Richards Mutter war bereits vor einigen Jahren verstorben) waren liebenswürdige und großzügige Gastgeber. Aus vermeintlicher und gutgemeinter Rücksicht auf Nader gab es zum Abendessen an Stelle des üblichen Schweinfleisches Rinderbraten mit Kartoffeln und Salat. Zum Trinken gab es dazu für die „Christen“ den üblichen halbtrockenen Weißwein aus dem Neckartal. Für Nader gab es hingegen stilles Wasser und süßen Traubensaft. Als Richard daraufhin intervenierte, dass sein orientalischer Freund schon sehr lange in Deutschland lebe, säkularisiert, und daher, ab und an etwas Wein oder Bier trinke, war sein Vater überrascht. Doch er wandte sich umgehend Nader zu, lächelte und sagte, er freue sich, mit ihm den Genuss dieses, wie er bemerkte, wunderbaren Weins zu teilen. Nader genoss tatsächlich den sehr süßen Wein, der alles andere als nur „halbtrocken“ war. Ohnehin trank damals halb Deutschland nur solche, mit beträchtlicher Restsüße „kontaminierte“ Weine, die eher an Traubensäfte erinnerten.

Beim Frühstück griff Nader bei Käse und Marmelade zu. An die Pfälzer Leberwurst, die er sehr mochte, wollte er sich nicht machen – er fürchtete, dass es den Gastgebern und sogar auch Richard schwer vermittelbar gewesen wäre, wenn Nader auf eigenen Wunsch Rindfleisch an Stelle des Schweinebratens zu essen wünschte, sich bei Wurstwaren allerdings als weniger wählerisch erweisen würde. Dies umso mehr, als Richards Vater umfänglich darüber dozierte, dass den „Mohammedanern" (ein Begriff, der die Gemüter nicht nur frommer Muslime erschaudern lässt, da im Islam der Bezug zum Propheten Mohammeds weniger personifiziert ist als im Fall Jesu) aus rein gesundheitlichen und hygienischen Gründen mit Recht der Verzehr von Schweinefleisch verboten worden sei. Selbst sein Arzt, ein bekennender Christ wie er selber, hätte ihm kürzlich nahegelegt, möglichst wenig Fleisch, erst recht Schweinefleisch zu essen.

Apropos Esskultur: der größte Kulturschock bei Nader zu Beginn seines Deutschlandaufenthalts betraf die damals wenig variationsreiche Esskultur der 1960er, der die Vielfalt mediterraner Gewürze- und Gemüsesorten noch komplett fehlte. Nader registrierte damals mit Verwunderung, wie dominant der Anteil an fettem Fleisch und wie stiefmütterlich der Umgang mit frischen Gemüsen wie Auberginen und Zucchini war. Sogar der Knoblauch, einer der Kernstücke vorderorientalischer und romanischer Küche, galt mangels Erfahrung als verpönt und eklig. Inzwischen ist der Wandel in der Esskultur hierzulande offensichtlich – und nicht weniger bemerkenswert als die erwähnte Metamorphose von Norbert.

Naders Gespräch mit Richards Vater beschränkte sich aber nicht nur auf die Esskultur. Wichtiger schien seinem Gastgeber das Thema Islam zu sein. Er äußerte seine Verwunderung darüber, dass sein Sohn Nader als „säkular lebend" bezeichnet habe. Er könne nämlich überhaupt nicht nachvollziehen, dass ein Muslim „säkular" denken oder leben könne. Offenbar hat er sich auf das Treffen akribisch vorbereitet, denn er zitierte mit bemerkenswerter Beredtheit einige Koryphäen der Islamwissenschaft wie Tilmann Nagel, Albert Hourani, Rudi Paret oder Hamilton Gibb, die nachgewiesen hätten, dass man im Islam nicht beides sein könne: Muslim und säkular zugleich. Nader versuchte, dem höchst interessierten älteren Herrn deutlich zu machen, dass der Islam zwar beide Bereiche, die des Diesseits und des Jenseits, vollständig für sich in Anspruch nehme, wodurch seine Kompetenz sich auf Staat und Religion erstreckt. Dass aber andererseits, so Nader, es in der islamischen Geschichte des Mittelalters und der Neuzeit schon immer opponente Kräfte aus den Kreisen der Philosophie und der Religionslehre gegeben hätte, die diesen Dualismus relativiert und für sich den Anspruch erhoben hätten, durchaus kritische Positionen zu den einzelnen Geboten und Verboten des Islam zu vertreten, einschließlich der Trennung von Staat und Religion, ohne den „rechten Pfad" des Glaubens zu verlassen. Es war ein langes und spannendes Gespräch, das dem Vater die Gelegenheit bot, seine Sicht der Dinge ergiebig darzustellen und ebenfalls viele Wissensfragen zu stellen. Diese konnte Nader mangels profunder Kenntnisse der islamischen Theologie und Rechtslehre nicht alle erschöpfend beantworten. Als Nader daraufhin den älteren Herrn höflich darauf aufmerksam machte, dass ein gleichaltriger deutscher Student genauso wenig in der Lage gewesen wäre, in einem fremden Land beispielsweise über die theologischen und historischen Kernunterschiede zwischen dem Katholizismus und dem Protestantismus kenntnisreich zu berichten, verstand der Gastgeber den Wink und wechselte das Thema.

Seinem kulturellen Hintergrund entsprechend hätte Nader es für selbstverständlich gehalten, dass ihn der ältere Herr ohne Umschweife geduzt und mit dem bloßen Vornamen angeredet hätte. Das kam für diesen aber nicht infrage. Denn er redete den jungen Gast die ganze Zeit höflich und ständig mit „Herr Nader" an. Nader hatte zunächst irrtümlicherweise gedacht, dass sein Gastgeber damit eine Brücke zwischen dem „Sie" und dem „du" zu bauen bemüht gewesen sei und daher auf die Verwendung der allzu förmlichen Anrede mit Naders sperrigem

Nachnamen bewusst verzichtet hätte. Seine Mutmaßung erwies sich jedoch als falsch. Denn als der ältere Herr bemerkte, dass Richard seinen Freund ständig mit dem schlichten „Nader“ anredete, fragte er Nader verdutzt, ob dies sein Vor- oder, wie er bisher vermutet hatte, sein Nachname sei. Danach entschuldigte er sich bei Nader für seinen „Fehltritt“ und versicherte Nader aus tiefstem Herzen, dass er auf keinen Fall die Absicht gehabt habe, mit Nader despektierlich umzugehen. Nader schien angesichts dieses Entschuldigungsmarathons zu mühsam, sich zu diesem aus seiner Sicht wenig relevanten Thema weiter auszulassen. Andernfalls hätte Nader ihm versichert, dass man im arabischen Raum seinem Sohn Richard angesichts seines jungen Alters sowieso nur mit dem Vornamen ansprechen würde, was mit Respektlosigkeit sicherlich nichts zu tun gehabt hätte.

Die übertriebene Form von Höflichkeit, Förmlichkeit und Rücksichtnahme kann bisweilen anstrengend, ja ungewollt ausgrenzend sein. Eines Tages rief Nader bei Richards Vater an, um ihm zum bevorstehenden Weihnachtsfest und neuen Jahr gute Wünsche zu übermitteln. Dieser freute sich merklich darüber und vergaß nicht zu erwähnen, dass er und seine Lebensgefährtin sich gerne an den kurzen, schönen Aufenthalt bei ihnen erinnerten. Dann kam etwas, was zwar der gutgemeinten politischen Korrektheit geschuldet war, durch was allerdings die Harmonie des sonst so nett verlaufenen Gesprächs zu kippen drohte. Der alte Herr zögerte ein wenig, bevor er dann unvermittelt sagte „Ich würde sehr gerne Ihnen ebenfalls ein frohes Weihnachtsfest wünschen. Nun weiß ich allerdings nicht, ob ich Ihnen als Mohammedaner dadurch vielleicht auf die Füße treten oder Sie gar regelrecht verletzen würde“. Diese Art von übertriebener Rücksichtsnahme wirkte auf Nader ein wenig ausgrenzend, denn schließlich sind solche Feste wie gerade das Weihnachtsfest trotz ihrer christlichen Wurzeln zu einem traditionellen Brauch mutiert, an dem teilweise auch Nichtchristen teilhaben.

Eine ähnliche, aber noch groteskere Erfahrung machte ein Freund von Nader vor ein paar Jahren in einer Gastwirtschaft in der Altstadt von Düsseldorf. Der Freund sagte auf Nachfrage eines neugierigen, aber offensichtlich mäßig gebildeten Tischnachbarn, er sei syrischer Christ. Woraufhin der Mann den Sachverhalt zurechtzurücken versuchte: „Für mich sind alle Menschen aus Ihrer Region in gewisser Hinsicht trotzdem Muslime, weil der Islam dort so mächtig ist". Der Freund antwortete genervt, aber schlagfertig: „Jesus kommt aber auch von drüben. Dann war er auch wohl kein richtiger Christ". Der Tischnachbar schien daraufhin nicht willens, das Gespräch fortzuführen.

Ein weiteres Gebiet, auf dem Nader Unterschiede zwischen den Kulturen festgestellt hat, sind die Begrüßungsmodalitäten. In den angelsächsischen Ländern ist die Frage nach der momentanen Befindlichkeit oft in der Bedeutung identisch mit einem schlichten „Hallo", „Grüß Gott" oder „Servus" identisch, sie muss daher nicht unbedingt sachorientiert beantwortet werden. Im arabischen Kulturraum hingegen, insbesondere im Maghreb und in Ägypten, könnte man von einer zelebrierenden Marathonform der Begrüßung sprechen. Sie kann eine gefühlte Ewigkeit dauern. So fragt man die zu begrüßende Person nicht nur, wie es ihr, sondern auch, wie es ihren Angehörigen, Geschwistern, Kindern, Vettern und sonstigen Verwandten geht. Der mit solchen ausgiebigen Begrüßungsfloskeln überschüttete Verwandte, Freund oder gar völlig unbekannte Fremde, den man zufällig im Kreis von Freunden oder Familienangehörigen getroffen hat, bedankt sich in ausgesuchter Höflichkeit und erwidert die Zeremonie mit ähnlich ausgiebigen Erkundigungen nach der Befindlichkeit des Gegenübers sowie seiner Verwandten ersten und zweiten Grades. Dann fängt das Ganze noch einmal von vorne an und kommt erst zum Abschluss, wenn einer der Anwesenden das Wagnis nicht scheut, endlich zur Sache zu kommen – sollte es überhaupt eine Sache geben.

Ein Begrüßungsmarathon dieser Art ist den Deutschen glücklicherweise wesensfremd. Dennoch gibt es hierzulande einige knifflige, zum Teil peinliche Facetten der Begrüßungskultur. Fragt man einen nach dessen Befindlichkeit, so bekommt man in den allermeisten Fällen eine sympathisch kurze Antwort wie etwa die lapidare Variante „danke, es geht gut" zu hören oder die fatalistisch-melancholische rheinische Variante „es muss". Diese Form ist deshalb sympathisch zu nennen, weil man im Grunde keine konkreten oder gar epischen Erläuterungen erwartet, sondern routinemäßige Standardantworten, es sei denn, man ist oder war ernsthaft erkrankt, von einer Plage oder einem Unglück heimgesucht worden. Nur wenige fühlen sich zur Beantwortung dieser rhetorischen Frage bemüßigt, ja verpflichtet, in aller Gründlichkeit und mit der gebotenen Ausführlichkeit über die eigene Befindlichkeit und die der Ehefrau detailliert Bericht zu erstatten. So ein Rapport umfasst dann oft diverse Bereiche, wie den der Gesundheit, des Arbeits- und Berufslebens und was alles so zum Alltagsleben gehört. Diese Form ähnelt der im Orient üblichen Variante üppiger und epischer Begrüßungsart.

Folgende wirklich kuriose Reaktionsvariante hat Nader glücklicherweise nur ein einziges Mal erlebt. Sie war so bizarr, dass sie in seinem Gedächtnis haften geblieben ist. Ein zur Hypochondrie neigender befreundeter Professor, der kurz vor der Emeritierung stand, reagierte auf die rhetorische Frage nach seiner Befindlichkeit mit einer Gegenfrage „Wieso fragst du danach?" Er nahm die belanglose Frage als Anzeichen dafür, dass er den Eindruck unübersehbarer physischer oder seelischer Abgeschlagenheit mache. Um derartigen Fehlinterpretationen aus dem Weg zu gehen, pflegte Nader künftig den hochsensiblen Professor mit einem schlichten „Hallo" zu begrüßen.

Heimat Schweiz

Seine aus der italienischen Schweiz stammende Frau Elisa und Nader leben nun seit Jahrzehnten in der deutschen „Diaspora". Während er diesen Umstand meist als wohltuend, wenn auch gelegentlich als wenig zufriedenstellend empfand – eine Gemengelage, die er mit etlichen Einwanderern teilt, überwog bei ihr in der Anfangszeit eher das Gefühl, in diesem Land „notgedrungen" leben zu müssen. Alle Versuche Naders, direkt nach dem Studium in der Schweiz beruflich Fuß zu fassen, waren zu ihrem Leidwesen gescheitert – auch, aber nicht ausschließlich, weil er damals noch keinen europäischen Pass besaß. Alle seine Versuche, in Zürich bei der öffentlich-rechtlichen Fernsehanstalt und in Bern beim Auslandsradio eine feste Anstellung zu bekommen, scheiterten vor allem daran, dass in diesen Medien ein ungeschriebenes Gesetz besagte, dass Eidgenossen gegenüber ausländischen Mitbewerbern bevorzugt zu behandelt seien. Erschwerend kam hinzu, dass Nader zwar während der Studienzeit rege journalistische Tätigkeit insbesondere für arabische Tages- und Wochenschriften ausgeübt, jedoch nie eine klassische Journalistenausbildung absolviert hatte.

Das Paar ließ sich deshalb der Anstellung wegen in der ehemaligen Hauptstadt Bonn nieder. Dort gewann es wertvolle Freundschaften und fühlte sich im mentalitätsmäßig gemütlichen, landschaftlich lieblichen Ambiente des Rheintals recht wohl. Dennoch konnte sich seine Frau nie des Gefühls erwehren, im „Exil" zu leben. Wäre ihre Beziehung nicht so gefestigt gewesen, wäre sie längst in ihre Heimat zurückgekehrt.

Es war also nicht verwunderlich, dass die emotionale Haltung des jungen Ehepaars gegenüber Begriffen wie „Heimat" oder „Heimatgefühl" bedeutend auseinanderging. Der Stellenwert dieser Begriffe war für Elisa im Gegensatz zu Nader äußerst positiv und naturgegeben. Sie warf ihm daher gelegentlich vor, ihre Heimat nicht angemessen wertzuschätzen. Seine Standarderwiderung lautete, dass er mit dem Begriff „Heimat“ generell, nicht nur in Bezug auf die Schweiz fremdele – habe er doch kein anderes Gebiet dieser Erde so häufig und so gerne besucht wie eben die italienische Schweiz. Und er geriet doch regelrecht ins Schwärmen, wenn er die in der Region „Sopraceneri“ gelegenen, paradiesisch anmutenden Verzasca- und Maggia-Täler erwähnte.

Kulturell wie staatspolitisch bewunderte er tatsächlich an der italienischen Schweiz jene Symbiose zwischen der italienischen Lebensart und der Solidität eidgenössischer Mentalität. Bisweilen irritierte ihn allerdings die Erkenntnis, dass der berühmt-berüchtigte Kölner Klüngel im Vergleich zum dortigen ausufernden Beziehungsgeflecht in Politik, Gesellschaft und Verwaltung einer Petitesse gleichkomme. Eine solche Ambivalenz bemerkte er auf vielen Gebieten: So sah Nader in der sozio-kulturellen Vielfalt der Gesamtschweiz voller Bewunderung ein Vorbild nicht nur für Europa. Andererseits registrierte er die mächtigen Verwerfungen innerschweizerischer Animositäten, die er keinesfalls auf folkloristische Nebenschauplätze einzustufen vermochte. Innerhalb der lateinischen Schweiz, also der französisch- und italienischsprachigen Regionen beobachtete er eine weitgehende Einvernehmlichkeit, obwohl beide Teile durch massive Bergketten voneinander getrennt sind. Das Verhältnis zwischen der deutsch- und der französischsprachigen Schweiz jedoch empfand er als zwar sachlich gut, emotional jedoch von starken Animositäten geprägt. Der Volksmund bezeichnet dieses Phänomen als den „Röschti-Graben“, der die Regionen trennt. Und das Verhältnis zwischen der deutsch- und der italienischsprachigen Schweiz dagegen schien ihm von noch mehr Voreingenommenheit geprägt: So mögen etwa die Zürcher und Basler die Tessiner einerseits für ihre volkstümlichen Traditionen, wunderschöne

Landschaft, alpin-mediterrane Musik, pittoreske Steinhäuser und bodenständige Küche. Mit der Wertschätzung aber hapert es. Allerdings ist die Reserviertheit vieler Deutschschweizer dem „Großen Kanton“ (Deutschland) gegenüber noch erheblich größer als im Verhältnis zu den eigenen lateinischen Landsleuten etwa in Lausanne oder Lugano.

Umgekehrt wertschätzen viele Tessiner zwar ihre Eidgenossen aus dem Norden, die sie „federali“ nennen – viel Sympathie aber bringen sie ihnen nicht entgegen. Schon die Dialektbezeichnung der Deutschschweizer und Deutschen als „tudeschk“ (aus dem Italienischen „tedesco“) klingt nicht gerade nach einer ästhetischen Wertung. Auf der anderen Seite weiß man gerade im Hotel- und Gastronomiefach der Regionen von Locarno und Lugano, wie wichtig die Touristen aus dem Norden für den kantonalen Haushalt und damit die Prosperität der Bevölkerung sind. Bizarr daran ist, dass die Aversion mancher Bevölkerungsteile, die mit dem Fremdenverkehr direkt nichts zu tun haben, sich weniger gegen die Reisenden aus dem „Großen Kanton“ richtet, sondern eher gegen die eigenen Eidgenossen aus den Kantonen nördlich des Gotthardmassivs. Begründet wird derartige Aversion etwa damit, dass die Deutschen sich in der Regel wie „Gäste“ benähmen, wohingegen viele Deutschschweizer sich aufführten, als wären sie hier „daheim“. Dabei wird geflissentlich ausgeblendet, dass beide Bevölkerungsteile, nördlich wie südlich des Gotthards, ja ein und demselben Bund und damit derselben Nation angehören. Für viele Tessiner gibt es zudem ein rein sprachliches Problem: Während sie, soweit sie des Deutschen überhaupt mächtig sind, das „Schriftdeutsch“ ganz ordentlich beherrschen, haben viele von ihnen nach wie vor Schwierigkeiten mit dem Schweizerdeutsch – was bei Deutschschweizern oft auf Unverständnis stößt. So wurde ein Tessiner, der seinen Berner Gesprächspartner in einer TV-Sendung darum bat, Hochdeutsch mit ihm zu sprechen, mit der zornigen Frage entgegnet: „Sind Sie nun Schweizer oder Deutscher?".

Nader fiel auf, dass nicht wenige Tessiner außerdem drastische, zum Teil rational nicht nachvollziehbare Vorurteile gegen ihre italienischen Nachbarn in der Lombardei und Piemont haben. Die eintretenden Situationen begannen oft ganz harmlos: Machte Nader als deutscher Tourist vom Tessin aus einen Tagesausflug auf die italienische Seite des Lago Maggiore, wurde er oft nach der Rückkehr eindringlich befragt, welcher der beiden Teile des Seeufers ihm besser gefiele. Als teutonischer Tourist antwortete er dann – entgegen seines sonst ehrlichen und weniger diplomatischen Naturells – mit den Worten: „Natürlich euer Schweizer Teil Ticino". Diese Aussage schien wie Balsam für die Seele der italienischsprachigen Schweizer. Doch kommt dann die Rede auf die etwa 70.000 Frontalieri, die Berufspendler, die also tagein, tagaus zwischen den umliegenden lombardischen und piemontesischen Orten und dem Tessin hin und her pendeln, werden die Worte schnell gehässig. Der Ärger über chronisch verstopfte Straßen ist zwar durchaus nachvollziehbar. Aber dass das wirtschaftliche Leben, insbesondere im Dienstleistungsbereich wie in Krankenhäusern, Hotels und im Gaststättengewerbe ohne die südlichen Nachbarn zusammenbrechen würde, wollen viele Tessiner nicht sehen.

Bei aller Liebe fürs Tessin litt Nader stets unter dem Manko, über lediglich rudimentäre Italienischkenntnisse zu verfügen. Diese reichten nicht aus, um bei kulturellen Aktivitäten wie Theater, Lesungen und Vorträgen auf Italienisch im qualitativ gebührenden Umfang sprachlich mitzuhalten. So besuchte er einmal im „Teatro di Locarno" eine Theateraufführung in italienischer Sprache von Bertold Brechts Galileo Galilei. Zur Vorbereitung las er das Stück vorher zwei oder drei Mal in der original deutschen Fassung. Trotzdem verstand er höchstens annähernd die Hälfte der Aufführung, d.h. viel zu wenig.

Oftmals hörte Nader touristische „Sprachexperten“, die die Ansicht vertraten, Italienisch sei eine ausgesprochen leichte Sprache. Mit ein wenig Lateinkenntnissen könne man sich spielend auf Italienisch verständigen. Offensichtlich hatten solche Leute noch nie ernsthaft versucht, Italienisch solide und systematisch zu lernen, denn diese Sprache ist zwar schön und melodisch, grammatikalisch aber nicht minder schwer als die weltweit als schwierig bis nicht erlernbar verschriene deutsche Sprache. Und es passierte Nader oft, dass er beim Einkaufen oder bei sonstigen Gelegenheiten allen seinen Mut zusammennehmen musste, mit den Einheimischen – wenn auch zaghaft und holprig – Italienisch zu sprechen. Doch dann antworteten sie freundlich und aufgeschlossen entweder in dieser Sprache, aber mit einem überbordenden Redefluss und einer erschreckenden Geschwindigkeit, dass er kapitulieren musste. Oder – noch enttäuschender – die Antwort erfolgte wie selbstverständlich und gottgegeben auf Deutsch. Und ganz offensichtlich war diese Reaktion im Falle von Nader nicht seinem Äußeren geschuldet, sondern seinem vokalarmen, unverkennbar starken deutschen Akzent. Im „echten“ Italien war die Reaktion vielfach angenehmer. Denn die Italiener nehmen es für selbstverständlich, dass man ihre Sprache spricht. Mit den Akzenten sind sie ohnehin nicht zimperlich, schließlich sprechen sie selbst in allen Herren Ländern, in die sie ausgewandert sind und unabhängig davon, wie lange sie dort bereits leben, die Sprache dort zwar oft eloquent, aber wie selbstverständlich mit einem – mal subtilen, mal unüberhörbaren – italienischen Akzent.

Die Schweiz als dritte Heimat zu empfinden, war Nader insgesamt schwer möglich. Das Zauberwort „Heimatgefühl“, das für viele Menschen in aller Welt bewusstseinstragend und identitätsstiftend ist, hatte für ihn aufgrund seiner besonderen Situation einen eher unwirklichen Wert. Wegen dieser fehlenden emotionalen Zuschreibung konnte er mit Begriffen wie

„Heimatliebe", „Heimatverwurzelung" oder „Heimatverbundenheit" wenig anfangen. „Heimatgefühl" bedeutet in gewisser Hinsicht auch Verwurzelung, aber diese Befindlichkeit war ihm aufgrund seiner Biografie stets verwehrt. Hinzukam, dass Nader, der Max Frisch und Friedrich Dürrenmatt las, bei näherer Betrachtung der inneren Verfasstheit der Schweiz deren Vorbehalte gegen das eigene Land durchaus teilte, auch wenn er den rigorosen Verlogenheitsvorwurf bei Frisch und die Kritik des kleinbürgerlichen Provinzialismus gepaart mit dem durch und durch negativen Polizeibild bei Dürrenmatt zu überzeichnet fand.

Heimatlos, aber nicht identitätslos

Drei Heimaten also und dennoch will kein echtes Heimatgefühl aufkommen. Vielleicht ist gerade diese ungewöhnliche Inflation an Heimatländern der Grund für das defizitäre Heimatempfinden bei Nader. Zwar ist sein Verhältnis zu den drei Heimaten positiv, und doch schwankt es emotional zwischen Bewunderung und Distanz. „Distanz" hieß aus seiner Sicht aber nicht „Gleichgültigkeit". Nader zitiert gerne den früheren sozialdemokratischen Bundespräsidenten Gustav Heinemann, der in einem Fernsehinterview einmal bekundete: „Ich liebe nicht den Staat, ich liebe meine Frau." Zwar hat Nader zu Deutschland also keinen emotionalen Draht, umso mehr ein ausgeprägt wohlwollend-sachliches Verhältnis und in den Bereichen Kunst, Theaterszene, Literatur und klassische Musik sogar ein ausgesprochen ästhetisches.

Auch einem Deutschen mit ausländischen Wurzeln möge es gestattet sein, Deutschland wenig Emotionalität entgegenzubringen und es auch von Zeit zu Zeit zu kritisieren. Im Lauf von sechs Jahrzehnten Deutschlandaufenthalt ist es Nader nur ein einziges Mal passiert, dass ihm diese Freiheit „verwehrt" werden sollte. In einem Streitgespräch mit einem rechtskonservativen Bürger äußerte sich Nader über bestimmte gesellschaftliche und soziale Rituale in Deutschland verhalten kritisch. Daraufhin kam die Antwort wie aus der Pistole geschossen: „Wie können Sie sich so respektlos über Ihr Gastland äußern?" Diese von Nader als ausgrenzend empfundene Formulierung irritierte ihn und machte ihn für einen Augenblick sprachlos. Nach der kurzen Schockstarre erwiderte er, dass er diese Kritik ja immerhin mit vielen „echten" Deutschen teile.

Palästina, das Nader im Alter von fünf Jahren verlassen musste, bleibt für ihn wegen dessen dramatischer Lage ein Leben lang eine Herzenssache. Wenn er gelegentlich in Palästina/Israel zu Besuch weilte, betonte er gerne und häufig auch gegenüber jüdischen Israelis seine Affinität zu seiner Geburtsstadt Jaffa. Die Reaktion in konservativen und nationalistischen Kreisen war in der Regel feindseliger als in den liberalen Kreisen, die dieses Bekenntnis zum Teil nachvollziehen konnten. Summa summarum war für Nader jeder Israel-Besuch eine immer wiederkehrende Gratwanderung zwischen Freude und Beklommenheit.

Die Schweiz wiederum taugte deshalb nicht zur vollgültigen Heimat, da Nader sie neben den Familienbindungen nur mit ästhetischen, kulturellen und touristischen Erlebnissen in Verbindung bringen konnte, zu wenig also, um dem Begriff „Heimat" gerecht zu werden.

Der Begriff „heimatlos" bedeutet zwar nicht, dass einem die Identität oder sogar die Identitäten fehlen. Er spiegelt aber eine Befindlichkeit wider, bei der ein Mensch sich in zwei oder drei Kulturkreisen „zuhause" fühlt, ohne dass dies in nationalistische, gar identitär-völkische Gesamtstimmung ausartet. Der libanesisch-französische Denker Amin Maalouf machte in seinen beiden Heimatländern, dem Libanon und Frankreich, oft die aus seiner Sicht bittere Erfahrung, dass viele ihn indirekt dazu aufgefordert haben, sich für eine „einzige“ Identität zu entscheiden. Im Libanon, aber auch in seiner französischen Wahlheimat erwartete man von ihm, sich „ausschließlich“ als Libanese bzw. Franzose zu fühlen. Das aber wollte und konnte er nicht, da er kulturell, intellektuell, sprachlich und gesellschaftlich beide Identitäten in sich vereinen konnte, was er mit Recht als Bereicherung wahrnahm. Er führte in seinen Werken zwei Identitätsmuster an. Das erste nennt er die „tödliche Identität“, welche extrem nationalistisch, gar völkisch geprägt ist. Beim zweiten Muster, das seine Realität widerspiegelt, geht es darum, aus Überzeugung, Integration und Willen sich mehrere Identitäten anzueignen bzw. in mehreren Heimaten zwanglos zuhause zu fühlen. Man könnte die Befindlichkeit von Nader kaum besser beschrieben.

Integration oder Assimilation

Der zur Pro- und Kontra-Dialektik neigende ägyptische Arzt Magdi stand der Integration und erst recht der Assimilation in die deutsche Gesellschaft eher ambivalent gegenüber. Er stammte aus der Küstenstadt Alexandria, hatte wie Nader in Heidelberg studiert und im Umland von Düsseldorf eine gut gehende Praxis für Allgemeinmedizin geführt.

Wie viele andere Menschen mit ausländischen Wurzeln haderte er lange mit der Entscheidung, ob er nach Ägypten zurückkehren oder doch in Deutschland bleiben solle. Emotional betrachtet wäre eine Heimkehr für ihn, vor allem jedoch für seine ebenfalls aus Alexandria stammende Frau die beste Wahl gewesen. Angesichts der schwierigen wirtschaftlichen Lage in Ägypten entschieden sich die beiden jedoch zu bleiben.

Es kam hinzu, dass Magdi sich in starkem Maß für politische Fragen interessierte, ohne je einer exponierten Strömung politischer oder religiöser Art angehört zu haben. So gesehen war er, wenn man ihn politisch und kulturell einordnen wollte, der klassische Mann der „Mitte“: nicht zu liberal, aber freiheitsliebend – nicht zu religiös, aber ein erklärter Gegner säkularer Ideen – nicht zu nationalistisch, aber auch nicht gerade ein Anhänger kosmopolitischer Weltanschauungen.

Er lebte mit seiner kleinen Familie zwar nicht im engen kulturellen Milieu und von der Mehrheitsgesellschaft abgeschottet. Dennoch schien ihm und seiner Frau eine „völlige“ Integration, erst recht eine Assimilation alles andere als erstrebenswert. So gesehen, war für ihn die offensichtlich gelungenere Integration seines Bekannten Nader zwar „lobenswert“ bzw. „einzigartig“, jedoch nicht nachahmenswert. Denn darin sah er auch negative Merkmale wie „Angepasstheit“ oder gar „Opportunismus“. Zudem ängstigte ihn der Gedanke zutiefst, dass ihm dadurch die eigenen nationalen, kulturellen und nicht zuletzt religiösen Wurzeln abhandenkommen könnten.

Dabei war Magdi im Grunde kaum minder integriert als Nader. Er war sogar ein Paradebeispiel für jemanden, der in der Fremde angekommen war, ohne die Bindung an seine kulturelle Identität zu verlieren. Diszipliniert, pünktlich und zuverlässig war er durchweg. Mit der Arbeitsdauer, nach gängigen Stereotypen ein „Domäne“ der Deutschen, haperte es allerdings bisweilen. In der Tat war es mit seiner arbeitsmäßigen Belastbarkeit nicht so weit her. Was er darüber hinaus weder mochte noch beherrschte, war die handwerkliche Betätigung. Für seinen Hang zur Arbeitsscheu hatte er eine triftige Begründung parat: Auch die Deutschen würden zunehmend weniger arbeitsam als früher und überließen außerdem die Verrichtung körperlich härterer Arbeiten den Ausländern. Und so brauche er auch nicht päpstlicher zu sein als der Papst selbst.

Manchmal gestaltete sich seine partiell nachhaltige Germanisierung für andere etwas anstrengend, so wenn er jemanden, mit dem er in der Stadt verabredet war und dieser kaum zehn Minuten verspätet erschien, mit einem unüberhörbar vorwurfsvollen Unterton empfing und dabei demonstrativ auf seine Uhr schaute. Im Gespräch legte er Wert darauf, seinem Gegenüber nicht direkt in die Augen zu schauen, was im Vorderen Orient und in vielen anderen Kulturen als üblich und höflich gilt. Dies tat er nach der Art seiner früheren Ober- und Chefärzte, die, wenn sie mit jemandem sprachen, im Anschein tiefen Denkens den Blick andauernd auf einen imaginären Fokus richteten.

Waren er und seine Frau zu Gast insbesondere bei einer deutschen Familie, achtete Magdi penibel darauf, stets zwei Geschenke mitzubringen. Dabei übernahm er den Part, der Dame des Hauses das Geschenk, meistens einen hübschen und recht teuren Blumenstrauß, zu überreichen, während seine Frau Huda dem Hausherrn das andere Mitbringsel zu übergeben hatte. Mit dem Geschenk überreichte Magdi formvollendet den Gastgebern seinen Dank für die nette Einladung. Das tat er bei der Verabschiedung ein zweites Mal. Und bereits am nächsten Tag bat oder mahnte er Huda an, sich erneut und diesmal telefonisch bei der Gastgeberin zu melden und für den netten Abend, das köstliche Essen und die hochinteressanten Gespräche zu danken. Dass ihm und erst recht seiner Frau der fade gewürzte und lauwarm servierte Lammbraten (oder war das doch Hammelfleisch?), den die Gastgeberin als Hommage an die orientalische Esskultur zubereitete, nur bedingt schmeckte, sollte sie natürlich mit keiner Silbe erwähnen. Huda war von dieser für sie zugleich fremdartigen und lästigen Pflicht genervt, übernahm sie aber, da Magdi sie davon überzeugen konnte, dass dieses Ritual, anders als im Orient, zu den europäischen Grundpfeilern einer Benimmetikette und somit zur gelungenen Integration gehöre. Ansonsten war Huda alles andere als jene stereotypische orientalische Frau, die ihrem Mann nach dem Munde redete und ihm bedingungslos gehorchte.

Sie hatte in vielerlei Hinsicht „die Hosen an", insbesondere im Haushalt. Ihr oblagen die Ausgabenverwaltung und die Kindererziehung sowie die Einteilung der Einkäufe in „wirtschaftlich angemessen" oder aber „verschwenderisch". Magdi, der beim Einkaufen stärker auf die Optik als auf das Notwendige achtete und nach Auffassung seiner Frau viele eher überflüssige Waren einzukaufen pflegte, bezeichnete seine Frau halb ehrerbietend, halb kokett oft als die „Hauptperson", was im Großen und Ganzen mit der Realität durchaus übereinstimmte.

Die Gartenpflege war für Magdi keine „Arbeit" im wirklichen Sinne, sondern eine wohltuende Beschäftigung. Er achtete trotz gelegentlich unvermeidbarer zeitlicher Überbeanspruchung darauf, Bäume und Rasen in akkuratem Zustand zu halten und die Hecken zu den Nachbarn rechts und links seines mittleren Reihenhauses in angemessener Höhe zu schneiden, also nicht zu niedrig und erst recht nicht zu hoch. Er glaubte aus eigener Erfahrung zu wissen, dass das Verhältnis zu den Nachbarn nicht selten vom Zustand der Immobilie und des dazugehörigen Gartens abhänge. Einer seiner Nachbarn, ein passionierter Hobbygärtner und frühpensionierter Zollbeamter, lobte nicht nur Magdis Garten in höchsten Tönen, sondern beschwerte sich im gleichen Atemzug über einen anderen Nachbar, einen „echten" Deutschen, wie er nicht selten zu betonen pflegte, der das Eckreihenhaus bewohnte. Dieser mähe den Rasen viel zu selten, und wenn er dies tue, dann oft ausgerechnet zu Tageszeiten, in denen man „laut Gesetzen und Verordnungen" keine Berechtigung dazu habe, etwa während der geschützten Mittagsruhe oder abends.

So gesehen, war es für Nader ziemlich anstrengend, wenn Magdi im Sommer zu Besuch kam, denn dann hielt man sich meist im Garten auf. Magdi blieb zu diesen Anlässen kaum auf dem Stuhl sitzen, sondern pflegte den eher kleinen Garten in allen Details zu besichtigten. Gerne dozierte er während dieser Begutachtung über die Vielfalt der Pflanzenwelt – nicht speziell auf den besuchten Garten bezogen, sondern ganz allgemein. Er hob die Schönheit und Nützlichkeit von Kräutern wie z.B. Basilikum, Thymian und Rosmarin hervor. Die gängige negative Klassifizierung des Sammelbegriffs „Unkraut" schien er kritiklos zu übernehmen, etwa bei Disteln und Brennnesseln. Nur beim Löwenzahn wich er von der in Deutschland allgemeingültigen Meinung ab, es handle sich dabei um ein Unkraut. Um seine These unter Beweis zu stellen, berichtete er von kleinen, aber „herrlichen" kulinarischen Spezialitäten, die seine Frau nach dem Rezept seiner Mutter aus Löwenzahn regelmäßig zubereite.

Magdi fügte bei solchen Gesprächen gerne und mit Recht hinzu, dass Nader bei solchen „fachlichen" Themen wohl kaum mitreden könnte. Denn während Magdi im fruchtbaren Nildelta gelegenen Alexandria aufgewachsen war, wo tatsächlich eine bemerkenswerte Pflanzenvielfalt besteht, war es Nader aufgrund der Vertreibung 1948 nicht vergönnt gewesen, in seiner ebenfalls mit Fruchtbarkeit gesegneten Heimatstadt Jaffa aufzuwachsen. Er verbrachte seine Frühjugend in der landschaftlich extrem kargen Golfregion, was beispielsweise dazu führte, dass er nie zwischen „Kraut" und „Unkraut" zu unterscheiden imstande war. Um dieses Dauerdefizit wettzumachen, bediente er sich aus taktischen Gründen gegenüber dem „Agrarexperten" Magdi gerne des Arguments, dass neuerdings für Naturschutzaktivisten eine solche Unterscheidung inzwischen als obsolet gelte. Der in Sachen Integration auch im Bereich der Naturkunde gut angekommene Magdi bezeichnete dieses Argumentationsmuster jedoch als hilflos und wenig überzeugend.

Magdi merkte oft an, dass er als Mediziner chronisch unter Zeitmangel leide und deshalb nicht in vollem Umfang an den kulturellen Aktivitäten vor Ort teilnehmen könne, was in Fragen der Integration möglicherweise für einen Makel gehalten werden könnte. Doch lechzte er andererseits geradezu nach Informationen im politischen Bereich. Als Student hatte er gerne und möglichst regelmäßig die Heidelberger Lokalzeitung „Rhein-Necker-Zeitung" gelesen, nach dem Umzug ins Umland von Düsseldorf las er regelmäßig neben der Lokalpresse auch einige überregionale Zeitungen. Dabei konnte er sich für keine bestimmte Zeitung auf Anhieb entscheiden. Deshalb verzichtete er auf ein Abonnement und kaufte mal die eine, mal die andere große Zeitung. Die „Süddeutsche Zeitung" war für ihn eine Herzenssache, entsprach ihr Duktus und ihre politische Linie doch am ehesten seiner politischen Überzeugung. Aber auch an der FAZ und der Frankfurter

Rundschau fand er Gefallen. Lediglich den Spiegel abonnierte er, den er also regelmäßig las – auch wenn er manche Artikel alles andere als kurzweilig fand. Das galt für Themenbereiche, die ihn ohnehin gar nicht interessierten wie etwa Berichte über Finanzdynastien, Radsport oder Missbrauchsfälle jeglicher Couleur. Von besonderem Interesse für ihn waren dagegen Artikel über Ägypten, Afrika und die arabisch-islamische Welt. Befassten sich solche Artikel dann zum Beispiel mit Radsport, Finanzgrößen oder Missbrauchsfällen in Ägypten, dann fand er die Thematik wiederum nicht nur nicht langweilig, sondern lesenswert und hochinteressant.

Im Großen und Ganzen vermisste er an der Berichterstattung über Ägypten und die arabische Welt die, wie er meinte, „nötige Objektivität" und zürnte über den massiven Einfluss der „zionistischen Lobby" auf die Medien, nicht nur in Deutschland. Er unterhielt sich oft mit Nader und anderen arabischen Kollegen und Freunden über diese Themen. Und darüber herrschte dann auch fast immer Einigkeit.

Mit der deutschen Literatur fremdelte Magdi hingegen. Dabei hatte er bereits als Heranwachsender viel und eifrig die Werke und Romane ägyptischer und anderer arabischen Autoren wie Taha Hussein und Naguib Mahfouz und auch übersetzte Werke der französischen und russischen Literatur gelesen. Sein Lesedebut mit der deutschen Literatur war „Der Zauberberg" von Thomas Mann. Das kam einer Herausforderung gleich, weshalb er frustriert auf die Lektüre weiterer Werke von Thomas Mann verzichtete. Er monierte die „unermesslich" vielen verschachtelten Sätze und komplexen Formulierungen. Dazu, gestand er, fehlten ihm Zeit und Geduld. Kafka fand er hingegen wegen seiner knappen Sätze und des klaren Sprachduktus angenehm, auch wenn ihn die überaus beklemmende Botschaft verstörte, die dort transportiert wurde. Mit Hermann Hesse konnte er wegen der seelenphilosophischen, ihm kaum vermittelbaren Reflexionen südasiatischer Provenienz nicht viel anfangen. Da Goethe und Schiller in aller Munde sind, wollte er sich zumindest einen Bruchteil ihrer Werke nicht entgehen lassen. Doch nur Goethes überaus positives Reflektieren über die islamische-arabische Kultur in seinem Werk „West-Östlicher Divan" hatte ihn tief beeindruckt. Er übernahm sogar gerne die These einiger orientalischer Schriftsteller, die Goethes Affinität zum Islam als Ausdruck eines im Verborgenen gefühlten tiefen Glaubens an diese monotheistische Religion sahen. Für Magdi war Goethe somit ein „Kultur-Muslim" und damit eine geistige Brücke der Integration.

Kinogänger war Magdi von jeher, wobei er eine besondere Vorliebe für den französischen Film hat, wenngleich ihn nicht selten die verbale und szenische „Frivolität" oftmals irritierte. Ebenfalls verfolgte er gerne deutsche wie arabische Fernsehprogramme, allerdings fast ausschließlich Dokumentationen und politische Sendungen. Für die übrigen deutschen Fernsehproduktionen konnte er sich selten begeistern. Ferner lamentierte er darüber, dass diese viel zu oft Krimis seien, die unnötig kompliziert und zugleich langweilig seien. Der penible Magdi hatte sogar eine Woche lang das Fernsehprogramm intensiv und systematisch analysiert, um auch statistisch nachweisen zu können, dass die Krimis in allen Kanälen, ob öffentlich-rechtlich oder privat, in der absoluten Mehrheit seien. Er führte das auf die Vorliebe der Zuschauer zurück, was ihn, den an Psychologie und Psychiatrie amateurhaft interessierten Beobachter, dazu verleitet, großen Teilen der Zuschauer eine psychologische Dysfunktionalität zu attestieren. Dass die inflationäre Produktion von Krimis keine Besonderheit des deutschen Films zu sein schien, sondern allgemeingültig und auch in der arabischen Welt weit verbreitet war, hatte ihn nicht weiter interessiert. Er hätte es wohl auch kaum analytisch und statistisch recherchieren und belegen können. Als Zuschauer wäre ihm jedenfalls eine deutsch-französische Filmsymbiose am liebsten gewesen: mit weniger französischer Frivolität und mit mehr deutscher Klarheit, also ohne Genuschel.

Für das Theater konnte sich Magdi nicht erwärmen, und er wunderte sich stets darüber, dass große Teile der Bevölkerung sich für dieses Genre begeisterten. Besonders indigniert war er von postmodernen Inszenierungen, etwa wenn das Bühnenbild so karg wie ein, wie er sagt, „heruntergekommener Schuppen" war oder wenn fast alle Schauspieler gleichzeitig wie im Chor laut, dissonant und unverständlich schwadronierten oder so ohrenbetäubend schrien, dass die Zuschauer beinahe Schwindelanfälle bekamen und akustisch auf der Strecke blieben. Es wäre abgehoben und herablassend, Magdi wegen derartiger Auslassungen zum Dilettanten abzustempeln, zumal manchen Inszenierungen, die unbedingt als bizarr-postmodern gelten wollen, zwei wichtige Dinge abhandenkommen: die akustische Klarheit und der ästhetische bzw. traditionelle Gesichtspunkt.

Opernbesuch war für Magdi ein absolutes „No-Go", denn er, der bodenständige Realist, hielt es für skurril und nicht nachvollziehbar, wenn dezidiert schlichte und triviale Texte im Gesangmodus vorgetragen würden. Magdi hatte in seinem ganzen Leben kaum ein Opernhaus bewusst von außen gesehen, geschweige denn einer Opernaufführung leibhaftig beigewohnt. Doch einmal hatte ein mit Magdi flüchtig bekannter Arzt ihn zu einer Opernaufführung von Richard Wagner in Köln eingeladen. Höflich, wie es sich gebietet, hatte er sich bei seinem Bekannten für die Einladung bedankt und so überschwänglich gewirkt, als würde er sich auf dieses ungewohnte Abenteuer tatsächlich freuen. Doch der Opernbesuch wurde nicht nur nicht zu einer gelungenen Sache, sondern war ein regelrechtes Fiasko. Es half auch nicht, dass ihn sein Freund im Voraus unterrichtet hatte, dass die Aufführung von einer der größten Koryphäen seiner Zunft dirigiert werden würde. Unser „Debütant" hatte kaum eine Chance, diesen harten Stresstest zu bestehen: Schließlich wurde ausgerechnet die „Walküre“ aufgeführt, ein Stück, mit dem sogar mancher Wagnerianer-Debütant hadern würde. Magdi erschrak mehrmals wegen der schwungvollen, imposant bis martialisch klingenden Musik und konnte mit den dargebotenen Bühnenbildern nichts oder nicht viel anfangen. Im Anschluss entschied der integrationswillige und normalerweise wissbegierige Magdi, dass das sein erstes und sicherlich letztes Opernstück von Wagner gewesen sei. Nader äußerte dafür Verständnis und fügte hinzu, dass, wenn man in Sachen Oper in die Lehre zu gehen beabsichtige, man wohl nicht gerade mit Wagner beginnen sollte, sondern eher mit den sanften Klängen italienischer Opernmusik wie bei Ruggero Leoncavallo oder Vincenzo Bellini, um später zu Verdi und Puccini überzuwechseln. Am Ende gelangten die beiden in Sachen Wagner zu dem ergebnisoffenen, schicksalhaften Schluss: Entweder werde man zu einem begeisterten Wagnerianer oder man entscheide sich für ein ganz anderes Musikgenre. Um Magdi in seiner Niedergeschlagenheit ob dieser Erkenntnis etwas aufzubauen, gestand Nader, dass auch er viel lieber Verdis als Wagners Musik höre, und schlug ihm vor, gemeinsam mit den Ehefrauen einmal eine italienische Opernaufführung in der näheren Umgebung zu besuchen. Ausdrücklich schlug er Bonn oder Köln vor, um die Düsseldorfer Oper zu meiden, in der er selbst noch nie gewesen sei. In zweifacher Hinsicht lehnte Magdi diese gutgemeinte Initiative jedoch ab. Erstens weil er mit diesem Genre bereits vollends „gebrochen“ habe. Zweitens gab er mit dem Hinweis, dass die Affinität oder die Abneigung in diesem konkreten Fall letztlich nichts mit dem Standort zu tun haben könne.

Auch der klassischen Musik im Allgemeinen war Magdi nur bedingt zugetan. Zwar hat er, wie viele aus der Region, ein unergründliches Faible für Person und Werk von Beethoven. Zu anderen Komponisten aus der Wiener Klassik bzw. aus dem romantischen Genre wie Schubert oder Brahms dagegen hat er kaum Zugang. Besonders beliebt bei ihm waren Stücke, die von Daniel Barenboim gespielt oder dirigiert wurden. Barenboim genießt innerhalb der arabischen Community vor allem als Friedensstifter ein sehr hohes Ansehen. 1999 hatte er mit dem palästinensischen Sprachwissenschaftler und Anglisten Edward Said das „West-Eastern Divan Orchestra“ gegründet, ein Friedensprojekt für die Zusammenarbeit zwischen palästinensischen und israelischen Jungmusikern, das weltweit auf positives Echo stieß.

Magdis wahre kulturelle Liebe aber galt wie die vieler anderer gut integrierter Menschen mit nahöstlichen Wurzeln der heimatlichen Musik- und Gesangskunst. So lauschte er, wann immer er dazu Zeit und Muße hatte, den oft melancholisch-ästhetischen Liebesliedern der Ägypterin Um Kulthum, des ägyptischen Klassikers Sayid Darwish oder der libanesischen Sängerin Fairouz. Magdi und seine Frau zelebrierten gemeinsam mit anderen Verwandten und Freunden aus ihrer Region ausgedehnte Musikabende dieser Art. Auch wenn deutsche Freunde anwesend waren, legte er gelegentlich Wert darauf, sie diese Musik testweise hören zu lassen. Die meisten konnten sich mit den Liedern von Fairouz anfreunden, da diese orientalische und europäische Musikelemente in einer gelungenen Symbiose miteinander verbinden. Hingegen empfanden die meisten Deutschen die Lieder von Um Kulthum trotz der unbestritten überschönen Stimme als langatmig. Ein einzelnes Lied dauerte oft eine ganze Stunde, weil die häufige Wiederholung der Refrains gerade in der arabischen Welt besonders beliebt ist.

Museumsbesuche kamen für Magdi nur ab und an infrage, vornehmlich dann, wenn eine Ausstellung von der arabisch-islamischen Welt oder dem Verhältnis zwischen Orient und Okzident handelte. Mit Schmunzeln registrierte Nader während eines gemeinsamen Ausstellungsbesuchs zum Thema „Kulturelle

Einflüsse des Islam auf Europa", dass Magdi nicht etwa die hochinteressanten Exponate tiefgründig erkundete oder die dazugehörigen Texte mit Akribie las. Er war vielmehr äußerst fasziniert von der großen Zahl von Besuchern, welche die Ausstellungsstücke gründlich und begeistert musterten. Manchmal lauschte er neugierig und enthusiastisch zugleich den Gesprächen einiger Ausstellungsbesucher, und er war oft nahe daran, sich spontan und wahllos in ein Gespräch einzuschalten, um zu erfragen, ob und was diesen Besuchern an der Ausstellung so besonders gut gefiele. Nader wollte diese „Intervention", die ihm peinlich erschien, unbedingt sanft, aber entschlossen unterbinden. Daher ermahnte er Magdi, sich nun endlich dem eigenen Zweck zu widmen, also den ausgestellten Exponaten.

Magdis Nachhaltigkeit in Sachen Integration schreckte nicht vor den eher gewöhnungsbedürftigen Eigenschaften seiner neuen teutonischen Landsleute zurück. Wenn er nach Kroatien oder Spanien in Urlaub fuhr, dann achtete er darauf, für sich, seine Frau und die Kinder schon vor dem Frühstück Liegestühle an einem ansehnlichen Platz am Pool zu ergattern. Dafür legte er markant-farbige Decken und sonstige Gegenstände wie Schwimmbekleidung oder dicke Bücher gut sichtbar auf. Auch entsprach es seiner Gewohnheit, sich kurz vor dem Beginn des Abendessens gemeinsam mit einem Duzend anderen, meist deutschen, niederländischen oder österreichischen Hotelgästen, wie ein Getriebener vor den Festsaal zu stellen, obwohl sein Tisch längst reserviert und die Tafel vielfältig und üppig ausgestattet war.

Magdi beanstandete nicht einmal das, was selbst der exzessiv germanophile britische Autor John Kampfner als „kleinliche Regeln" in Staat und Gesellschaft hierzulande moniert, wie zum Beispiel die Fülle der Verbote an Sonn- und Feiertagen. So „untersagte" der sonst bekennende Befürworter der Geschlechtergleichheit seiner recht selbstbewussten und gar emanzipierten Frau, an besagten „Verbotstagen" die Waschmaschine zu benutzen oder die Wäsche im Garten aufzuhängen. Er achtete außerdem penibel darauf, dass in den bürokratisch „verordneten" Ruhezeiten weder Staubsauger noch Rasenmäher angerührt wurden. Während Kampfner der Meinung ist, dass Regeln nicht dazu da sind, „hirnlos befolgt zu werden", ließ sich Magdi lieber vom bequemlichen Prinzip des Konformismus und Kollektivismus leiten. Es wäre vermessen, den gut integrierten Magdi „obrigkeitshörig" zu nennen, doch achtete er zum Beweis seiner Integrationswilligkeit darauf, alles zu unterbinden, was mit den Regeln und Verordnungen des Staates nicht übereinstimmte. Diese Einstellung schien ihm mit seiner Freiheitsliebe, insbesondere mit seiner Abscheu gegenüber den fehlenden Freiheitsstrukturen in seiner Herkunftsregion nicht im Widerspruch zu stehen. Er vertraute bei diesem Spagat darauf, dass der demokratische Staat im liberalen Sinne wie etwa in Deutschland auf die Einhaltung der Rechte und Belange seiner eigenen Bürger penibel achte. Einen „Spagat" könnte man auch die Befindlichkeit von Menschen nennen, die zwischen zwei kulturellen Identitäten hin- und hergerissen sind. Manche schaffen den kulturellen Dualismus mit Bravour, andere leiden unter dem schleichenden Verlust ihrer kulturellen Wurzeln, ohne sich für das Neue und Fremde entscheiden zu können. Diese Menschen haben es schwer, da sie im dauernden Zustand des „Exils" respektive der „Diaspora" leben müssen. Einfacher sind zwei völlig entgegengesetzte Modelle: Beim ersten Modell leben die Menschen jahrzehntelang in ghettoähnlichen gesellschaftlichen Milieus, ohne dies als einen Verlust oder Mangel zu empfinden. So bewegen sich viele Türken, Araber und Kurden in sogenannten Parallelgesellschaften, die sie meist unbewusst und in gewisser Hinsicht selbsttäuschend als einen „Übergangszustand" empfinden. Das nachhaltige Ziel ist und bleibt die Rückkehr in die angestammte Heimat. Ironischer-, vielleicht auch tragischerweise wird aus dem „Provisorium“ meist ein dauerhafter Aufenthalt etwa in Deutschland, Frankreich, Großbritannien oder Schweden. Die Rückkehr in die Ursprungsländer erfolgt für viele von ihnen nicht selten durch den Tod, denn viele Migranten legen in ihren Testamenten fest, dass sie in ihren Herkunftsländern bestattet werden sollen.

Die religiöse Zugehörigkeit spielt hinsichtlich der Schwankung zwischen dem Fremdfühlen und der Integrationswilligkeit oft eine wichtige Rolle. So gestaltet sich das Leben in einem anderen Kulturraum für einen praktizierenden Gläubigen aus der Türkei, aus Syrien oder aus Marokko meist schwerer als für einen Italiener, Griechen, Ex-Jugoslawen oder Portugiesen. Das heißt aber nicht, dass für diese christlich-europäischen Migrantengruppen allein wegen der gemeinsamen religiösen Identität die Integration in Deutschland oder Frankreich immer reibungslos erfolgen würde. Menschen aus Südeuropa neigen dazu, den Wunsch nach späterer Rückkehr in die Heimat primär damit zu begründen, dass ihnen das mediterrane Wetter und die Esskultur auf Dauer fehlten. Dies sind aber oft nur vorgeschobene Begründungsmuster. Sicherlich ist das Wetter in Deutschland trotz der infolge der Klimaerwärmung eingetretenen, schleichenden „Mediterranisierung“ bei weitem nicht mit den sonnigeren und wärmeren Regionen südlich der Alpen vergleichbar. Und die Esskultur dürfte dabei erst recht kaum eine nennenswerte Rolle spielen, wenn man bedenkt, dass in den Lebensmittelgeschäften hierzulande seit mindestens 50 Jahren nichts an Gemüsesorten, Kräutern, Gewürzen und sonstigen Ingredienzien für die Zubereitung vieler Essenspezialitäten aus allen Herren Länder fehlt. Das gilt genauso für das Restaurant- und Gaststättengewerbe, wo inzwischen mehr „multikulturelle“ als deutsche Angebote vorzufinden sind. Oft entstehen nach Schließung „bürgerlicher“ oder „gutbürgerlicher“ deutscher

Restaurants griechische, türkische, indische oder vietnamesische Gaststätten. In den Sechzigerjahren des letzten Jahrhunderts sah die Welt diesbezüglich völlig anders aus. So vermisste Nader anfangs in Deutschland die typischen Gemüse-, Obstsorten und die Gewürze aus dem Mittelmeerraum und wenn er einmal teilweise doch fündig geworden ist, dann war das Angebot unerschwinglich, weil nur in exotischen Feinkostläden zu finden. Das galt zum Beispiel für Auberginen, Zucchini, Wassermelonen und Feigen. In der deutschen Küche von damals galt auch der Knoblauch wegen seines Geruchs als ein völlig kulturfremdes Gut, um nicht zu sagen ein zu vermeidendes, mit großem Makel behaftetes Teufelszeug.

Nein, nicht die Esskultur und auch nicht die klimatischen Bedingungen sind der ausschlaggebende Grund für den Wunsch, in die Heimat zurückzukehren bzw. für das Gefühl, sich in Deutschland fremd zu fühlen. Vielmehr geht es hier vor allem um Unterschiede der Kultur, Sitten und Gebräuche wie etwa die objektive oder „gefühlte“ andersartige Mentalität.

Umgekehrt gibt es Menschen mit ausländischen Wurzeln, die mit der Rückkehr in ihre Heimatländer nicht nur nicht zurechtkommen, sondern dort mit erheblichen Anpassungsschwierigkeiten kämpfen müssen. Da sind zum Beispiel die Türken, die in Deutschland aufgewachsen oder geboren wurden, die dann aus unterschiedlichen Gründen in die Türkei zurückkehren. Selbst wenn diese bisher in Berlin, Köln oder Stuttgart als integrationsresistent galten, leiden sie in der neuen, alten Heimat massiv unter der gesellschaftlichen und kulturellen Entfremdung. Ein ehemaliger italienischer Gastwirt, der in einer rheinischen Kleinstadt ein erfolgreiches und recht ertragreiches Restaurant führte und vor einigen Jahren in seinen in der Veneto-Region gelegenen Wohnort zurückkehrte, war danach viele Jahre lang von der Sehnsucht nach Deutschland gepeinigt. Wenn deutsche Freunde ihn dort trafen und ihn mit Lobeshymnen auf die

Schönheit der Landschaft, die Erhabenheit der Kultur und die Attraktivität des italienischen Lebensgefühls überhäuften, dann antwortete er wie aus der Pistole geschossen mit dem unverkennbar melancholischen Einwand: „Aber doch nicht so schön und nicht so ordentlich wie am Rhein“.

Im Großen und Ganzen kann Nader im Nachhinein von einer für ihn gelungenen Integration sprechen. Dennoch waren auch seine ersten Jahre in Deutschland durch einen schwierigen Identitätsspagat gekennzeichnet. Als Bewunderer des arabisch-islamischen Kulturerbes etwa in den Bereichen Literatur, Philosophie und Kunstgeschichte las er nach wie vor mit großem Interesse und mühevoller Akribie einige der sprachlich im klassischen Duktus geschriebenen, recht anspruchsvollen Altschriften arabisch-muslimischer Reiseberichterstatter, Historiker und Philosophen aus der Blütezeit des arabisch-islamischen Mittelalters. Ebenfalls interessierte er sich für die Epoche der reformorientierten Moderne, als arabische Studenten, vor allem aus Ägypten und der Levante (Syrien, Palästina, Libanon), Ende des 19. und Anfang des 20. Jahrhunderts in Frankreich und Großbritannien studierten und dort unter dem Einfluss der europäischen Aufklärung standen. Neben den Werken von Renan, Montesquieu, Voltaire und Rousseau lasen viele von ihnen Übersetzungen von Goethe, Lessing, Herder und Fichte, was bemerkenswert war, denn kaum einer von ihnen studierte damals in Deutschland. Allerdings schärften die Werke von Herder, Arndt und Fichte mehr als die französischen Aufklärer ihr Bewusstsein für das patriotische, später auch das nationale Denken, da sie in den im 19. Jahrhundert noch „zerstückelten“ deutschen Ländern eine größere Parallele zur ebenfalls gespaltenen arabischen Welt sahen als in den zentralistisch organisierten Ländern wie Großbritannien oder Frankreich. Nach Rückkehr in ihre Heimatländer versuchten einige von ihnen, eine intellektuelle Brücke zwischen Europa und dem arabischen Orient zu schlagen, aber mit eher mäßigem Erfolg.

Der Zugang Naders zu zeitgenössischen arabischen Strömungen aus den Bereichen Literatur, Zeitgeschichte und Philosophie gestaltete sich von der deutschen Ferne aus hingegen schwieriger. Das war trotz der zunehmend stärker werdenden neuen Kommunikationsmedien vor allem der Tatsache geschuldet, dass seine geistige und intellektuelle Sozialisierung letztlich in Deutschland und Europa erfolgte, was er auch bewusst forcierte. Die europäischen Strömungen übten auf ihn gerade in den Disziplinen Soziologie, politische Systeme, Literatur und Musik zunehmend einen stärkeren Einfluss aus als die Quellen, die aus seinem ursprünglichen Kulturkreis stammten. Als Schüler im Libanon und in Kuwait las er, vor allem in den langen und langweiligen Sommermonaten, unentwegt einfache literarische Werke in arabischer oder übersetzter Fassung und hörte mit Leidenschaft und großer Emotionalität Gesang und Musik traditioneller arabischer Kunstrichtung wie etwa die klassisch gewordenen Sänger Fareed Al-Atrash, Mohammad Abdelwahhab, Um Kulthum und Fairouz. Hingegen hatte er sich nur mäßig und eingeschränkt für die klassische europäische Musik begeistert, auch weil er – außer zu den auch im Orient sehr populären Komponisten Beethoven und Mozart – keinen Zugang zu anderen Komponisten gefunden hatte. So war ihm zum Beispiel die Barockmusik, insbesondere Bachs Kirchenmusik, unzugänglich.

Ein befreundeter, um einige Jahre älterer deutscher Kommilitone sorgte jedoch bald nach seiner Ankunft in Deutschland für seine Umorientierung ins Barockfach. Nader begleitete diesen regelmäßig zu Kammerkonzerten, die in Musiksälen oder in Kirchen stattfanden. Höflich, aber etwas gequält, ließ Nader das ihm bisher so fremde Musikgenre wie Kantaten und Oratorien Bachs und Händels über sich ergehen. Anfänglich sehnte er stets das Ende der Veranstaltung herbei, während der

Freund neben ihm hingebungsvoll lauschte, bisweilen wie verzaubert und elektrifiziert mit dem Kopf wackelte und ihm zwischendurch leise und im tranceähnlichen Zustand die rhetorische Frage stellte, ob er dieses künstlerische Meisterwerk des Barocks ebenfalls so wundervoll fände. Nader antwortete jeweils gequält, allerdings mit halbwegs gekonnter schauspielerischer Mimik, dass er es genauso als ergreifend empfände. Nach solchen Konzertbesuchen war Nader stets dermaßen ermattet und frustriert, dass er nur noch den innigen Wunsch verspürte, sich endlich ins Bett begeben zu können. Daher verzichtete er auf das übliche Glas Bier nach der musikalischen Veranstaltung, da er der erfahrungsgemäß langatmigen, vorlesungshaften Darlegung seines Freundes über Inhalt und Dramatik des gerade gehörten Musikstücks aus dem Weg gehen wollte. Es kam erschwerend hinzu, dass diese Konzerte oft in der winterlichen Jahreszeit stattfanden, was ein zweifaches Leiden bei Nader auslöste: Während die gewöhnungsbedürftige Monotonie der Musik auf sein empfindliches Gemüt tief drückte, machte ihm die feuchtkalte Luft in der spärlich beheizten Kirche körperlich zu schaffen.

Sukzessiv und nach mehreren mühsamen Anläufen machte dieser Freund das Unmögliche dann doch möglich: Denn Nader fing erstaunlicherweise an, dieses wesens- und kulturfremde Musikgenre des Barock nicht nur zu „ertragen", sondern es im Vergleich zu anderen Musikgattungen der Klassik zu bevorzugen. Zu den von ihm bewunderten Komponisten gehören auf einmal neben Bach, Händel und Telemann auch die Italiener Vivaldi und Albinoni.

Wagner dagegen blieb für ihn, nicht anders als bei seinem Freund Magdi, ein unergründliches Mysterium. Der experimentierfreudige Nader wollte dennoch unbedingt einmal zum Heiligen Schrein nach Bayreuth gehen. Dort aber musste er bitter zur Kenntnis nehmen, dass ihm die erforderliche Kompatibilität gänzlich fehlte, wobei dies nicht allein an der Walküre-Oper lag. Sein Fazit: Sein Leben sei einfach viel zu kurz, um bei Wagner ankommen zu können.

Dass die Geschmäcke unterschiedlich sein können, erlebte er später deutlich. So schwärmte er im Gespräch mit einem kunstsinnigen spanischen Kollegen von der „Göttlichkeit" der Barockmusik. Dieser, ein sachkundiger und leidenschaftlicher Verehrer von Wagners Opernmusik, reagierte darauf mit dem harschen Verdikt, das Barockgenre sei für ihn nichts als „Nerv tötende Nähmaschinenmusik".

Die gesellschaftlich und kulturell gelungene Integration muss nicht notwendigerweise mit dem Verlust von Glaubens- und traditionellen Werten einhergehen. Es kann allerdings für tiefgläubige Muslime äußerst schwierig sein, sich in einem wenn auch nur „formal" christlichen Land wie Deutschland zu integrieren. Fehlt der Wille dazu, kann dies schlimmstenfalls Verwerfungen mit sich bringen. Der Spagat zwischen einem pragmatisch begründbaren Leben in Deutschland und der ideologischen Ablehnung dieses Landes kann Risiken in sich bergen.

Naders Situation war insofern wesentlich einfacher, als er – von einer frommen und zugleich toleranten Mutter erzogen – das Glück hatte, nicht im Geist doktrinärer Bevormundung aufgewachsen zu sein. Von seiner Mutter hörte er oft folgende Weisheit, die ihn lebenslang begleitete: „Was du aus deinem Glauben machst und wie du damit umgehst, ist etwas, was ausschließlich dich allein angeht bzw. dein Verhältnis zu Gott und zum Glauben". So gesehen, handelte es sich bei Nader um einen sogenannten „Kulturmuslim", einen Begriff, den nicht „rituell" fromme, sondern dogmatisch denkende Anhänger des politischen Islam als ein Sakrileg verachten und auch tief bekämpfen. Der Begriff „säkular denkendender Muslim" wird von diesen Kreisen noch stärker angefeindet und bekämpft, da sie ihn mit Bezeichnungen wie „Gottlosigkeit“ und „Atheismus“ gleichsetzen, zumal ihnen die Symbiose zwischen Islam und säkularem Denken der Quadratur des Kreises gleichkommt. Auch unter vielen nichtmuslimischen Islam-Kundigen in Deutschland und im „Westen“ überhaupt gilt, dass diese beiden Elemente völlig inkompatibel seien.

Das schreckliche Bild, das heute manche Aktivisten des politischen Islam liefern, nicht zuletzt die von ihnen begangenen Gewalttaten, verstärken bei vielen europäischen Intellektuellen die Zweifel daran, ob es so etwas wie einen aufklärerisch ausgelegten und praktizierten Islam überhaupt geben könnte. Doch diese Kritiker blenden oft die wichtige Tatsache aus, dass die überwältigende Mehrheit der Muslime ihren Glauben nach einem uralten Regelwerk ausübt, das zwar konservativ, im Wesentlichen jedoch rituell, traditionell und volkstümlich ist. Diese Mehrheit steht der aggressiven und terroristischen Agenda der gewaltbereiten Dschihadisten qua Glauben ablehnend gegenüber. Medial und im Verständnis einer Mehrheit der Gesellschaft aber gibt es nur zwei entgegengesetzte Pole: den radikalen politischen Islam und die muslimischen Islamkritiker, die in ihrer Agitation gegen den Islam ebenfalls radikal sind.

Eine Binsenwahrheit ist, dass die in Deutschland lebenden Migranten, egal aus welchen Kulturkreisen oder sozialen Schichten sie stammen, sich selbstverständlich darum bemühen sollten, in Deutschland und Europa sprachlich, gesellschaftlich und kulturell anzukommen. Man muss hier allerdings Heribert Prantl recht geben, wenn er gerade im Hinblick auf die sozial schwachen Migranten moniert, dass der Staat an deren Integration nicht oder wenig interessiert sei, da vor allem viele der exponierten politischen Vertreter konservativ-nationaler Orientierung in deren Rückkehr in die Heimatländer die gewünschte Option sehen.

Man könnte hinsichtlich gelungener oder fehlgeschlagener Integration außerdem einwenden, dass auch die allermeisten Deutschen, Briten oder Niederländer etc. sich nicht einmal den kleinsten Ruck geben, sich in den von ihnen so heiß geliebten und regelmäßig frequentierten Ferienländern wie Spanien, Italien oder Griechenland sprachlich und gesellschaftlich zu integrieren. Bei den „Transittouristen", die nur einige Wochen im Jahr mal hier, mal dort ihren Urlaub verbringen, ist das sicher kein Manko. Es gibt jedoch auch Nordeuropäer, die in diesen Ländern zum Teil dauerhaft oder für mehrere Monate im Jahr in einer Art selbstverordneten Ghetto-Status wohnen und sich kaum die Mühe geben, die Landessprache, und sei es nur rudimentär, zu lernen. Dieses Verhalten ist ihrem Gastland gegenüber nicht weniger despektierlich als das vieler Migranten, die trotz jahrzehntelangen Aufenthalts in Deutschland immer noch kaum verständliches Deutsch sprechen. Das Argument der „Dauertouristen", dass etwa in Spanien ein Integrationsversuch nichts bringe angesichts der „verschlossenen" Art der einheimischen Bevölkerung, ist nicht stichhaltig. Da stimmt hier an der gedachten Kausalität etwas nicht ganz.

Integration ist also für die im Land lebenden Menschen mit ausländischen Wurzeln dringend erforderlich. Doch müssen sie sich auch noch assimilieren? Die rechte Szene fordert dies vehement. Dieses Ansinnen zeugt von Chuzpe und Scheinheiligkeit, denn es wäre dieser, wie bereits erwähnt, am allerliebsten, wenn die aus fremden Kulturen und Religionen stammenden Menschen Deutschland bzw. Europa ein für alle Mal rasch verlassen würden. Warum die Forderung dennoch erhoben wird, liegt am politischen Kalkül dieser Gruppe: Man weiß sehr wohl, dass viele Migrantinnen und Migranten nicht einmal die Kriterien der Integration in so kurzer Zeit erfüllen könnten – sei es, weil sie in behördlicher und kognitiver Hinsicht überfordert sind, sei es, weil den dafür vorgesehenen staatlichen Maßnahmen die klaren, praktischen Konzepte und Mechanismen fehlen. Selbst wenn bei vielen Migranten ein erhebliches Maß an Selbstverschuldung vorliegt: Die rechtslastigen Strömungen agieren häufig in völkischen Denkkategorien, sind also fremdenfeindlich. Darüber hinaus verharmlosen sie geflissentlich die aus gewaltbereiten Aktivitäten für Migranten entstehenden Gefahren um Leben und Sicherheit (NSU), was dem Integrationswillen nicht gerade förderlich ist, und geben schlussendlich den Migranten die alleinige Schuld am Scheitern der Integration. So gesehen sind die parlamentarischen oder außerparlamentarischen Wortführer dieser Strömungen nicht die geeignete politisch-moralische Instanz, um über das außerordentlich komplexe Thema Integration-Assimilation wertneutral und objektiv zu befinden.

Im optimalen Fall können viele Migranten auf „natürlichem" Weg beide „Klassenziele" – Integration und Assimilation – erreichen. Das wäre möglich, wenn die gesellschaftlichen, beruflichen und rechtlichen Rahmenbedingungen dafür bestünden. Diese Option von vornherein auszuschließen, wäre anmaßend, egal ob dahinter rechtslastige Kreise stehen oder konservativ-fundamentalistische Migrantenverbände.

Auch einige namhafte türkische Politiker schießen über das Ziel hinaus, wenn sie die These aufstellen, Assimilation sei ein Verbrechen gegen die Menschlichkeit. Solange die Assimilation nicht sozusagen behördlich „verordnet" ist, wie dies in einigen Diktaturen geschieht, darf sie nicht mit solchen unangemessenen und harschen Urteilen belegt werden. Sie darf und muss allerdings – anders als die Integration – nicht als Hauptziel angesehen werden.

Nebenwirkungen einer geliebten Identität (Jaffa I)

Bereits zu Beginn seines Deutschlandaufenthalts Anfang der 1960-Jahre spürte der in Jaffa geborene Nader, wie sehr man ihn mit der Orange in Verbindung brachte.

Zuerst besuchte er im sauerländischen Iserlohn das Goethe-Institut, denn er hatte zuvor kein einziges Wort Deutsch gelernt. Seine erste längere Station war Darmstadt, wo er die erforderliche schulische Angleichung an die Abiturauflagen absolvierte. Die zweite längere Station war Heidelberg, wo er Politikwissenschaft, Neuere Geschichte und Völkerrecht studierte. Alle – von der Professorin für Evangelische Theologie über den Gemüsehändler in der Altstadt nahe der Alten Neckarbrücke bis hin zum Hausmeister seines Studentenwohnheims am Stadtrand – alle wollten wissen, woher er käme. Er ließ sie meist raten. Der nahöstlich klingende Name wie auch das südländische Erscheinungsbild hätte ihnen diese Aufgabe erleichtern müssen. Meist tippten sie aber daneben, sodass er ihnen bald unter die Arme greifen musste. Die Deutschen, und wohl nicht nur diese, sind in Sachen Herkunft, Ethnie und Landeskunde recht wissbegierig, um nicht zu sagen extrem neugierig. Das hat ein wenig den Beigeschmack, dass selbst der integrationswilligste und anpassungsfähigste Fremde, der bereits etliche Aufenthaltsjahre hierzulande auf dem Buckel hat, unweigerlich den Eindruck vermittelt bekommt, irgendwie gar nicht zum Land zu gehören. Diese Botschaft wird nicht unverblümt, sondern subtil vermittelt, doch die Folge war, dass Nader in solchen Fällen von vornherein den Umstand ausblendete, dass er „formal", also reisepassmäßig, Deutscher war und wie selbstverständlich und reflexartig die Erkundungsfrage mit der Angabe seiner kulturellen und ethnischen Herkunft enträtselte.

Erstaunlicherweise konnten in den Sechzigerjahren des letzten Jahrhunderts, von den akademisch vorgebildeten Personen abgesehen, fast alle anderen mit dem Begriff „Palästina" nicht viel anfangen, und wenn überhaupt, dann nur im biblischen Sinne. Daher wurde Nader oft für einen Juden, ja sogar einen Israeli gehalten. Seine konsternierte Anmerkung, er sei politisch und staatsrechtlich eher das „Gegenteil" eines Israelis, wurde oft überhaupt nicht richtig verstanden. In der Anfangszeit seines Deutschlandaufenthaltes versuchte er, trotz seiner rudimentären Deutschkenntnisse den schwierigen Sachverhalt um Palästina-Israel zeitgeschichtlich und kulturell aus seiner Sicht zu erläutern. Manchmal erwies sich diese Aufgabe aber als die Quadratur des Kreises.

Das Verhalten ihm gegenüber, das seine Einordnung als Israeli oder Palästinenser auslöste, war je nach ideologischer oder weltanschaulicher Orientierung sehr unterschiedlich. Die einen, die aus Überzeugung oder aus der Geisteshaltung eines vorauseilenden Gehorsams Israel in höchsten Tönen lobten und dem Land uneingeschränkte Empathie und Unterstützung entgegenbrachten, waren Nader gegenüber zuvorkommend, ja zum Teil voller Enthusiasmus. Einige von denen allerdings sattelten – von ihm über seine wahre Identität aufgeklärt – inhaltlich und in der Tonlage dann plötzlich um in eine alles andere als freundliche Haltung Israel und den Juden gegenüber.

Andere wiederum ordneten ihn als Palästinenser und sein Volk in den gesamtarabischen Kontext ein. Das konnte zweierlei bedeuten: Entweder sie begegneten Nader positiv-romantisch verklärt (z. B. in Anlehnung an Goethes Ost-Westlichen Diwan, Karl May etc.), oder sie betrachteten die antikolonialen Befreiungsbewegungen einschließlich der Agenda der Palästinenser pauschal als „kommunistisch“ oder „antiwestlich“ und nahmen Nader gegenüber eine ablehnende Haltung ein.

Nutzte Nader als Herkunftsbezeichnung „Jaffa“, war die Angelegenheit zumindest auf den ersten Blick etwas einfacher und man konnte Nader auf einmal richtig einordnen, denn hier erwies sich die Orange – die „Jaffa-Orange“ – als praktische Eselsbrücke. Einige Menschen, die Nader traf, waren auch schon in Israel gewesen und von Jaffa, dessen Altstadt und der malerischen Mittelmeerküste angetan.

Dass Jaffa seit 1948 zum Staat Israel gehört, bereitete Nader hin und wieder vor allem in amtlicher Hinsicht mancherlei Probleme und eine Menge Frust und Ärger. Denn er wurde dort geboren, als es Israel noch nicht gab und das mehrheitliche Palästina der britischen Mandatsmacht unterstand – ähnlich den umliegenden arabischen Staaten Syrien, Libanon und Jordanien, die unter dem Protektorat entweder Großbritanniens oder Frankreichs standen.

Die Einwohnermeldeämter in Darmstadt und Heidelberg notierten als Geburtsort Jaffa mit dem Zusatz „Jordanien“, da Nader damals noch die Staatsangehörigkeit dieses Landes besaß. Seine damals – zugegebenermaßen eher zaghaften – Versuche, diesen falschen Zusatz zu korrigieren, scheiterten, was ihn aus pragmatischen Gründen dazu bewog, die Dinge zu akzeptieren, wie sie nun einmal waren.

Später war seine Leidensgrenze offensichtlich am Limit angelangt, da es schließlich um sein berufliches Fortkommen ging. Und als ihm das akademische Sekretariat der Universität Heidelberg im Sommer 1971 die Promotionsurkunde aushändigte, sah er rot: Er hatte die Absicht, an einer der Universitäten in der Golfregion als Dozent für Politikwissenschaft und Völkerrecht zu arbeiten. Das wäre aber damals nicht möglich gewesen, da in der besagten Urkunde als Geburtsort neben Jaffa nicht Jordanien als Staat angegeben war, sondern Israel. Die

Einordnung Jaffas als geografischer und völkerrechtlicher Teil des Staates Israel ist unbestritten korrekter als der Zusatz „Jordanien", zu dem seine Heimatstadt nie gehörte. Aber die Zuordnung zu Israel gehörte in den arabischen Staaten damals, wenn auch eher deklaratorisch, zu den unumstößlichen politischen Tabus. Mit Hilfe mehrerer Professoren und einflussreicher Förderer war es ihm dann später doch gelungen, den problematischen Zusatz aus der Welt zu schaffen. So stand neben „Jaffa" dann doch „Palästina". Dass er dann später in Deutschland blieb und im Bundesministerium für wirtschaftliche Zusammenarbeit und Entwicklung (BMZ) arbeitete, hatte er so nicht vorausgesehen. In diesem Zusammenhang hätte der Israel-Zusatz wohl keinen Schaden anrichten können, eher vielleicht zeitweiligen Nutzen gebracht.

Im Rahmen von Diskussionen um seine korrekte Herkunftsbezeichnung bediente sich Nader bisweilen Argumente, die in den Ohren mancher Außenstehender durchaus anmaßend geklungen haben müssen. Doch es ging ihm keinesfalls um eine Überspitzung, sondern nur um eine überzeugende, „praktische" Beendigung eines aus seiner Sicht störenden Missverständnisses. So gab er gegenüber seinen Gesprächspartnern mal auf der akademischen, mal auf der administrativen Ebene zu bedenken, dass man nach deren Denkmuster berühmte historische und literarische Persönlichkeiten Deutschlands wie Emanuel Kant, Franz Kafka oder Günter Grass als russische, tschechische oder polnische Staatsbürger hätte definieren müssen, bloß weil sie in Königsberg, Prag oder Danzig geboren worden seien. Diese argumentative Herangehensweise erwies sich in manchen Amtsstuben als überzeugend und daher wirkungsvoll. Also argumentierte Nader auch bei mehreren rechtlichen und verwaltungsmäßigen Verfahren privatrechtlicher oder beruflicher Art in dieser Weise und war – bis auf einen Fall – damit erfolgreich.

Bei Naders Erwerb einer weiteren, der Schweizer Staatsangehörigkeit, gestaltete sich das „Jaffa"-Problem etwas anders: Zwar pochten die Behörden auch dort auf die Übernahme des Zusatzes „Israel" in die amtlichen Urkunden und Naders Versuch, das zu verhindern, scheiterte kläglich. In den Schweizer Personaldokumenten allerdings taucht an der Stelle, wo andernorts der Name des Geburtsorts steht, der Name der zuständigen Gemeinde auf, also etwa Zürich, Genf oder Bellinzona. Das sorgte in vielen Fällen für ein reibungsloseres Einreisen. Denn bei der Ankunft mit einem deutschen Pass am Flughafen Ben Gurion brachte der eingetragene Geburtsort „Jaffa" einige lästige und zeitraubende Unannehmlichkeiten mit sich, wie noch striktere Durchsuchungen und peniblere Vernehmungen. Der diensthabende israelische Grenzsoldat sah sich beim Anblick des Wortes „Jaffa" nicht nur juristisch, sondern auch moralisch verpflichtet, den vermeintlichen „Delinquenten" zum zuständigen Offizier zu bringen. Dieses Treffen konnte einige Zeit und eine Menge Nerven in Anspruch nehmen. Führte Nader hingegen den Schweizer Pass mit sich, wurde er in der Regel durchgewinkt. Die Freude über die stresslosere Einreisemodalität währte indessen für Nader nicht lange: Bei einem der nächsten Besuche in der alten Heimat – bei dem er wiederum den Schweizer Pass vorlegte – wurde die junge Soldatin an der Kontrolle etwas nervös und begleitete ihn dann doch zum diensthabenden Offizier. Der Grund dafür war einfach: Der überaus ambitionierten jungen Frau erschien der Familienname von Nader verdächtig „nahöstlich".

Das Jaffa-Missverständnis spielte auch bei seiner Einstellung im Bundesministerium für wirtschaftliche Zusammenarbeit und Entwicklung (BMZ) eine Rolle. So trug er in seinem Arbeitsvertrag Jaffa als seinen Geburtsort ein und versah dies mit dem Zusatz „Palästina". Dies brachte die zuständige Sachbearbeiterin auf den Plan. Sie war politisch versiert, nicht einseitig strukturiert oder gar in ihrer Weltsicht borniert. Allerdings war sie genau oder hielt sich zumindest für genau bzw. für „pingelig“, um es mit dem rheinischen Idiom zu beschreiben. Sie machte Nader in freundlichem, aber belehrendem Ton darauf aufmerksam, dass Jaffa wohl ein Stadtteil von Tel Aviv sei, das im Staat Israel liege. Sie wisse das so genau, weil ihr Mann beim Auswärtigen Amt tätig sei und dort für drei Jahre „auf Posten“ und für die Erstellung von Sichtvermerken mitverantwortlich gewesen sei. Doch schließlich konnte man sich gütlich darauf einigen, den Eintrag „Jaffa“ ohne Landesbezug zu machen, zumal unter der Rubrik „Staatsbürgerschaft“ weder Palästina noch Israel stand, sondern Jordanien, dessen Staatsbürger er bis zur Erlangung der deutschen Staatsangehörigkeit war.

Vor einigen Jahren musste der „leidgeprüfte“ Nader seinen deutschen Reisepass verlängern lassen. Die Problematik der staatlichen Einordnung seines Geburtsortes tauchte von neuem, diesmal in bizarrer Form auf. Die kompetente und überaus freundliche Mitarbeiterin der Stadt Bonn mit ausländischen Wurzeln bat ihn um Verständnis dafür, dass gemäß den neuen Verordnungen seine Geburtsstadt Jaffa als Teil der „Palästinensischen Gebiete“ deklariert werden müsse. Diese beachtlich kreative Neuauslegung geografischer und politischer Dinge überraschte ihn ein bisschen. Dennoch akzeptierte er die neue Klausel ohne mit der Wimper zu zucken, zumal ihm die Beamtin glaubhaft versichern konnte, dass diese Sprachregelung „alternativlos“ sei. Schmunzelnd und allmählich zunehmend gleichgültig geworden, dachte er an diese, von Kanzlerin Merkel gerne verwendete Formulierung. Dabei war es ihm natürlich klar, dass Jaffa geografisch gesehen noch nie Teil des Westjordanlandes gewesen war.

Der Eintrag „Jaffa“ erwies sich auch andernorts gelegentlich als problembehaftet. So reiste Nader zu Beginn seiner Tätigkeit beim BMZ in amtlicher Funktion in einen Maghreb-Staat. Damals besaß er noch die jordanische Staatsangehörigkeit. Der für die Passkontrolle zuständige Beamte recherchierte intensiv im Reisedokument, und sein strenger Gesichtsausdruck ließ ahnen, dass er gleich sehr viele Fragen stellen würde. Ihn interessierte vor allem die Frage, ob Nader ein „echter" Jordanier sei oder nicht. Dieser hatte nicht das Gefühl, etwas zu verbergen zu haben. Auch dachte er, dass schon allein der Geburtsort Jaffa Indiz genug sein müsste für seine Herkunft. Außerdem wusste er, dass die Regierung dieses Landes immer wieder in ihren außenpolitischen Verlautbarungen ein Bekenntnis zur Befreiung Palästinas abzulegen pflegte. Also sagte er ohne Zögern, er sei lediglich ein „naturalisierter" Jordanier und eigentlich „echter" Palästinenser. Damit, dachte er sich, sei die Sache erledigt. Tatsächlich aber musste er daraufhin für nicht weniger als zwei Stunden einem Vorgesetzten des Passbeamten Rede und Antwort stehen. Dieser wollte nicht nur wissen, warum er einen jordanischen Reisepass besäße – diese Frage ließ sich ja noch einfach beantworten, dass es bekanntlich keine voll anerkannten palästinensischen Reisedokumente gab. Indessen galt sein wirkliches Interesse der politischen Gesinnung und Naders Maß an ideologischem Extremismus. So wollte der Beamte wissen, wie sich Nader die Lösung des israelisch-palästinensischen Konflikts vorstelle, wie er die Haltung einzelner arabischer Staaten zum Konflikt beurteile und ob er einer der bestehenden politischen und militärischen palästinensischen Organisationen aktiv oder sonst wie angehöre. Der Hinweis auf seine Tätigkeit im BMZ schien den Offizier kaum zu beeindrucken. Um die Vernehmungszeit möglichst nicht weiter in die Länge zu ziehen, musste Nader alle ihm bekannten Register einer taktisch-diplomatischen Raffinesse ziehen, wobei ihm zunehmend klar wurde, dass er als „echter" Jordanier wohl deutlich weniger Beschwernisse dieser Art zu erleiden gehabt hätte. Das verwunderte und ärgerte ihn zugleich. Am Ende der „Besprechung" entließ der Offizier den Reisenden freundlich und jovial. Er vergaß auch nicht hervorzuheben, dass „wir alle den gerechten Kampf des palästinensischen Volkes um seine Heimatrechte uneingeschränkt unterstützen“. Dass er für eine derartige Verlautbarung einen Dank von Nader erwartete, war selbstverständlich.

Diese Art von Stresstests musste er übrigens häufig über sich ergehen lassen, auf Privat- wie auf Dienstreisen. Selbst der vom Deutschen AA ausgestellte Diplomatenpass garantierte nicht immer eine reibungslose Bewegungsfreiheit. So sagte ihm einmal ein Passbeamter am Flughafen eines Golfstaates, der zu dieser Zeit ein angespanntes Verhältnis zum früheren PLO-Vorsitzenden Jassir Arafat hatte, ins Gesicht: Sein Land möge die Palästinenser überhaupt nicht. Dank der staatlich dokumentierten Immunität reagierte Nader darauf knapp mit der Bemerkung, er sei nicht hierher gereist, um mit einer ihm völlig unbekannten Person über politische Themen zu debattieren. Außerdem verwies er auf seine „nicht palästinensische“ Urkunde und darauf, dass er über den „Fall“ mit einem ihm wohlgesonnenen hohen Diplomaten des Gastlandes zu reden gedenke, was den jungen Beamten verunsicherte und ihn dazu veranlasste, den politischen Diskurs abrupt zu beenden.

Selbst in Deutschland hielt man Nader wegen der Jaffa-Eintragung im Presseausweis häufig für einen Israeli, was bisweilen für peinliche und auch absurde Momente sorgte. So erlebte er manchmal, dass ihm jemand, der z. B. in Museen oder anderen Kultureinrichtungen tätig war, beim Anblick auf das Dokument betont freundlich, ja euphorisch seine Liebe oder Bewunderung für Jaffa bekundete. In solchen Fällen pflegte Nader, sich zurückhaltend dafür zu bedanken und mit knappen Worten zu bestätigen, dass die historische Hafenstadt tatsächlich sehr attraktiv sei. Galt das Lob indessen der politischen Agenda des Staates Israel selbst, für dessen Bürger er gerade gehalten wurde, so sah er sich in der Regel bemüßigt, zweierlei richtigzustellen: Erstens, dass er kein Israeli sei, und zweitens, dass man die

Politik dieses Staates gerade gegenüber den Palästinensern kritischer und differenzierter beurteilen sollte. Denn, so pflegte er weiter zu argumentieren, diese „einzige Demokratie im Nahen Osten" behandle ihre Bürger palästinensischer Herkunft – immerhin über 20 % der gesamten Bevölkerung – deutlich schlechter als die jüdische Mehrheitsgesellschaft. Oft erfolgte daraufhin eine aus der Peinlichkeit geborene Entschuldigung, die auch Nader in eine gewisse Verlegenheit brachte.

In Israel dagegen löst die Erwähnung von Jaffa manchmal seltsame Reaktionen aus. So reagierte bei einer zufälligen Begegnung ein israelischer Schauspieler in Tel Aviv beim Hinweis von Nader, er sei Palästinenser aus Jaffa, mit den Worten: „Wow! I've never met a palestinian before!" Das kam Nader absurd und real zugleich vor, denn die meisten Israelis kennen die Palästinenser oft nur als Reisende an einem Grenzübergang oder Checkpoint, die herablassend zu behandeln sind. Die Palästinenser wiederum kennen die Israelis oft genug nur als drangsalierende, mit den Muskeln spielende junge Soldaten und Soldatinnen. Auf die Bemerkung des sichtlich überraschten Naders hin, dass auch in Israel, also nicht nur in den besetzten Gebieten selbst, immerhin etwa 22 % der Gesamtbevölkerung Palästinenser mit israelischem Pass seien, erwiderte der junge Künstler, dass diese seiner Wahrnehmung nach doch israelische „Araber", keine „echten" Palästinenser seien. Diese Einschätzung sorgte bei Nader für noch mehr Verwunderung.

Die Sichtweise der Palästinenser oder palästinensischstämmiger Menschen auf politische Vorgänge scheint vielen Außenstehenden durch Frust, Entrüstung und Hoffnungslosigkeit geprägt zu sein. Diese durchaus richtig beschriebene Befindlichkeit ist allerdings den Umständen geschuldet, die mit der Nakba, dem Heimatverlust der Palästinenser, zusammenhängen. Dass die überwiegende Mehrheit der Bevölkerung dieser Heimat auch nach vielen Jahrzehnten nachtrauert, ist nachvollziehbar. Dieser Heimatverlust ist mit dem Schicksal etwa der deutschen Vertriebenen aus den ehemaligen Ostgebieten in keiner Weise vergleichbar. Denn diese blieben dennoch Bürger Deutschlands, auch wenn sie in andere Regionen dieses Landes umsiedeln mussten. Die Palästinenser hatten in den meisten Fällen hingegen nicht die Chance, sich als wirklich gleichberechtigte Staatsbürger anderswo zu fühlen. Diese Konstellation, ihre Hintergründe und Auswirkungen haben auch etliche israelische Historiker der neueren Geschichte dokumentiert wie Ilan Pappe und Moshe Zuckermann. Sie sprechen im Zusammenhang mit der Vertreibung der Palästinenser und Gründung des Staates Israel offen von „ethnischen Säuberungen". Ganz anders sieht die Erzählung in den israelischen Schulbüchern aus, denn dort gibt es überhaupt keine palästinensische „Vergangenheit". Nader registrierte mit Verbitterung eine Beobachtung, die er in Israel machte: Er stand lange und wie gelähmt vor einer historischen Schautafel in Jaffa über die 4000 Jahre währende Geschichte dieser Stadt. Er suchte vergeblich nach einer einzigen Erwähnung der Palästinenser oder nach einer Beschreibung der Lage vor dem Ausbruch des Krieges von 1948 – so als hätte es dort keine gewaltsamen Brüche und als hätte es die Palästinenser nie gegeben, so als gäbe es den Staat Israel seit 4000 Jahren dauerhaft und ohne die geringsten historischen oder demografischen Brüche.

Dass auch die palästinensische und arabische Führung im Hinblick auf das Krisenmanagement dieses ewigen Konflikts auf ganzer Linie gescheitert ist, kann nicht oft genug hervorgehoben werden. Und so sah sich Nader stets gezwungen, die Nakba in ihren beiden Bezügen zu beschreiben: dem exklusiven Nationalismus des Zionismus und dem Versagen der arabischen und palästinensischen Führungseliten.

Trotz der andauernden Tragödie hält Nader an der visionären Vorstellung von einem künftigen gemeinsamen Staat von

Palästinensern und Israelis fest. Pragmatisch, wie er nun mal ist, beurteilt er die Option von zwei Staaten aufgrund der durch Annexion und exzessiven Bau jüdischer Siedlungen zwar nicht als grundfalsch, dennoch als obsolet. Der liberale Israeli Omri Boehm entwirft eine ähnliche Vision, die er als Utopie „Haifa" nennt, wo die Koexistenz beider Volksgruppen in einigen gesellschaftlichen Segmenten besser als anderswo funktioniert. Der Berufsoptimist und Lokalpatriot Nader möchte die Vision eines künftigen gemeinsamen Staates hingegen lieber „Jaffa" nennen. Dort sollten beide Volksgruppen miteinander in Frieden leben. Für Nader ist Utopie oder Vision nicht zwingend ein Synonym für Unmachbarkeit.

Tagebuch einer Heimeise (Jaffa II)

1. Tag, Tel Aviv

Ankunft spät nachts in Tel Aviv. An der Passkontrolle im Flughafen Ben Gurion spürt Nader eine Mischung aus Spannung und Neugierde. Freunde, Deutschpalästinenser wie er, haben ihm zuvor von stundenlangen Befragungen und anderen „Nettigkeiten" erzählt, mit denen er zu rechnen habe. Indes: Die Abfertigung verläuft relativ reibungslos und dauert nur etwa zwanzig Minuten. Verwunderung und Erleichterung zugleich. Aber auch ein wenig Enttäuschung. Schließlich hat sich Nader auf eine längere Vernehmung penibel vorbereitet.

Die „Gnade" seines fortgeschrittenen Alters ist wohl der Grund für diese milde Umgangsform. Jüngere Palästinenser, auch mit nordamerikanischen oder europäischen Reisepässen, werden in aller Regel durchsucht, schikaniert und stundenlang verhört. Und selbst Nader wird danach gefragt, ob er Waffen mit sich trage und ein Islamist sei. Bei früheren Reisen ist er sorgfältig durchsucht worden, einmal hat die „Befragung" mehr als zwei Stunden gedauert, wobei er bis heute nicht im Geringsten die Gründe dafür kennt. Ob man durch diese Maßnahmen die Palästinenser davon abhalten will, ihre alte Heimat zu besuchen? Möglich ist das.

Der Taxifahrer, der ihn in ein zentral gelegenes Hotel bringt und Nader für einen Israeli hält, redet mit ihm zunächst Hebräisch, dann ein kaum verständliches Englisch. Als Nader ihm etwas zögerlich von seiner palästinensischen Herkunft berichtet, outet sich dieser als irakischer Jude. So beginnen die beiden, Arabisch miteinander zu sprechen, jeder mit seinem eigenen Dialekt. Der stark gestikulierende Fahrer beteuert, den Staat Israel über alles wertzuschätzen, was allerdings nicht heiße, dass er alle Israelis gleichermaßen möge. Im Gegenteil könne er viele seiner Landsleute, insbesondere die „Russen“ und die Ultraorthodoxen, überhaupt nicht leiden. Für eine stichhaltige Begründung reicht auch sein Arabisch allerdings nicht. Er erwähnt am Rande, dass er gerne arabisch esse, die orientalische Musik liebe und einen großen Wunsch hege, einmal seine Geburtsstadt Bagdad besuchen zu können.

2. und 3. Tag Jaffa und Tel Aviv

City-Tour im überfüllten Reisebus durch das pulsierende, architektonisch jedoch gesichtslos-hässliche Tel Aviv. Nader lauscht den Darlegungen über Pioniere des Bauhauses, über die Kunst- und Museumsszene sowie das überbordende Nachtleben einer wahrhaft hedonistischen Stadt. Vom „Unabhängigkeitskrieg“ 1948 wird gesprochen, aber kein einziges Wort über Palästina. Dem Zuhörer wird suggeriert, der Staat Israel habe kontinuierlich schon immer bestanden. Der Bus fährt an Stellen vorbei, an denen Selbstmordattentäter Anschläge verübt haben sollen. Nur hier hört man das Wort „Palästinenser“ oder „palästinensische Terroristen“.

Ein emotional ergreifendes Wiedersehen Naders mit seiner Geburtsstadt Jaffa. Ihn begleiten zwei dort lebende israelische Araber, die ihm seine im Norden Israel lebende Cousine vermittelt hat. Der ältere ist zwölf Jahre vor Ausbruch des Krieges 1948 geboren, der andere nach der Staatsgründung. Beide sprechen gleich gut Arabisch und Hebräisch.

Der alte Herr gehörte zur Führungsriege eines großen Familienclans, der aus vielen Landwirten und Kaufleuten besteht.

Beide erzählen Nader von typischen Alltagsproblemen israelischer Araber: Die Bearbeitung ihrer Akten bei den Behörden dauere meist länger als bei denen der jüdischen Israelis. Und wenn sie einen Bebauungsplan beantragten, rechnen sie schon von Haus aus mit einer Ablehnung oder aufwendigen Änderungsauflagen.

Sie sagen aber auch, sie hätten sich mit den Verhältnissen arrangiert. Denn trotz aller Benachteiligungen seien sie sozial recht gut abgesichert. Der jüngere Mann versucht den Anschein zu erwecken, im israelischen Staat angekommen zu sein. Beim Nachhaken vernimmt Nader dennoch Spuren beklemmender Resignation und glaubt zu wissen, dass dieser – wie die meisten „israelischen Araber" – letztlich in einer Parallelgesellschaft lebt.

Über eines klagten die beiden wiederholt und vehement: die Justiz. Die sei zwar gesetzestreu, aber oft ungerecht. Das Strafmaß liege im Ermessen des einzelnen Richters und werde meist zu Ungunsten der Nichtjuden ausgelegt.

Nader besucht mit seinen zwei Begleitern die alte Plantage seiner Familie am Stadtrand. Nichts ist davon übrig geblieben. Wo früher das Bewässerungsbassin stand, das die Kinder oft zum Baden zweckentfremdet hatten, steht nun ein modernes Schwimmbad. Wo Bäume standen, gibt es nun Häuser und noch mal Häuser, die nach der Staatsgründung Israels auf den Plantagen gebaut wurden. Alles ist betoniert.

Der jüngere Begleiter bemüht sich, die aufgewühlte Stimmung Naders zu begreifen. Der Ältere hingegen bekommt feuchte Augen. Er erzählt von jüdischen Bekannten und Freunden, die ihm und seiner Familie gegenüber freundlich und hilfsbereit seien, solange nicht thematisiert werde, dass dieses Land früher den Palästinensern gehörte. Diesen Lebensabschnitt auszublenden falle ihm viel schwerer als seinen Kindern, aber auch diese trügen in ihrer Brust ein Stück palästinensischen Identität.

4. bis 6. Tag, Jerusalem

Besuch zweier Welten. Westjerusalem ist in seiner verbissenen, zur Schau getragenen, uniformierten jüdischen Religiosität ein schockierendes Kontrastprogramm zu Tel Aviv. Auch im arabischen Osten hat eine Art islamische Uniformierung in den letzten Jahren deutlich an Einfluss gewonnen. Vor den beiden heiligen islamischen Schreinen, der Al-Aksa-Moschee und dem Felsendom, verweigern die Wächter Nichtmuslimen den Eintritt. Nader muss trotz seines zweifellos palästinensischen Akzents und äußeren Erscheinungsbildes wiederholt beteuern, dass er ein Muslim sei. Endlich stehen ihm die beiden Moscheen offen. Obwohl er schon lange dem säkularen Denken anhängt, spürt er beim Eintreten eine Gänsehaut. Am liebsten würde er hier rituell beten, aber sein Gedächtnis aus der Kindheit lässt ihn erbarmungslos im Stich.

Auch die Christen Jerusalems, Palästinenser oder Nichtpalästinenser, geben kein versöhnliches Bild ab. Ein schmächtiger, dunkelhäutiger und nahe der Grabeskirche meditierender koptischer Priester erzählt Nader, seit 50 Jahren nicht mehr in Ägypten gewesen zu sein, „weil Muslime Christen hassen und diskriminieren“. Ein Kollege von ihm sagt: „Ich verabscheue die Juden. Schließlich haben sie uns unserer Kirche in der Nähe der Grabeskirche beraubt und sie diesen Äthiopiern vermacht.“ Zu den innerchristlichen Streitigkeiten möchte er sich nicht ausführlich äußern, scheint jedoch auch auf westliche Katholiken und Protestanten gleichermaßen wütend zu sein.

7. bis 13. Tag, der Norden

In der Altstadt von Haifa lernt Nader einen palästinensischen Künstler und seine aus Ungarn stammende Frau kennen. Sie macht auf ihn den Eindruck, wegen der Verhältnisse in Israel sehr verbittert zu sein, weit mehr als ihr Mann. Sie will partout nicht hier begraben werden, sagt sie. Sie heißt Judith und berichtet mit Beklommenheit, dass einige Israelis ihr von heute auf morgen die Freundschaft aufgekündigt hätten, nachdem sie erfahren hätten, dass sie trotz des Vornamens doch keine Jüdin sei. Sogar wildfremde Menschen hätten ihr mehrfach nahegelegt, in ihre Heimat zurückzukehren.

Ihr Mann erzählt Nader, dass gerade in Haifa, Akku und zum Teil auch in Nazareth ein gemeinsames jüdisch-arabisches Leben recht gut funktioniere. Im restlichen Israel jedoch lebten beide Volksgruppen nicht miteinander, sondern bewusst voneinander getrennt.

Seinen Schwager Abu Firas, den er vorher nicht gekannt hat, erlebt Nader als geistig geschmeidig und in seinem Denken sehr aufgeschlossen. Trotz bitterer Erfahrung mit Staat und Bevölkerung und der Beschlagnahme größerer Teile seiner Ländereien in Obergaliläa ist er willens und imstande, mit Juden und Palästinensern gleichermaßen gut auszukommen. Er ist mit Naders Cousine verheiratet, die dieser zuletzt 1948 im Alter von fünf Jahren gesehen hat.

Früher bildete Abu Firas bei der Histadrut, einem gewerkschaftlichen Dachverband wie dem deutschen DGB, arabische und jüdische Jugendliche aus. Diese Funktion habe er laut eigener Auskunft gleichsam als „Quotenaraber" ausgeübt.

Abu Firas beklagt gegenüber Nader den Umstand, dass viele seiner Altersgenossen im Umgang mit dem Staat und der jüdischen Mehrheit nach wie vor verängstigt seien. Die heranwachsende palästinensische Jugend sei dagegen viel mutiger und selbstbewusster. Es sei gut, betont er gegenüber Nader, dass die Jugend mit den Juden „Tacheles“ rede. Ein Ausdruck, den man im Hebräischen und Arabischen verwendet.

In Abu Firas ringen Pragmatismus und das Befürworten einer härteren arabischen Vorgehensweise gegen Israel miteinander. Trotz leiser Sympathie für Hamas und Hisbollah setzt er auf die normative Kraft des Faktischen und sieht keine Alternative zum Frieden, aber dies bedeutet aus seiner Sicht, früher oder später in einem „gemeinsamen“ Staat zu leben, mit gleichen Rechten und Pflichten für beide Volksgruppen. Schließlich hätten Juden und Palästinenser vor Israels Gründung auch in Frieden gelebt, dies müsse die Botschaft für die Zukunft sein.

Er selbst, wolle weder in einem „rassistischen“, rein jüdisch geprägten Staat leben noch in einem palästinensischen „Nationalstaat“, der womöglich autoritär und korrupt oder totalitär-islamistisch sein könnte. Zionismus und arabischer Nationalismus seien beide Auslaufmodelle. Der Panarabismus des früheren ägyptischen Präsidenten Nasser und der Baath-Partei sei aus seiner Sicht verhängnisvoll und rückwärtsgewandt. Das gelte seiner Wahrnehmung nach auch für den Zionismus. Er zitiert gerne und umfassend jüdische Größen, die die Kernbotschaft des Zionismus dezidiert ablehnen.

Nader erfährt von Firas, dass israelische Araber nicht nur von den jüdischen Israelis, sondern auch von den Arabern im Westjordanland und Jordanien skeptisch betrachtet werden. „Arrogant“ und „kollaborationsanfällig“ werden sie dort genannt. Ihnen schlägt Neid und Missgunst wegen ihrer besseren sozialen Absicherung entgegen.

Der mit klugem Kopf und warmem Herzen gesegnete Abu Firas glaubt allerdings, dass Israels Araber mehr gelitten hätten als die vertriebenen Palästinenser, da sie ständig den israelischen Repressionen ausgesetzt gewesen seien.

Als Nader ihm sagte, dass der deutsche TV-Moderator Harald Schmidt die israelischen Araber einmal als die wahren Helden bezeichnete, sagte Abu Firas: „Ja, allerdings sollte man besser ‚die tragischen Helden' sagen."

14. Tag, Rückkehr nach Deutschland

Nader stellt rückblickend fest, dass er sich in seinem Geburtsland überwiegend fremd gefühlt hat.

Dilemma: Individuum und Kollektiv

Neulich wollte Nader zur Bank, um Geld von seinem Konto abzuheben. Das Wochenende stand unmittelbar bevor und die Haushaltskasse war ziemlich leer. Zielstrebig ging er auf die Eingangstür der kleinen Filiale zu und hatte diese schon fast erreicht, als er plötzlich eine Frau mittleren Alters bemerkte. Diese schien geduldig und in angemessenem Abstand vor dem Bankeingang auf Einlass zu warteten. Nader erinnerte sich, dass aktuell Corona-bedingt andere Ein- und Ausgangsregeln gültig sind. Peinlich berührt entschuldigte er sich bei der Frau und stellte sich hinter sie. Sie aber wollte ihm angesichts seines sichtbar höheren Alters unbedingt den Vortritt lassen. Das kratzte zwar ein wenig an seiner Eitelkeit, er entschied sich aber nach einem kurzen Hin und Her dann doch, ihr freundliches Beharren zu akzeptieren. Bevor Nader in die Bank hineingehen durfte, hatten die beiden noch etwas Zeit für ein kurzes Gespräch.

Die Frau sah südeuropäisch aus, hatte grüne Augen und eine zur Bräune neigende natürliche Gesichtsfarbe. Sie sprach sehr gut Deutsch, aber mit einem fremdländischen Akzent, der nicht leicht zu enträtseln war. Ihre Haarfarbe blieb Nader verborgen, denn die Frau trug ein unauffälliges hellbeiges Kopftuch, das keinen Blick auf ihre Haare gewährte. Nader hielt sie deshalb für eine Muslima. Nicht nur das: Er vermutete auch, dass sie aus dem arabischen Raum stammen könnte. Etwas ungelenk fragte er sie auf Deutsch, ob sie Arabisch verstünde. Da antwortete sie – zurückhaltend lächelnd – mit einem klaren „Ja“. „Und wo kommen Sie genau her?“, fragte er, entspannter als zuvor. „Ich bin Palästinenserin“. Angenehm überrascht sagte er zu ihr: „Ich übrigens auch“. Sie schien ebenfalls angenehm überrascht zu sein, denn ihr Lächeln wurde etwas breiter.

Die beiden Personen in den Innenräumen der kleinen Bankfiliale standen immer noch vor den Auszahlungsautomaten, die offenbar nicht optimal funktionierten, sodass die beiden noch ein wenig Zeit hatten, ihr Gespräch fortzusetzen. Berühmt-berüchtigt für seine Neugierde, hätte Nader sie am liebsten gefragt, wo genau aus Palästina sie stamme, wie lange sie in Deutschland wohne und was sie genau beruflich mache. Allerdings traute er sich doch nicht, so persönlich und direkt zu sprechen. Dennoch wollte er ihr nicht vorenthalten, dass er aus Jaffa stamme. Kaum hatte er ihr das gesagt, strahlte sie und lobte die Stadt in höchsten Tönen, Dann fragte sie ihn verlegen, ob er noch einen direkten Draht dorthin hätte. Nader wusste den Sinn ihrer Frage erst nicht recht zu deuten. Er vermutete, sie wolle von ihm erfahren, ob er ursprünglich aus Jaffa stamme oder ob er ein sogenannter israelischer Araber sei, also ein Palästinenser mit israelischem Reisepass. Da „beruhigte“ er sie mit der Mitteilung, dass er dort lediglich geboren und infolge der Gründung des Staates Israel von dort vertrieben worden sei. Ihr Gesichtsausdruck spiegelte ein Gemisch aus engagiertem Interesse und Anteilnahme wider.

Das palästinensische Arabisch, das sie sprach, hatte Ähnlichkeit mit den Dialekten, die in Nablus oder Jenin im Norden des Westjordanlandes gesprochen werden. Also fragte Nader, immer noch recht zurückhaltend, aber neugierig, ob sie von dort herkomme. Tatsächlich stammte sie aus Nablus. Sie erzählte ihm, ihr Großvater mütterlicherseits sei im Oliven- und Seifengeschäft tätig gewesen und habe in den Dreißiger- und Vierzigerjahren regelmäßig Reisen in den Hafen von Jaffa gemacht, um bei der Verschiffung von Oliven, Olivenölen und Seifen dabei zu sein. Nader seinerseits erzählte ihr, dass er zu seiner Schande gestehen müsse, noch nie in Nablus gewesen zu sein. Dabei schwärmte er von der Schönheit der Altstadt, die er vom Hörensagen beinahe zu kennen glaubte. Auch von den Essensköstlichkeiten der Stadt erzählte er begeistert, wobei er insbesondere die mit Olivenöl und Fladenbrot umhüllte „Mussakhan"-Hühnerspezialität und das mit Käse aus Nablus gefüllte Süßgebäck „Knafe" hervorhob.

Während seiner Aufzählung schien melancholische Sehnsucht sie zu überwältigen. Sie habe, so sagte sie ihm, ihre Mutter und andere dort lebende Verwandte und Freundinnen seit längerer Zeit nicht besuchen können. Offensichtlich hatte sie die deutsche Staatsbürgerschaft nicht, was ein Reisevorhaben angesichts der strengen und langandauernden israelischen Kontrollen im beträchtlichen Maß erschweren dürfte. Um sie zu trösten und aufzumuntern, sagte er, dass Nablus trotz Besatzung, Siedlungsbaus und anderer Verwerfungen zumindest formal palästinensisch geblieben sei, während er sich bei jedem Jaffa-Besuch unweigerlich als Fremder in der eigenen Heimatstadt fühle. „Die Lage ist dennoch bei uns schlimm genug. Sie ist hoffnungslos", erwiderte sie. Schlimmer noch als das Militär sei das wilde und aggressive Betragen vieler Siedler, welche die einheimische palästinensische Bevölkerung ständig schikanierten und ihr den Eindruck vermittelten, sie gehöre schlicht in die Weite der arabischen Welt „transferiert".

Ob Nader Personen aus der palästinensischen Gemeinde von Bonn und Umgebung kenne, wollte sie anschließend wissen. Sie nannte drei Namen: Abu Ghalib, Abu Marwan und Abu Mahmoud. Die traditionell erzogenen Palästinenser, wie übrigens auch die meisten Araber, nennen einen Mann oder eine Frau ab einem Alter von etwa 40 Jahren kaum noch mit dem eigenen Vornamen, sondern verwenden aus Gründen des Respekts und der gebotenen Zurückhaltung den förmlichen Titel „Abu", also Vater von X oder Y. Nader musste die Frau enttäuschen, denn er kannte keinen dieser drei Namen. Daraufhin fragte sie ihn, ob er vielleicht neu in Bonn sei, um dann angesichts seines fortgeschritten Alters entschuldigend zu sagen „Nein, das kann wohl nicht sein". Auf Nachfrage wusste sie übrigens selber nicht, wie diese drei Personen mit genauen Vor- und Nachnamen heißen.

Zu seiner Entschuldigung erinnerte er sie daran, dass die Zahl der Palästinenser in der Region zwar nicht beträchtlich sei, aber dass es sich immerhin um einige hundert Personen handele, darunter auch viele Studenten, mit denen man kaum in Kontakt komme. Seinerseits und gewissermaßen als entlastendes Argument nannte er ihr ein paar Namen von in der Region lebenden, befreundeten oder bekannten Palästinensern, die sie wiederum nicht kannte. Zwei der von Nader genannten Personen trugen eindeutig christliche Namen wie George und Raimund. Sie reagierte darauf zunächst etwas irritiert, um dann spontan zu sagen „Unsere christlichen Brüder und Schwestern sind in der Palästinafrage nicht weniger engagiert als wir". So wollte sie auf subtile Weise erfahren, ob Nader vielleicht auch Christ sei. Als er verneinte, beteuerte sie erneut die muslimisch-christliche Schicksalsgemeinschaft der Palästinenser „insbesondere im Schatat" – dem arabischen Wort für das Leben fern der Heimat, also in der Diaspora.

Die beiden entdeckten dann doch noch eine gemeinsame Bekanntschaft. Es handelte sich um einen hyperaktiven Netzwerker, der zwar in den palästinensischen, zum Teil auch arabischen Kreisen beliebt war, von einigen allerdings wegen seines ständigen Erscheinens auf allen denkbaren Treffen, Festen und Veranstaltungen halb liebevoll, halb hämisch als „Hansdampf in allen Gassen" bezeichnet wurde. Die Zufallsgesprächspartnerin kannte den Aktivisten flüchtig von verschiedenen Ramadan-Festen und Palästina-Feiern in Köln, Sankt-Augstein und Godesberg, und schien seine politische und kulturelle

Einstellung im Wesentlichen zu teilen. Sie schränkte allerdings schmunzelnd ein, es wäre wohl besser, wenn dieser sein Temperament etwas zügeln und die gegnerische Seite, sei es Deutsche oder andere, nicht immer so massiv vor den Kopf stoßen würde. Denn diese Debattierart sei manchmal kontraproduktiv und lasse die Palästinenser insgesamt und zu Unrecht als „Hitzköpfe" erscheinen. Ansonsten, so die unbekannte Frau, sei der Mann eine gelungene „Symbiose" aus rationalem Wissen und tiefer Bekenntnis zu den eigenen traditionellen Werten.

Inzwischen war der Weg ins Innere der Bank für eine Person frei geworden. Da verabschiedete sich Nader von der freundlichen Landsmännin und ging hinein, nicht ohne ihr noch einmal vergeblich den Vortritt angeboten zu haben. Selten hatte Nader das Warten auf den Eintritt als so angenehm empfunden. Das kurze Gespräch hatte ihn allerdings in einem Punkt nachdenklich gemacht: Die Palästinenser oder Personen mit palästinensischen Wurzeln organisieren sich, anders als Menschen mit vergleichbarem Schicksal wie Kurden oder Uiguren, seltener im großen Stil im Rahmen der eigenen Gemeinde. Sie mögen und wertschätzen sich gegenseitig in aller Regel durchaus, ziehen es jedoch meistens vor, in kleineren Zirkeln zu kommunizieren, zu handeln und zu leben. Schon allein die hohe Zahl entsprechender politischer Einrichtungen und kultureller Vereine zeugt einerseits von Vielfalt und Mühsal, andererseits vom Hang zum Individualismus. Oft genug wird die Forderung nach Gründung von „Dachverbänden" bzw. nach „konzertierter Aktion" erhoben, meistens bleiben aber leider doch die sprichwörtlichen Splittergruppen und Einzelgruppierungen für sich. Viele Palästinenser sind einfach der festen Überzeugung, die Sache besser meistern zu können als ihre übrigen Landsleute. Ist das ein Vertreibungssyndrom, womöglich sogar ein Vertreibungsfluch?

Zum Teil gibt es sogar Merkmale der Entfremdung gegenüber den eigenen Landsleuten. So unterscheiden sich die

Exilpalästinenser von vielen anderen, ebenfalls im Ausland lebenden Nationalitäten darin, dass sich ihr Freundes- und Bekanntenkreis oft nicht homogen zusammensetzt. Das ist vielleicht der Tatsache geschuldet, dass die meisten von ihnen notgedrungen außerhalb ihrer angestammten Gebiete leben, sei es in einem arabischen Land, in Europa, Nordamerika oder sonst wo auf der weiten Welt. Andererseits leben viele palästinensische „Großfamilien" im europäischen Ausland von der Mehrheitsgesellschaft abgeschottet und streben überhaupt keinen Kontakt zu Menschen außerhalb ihrer Großfamilien oder Kulturkreise an. Dieses Phänomen ist aber nicht spezifisch palästinensisch und hängt meist vom Bildungsgrad sowie der mangelnden Fähigkeit und Bereitschaft ab, sich in eine fremde Gesellschaft zumindest partiell zu integrieren. Solche Clans agieren nicht nur gesellschaftlich und sozial, sondern sogar häufig im strafrechtlichen Sinne am Rande der gültigen Gesellschaftsordnung.

Übrigens dominieren die spalterischen Tendenzen auch auf Führungsebene, wie der seit über einem Jahrzehnt dauernde Streit zwischen der in der Westbank regierenden Fatah/PLO und der in Gaza regierenden Hamas zeigt. Natürlich sind die Hintergründe hier anders geartet: Sie sind durch einen kleinlichen, zum Teil obsessiven machtpolitischen Wettbewerb gekennzeichnet. Letztlich führt dieser Wettbewerb zur Zementierung der Spaltung, die schon wegen der geografischen Lage ohnehin schwer genug ist. Außerdem erschweren solche scheinideologischen und interessenorientierten Konflikte angesichts der Besetzung und Blockade der palästinensischen Gebiete durch Israel die ohnehin dramatischen Lebensbedingungen der dort lebenden Menschen. Diese spalterischen Tendenzen, gepaart mit dem Hang, möglichst einzeln und individuell zu handeln, werden von Israel taktisch geschickt ausgenutzt, um das gesamte Volk der Palästinenser zu stigmatisieren und dessen Fähigkeit zum Krisenmanagement pauschal in Zweifel zu ziehen.

Über diese Themen hätte Nader gerne mit seiner unbekannten Palästinenserin weiterdiskutiert. Möglicherweise bietet die grassierende Pandemie, die zu den eigentlich unangenehmen Warteschlangen führt, die Chance für ein weiteres Treffen.

Es gibt neben dem Phänomen des „Einzelgängertums“ unter den Diaspora-Palästinensern darüber hinaus ein weiteres, besorgniserregendes Phänomen, das alle Mitglieder des palästinensischen Volkes betrifft, egal ob sie nun innerhalb oder außerhalb Palästinas/Israels leben. Es ist eine Befindlichkeit relativ neueren Datums, die infolge von Frust und Verbitterung über das eigene Schicksal nach und nach entstanden ist. In dieser Befindlichkeit ist die Hoffnung, dass es Licht am Ende des Tunnels gibt, nicht nur von Haus aus gering, sondern sie wird immer geringer, bis sie unweigerlich zu einer Art Fata Morgana verkommt. Dieser Zustand löst paradoxerweise zwei sich widersprechende Impulse aus. Auf der einen Seite glorifiziert man die verlorene Heimat und verklärt die Geschichte des eigenen Volkes zum heldenhaften Märtyrermythos, das unbeirrt und erfolgsgetränkt auf sein heiliges Ziel zusteuert. Das ist die positive, wenn auch stark idealisierte Seite der Medaille.

Die andere Seite ist von erdrückender Hoffnungslosigkeit geprägt. Sie bewirkt, dass man sich für nichts anderes interessiert in der Region und auf der Welt als für das eigene, tragische Anliegen. Damit einher geht ein gleichgültiges Empfinden, in gewisserer Hinsicht sogar eine aus der Resignation entstandene nihilistische Grundeinstellung gegenüber den Sorgen anderer, ebenfalls betroffener Menschen und Völker. Die Enttäuschung über das Versagen des eigenen, nicht demokratisch legitimierten Führungsduos in den palästinensischen Gebieten wie auch die Verbitterung über die an den Palästinensern vorbei sich anbahnende Allianz zwischen Israel und einigen arabischen Staaten machen diese „psychologische“ Trendwende einerseits nachvollziehbar, öffnen aber andererseits kein realistisches Fenster hin zu einer gerechten Lösung des Konflikts. Das Tragische ist: Die Palästinenser unterliegen häufig der Illusion, dass ihr gerechtes Anliegen der Kern regionaler und globaler Konflikte sei und eine Lösung deshalb inzwischen im internationalen Interesse liege. Die neue arabische „Realpolitik“ hat inzwischen aber einen drastischen Gegenentwurf dazu geliefert. Auch die „Weltgemeinschaft“ handelt – trotz aller schönen und hoffnungsvollen Beteuerungen – nicht anders als im Sinne nichts sagender schöner Rhetorik.

जो मन टूटा आपना

जो मन टूटा आपना

'शीलभद्र'

रूपान्तर

महेन्द्र नाथ दुबे

वाणी प्रकाशन ग्रुप

भारतीय ज्ञानपीठ

वाणी प्रकाशन : भारतीय ज्ञानपीठ की पुस्तकों के एकमात्र प्रकाशक एवं वितरक

राष्ट्रभारती लोकोदय ग्रन्थमाला : ग्रन्थांक 628

सजिल्द पहला संस्करण : 1998
सजिल्द दूसरा संस्करण : 2000
सजिल्द तीसरा संस्करण : 2026

वाणी प्रकाशन : भारतीय ज्ञानपीठ की पुस्तकों के एकमात्र प्रकाशक एवं वितरक

वाणी प्रकाशन

4695, 21-ए, दरियागंज, नयी दिल्ली-110 002
दूरभाष : 011-23273167, 23275710
ईमेल : sales@vaniprakashan.in
www.vaniprakashan.com

ISBN : 978-93-6944-490-8

मूल्य : ₹ 495

जो मन टूटा आपना

(उपन्यास)

'शीलभद्र'

JO MAN TOOTA AAPANA
(Assamese Novel)
by 'Sheelbhadra'

आवरण-शिल्पी : गौरी
मुद्रक : आर. टेक ऑफ़सेट प्रिंटर्स, दिल्ली-110 032

बाहर की ओर आँखें खोलकर तो देख ही नहीं सकते। सूरज की तीखी किरणें चारों ओर से झपट्टामार घेरकर चौंधिया देती हैं। तनिक-सी हवा का भी पता नहीं, पूरा वातावरण गुम्म पड़ा है। प्रखर प्रकृति ने महारुद्र रूप धारण कर लिया है। सभी कुछ तवे-सा जल-धधक रहा है। ऊपर से इस पूरे इलाके में बड़े भोर से ही बिजली लाइन आने का क्रम भंग हो गया है। बिजली होती तो कुछ पंखा-वंखा भी चलता। मध्य दुपहरी तो ऐसी धधक रही है कि बिछौने पर सोये भी नहीं रहा जा सकता, बैठे भी नहीं रहा जा सकता। ललाट और मुँह पर जो पसीना उमड़-उमड़कर बहने लगा है उसे पोंछने से भी कोई लाभ नहीं होनेवाला। पोंछ भी दो तो भी फिर तुरन्त ही रिस-रिसकर पसीने की बूँदें चुकचुकाकर छलकने लगेंगी। पसीने की छोटी-छोटी उभरती बूँदें एक-दूसरे से सट-सटकर ऐसी मोटी हो जाती हैं कि अपने भार से फिर टप्प-टप्प कर आँखों की पलकों पर आ गिरती हैं। कुछ नाक की नोक़ पर पहुँच कर वहाँ से लुढ़कने लगती हैं।

इस कदर की प्रचण्ड गरमी पड़ रही है तो इसका मतलब यह नहीं कि सब कुछ थम गया है। नहीं, आदमियों के काम-काज ठप्प नहीं हो गये हैं। भृगु चौधुरी के मकान के बिलकुल पास ही गोयेनका एक महाविशाल अट्टालिका बनवा रहे हैं। इस भरी दुपहरी में भी उनके यहाँ हो रहे काम की रफ्तार में तनिक भी कमी नहीं आयी है। लगातार एक-सी ही तेजी से काम बढ़ता जा रहा है। भृगु चौधुरी के पड़ोसी जो महेन्द्र दास थे, उन्हीं की जमीन को खरीदकर गोयेनका वहाँ अब यह विशाल भवन बनवा रहे हैं। यह भवन ऊपर उठते-उठते कितनी ऊँचाई तक उठेगा, इसका अनुमान लगा पाना भी कठिन है, उठ रहा है तो उठता ही चला जा रहा है ऊपर—और ऊपर।

भृगु चौधुरी की सोचने की चिन्ताधारा आजकल इधर-उधर भटकती रहती है, बिना किसी स्पष्ट लक्ष्य के चक्कर खाती रहती है। कोई एक दृश्य देखकर, अथवा कोई एक शब्द सुनकर, उसी का सूत्र पकड़कर वे ऐसे दृश्य, दृश्यान्तरों में जा पहुँचते हैं कि कुछ कहा नहीं जा सकता।

कितनी तेजी से परिवर्तन हुआ है। अभी कोई बहुत अधिक समय थोड़े ही बीता

है, गुवाहाटी में रहनेवाला कोई भी बड़ा-बूढ़ा आदमी बड़ी स्पष्टता से बता सकता है कि साँझ-ढलने के बाद इस शहर के मुहल्ले शिलपुखरी की पोखर के पूरब की ओर के इन इलाकों की ओर आने में आदमी डर के मारे काँपने लगते थे। (आज यह सब जो जाक-जमक पूर्ण नगर है) जंगली वृक्षों, झाड़ियों, झाड़-झंखाड़ों से भरा हुआ, अथवा बीच-बीच में जहाँ-तहाँ खेतों-मैदानों से भरा हुआ, यह भाग ऐसा जन-मानवहीन था, कि बस बीच-बीच में कहीं-कहीं कुछ आदिवासी जनजातियों के गाँव-घर छिटके-छितराये थे।

शिलपुखरी की पुष्करणी के आस-पास जलावन की लकड़ी, बाँस-काठ के टुकड़ों के गट्ठर-के-गट्ठर बिकते थे। एक प्रकार से उसे लकड़ी, घास-फूस का बाजार ही कह सकते थे। (यह सारा कुछ जंगलों से काट-कूट, बीन-बानकर जो जनजातीय मनुष्य ले आते थे) वे जनजातीय मनुष्य तो अब जैसे लुप्त ही हो गये। इस शहराती चकाचौंध में वे सब जाने कहाँ खो गये। अत्यधिक चतुर-चालाक और बलवान आदमियों की बढ़ती हुई ताकत को रोक पाने में नाकामयाब हो, वे पीछे—और पीछे हटते-हटते जाने पीछे कितनी दूर चले गये हैं।

आगे जो दौर आनेवाला है, उसमें ठीक यही दशा शहर के शेष स्थानीय निवासियों की भी होगी। शहर के इस भाग में भृगु चौधुरी ने जिस समय मकान बनवाना शुरू किया था, उस समय इधर और आदमी-जन नहीं रहते थे। इसी से उनके जो थोड़े से शुभचिन्तक लोग थे, उन सभी ने उन्हें मना किया था, “अरे भाई! यह तू क्या करने जा रहा है रे। दिन-दुपहरी में ही बाघ-शेर उठा ले जाएँगे, इसका कुछ थाह-पता भी पा सकोगे?”

आज चारों ओर से ऊँची-ऊँची विशाल अट्टालिकाओं ने उनके घर को चारों ओर से घेरकर चाँप रखा है। ये अट्टालिकाएँ रुपये-पैसे से गुच्च महाधनाढ्य लोगों की हैं। इन महाधनाढ्यों में अधिकांश बहुत दूर से आये हुए व्यापारी हैं। कुछ समय पहले तक महेन्द्र दास मजाक-मजाक में कहा करता था, “मकान बनाने के लिए यह जो प्लाट की थोड़ी-सी जमीन मेरी पड़ी है, अगर इसे ही बेचने की बात प्रचारित कर दूँ, तो एक लाख रुपये पा जाऊँगा।”—और सच्चाई तो यह कि उसके थोड़े समय बाद ही उसने जमीन का यह टुकड़ा तीन लाख में बेच भी दिया। गोयेनका ने खुशी-खुशी खरीद लिया। और फिर तीन लाख ही क्यों? अगर वह इसका दाम पाँच लाख माँगता तो वह भी पा जाता। परिस्थिति अब ऐसी है जिन्हें जमीन की जरूरत है, उन्हें तो बस जमीन ही चाहिए, वह चाहे जैसे मिले, दर-दाम की तो कोई परवाह ही नहीं। जान पड़ता है कि कुछ समय बाद जो जमाना आनेवाला है, उस समय तक तो नौकरी-चाकरी करनेवाले मनुष्य अथवा साधारण स्तर की कमाई करनेवाले लोग मान-सम्मान के साथ, भले ढंग से शहर में रह ही नहीं पाएँगे। शहर छोड़कर कहीं दूर भाग जाना पड़ेगा उन्हें।

महेन्द्र दास के दो बेटे हैं। दोनों ही काफी समय से अमेरिका में रहते हैं। उनकी अपनी धर्मपत्नी तो कभी की स्वर्ग सिधार चुकी हैं। सो, जमीन का यह टुकड़ा बेच देने के बाद महेन्द्र दास घूम-घूमकर जैसे स्पष्टीकरण देता फिरता था—

"यहाँ (घर बनाकर) अकेले-अकेले भूत की तरह रहकर क्या करूँगा, भाई! गाँव में इतना बड़ा घर-द्वार यूँ ही पड़ा हुआ है। वहाँ रहने में यह तो सुख है ही कि अगर वहाँ रहते-रहते मृत्यु हो गयी तो जो भतीजे वगैरह हैं, वे मुँह में कम-से-कम एक चुल्लू पानी तो डाल सकेंगे।"

बड़ी अच्छी बात है। बड़ी ही सुन्दर युक्ति है।

परन्तु आदमी जैसा सोचता है, ठीक उसी प्रकार का काम तो होता नहीं। अब महेन्द्र दास को ही लो। अभी बीते कल के दिन ही महेन्द्र दास भृगु चौधुरी के घर आ पधारे थे। लेकिन कैसे? एकदम शान्त, मौन-गम्भीर। हमेशा चुहुलबाजी करते, हँसी-ठट्ठा उड़ाते रहनेवाला बतक्कड़ आदमी इस रूप में कि मुँह से कोई बोल ही नहीं फूट रहा था। दुःख विषाद की प्रतिमूर्ति बना-सा।

"खुद अपना ही गुह खुद अपने से खानेवाले आदमी जैसा महा बुरबकिया काम कर डाला था ऐ चौधुरी! खीझ तो ऐसी कि अपने ही हाथों अपने गाल पर चाँटा लगाने का मन करता है। गाँव में जो भतीजे छोकरे सब हैं, वे बस एकमात्र इस घात में हैं कि मेरा जो कुछ भी रुपया-पैसा, धन-सम्पत्ति है, उसे कैसे हथिया लें। अब तो उनका आतंक इतना भयानक हो उठा है कि वे जैसे ही रुपया माँगते हैं, तुरन्त वैसे ही उन्हें रुपये न दे दो तो गर्दन चाँप कर कहीं मार ही न डालें, यही डर बराबर बना रहता है। ऐसी हालत में अब क्या करूँ, कुछ समझ में ही नहीं आ रहा।"

उसकी बात सुनकर भृगु चौधुरी ने सहज-सरल ढंग से ही कहा था, "इसमें सोचने-विचारने की क्या बात? इस समय तो तुम्हारे हाथ में काफी रुपया है। अमेरिका (अपने बेटों के पास) ही क्यों नहीं चले जाते?" ऐसा कहने के पीछे उन्हें चिढ़ाने का कोई मतलब भृगु चौधुरी का नहीं था। परन्तु महेन्द्र दास अचानक ही चिढ़कर खंगार हो उठा। किरमिसाता हुआ चीख पड़ा, "मेरी हँसी उड़ा रहे हो? आप मुझे बेवकूफ समझकर हँसी-ठट्ठा कर रहे हो? अरे बेटे ऐसे नालायक हैं कि पत्र भेजते-भेजते थक गये, किसी एक का उत्तर तक नहीं देते। आज कितने युग बीत गये, उन्होंने कोई खोज-खबर तक नहीं ली। इसका भी थाह-पता नहीं किया कि मर गया कि अभी जिन्दा हूँ।"

इतना कहकर भला आदमी फुक्का मारकर रोने लगा। भृगु चौधुरी तो अवाक् रह गये, जैसे सारी सिट्टी-पिट्टी ही गुम हो गयी हो। अब भला ये सब बातें वे कैसे जानते होंगे? महेन्द्र दास तो हमेशा उनसे, या उनसे से ही क्यों, हर एक आदमी से यही कहता फिर रहा है कि उसके प्यारे बेटे उसे बराबर अपने पास बुलाते ही रहते हैं। कहते हैं कि वहाँ अकेले-अकेले पड़े रहने की क्या जरूरत है? वह सब छोड़-छाड़कर हम लोगों के पास ही क्यों नहीं चले आते?

2

बहुत दिनों बाद रजत कलिता आज भृगु चौधुरी के घर पर आ पहुँचे, "अरे कलिता साहब, आप! कहाँ से आ रहे हैं? आइए, आइए, पधारिए।"

चौधुरी की बात सुनकर कलिता ने उत्तर में कुछ कहा नहीं, बस तनिक-सी मुसकान जरूर बिखेरी उनकी ओर देखकर। बात दरअसल यह है कि आयु की अपेक्षा कुछ अधिक ही लज्जालु किस्म के आदमी हैं कलिताजी। स्वभाव के बड़े ही भले हैं। फिर भी एक विशेष किस्म के एक सुर्रे-से हैं, सनक की हद तक, फिर भी उन्हें पागल नहीं कह सकते। परन्तु कभी-कभी लगता है कि पागल भी उन्हें क्यों नहीं कहा-समझा जा सकता है? पागल नहीं हैं तो और क्या? साहित्य और साहित्यकारों के प्रति रजत कलिता में जो जरूरत से बहुत अधिक मात्रा की दुर्बलता है, वही क्या काफी नहीं है, उन्हें पागल समझने के लिए? ऐसा देखा गया है कि कुछ-कुछ मनुष्यों में उनका मानसिक विकास एक खास मुकाम पर पहुँचकर रुक जाता है। इस कलिता महाशय में भी यही एक पुरानी दुर्बलता है। वे कोशिश कर-करके साहित्यकारों के करीब पहुँचते हैं, उनसे सम्पर्क स्थापित करते हैं। यदि उनके निकट नहीं पहुँच सके तो फिर उनके नाम-पते ही इकट्ठा करते हैं, और फिर उन्हें पत्र लिखते हैं। अब उन्हें पत्र लिखकर या जैसे भी निकट सम्पर्क स्थापित कर वे उनसे साहित्य सम्बन्धी कोई आलोचना-प्रत्यालोचना करते हैं, या कोई गम्भीर विचार-विमर्श करना चाहते हैं,—ऐसी भी कोई बात नहीं। बस सम्पर्क स्थापित कर लेने भर से ही परम परितृप्त हो जाते हैं। हाँ, वे स्वयं भी कविताएँ और छोटी कहानियाँ लिखते हैं। जैसे उनके लिखे हुए साहित्य में भावावेश इतने प्रचण्ड रूप में होता है कि उसके मूल में, असली भाव या मन्तव्य क्या है उसका कुछ पता ही नहीं चलता। नये-नये उभरते, या यूँ कहिए कि उम्र के दो विशेष स्तरों के जोड़ की जगह पहुँचे हुए किशोर की काल्पनिक अनिश्चितता-सी उनमें बनी रहती है। उनकी रचनाओं को देखकर यतीन ने एक बार विचार प्रकट किया था, "कक्षा आठ की किशोरी की रचना।"

उसकी इस बात पर भृगु चौधुरी ने पूछा था, "क्यों, भाई! ऐसा क्यों कहते हो? कक्षा आठ की ही क्यों? और सो भी किसी किशोरी की ही क्यों?"

"बिलकुल सही कारण से ही कह रहा हूँ।"—कहकर यतीन अलग हो गया था। बिलकुल सहज-सरल उत्तर। जैसे कि इसके आगे किसी प्रकार के आधार की या व्याख्या की कोई जरूरत ही नहीं।

रजत कलिता हमेशा किसी-न-किसी एक पत्रिका से जुड़े रहते हैं। उसमें किसी कर्मचारी के रूप में या उसके कर्ता-धर्ता के किसी रूप में नहीं। किसी प्रकार के

प्रतिफल या लाभ पाने की गरज से भी नहीं। बस, इस तरह जुड़े रहना उन्हें अच्छा लगता है, इसी से उसके साथ चिपके रहते हैं। वस्तुतः बड़े भले स्वभाव के आदमी हैं वे। इसी से सभी लोग उन्हें मानते हैं। यदा-कदा कोई सम्पादक उनकी कोई कविता अथवा कोई और रचना प्रकाशित कर देता है, बस इतने से ही वे परम प्रफुल्लित हो जाते हैं। कृतज्ञता के बोझों तले दब जाते हैं। सो रजत कलिता मनुष्य के रूप में सचमुच ही बड़े भले आदमी हैं।

पहनावे-ओढ़ावे में रजत कलिता का सदा-सर्वदा बस एक-सा ही पहनावा है। खूब लम्बा-चौड़ा पायजामा और घुटनों तक लटकता बड़ा-सा ढीला-ढाला कुर्ता। यह भी एक प्रकार से अर्थपूर्ण है। माने, पहनावे में जैसे वे आज के जीन्स के फैशन तक नहीं पहुँच पाये हैं, उसी तरह उनकी साहित्यिक रुचि और विचारधारा भी बहुत पुरानी, अर्थात् आज से चालीस वर्ष पहले के जमाने के स्तर तक पहुँचकर ही थम गयी है। परन्तु इसके लिए अकेले-अकेले रजत कलिता को ही दोषी ठहराने से क्या लाभ? साहित्य-जगत् में जिन लोगों के विचारों को, जिनके निर्णयों को विशेष महत्त्व दिया जाता है, वे सारे-के-सारे लोग बहुत लब्धप्रतिष्ठ लोग, यानी कि बहुत दिनों से जमे-जमाये पुराने लोग ही तो होते हैं! उतने तक पहुँचते-पहुँचते उन लोगों की समझ, ध्यान-धारणा, सोच-विचार, पसन्द-नापसन्द सभी कुछ एक विशेष रूप ग्रहण कर चुका होता है। पुराने आदर्शों, परम्परा से चले आ रहे विधि-विधानों, बनी-बनायी परिपाटियों से दूर हट आने, लीक से अलग प्रकार का हो जाने पर उनकी भृकुटि तन जाती है। वे झुँझला उठते हैं। चौधुरी ने खुद ही देखा और समझा है कि जिन गानों और धुनों को उनके पिताजी बेहद पसन्द करते थे, वे स्वयं उन्हें पसन्द नहीं करते और अब उन्हें जो संगीत बहुत मनोहारी लगता है, आजकल के युवक-युवतियाँ उन्हें पसन्द नहीं करते। यह तो एक चिरन्तन सत्य है।

भृगु चौधुरी ने दो-चार अँग्रेजी उपन्यास पढ़े हैं। उन्नीसवीं शताब्दी के उपन्यासों में नायक-नायिका के जीवन की सभी महत्त्वपूर्ण घटनाएँ बिलकुल दृश्यमान थीं, जिन्हें प्रत्यक्ष स्पष्ट रूप से देखा-दिखाया जा सकता था। सारी महत्त्वपूर्ण घटनाओं का धारावाहिक विवरण साफ-साफ शब्दों में बयान किया होता था। हाँ, यह जरूर है कि व्यक्ति विशेष रचयिता की देखने-परखने की शक्ति, देखने का नजरिया और विश्लेषण कर पाने की क्षमता के अनुरूप इस प्रकार का विवरण अच्छा हो सकता है, तो बुरा भी हो सकता है।

चित्रकला के क्षेत्र में जैसा कुछ हुआ है, उपन्यास-रचना के क्षेत्र में भी ठीक उसी प्रकार की स्थितियाँ रही हैं। रचना लेखक की व्यक्तिगत उपलब्धियों का ही प्रतिफल हो गयी है, लेखक की व्यक्तिगत अनुभूतियों से सराबोर। अब इन सब अनुभूतियों को अभिव्यक्त करने के लिए सम्भवतः नयी शैली, नयी भंगिमा, नयी तर्ज

और नये कौशल की जरूरत है। उसे देखकर मुँह-बिचकाने से, चिढ़ने से भला कैसे काम चलेगा?

इस प्रसंग में वर्जीनिया उल्फ की कही हुई एक बात भृगु चौधुरी के मन में बार-बार कौंध उठती है–

"सत्य का यथार्थ रूप क्या है? दरअसल, यह बड़ा ही अस्थिर और अनिश्चित है। कभी-कभी तो यह रास्ते में पड़ी धूल में धूल-धूसरित हो उसी में घुला-मिला पड़ा रहता है, कभी रास्ते के किनारे फेंके-पवारे कागज के एक टुकड़े की खड़खड़ाहट में झलकता नजर आ सकता है, तो कभी यह सूरज की प्रातःकालीन किरणों से फूल उठे फूल की एक पंखुड़ी के भीतर ही झिलमिला उठ सकता है।"

एक बहुत भारी घटना की अपेक्षा एक अत्यन्त साधारण, छोटी-सी घटना भी मनुष्य के मन में अधिक प्रभाव डाल सकती है।

डीकेन्स, थेकरे, जार्ज इलियट अथवा थामस हार्डी के लिखने की कला भिन्न प्रकार की है और वर्जीनिया उल्फ, जेम्स जॉयस, अथवा लारेंस के लिखने की शैली भिन्न ही प्रकार की है। विषय-वस्तु को प्रस्तुत करने की पद्धति और रचना-शिल्प की प्रक्रिया में परिवर्तन तो होता ही रहता है। किस जमाने में वह काफी आगे की ओर बढ़ गया है, अथवा बहुत पीछे की ओर ही लुढ़कता चला गया है, इस तरह का निर्णय देना तो विवाद का विषय है। अतएव सार संक्षेप में यही कहना उचित है कि परिवर्तन होता ही रहता है, या परिवर्तन हो गया है। प्रत्येक युग-जमाने के प्रतिभाशाली रचनाकार अपनी महिमा से ही प्रकाशित हैं। अतएव एक युग अथवा जमाने के विशिष्ट रचना-मानदण्डों से दूसरे युग के रचयिता का मूल्यांकन करने की कोशिश करने से एक भारी विपत्ति ही आ पड़ेगी।

सो, चौधुरी ने कलिता का स्वागत करते हुए कहा, "बहुत दिनों से आप से भेंट-मुलाकात नहीं हो पायी थी। कहिए, क्या समाचार हैं?"

उनकी बात सुन कलिताजी लज्जापूर्ण हँसी हँस पड़े, "अरे, यही पेन्शन, ग्रेच्युइटी, प्रॉविडेण्ट फण्ड वगैरह के लफड़े में पड़ा रहा था।"

"क्यों, भाई! सेवा-निवृत्त भी हो गये क्या? तुम तो अभी काफी नौजवान-से दीखते हो।"

कलिता फिर और भी लजाते हुए मुसकरा दिये। जैसे-तैसे उन्होंने जो कुछ बताया, वह संक्षेप में यह कि शीघ्र ही वे एक मासिक पत्रिका प्रकाशित करेंगे। वैसे यह कोई उनका आज का नया-नया शौक नहीं है, बल्कि उनके जीवन के बहुत दिनों की उनकी यह मनोभिलाषा है। इतने दिनों तक मुँह खोलकर किसी के सामने जरूर ही कभी कह नहीं सके थे। वैसे तब ऐसा कर पाना सम्भव भी नहीं था। मगर इस समय अब और कोई असुविधा नहीं है। ग्रेच्युइटी के रुपये पा ही गये हैं, सो अब हो ही जाएगा।

भृगु चौधुरी ने बड़ी तीखी-गहरी नजरों से उनकी ओर देखा। कहीं दिमाग तो खराब नहीं हो गया, या मतिभ्रम पैदा हो गया क्या? नयी-नयी जवानी की उमंग के समय में तो इस तरह का कुछ करने का कुछ अर्थ भी होता है, परन्तु अब इस उम्र में?

"जरा ठहरो भी। अरे भाई, सुनो तो, पत्रिका प्रकाशित कर चला पाना कोई बहुत आसान काम नहीं है। विशेषतः जब तक अपना निजी कोई छापाखाना (प्रेस) न हो, तब तक किस तरह से क्या कुछ कर पाओगे?"

"ग्रेट इण्डियन प्रेस के मालिक से बातचीत कर चुका हूँ। उन्होंने पत्रिका को समयानुसार प्रकाशित करते रहने की जिम्मेदारी स्वीकार कर ली है।"

"लेकिन प्रकाशित कर देने भर से ही तो काम नहीं चल जाएगा। उसे प्रचारित करने, बेचने-बेचवाने की व्यवस्था का भी तो सवाल है।"

"आजकल इस सबकी कोई असुविधा नहीं है। देख नहीं रहे हैं कि कितनी सारी पत्रिकाएँ प्रकाशित होती चली जा रही हैं।"

"हाँ, ठीक है। प्रकाशित हो रही हैं, मगर कितने दिनों तक जीवित रह पाती हैं? जो जमे-जमाये, नामी-गरामी प्रतिष्ठान हैं, उनके लिए यह सब करने में कोई विशेष असुविधा नहीं है। उन लोगों की अपनी सुनिश्चित और स्थायी प्रभाववाली वितरण-व्यवस्था है। माल भेज चुकने के बाद उसके मूल्य का पैसा वसूल होने में कोई कठिनाई उन्हें नहीं है। परन्तु ऐसी दशा में आप क्या करेंगे भला? बहुत करेंगे दुकान-दुकान दौड़-दौड़कर बेचने के लिए प्रतियाँ रख आएँगे, तो यही तो सोचेंगे कि वे आपका पैसा आप को दे देंगे। परन्तु यदि उन्होंने बेच लेने के बाद भी पैसा नहीं दिया तब?"

"देंगे भाई! देंगे, आप घबराते क्यों हैं?"

समझ गये कि अब मना करने से भी कोई लाभ नहीं। कलिता अपनी योजना पूरी करने को दृढ़प्रतिज्ञ हैं, अब टस-से-मस नहीं होंगे। भृगु चौधुरी के पास आने का उनका खास मतलब है कि अपनी पत्रिका के लिए उन्हें भृगु चौधुरी से एक धारावाहिक उपन्यास चाहिए।

"सो तो देना ही पड़ेगा। और किसी के लिए न सही, परन्तु मेरे लिए तो आपको एक उपन्यास रचकर देना ही पड़ेगा।"

"मैं रचकर दूँगा उपन्यास? मैं भला···।"

"आप तो पहले बहुत सुन्दर लिखते थे भाई! अब उपन्यास रचना क्या बन्द कर दिया? अरे अगर बन्द भी कर दिया हो, तो भी अब फिर से आरम्भ कीजिए।"

"अब रचना आरम्भ करने की बात कह भी दूँ तो क्या इतने से ही रच पा

सकूँगा? अरे अपने पास इस क्षेत्र का जो कुछ मूलधन था, वह तो जाने कभी का खत्म हो चुका। और मान लो कि मैं रच भी दूँ, लिखकर प्रकाशित भी करवा दूँ, तो आजकल के आदमी तो मेरी रचना पढ़ने से रहे।"

"क्या कहते हैं आप? क्या मैं आजकल के लेखकों की कहानियाँ या उनके उपन्यास पढ़ता नहीं हूँ। आज के लेखक भी पहले के लेखकों जैसे ही हैं।"

अब तो फिर बचने का कोई उपाय ही नहीं। यह एक बहुत पुराने समय से चला आ रहा अभियोग है। कहानी-उपन्यास जो पहले रच दिये गये, लिखकर प्रकाशित कर दिये गये, सो हो गये। जो वे बन गये, अपनी जगह सर्वोत्तम बन गये। आजकल कोई नयी अच्छी, सार्थक रचना बन नहीं सकी। सबसे पहली बात यह कि कालजयी श्रेणी की साहित्यिक रचना हजारों-हजारों की संख्या में कहीं भी रची नहीं जा रहीं। भृगु चौधुरी का मन हुआ कि उनसे पूछें कि पहले के जमाने में ही भला कौन-सी कालजयी साहित्यिक रचना रची गयी? जरा कुछेक का नाम तो गिनाएँ। परन्तु पूछने से भी कोई लाभ नहीं। यह सब तो अपने-अपने मानने, अपने विश्वास करने की बात है। अच्छी तरह से सोच-विचारकर, गम्भीरतापूर्वक विचार-विश्लेषण करके कही जानेवाली बात नहीं है।

रजत कलिता ने फिर सकुचाते-सकुचाते जैसे उपसंहार किया, "इसका मतलब कि तब आप एक उपन्यास रचकर मुझे देंगे। तो फिर बतलाएँ कि उसे लेने के लिए मैं दुबारा कब आऊँ? जो कुछ सम्मानार्थ पत्रं-पुष्पं हो सकेगा सो…"

"अरे नहीं, नहीं। वैसी कोई बात नहीं है। देखता हूँ कि क्या कुछ कर पाता हूँ।"

"देखने-वेखने की बात नहीं, देनी ही पड़ेगी। मैं अपनी पत्रिका के इसी अंक में विज्ञापन देकर इस सम्बन्ध में सभी को जना दूँगा।"

3

"जरा इस बूढ़े को तो देखो। चौबीसों घण्टे इसी बरामदे में बैठे-बैठे रास्ते की ओर टकटकी लगाये देखता ही रहता है। कौन किधर गया, किस घर में प्रवेश किया, कौन किसके साथ गया, यही सब बड़े गौर से देखता-परखता रहता है।"

भृगु चौधुरी के घर के सामने के रास्ते से गुजरते हुए मिनती ने सत्यजित के कान में फुसफुसाकर जो यह बात कही; वस्तुतः वह पूरी तरह सत्य नहीं है। वास्तविक बात यह है कि चौधुरी अपने बरामदे में बैठे-बैठे सामने की सड़क पर आँखें टिकाये लगातार देखते तो रहते हैं परन्तु उनकी आँखों में वहाँ का कोई भी दृश्य समा नहीं पाता, वहाँ का कुछ भी वे देख नहीं पाते। भीतर की बात यह है कि उनकी दृष्टि तो बीते हुए जमाने की किसी एक घटना पर जाकर जमी रहती है, सो वर्तमान के दृश्यों पर ध्यान जा ही नहीं पाता, फिर देखेंगे भला क्या? रजत कलिता ने ठीक ही कहा था। आज से बहुत समय पहले चौधुरी कहानियाँ लिखा करते थे। एक विशेष वर्ग के पाठक उनकी कहानियों को बड़े चाव से पढ़ते थे और हृदय से उनकी प्रशंसा भी करते थे। परन्तु अब जमाना बहुत बदल गया है। आज के प्रकाशक, सम्पादक उनकी कहानियाँ प्रकाशनार्थ नहीं माँगते, और स्वयं चौधुरी भी अब कुछ नहीं लिखते। अब कलिता जो उनकी रचना माँग रहे हैं तो इसके पीछे भी मूल कारण यही है कि कलिताजी भी उसी पुराने जमाने के आदमी हैं। वर्तमान जगत् से चौधुरी का कोई सम्पर्क नहीं रह गया है। अतः यदि कुछ लिखना ही पड़ा, तो उस गुजरे हुए जमाने, उस बीते हुए अतीत की ही कोई घटना लेकर लिखना पड़ेगा। वैसे चौधुरी ने जब ध्यान देकर विचार किया तो आश्चर्यचकित हो अनुभव किया कि अतीत की घटनाओं के स्वरूप भी अब काफी कुछ बदल गये हैं। पुराना दृश्यपट अब ठीक वैसा-का-वैसा बना नहीं रहा, उसमें बहुत सारे परिवर्तन हो गये हैं। प्राकृतिक नियम के अनुरूप ही उसमें भी कहीं काफी कुछ बढ़ोतरी हो गयी है तो कहीं बहुत सारा अंश विलुप्त भी हो गया है। बहुत सारी ऐसी बातें उसमें जा घुसी हैं, जो उसमें थीं ही नहीं और बहुत सारे ऐसे तथ्य, जो तब सचमुच ही घटे थे, अब उसमें रहे ही नहीं। कहीं गायब हो गये हैं। इतने दिन जो बीच में गुजर गये, तो उन घटनाओं के रूप आज तक आते-आते बहुत कुछ विकृत हो गये हैं।

ऐसे ही देखते-देखते उन्होंने अपने आपको नीला के साथ एक चाँदी से चमकते झरने के किनारे खड़ा देखा। नीला के संग-संग उल्लासपूर्वक गुजरता हुआ वह दृश्य इतना स्पष्ट है कि जिस पहाड़ी घाटी में स्थित उस झरने के किनारे वे विहार कर रहे हैं, उसके आस-पास के पत्थरों की आकृति उनकी आँखों के सामने बिलकुल साफ-साफ दिखाई पड़ रही है। देवदारु के घने वृक्षों के बीच से घर्षण करती हुई हवा अपनी सरसराहट की ध्वनि को झरने के गिरने की आवाज में मिलाते हुए एक अपूर्व और अविछिन्न संगीत का निर्माण करती जा रही है। परन्तु ध्यान लगाकर इस पर सोचने पर ज्ञात होता है कि अरे यह तो बिलकुल असम्भव दृश्य है। क्योंकि नीला के संग अकेले-अकेले किसी झरने के किनारे की क्या कहें, वे अकेले में उसके साथ तो कहीं भी नहीं गये थे। इस तरह उसे साथ लेकर जाने का सवाल ही नहीं उठता। ऐसी दशा में ऐसा दृश्य फिर क्यों दिखाई पड़ता है? अलग-अलग तरह के कई एक

दृश्य एक-दूसरे पर चढ़-सँवरकर एक मनोहारी सुन्दर दृश्य का निर्माण कर देते हैं क्या? अथवा जो घटनाएँ वास्तव में घटी हैं, उनमें ऐसी घटनाओं का मेल हो जाता है जो कभी घटी तो नहीं थीं, किन्तु जिनके घटने की कल्पना थी। सो यथार्थ और कल्पना के मिश्रण से ऐसे विचित्र दृश्य बन जाते हैं। ऐसी मिश्रित दृश्यावली में कौन-सा अंश यथार्थ है और कौन-सा कल्पना से रचा हुआ है? इस हर एक दृश्य को अलग-अलग कर समझ पाना बड़ा मुश्किल है।

चौधुरी बड़ी एकाग्रता से ऐसे ही मनोरम मिश्रित दृश्यों की ओर टकटकी लगाये देखते रहते हैं। जब कि उनके इस तरह घूर-घूर कर देखते रहने को लक्ष्य कर दूसरे लोग सोचते हैं कि वे उन्हें ही घूरते रहते हैं।

सत्यजित के साथ जाते हुए मिनती जब देखती है कि चौधुरी सड़क की ओर उसे ही लगातार घूर-घूरकर देखते जा रहे हैं तो उसे बहुत परेशानी होती है। उसे चौधुरी पर भयानक गुस्सा आ जाता है। यहाँ तक कि वह चौधुरी को आदरपूर्वक चाचाजी कहना तक भूल जाती है। "देखो तो इस बुड्ढे को। जाने क्या हो गया है इसे? कौन किसके घर आया? कौन किसके साथ कहाँ जा रहा है? इस सबकी ओर टकटकी लगाये देखते रहने की तुम्हें भला क्या जरूरत?" भारी गुस्सा उमड़ आता है मिनती को।

भृगु चौधुरी की दृष्टि उस गुजरे जमाने के दृश्यों की ओर लगी ही रहती है। उनकी इस दृष्टि की सीमा कहाँ तक फैली हुई है? प्रागैतिहासिक युग में अग्निकुण्ड के चारों ओर उद्दाम नृत्य कर रहे लोगों की ओर देखते-देखते क्या वे उन्मत्त हो उठे हैं? एकाएक उनकी दृष्टि एक क्षण में स्थिर हो गयी।

भूडोल से धरती भर ही नहीं काँपी थी, बल्कि उनके विश्वास की आधारशिला भी डगमगा उठी थी। रात में जो प्रलयकारी भूकम्प आया था, उससे रात के अन्तिम पहरों में उन्हें उठा-पठाकर घर के बाहर ला रखा गया था। चूँकि अभी तक बाहर घना अँधेरा था अतः हाथ को हाथ नहीं सूझ रहा था। अब तक की स्थिति यह थी कि जहाँ किसी भारी आफत-विपद् की सम्भावना हुई नहीं कि दौड़कर घर के भीतर जाकर शरण लेते थे, परन्तु उस दिन भूकम्प का जो भयानक हादसा हुआ तो सारे-के-सारे लोग घरों से बाहर भागकर उन्मुक्त आकाश के नीचे आ जमा हुए थे। उनका तो होश ही ठिकाने नहीं था, अर्धचेतन अवस्था में वे नौकर की गोद में पड़े थे। जो जोरों की कँपकँपी महसूस हो रही थी, वह उस घरेलू नौकर श्यामा के डर के मारे काँपते रहने से हो रही थी अथवा पृथ्वी के काँपने के कारण हो रही थी? वे कुछ ठीक-ठीक समझ नहीं सके थे। चारों ओर एक भयानक सन्त्रास का गाढ़ा वातावरण फैला था। बचपन के उन दिनों में वे तो यही समझते थे कि उनके पिताजी और चाचाजी इतने महान् बलशाली हैं कि तमाम आपदाओं से उनकी रक्षा कर सकते हैं, यहाँ तक कि अत्यन्त बीभत्स और क्रूर दैत्यों और राक्षसों से भी वे सब उनकी

रक्षा कर सकते हैं। परन्तु उस डरावनी रात में आये भूकम्प की वेला में तो पिताजी और चाचाजी भी डर के मारे रह-रहकर चीख उठते थे, "हे राम, रक्षा करो प्रभु! हे हरि, प्राण बचाओ।"

सन् 1930 के उस भूकम्प में चौधुरी के परिवार में बहुत अधिक नुकसान हुआ था। उनके मकान के पिछवाड़े एक बड़ा-सा कुआँ था। उसकी गोलाई के घेरे का व्यास कम-से-कम छह फुट था। चारों ओर की गोलाई की दीवार दस इंची पक्के ईंटों से बनी थी। किन्तु इतने मजबूत और गहरे कुएँ की दशा उस रात ऐसी हो गयी कि कुएँ के अतल तल से बालू का ऐसा ज्वार ऊपर उछल आया कि कम-से-कम पचास फुट ऊँचा पानी का खम्भा-सा खड़ा हो गया। इस अभूतपूर्व दृश्य को देख उनकी माँ बेहोश-सी होकर पथरायी आँखों से टकटकी लगाये देखती-सी भौचक्की रह गयी थीं। उनकी ऐसी चेतनाशून्य-सी दशा देख चौधुरी के पिताजी उन्हें जबरदस्ती गोदी में उठाकर बाहर ले आये थे। चारों ओर 'हरि बोल, बोल हरि, हे परमात्मा, रक्षा करो' की करुण पुकारें उठने लगी थीं।

कुआँ तो पूरी तरह नष्ट ही हो गया था। पशुओं को बाँधने की जो गोशाला थी उसके पास कई जगह धरती फट गयी थी, जिसमें से नीचे से बालू का पहाड़-सा बाहर निकल आया था, जिससे घर के पीछे का सारा-का-सारा मैदान बालू से पट गया था। चौधुरी तब सब-कुछ समझ गये थे, यह कहना तो गलत होगा। क्योंकि इस तरह का ज्ञान कोशिश करके अपनी बुद्धि के भरोसे नहीं पाया जा सकता। बल्कि वह तो अपने आप मान के भीतर अंकुरित हो उठता है। इस विराट पृथ्वी के एक कोने में अपनी भावनाओं के अनुरूप अपना एक अलग छोटा-सा संसार गढ़कर उसमें ही परमानन्दपूर्वक, बाधा-विपत्ति से सर्वथा मुक्त रहकर जीवन जीने का विचार मनुष्य करते हैं। अपनी भावनाओं के प्रवाह में आदमी सोचता है कि उसकी उस बसी-बसायी पृथ्वी को कोई भूचाल हिला नहीं सकता। परन्तु अन्ततः जो परिणाम सामने आते हैं, उनसे सिद्ध होता है कि उसका ऐसा विश्वास क्षणभर में टूटकर चकनाचूर हो गया है। इस तरह की आशा अत्यन्त ही क्षणस्थायी होती है, जरा-सी ठेस लगी नहीं कि सब-कुछ टूटकर बिखर गया। पहले से कोई भी सूचना दिये बगैर ही कब भूचाल आ जाएगा? कह नहीं सकते। मनुष्य इन विध्वंसों के कारण सब-कुछ नष्ट-भ्रष्ट हो जाने पर फिर उन्हें नये सिरे से समतल कर, साफ-सुथरा कर, ठीक-ठाक से सजाने-धजाने की कोशिश करता है। उस भूचाल में चौधुरी का कुआँ तो नष्ट हो ही गया था, सो पानी पीने का कोई साधन रहा नहीं, अतएव कँहारों से काँवर के सहारे नदी का पानी मँगवाकर कई दिनों तक काम चलाना पड़ा था। कुछ ही दिनों में बालू को खन-खोदकर हटाकर उस पुराने कुएँ को ही ठीक-ठाक कर लिया गया। वैसे हर सम्भव कोशिश करने पर भी पहले जैसा तो हुआ नहीं। इसी तरह बिना कोई पूर्व-सूचना दिये ही एक दिन भृगु चौधुरी के पिताजी की भी मृत्यु हो गयी। बस एक दिन साँझ की वेला में

उन्होंने इतना भर कहा था कि आज तबीयत कुछ ठीक नहीं लग रही। परन्तु फिर जाने क्या हुआ कि हर सम्भव कोशिश करने पर भी उन्हें बचाया नहीं जा सका। रात भर के अन्दर ही सब-कुछ समाप्त हो गया। अब यह भी एक भूचाल नहीं है तो फिर क्या है?

भृगु चौधुरी स्वभाव से ही एक उत्तरदायित्वशील बच्चे थे। बहुत समझबूझकर, आगा-पीछा सोचकर ही आगे कदम बढ़ाते थे। वे अच्छी तरह समझ चुके थे कि अब उनके घर-परिवार की दशा अच्छी नहीं रह गयी है। परन्तु वह कितनी अधिक खराब हो चुकी है? इसकी सही-सही जानकारी उन्हें तब भी नहीं थी। स्वर्गीय पिताजी परिवार के लिए क्या कुछ छोड़ गये हैं। ये वे नहीं जानते थे और न तो इस सम्बन्ध में माँ ने उन्हें कुछ बतलाया ही था। कपड़ों की धुलाई करके, ढेंकी से धान कूटकर चावल बना-बनाकर उसकी आमदनी से माँ उनकी पढ़ाई का खर्च चला रही थीं। जब उन्होंने बहुत अच्छी श्रेणी में एम.ए. परीक्षा उत्तीर्ण कर ली तो उसके कुछ दिनों बाद ही माँ का भी स्वर्गवास हो गया। ऐसा लगा जैसे बस इसी काम के लिए वे ठहरी हुई थीं, यानी कि उन्हें जो कुछ करना था, उसे वे पूरा कर चुकीं। अब आगे कुछ करने को जब बाकी ही न रहा तो भला क्यों रुकें? सो आँखें मूँद लीं। इस तरह अचानक चले जाने पर माँ के प्रति उनके मन में जो नाराजगी उपजी थी, वह अभी आजतक खत्म नहीं हुई। अरे अगर कुछ वर्ष और जीती रह गयी होतीं तो भला क्या बिगड़ जाता? जब कभी आनन्द-उल्लास का कोई बड़ा समारोह होता है तो उसी बीच अचानक ही माँ का अनाहार से दुर्बल भूखा-दूखा पिचका मुँह उनकी आँखों के सामने कौंध उठता है। उन्हें लगता है जैसे अपने आपको नाना दुःख-दर्दों में ढकेलकर सारी सुख-सुविधा से स्वयं वंचित रहकर माँ ने बड़े कठोर हृदय से अपने बेटे चौधुरी के लिए ऐसे साधन जुटा दिये, जिससे चौधुरी की जीवन-यात्रा बड़े आराम से आगे बढ़ती चली जाए। प्रायः ही जब कभी उधर से गाड़ी से यात्रा करते हुए गुजरते हैं तो बहुत पहले का देखा हुआ वह दृश्य अभी भी आँखों के सामने प्रत्यक्ष हो उठता है कि नीलांचल पहाड़ी की खड़ी चढ़ाई पर चढ़ते हुए, माँ कामाख्या के दर्शन के लिए जाती हुई माँ, थकावट से चूर-चूर होने पर भी मन्दिर की ओर ऊपर चढ़ती ही चली जा रही हैं। थोड़ी देर बाद वे फिर देखते हैं कि थकान से बेहद परेशान हो वे थकान दूर करने के लिए आँचल से मुँह का पसीना पोंछ रही हैं।

4

आयु बढ़ते रहने के साथ-साथ भृगु चौधुरी में विश्वास का बाँध और दृढ़ होते रहना चाहिए था। परन्तु हुआ उलटा ही। जैसे-जैसे वे अवस्था में बड़े होते गये, बुढ़ाते गये, वैसे-वैसे उनके मन में शंका-आशंका की चकाचौंध ही बढ़ती गयी। किसी सिद्धान्त पर भरपूर आस्था रख ही नहीं सके। सारे विश्वास डगमगाते रहे। किसी विश्वास के किसी एक विशेष पक्ष को मजबूती से पकड़े रहने के लिए एक प्रकार की मानसिक पवित्रता की आवश्यकता होती है। तो फिर क्या उनमें वह पवित्रता नहीं है? छितरे-छितराये नाना छिट-पुट रूपों में नाना प्रकार की बातें मन में उभरने लगी हैं। अब अगर कोई इन्हीं यादगारों को एक कालक्रम शृंखला में सजा-सँवार ले तो अपने आपको कुछ अधिक मात्रा में ठीक-ठाक समझ सकता है। जो जीवन बीत गया, उसे उस दौर से अलग कर उठा लाने से उसकी फिर क्या सत्ता रह जाती है। उनका जन्म होना, फिर बचपन बीतना, शिक्षा-दीक्षा प्राप्त करना, नाना तरह की घटनाओं के उत्थान-पतन के साथ ऊपर उठना, नीचे गिरना, संघर्षों में पड़कर भटकना, नाना प्रकार के मनुष्यों के निकट सम्पर्क में आना आदि जो ये नाना प्रकार के जीवन के घात-प्रतिघात हैं, उन्हीं के मिले-जुले परिणाम को लेकर ही तो है यह आज का भृगु चौधुरी। उस बीते हुए समय से काटकर अगर उसे अलग कर दें तो फिर उनका कोई अस्तित्व ही नहीं रह जाएगा।

भृगु चौधुरी की आँखों के सामने एकाएक एक झुण्ड हाथियों की तस्वीर झिलमिला उठी। वैसे कोई जंगली हाथियों का बेमेल झुण्ड नहीं बल्कि इलाके के सबसे बड़े जागीरदार, जो एक तरह से राजा ही थे, के हाथियों की तस्वीर जो एक पंक्ति में बड़ी शालीनता से झूमते हुए चल रहे हैं। प्रत्येक हाथी की पीठ पर पहाड़- जैसा बड़ा हौदा कसा है। जिस रास्ते से वे गुजर रहे हैं, उसमें आगे चलकर जहाँ बलभद्र वैद्य का मकान पड़ता है, उसके सामने का रास्ता बरसात के पानी से कीचड़-काँदों से लबालब भरा रहता है। उसी रास्ते से इतने सारे हाथी प्रायः ही आते-जाते रहते हैं। इसके कारण उस रास्ते की दशा और भी चिन्ताजनक हो जाती है। भृगु चौधुरी और उनके साथी-संगी उसी रास्ते से अपनी पाठशाला में पढ़ने जाते थे। पैदल-पैदल कितना भी सँभलकर जाएँ, घुटने तक पैर कीचड़ में फँस ही जाता है। सो ऐसे रास्ते पर इन हाथियों की कतारें चलती चली जाती थीं। दरअसल, ये हाथी सब उस एक विशेष युग के प्रतीक थे। आज के इस एटम बम के युग में जैसे घोड़ा और तलवार एक वीर के रोमांचक प्रतीक हैं, उसी तरह मोटर, जीप और ट्रकों के इस जमाने में हाथी पुराने आडम्बर और चकाचौंध-भरे जीवन और इतिहास का प्रतीक है। वैसे अभी आज भी हाथी, घोड़ों का व्यवहार प्रतीक के रूप में जरूर किया जाता है। किन्तु भृगु

चौधुरी के लिए वे केवल प्रतीक भर ही नहीं हैं। भृगु चौधुरी के मन में अभी इस उम्र में भी हाथी-घोड़े के जीवन्त रूप के प्रति कुछ दुर्बलता है। वस्तुतः यह पुराने जमाने का भग्नावशेष ही है। यही वह विशेष कारण है जिससे वे हुसैन के बनाये घोड़ों के चित्रों को इतना अधिक हसरतभरी निगाहों से देखते हैं।

जब वे जालुकबारी (गुवाहाटी से पश्चिमोत्तर में ब्रह्मपुत्र महानद के पास का पहाड़ों-जंगलों का इलाका, वैसे अब वह भी काट-कूटकर समतल कर दिया गया है और गुवाहाटी विश्वविद्यालय वहीं बना दिया गया है।) की ओर रह रहे थे, तो एक दिन एक जंगली हाथी अपने दल से बिछुड़कर उधर मैदान की ओर आ गया था। उस दिन की सारी-की-सारी रात वह हाथी चीखता-चिल्लाता रहा था। उसकी चिंघाड़ में भी एक बेबस करुण रुलाई-सी सुनाई पड़ती थी। उनके जंगली वास के इलाके में मनुष्यों का ऐसा आक्रमण जैसा विस्तार, जिसे ये मूक जानवर रोक पाने में असमर्थ हो गये थे, कटते-कटते जंगल के घेरे का संकुचित होते जाना, उनके रहने, सुरक्षा पाने का ठाँव न बच पाना जैसी ऐसी अनहोनी बातें हो गयी थीं, सम्भवतः इन्हीं सब वजहों ने उसे हैरान-परेशान कर दिया था।

अब हालत ऐसी आन पड़ी है कि भृगु चौधुरी की भी अवस्था ठीक उसी दलच्युत हाथी जैसी ही बेबस और कातर हो गयी है। पुराने आदर्शों और विश्वासों पर निस्सार ऐसे आक्रमण होते रहे हैं, वे सब तो टूट-टूटकर चकनाचूर हो गये और उधर जो नये आदर्श और विश्वास आयातित हुए हैं या नयी परिस्थितियों में उपजे-पनपे हैं, उन्हें आगे बढ़कर गले से लगा नहीं पाये, उनके अनुरूप अपने को ढाल नहीं पाये। परिणाम यह है कि अब वे अपने आपको निपट अकेला और असहाय, लाचार महसूस करते हैं। किसी एक आदर्श और विश्वास को मजबूती से पकड़े रहकर जीवन बिताते रह सकना सौभाग्य की बात है। यौवन और किशोर वय की अवस्था की बात तो और है मगर आगे चलकर किसी भी एक राजनीतिक पार्टी को वे पूरी तरह समर्थन नहीं दे पाये। वैसे कुछ राजनीतिक दल ऐसे हैं जिनके कुछ मतों-आदर्शों को वे हृदय से समर्थन देते हैं परन्तु उन्हीं के कुछ मतादर्श ऐसे भी हैं जिन्हें वे कतई पसन्द नहीं करते। अब किसी ऐसे राजनीतिक दल के मतादर्शों को पूरी-की-पूरी तरह स्वीकार करने का मतलब है कि आप अपने मतादर्शों, अपने विचार-विवेचना की शक्तियों को पूरी तरह खत्म कर दें। यदि ऐसा हो तब तो उस राजनीतिक दल के लाभ के लिए अथवा उस दल के नाम पर किये गये सभी अनाचारों-भ्रष्टाचारों, यहाँ तक कि हत्या तक का समर्थन करना पड़ेगा। अपने विचारों, अपनी विवेचना शक्ति को मानते रहने के कारण वे किसी एक दल का पूरा समर्थन नहीं कर पाते परन्तु इसका परिणाम यह है कि हर एक राजनीतिक दल और उसके सदस्य उन्हें बड़ी शंका की निगाह से देखते हैं।

“कहिए, चौधुरीजी! सब कुशल-मंगल तो है न?”

"आइए, आइए राजखोवाजी, आइए! कहिए, कैसे आना हुआ?"

"आप ही बतलाइए न, क्या कर रहे हैं?"

"अरे अब करूँगा क्या? यूँ ही बैठा हुआ हूँ।"

"आप भी खूब हैं। यूँ ही बेकार बैठे रहने की बेबसी भी क्या है? मैं तो कितने दिनों से कहता आ रहा हूँ कि मेरा अपना होकर कुछ काम कर दीजिए। व्यर्थ में समय क्यों गँवा रहे हैं।"

"अरे भाई! अब इस बूढ़ी अवस्था में भला क्या काम कर पाऊँगा?"

"अब यह उम्र-अवस्था की बात ही कहाँ उठती है? इसे लेकर क्या करना है। आप से कोई दौड़ने-भागने का काम करने को कह रहा हूँ क्या?"

भुवन राजखोवाजी एक खास किस्म के आदमी हैं। वे इस बात में गहरा विश्वास रखते हैं कि भारतवर्ष की उन्नति केवल बस हिन्दू संस्कृति के सहारे ही हो सकती है। अतएव अन्य तमाम दूसरे सम्प्रदायों के प्रति उनके मन में सीमातीत घृणा है। उनकी बात उठते ही नाक-भौं सिकोड़कर बोल पड़ते हैं—

"अरे उन सबों की तो बात ही न करें! उनमें सभ्यता-संस्कृति नाम की तो कोई चीज रंच मात्र भी नहीं है। अब आपको मैं क्या बतलाऊँ। इतिहास की कोई भी किताब पढ़ लें, अपने आप ही आपको सब-कुछ समझ में आ जाएगा। अरे, अपने बाप का कत्ल कर-करके राजगद्दी पर बैठने का इन मुसलमान राजाओं का तो परम्परा से चला आता नियम ही था।"

उनकी ऐसी बात सुनकर भी चौधुरी चुप ही रहे। बस, जरा-सा मुसकरा भर दिये। फिर क्या था, राजखोवाजी भभक उठे।

"सच्ची बात सुनकर भी आप हँसी-ठिठोली कर रहे हैं। इसे यूँ ही टाल देना चाहते हैं?"

"नहीं बड़े भाई! ऐसी बात नहीं। दरअसल, इतिहास तो ऐसी चीज है कि इसे जो आदमी जैसी दृष्टि से देखना चाहेगा, वैसा ही देखेगा, जो चीज इसमें ढूँढ़ना चाहेगा, उसे ही ढूँढ़ निकालेगा।"

"अच्छा, तो अब आपके विचार से इतिहास भी झूठा है कि मनमानी घटनाओं के झूठ का पुलिन्दा-भर है इतिहास!"

"मैंने ऐसा कब कहा? भला इतिहास क्यों झूठा होगा? अब मध्ययुगीन भारत में कोई बहुत बड़े विख्यात राजा तो थे नहीं। मगर उससे पहले के जो प्राचीन भारत के राजाओं का इतिहास है, वह भी आपकी इस बात का समर्थन नहीं करता।"

"अच्छा! मेरी बात का समर्थन भारतीय इतिहास नहीं करता! जरा एक भी ऐसा उदाहरण तो दें।"

"आपकी जब ऐसी ही इच्छा है तो सुनें। राजा बिम्बसार को बन्दी बनाकर, कैदखाने में रखकर भी भोजन न देकर भूख से तड़पा-तड़पाकर मार डाला था उसके

अपने ही पुत्र अजातशत्रु ने। फिर अजातशत्रु की हत्या कर डाली थी उसके पुत्र उदयभद्र ने। उदयभद्र की हत्या की थी उसके पुत्र अनुरुद्ध ने। राजा अनुरुद्ध को निर्ममता से मार डाला था उसके पुत्र मुण्डा ने। मुण्डा का कत्ल किया था उसके पुत्र नागदशक ने और···।"

चौधुरी अभी अपनी बात पूरी भी नहीं कर पाये थे कि मारे क्रोध के हड़बड़ाकर राजखोवाजी उठ खड़े हुए और उनकी ओर देखे बिना ही तेज कदमों से विदा हो गये।

अब इस तरह के बात-व्यवहार से गलती तो चौधुरी की ही है। बात चाहे भले ही सोलहों आने सच हो फिर भी इस सच्चे तर्क के आधार पर लोगों के मन में जड़ जमाये हुए विश्वास को बदलने की चेष्टा तो बेकार ही है। कौन विश्वास करना चाहेगा ऐसे सत्य पर। किसी एक ग्रन्थ में पढ़ी हुई एक सूक्ति उन्हें अचानक ही याद आ गयी : "सत्य वही है जिसे एक व्यक्ति वस्तुतः विश्वास करना चाहता है।"

5

रजत कलिता ने जब उनसे लिखने का प्रस्ताव किया, तो भृगु चौधुरी मुँह से चाहे जितना भी नाहीं-नुकुर करते रहे हों, मन-ही-मन वे बहुत प्रसन्न हुए थे। अब यह तो मानी हुई बात है कि एक जमाने में वे अच्छी कहानियाँ लिखते थे। यह बात और है कि कुछ वर्षों तक लिखते रहने के बाद फिर अचानक ही उन्होंने लिखना बन्द कर दिया। वैसे इसमें कोई आश्चर्य करने जैसी बात नहीं है। वस्तुतः लोगों के साथ उनके सम्पर्क धीरे-धीरे कटते चले गये थे। इसके अतिरिक्त असमिया मानव समाज के जीवन में विचित्रताओं का अभाव है। इस समाज में लिखते भी कौन लोग हैं? पढ़ानेवाले अध्यापक लोग अथवा दूसरे सरकारी अफसर लोग। ये लोग भी बस थोड़े समय तक ही ठीक-ठाक लिखते हैं फिर एक निश्चित वृत्त की परिधि में ही चक्कर लगाने लगते हैं। विभिन्न सरकारी या शैक्षिक कर्मचारियों की कालोनियों के आवासगृह या क्वार्टर जैसे एक ही तरह के होते हैं, उनमें निवास करनेवाले मनुष्य भी कुछ दिनों बाद एक ही जैसे हो जाते हैं। ऐसी समान स्थिति आ बनती है कि अगर किसी ने मिस्टर एक्स का जीवन-वृत्तान्त ठीक से लिख दिया और फिर उन्हें मिस्टर वाई का जीवन-वृत्तान्त लिखना हो तो अलग से और कुछ लिखने की जरूरत नहीं, बस जहाँ-जहाँ मिस्टर एक्स लिखा है वहाँ-वहाँ मिस्टर वाई लिख देने भर से ही वह मिस्टर

वाई का जीवन-वृत्तान्त हो जाएगा। मानव-समाज के स्वाभाविक सम्बन्ध से विच्छिन्न हो जाने पर, केवल काल्पनिक जगत् में निवास कर एमिलि ब्रन्त जैसा श्रेष्ठ रचनाकार भी बस केवल एक ही श्रेष्ठ उपन्यास लिख पाया।

अभी दो दिन पहले की ही तो बात है, भृगु चौधुरी एक दृश्य देखकर अत्यन्त आतंकित हो उठे थे। दृश्य क्या था कि जिसकी कल्पना भी मुश्किल। यानी कि प्रताप पाठक जैसा वयस्क और अनुभवी व्यक्ति अपने घर के बरामदे में खड़े होकर मुख्य सड़क की ओर मुँह कर खुलेआम पेशाब कर रहा है। जबकि उस सड़क पर अनगिनत आदमी बराबर आ-जा रहे हैं और उनके इस नग्न व्यवहार को देख रहे हैं। चौधुरी जब करीब पहुँचे तो यह सोचकर कि कहीं प्रताप पाठक की नजरों से नजरें न मिल जाएँ, उन्होंने अपना मुँह दूसरी ओर घुमा लिया। वैसे उन्होंने महसूस किया कि इस तरह नजरें चुराने की भी कोई जरूरत नहीं थी क्योंकि प्रताप पाठक को इस सबकी कोई फिक्र ही नहीं। वे इस तरह की लाजो-हया से बिलकुल निर्विकार हो चुके हैं। पेशाब करना पूरा कर अपने दाहिने हाथ से जननेन्द्रिय को पकड़कर बड़े जोर से देर तक हिलाते रहने के बाद पाठक बिना किसी परवाह के आराम से फिर अपने घर के अन्दर चले गये। उनके घर का वह बरामदा मुख्य सड़क के बिलकुल किनारे पर ही है सटा हुआ। अगर वे सज्जन दिमाग से कुछ ढीले होते, पागल-वागल होते तो ऐसे आचरण पर भी कहा जाता कि चलो कोई बात नहीं परन्तु वे सज्जन तो दिल-दिमाग दोनों से पूरी तरह दुरुस्त हैं। सभ्य-सुशिक्षित हैं। रिटायर हो गये हैं तो सिटी बस से यात्रा कर ट्रेजरी ऑफिस तक बराबर ही अपनी पेंशन के रुपये लेने जाते हैं अकेले-अकेले ही। नियमपूर्वक सुबह-शाम थैला लेकर बाजार जाते हैं, आवश्यक सामान खरीद लाते हैं, डाक घर में जाकर चिट्ठी छोड़ते हैं, रजिस्ट्री कर आते हैं। मनुष्यों के साथ निकट सम्बन्ध न रह जाने से ऐसा होता है। तब दूसरे मनुष्यों के अस्तित्व की बात ही वे भुला बैठते हैं। भृगु चौधुरी के मन में संशय पैदा हो गया। उनका अपना निजी आचरण सहज स्वाभाविक तो है न?

पहले के दिनों में चौधुरी का सम्पर्क अन्यान्य लोगों के साथ खासा अच्छा था। वे अपनी मनमौज के मुताबिक खूब घूमते-फिरते रहते थे। सन् उन्नीस सौ चौवन (1954) में जब प्रयाग में महाकुम्भ मेला लगा था, तो उसके अन्तिम चरणों में एकाएक उनका मन मेले में जाने का हुआ। और जब बात मन में आ गयी, तब फिर उसके अलावा और कुछ क्या होता? सो प्रयागराज के लिए तुरन्त चल पड़े। हाँ, यह जरूर है कि तीर्थराज प्रयाग में लगे इस महाकुम्भ मेले में जाकर पुण्य अर्जित करने का उनका कोई मन नहीं था। उनके अन्तर का भाव यह था कि इस कुम्भ पर्व पर चूँकि कोई ऐसा योग पड़ा हुआ है जैसा पूरे डेढ़ सौ वर्ष बाद बस एक बार आता है तो इस शुभ पर्व पर केवल भारतवर्ष के ही नहीं बल्कि सारे संसार से लोग इकट्ठे होंगे। भिन्न-भिन्न देशों के तमाम सारे लोग आखिर किस आकर्षण से खिंचकर वहाँ

आएँगे? आखिर वह कौन-सी बात है जिसके लिए अत्यन्त बूढ़ी स्त्रियाँ भी, जो ठीक ढंग से खड़ी होकर चल-फिर नहीं सकतीं, वे भी घिसटते-घिसटते चली आती हैं? ऐसी शक्तिहीन लाचार बूढ़ी माताओं के मन की बात भृगु चौधुरी कुछ समझ नहीं पा रहे थे, सो सोचा कि स्वयं वहाँ जाकर, सबके साथ उसमें भाग लेकर जरा देखें, समझें तो। परन्तु यात्रा आरम्भ करने में देर हो गयी थी अतः रेलगाड़ी से जाने पर मुख्य स्नान के दिन पहुँच पाना सम्भव नहीं हो सकेगा। अतः कलकत्ते तक चौधुरी हवाई जहाज से गये। उन दिनों कलकत्ते से डकोटा मालवाही विमान माल लेकर रूपसी हवाई अड्डे पर प्रायः आते थे। माल उतारकर जब वे कलकत्ता की ओर लौटती उड़ान भरते थे तो उनमें रखने को ज्यादा माल नहीं होता था अतः काफी जगह खाली बची रह जाती थी। अतः उन्हीं में कुछ कुरसियाँ फिट कर आदमियों के बैठने के आसन बना लिये जाते थे। एक ऐसा ही मालवाही विमान यहाँ आया हुआ था। ऐसे विमानों में यात्रा की सुविधा यह थी कि इनका किराया बहुत ही कम होता था। परन्तु जिन्हें हवाई जहाज में आराम से यात्रा करनी हो, उनके लिए इनमें सफर न करना ही अच्छा है। जिस दिन चौधुरी ने वह विमान पकड़कर कलकत्ते की यात्रा की, उस दिन उस विमान के मालवाले हिस्से में सुकठी-सूखी मछलियों के बोरे भरे थे। उनसे निकलनेवाली दुर्गन्ध इतनी असहनीय थी कि दम घुटा जा रहा था। परन्तु मात्र पचीस रुपये किराया चुकाकर आराम खोजने से कैसे चलेगा?

कलकत्ता पहुँचकर उन्होंने श्रीमती बरुआ से भेंट की। उनकी कोठी का दरबान रामलगन सिंह ऐसा महाप्रतापी है कि जो काम और किसी से न हो पाए, उसे भी वह चुटकी बजाते कर देता है, ऐसी उसकी प्रशंसा चारों ओर है। सो शाम के वक्त जो रेलगाड़ी इलाहाबाद के लिए रवाना होगी उसमें जगह पाने के लिए टिकट की जुगाड़ करने हेतु रामलगन को खुश करना होगा। इलाहाबाद जाने का अभिप्राय बतलाने पर श्रीमती बरुआ बहुत परेशान हुईं। इस यात्रा के लिए विशेष चिन्ता व्यक्त करते हुए वे कुछ खिन्न होते हुए बोलीं, "तू भी खूब है। एकदम से अन्तिम मुहूर्त में यात्रा करने का मन बनाया। अब इस भीड़-भक्कड़ में मान लो किसी तरह इलाहाबाद पहुँच भी गये तो वहाँ ठहरोगे भला कहाँ? कोई ठीक ठिकाने की जगह निश्चित कर रखी है?"

"अरे नहीं तो। ठहरने का क्या? कहीं भी ठहर जाऊँगा।"

"कहाँ ठहर जाओगे? इस मेले में कितने लोग इकट्ठे होंगे? इस सम्बन्ध में कुछ अनुमान भी है तुम्हें! अच्छा, जरा रुको। अरे हाँ, वहाँ माधवी तो है न! लो, माधवी को एक चिट्ठी लिख दे रही हूँ। जरूरत पड़ने पर उसी के यहाँ ठहर जाना। तनिक भी असुविधा नहीं होगी। बहुत लम्बी-चौड़ी कोठी है उसकी।"

मगर चौधुरी किसी अपरिचित महिला के घर पर भला क्यों ठहरेंगे? परन्तु उन्होंने सोचा कि अगर अभी मना कर देंगे तो श्रीमती बरुआ के मन को ठेस लगेगी, सो चिट्ठी हाथ में ले ली। मुख्य स्नान के दिन ही ठीक दुपहर को इलाहाबाद आ पहुँचे।

ट्रेन में कैसे यात्रा की, हावड़ा स्टेशन पर रेल के डिब्बे में कैसे चढ़ गये, इसे वे खुद ही नहीं बता सकते। अपार जनता की धक्कम-धुक्की में अपने आप ही डिब्बे के अन्दर ठुँस गये। भीड़ क्या थी, आदमियों का समुद्र ही उमड़ रहा था। हर एक स्टेशन पर वही उमड़ता जन-सागर, अन्धा और बहरा, न किसी की सुने, न किसी की हैरानी-परेशानी देखे। पैरों से बुरी तरह कुचल जाने पर कोई चीखता-चिल्लाता तो भी कोई वह चीख नहीं सुनता, न तो आँख उठाकर उसे देखता ही। पूरी यात्रा में न तो कहीं कोई पहाड़ दिखाई दिया, न नदी। केवल बस आदमी-ही-आदमी। जैसे मनुष्यों की धारा बही चली जा रही हो। और मनुष्यों की धारा भी कैसे कहें बल्कि मनुष्यों के पिण्ड की धारा कहना ही ठीक होगा। अलग-अलग रूप से किसी का भी हाथ, पैर, कान, आँख वगैरह जैसे रह ही नहीं गये थे, बल्कि सभी एक-दूसरे से सट-सिमटकर एकाकार हो गये थे। व्यक्तिवाचक की जगह बस जातिवाचक जीव विशेष ही रह गये थे।

मेले की भीड़ को नियन्त्रित करने और लोगों की सुविधा के लिए गंगा नदी पर जगह-जगह कई अस्थायी पुल बना दिये गये थे। उन्हीं में से किसी एक पुल को पारकर वे मेले की जगह की ओर चल पड़े। अब जो यहाँ आ ही गये हैं तो त्रिवेणी संगम पर एक डुबकी लगा लेना ही ठीक है। गंगा, यमुना और सरस्वती का पावन संगम-स्थल। सरस्वती को देखा तो नहीं जा सकता किन्तु लोक-विश्वास है कि धरती के नीचे-नीचे ही अदृश्य रहकर ही वह आकर इसी पावन स्थल पर इनसे संगम करती है।

“अरे, ओ भाई! इधर कहाँ जा रहे हो?” एक बूढ़े आदमी ने उन्हें झकझोर कर पूछा।

“यहाँ स्नान किस जगह होता है, वही जगह ढूँढ़ रहा हूँ। जरा मैं भी संगम में एक डुबकी लगा लूँ।”

“मरने का निश्चय कर लिया है क्या? अभी आज तड़के भोर में ही पैरों से कुचलकर कितने सारे लोग मर गये हैं, इसका कुछ अता-पता भी किया है? नहाने का घाट तो उस तरफ है, तुम उसे काफी पीछे छोड़ आये हो। वैसे अच्छा हो कि तुम घाट की ओर मत जाओ, बहुत अधिक फिसलन हो गयी है। एक बार को कहीं पाँव फिसला कि फिर रक्षा नहीं। जैसे ही नीचे गिरे कि ऊपर से आदमियों की भीड़ पैरों तले ऐसा रौंदेगी कि मर ही जाओगे। हिन्दुस्तान के आदमी लोभ-लाभ के लिए कोई भी पाप कर्म करने को आमादा रहते हैं। इस स्नान से पुण्यलाभ होगा पुण्य। तुम्हें भी पुण्य प्राप्त करने की इच्छा है?”

“नहीं, उस तरह का पुण्यलाभ करने का कोई लोभ तो मुझे नहीं है परन्तु देख रहा हूँ कि इतने सारे लोग यहाँ स्नान कर रहे हैं, तो देखना चाहता हूँ कि आज के इस पर्व पर यहाँ स्नान करने से कोई किसी अन्य निराले भाव का अनुभव होता है।”

"ठीक है भैया, जाओ, अनुभव करो।"

परन्तु इस बीच सामूहिक इच्छा के आगे उनकी अपनी व्यक्तिगत इच्छा बिलकुल अलग-थलग पड़ गयी है। अब तक दौड़ते-हाँफते जिस तरह स्नान करने के लिए बढ़ते चले जा रहे थे, अब ऐसा लगा कि उस तरह इसके लिए लालायित होने का तो कोई मतलब ही नहीं है।

कहीं तिल रखने भर का भी ठाँव नहीं। ठहरने की तो बात ही क्या? होटल, तम्बू, टेण्ट कहीं शरण लेने को जगह नहीं। रास्ते पर पाँव टिकाने को भी स्थान नहीं। साँझ-सवेरे के प्राकृतिक प्रयोजनों को कहीं निपटा सकने की तो बात ही दूर, कहीं क्षण भर बैठकर विश्राम कर सकने का भी कोई उपाय नहीं। फिर उस बूढ़े आदमी की सलाह मान वे अन्नपूर्णा नामक एक भोजनालय में पहुँचे और जैसे-तैसे थोड़ा कुछ खा-पी लिया। वैसे उसमें भी उसी तरह का भीड़-भक्कड़ था।

साँझ ढलने को है। कहाँ रुकेंगे। फिर? क्या करें। इसी तरह बराबर चक्कर लगाते ही तो नहीं रह सकते। श्रीमती बरुआजी ने माधवी देवी के नाम पत्र दिया था, बस इसी आधार पर तो एक अपरिचित महिला के घर जाकर अधिकारपूर्वक यह तो नहीं कह सकते कि "देखिए! श्रीमती बरुआ ने आप के नाम यह पत्र दिया है अतः आप मेरे ठहरने की व्यवस्था कर दीजिए।" इस महामेले के चलते, जाने और कितने लोग उनके घर आ जुटे हैं? परन्तु जब कहीं ठौर-ठिकाना लग ही नहीं पा रहा है तो आखिर उपाय ही क्या है? मन न होते हुए भी चौधुरी फिर माधवी देवी के पते के आधार पर उनके घर की तलाश में चल पड़े। मुहल्ले का नाम जरूर कुछ ठीक से याद नहीं आ रहा था। वैसे किसी अँग्रेज साहब के नाम पर है। डाल्टन गंज याकि हेमिल्टन गंज!

यह घटना भी कोई कम महत्त्वपूर्ण सिद्ध नहीं हुई। माधवी देवी बहुत ही उत्कृष्ट व्यक्तित्वसम्पन्न महिला हैं। देखते ही उनके प्रति श्रद्धा का भाव अपने आप उमड़ आता है।

"नमिता (श्रीमती बरुआ का नाम) ने जब पत्र लिखकर भेजा है तो फिर मैं मना कैसे कर सकती हूँ? आइए; आराम से रहिए।"

चौधुरी तो चकरा-से गये। माधवी देवी असम प्रदेश के एक अत्यन्त गौरवशाली और आदरणीय वंश की बहू हैं। असम और असमिया लोगों के लिए उस वंश ने, उनके विभिन्न सदस्यों ने इतना कुछ किया है कि स्वभावतः ही लोगों के मन में उनके प्रति समादर का भाव होता है। सो माधवी देवी ने अपने वंशानुगत स्वभाव के अनुकूल ही चौधुरी का विशेष स्वागत-सत्कार किया। हाँ, एक बात की शंका चौधुरी के मन में जरूर उठी कि उन्हें असम प्रदेश से आया हुआ जानकर भी माधवीजी ने उनसे असमिया भाषा में बातचीत क्यों नहीं की? फिर भी उन्होंने चौधुरी के साथ इतना अच्छा व्यवहार किया था कि जब कभी भी उसकी याद आती है तो मन श्रद्धा से

नतमस्तक हो जाता है। उस समय उन्हें यह बात कुछ अच्छी नहीं लगी थी कि माधवी देवी के पुत्र-पुत्रियाँ वगैरह असमिया भाषा में बातचीत नहीं कर सकते थे। असमिया उन्होंने सम्भवतः सीखी ही नहीं। वैसे उनका बेटा बड़ा बुद्धिमान था, इलाहाबाद विश्वविद्यालय में एम.ए. कक्षा में पढ़ रहा था। बेटी अभी छोटी थी, किसी पाठशाला में पढ़ती थी। बड़ी ही व्यवहारप्रिय स्वभाव की थी। चौधुरी तो इतने भर से ही प्रसन्न थे कि ठहरने के लिए स्थान मिल गया। स्नानादि अच्छी तरह से कर लिये, काफी आराम मिल गया। उन्होंने मन में निश्चय कर लिया था कि भोजन कहीं बाहर बाजार में जाकर ही करेंगे। अन्नपूर्णा जैसे भोजनालयों की यहाँ कमी नहीं। परन्तु माधवी देवी ने उनकी एक न सुनी। दूसरे दिन बड़े भोर में ही जब पुनः मेला देखने चलने को हुए तब भी माधवी देवी ने उन्हें आ घेरा, "अरे बिना कुछ खाये-पिये कैसे चले जाओगे? पूरे दिन इधर-से-उधर ढमिलियाते-डगराते फिरोगे। ठहरो, थोड़ा-सा भोजन कर लो, तब निकलना। संकोच करने की कोई जरूरत नहीं। जब तुम नमिता के भानजा हो, तो मेरे भी भानजा हो। सो हम तो एक ही परिवार के हुए न! संकोच कैसा?"

भृगु चौधुरी इसे अपना सौभाग्य मानते हैं कि वे कुछ बहुत ही अच्छे बंगला भाषी श्रेष्ठ जनों के सम्पर्क में रह सके हैं। यद्यपि अपनी भाषा असमिया की अपेक्षा उनकी एक भिन्न भाषा थी फिर भी भाषा के इस भेद से कभी भी परस्पर के हार्दिक सम्बन्धों में कोई बाधा नहीं खड़ी हो पायी। यही कारण है कि एक सम्प्रदाय के रूप में वे बंगाली को कभी भी बुरा नहीं मान पाते। परन्तु बंगाली अथवा भिन्न-भाषाभाषी के प्रति उनके इस आदर भाव को देख, जो लोग अपेक्षाकृत अधिक असमिया भाषा-प्रेमी और कट्टर असम-जाति समर्थक हैं, वे उन्हें कुछ शंका की निगाह से देखते हैं।

6

सवेरे-सवेरे भृगु चौधुरी बाजार की ओर टहलने चले गये थे। रास्ते में शैलेन बरुआजी दिखाई दे गये तो हाँक लगा बैठे, "कहिए बरुआजी! किधर जा रहे हैं?"

बरुआ ने कोई उत्तर नहीं दिया। वैसे इतने पास से पुकारा है कि न देखने और न सुन पाने का तो कोई कारण ही नहीं। फिर बात क्या है? चौधुरी चिन्ता में पड़ गये। वैसे बरुआजी कुछ ऐसे मिजाज के आदमी जरूर हैं कि कब, किस स्थिति

में रहें, कुछ अन्दाज नहीं लगाया जा सकता। चौधुरी के घर के पड़ोस में ही तो रहते हैं। कभी-कभार बिना बुलाये ही घर पर आ धमकते हैं और जो कुछ आता है सुना जाते हैं। ऐसे ही एक दिन पधारे तो आश्चर्यचकित हो पूछ पड़े थे, "अच्छा तो शिलादित्य नाम के जो इतने प्रसिद्ध लेखक हैं, वह वास्तव में आप ही हैं श्रीमानूजी? मैं तो अभी उस दिन इस रहस्य का पता पा सका। तो भाई अगर पहाड़ मुहम्मद के पास नहीं जाएगा तो क्या हुआ? मुहम्मद ही पहाड़ के पास चले जाएँगे।"

बड़े ही गोष्ठीबाज आदमी हैं। राजनीति-समाजनीति सभी कुछ जैसे उनकी मुट्ठी में है। कोई ऐसी बात नहीं जिस पर उनकी कोई अपनी राय नहीं। कोई ऐसा विषय नहीं जिसकी कमी वे न बता दें। सो उस दिन उन्होंने राजनीति की चर्चा छेड़ दी। फिर क्या था? भारत के प्रधानमन्त्री राजीव गाँधी में कौन-कौन-सी कमजोरियाँ हैं। उन्होंने कहाँ-कहाँ, कैसी-कैसी गलतियाँ की हैं? सारा कुछ बड़े तर्कपूर्ण ढंग से उन्होंने चौधुरी के माथे में घुसा दिया। ऐसे फक्कड़ स्वभाव के होते हुए भी शैलेन बरुआ की हालत कुछ ऐसी है कि वे बीते हुए जमाने की यादों को भुलाये रह सकते हैं परन्तु उस बीते अतीत को पूरी तरह से अस्वीकार नहीं कर सकते। दीवार घड़ी में लटका हुआ 'पेण्डुलम' इधर-से-उधर होता ही रहता है। अतीत की एक ऐसी ही घटना है जिसे बरुआ बराबर भुलाये रहते हैं, किन्तु घटना ऐसी है कि उसने उस समय उनके मन में जैसी हलचल मचा दी थी, अभी आज भी उस हलचल की डगमगाहट शान्त नहीं हो पायी है। कभी-कभी उन्हें लगता है कि उन्होंने कोई बहुत बड़ा जघन्य पाप कर डाला है, तब वे अत्यन्त आकुल-व्याकुल हो अधीर हो उठते हैं। जबकि उसी घटना के सम्बन्ध में कभी-कभी सोचते हैं कि यह तो अति साधारण घटना है, ऐसा तो होता ही रहता है, सभी कर बैठते हैं ऐसा, तब वे सहज हो जाते हैं। सभी लोगों के साथ तब हँसते-हँसते प्रसन्नचित्त हो सहज भाव से बातचीत करते हैं। चिन्ता, उद्वेग और अकुलाहट का कोई भाव ही नहीं रहता तब उनके चेहरे पर। उन्हें ऐसा लगा जैसे किसी ने उनके पूरे शरीर पर लिजलिजी बिष्ठा मल दी हो। बिष्ठा में ऊभ-चूभ डूबी दुर्गन्धमयी अपनी ही देह को देख वे अपने ही प्रति उपजी घृणा से सिहर उठे। बड़े प्रचण्ड वेग से धड़धड़ाती-हड़हड़ाती आयी बाढ़ की धारा में सारी मर्यादा को तोड़ती-फोड़ती, सारे आदर्शों को उखाड़ फेंकती उस बाढ़ में वे जाने कहाँ बह गये थे। वैसे उन्मत्त बाढ़ का वह वेग समाप्त हो चुका है। पानी काफी नीचे उतर गया है, परन्तु उस बाढ़ ने जो ध्वंस और विनाश की भारी-भारी निशानियाँ छोड़ रखी हैं, उनकी ओर दृष्टि जाते ही वे फिर उसी तरह आतंकित हो काँपते-सिहरते परेशान होते जा रहे हैं। कुछ साहस बटोरकर उन्होंने रुनू बहू की ओर फिर निहारा। परम निश्चिन्त हो, वे गाढ़ी खुमारी में खोयी-सो रही हैं, जैसेकि अभी थोड़ी देर पहले जो कुछ हो गया, वह जैसे कुछ हुआ ही नहीं। अब बरुआ को रुनू बहू पर भी घृणा हो आयी। उबकाई हो आयी उसके आचरण पर। उनके अपने पति महोदय बगल के कमरे में ही हैं। हो सकता है कि वे

सो भी गये हों। परन्तु ऐसी परिस्थिति में क्या किसी मर्द को नींद आ सकती है भला? उनके मन के किसी कोने में भी क्या कोई सन्देह नहीं जन्मा होगा? तो क्या वे मनुष्य न होकर कोई देवता हैं! या फिर देवता ही हैं अथवा पत्थर की मूर्ति?

तभी बरुआ की निगाह घड़ी की ओर गयी थी। ओह! एक बज गया है, इतनी रात हो गयी। उन्होंने रुनू बहूजी को झकझोरकर जगाया। "उठो भी, सवेरा होने को आया। उठकर जाओगी नहीं क्या?"

"क्यों, अब जाऊँ क्या?"

"अरे जाओ भी। अगर अभी भी नहीं जाओगी, तो फिर वे क्या सोचेंगे?

"अरे कुछ नहीं सोचेंगे। बहुत होगा तो यही समझेंगे कि तुम्हारे साथ गपबाजी कर रही हूँ। और क्या सोच पाएँगे भला? वैसे अब तक तो निश्चय ही लम्बी तान सो चुके होंगे।" इतना कह वे बरुआ से और भी सट गयीं। थोड़ी देर तक कुछ ठहरकर सोचते-सोचते बरुआ फिर उसी भयंकर बाढ़ में बह गये। उनका सारा भूतकाल, सारा भविष्य, यहाँ तक कि उनका अपना सारा अस्तित्व ही उस प्रचण्ड धारा के वेग में बह गया।

दूसरे दिन सवेरे उनकी ऐसी हालत बन आयी कि महेश भाई साहब के मुँह की ओर आँख उठाकर देखने का भी साहस नहीं रह गया। बार-बार यही मन में आने लगा कि कब किसी तरह यहाँ से दूर भाग जाएँ, ताकि उनका सामना होने से बच सके। परन्तु रुनू बहूजी तो परम निश्चिन्त। कहीं भी तनिक-सा भी कोई उद्वेग नहीं, कोई परेशानी नहीं। बल्कि शैलेन बरुआ से भी मजाक कर-करके हँस रही हैं, किसी एक बात पर महेश भाई साहब को भी मुँह चिढ़ा रही हैं। तो क्या सचमुच ही महेश भाई साहब कुछ भी समझ नहीं पाये हैं? देवता हैं कि पत्थर ? जो भी हों, उनके सामने से जल्दी-से-जल्दी हट जाने के लिए शैलेन बरुआ तैयारी करने लगे।

"थैला-वैला लेकर कहाँ के लिए निकल पड़े?"

"ऐसा है कि कार्यालय का काम पूरा करके उधर से बाहर-ही-बाहर घर चले जाने का विचार है।"

"तो क्या तुम्हें विश्वास है कि कार्यालय का काम आज हो ही जाएगा?"

"हो जाएगा।"

तभी रुनू बहूजी ने ऊँची आवाज में सुनाया, "अरे आज भर रह जाओ न। किस बात की ऐसी जल्दी पड़ी है?"

उनकी आवाज पर शैलेन फिर कुछ बोल नहीं पाये। परन्तु मन-ही-मन निश्चय किया—अब फिर यहाँ नहीं आना है। कार्यालय का काम अगर न भी हुआ, रुकना ही पड़ गया तो किसी होटल में ठहर जाएँगे। मगर यहाँ नहीं आना है। क्योंकि उनका स्वयं का चरित्र ही निर्मल नहीं है। उस पर भी और सब जो घटनाएँ हुईं सो तो कोई खास नहीं मगर आज की घटना तो एकदम से भिन्न ही है।

कार्यालय का काम शैलेन बरुआ का हो ही गया। यानी कि ऐसा हुआ कि नहीं ही हो पाया। हुआ यह कि सेक्रेटरी महोदय के द्वारा ही सम्पन्न होगा। और माननीय सचिव महोदय यानी कि सेक्रेटरी साहब गये हुए हैं दिल्ली, जहाँ से अब सात दिन बाद ही लौटेंगे। सो उनके आने के बाद ही होगा। ऐसी दशा में यहाँ रुके रहने की अब कोई जरूरत ही नहीं रही। वे अपने घर लौट जाने के लिए निकल पड़े। परन्तु करें क्या? अपने-आप से ही युद्ध लड़ते-लड़ते अन्ततः वे खुद ही हार गये। देर रात गये पुनः जा पहुँचे उसी चौखट पर।

महेश भाई साहब ने अचम्भित हो पूछा, "अरे तू! इतनी रात गये!"

"हाँ। रुक जाना पड़ा। रुनू बहूजी कहाँ हैं?"

"रुनू? ओह! मगर रुनू तो नहीं है?"

शैलेन ने दरवाजे का पल्ला थाम लिया, नहीं तो ऐसा चक्कर आ गया था कि गिर ही पड़ते। फिर नजरें स्थिर कर उन्होंने महेश भाई साहब का चेहरा पढ़ने की कोशिश की, परन्तु उन्होंने वहाँ क्या देखा? क्या समझा? खुद भी कुछ बता नहीं सकते। हताश स्वर में पूछ पड़े, "नहीं हैं? कहाँ चली गयीं?"

"साँझ की वेला में उनकी बड़ी बहन जो आ गयी थीं। सो उन्हीं के साथ चली गयीं। अब आज रात वहीं रहेंगी। बात यह है कि काफी लम्बे समय से उनके यहाँ गयी नहीं थीं न। मगर तुम बाहर ही क्यों खड़े हो। अन्दर आओ। वह तो कह रही थी कि तुम जरूर आओगे। यहाँ तक कि खाना-पीना सब बनाकर रख गयी है। किसी बात की कोई असुविधा नहीं। आओ, भीतर आओ।"

शैलेन बरुआ के दिमाग में तो जैसे कोई बम फट गया। चारों ओर धुआँ भर गया। जिधर देखो उधर धुआँ-ही-धुआँ। धुएँ ने जैसे अजगर की तरह चारों ओर से उन्हें लपेट लिया। फिर अचानक ही वे पलटे। महेश भाई साहब से कुछ कहे बिना ही वे धड़ाधड़ सीढ़ियाँ उतरने लगे।

"अरे, ओ शैलेन! सुन तो।"

परन्तु उनकी पुकार जब तक पीछा करे तब तक शैलेन आँखों के सामने से ओझल हो चुके थे। आकस्मिक ढंग से घटी इस एक घटना ने शैलेन बरुआ के जीवन के समूचे परिदृश्य को ही उलट-पलट कर रख दिया, सारा जीवन-क्रम ही बदल गया। यद्यपि वे अपने उसी पुराने नाम, उसी पुराने सारे परिचय को ज्यों-के-त्यों बनाये रहते हुए घूमते-फिरते हैं, सामाजिक जीवन जीते हैं, फिर भी वे बिलकुल दूसरे आदमी के रूप में ही बदल गये हैं। जिसमें एक ओर एक न रुक सकनेवाला भयंकर आकर्षण का भाव है, तो दूसरी ओर अपने ऊपर ही भयंकर घृणा का भाव है। आज इतना अधिक समय गुजर चुका है फिर भी उस दिन जो अगल-बगल लेटकर, सिमटकर अंगों से अंग लगाकर जो आचरण हुआ था, सो उस एक-एक अंग के गाढ़े स्पर्श को वे अभी आज भी बिलकुल स्पष्ट रूप में अनुभव करते हैं। सभी कुछ ज्यों-का-त्यों मन

के शीतताप नियन्त्रित कक्ष में बड़े यत्न से सँभालकर सुरक्षित रखा हुआ है। सारी अनुभूतियाँ बिना रंच मात्र के हेर-फेर के अविकृत बनी हुई हैं।

उधर रुनू बहू हैं, कि वह सारा कुछ एकदम भुला चुकी हैं। मानो एक अलसाये क्षण में कभी पढ़ी हुई एक आकर्षक कहानी भर रही हो, जिसकी स्थिति स्मृति अब धुल-पुँछ गयी है।

शैलेन बरुआ ने रुनू बहूजी से फिर सम्पर्क स्थापित करने की कई बार कोशिशें कीं परन्तु सफल नहीं हो सके। बड़ी धापमधापी के बाद एक दिन वे रुनू बहूजी से अकेले में मिल सके। उन्हें देखते ही वे चहक उठीं, "अरे, अरे तुम! कैसे आना हुआ अचानक? कहो, क्या हाल हैं तुम्हारे?"

ठीक वही पहले जैसा मोहिनी रूप। सामने पड़ते ही बरुआ की छाती ऐसी धौंकनी की तरह धड़कने लगी कि कुछ कह पाने में भी असमर्थ हो गये। हालत ऐसी हो गयी कि जैसे कोई डूबता हुआ आदमी साँस घुट जाने के डर से सहारे के लिए किसी और की ओर हाथ बढ़ाये, ठीक उसी तरह उन्होंने अपना हाथ रुनू बहूजी की ओर बढ़ा दिया। परन्तु उनकी घोर उपेक्षा करते हुए रुनू बहूजी कई कदम पीछे हट गयीं। बरुआ ने चाहा कि उनकी ओर कुछ आगे बढ़ें परन्तु उनके भावों से ऐसा लगा अगर वे एक कदम भी उधर आगे बढ़े तो रुनू बहू चिल्ला पड़ेंगी।

उसके बाद तो शैलेन ने रुनू बहूजी से मिलने की कोशिश ही नहीं की। वैसे काफी दिनों बाद एक-बार फिर उनकी भेंट रुनू बहूजी से हो गयी। उस समय तक पके हुए उजले बालों से सुशोभित रुनू बहूजी एक अत्यन्त समादृत समाज-सेविका के रूप में विख्यात थीं। एक ऐसी मशहूर समाजकर्मी कि जिनकी राजनीतिक ताकत में भी कोई कमी नहीं थी। उनके इशारे पर राजनीतिक शक्ति के लोग खुशी-खुशी से सब-कुछ कर देते थे। उसके पहले बरुआ की हालत यह हो गयी थी कि कार्यालय की ओर से बार-बार चेतावनी दिये जाते रहने के बावजूद वे अपने कार्यालय काम करने जाते ही नहीं थे। इससे कुपित होकर उच्चाधिकारियों ने उनका स्थानान्तरण हाफलांग के ऊँचे पहाड़ी एवं जंगली क्षेत्र में कर दिया। इस स्थानान्तरण से वे घबरा गये। उस स्थानान्तरण आदेश को रद्द करवाने के लिए एक प्रार्थना-पत्र लेकर वे उनके कार्यालय पहुँचे थे। सामने पहुँचते ही रुनू बहूजी पूछ बैठीं, "अरे, यह क्या देखती हूँ, शैलेनजी हैं क्या? कहिए, इधर कैसे रास्ता भूल पड़े?"

अब हालत कुछ ऐसी थी कि न चाहते हुए भी शैलेन ने उन्हें आदरपूर्वक आप कहकर सम्बोधित किया, "आपसे मिलने के लिए ही आया हूँ।"

शैलेन की समस्या सुन लेने के बाद वे गम्भीर हो बोल पड़ीं, "ठीक है, देखती हूँ, कुछ कर पाती हूँ कि नहीं। परन्तु जरा एक बात तो बताएँ कि यहाँ से दूर जाने में आपत्ति किसको है? आपको या आपकी पत्नी महोदया को?"

शैलेन ने अपने अविवाहित ही रह जाने की बात उनसे बताना भी उचित नहीं समझी। अपने आपको काफी नीचा प्रदर्शित कर लिया, अब और अधिक नीचा होना ठीक नहीं। जरूरत नहीं स्वयं को छोटा बनाते रहने की। अपने ऊपर ही शैलेन बरुआ को जोरों का गुस्सा चढ़ आया। क्या करना उचित है और क्या करना उचित नहीं है? इसकी समझ उन्हें है, परन्तु करें क्या? 'रहत न आरत के चित चेतू।' जब अपना कोई बेहद जरूरी काम आ अटकता है, तब कर्तव्याकर्तव्य का सारा ज्ञान ही लुप्त हो जाता है। उचित-अनुचित विचारने का होश ही कहाँ रहता है? मन में जरा-सा भी बल शेष नहीं रहा। स्थानान्तरण रुकवाने के लिए रुनू बहूजी के पैरों में लोटना चाहिए क्या? छिः छिः। ऐसा अधःपतन हो गया मेरा। अपने आप पर ही भयानक क्रोध उमड़ आया।

भृगु चौधुरी ने जो जोर-जोर से चिल्ला-चिल्लाकर उन्हें पुकारा तो उन्होंने सुना तो, मगर आँखें उठाकर आसमान की ओर देखते रह गये। उत्तर देने की जरूरत है; इस बात का कुछ खयाल ही उन्हें नहीं हुआ।

7

उपन्यास लिखने के लिए आग्रह करने पर, भृगु चौधुरी ने मुँह से तुरन्त ही असमर्थता व्यक्त कर दी थी, परन्तु मन के भीतर-भीतर ऐसा कुछ चिन्तन-चक्र चलने लगा कि इस प्रस्ताव को पूरी तरह से ठुकरा नहीं सके। बल्कि कई दिनों तक मन इसी उधेड़-बुन में लगा रहा कि लिखें तो किस विषय को लेकर लिखें? सोचते कि भौतिक दृष्टि से हो या मानसिक दृष्टि से, दोनों ही तरह से उनके अनुभव का दायरा बहुत सीमित है। एक कहानी रचने की बात सोचते हुए इस बात को उन्होंने और अधिक गम्भीरता से महसूस किया। वे जानते-समझते ही क्या हैं? उनका निजी परिचय-क्षेत्र ही कितना है। कुछ निश्चित मनुष्यों, कुछ निश्चित घटनाओं भर से तो उनका निकट परिचय है। अब अगर कोशिश भी करें तो उन्हीं का तो कष्टप्रद जोड़-तोड़ करना होगा।

नवयुवक-नवयुवतियों का एक परिवेश। युवक-युवतियाँ मान लो परस्पर एक-दूसरे से प्रेम करने लगे। भिन्न-भिन्न जाति और भिन्न-भिन्न धर्म की समस्या, बेमेल सामाजिक स्तरों की समस्या। तो प्रेम असफल हो व्यर्थ ही रह गया। परिणाम नायक या नायिका में से कोई एक निराश हो आत्महत्या भी कर सकता है। अगर

रचनाकार विशेष सहानुभूतिशील हुआ तो ऐसी दशा में नायक और नायिका को सारी बाधाओं-विपत्तियों का दृढ़तापूर्वक सामना करने का साहस भी उनमें भर सकता है। परन्तु वास्तविक जीवन में घटनाएँ इतनी सीधी-सरल नहीं होतीं। अब भृगु चौधुरी की अपनी ही बात लो। भृगु चौधुरी ने नीला को प्यार किया था कि नहीं? मान लो उसे प्यार का नाम न दें तो भी ऐसी कोई हार्दिक अनुभूति तो नीला के प्रति उमड़ी ही थी, अस्पष्ट-सी थी, जिसका कोई एक खास नाम दे पाना कठिन है। इतना तो सच है कि नीला को देखकर वे मुग्ध हो गये थे। उसके पास पहुँचते ही आनन्द-आह्लाद से शरीर के रोयें-रोयें भर्रा उठे थे। अलौकिक सौन्दर्य के सामने विस्मय-विमुग्ध होने का भाव उमड़ आया था। विस्मिल्ला खाँ की शहनाई में जब दादरा की धुन थिरकती है तो संगीत के समझदार आदमी के मन में किस प्रकार के भावों का उदय होता है? इतने कोमल, इतने महीन भाव, इन्द्रियों के माध्यम से समझ में आ सकनेवाले भाव-बन्धनों से उन्मुक्त हो मन एक दूसरी ही दुनिया के अन्तिम छोर तक जा पहुँचता है। ऐसा महसूस होता है जैसे बस थोड़ा-सा ही अधिक संकेत मिल जाने पर, थोड़ा-सा ही और दिशा-निर्देश पा जाने पर मन अपने पंख फड़फड़ाकर, सारी सीमाओं को लाँघ जाएगा। परन्तु चूँकि ऐसा हो नहीं पाता, इसी वजह से मन में एक गहरे विषाद का भाव भी उभरने लगता है।

नहीं भाई! नीला के प्रसंग को लेकर कोई कहानी-उपन्यास लिख पाना सम्भव नहीं होगा। प्रेम सम्बन्धी कथा-प्रसंगों के भी कुछ बँधे-बँधाये चिराचरित नियम हैं। लेखक लोग उसी के अनुरूप कहानियों का ताना-बाना बुनते हैं। किशोर वय से यौवन की देहरी पर पाँव रखते ही एक किशोर वय की लड़की ने युवक के मन में एक अलौकिक माधुर्य का भाव उत्पन्न कर दिया; अब इतनी-सी घटना को आधार बनाकर ही तो कोई कहानी-उपन्यास लिखा नहीं जा सकता। गंगा की घटना लेकर एक कहानी बन सकती है, परन्तु इसे लेकर नहीं। नीला से विवाह करेंगे, ऐसी बात भृगु चौधुरी ने कभी सपने में भी नहीं सोची थी। इसका कारण यह नहीं है कि वे एक भिन्न स्तर के मनुष्य हैं; यह कारण भी नहीं कि नीला उम्र में उनसे दो-तीन वर्ष जेठी थी। वस्तुतः दूर से नीला को देखते ही विस्मय-विमुग्ध हो जाने से सम्बन्धित इन सब बातों की कोई प्रासंगिकता ही नहीं है।

"मैं तुमसे प्रेम करता हूँ।" इस छोटे से वाक्य को चौधुरी कभी भी नीला से कह ही नहीं सकते थे। कहने की कोई आवश्यकता ही नहीं थी क्योंकि उस भाव के आगे ये कुछ शब्द इतने तुच्छ, इतने निरर्थक हैं कि कहें तो भाव की गरिमा ही कम हो जाती है। एक प्रकार की हँसी-उड़ाने जैसा लगेगा।

शरद् ऋतु में बड़े भोर में ही आप घर से बाहर खुली प्रकृति में निकल आये हों। ऐसी तड़की भोरहरी कि अभी सूर्य देवता उगे भी न हों। बस उषा के आने की सम्भावना गहरा आयी हो। पूरब के आकाश के एक छोर पर नाना रंगों की

चित्र-विचित्रमय छटा बिखरने लगी हो। अँधियारा जाने-जाने को उतावला हुआ जा रहा है, जबकि उजियारा अभी फैला नहीं है। दृश्यावली अभी भी स्पष्ट नहीं हो पायी है। प्रत्येक दृश्य एक रहस्य-मय आवरण में लिपटा-ढँका पड़ा है। पेड़ों, लतागुल्मों की शक्ल का आभास तो है मगर उनकी डालों और टहनियों ने अभी अपना विशिष्ट आकार धारण कर नहीं दिखाया है। सारा कुछ अपने आस-पास के प्राकृतिक परिदृश्य से मिलकर अस्पष्ट सम्मिश्रण में पड़ा है। ऐसे में हरसिंगार के झरते हुए फूलों की सुगन्ध में रच-बसकर उषा आपके मन में एक अलौकिक भाव जगा दे सकती है। परन्तु बस इतने भर से ही तो आप उषा से विवाह करने की बात तो नहीं सोच सकते न।

अनगिनत रंगों के वैचित्र्यमय खेल को समझाने के लिए मनुष्य संक्षेप में एक ही शब्द का व्यवहार करते हैं। नीला के प्रति चौधुरी के मन में जिस विशेष भाव का उदय हुआ था, उसे हम प्रेम नहीं कह सकते, कम-से-कम आज के जमाने में प्रेम शब्द जिस विशेष अर्थ में प्रयुक्त किया जाने लगा है, उस अर्थ में तो नहीं ही।

पत्नी के पुकारने की आवाज सुनकर चौधुरी फिर जीवन-यथार्थ के वर्तमान में लौट आये, "तुम्हारा भोजन परसकर मेज पर रख दिया है, ठण्डा न हो जाए इसलिए ठीक से ढँक दिया है। तुम अपनी इच्छानुसार खा लेना, मैं जरा लेटने जा रही हूँ।"

"क्यों, क्या हुआ?"

"शरीर कुछ ठीक नहीं लग रहा। माथा रह-रहकर चनचना उठता है।"

नीला की यादों में चौधुरी खो तो गये थे, परन्तु नीला की वे स्मृतियाँ चौधुरी के मन में बसे उनकी पत्नी के प्रेम और प्रीति के भाव को तनिक भी धूमिल नहीं कर पायीं। पत्नी का स्वभाव भी विचित्र है। जैसे-जैसे उम्र ढलती जा रही है, वैसे-वैसे उनका शरीर टूटता जा रहा है। देह की शक्ति घटती जा रही है। इसे देख उन्हें किसी दूसरे से कोई रंजोगम नहीं है बल्कि अपने शरीर पर अपने ऊपर ही भारी गुस्सा हो आता है। शरीर अस्वस्थ हो जाने से, देह की ताकत घटती जाने से अब वे पहले जैसी तेजी से काम नहीं कर पातीं। जिसके कारण चौधुरी साहब को असुविधा होती है, बस इसी कारण उन्हें अपने ऊपर ही बहुत क्रोध आता है। क्या कर रहा है यह शरीर कि चौधुरी साहब की ठीक ढंग से सेवा-शुश्रूषा नहीं कर पा रहीं।

चौधुरी ने देखा कि उनकी पत्नी खाट पर जाकर सो गयी हैं। खाट पर यूँ ही लेटी हैं। या सचमुच ही उन्हें नींद आ गयी है—समझ पाना कठिन है। तभी बाहर हल्की-हल्की बरसात शुरू हो गयी। खिड़की के रास्ते दो-चार झींसी-झींसी बूँदें उनके बिस्तरे पर भी आकर गिरने लगीं। बड़ी सावधानी से दबे पाँव जाकर चौधुरी ने खिड़की बन्द कर दी। फिर वहीं खड़े-खड़े उन्होंने पत्नी को बड़ी गम्भीर निगाह से निहारा। बढ़ती हुई आयु ने उनकी मुखाकृति को बड़ी कठोरता से निचोड़ा है। आँखों के गोलकों के नीचे काले-काले दाग उभर आये हैं। मुँह के दूसरे हिस्सों में भी जगह-जगह

काली-काली छाप लग गयी है। कुछ देर तक उनके मुँह की ओर टकटकी लगाये देखते रहने के बाद उनकी निगाह उनके पैरों की ओर गयी। उन्होंने देखा कि उनके दोनों पैर अभी भी कम उम्र की स्त्री के पाँवों जैसे ही मुलायम हैं। उनकी चमड़ी अभी भी काफी मुलायम है, ऐसा लगता है जैसे जरा-सा दबाव पड़ते ही उनसे रंग टपक पड़ेगा। निहारते-निहारते चौधुरी का मन प्रेम की अतिशय गम्भीरता से भर उठा। जीवन में क्या-क्या नहीं सहा। कैसे-कैसे दुर्दिन नहीं आये। जीवन के इन उतारों-चढ़ावों में, कभी सुख-सुविधा की ऊँचाइयों, कभी महादुर्गति की नीचाइयों में जो उठते-गिरते रहे हैं तो भी उनकी इस पत्नी ने कभी भी उफ तक नहीं की। सदा-सर्वदा छाया की तरह—चौधुरी के साथ-साथ ही रहती चली आयी हैं।

विवाह होने के उपरान्त के वे शुरू-शुरू के दिन चौधुरी के लिए बेहद कष्टों-झंझावातों के दिन थे। क्या कुछ कष्ट नहीं झेलना पड़ता था? स्कूल अध्यापक की मामूली-सी नौकरी की मामूली-सी तनख्वाह थी। उसी में से छोटे भाई की पढ़ाई का भारी खर्च उठाने के बाद भी कुछ बचाकर घर भेजने की मजबूरी थी, सो इस सबके बाद कुछ बचता ही कहाँ था? कैसे-कैसे उपाय कर गृहस्थी चलाती रही यह स्त्री। एक बार जब स्कूल के क्वार्टर में थे तो घर के पास अपने आप ही लौकी की बेलें उग आयी थीं, जो क्वार्टर की छाजन पर लदर-बदर फैल गयी थीं। उसमें इतनी सारी लौकी फली थी कि क्या कहें! फिर क्या था, दिन-पर-दिन उसी लौकी की सब्जी और भात या फिर लौकी की लस्सी-सी दाल या रायता और भात, बस भात और लौकी के सहारे ही जाने कितने दिन काट लिये थे, वह भी ऐसे जैसे कि महादरिद्र भी उस तरह का खाना अधिक दिनों तक न खा सके।

आफत-विपत के वे दिन बीत गये हैं, परन्तु उन दुर्दिनों में जो आदत बन गयी, वह अभी तक बनी रह गयी है। दूसरों के लिए बिना आगा-पीछा विचारे ही वे धड़ाक से पैसा खर्च देते हैं परन्तु अपने लिए खर्च करने में चौधुरी को बहुत मुश्किल पड़ जाती है। कहीं जाने के लिए जब घर से निकलते हैं तो पत्नी बार-बार याद दिलाकर सावधान करती हैं कि नगर बस-सेवा की भीड़-भक्कड़ भरी हुई बस में मत चढ़ना, कोई रिक्शा वगैरह ले लेना, पैसे के लिए शरीर को आफत में मत डालना।

"ठीक है, ठीक है। जैसा तुम कह रही हो वैसा ही करूँगा, बेकार में चिन्ता करने की जरूरत नहीं।"

परन्तु सच्चाई यह है कि वैसा वे कर नहीं पाते। वे जानते हैं जितनी दूर का सिटी बस पचास पैसा किराया लेगी, रिक्शे से जाने पर कम-से-कम पाँच रुपये तो जरूर लग जाएँगे। सो सिटी बस अड्डे पर चौधुरी घण्टों खड़े प्रतीक्षा करते रहते हैं। जब कोई बस आती भी है तो पहले से ही ठसाठस भरी हुई। हर एक बस की हालत वही कि तिल रखने को भी जगह नहीं। अब आजकल के जमाने में बूढ़ा आदमी समझकर कोई भी कुछ विशेष आदर तो देता नहीं। वृद्धावस्था के लिए सुविधा प्राप्त

होने का कोई उपाय भी नहीं है और उस तरह की आश पालना भारी मूर्खता ही है। जैसे-तैसे ही बस में समा पाते हैं फिर पूरे गन्तव्य-स्थल तक धक्के खाते खड़े-खड़े ही जा पाते हैं। परन्तु जब वे एक सीट के पास लटके खड़े होते हैं और अचानक वह सीट खाली कर उतरता है तो दूर खड़े स्कूल कॉलेज के नौजवान छात्र दौड़े आकर उन्हें एक ओर धकियाकर उस कुरसी पर कब्जा कर लेते हैं, कुहनी से धक्का मारकर उन्हें दूसरी ओर ढकेल देते हैं, तब जरूर उन्हें काफी बुरा लगता है। इसलिए नहीं कि वे स्वयं उस खाली सीट पर नहीं बैठ पाये, बल्कि किसी दूसरी ही अज्ञात आशंका के आतंक से उनका कलेजा सिहर उठता है।

"आओ बाबा। आराम से बैठ जाओ।"–आवाज कुछ अस्पष्ट-सी ही सुन पाये थे अतः विशेष ध्यान नहीं दिया था, परन्तु जब उनकी कमीज का कोना हाथ से खींचते हुए उसने फिर कहा, तब उन्होंने उस ओर ध्यान से देखा। एक आदमी सीट से उठता हुआ खड़े होते-होते उन्हें उस सीट पर बैठने को कह रहा है। देखने में उसका चेहरा-मोहरा नेपाली-सा लग रहा है। उसकी अवस्था भी कोई नयी नहीं है। लगभग चालीस वर्ष का तो होगा ही। पूछ बैठे–

"क्यों, तुम उतरोगे क्या?"

"नहीं, नहीं, मुझे अभी उतरना नहीं है, काफी दूर जाना है, मगर आप बैठें तो।"

एक आश्चर्यजनक घटना है, भला ऐसा भी क्या होता है! इस अकल्पनीय घटना पर सोचते हुए चौधुरी हैरान-परेशान होने लगे। फिर पूछा, "तुम मेरे पुराने छात्र थे क्या?"

"नहीं बाबा। वो सब कोई बात नहीं। आप आराम से बैठें न।"

"तो फिर? तो क्यों फिर मेरे लिए···?"

इस तरह की छोटी-मोटी घटनाएँ भी चौधुरी को विचलित कर देती हैं। वे चिन्तित और परेशान हो उठते हैं। उस दिन उस युवक का वह व्यवहार उन्हें बहुत भा गया। उन्होंने व्यवहार की एक पवित्रता का अनुभव किया। चौधुरी स्थितियों को सही-सही समझ न पाते हों, ऐसी भी कोई बात नहीं। वे जानते हैं आज की इस परिस्थिति को झेलते रहने की अब कोई मजबूरी नहीं है। परन्तु असली बात यह है कि एक अनुभव ही दूसरे अनुभव को खींचता है। आज के धन-वैभव की सम्पन्नता-वाली अपनी स्थिति का ज्ञान उन्हें है, परन्तु आज की इस अमीरी की स्थिति के प्रति वे जब भी खयाल करते हैं, तभी उन्हें माँ की दशा की याद हो आती है। और तब मन एक असहनीय पीड़ा से कराह उठता है। तब हालत ऐसी थी कि बहुत चाहकर भी माँ के हाथ पर कोई भी ऐसी चीज लाकर वे नहीं रख सके थे जो गृहस्थी की गाड़ी चलाने के लिए परम आवश्यक न होकर हास-विलास के लिए हो, केवल आनन्द-उल्लास बढ़ानेवाली कोई चीज ला पाना कभी सम्भव ही नहीं हुआ। हर चन्द कोशिश करके भी बस दाल-चावल-नून-तेल-लकड़ी जैसी अत्यन्त आवश्यक चीजें ही

वे ला पाते थे। वैसे बाद में ऐसा समय जरूर आया कि इन अत्यावश्यक वस्तुओं के अलावा भोग-विलास और आराम के साधनों को भी खरीदने लायक वे हो गये, और ऐसी चीजों के लिए भी उन्होंने काफी कुछ खर्च किया भी परन्तु माँ के लिए नहीं। माँ के मन की बड़ी ही उत्कट अभिलाषा थी कि वह एक बार चारों धामों का दर्शन कर आये। इतना नहीं तो कम-से-कम किसी एक तीर्थस्थान पर जाकर पूजन-अर्चन तो कर ले। कभी-कभी मजाक के सुर में किन्तु हार्दिक आग्रह करते हुए माँ कहती, "मुझे और कुछ भी नहीं चाहिए रे। अपना सारा काम-काज पूरा कर लेने के बाद कभी तुझे फुरसत मिले तो बस एक बार मुझे बाबा काशी विश्वनाथ जी का दर्शन भर करवा देना।"

परन्तु भृगु चौधुरी माँ की इस अकेली मनोकामना को पूरा करने का कोई सुयोग नहीं निकाल सके। मन में चल रही इसी तरह की चिन्तन की अवस्था में बैंक से रुपये निकालते समय वे कुछ अधिक रुपये नहीं निकाल सके। फिर सोचा कि ऐसे ही बैंक में पड़ा-पड़ा रुपया आखिर होगा क्या? फिर तो उनकी भावधारा ही बदल गयी। आज अचानक ही असम प्रदेश की मशहूर कल्पतरु नामक दुकान पर जा पहुँचे। वहाँ बहुत ही उत्तम किस्म के रेशम की एक बड़ी ही मनोरम मेखला (बेल-बूटेदार अलंकृत लहँगा) और ओढ़नी ख़रीद ली। बार-बार निरख-परख कर देखा, सचमुच बड़ा सुन्दर जोड़ा था। जीवन में आज पहली बार अपनी पत्नी के लिए उन्होंने एक ऐसी सुन्दर सौगात खरीदी है जो उसकी जिन्दगी चलाने के लिए नितान्त आवश्यक चीजों से कुछ अतिरिक्त है।

अनावश्यक और अत्यन्त मनोरम एक ऐसा उपहार पाकर आज उनकी पत्नी आनन्द से विह्वल हो उठेगी न? चौधुरी इस बात का कोई सुस्थिर उत्तर नहीं स्थिर कर पाये। बात दरअसल यह है कि इस तरह की कोई घटना इसके पहले तो कभी घटी नहीं। पत्नी तो कोई भी चीज तभी पाती रही जबकि उसके बिना लाज ढँक पाना ही मुश्किल हो जाता रहा, सो आज की उसकी प्रतिक्रिया का अन्दाजा भी कैसे लगे? घर पहुँचकर मेखला-चादर का वह नयनाभिराम जोड़ा जब उन्होंने पत्नी को दिया, तो उसे हाथों में लेकर वे काठ-मारे-सी निश्चल खड़ी रह गयीं। फिर उनके दोनों होंठ काँप उठे। किसी उमड़ती वेदना को दबाने की कोशिश में उन्होंने अपना मुँह दूसरी ओर घुमा लिया, फिर अपने आपको सँभाल लेने के बाद वे उनकी ओर मुड़ीं, फिर बड़े ही मरे-मरे-से स्वर में बोलीं, "इतना अधिक रुपया खर्च कर इतनी दामी रेशमी चीज़ें क्यों खरीद लाये मेरे लिए? अब ऐसी जगमगाहटवाली भड़कीली चीजें पहनने की उम्र क्या है भी मेरी?"

चौधुरी ने महसूस किया—हाँ सचमुच ही बहुत देर हो गयी। मन में एक बेबस कचोट अनुभव करते हुए चौधुरी ने सोचा कि इस तरह के उत्तम किस्म का जोड़ा यदि खरीदना ही था तो आज से कम-से-कम दस साल पहले ही खरीदना चाहिए था।

जीवन के एक लम्बे अरसे तक लगातार दिन-रात परिश्रम करते-करते चौधुरी की पत्नी का शरीर रोग-जर्जर हो गया है। उनका पहले का वह स्वस्थ शरीर सपना हो गया है। आजकल तो प्रायः ही कोई-न-कोई बीमारी लगी रहती है। आज भी किसी असहनीय पीड़ा को जबरदस्ती सहती हुई वे चारपाई पर लेट जाने को मजबूर हो सोयी पड़ी हैं। आज बड़े गौर से उनके चेहरे को निहारकर चौधुरी ने आश्चर्यचकित हो लक्ष्य किया कि अरे उनके सर के सारे-के-सारे बाल ही पक गये हैं। मुँह के वे फूले-फूले गाल कहाँ गायब हो गये? गड्ढों में पिचके-चुचके ये गाल क्या उन्हीं के हैं? उनकी निगाह फिर उनके पैरों की ओर गयी। हाँ, उनके दोनों पाँव अभी भी नवयुवती के पाँवों की ही तरह सुकोमल और सुचिक्कण हैं। लगता है कि लम्बी-से-लम्बी यात्रा के लिए भी उसी ऊर्जा से तैयार हैं।

चौधुरी इन्हीं सब ख़यालों में खोये-खोये-से थे कि एकाएक वे अपने आप ही कुछ सजग-सचेत हो गयीं, चौधुरी के वहाँ उपस्थित होने का एहसास उन्हें हो गया, और तब उन्होंने आँखें खोलकर चौधुरी की ओर देखा। फिर तो एक निर्मल हँसी से उनका मुखमण्डल दमक उठा।

"अरे हाँ। याद आया। बहुत ही सुन्दर रेशमी मेखला-चादर का जोड़ा ले आये हो न।"

"अब उसकी याद आयी। कहो क्या कहना है उसके सम्बन्ध में।"

"मेरी मृत्यु हो जाने पर उसे पहना देना।"

8

सब कुछ ठीक-ठाक ढर्रे से चल रहा था। जीवन में आदर्श था, उद्देश्य था, सपने सँजोने की मानसिकता थी। परन्तु कब, कहाँ, कैसे सभी कुछ में घुन लग गया कि कुरुर-कुरुर काटते-काटते नष्ट-भ्रष्ट करने लगा? शैलेन बरुआ स्वयं कुछ अन्दाज भी नहीं लगा सकते।

स्वस्थ, अत्यन्त सुन्दर शरीर और उससे भी चोखी बुद्धिवाला युवक, जो सभी से बड़ी कुशलता से घुल-मिल जाता था—ऐसे शैलेन को सभी प्यार करते थे। पढ़ने-लिखने में सदा उत्कृष्ट श्रेणी का। प्रवेशिका परीक्षा प्रथम श्रेणी में उत्तीर्ण की ही थी, बी.ए. ऑनर्स परीक्षा भी अच्छी श्रेणी में पास की। फिर, एम.ए. की पढ़ाई

करने के लिए कलकत्ता शहर में जा पहुँचा परन्तु वहाँ रहने के लिए विश्वविद्यालय के किसी छात्रावास में जगह नहीं मिल पायी। तभी गोआलपाड़ा (असम का एक जिला) के अजित रायजी से मुलाकात हो गयी, जिनकी सहायता से हैरिसन रोड (फिलहाल महात्मा गाँधी मार्ग) के निकट स्थित एक प्राइवेट मेस में ठाँव मिल गयी। परन्तु उस मेस में रहनेवालों में पढ़ाई-लिखाई के प्रति विशेष चाव नहीं था, सो पढ़ाई-लिखाई का अच्छा वातावरण मिला नहीं। उस मेस में रहनेवाले लोग प्रायः सरकारी कार्यालयों अथवा अन्य प्राइवेट संस्थाओं या दुकानों में काम करते थे। अजित राय भाई साहब खुद सी.पी.डब्लू.डी. ऑफिस में काम करते थे। शैलेन भी अजित भाई की कोठरी में ही रहने लगा। वैसे मेस में रहनेवालों में लड़कों की संख्या ही ज्यादा थी। दो-चार बड़ी उम्र के लोग भी थे जिनका शादी-ब्याह हो चुका था। कलकत्ता महानगर के अड़ोस-पड़ोस के ही बाहरी इलाकों में उन लोगों के अपने घर-बार थे, सो शनिवार के दिन वे लोग ऑफिस से बाहर-बाहर ही अपने गाँव चले जाते थे, और सोमवार के दिन घर से बाहर-बाहर ही सीधे ऑफिस चले आते थे। फिर शाम को ही मेस में लौटते थे।

मेस में पढ़ाई-लिखाई का वातावरण न होने के कारण किताब-कॉपी से किसी का कोई सम्बन्ध नहीं था। साँझ की वेला में वहाँ रहनेवाले कुछ लोग तो ताश का जुआ खेलते थे। जो नहीं खेलते थे उन्हें बड़ी उपेक्षा की निगाह से देखते थे। यह दिखाने के लिए वे भी कुछ कम नहीं हैं। बरुआ ने भी तीन गड्डी ताश खरीद लिया और उन्होंने भी खेलना शुरू कर दिया। फिर तो ताश खेलने का नशा ही चढ़ गया। हालत यहाँ तक थी कि अगर कभी छुट्टी होने को होती तो छुट्टी के दिन की अगली सन्ध्या से ही ताश की बाजी चलने लगती जो सारी रात, अगले सारे दिन लगातार चलती ही रहती। खेलनेवाले खिलाड़ियों में से कुछ आदमी बीच-बीच में भले बदल जाते थे, परन्तु खेल नहीं बन्द होता था।

ऐसे माहौल में किताब-पत्र से शैलेन बरुआ का भी कोई सम्बन्ध नहीं रह गया। आगे चलकर तो कॉलेज जाकर कक्षा में पढ़ाई करने का क्रम भी छूट गया। प्रायः ही वे कक्षा से गैर-हाजिर रहते। अपने कुछ दोस्तों के साथ वे दूसरे ताश के अड्डों पर भी जाने लगे। ऐसे कुछ अड्डों पर ताश की बाजी हारने-जीतने पर देने-लेने की धनराशि की भारी मात्रा देखकर वे आश्चर्यचकित रह गये। वहाँ का वातावरण देखने भर से ही शरीर का रोयाँ-रोयाँ भरभरा उठता। वैसे वातावरण में अपने को आधुनिक युग की किसी भी चीज में पिछड़ा हुआ न दिखाने की कोशिश में उन्होंने एक दिन शराब का गिलास थाम लिया। उनका दोस्त सुरेश मित्र उस दिन ऐसी नजरों से उनकी ओर निहार रहा था कि उसकी मनुहार को ठुकरा पाना उनके लिए कठिन हो गया। लेकिन परेशानी इस बात की थी कि वे स्वयं ही मन-ही-मन अनुभव करते थे कि इस तरह का काम करना उचित नहीं है। नहीं, इस तरह से चलने से तो गुजारा नहीं

हो सकेगा। उन्होंने सोचा—वे यहाँ पढ़ाई-लिखाई करने के लिए आये हैं, सो पढ़ाई-लिखाई ही करनी होगी, और अगर पढ़ाई-लिखाई ही करनी है तो सबसे पहला काम यह करना आवश्यक है कि इस मेस को छोड़ दिया जाय। उसे छोड़ने का निश्चय करने के उपरान्त उस दिन पूरा दिन सोकर बिताया परन्तु जब उठे तो शाम ढलने लगी थी और ताश का खेल चालू हो चुका था, सो सब कुछ भूलकर उसी में जा भिड़े। अब यही क्रम बन गया कि रात ढलते तो मेस छोड़कर अन्यत्र जाने और प्रतिदिन कॉलेज जाकर कक्षा पढ़ने का व्रत लेते, परन्तु दिन भर सोने के बाद जब शाम गये उठते तो सारा प्रण-व्रण भूलकर फिर अड्डे पर जाने के लिए व्याकुल हो जाते। पढ़ाई करने के लिए आया हुआ छात्र जितने रुपयों में अपना निर्वाह कर ले सकता है, शराब पीने और जुआ खेलने की लत पालनेवाले के लिए उतने रुपयों में चला पाना तो असम्भव ही है। नाना प्रकार की बहानेबाजियाँ दिखाकर घर से जो कुछ भी अधिकाधिक पैसा शैलेन मँगा लेते थे, उतने ज्यादा पैसों से भी अब खर्च सँभालना सम्भव नहीं रह गया। तबीयत काफी खराब हो गयी है। डॉक्टर ने बहुत सारी दवाएँ लिख दी हैं जिन पर भारी खर्च बैठेगा; पाठ्यक्रम में अब ऐसी-ऐसी पुस्तकें लग गयी हैं, जिनका मूल्य बहुत अधिक है परन्तु लेना भी बहुत जरूरी है, बिना खरीदे काम चल ही नहीं सकता, अबकी बार पाकेट मार ने पूरी थैली ही काट ली, कलकत्ता नगरी इतनी महाभयंकर जगह है, ऐसा तो मैंने कभी सोचा ही नहीं था, इत्यादि-इत्यादि बहाने गढ़-गढ़कर घर पर चिट्ठियाँ भेज-भेजकर अधिकाधिक रुपये मँगा लेने पर भी खर्च सँभाले नहीं सँभल पा रहा था। फिर तो उन्होंने असम प्रदेश से आये असमिया छात्रों से और उसके आगे कलकत्ते में निवास करनेवाले असमिया लोगों से रुपये कर्ज के रूप में माँगना शुरू कर दिया। अपने गाँव-घर से, अपने नगर से, अपने प्रान्त से, इतनी दूर आकर एक असमिया विद्यार्थी इतनी कठिनाइयों में फँस गया है बेचारा; ऐसा सोचकर अपनी शक्ति भर सहायता देने से किसी ने कोई परहेज भी नहीं किया। न किसी ने सहायता देने से मना ही किया। रुपये लेते समय शैलेन बारम्बार दिलासा देता कि वह बहुत जल्द ही उनके रुपये वापस कर देगा। उसके मन में यह विश्वास बराबर रहता कि सुरेश मित्र के जुए के अड्डे पर एक बाजी जीतते ही वह सारा कर्ज चुटकी बजाते वापस कर देगा।

अजित राय भृगु चौधुरी के घनिष्ठ मित्र हैं। कलकत्ते में भारत और वेस्टण्डीज के बीच क्रिकेट मैच का आयोजन हुआ तो उसे देखने भृगु चौधुरी कलकत्ता जा पहुँचे, सो अजित राय के यहाँ ही ठहरने पहुँच गये। रात को सोकर अभी पूरी तरह जगे भी नहीं थे कि तड़के भिनसारे ही शैलेन बरुआ को खोजती ढूँढ़ती एक नवयुवती वहीं उस मेस में आ धमकी। चूँकि पुरुषों के उस मेस में सामान्यतः कोई कन्या आती नहीं थी, अतः अचानक ही एक किशोरी कन्या के आ जाने से मेस में एक खलबली-सी मच गयी। कौन आयी है? किस विशेष व्यक्ति से मिलने आयी है? किस खास

प्रयोजन से आयी है? जैसी अनेक जिज्ञासाओं से हर एक के मन में एक अदम्य कौतूहल घुमड़ने लगा था।

उस समय शैलेन लेटे-लेटे ही भृगु चौधुरी को समझा रहा था कि वेस्टइण्डीज की क्रिकेट टीम के खेल की क्या-क्या विशेषताएँ हैं। उसी बीच जब किसी ने दरवाजा खटखटाया तो उसने दरवाजा खोल दिया। आँखें मल-मलकर जो सामने खड़ी उस किशोरी कन्या को निहारा तो ऐसा अचकचा गया जैसे बिजली का करेण्ट लग गया। मुँह से अचानक ही निकल पड़ा, "अरे रेखा; तुम!"

काफी देर तक रेखा बस उसके चेहरे की ओर चुपचाप देखती रही। कमरे में एक दूसरे आदमी को भी उपस्थित देख सम्भवतः मन-ही-मन सोचती रही हो कि ऐसी स्थिति में बात किस ढंग से की जाय।

"घर से लौटे हुए तुम्हें आज कितने दिन हो गये?" कई बार यही प्रश्न पूछने पर भी शैलेन बिलकुल चुप ही रहा। जैसे उसके मुँह में जबान ही न हो।

"मेरे पिताजी ने तुम्हारे हाथ मुझे देने के लिए काफी रुपये भेजे थे, सो अभी आज तक वे रुपये तुमने मुझे दिये क्यों नहीं? घर से हर महीने मुझे समय से रुपये मिल जाते थे। इस बार इतनी देर हो गयी थी सो मैं सोचते-सोचते परेशान थी। कल जब पिताजी का पत्र आया और उससे पता चला कि अबकी रुपये उन्होंने तुम्हारे हाथों भिजवा दिये थे, तब पता पा सकी। पैसे लाकर इतने दिनों से तुम आराम से बैठो हो, उधर रुपये-पैसे के अभाव में मुझे कितनी असुविधाओं का सामना करना पड़ रहा है, इसका कुछ अन्दाज भी तुम्हें है?"

"बात यह है कि यहाँ पहुँचते ही मेरे पेट में ऐसा भयानक दर्द उभर आया था कि उसी के कारण चलने-फिरने में कठिनाई हो गयी थी।"

"पिछले पन्द्रह दिनों से लगातार तुम्हारा पेट-दर्द ही चल रहा है?"

"नहीं जी। ऐसी कोई बात नहीं। दर्द तो ठीक हो गया, और मैंने रुपये पहुँचाने के लिए जाने की कोशिश भी की, परन्तु कोई-न-कोई ऐसी बाधा आ गयी कि पहुँचाने नहीं जा सका।"

"ठीक है, अब तो जाने की जरूरत भी नहीं। तुम्हें पहुँचा आने का समय नहीं है तो कोई बात नहीं, अब तो मैं स्वयं ही आ गयी हूँ। चलो ले आओ, अब तो दे दो।" कहकर रेखा ने शैलेन के सामने अपना दाहिना हाथ फैला दिया। शैलेन बहुत घबरा गया। जैसे-तैसे बोला, "ठीक है, तुम चलो। दोपहर बाद मैं खुद आकर पहुँचा दूँगा।"

"दोपहर बाद जाने की तकलीफ उठाने की क्या जरूरत? अभी क्यों नहीं दे दे रहे हो?"

"देखो जी! यह तो तुम्हारी बहुत ज्यादती है।"

"ज्यादती कैसी?"

इस बीच अजित राय भी आ चुके थे। भृगु चौधुरी और अजित राय दोनों ही शान्त होकर उन दोनों का वार्तालाप सुन रहे थे। चौधुरी से सहा नहीं जा रहा था सो वे बाहर निकल जाने के लिए उठने लगे, तभी अजित राय ने उनका हाथ दबाकर उन्हें वहीं रोक लिया।

रेखा एकटक निगाह से शैलेन की ओर देखे जा रही थी। जबकि शैलेन ने ऐसी गर्दन झुका रखी थी कि आँख से आँख न मिल सके। उसकी ओर सिर उठाकर देखने का साहस उसे नहीं हो रहा था। शैलेन से इस तरह जिरह करते हुए रेखा को भी बुरा ही महसूस हो रहा था, फिर भी इस प्रकरण को पूरी तरह समाप्त कर देने के लिए दृढ़ होकर आयी थी। उसने फिर पूछा, "रूपाली ने अपनी छात्रवृत्ति का जो ढेर सारा रुपया इकट्ठे पाया था, उसे जानकर तुम उससे जो दो सौ रुपये उधार माँग लाये थे, उसे लौटा दिये?"

"नहीं लौटाये तो इसका क्या मतलब, दूँगा ही नहीं? जरूर लौटा दूँगा।"

"कब लौटाओगे? बस सात दिन के अन्दर ही लौटा देने का वचन क्या तुमने नहीं दिया था?"

उसकी बातों से शैलेन के मन में भयानक क्रोध उमड़ रहा था, फिर भी उसने अपने आपको संयम में रखा। उसके सामने ऊँची आवाज में कोई भी बात वह नहीं कह पा रहा था। क्योंकि वह जानता था कि ऊँची-ऊँची आवाज सुनते ही मेस के लोग और अड़ोस-पड़ोस के लोग सोचेंगे कि झगड़ा हो रहा है सो दल-के-दल आकर दरवाजे पर भीड़ इकट्ठी कर देंगे।

बड़े ही करुण स्वर में शैलेन ने रेखा से चिरौरी की, "देखो जी, इस समय तो तुम यहाँ से चली जाओ। दोपहर बाद मैं तुम्हारे छात्रावास में आकर तुम्हारे पैसे तुम्हें सौंप दूँगा।"

"यह दोपहर बाद देने की बात क्यों कर रहे हो? अभी क्यों नहीं दे देते?"

शैलेन बरुआ के मुहल्ले की रहनेवाली रेखा दत्त यहाँ कलकता में रहकर अर्थशास्त्र में एम.ए. की पढ़ाई पढ़ रही है। काफी गुरु गम्भीर स्वभाववाली लड़की है। अपने आप पर भरोसा रखनेवाली किशोरी है। स्थिति को भाँपकर वह चली गयी किन्तु जाते-जाते कह गयी, "देखो, मैं किसी भ्रम में नहीं जीती। रुपये तुमसे अब मैं नहीं पा सकूँगी, इतना अच्छी तरह जानती हूँ। परन्तु गाँव घर में तुम जैसे रहे, हो उसी के आधार पर तो पिताजी तुम्हें जानेंगे, यहाँ आकर तुम्हारा स्वभाव चरित्र कैसा हो गया है? इसे मेरे पिताजी भला कैसे जानेंगे? उन्होंने तो मेरे भले के लिए सोचा होगा कि डाक से भेजने में देरी होगी सो तुम्हारे हाथ भेजने से मैं रुपये जल्दी पा सकूँगी। यही सोचकर तो तुम्हें दे दिये। खैर, अब छोड़ो भी। क्रोधावेश में बहुत अनाप-शनाप बक गयी, बुरा मत मानना। हाँ, इतना जरूर कहूँगी कि इस तरह अधःपतन की ओर मत लुढ़को। अच्छा बनने की कोशिश करो।"

एक बुद्धिमान अभिभावक की तरह उपदेश देकर वह चली गयी। भृगु चौधुरी के आश्चर्य और परेशानी की तो कोई सीमा ही नहीं रही। इतना प्रतिभाशाली तेजस्वी युवक शैलेन बरुआ, सिकुड़-मुकुड़कर जैसे एकदम पिद्दी-सा हो गया है। वैसे यह लड़का काफी चालाक और छटपट किस्म का है। चौधुरी क्रिकेट-मैच देखने के लिए आ तो गये परन्तु ज़ब टिकट खरीदने गये तब पता चला कि टिकट मिल पाना असम्भव है। ऐसी कठिन परिस्थिति में भी शैलेन ने सुरेश मित्र के माध्यम से बिलकुल उचित दाम पर पूरे सीजन का टिकट उपलब्ध करवा दिया। हाँ, कल बातचीत करते-करते उसने यह जरूर कहा था कि जरूरत पड़ने पर क्या वे उसे दो-एक दिन के लिए दो सौ रुपये उधार दे पाएँगे? चौधुरी को उसे दो सौ रुपये देने में कोई आपत्ति भी नहीं है। उसने उनकी जो सहायता की है उसका मूल्य दो सौ रुपयों से कहीं अधिक है।

शैलेन धीरे से उठा और फिर और भी धीरे-धीरे चलकर कमरे से बाहर चला गया। अजित राय ने शिकायत के स्वर में कहा, "कुसंगति के दोष से यह भला लड़का पूरी तरह पतित हो गया है। इसका छोटा मामा योगेन महन्त मेरी कक्षा में साथ-साथ पढ़ता था, तभी की दोस्ती है। जब इसे महाविद्यालय के किसी छात्रावास में कहीं कोई जगह नहीं मिली, तो कुछ दिनों के लिए मेरे इस डेरे पर ही उसके ठहरने की व्यवस्था कर देने के लिए उसने कहा। मैंने तब मेस के इस कमरे में इसे ठहरा लिया। बाद में मैंने वाई.एम.सी.ए. होस्टल में इसके लिए जगह दिलवा भी दी थी, परन्तु वहाँ यह गया नहीं। बोला—यहीं ठीक है। जाता भी भला कैसे? जुआ खेलने का नशा जो लग गया है। मुझे तो सन्देह है कि इसने शराब का नशा भी पकड़ लिया है क्योंकि रात को जब आता है तो इलायची और सेण्ट की तेज सुगन्ध लेकर आता है। क्या कहें एक समय वह था कि यह इतना भोला-भाला था कि अकेले कलकत्ते तक आ ही नहीं सकता था, सो इसके मामा इसे पहुँचाने आये थे। वही भोला-भाला लड़का अब ऐसा लायक हो गया है कि आदमी को हाईकोर्ट दिखा देने की ताकतवाला हो गया है। अरे भाई, कलकत्ते में रहकर यह सब करने के लिए काफी रुपयों की जरूरत होती है। बाबू कहकर पुकारने तक तो कुछ गनीमत थी, अब तो शैलेन बाबू हो गये हैं। यहाँ के चालू किस्म के आदमियों ने सराह कर इसे खूब उछाल दिया है। उसी में वह भी बहक गया है। कुछ भी समझदारी नहीं रह गयी। तुमसे भी रुपये उधार माँगे हैं क्या?"

"नहीं भाई! मुझसे तो नहीं माँगे।"

"ठीक है। फिर तुम्हीं देखना। पहले से ही सावधान किये दे रहा हूँ।"

9

छुट्टी होने के बाद तुरन्त ही अचानक मूसलाधार बारिश शुरू हो गयी। कमरों से बाहर निकल चुके लोग बाहर बरामदे में आ जमा हो गये। इतनी तेज बरसात की ओर चिन्ता भरी दृष्टि से देखते हुए अन्दर-ही-अन्दर लोग काफी अकुलाये जा रहे हैं। उसी भीड़ में सत्यजित और मिनती भी आ खड़े हुए हैं। घर जाने की अनिवार्यता वश खड़े-खड़े जब रहा नहीं गया तो उनमें से एक आदमी बड़ी तेजी से बरामदे से निकला और इतने जोर की दौड़ लगायी कि पलक झपकते ही ओझल हो गया। उस बारिश में भी उसे इस तरह निकल जाते देख, एक-एक, दो-दो करके बाकी लोग भी सरकने भागने लगे। यह बात तो साफ ही थी कि ऐसी घनघोर बारिश जल्दी ही खत्म होने से तो रही।

सत्यजित ने मिनती से कहा, "अब बोलो, करोगी क्या? इस प्रचण्ड वर्षा में भला कैसे जाओगी? चाचाजी उधर भारी चिन्ता से हैरान हो रहे होंगे कि सत्य उनकी लाड़ली बेटी को जाने कहाँ भगा ले गया है?"

"च, च, च अरे मेरे सोना राजा। जरा इधर तो, मुँह फेरो, तनिक मैं भी तो निहार लूँ। तुम्हारा मासूम चेहरा।" कहते हुए मिनती ने उसकी ठुड्ढी पकड़कर उसका मुँह अपनी ओर घुमा लिया। बरामदे में अभी तक भी कुछ लोग खड़े थे, किन्तु मिनती ने उस ओर कोई ध्यान ही नहीं दिया।

कुछ समय जब वैसे ही खड़े-खड़े और बीत गया, और बरसात थमने का नाम ही न ले रही तो सत्यजित सचमुच ही परेशान हो उठा। "चलो, अब चलें भी। क्योंकि अब अगर और देर हुई तो गोस्वामी सर्विस वर्कशाप के सामने की सड़क पर इतना पानी भर जाएगा कि तैर कर पार करना पड़ेगा।"

पहले के रूढ़िवादी विचारों और सोचने के तरीकों के आधार पर अगर कोई सोचे तो सत्यजित और मिनती के सम्बन्ध का सही अर्थ समझ ही नहीं पाएगा। जबकि इस सम्बन्ध का मूल आधार आन्तरिक बन्धुत्व है। वे एक-दूसरे से विपरीत लिंग धारण करनेवाले प्राणी हैं, यानी कि उनमें से एक पुरुष है, तो दूसरी नारी, इस तरह का भाव तो उनके मन में कभी आया ही नहीं। और इसी कारण वे एक-दूसरे के साथ जो उन्मुक्त व्यवहार करते हैं, उसे देखकर कभी-कभी लोगों की नजरों में उनका आचरण बड़ा ही आपत्तिजनक लगने लगता है। बातें करते-करते कभी-कभार सत्यजित अपने अनजाने ही मिनती की पीठ थपथपा देता है। ठीक वैसे ही जैसे ऐसे क्षणों में वह गजेन्द्र या नियामत की पीठ थपथपा देता।

सत्यजित उसी के मुहल्ले का नवयुवक है। मिनती के साथ-साथ बी.ए. में पढ़ता रहा था। वहाँ से निकलकर दोनों को एक ही बैंक में नौकरी भी मिल गयी, सो दोनों

साथ-साथ काम करते हैं। पहले के दिनों में लड़के-लड़कियाँ स्कूल-महाविद्यालय में चाहे भले ही साथ-साथ पढ़ते थे, परन्तु एक-दूसरे से बातचीत कतई नहीं करते थे। साथ-साथ पढ़नेवाले विद्यार्थी भी एक-दूसरे को आदरपूर्वक आप, आप कहकर ही बातें करते थे। जबकि आजकल अधिकांश युवक-युवतियाँ एक-दूसरे को तुम कहकर ही सम्बोधित करते हैं। दरअसल, उनमें आपस में कोई विशेष दूरी है, कोई भारी अड़ंगा है—ऐसा वे सोचते ही नहीं।

सत्यजित बड़ी मस्ती में है। धीरे-धीरे गुनगुनाता हुआ कोई मस्तीभरा गाना अलापता जा रहा है। मिनती ने पूछा, "आज तुम्हें हो क्या गया है?"

"कुछ तो नहीं!" फिर तो एकाएक ऊँची आवाज में गाने लगा, "मन में आग लगा तो गये वो, पर उसे बुझाने की सुध नहीं लिये। आग वैसे ही धू-धू धधक रही है, शान्त हो भी तो कैसे?" फिर टिप्पणी जड़ी, "यह कितनी सुन्दर सशक्त भाषा है। बिलकुल हृदय के अन्दर की बात को बाहर निकालकर रख दिया है इसमें।"

"चुहुलबाजी सूझ रही है? आवारापन सवार हो गया है?" सत्यजित एकाएक सकपका गया। फिर खुद अपने आपसे बोला—यह तो सचमुच तुम्हारा बहुत बड़ा दोष है सत्यजित। कब किसे क्या कह बैठते हो, कोई ठिकाना नहीं रहता। अब उसी दिन की बात लो, नियामत से मुलाकात हुई तो पूछ बैठे, "कहाँ चले गये थे भाई?"

"फूफाजी के घर।"

"कहाँ पड़ता है तेरे फूफा का घर?"

नियामत ने जिस जगह का नाम बतलाया, सत्यजित के मतानुसार वह जगह तो दर्जी और धुनियों की बस्ती है। वहाँ सभी का पहनावा एक विशेष किस्म का ही है। सो उस जगह का नाम सुनते ही कह बैठे, "अरे यार, वहाँ क्यों फालतू में गये थे, वहाँ क्या कोई सभ्य-शिक्षित भला आदमी रहता है? सभी तो मुसलमान ही हैं।" सुनकर नियामत तो सन्न रह गया बेचारा। बड़े गमगीन सुर में बोला, "मुसलमान आदमी क्या सभ्य, शिक्षित और भले नहीं होते?" सो भाई बोलना तो तुम्हें आता नहीं। अभी-अभी जो गाना गा गये, "मन में आग धधका गये, उसे बुझाया नहीं और फिर भी चले गये।" अब मिनती जैसी लड़की के सामने इस तरह की गाने की पंक्ति गाना तो ठीक काम नहीं न हुआ।

सत्यजित ने फिर अपने को निर्दोष सिद्ध करने की कोशिश करते हुए कहा, "बात दरअसल यह है कि कल मैं बिहू उत्सव मनाये जानेवाले स्थान पर गया था। वहाँ गोआल परीया लोकगीत जो सुना तो मन को छू गया। कितनी सुन्दर भाषा थी उन लोकगीतों की और कितनी सुन्दर सुर-तान और लय की कारीगरी थी उसकी।"

"रहने भी दो। संगीत का मर्म क्या तुम कुछ समझ भी पाते हो?"

"अरे वाह! मैं संगीत का मर्म नहीं समझ पाऊँगा! मैं तो जन्मजात कलाकार

हूँ। जन्म ही कुछ ऐसे रूप में हुआ है कि क्या कहना? कैसी छन्दमयी चाल है। लहर की तरह से कभी ऊपर उठती है तो कभी नीचे उतरती है। कितना लीलामय छन्द है। इसके अतिरिक्त मेरा नाम भी अपने आप में एक महान् सम्पत्ति है। मैं तो सोच रहा हूँ कि कचहरी में शपथ-पत्र दाखिल कर अपने नाम के आगे 'राय' उपाधि भी जुड़वा लूँ।"

सत्यजित का दाहिना पैर कुछ छोटा है, इसकी वजह से जब चलता है तो कुछ ऐसा भचकता है कि औरों की अपेक्षा माथा कुछ अधिक ही ऊपर-नीचे उछलता-गिरता रहता है।

कार्यालय खुलने, बन्द होने की दोनों वेलाओं में महानगर की बसों में भयानक भीड़ रहती है। हालत ऐसी होती है कि बस में चढ़ने जाने का मतलब है किसी मल्लयुद्ध में भाग लेने जाना। खड़े-खड़े, देखते-देखते कई बसें आयीं और चली गयीं। उनमें चढ़ पाने की तो बात ही दूर, मिनती तो उनके दरवाजे के सामने तक नहीं पहुँच पायी। एक बार कुछ ज्यादा कोशिश की तो पीछे के आदमियों ने ऐसा धक्का दिया कि मुँह के बल गिरने-गिरने को हो गयी, किसी तरह बचकर भीड़ के किनारे हो पायी। जब भी कोई बस आती है पहले से ही प्रतीक्षा कर रही भीड़ के आदमी बस के दरवाजे की ओर निगाह जमाये-जमाये हड़हड़ाकर दौड़ पड़ते हैं। बीच में क्या कुछ है, यह तो उनकी नजरों में आता ही नहीं। स्कूटर मिनती के शरीर से टकराने-टकराने को हो गया था। भीड़ में खड़ी-खड़ी वह वैसे ही चिड़चिड़ी हो गयी थी, जो आँखें तरेरकर उसने स्कूटरवाले की ओर घूरा, "अरे सत्यजित तुम!"

"आओ! स्कूटर पर सवार हो लो। आज किसी राजनीतिक दल की कोई महासभा हो रही है, सो बस पर तुम नहीं ही चढ़ पाओगी।"

मिनती ने कुछ असुविधा का अनुभव किया। टालने की गरज से ही बोली, "कहीं स्कूटर से गिर गयी तो?"

"अरे ऐसी भी क्या बात है। आ बैठ, कतई नहीं गिरेगी। खूब अच्छी तरह से कमर में हाथ डालकर जोर से पकड़े रहना, बस।"

उसके बाद से तो फिर यह नियम ही हो गया है। सत्यजित और मिनती दोनों साथ-साथ सत्यजित के स्कूटर पर बैठकर ही कार्यालय आते-जाते हैं। शुरू-शुरू में उनका इस तरह आना-जाना मुहल्लेवालों की आँखों में कुछ नहीं सुहाया, इसे देखने में लोगों को एक खास किस्म का मजा आ रहा था। स्कूटर की आवाज सुनते ही मुहल्ले की बड़ी-बूढ़ी महिलाएँ भी अपने पर्दों को सरकाकर झुक-झुककर उन्हें निहारती थीं। परन्तु अब तो सभी अभ्यस्त हो गये हैं, अब इस ओर कोई ध्यान ही नहीं देता। फिर भी मुहल्ले के बीच से गुजरते हुए मिनती कभी-कभी बहुत परेशानी का अनुभव

करती है। भृगु चौधुरी को उस तरह एकटक निहारती है तो उसका माथा गरम हो जाता है।

"देखो, जरा देखो तो, किस तरह इसी ओर लगातार देखे जा रहा है बुड्ढा।"

10

आदमियों की बहती धारा। लेकिन यह शब्द कुछ सटीक नहीं बैठा। जन-समुदाय की उमड़ती तरंग कहें तो? केवल तरंग से भी बात साफ नहीं होने की, उत्ताल तरंग, जो किसी के रोके रुके नहीं, बाधा-विघ्न आने पर उसके ऊपर चढ़कर आगे बढ़ जाय। शहर में कर्फ्यू लगा हुआ है पर कौन करता है ऐसे में कर्फ्यू की परवाह? कर्फ्यू तोड़कर तमाम सारे लोग सड़क पर निकल आये हैं। बूढ़े-बूढ़ी, नन्हे बच्चे-बच्चियाँ तक। एक उमड़-घुमड़ करता मनुष्यों का महा प्रवाह बह चला है।

"आओ रे आओ। निकल पड़ो।"

इस तरह की ललकार कानों में नहीं बल्कि आत्मा के किसी अत्यन्त गम्भीर अतलतल में प्रतिध्वनि जगा गयी। मन्त्रमुग्ध-से सभी बाहर राजमार्ग पर उमड़ आये। इसे देखकर आज विश्वास जगा कि हेमेलियन वंशीवादक की जो कहानी कही जाती है वह कहानीकार की कोरी गप नहीं है।

"आओ रे आओ। निकल आओ। जूझ पड़ो।"

भृगु चौधुरी की बड़ी बहन काफी बूढ़ी हो चुकी हैं। हर समय नाना प्रकार की बीमारियों से परेशान रहती हैं। कभी भारी उच्च रक्तचाप से विह्वल हैं तो कभी पेट के भयानक दर्द से दोहरी हुई जा रही हैं, बीमारियों की कोई गिनती ही नहीं। गैस के चूल्हे को जलाकर वे पानी गरमाने में व्यस्त थीं। तभी खिड़की से बाहर झाँका तो देखती हैं कि मुहल्ले के सारे लोग पिलपिल कर बाहर निकले चले जा रहे हैं। फिर क्या था? उन्होंने भी चूल्हा बुझाया और जा पहुँचीं सड़क की भीड़ की उस प्रचण्ड धारा में। कहाँ जाना है? क्यों कर जाना है? क्या कुछ करना है? इस सबके बारे में कुछ पूछताछ करने की किसी को फुरसत ही नहीं है। बस 'आओ रे आओ। बाहर निकलो, आगे बढ़ो।' का ही जनरव गूँज रहा है।

आदमियों की वह प्रचण्ड धारा नारंगी (गुवाहाटी का एक मुहल्ला) की ओर बढ़ती जा रही है। अनगिनत आदमियों के पैरों की आवाज और भाँति-भाँति के लोगों

के मुखों से निकली विभिन्न प्रकार की आवाजों के घालमेल से एक अजीब किस्म की भुनभुनाहट-सी फैल रही है। बामुनीमैदान (गुवाहाटी के पूरबी छोर पर स्थित विशाल मैदान जहाँ अक्सर सभाएँ होती हैं। प्रशासन के कई बड़े दफ्तर भी उधर स्थित हैं।) तक तो यह धारा एक विशेष गति से बढ़ती रही किन्तु वहाँ पहुँचते-पहुँचते फिर एकाएक गड़बड़ी शुरू हुई। सामने की ओर कुछ दूरी पर धड़ाक, धड़ाक की आवाज फट रही है। कुछ लोग चिल्ला पड़े, 'भागो रे भागो। गोली चल रही है।' अब इधर से बढ़ते हुए लोगों की भीड़ के साथ उधर से पलटकर लौटते हुए लोगों की भीड़ का जो जमघट हुआ कि हालत ऐसी हो गयी कि धक्का-मुक्की करते किसी तरह से उसमें से भाग निकलने की कोशिश में अफरा-तफरी मच गयी। कोई चिल्लाया, "अरे घबराकर एक-दूसरे को धक्का-मुक्की मत मारो। डरो नहीं, गोली नहीं चल रही, आँसू गैस के गोले हैं।"

किसी तरह एक खतरा टल गया। भृगु चौधुरी की बड़ी बहन की आँखें जलने लगी थीं। मुहल्ले की और महिलाओं के संग से वे जाने कब अलग जा छिटकी थीं। कुछ अपरिचित नवयुवक तुरन्त ही कहीं से बाल्टियों में पानी भर लाये। विमला देवी की आँखों में पानी के छींटे-पर-छींटे मारते रहे फिर भी उनकी आँखों की तकलीफ कम नहीं हुई। तब एक नवयुवक ने उनके हाथों में प्याज का एक टुकड़ा दिया, "बड़ी बहनजी! लीजिए इसे पकड़िए।"

"इसका क्या करूँगी भला?"

"आखों में लगा लें।"

विमला देवी ने चारों ओर आँख उठा-उठाकर देखा। वहाँ उपस्थित लोगों में एक भी अपना परिचित आदमी नहीं दिखा। घर लौट जाने की बात उन्हें याद ही नहीं आयी। अकेली पड़ जाने पर भी उन्होंने अपने आपको अकेला अनुभव नहीं किया। इतनी परेशानी के चलते भी अभी उनके चारों ओर बहुत सारे लोग जमे हुए थे। उन्हीं लोगों के साथ चलते-चलते वे नारंगी की ओर बढ़ती चली गयीं। नारंगी पहुँचने पर जब उन्हें अपने मुहल्ले की कुछ महिलाएँ दिखाई पडीं तब उनके चेहरे पर हँसी आ गयी।

कुछ लोगों ने फरमाया कि हिन्दू लोगों को भगाना चाहिए तो कुछ दूसरे लोगों का कथन था कि मुसलमान लोगों को भगा देना ही उचित है और कुछ तीसरे मत के लोग थे, जिनका कहना था कि हिन्दू और मुसलमान दोनों तरह के विदेशियों को मार भगाना होगा। विदेश से चाहे जो भी आया, विदेशी है। जो असमिया है वह देश का है, बाकी सभी विदेशियों को निकाल बाहर करना होगा। असम-आन्दोलन की इस आरम्भिक वेला में सभी के मन में नाना प्रकार की अनुभूतियों का एक मिलाजुला भाव उमड़ने-घुमड़ने लगा था। आशा, चकपकाहट, उत्तेजना, अनिश्चय, डर, क्रोध, घृणा और सन्देह जैसे भाव उभरते-मिटते जा रहे थे। हर एक तरह के भाव जब उभरते, उनकी मात्रा में तब कई गुना अधिक तेजी होती थी।

शहर में धारा एक सौ चवालीस लागू रहने पर भी उसे तोड़कर आदमियों की भारी भीड़ नवीन बरदलै सभागार के सामने आ इकट्ठी हुई। सशस्त्र सिपाहियों से भरा एक ट्रक बड़ी तेजी से उसी ओर चला आ रहा है। सभी लोग शान्त होकर उस ट्रक की ओर देख रहे हैं। आदमियों की भीड़ और उस ट्रक की दूरी क्रमशः कम होती जा रही है। लोग अनुमान नहीं लगा पा रहे हैं कि अगले क्षण में क्या हो जाएगा। अचानक एक आदमी धीरज खोकर दौड़ पड़ा। उसका दौड़ पड़ना मानो दूसरों के लिए एक संकेत था। उसका यह संकेत दूसरों के पैरों में भी संचालित हो गया। ऐसी असमंजस की घड़ी में प्रोफेसर बरुआ दौड़कर सड़क पर जाकर लेट गये। पचास गज, तीस गज के फासले के क्रम में दूरी क्रमशः घटने लगी। साँसें रोके सभी उस खतरनाक दृश्य की ओर नजरें गड़ाये खड़े रहे। एक बड़ी जोरदार आवाज करके वह ट्रक प्रोफेसर बरुआ के शरीर से बस कुछ ही फुट आगे खड़ा हो गया। रुकने का वेग इतना तेज था कि पिच-से सड़क कई इंच नीचे धँस गयी।

ट्रक पर सवार हथियारबन्द सिपाही भी सड़क पर निश्चल पड़े प्रोफेसर बरुआ की ओर किंकर्तव्यविमूढ़ हो रह गये। उनका गुस्सा भी जाने कहाँ हेरा गया। अब वे बस कर्तव्यपालन भर के लिए आदमियों को तितर-बितर हो जाने के लिए कहने लगे।

प्रकाशित 'राष्ट्रीय शिक्षानीति 1986 : भारत सरकार द्वारा एक प्रस्ताव' नामक पुस्तक पढ़ने में भृगु चौधुरी तल्लीन थे। पढ़ते-पढ़ते जब उसके प्रावधान सं 2.13 पर पहुँचे तो उनकी भौंहें तन गयीं। प्रावधान था, "विद्यार्थियों में उनके प्रत्येक के अपने-अपने आदर्शों और अपनी-अपनी धारणाओं के अनुरूप भारतवर्ष का फिर से आविष्कार करने की प्रेरणा जगायी जानी चाहिए।" भृगु चौधुरी खिसियाये-से सोचने लगे—आखिर क्या मतलब हुआ इस तरह के वाक्य का? इस तरह के निरर्थक प्रलापों को रखने की जरूरत ही क्या है?

मनोजित डेका वाममार्गी विचारधारा के राजनीतिज्ञ हैं। जू रोड (गुवाहाटी की प्रसिद्ध सड़क जो चानमारी से चिड़ियाघर होते हुए राजधानी दिसपुर की ओर जाती है।) पर उनकी अपनी एक पुस्तकों की दुकान थी। दुकान कोई खास बड़ी भी नहीं थी। पुस्तकों की अपेक्षा पत्र-पत्रिकाएँ ही अधिक थीं। शाम के समय नौजवानों का एक बरगलाया झुण्ड वहाँ जा पहुँचा, दुकान पर काम कर रहे लड़के को मारपीट कर अलग कर उन सबने पूरी दुकान जला डाली। यह एक सौभाग्य ही था कि उस समय मनोजित डेका खुद दुकान पर नहीं थे। दुकान जलाकर उन बिगड़ैल छोकरों ने वहीं ताण्डव नाच नाचना शुरू किया। आस-पास उपस्थित जन-समूह में से किसी की भी हिम्मत नहीं हुई कि उनके इस कुकृत्य का विरोध करे।

उस रात पूरे शहर में ब्लैक-आउट आदेश लागू कर दिया गया। परिणामस्वरूप पूरा शहर गहरे अँधेरे में डूब गया है। ऐसा लगता है जैसे श्मशान ही चारों ओर फैल

गया हो! सवारियों का आना-जाना पूरी तरह बन्द, सड़कों, गली-कूचों में कहीं कोई आदमी नहीं दिख रहा। घर में बैठे-बैठे जब भयानक ऊब होने लगी तो एक कुरसी ले जाकर बाहरी बरामदे में रख भृगु चौधुरी वहीं बैठ गये। थोड़ी ही देर बाद देखते क्या हैं कि एक आदमी मृत्यु-भय से भयभीत हो 'बचाओ, बचाओ, रक्षा करो' चिल्लाता हुआ भागता चला आ रहा है। चौधुरी के घर के सामने पहुँचते-पहुँचते चहारदीवारी फलाँगकर वह चौधुरी के घर की चौहद्दी के अन्दर आ गिरा। चौधुरी ने झटपट दौड़कर उसे सहारा दे ऊपर उठाया, "कौन है रे तू?"

"मेरा नाम राजेन्द्र है।"

फिर पता चला कि वह राजेन्द्र बरा नामक एक आदिवासी छात्र है। यहाँ से बस थोड़ी ही दूर पर रहता है। वहाँ कई आदिवासी जनजाति के लड़के एक साथ मिलकर कमरा किराये पर लेकर बड़े कष्ट से किसी तरह गुजर करते हुए पढ़ाई करते हैं। स्वभाव से राजेन्द्र बहुत ही शान्त और सुशील है। छुट्टी के दिनों में दैनिक मजदूरी का कोई काम मिल जाने पर वह कुछ कमाई कर लेता है। ऐसी कुछ छुट्टियों में वह चौधुरी के घर पर भी दैनिक मजदूरी का काम कर गया है। नाजुक स्वभाव का लड़का है, प्रायः हर समय उसके चेहरे पर हँसी खेलती रहती है।

"तो राजेन्द्र! तुम इस तरह चिल्ला क्यों रहे हो? आखिर हुआ क्या है जो इतना घबराये हो?"

"सी.आर.पी. पुलिस के जवानों ने मारते-मारते सिर फोड़ दिया है।"

"क्यों? ऐसा क्या किया था तुमने?"

बात यह है कि अपने घर में कहीं कोई रोशनी नहीं है। किताबें पढ़ पाने का भी कोई जुगाड़ नहीं। घर में बैठे-बैठे जब जी ऊबने लगा तो वह और उसका एक साथी बुद्धिराम दोनों ने घर से बाहर निकलने का मन बनाया और फिर शहर की मुख्य सड़क पर निकल आये। किन्तु जाने कहाँ से सी. आर.पी. के जवान आ धमके और उन्होंने दौड़ा-दौड़ाकर मारना शुरू कर दिया। उसकी घबराहट और परेशानी को समझते हुए चौधुरी उसे पकड़कर घर के अन्दर ले आये। मगर अब तक राजेन्द्र ने उन्हें यह तो बताया ही नहीं था कि उसने कमर में जो लुंगी लपेट रखी थी वह रास्ते में ही कहीं खुलकर गिर चुकी है, सो वह पूरी तरह दिगम्बर वेश में ही है। कमरे के अन्दर घुसते-घुसते अपनी इस स्थिति के प्रति जैसे ही वह सचेत हुआ कि पलटकर फिर पीछे की ओर बड़े जोर से भाग गया। चौधुरी चिल्लाते रह गये, "अरे ओ! थोड़ा ठहर तो, कुछ दवाएँ लगा दूँ।"

ठीक ही तो उपदेश दे रही है नयी राष्ट्रीय शिक्षानीति—अपने-अपने निजी विचारों, कल्पनाओं और प्रत्यक्षीकरणों एवं विश्वासों के अनुरूप सभी अपने ढंग से भारत का पुनः आविष्कार करें। उद्दण्ड प्रकृति के छोकरे, अपने से भिन्न विचार-धाराओं को माननेवाले आदमियों को अपनी पाशविक शक्ति से दबाकर, कुचलकर

उनपर शासन करना चाहते हैं और देश पर शासन करनेवाला दल आतंक की स्थितियाँ पैदा कर उनसे उपजे आन्दोलनों को कठोरता से दमन करने में जुटा हुआ है। सभी अपने-अपने मतानुसार चल रहे हैं।

संग्राम अर्थात् युद्ध। चौधुरी ने इस पर गम्भीरता से सोचते हुए निष्कर्ष निकाला कि भले ही कोई किसी युद्ध को धर्मयुद्ध कहे, परन्तु वास्तविकता तो यह है कि कोई भी युद्ध धर्मयुद्ध नहीं है। अथवा फिर यूँ भी सोच सकते हैं कि प्रत्येक युद्ध ही एक धर्मयुद्ध है।

11

गिरधारी लाल ने अपने हाथों को हिलाडुलाकर ऐसी मुद्रा बनायी कि लगा—नहीं, अब कुछ भी सम्भव नहीं हो पाएगा। इस तरह उसने अपनी गम्भीर निराशा दिखलायी। बोला, "इस तरह से तो अब कुछ भी नहीं हो सकेगा। अब बस परसों ही तो श्रीमती शईकीया का जन्मदिन था। उसके लिए मैंने एक बहुत सुन्दर सोने का हार बनवाकर तैयार करवा लिया था, परन्तु किसी काम नहीं आया।"

"क्यों, क्या हुआ? आपने खुद ही जाकर उनके जन्मदिन-समारोह के अवसर पर उसे भेंट देकर क्यों नहीं कृतार्थ कर लिया?"

इतना सुनकर गिरधारी लाल ने फिर एकदम दूसरी तरह की मुद्रा बना ली, जिससे लगा जैसे इस तरह के क्रिया-कलाप से उन्हें घृणा हो आयी हो। "अच्छा तो मैं जाकर अपने हाथों से सोने का हार दूँगा उन्हें? आप स्वयं उनके इतने करीब हैं, भाभी-भाभी कहकर पुकारते हैं, सो आपका तो अधिकार है कि उन्हें सोने का हार उपहार दे सकें। परन्तु मैं, मैं कौन होता हूँ जी? मामूली किस्म का एक बिसातबाने का दुकानदार मैं एक शिक्षित सभ्य महिला को सोने का हार उपहार देने जाऊँगा, तो लोगों की आँखों में कैसा चुभेगा, एक घृणा लगने जैसा व्यापार नहीं लगेगा क्या? अरे महाशय, प्रत्येक प्रकार के खेल का अपना एक विशेष नियम होता है। अब यही देखिए कि मैंने आपको अपने साथ लिया है, तो क्यों लिया है? क्या इसलिए अपने साथ जोड़ा है कि आपके पास बहुत अधिक धन-सम्पत्ति है सो उससे मेरा बड़ा काम सधेगा, या फिर इसलिए कि आप व्यापार-वाणिज्य के कौशल को बहुत बारीकी से जानते हैं, है कोई ऐसी बात इसके पीछे?

"ठीक, ऐसा कुछ तो सचमुच ही बिलकुल नहीं है। फिर आप ही बतलाएँ न कि क्यों लिया है अपने साथ?"

"सही-सही बतलाऊँ? तो सुनें, आपको अपने साथ इसलिए लिया है कि आप देखने में बहुत सुन्दर हैं, भव्य सुदर्शन पुरुष। आपके इस सुन्दर रूप का प्रभाव यह है कि आप जिस किसी आदमी को भी जब चाहें तुरन्त पटा सकते हैं। दूसरों को आकर्षित कर अपने मनमाफिक काम करवा लेने की आपकी क्षमता आँक कर ही मैंने आपको अपने साथ लिया था। परन्तु देखता हूँ कि आपके सहारे काम नहीं हो पाएगा। अब उस जुनू बाबू को ही देखिए, ओंकारमल ने जुनूबाबू को पकड़ा तो जुनूबाबू के हाथों बस एक बनारसी साड़ी की भेंट भिजवाकर ही उसने अपना काम करवा लिया। छिः छिः छिः जो काम जुनूबाबू ने कर दिखाया, वह आप नहीं कर पाये। जुनूबाबू है ही कौन-सी चीज। आप ही ने तो उसे चढ़ाया। मैंने तभी बार-बार मना किया था कि जुनू को साथ लेकर श्रीमती शईकीयाजी के पास मत जाइएगा। अरे साहब, दोस्ती दोस्ती है और व्यापार व्यापार है। व्यापार में दोस्ती का क्या वास्ता? व्यापार में बाप, भाई किसी के प्रति भी कोई दया-मया नहीं होती। अब देखिए न कि आपकी उस गफलत के कारण वह कितना सुन्दर चान्स, उतने अच्छे व्यापार का ऑर्डर हमारे हाथों से फिसल गया। धिक्कार है!"

कलकत्ते में रह पाना शैलेन बरुआ के लिए असम्भव होता जा रहा है। अब तो हालत ठीक वैसी ही हो गयी है जैसे कोई शिकारी किसी जानवर को मारने के लिए उसे दौड़ाते लिये जा रहा हो और बेचारे जानवर को प्राण बचाने का कोई दाँव नहीं मिल पा रहा हो। अच्छे-बुरे, न्याय-अन्याय के सम्बन्ध में भी उनकी स्पष्ट विचारधारा बन गयी है। अपने सामने आईना रखकर अगर अपनी गतिविधि का प्रतिबिम्ब उसमें देख-देखकर चले होते तो अपने चरित्र की रक्षा कर सके होते। किसी दूसरी परिस्थिति में जीने का अवसर मिला होता तो वे एक अत्यन्त सम्मानित व्यक्ति हो सके होते। वे अच्छी तरह समझ गये हैं कि कोई बात ठीक न होने पर भी उसका विरोध करने, या उसके प्रभाव को रोक रखने की क्षमता उनमें नहीं है। प्रायः ही वे दूसरों के प्रभावों में बह उठते हैं। अपनी इस चरित्रगत कमजोरी को वे स्वयं भी अच्छी तरह पहचानते हैं और इसीलिए उन्हें अपने आप पर ही चिढ़न होती रहती है। कलकत्ता में एम.ए. की पढ़ाई पूरी कर आने पर भी कभी वे एम.ए. की परीक्षा देकर उत्तीर्ण होंगे, इस तरह का मिथ्या भरोसा पाले रखकर अपने आपको धोखे में रखने से कोई लाभ नहीं है। जिन दिनों वे एम.ए. की परीक्षा देनेवाले थे, उस समय एम. ए. कक्षा की परीक्षा पूरी दोनों वर्षों की पढ़ाई पूरी करने के बाद सभी प्रश्नपत्रों की परीक्षा एक साथ होती थी। प्रथम वर्ष की पढ़ाई आरम्भ करने के शुरू-शुरू के दिनों में वे कुछ दिनों तक तो कक्षा में पढ़ने जाते थे। लेकिन उसके बाद तो वे पढ़ने गये ही नहीं। पढ़ाई की फीस वगैरह या आवश्यकतानुसार आवदेन पत्र वगैरह भी जमा

करना उन्होंने छोड़ दिया। अब परीक्षा का समय सर पर आ गया। पाठ्यक्रम की पुस्तकें, नोट्स वगैरह भी नहीं हैं। सही बात तो यह कि पुस्तकें वगैरह लाने की उनकी मानसिक अवस्था ही नहीं रही।

छल-कपट-धूर्तता से दूसरों को धोखे में रखने से क्या लाभ? अजित राय साहब मुँह से कभी कुछ कहते तो नहीं, फिर भी शैलेन अच्छी तरह जानता है कि भीतर-ही-भीतर उससे बहुत नाराज हैं। शुरू-शुरू में उन्होंने शैलेन को सावधान करने की कई बार कोशिश की थी, परन्तु अब नहीं करते। करने सें कोई असर नहीं होने वाला।

सुरेश मित्र शैलेन बरुआ को बुरा नहीं मानते। उनकी धारणा है कि वस्तुतः लड़का बुरा नहीं है। खराब काम करने की ओर उसकी स्वाभाविक प्रवृत्ति नहीं। इस लड़के में गुणों की भी कमी नहीं है। बहुत ही चुस्त-दुरुस्त और तेजस्वी है। आदमियों के साथ बात करने का तौर-तरीका जानता है। अपनी बातों और आचार-आचरण से लोगों को प्रभावित भी कर सकता है। बड़े खतरनाक किस्म में अपराध करने की शक्ति भी नहीं है। हाँ, अपराध क्षेत्र से निर्लिप्त रह सकने की क्षमता भी प्रबल नहीं है। प्रलोभन दिखाने पर उसकी उपेक्षा भी नहीं कर पाता। सुरेश मित्र बुद्धिमान और व्यावहारिक मनुष्य हैं। किसी आदमी से थोड़ी देर बात कर लेने का अवसर मिलते ही वह आदमी किस श्रेणी का है? इसे वह अच्छी तरह समझ जाते हैं। कलकत्ते में मित्र महोदय के भिन्न-भिन्न नामों वाले कई एक कारोबार हैं। बंग-बान्धव नामक एक प्रतिष्ठान है, जिसके माध्यम से वे बँगलादेश सरकार के लिए इधर से सामानों की सप्लाई करते हैं। एक दूसरी संस्था पूर्वी सेवा (ईस्टर्न सर्विस) नाम की है, जिससे असम प्रदेश सरकार के सामानों को भिजवाते हैं। इस संस्था को असम प्रदेश से जो सप्लाई ऑर्डर आसानी से मिलते रहे हैं, उनमें इस बार कुछ देरी हुई तो उसकी खोज-खबर पता करने के लिए उन्होंने शैलेन बरुआ को ही शिलांग भेज दिया। (उस समय असम की राजधानी शिलांग ही थी।) असमिया युवक के माध्यम से खोज-खबर करवाने के कुछ विशेष लाभ भी तो हैं। ऊपर से शैलेन काफी तेज-तर्रार है। लोगों को प्रभावित कर लेने की उसमें स्वाभाविक ताकत भी है। चेहरा-मोहरा भी राजकुमारों जैसा है। जीवन में उन्नति करने के लिए ये सब गुण तो मुख्य साधन हैं। हाँ, इतना जरूर है कि काम में मन लगाने की जरूरत होती है।

शैलेन बरुआ महेश भाई साहब के घर आकर ठहरा। महेश माने महेश अधिकारी, जो यहाँ के एक महाविद्यालय में शिक्षक हैं। बहुत ही भले आदमी हैं। शैलेन को वे बेहद प्यार करते हैं। शैलेन जब यहाँ प्रवेशिका (हाईस्कूल) परीक्षा में प्रथम श्रेणी में बहुत अच्छे अंकों से उत्तीर्ण हुआ था, तभी से उसके सम्बन्ध में उनकी बहुत ही अच्छी धारणा बनी हुई है। उनकी श्रीमतीजी, जिन्हें वह रुनू बहूजी कहता है, के साथ भी उसका काफी मेल-जोल है। पहले से ही कुछ हँसी-ठट्ठा के सुर में बात

करने की आदत है, "कहिए जी, कैसा निखार आ गया है? दिन-पर-दिन अप्सरा होती चली जा रही हैं।"

"ठीक ही ऐसा है क्या? देखकर माथा तो नहीं फिर गया?"

"हालत तो कुछ वैसी ही हो गयी है।"

इस बार वह यहाँ कलकत्ते के सुरेश मित्र का एजेण्ट होकर आया है, यह बात उसने महेश भाई साहब को नहीं बतायी थी। वैसे उसने साफ-साफ शब्दों में खुलकर तो नहीं कहा, परन्तु अपने काम के सम्बन्ध में ऐसा कुछ भाव दिखाया जैसे वह स्वयं ही कोई अपना निजी कारोबार शुरू कर दिया हो। यह जानकर महेश भाई साहब बहुत प्रसन्न हुए।

"बहुत अच्छा काम कर रहे हो। असमिया नवयुवक क्यों इस तरह के व्यापार-वाणिज्य में नहीं लगते? मैं तो कुछ समझ ही नहीं पाता हूँ, जबकि यह क्षेत्र काफी कुछ करने, पर्याप्त उन्नति करने का क्षेत्र है। और भली बात तो यह कि इसमें कोई विशेष कठिनाई भी नहीं है। बाजार से यथावश्यक माल पत्र इकट्ठा कर उपयुक्त जगह पर पहुँचा देने से ही सब कुछ हो जाता है। तुम मन लगाकर इसमें परिश्रम करो। अगर किसी से कुछ कहने या सिफारिश करने की जरूरत पड़े तो बताना, मैं भी कह दूँगा। हाँ, इस बात का पता करना कि इस काम में किसका विशेष प्रभावशाली दखल है। ठीक है, बढ़ते चलो। अरे हाँ! एक बात तो मैं पूछना ही भूल गया, तुम्हारी परीक्षा कैसी हुई? कब हुई? इस बार तुम्हारी एम.ए. फाइनल की परीक्षा नहीं थी क्या?"

इस प्रकार के निष्कपट, सरल और स्नेही स्वभाव के आदमी से झूठ बोलना शैलेन के लिए भी कष्टदायक कार्य था, सो उनसे कुछ छिपाया नहीं,"इस बार परीक्षा पूरी नहीं दी। द्वितीय प्रश्न पत्र अच्छा हुआ नहीं। समझ गया कि प्रथम श्रेणी नहीं आ पाएगी। अब अगले साल दूँगा।"

"ठीक है जो हुआ सो हुआ, अब फिर मत छोड़ना। अच्छा है कि अभी से उसकी तैयारी शुरू कर दो, थोड़ा-थोड़ा पढ़ते-लिखते रहो।"

इतने स्नेह देनेवाले सीधे स्वभाव के निष्कपट हृदय के हैं महेश अधिकारी जी। फिर भी इनके इस स्नेह-सौहार्द का प्रतिदान क्या दिया मैंने? शैलेन बरुआ को अपने आप पर ही घिन लगने लगी, आक् थू। वे बहुत कोशिश करते हैं कि उस दिन की घटना पूरी तरह से भूल जाएँ परन्तु भुला नहीं पाते। अपने आपको निर्दोष सिद्ध करने के लिए वे कभी-कभी सारा दोष रुनू बहूजी के ऊपर मढ़कर अपने आपको सान्त्वना देने की कोशिश करते हैं। परन्तु इस तरह का विचार भी अधिक समय तक मन में स्थिर नहीं रख पाते, फिर अपने आपको ही कलंकित करने लगते हैं।

शैलेन बरुआ सचमुच ही अपने-आपसे बेबस हो गया है। सीधा-सादा साधारण जीवन जीने के लिए ही उसका जन्म हुआ था, परन्तु अपने सामान्य परिवेश से एकदम

उल्टी तरह की स्थितियों में जा फँसने के कारण वह उनकी उलझनों और दबावों को सँभाल नहीं सका। एम.ए. की परीक्षा देने की बात बिलकुल झूठी ही रही। और दूसरे तरह के क्रिया-कलापों से अगर वह किसी तरह छुटकारा पा भी लेता तो भी पढ़ने-लिखने में अब वह मन नहीं लगा पाता। समय-समय पर वह मन-ही-मन कड़ी-से-कड़ी प्रतिज्ञा भी करता है कि अब उन सब फालतू कामों में नहीं पड़ेगा, सब कुछ छोड़-छाड़कर फिर से पढ़ाई में लग जाएगा, किन्तु तभी कोई ऐसी परिस्थिति आ खड़ी होती कि सारी प्रतिज्ञा कहाँ बह-ढह जाती, इसका कुछ पता ही नहीं चलता। अपने स्वभाव के इस ऊट-पटाँग रूप को वह भी अच्छी तरह जानता है।

सुरेश मित्र का वह व्यापारिक कार्य जब शैलेन की वजह से बहुत आसानी से सम्पन्न हो गया तो खुश होकर उन्होंने शैलेन को भी बख्शीश रूप में बस यूँ नाम करने भर के लिए ही थोड़ा-सा कुछ दिया। उसने सोचा—सुरेश मित्र का कारिन्दा (एजेण्ट) बनकर काम करने की क्या जरूरत है? इस तरह का काम तो खुद ही स्वतन्त्र रूप से कर सकता हूँ। इसमें खास असुविधा भी नहीं है। शुरू करने के लिए आरम्भ में ही कोई बहुत अधिक मूलधन लगाने की भी जरूरत नहीं। सामानों की खरीद का ऑर्डर मिल जाने के बाद सामानों की सप्लाई करने के लिए तो दल-के-दल लोग तैयार हुए बैठे हैं। ऊँचे-ऊँचे अधिकारियों को पटाकर खूब ऊँची दर की कमीशन पर ऑर्डर प्राप्त कर लें तो फिर कोई चिन्ता ही नहीं। ऑर्डर की हुई सभी चीजों को जुटाकर पहुँचा देने की भी कोई विशेष आवश्यकता नहीं। बहुत-सा काम तो रजिस्टर पर लिखत-पढ़त से ही हो सकता है।

गिरिधारी लाल उसे बराबर उकसाता रहता है, “अरे साहब! आप तो बस किसी तरह ऑर्डर मंजूर करवा लाइए। उसके बाद जो कुछ करना होगा, वह सब मेरे ऊपर छोड़िए। मैं सँभालूँगा, आप फिर कोई चिन्ता मत कीजिए।”

इस तरह के घुटे हुए व्यापारी सारी बातें जानते हैं। उनकी जानकारी की प्रतिभा देखकर दाँतोंतले अँगुली दबानी पड़ती है। जितने भी बड़े-बड़े अधिकारी या शक्तिशाली नेता वगैरह हैं, उनकी एक-एक गतिविधि, उनकी एक-एक पसन्द-नापसन्द, उनकी खास-खास कमजोरियों को वे बहुत अच्छी तरह जानते हैं।

“शैलेन बाबू! आज सायंकाल दुबारा साहब से जाकर मिलिए न!”

“नहीं भाई! आज तो मैंने सिनेमा देखने का कार्यक्रम पहले से ही बना रखा है। अब तो उनसे कल शाम को ही मिल पाऊँगा? आप कोई चिन्ता न करें, परसों तक ऑर्डर जरूर मिल जाएगा।”

“मगर कल शाम को आप दुवरा साहब को पाएँगे कैसे?”

“क्यों नहीं पाऊँगा? क्या वे कल घर पर रहेंगे नहीं, कहाँ लापता हो जाएँगे कल?”

“दरअसल, बात यह है कि बड़े साहब शईकीया महोदय कल से पर्यवेक्षण करने

के लिए बाहर (टूर पर) जाएँगे। ऐसीं परिस्थिति में उनकी श्रीमतीजी बेचारी अकेले घर पर पड़ी-पड़ी ऊबती रहेंगी। ऐसी दर्दनाक दशा में दुवरा साहब उनका मन बहलाने के लिए उनके बँगले पर जाकर थोड़ा बातचीत तो करेंगे न। यदि उन्होंने इतना भी नहीं किया तो मेमसाहब का मिजाज क्या बिगड़ नहीं जाएगा? दुवरा साहबजी बड़े ही नरम दिल के इन्सान हैं। श्रीमती शईकीया की उदासी उनसे भला कैसे देखी जा सकेगी? अब उन्हें अकेले छोड़कर वे साँझ को ही तो घर नहीं न आ जाएँगे। उनका दिल बहलाकर उन्हें मीठी नींद सोने का इन्तजाम किए बगैर रात के बारह बजे के पहले वे अपने बँगले पर भला कैसे लौट सकेंगे?"

"आप इतनी सारी आन्तरिक बातें कैसे जानते हैं?"

"अरे साहब! जानना पड़ता है। जानने की बहुत जरूरत होती है। अगर इतना भी नहीं कर सकेंगे तो व्यापार कैसे कर सकेंगे? अच्छा, शैलेन बाबू! आप एक काम क्यों नहीं करते?"

"कैसा, कौन-सा काम?"

"श्रीमती शईकीया महोदया से ही परिचय क्यों नहीं बना लेते?"

"सो कैसे?"

"वह ऐसे कि श्रीमती शईकीया साहिबा जब अभी महाविद्यालय की छात्रा थीं तो महाविद्यालय में जो सांस्कृतिक उत्सव हुआ था, उसमें उन्होंने बड़े शौक से गाना गाया था। अतः आप उन्हें गाना गाने के लिए बुलाइए न!"

"अच्छा! कहाँ बुला लूँ? आपकी व्यापार संस्था की गद्दी पर?"

"राम, राम, राम। यह क्या कहते हैं आप! अरे, आप तो एक बहुत सुन्दर-सा सांस्कृतिक महोत्सव कीजिए। उसमें उन्हें आदरपूर्वक बुलाइए। खर्चा? अरे खर्चे की चिन्ता मत कीजिए, मैं दूँगा खर्चा।"

परन्तु नहीं। इतनी सारी सुविधाएँ पाकर भी शैलेन बरुआ व्यापार-वाणिज्य की इस दुनिया में कोई सुविधा नहीं जुटा पाया। वस्तुतः किसी भी क्षेत्र में एकाग्रचित्त हो लगे रहने की उसमें ताकत ही नहीं है। जबकि यहाँ किसी तरह काम हासिल करना था, तब उसी बीच अपने कुछ मित्रों के साथ वह मानस अभयारण्य में विहार करने चला गया, जहाँ पहुँचकर सब कुछ भूलकर तीन दिन तक वहीं पड़ा रह गया। जबकि इसी बीच ओंकारमल ने जुनू के नाम में उस भारी खरीद ऑर्डर को हासिल कर लिया।

गिरिधारीलाल इसी से भयानक रूप से विक्षुब्ध और क्रुद्ध हो उठा है।

"आप यह मामूली-सा काम भी नहीं कर सकते। अब मैं अच्छी तरह जान गया हूँ कि आपके जरिए यह सब काम नहीं होगा।"

12

राइजाँइ लागिछे गाते भण्टि बाखर एइ
चकू दूटि नाहर एइ,
चाये नो चाइ थाकिबर मन॥

शरीर में मस्ती उमड़ पड़ी है। गहनों में जड़े हुए रत्नों से प्रकाश फैल रहा है। दोनों आँखों में मानो नागकेशर के फूल हों। देखते-देखते भी मन भरता नहीं, और भी देखने के लिए लालायित रहता है।

—बड़ा ही मनमोहक बिहूगीत है। नृत्य के छोटे-छोटे छन्द युवक-युवतियों के शरीर में अपने आप ही हिल्लोल कर भर उठता है। किसी के कहने-सुनने-निर्देशन देने की कोई जरूरत ही नहीं होती। भृगु चौधुरी तो गीतों के लिए इतने लालायित रहते हैं कि फिर पूछो मत। उसमें भी लोग गीत के पीछे तो जैसे पागल हो जाते है। वस्तुतः ये गीत मनुष्य और धरती के अन्दर दबी पड़ी मादकता और गरमाहट को बरबस बाहर खींच लाते हैं। प्रतिमा पाण्डेय, विख्यात गायिका, द्वारा गाये गये गोआलपरीया गीत सुनते हैं, सचमुच ही होश-हवाश खोकर आत्मविभोर हो जाते हैं।

संगीत-प्रेम की भी तो कोई हद होती है परन्तु आज के जमाने में तो ये मतवाले लोग इसका कोई खयाल ही नहीं रखते। सारी-की-सारी रात लगातार बिहूगीत चलता ही रहता है। जब आरम्भ होता है, तब तो अच्छा ही लगता है परन्तु जब वही बार-बार दरेरा मारता रहता है, रगड़ खाते-खाते मन का कोई कोमल स्थान क्षत-विक्षत हो जाता है, जब उतना गहरा घाव देने के बाद भी प्रहार-पर-प्रहार चलता ही रहता है, तब तो सहने की सीमा से पार हो जाता है। वस्तुतः यह भी एक प्रकार की जबरदस्ती सजा देना ही है। रात जितनी ही अधिक बढ़ती जाती है गानेवालों का शील-संकोच उतना ही कम होता जाता है। गले की आवाजें और बाजों की थापें कान फाड़ने की सीमा तक उठ जाती हैं, नृत्य के ताल उद्धत हो जाते हैं। इस तरह का धूमधड़क्का पहले तो कभी-कभार ही आता था, परन्तु अब तो इनका बहुत जल्दी-जल्दी बार-बार होते रहने का क्रम बेहद बढ़ गया है।

इस तरह की धमाचौकड़ी की संगीत-नृत्य गोष्ठी भृगु चौधुरी के मकान से बिलकुल सटे मकान के दूसरे तल्ले पर जमती है। पूरी रात नाच-गान का ताण्डव चलता ही रहता है। उनके शयन-कक्ष से इतना समीप पड़ता है वह समारोह हाल कि गान-नाच की तो बात ही क्या, गिलास-बोतलों की ठनठनाहट के अलावा उनमें ढाले जानेवाले द्रव पदार्थों से जो शब्द होते हैं, वे भी सीधे कान में घुस आते हैं। वैसे कभी-कभी संगीत की धमाचौकड़ी बीच-बीच में थोड़ी देर के लिए थम भी जाती है

परन्तु जब संसार भर की समस्याओं को लेकर बड़ी जोरदार तीखी आवाजों में और कभी लड़खड़ाती जुबानों में तर्क-वितर्क चलता है, फिर उस चर्चित समस्या का समाधान किस प्रकार हो, इसे उन्हीं में से कोई एक बस एक ही वाक्य में समझा देता है।

उन्हीं में से कोई एक अपने जीवन की व्यर्थता पर अचानक बहुत ही सचेत हो उठता है। दुनिया भर में अपने आपको ही सबसे गया-बीता मानकर फुक्का मारकर रोने लगता है। हिचकियाँ बँधने लगती हैं और मजा यह कि उसकी यह मानसिक दशा वहाँ उपस्थित और लोगों के मन में भी छूत की बीमारी की तरह संचारित हो जाती है। फलतः उसे दिलासा देते-देते वे सब भी उसी के स्वर-में-स्वर मिलाकर हिचक-हिचककर रोने लगते हैं। एक बड़ी ही करुण परिस्थिति छा जाती है तब। फिर तो गिलासों और बोतलों के आपस में टकराने का क्रम और तेज हो जाता है। वैसे यह परिस्थिति ज्यादा देर तक नहीं रहती। अपनी स्वाभाविक स्थिति पर पुनः लौट आने के लिए वे और अधिक प्रयत्नशील हो जाते हैं फिर तो और भी तेज गति से नाचना-गाना आरम्भ कर देते हैं—

"मेरे और करीब मत सटो ओ नर्तकी
मैं सँभाल नहीं पाऊँगा।
तुम्हारी देह में अद्‌भुत मोहिनी शक्ति है।"

कभी-कभी उनमें से कोई एक और अधिक प्रगल्भ हो उठता है और आत्म-प्रशंसा करते हुए जोर-जोर से कहता है—

"मैं बहुत ही अच्छा गाता हूँ। नाचने में भी मुझे कमाल की महारत हासिल है और बाजा बजाने की तो कुछ पूछिए ही मत। मुँह से ही ऐसे-ऐसे बाजों की आवाज निकाल दूँ कि सुननेवाले चकित रह जाएँ।" अपनी योग्यता को प्रमाणित करने के लिए पहले तो वह बहुत ऊँचे स्वर में आलाप भरने लगता है, फिर और जोरदार धमाके से नाचना शुरू कर देता है और अन्त में अपने मुँह से ही बाजा बजाने की तर्ज पर धड़ाधड़ आवाज निकालने लगता है—

"डुम डुम, डाडुम डुम।
डाडुम, डाडुम, डाडुम॥"

इस तरह उसके बाजा बजाने की गति और भी तेज हो गयी। उसके बाकी साथी और जोर-जोर से चिल्ला-चिल्लाकर उसकी प्रशंसा करते हुए उसका अभिनन्दन करने लगे। कुल मिलाकर शब्दों का एक प्रचण्ड विस्फोट होने लगा। नरक जैसा प्रमत्त चिंघाड़ पूरी बस्ती को कँपाने लगा।

अब रोज-रोज का यह ताण्डव सहन-सीमा के पार होने लगा। भृगु चौधुरी का कमरा बिलकुल सटा हुआ ही तो है, सो पूरी-की-पूरी रात में क्षण भर भी सो सकने का कोई उपाय नहीं। परेशानी इस वजह से और ज्यादा है कि चौधुरी की पत्नी का स्वास्थ्य ठीक नहीं है। बीमारी की इस हालत में रात में सो न पाने के कारण दूसरे दिन सर दर्द के मारे ऐसा फटने लगता है कि बिस्तरे पर से उठ सकना तक कठिन हो जाता है। कितना अत्याचार ढा रहे हैं ये लोग। नहीं, अब और बर्दाश्त नहीं किया जा सकता।

चौधुरी की पत्नी ने झपटकर उनका हाथ पकड़ लिया।

"क्या कर रहे हैं आप? कहाँ जा रहे हैं?"

"देखती नहीं कितना हुड़दंग मचाये हुए हैं ये सब। जाकर जरा मना तो करूँ। बिना डाँटे-डपटे ये मानेंगे नहीं।"

"नहीं, बिलकुल नहीं। आप नहीं जाएँगे उधर। जाने से कोई फायदा नहीं होने का। उलटे वे सब आपको ही अपमानित कर देंगे। आप क्या सोचते हैं कि उन्हें कुछ समझ-बूझ भी है? वे सभ्य समाज का आचरण क्या जानें। अरे वे कहीं आप पर भी हाथ छोड़ बैठें तो भी कोई अचरज की बात नहीं।"

ठीक ही तो कह रही है। एक सभ्य बस्ती में आधी रात की वेला में जो लोग इस तरह का हुड़दंग मचाये रख सकते हैं, उनके पास सोचने-विचारने की किसी तरह की बुद्धि होने का तो प्रश्न ही नहीं है। मनुष्य के जीवन में कब, किस ओर से, कौन-सी विपत्ति आ पड़ेगी, इसे पहले से ही भला कौन बता सकता है। भृगु चौधुरी ने सपने में भी नहीं सोचा था कि उनके जीवन में कभी इस प्रकार की विपत्ति आ धमकेगी। इसे विपत्ति न कहें तो फिर कहें क्या? सूरज ढलते-ढलते ही मन में यही आशंका उठने लगती है कि हे भगवान! आज भी वह पार्टी अपना गाने-नाचने का प्रोग्राम चलाएगी क्या? इस तरह रात-दर-रात बिना सोये ही रातें पलकों में बिताने की मजबूरी झेलना कितना कष्टकर है? कैसा भारी दण्ड है यह! कितनी असहनीय पीड़ा है यह?

चौधुरी की पत्नी ने दोनों हाथों से उनकी कमर पकड़ ली। "चाहे कुछ भी हो, कितना भी कष्ट झेलना पड़े मगर आप उन्हें मना करने नहीं जाएँगे। इन सबको क्या बड़े-छोटे की कुछ भी तमीज है? बड़े-बूढ़ों के साथ कैसा बर्ताव करना चाहिए; क्या वे सब इसकी कुछ भी समझ रखते हैं?"

एक रात तो उनका यह उत्सव नाच-गाने की जगह हल्ला-हुड़दंग की अन्तिम सीमा तक ही पहुँच गया। हालत यहाँ तक पहुँच गयी कि मारपीट भयंकर रूप में चालू हो गयी। शुरू में तर्क-वितर्क शुरू हुए थे, फिर गाली-गलौज का क्रम चालू हुआ, तब हाथापाई और अन्त में मारपीट मच गयी। धूप-धाप, धूम-धड़ाम के हाथों-लातों की आवाज के साथ-साथ कुरसी-मेज फेंक मारने, शीशी-बोतल टूटने की आवाजें भी क्रमशः बढ़ती ही गयीं।

"यह क्या काण्ड हो रहा है जी।" अनजाने ही चौधुरी बेहद उत्तेजित हो उठे। उत्तेजना के मारे वे बड़े जोर से काँपने लगे। उन्हें इस तरह का काँपता देख उनकी पत्नी बहुत अधिक घबरा गयीं। "हाय राम! यह क्या हो गया आपको? आप क्यों इतने परेशान हो गये हैं? वे सब मारपीट करके मरना चाहते हैं तो मरें। आपको इससे क्या?"

"देख रही हो, देख रही हो इन सबकी गुण्डागर्दी?" चूँकि इस तरह की कोई घटना उन्होंने पहले कभी नहीं देखी थी, इसका कारण भी चूँकि वे नहीं जानते थे, इसी से उनके लिए वह इतना अधिक बेकली का कारण बन गया था।

"साला हरामजादा। बन्द कर अपना हरामीपना।"

"अरे मर गया रे। कमर टूट गयी रे दादा।"

बड़ी जोर की करुण पुकार जो उठी तो चौधुरी की श्रीमतीजी अभी कुछ अन्दाजा लगा पाएँ कि उसके पहले ही चौधुरी दरवाजा खोलकर बरामदे की ओर निकल गये। उन्होंने लक्ष्य किया कि कोई एक नौजवान उनकी चहारदीवारी के घेरे के भीतर धमाक से आ गिरा है। उसकी सहायता करने के उद्देश्य से चौधुरी दौड़ते-भागते उसकी ओर बढ़े परन्तु जैसे ही वे उसके पास पहुँचे, वह किसी तरह कमर सीधी करते हुए खड़ा हुआ, फिर दर्द से कराहता हुआ कुबड़ों जैसा झुके-झुके ही पीछे की ओर से भाग गया। तभी चौधुरी की श्रीमतीजी भी दौड़ती आ पहुँचीं और चौधुरी को पकड़कर खींचती हुई घर के अन्दर लिवा ले गयीं और दरवाजा धड़ाम से अन्दर से ही बन्द कर दिया। हैरान-परेशान-से चौधुरी कमरे के बीचोंबीच खड़े रह गये।

13

कोई भी घटना किसी प्रकार का मोड़ ले सकती है। इसके लिए पहले से ही कोई सुनिश्चित सूत्र नहीं होते। घर से बाहर निकलते समय कोई भी पहले से ही बता नहीं सकता है कि अपनी यात्रा के क्रम में वह किससे मिलेगा और कौन-कौन से दृश्य देखेगा।

काफी दिनों से एक जोड़ी नया जूता खरीदने की जरूरत महसूस हो रही थी। जब देखा कि अब पुराने से एकदम ही काम नहीं चलेगा, तो उस दिन सवेरे नौ बजे के करीब ही भृगु चौधुरी बाजार के लिए निकल पड़े। थोड़ी ही दूर चले होंगे कि श्रीमती दत्त के दर्शन हो गये। उस समय वे अपने मकान के सामने फाटक के पास आ खड़े

ठेलेवाले से साग-सब्जियाँ खरीद रही थीं। अगर उसके पन्द्रह मिनट पहले ही उधर से निकल गये होते या फिर पन्द्रह मिनट बाद वहाँ पहुँचते तो श्रीमती दत्त से मुलाकात नहीं हो पाती। चौधुरी को उस दिन उसी समय जूता खरीदने की इच्छा हुई और अपने मकान के पूरब की ओर से जानेवाली सड़क से न जाकर वे पश्चिम की ओर से जानेवाली सड़क से निकल पड़े थे। श्रीमती दत्त को उसी दिन, उसी समय साग-सब्जी खरीदने की आवश्यकता हुई और ठीक उसी वेला में सब्जीवाला भी ठीक उसी सड़क से पुकार लगाता हुआ गुजर रहा था। श्रीमती दत्त की नौकरानी उस दिन अपने घर चली गयी थी। उनका लड़का उस समय स्नान करने के लिए स्नानागार में चला गया था, सो उन्हें ही निकलना पड़ा था। इस तरह की विभिन्न परिस्थितियों के एक विशेष ताने-बाने की बुनावट के चलते भृगु चौधुरी की मुलाकात श्रीमती दत्त से हो गयी थी। उनसे मिलने का अवसर मिलने से अच्छा ही रहा, चौधुरी का मन प्रसन्न हो गया। बातचीत के क्रम में श्रीमती दत्त ने बतलाया कि उनकी नातिन ने तीन विषयों में विशेषांक (डिस्टिंक्शन) पाते हुए प्रथम श्रेणी में विद्यालय की अन्तिम परीक्षा उत्तीर्ण की है तो ऐसी खुशखबरी पाकर चौधुरी के हृदय में सचमुच ही खुशी की लहर दौड़ गयी।

"तब तो मिठाई खाने के लिए एक दिन आना पड़ेगा।"

"निश्चय, निश्चय, जब मन करे आ जाइएगा।"

इस तरह घटनाओं के घटते रहने की कोई स्पष्ट क्रम-योजना नहीं थी। इतना सुन्दर समाचार सुनकर चौधुरी के चेहरे पर जो हँसी की तरंग खेलने लगी थी, वह अभी शान्त भी नहीं हो पायी थी कि बड़ी तेज रफ्तार से आ रहे एक आटोरिक्शा को करीब आते देख वे बचने के लिए घबराये-से सड़क के एक किनारे की ओर चले गये। उसमें बैठकर जा रहा नवयुवक जब उनकी ओर मुड़ा, तो कुछ सकपका-सा गया, फिर कुछ विशेष सावधानी से विनम्रता सूचक मुद्रा में बैठ गया तथा उनकी ओर देखते हुए चेहरे पर मुसकराहट का भाव ले आने की कोशिश की। चौधुरी उस नवयुवक को पहचान नहीं सके। किन्तु उन्होंने मन-ही-मन अनुमान कर लिया कि हो-न-हो वह उनका कोई पुराना शिष्य था। उसने अपनी शरीर की जो उस तरह की मुद्रा बनायी थी, वह वस्तुतः उनके प्रति श्रद्धा प्रदर्शित करने की ही कोशिश थी।

इन आदमियों को आखिर हो क्या गया है? फैंसी बाजार (गुवाहाटी का एक प्रसिद्ध बाजार) से ही लगातार उनमें कहा-सुनी होती चली आ रही है। विवाद का विषय यह है कि बामुनी मैदान तक का बस भाड़ा पचहत्तर पैसा है या कि पैंसठ पैसा! बस-यात्रा कर रहा वह आदमी पैंसठ पैसे से अधिक देने को तैयार ही नहीं है क्योंकि उसके मत से भाड़ा पैंसठ पैसा ही होना चाहिए जबकि बस का कण्डक्टर पचहत्तर पैसे से एक पैसे भी कम लेने को राजी नहीं है। उन दोनों की इस कहा-सुनी को सुन चौधुरी को शुरू में तो बहुत बुरा लगा परन्तु बाद में कौतुक महसूस होने लगा

कि देखें अन्त में जीतता कौन है? कण्डक्टर कुछ सुविधाजनक स्थिति में जरूर है क्योंकि यात्री से एक रुपये वह ले चुका है अतः अब वह पचीस पैसे ही उसे लौटा रहा है परन्तु यात्री केवल पचीस पैसे थामने को तैयार ही नहीं है। "चलो लौटाओ पैंतीस पैसे।"

"अरे लो, पकड़ो अपने ये पच्चीस पैसे।" इस तर्क-वितर्क के बीच में ही चौधुरी का अपना पड़ाव आ गया, सो उतर पड़े, उनमें से अन्ततः किसकी जीत हुई, देख नहीं सके।

पैदल-पैदल कुछ आगे बढ़े तो सामने एक स्कूटर के पास एक लड़की खड़ी दिखी। लड़की कुछ जानी-पहचानी-सी लग रही है। एक लड़का है जो स्कूटर से सटा बैठा है और स्कूटर में कुछ मरम्मत वगैरह कर रहा है।

"चाचाजी, आप!"

"अरे मिनती हो क्या? यही तो मैं सोच रहा था कि चेहरा कुछ जाना-पहचाना-सा लग रहा है। इधर कहाँ जा रही हो?"

"बैंक तक जाऊँगी।"

"कोई बात कहीं, अभी समय है। अभी तो बारह भी नहीं बजे हैं।"

मिनती ने कुछ आश्चर्यभरी दृष्टि से चौधुरी की ओर देखा। तभी चौधुरी पूछ पड़े, "कहो बेटी, तुम्हारे पिताजी कैसे हैं?"

"ठीक ही हैं।"

"वस्तुतः तुम्हें देखे बहुत दिन हो गये थे न, इसी से पहचानने में कुछ कठिनाई हुई। अच्छी तरह हो न?"

"बहुत दिन क्यों? मैं तो आपके मकान के सामने से ही रोज आती-जाती हूँ। प्रायः ही तो आपको सड़क के सामने के बरामदे में बैठे देखती हूँ।"

"अच्छा। ऐसी बात है? हाँ, हो सकता है। आजकल आँखों की रोशनी बहुत कमजोर हो गयी है। आँखों के सामने ही रास्ते से आने-जानेवालों को भी पहचान नहीं पाता, कि कौन आया, कौन गया। अब अगर तुमने आज पुकारा न होता तो तुम्हें भी पहचान नहीं पाता। अरे हाँ, तू तो एक विद्यालय में काम करती थी न! वहीं काम कर रही हो न?"

"नहीं, चाचाजी। विद्यालय का काम तो कब का छोड़ दिया।"

"क्यों जी? ऐसा क्यों किया?"

"क्या करती। पूरे महीने में बस तीन सौ रुपये की पगार देते थे।"

"बस केवल तीन सौ रुपये? बहुत बुरी बात है। यह तो जान-बूझकर दूसरों के श्रम और क्षमता का दुरुपयोग है। भयंकर शोषण है। बी.ए., एम.ए. करके इतनी सारी लड़कियाँ बेरोजगार बैठी हुई हैं न, इसी का लाभ उठा रहे हैं सब। तो किसी दूसरे काम में लग सकी कि नहीं?"

"हाँ, बैंक में नौकरी पा गयी हूँ।"

"बहुत अच्छा। बहुत अच्छा किया। बैंक की नौकरी बहुत अच्छी है। उन्नति का भी अच्छा अवसर होता है वहाँ।"

"गोली खाकर मरने की भी सुविधा है वहाँ।" स्कूटर ठीक करनेवाला नौजवान खड़े होते हुए बोला।

चौधुरी ने उसकी ओर जिज्ञासु नजरों से देखा।

"मैं सत्यजित हूँ। पहचान नहीं पाये क्या?"

"कैसे पहचान पाऊँगा? ये दाढ़ी-मूँछ कब से बढ़ाने लगे हो।"

"दाढ़ी बढ़ाये रखने से लोग जरा आदरपूर्वक व्यवहार करते हैं। कोई बड़ा गुण्डा समझते हैं।"

"क्या समझते हैं लोग?"

"जाने दीजिए। ये बातें आप समझ नहीं पाएँगे। जरा यह तो बतलाएँ कि आपके पड़ोस में रोज-रोज लड़के जो ऊधम मचाये रहते थे, वह अब कुछ कम हुआ कि नहीं?"

"कुछ मत पूछो जी। हम लोगों पर तो यह एक भारी जुल्म ही आ पड़ा है। अब तुम तो अच्छी तरह जानते हो कि तुम्हारी चाचीजी की तबीयत बहुत गम्भीर रूप से खराब है। चिकित्सकों ने आराम करने की हिदायत दी है परन्तु वे सब इतना ऊधम मचाते हैं कि सारी-की-सारी रात जागते बितानी पड़ती है, पल भर की नींद नहीं लेने देते। कितना भयानक अत्याचार है, क्या बताऊँ।"

"अच्छा। तो अभी भी वे सब उसी तरह की ऊधमबाजी करते हैं?"

"नहीं। इधर दो दिनों से तो शान्त हैं।"

"तब ठीक है। मेरा अनुमान है कि अब वे शान्त ही रहेंगे। ज्यादा धुन्धबाजी नहीं करेंगे। अभी उस दिन तो उन सबों की अच्छी-खासी पिटाई कर दी है। सीख तो अच्छी तरह मिल गयी होगी।"

"तुमने की उनकी पिटाई? अकेले-अकेले?"

"नहीं, दो-चार साथी और संग ले गया था।"

"जरा खोलकर बतलाओ तो। आखिर हुआ क्या था? उस रात को काफी मारपीट मची हुई थी।"

"कुछ पूछिए मत। उनकी गुण्डागर्दी इतनी बढ़ गयी थी कि मिनती का तो घर से बाहर निकलना मुश्किल हो गया था। देखते ही ऐसे-ऐसे भद्दे फिकरे कसते, ऐसी अश्लील हरकतें करते कि सहना मुश्किल हो जाता था।"

"क्यों जी। सभ्य समाज के एक शालीन परिवार की सुशिक्षित लड़की को वे इस तरह बिना वजह क्यों परेशान करते थे?"

"मेरे स्कूटर पर बैठकर मेरे साथ अपने बैंक कार्यालय आती-जाती है न। बस इसीलिए।"

"अपने ही मुहल्ले की, परस्पर परिचित परिवार की लड़की है, तुम्हारे साथ आती-जाती है, तो इससे उन सबों का क्या ?"

"यही बात तो उनकी समझ में नहीं आ रही थी। अतः फिर पक्का इन्तजाम कर उन्हें ढूँढ़ते हुए उस रात वहाँ हम जा पहुँचे। वहाँ भी हमने उन्हें बहुत नरमी से समझाया कि भाइयो, मान जाओ। सभ्य समाज में यह असभ्यता क्यों करते हो, परन्तु उनकी समझ में आया नहीं। उल्टे गाली-गलौज बकने लगे और हमें ही मारने को दौड़ पड़े। फिर क्या करते? तैयार तो हम थे ही सो शुरू कर दी धुनाई। प्रायः हर एक को पीटा, परन्तु अफसोस कि बहुत अच्छी तरह पिटाई हो नहीं पायी। इतने सारे तो थे वे और फिर जिसे जिधर जगह मिली, वह उधर ही भागा। एक बदमाश तो इतना मूर्ख था कि दो तल्ले की खिड़की से ही नीचे धरती पर छलाँग लगा बैठा। हम तो डर गये कि कहीं मर-मरा तो नहीं गया। परन्तु थोड़ी देर बाद ही जब चिल्लाने लगा, "मर गया रे। कमर टूट गयी रे।" तब समझा कि नहीं, मरा नहीं है, मगर उसकी कमर टूट जाने का डर जरूर हुआ। लेकिन जब देखा कि वह भी कुबड़ों जैसे भाग गया, तब मन में ढाढस हुआ कि चलो कुछ खास चोट नहीं आयी।"

"कहाँ के हैं ये ऐसे चरित्र के लड़के?"

"कहाँ के होंगे भला? सब यहीं के हैं। वही कोई साधारण या छोटे-ओछे परिवारों के नहीं; अपितु सम्पन्न बड़े-बड़े नामी-गिरामी परिवारों की सन्तानें हैं वे।"

14

आजकल किसी एक विशेष विषय पर बहुत देर तक मन लगाये रखना सम्भव नहीं हो पा रहा। एकान्त मन से, एक चित्त हो, एक ही विषय पर सोचते रहना मुश्किल हो उठा है क्योंकि एक विषय पर मन लगाने की कोशिश करते हैं कि मन झपट्टा मारकर दूसरे विषय पर सोचना शुरू कर देता है। भृगु चौधुरी कर्नाटक प्रदेश के मातंगी देवी के मन्दिर की पूजा-अर्चना की पद्धति पर विचार कर रहे थे। कर्नाटक मालानाड इलाके की सीमा में एक गाँव है चन्द्रगुड़ि! मातंगी देवी का मन्दिर इसी गाँव में है। इसकी पूजा-अर्चना की अपनी एक अजब ही पद्धति है। इस गाँव से चार किलोमीटर की दूरी पर एक नदी बहती है बरदा। वर्ष की एक विशेष तिथि को भक्तगण इसी

बरदा नदी में स्नान करते हैं। स्नान के अनन्तर वे अपने भीगे कपड़े वहीं छोड़ देते हैं और कोई दूसरा कपड़ा पहने बगैर, नंगे बदन पूरे चार किलोमीटर का रास्ता पैदल चलते हुए उसी दिगम्बर अवस्था में अपनी आराध्या देवी मातंगी के मन्दिर में पहुँचकर पूजा-अर्चना करते हैं। विशेषता तो यह है कि इस तरह परम नग्न अवस्था में पूजा करने जानेवाले भक्तों में अधिकांश संख्या स्त्रियों की होती है। सन् 1986 के इस वर्ष में वह विशेष घड़ी 20 मार्च को पड़ी थी। स्वाभाविक है कि आज के इतने सभ्य सुशिक्षित जमाने में इस तरह की असभ्य परम्परा को सहा नहीं जा सकता अतः दलित संघर्ष समिति के स्वयं सेवकों का एक वर्ग इस जघन्य प्रथा को रोकने के लिए कटिबद्ध हुआ। उन्होंने इस जंगली और बर्बर प्रथा को रोकने के लिए सत्याग्रह आरम्भ कर दिया। परन्तु अच्छा करने की कोशिश में उल्टे उन्हें बहुत बुरा व्यवहार सहना पड़ा। स्नान-दर्शन को जुटे भक्तों के अतिरिक्त वहाँ एकत्रित सामान्य जनता भी एकजुट होकर उन पर पिल पड़ी। उन स्वयं सेवकों पर चारों ओर से मार-धाड़ पड़ने लगी। हालत यहाँ तक आ पहुँची कि प्राण बचाने के लिए उन बेचारों को भागना पड़ा। जनता का मन यहाँ तक बढ़ गया कि सुरक्षा इन्तजाम के लिए लगी पुलिस को, स्त्री पुलिस सिपाहियों सहित, सभी को नंगे होकर उनके जुलूस में शामिल होने के लिए विवश कर दिया। इक्कीसवीं शताब्दी की देहरी पर पहुँचे हुए भारत के मानसिक विकास का यह एक प्रामाणिक चित्र है। अभी भी उत्तर भारत के ग्रामीण इलाकों में सतीदाह-प्रथा के समाचार आये दिन निकलते ही रहते हैं। और मजा तो यह कि जब किसी को सती के रूप में जीवित जलाना होता है तो उसके चारों ओर ढोल-करताल-झाल-हारमोनियम लेकर बजाता-गाता हुआ लोगों का हुजूम बड़े उल्लास से योग देता है।

भृगु चौधुरी अपने आप में गुम हो यह सब सोचते जा रहे थे कि अचानक उसमें बाधा आ पड़ी। एकाएक एक मोटरकार आकर उनकी बगल में खड़ी हो गयी। उससे बचने के लिए वे सड़क की दाँती की ओर खिसक गये। तभी सुनाई पड़ा, "मामाजी! आप कहाँ जा रहे हैं?"

"फैंसी बाजार तक जाऊँगा।"

"तो ठीक है। आइए, बैठ जाइए।"

"ठीक है, चलो तुम्हारे साथ तुम्हारे महाविद्यालय तक चला चलूँगा।"

"महाविद्यालय तक ही क्यों? ड्राइवर आपको फैंसी बाजार तक पहुँचा आएगा। ऐसी भी क्या बात कि बीच में ही···"

मीना की मोटर कार थी। मीना चौधुरी उनकी एक सम्बन्धी बहन की बेटी है। उसका हाल-चाल जानने के लिए पूछ पड़े, "कहो जी! हमारे जामाता महोदय के क्या समाचार हैं?"

"सब ठीक है। अपने कार्यालयीय काम से दिल्ली गए हुए हैं। तभी तो उनकी मोटरकार पा सकी हूँ।"

इस नये प्रकरण में पड़कर चौधुरी की वह विचार-शृंखला जाने कहाँ गायब हो गयी। अब वे देश की शिक्षा-व्यवस्था से सम्बन्धित समस्याओं पर तर्क-वितर्क करने लगे।

मीना ने कहा, "क्यों नहीं खराब होगा शिक्षा का स्तर? अब देखिए न कि पिछली फरवरी से ही महाविद्यालयों में एक दिन भी पढ़ाई की कक्षा नहीं लग पायी है।"

उन्होंने अँगुली पर महीने गिनना शुरू कर दिया। फरवरी, मार्च, अप्रैल, मई, जून, जुलाई—पूरे छह-के-छह महीने नाना कारणों से विद्यालयों में कक्षाएँ लग ही नहीं सकीं। जो महीने और बाकी बचे, उनमें दुर्गा-पूजा, काली-पूजा, सरस्वती-पूजा वगैरह की छुट्टियाँ, फिर बिहू उत्सव की छुट्टी, फिर छात्र आन्दोलनों, राजनीतिक दलों के आन्दोलनों के चलते नाना तरह की हड़तालों से स्कूल-कॉलेज की कक्षाओं के बहिष्कारों का दौर चलना ही है। इस तरह वर्ष के बारह महीनों में से केवल तीन महीने ही पढ़ाई हो पाती है। अब बारह महीनों का विशाल पाठ्यक्रम इन तीन महीनों में कैसे पूरा होगा भला? बिलकुल ही असम्भव बात है। जब कि परीक्षा में प्रश्न तो पूरे पाठ्यक्रम से ही पूछे जाएँगे न! ऐसी दशा में सौ में अस्सी या सत्तर प्रतिशत छात्र अगर अनुत्तीर्ण नहीं होंगे तो क्या होंगे।

यही कारण है कि शहर के सम्पन्न घरानों के लड़के-लड़कियाँ अपना अलग से प्रबन्ध कर शिक्षकों को घर बुलाकर पढ़ते थे। ऐसा विचार आते ही भृगु चौधुरी के मन में कुछ समय पहले घटी एक घटना की याद हो आयी। उस समय उन्हें सूचना मिली थी कि उनके साथ महाविद्यालय में जो एक अध्यापक दास साहब पढ़ाते थे, उनकी तबीयत गम्भीर रूप से खराब हो गयी है। काफी समय तक वे चौधुरी के साथ काम किये हुए थे। बड़े ही सीधे स्वभाव के और परिश्रमी अध्यापक हैं वे। अतः विचार किया कि एक बार उन्हें देख आएँ। सो मौका निकालकर एक दिन सायंकाल चौधुरी उनके घर जा पहुँचे। उनकी बीमारी की दारुण दशा का विचार करते वे वहाँ पहुँचे थे किन्तु वहाँ पहुँचे तो देखा कि दास साहब तो दस-बारह छात्र-छात्राओं को अपने घर पर ही पढ़ा रहे हैं। बिलकुल एक कक्षा की तरह। पहले-पहल तो दास चौधुरी को पहचान ही नहीं सके। परन्तु आँखें मींच-मींचकर जब थोड़ी देर तक देखा तो पहचानते ही बहुत प्रफुल्लित हो उठे—

"अरे चौधुरी तुम? आओ, आओ।"

फिर तो उन छात्र-छात्राओं को उन्होंने तुरन्त ही अपने-अपने घर चले जाने को कह दिया। चौधुरी ने मना किया, "क्यों भाई! पढ़ाना क्यों बन्द कर रहे हो। तुम पढ़ाते रहो। हमारी बातें तो फिर भी हो जाएँगी।"

"अरे नहीं। आज ये न पढ़ेंगे तो कोई बड़ा हर्ज नहीं होने का। इसके बदले किसी और दिन पढ़ा दूँगा। अब इतने दिनों बाद तुम आये हो तो।" इतना कहकर दास हड़बड़ाकर उठ खड़े हुए और घर के अन्दर जाने के लिए जल्दीबाजी करने लगे। उन्हें जाते हुए देखा तो चौधुरी ने पाया कि दास साहब अपना दाहिना पाँव किसी तरह उठाकर खींचते हुए चल पा रहे हैं, सो उनके बीमार होने का समाचार झूठ नहीं था। जान पड़ता है चौधुरी के आदर-सत्कार हेतु जल-जलपान को कहने के लिए भीतर गये हैं।

जब वे लौटकर बाहर आये तब चौधुरी ने पूछा, "क्यों भाई। अभी भी तुम्हारा स्वास्थ्य ठीक नहीं हुआ है क्या?"

"बहुत ठीक है जी। देखा नहीं छात्र-छात्राओं को मजे से पढ़ा रहा था।"

"बहुत अच्छा कर रहे हो। कोई एक काम लेकर उसमें व्यस्त रहना ही भला है। तुम बहुत ही अच्छा काम कर रहे हो।"

"अरे कुछ न कहो। हालत अब इतनी गम्भीर हो गयी है कि सँभाल नहीं पाता हूँ। मैं तो अब बन्द कर देना चाहता हूँ परन्तु छात्रों के माता-पिता आकर धरना देने लगते हैं। मैं अपनी परेशानी बताता हूँ। इस उम्र में और ऐसे स्वास्थ्य के चलते मैं अब पढ़ा नहीं पाऊँगा, कहने पर भी वे लोग मेरी बात नहीं सुनते। जबरदस्ती लड़के-लड़कियों को भेज ही देते हैं। पूरा छह बैच पढ़ा रहा हूँ। सप्ताह में दो दिन करके। एक बैच सवेरे, एक बैच शाम को। दरअसल, बात यह है कि मैं मना भी करूँ तो ये अभिभावक बेचारे भी क्या करें? उन्हें भी कोई चारा नहीं है। अब कॉलेजों में कोई पढ़ाई तो हो नहीं रही। आज छुट्टी है, तो कल हड़ताल है। कोई-न-कोई लफड़ा लगा ही रहता है। पाठ्यक्रम तो पूरा भारी भरकम है मगर कहीं भी उसकी पूरी पढ़ाई होती नहीं।"

"बहुत अच्छा कर रहे हैं आप। इससे छात्र-छात्राओं का भी उपकार हो रहा है, और आप भी एक अच्छे काम में व्यस्त हैं।"

"हाँ, आपका कहना भी सच ही है। अगर यह सब काम न करूँ तो बेकार बैठे-बैठे अपने मन में भी परेशानी रहे और घर में भी अशान्ति बन जाय।"

चौधुरी का हृदय प्रफुल्लित हो गया। सत्तर वर्ष से अधिक आयु हो गयी है दास महाशय की। इस अवस्था में भी वे एक अप्रयोजनीय निष्क्रिय जड़ पिण्ड-से मांस के लोथड़े भर बनकर नहीं रह गये हैं बल्कि मानसिक दृष्टि से पूर्ण स्वस्थ और सक्षम हैं। खूब परिश्रम कर रहे हैं। चौधुरी ने अपने आपको भी कई वर्षों आगे तक फैला लिया। अपने लिए भी उनका मन-मस्तिष्क आह्लादित हो उठा।

उधर दास ने उनके स्वागत-सत्कार के लिए शोरगुल मचाना शुरू कर दिया। अपनी पत्नी को भी उसी कमरे में बुला लिया। अपनी बहू को, नाती-नतिनियों को

भी बुला लिया, “अरे प्रणाम करो रे, पाँव छूकर प्रणाम करो। आशीर्वाद लो इनका। तुम लोगों के बाबा लगेंगे, पितामह।” दास साहब सचमुच ही बहुत भावविह्वल हो उठे हैं। बिना किसी अपने स्वार्थ के, केवल उनका कुशल-क्षेम जानने की विशुद्ध भावना से आजकल उनके यहाँ कोई नहीं आता।

अनन्त दास बहुत ही भले मनुष्य हैं। भले इस अर्थ में कि किसी विशेष लाभ की इच्छा मन में रखकर किसी के पीछे-पीछे नहीं दौड़ते। किसी परीक्षा का कोई एक काम करके अथवा कोई एक पुस्तक लिखकर कुछ रुपये पाकर भी वे सन्तुष्ट हो रहते हैं। ज्यादा पाने के चक्कर में व्यर्थ की उलझनें नहीं पालते थे। परन्तु अब इस ढलती उम्र में, इस जर्जर हालत में इतने सारे छात्र-छात्राओं को पढ़ाने का जिम्मा अपने सर पर इन्होंने क्यों कर ले रखा है? काम कर रहे हैं सो तो ठीक ही है मगर काम करने की भी तो एक सीमा होती है।

दास इतने प्रफुल्लित हैं कि क्या कहें। बराबर हँसते ही जा रहे हैं। अपनी पत्नी को बार-बार निर्देश दे रहे हैं। “अरे चाय-वाय भी कुछ ले आओगी कि बस इतने से ही।” दास के मन में उठी खुशी की हिलोर उनकी पत्नी के मन में भी सम्प्रेषित हो गयी है, वे भी बहुत आनन्दित हैं। उसी आनन्द की तरंग में उन्होंने दास के सम्बन्ध में चौधुरी से कहना शुरू किया , “देखिए न, छात्र-छात्राओं को अपने घर बुलाकर पढ़ाते हैं, सो तो ठीक ही कर रहे हैं, भला काम है यह। अतः मैं इसके लिए मना भी नहीं करती। परन्तु इतना तो सोचना चाहिए कि अपने शरीर को भी कुछ आराम की जरूरत है। केवल काम, केवल काम तो ठीक नहीं। कहते हैं, क्या करें इतने सारे छात्र-छात्राओं के माता-पिता उन्हें आकर घेर लेते हैं। तो काम तो लद ही जाता है, विश्राम का समय कैसे निकालें। अब आप ही बतलाएँ, बिना पैसे लिये मुफ्त में इस तरह पढ़ाएँगे तो भीड़ नहीं लगेगी तो और क्या होगा? मैं तो देखती हूँ कि अगर इसी तरह चलता रहा तो हमारा घर ही छोटा पड़ जाएगा और छात्रों को पढ़ाने के लिए ही एक बहुत बड़ा मण्डप (हाल) भाड़े पर लेना पड़ेगा।”

भृगु चौधुरी को भारी आश्चर्य हुआ। अभी तक तो वे मन-ही-मन हिसाब लगा रहे थे कि इतने अधिक छात्र-छात्राओं को घर पर पढ़ाकर दास साहब कितना अधिक रुपया कमा ले रहे होंगे। छह टोलियाँ, प्रत्येक टोली में छह-छह छात्र-छात्राएँ। प्रत्येक अगर एक सौ रुपये भी दे तो कितना हुआ? परन्तु इस सबका योगफल निकाल सकने के पहले ही…।

पत्नी के आक्षेपों से संकुचित हो दास साहब जैसे सफाई देते हुए अटक-अटक कर कहने लगे, “नहीं, भाई साहब। अब आप ही देखिए, कुछ-न-कुछ अगर न किया जाय तो बेकार बैठे-बैठे…आप समझ रहे हैं न?”

“नहीं” चौधुरी सचमुच ही कुछ नहीं समझ पाये। इस तरह का (बिना किसी

लाभ का) काम तो कोई नहीं करता। कम-से-कम चौधुरी की तो यही धारणा थी कि ऐसा कोई नहीं करता।

दास साहब ने फिर समझाने की कोशिश की, "आप ही बतलाइए न चौधुरी भाई! अब उम्र की इस वेला में रुपया लेकर मैं क्या करूँगा? कोई चीज खा नहीं पाता, पचा नहीं पाता, पहनने-सँवरने का समय गुजर गया, कहीं घूमने-फिरने जाऊँगा, इसकी भी अब कोई सम्भावना नहीं रही। आप लोगों के आशीर्वाद से मेरे दोनों बेटे अपना-अपना बहुत अच्छा काम कर ही रहे हैं। यहाँ तक कि मेरी बड़ी पतोहू भी अधिशासी अभियन्ता (एक्जिक्यूटिव इंजीनियर) जैसे ऊँचे पद पर कार्य कर रही है। कोई भी तो मेरे द्वारा कमाये गये रुपयों का मोहताज नहीं है। सभी अपने में पूर्ण सक्षम और स्वावलम्बी हो चुके हैं। ऐसी दशा में आप ही बतलाइए न? अब कुछ कहते भी नहीं हो, क्यों चौधुरी भाई। कुछ समझाओ इसे।"

"मैं भला और क्या कहूँगा? उधर बाहर समाज में यही प्रचार फैला हुआ है कि इस तरह आप ने घर में ही पैसा उगाहने की टकसाल-सी खोल ली है और आप हैं कि..."

सुनकर अनन्त दास हँसने लगे। "भला कहिए तो अब रुपये कमा कर मैं क्या करूँगा?"

इसके कुछ दिन पहले की ही तो बात है। वनमाली शर्मा भृगु चौधुरी से मिलने के लिए उनके घर आये हुए थे। बड़े-बूढ़े आदमी हैं। चौधुरी के बड़े हितैषी हैं। घर-द्वार सब-कुछ देखकर बोल पड़े, "इस ओर दो और कमरे, किचन वगैरह बनवाकर (एक अलग फ्लैट-सा बनाकर) भाड़े पर क्यों नहीं उठा देते? इस शहर में भाड़े पर कमरे (फ्लैट) लेने के लिए जो हाय-तोबा मची हुई है, उसमें अगर बहुत ही कम मिले तो भी हजार रुपये भाड़ा तो निश्चय ही पाया करेंगे।"

15

सत्यजित के मन के भीतर क्या कुछ भावना सही-सही है, इसे कौन बता सकता है भला? जब कि जिस ढंग से, जिस प्रकार की बातचीत वह करता है, उसे सुनकर और उसके स्वच्छन्द बेपरवाह चाल-चलन देखकर यही जान पड़ता है जैसे यह लड़का किसी

भी चीज को गम्भीरता से लेता ही नहीं। ऐसा लगता है कि इसी आयु में उसके समक्ष पृथ्वी के सारे रहस्य खुल गये हैं। पृथ्वी की ओर वह एक कुतूहलभरी दृष्टि से देख रहा है।

उस दिन मिनती ने कहा था, "देखो न! ये कुछ आवारा कुत्ते कई बार से मेरे पीछे पड़े हुए हैं।"

"कौन से कुछ?"—सत्यजित ने पूछा था।

"अरे यही राना वगैरह।"

"क्या करते हैं वे? तुम्हें चिढ़ाते हैं? वैसे चिढ़ा तो मैं भी सकता हूँ। परन्तु अपने ही टोले-मुहल्ले की लड़की है अतः कुछ तो आँखों की लाज-शर्म होनी चाहिए।"

"अरे नहीं जी। चिढ़ा देने, या कोई अप्रिय बात बोल देने भर से ही भला कौन इतना बुरा मानता है, या कौन इसे इतनी गम्भीरता से लेता है। परन्तु इनकी बत्तमीजी की मात्रा तो दिनोंदिन बढ़ती ही जा रही है। क्या तुम विश्वास कर सकोगे कि अभी परसों संझा वेला में मैं बाजार करके रेलवे लाइन के किनारे-किनारे अपने घर को लौट रही थी कि कुछ दूर चलते ही निर्जन रास्ते में राना मिल गया। इस तरह मुझे अकेला पा उसका साहस इतना बढ़ गया कि मेरे बिलकुल करीब सट आया और उसने मेरी ओढ़नी ही खींच ली। जब मैंने देखा कि इसका तो दुस्साहस बढ़ता ही जा रहा है तो मैंने भी सैंडिल खोलकर उसके मुँह पर चटाक से दे मारा। बात आगे जाने क्या मोड़ लेती मगर ठीक उसी समय कमला मौसी वगैरह रेलवे लाइन पार करते हुए उधर आने लगी थीं सो उन्हें देखते ही वह बुजदिल भाग गया। परन्तु कल अचानक सड़क पर जो मिला तो उसने मोटर साइकिल मेरे पीछे ऐसी दौड़ायी जैसे लगा कि मुझे चाँपकर मार ही डालेगा। वह तो भाग्य भला था कि मैं सड़क के किनारे का नाला फलाँगकर दूर निकल आयी, नहीं तो वहीं मारकर फेंक दिया होता।"

"मगर ये सब बातें मुझसे कहने का तो कोई लाभ नहीं है। मैं तो एक लँगड़ा आदमी हूँ। वीरता दिखाने की न मुझमें शक्ति है और न वैसा साहस ही है। इसके अतिरिक्त वे सब बड़े-बड़े अफसरों, धनाढ्य व्यापारियों और ऐसे ही समाज के बड़े-बड़े लोगों के लड़के हैं। और-तो-और थाना-सिपाही भी उनसे डरते हैं। अतः मुझे उत्तेजित करने से तो कोई लाभ नहीं होने का। हाँ, अगर मैं दारा सिंह होता तो फिर कोई चिन्ता नहीं थी।"

"अरे तुझे कौन उत्तेजित करने की चेष्टा कर रहा है? मैं अपनी जिम्मेदारी खुद सँभाल सकती हूँ। किसी दूसरे के भरोसे की चिन्ता मुझे नहीं है जी।"

उस दिन तो वह यूँ एक झटके से सम्बन्ध छोड़ हट-सा गया था। परन्तु जब उस दिन भृगु चौधुरीजी से भेंट होने पर उसने उसकी पहली रात को गुण्डों को पीटने की घटना का उनसे बखान किया, तब चौधुरी के चले जाने पर मिनती ने सत्यजित को फिर धर पकड़ा और क्रोधपूर्वक पूछने लगी, "क्यों जी! तुम तो मेरी बात का

मजाक उड़ाते हुए कह गये थे कि मेरी किसी बात को लेकर तुम किसी से लड़ने-झगड़ने नहीं जाओगे। लँगड़े-फँगड़े आदमी हो अतः इस तरह की कोई बहादुरी दिखाने नहीं जाओगे, क्योंकि एक पैर तो लँगड़ा है ही, जो बचा है वह भी चला जाएगा। परन्तु अब, अब चौधुरी को क्या बता रहे थे?"

सत्यजित चुप मारे रहा, कोई उत्तर नहीं दिया उसने। मुँह की मांसपेशियाँ फुलाकर बस बेवकूफों की तरह टुकुर-टुकुर देखता भर रह गया था।

जन समाज में जो तरह-तरह के नाते-रिश्ते प्रचलित हैं, उनके समकक्ष रखकर तुलना करने से मिनती और सत्यजित के पारस्परिक सम्बन्ध को उन सम्बन्धों जैसा कोई भी एक नाम नहीं दे सकते। भाई और बहन का सम्बन्ध नहीं है यह, पति और पत्नी के बीचवाला सम्बन्ध भी नहीं। चूँकि इस तरह के उनके सम्बन्ध को सटीक नाम से बतानेवाला कोई शब्द है ही नहीं अतः किसी और नाम के अभाव में हम इसे मित्रता या मिताई का सम्बन्ध कह सकते हैं क्योंकि यह शब्द भी अनेक तरह के सम्बन्धों को बताता है। नाना प्रकार के अर्थों को बतलानेवाले मोटे तौर पर किसी एक शब्द के व्यवहार के अतिरिक्त और कोई चारा भी तो नहीं है।

"मन की आग धधकाते गये, बुझाके गये ना"

लोकगीत को खुलकर मिनती के सामने गाने में सत्यजित को लाज हो आयी थी। वैसे विनय की वजह से उसने यह गाना नहीं गाया हो, ऐसी भी कोई बात नहीं। बात दरअसल यह है कि किसी भी मनुष्य की दुर्बलता का लाभ उठाकर तमाशा खड़ा करने का सत्यजित का स्वभाव ही नहीं है।

16

मनुष्य के जीवन का जो बीता हुआ समय है, वही होता है, उस मनुष्य का परिचय! जब किसी के सम्बन्ध में कोई कहता है कि 'यह मनुष्य बहुत ही भला है।'—तो इसका सही तात्पर्य यह समझना चाहिए कि उस मनुष्य का जो अतीत रहा है, जो उसकी जिन्दगी का समय बीता है, उसमें उसके आचार-आचरण-शील इत्यादि का विश्लेषण कर चुकने के बाद यह सिद्धान्त स्पष्ट सिद्ध हुआ है कि उसके सारे क्रियाकलाप ठीक रहे हैं अतः वह भला मनुष्य है। किसी भी एक मनुष्य के बीते हुए समय की घटनाओं और उसमें की गयी उसकी भूमिकाओं को जाने बिना उस मनुष्य

को नहीं जाना जा सकता है। मिनती अपने जीवन के ऐसे ही अतीत के एक अध्याय को भुला देना चाहती है। परन्तु अतीत तो मनुष्य के अपने जीवन का ही एक अभिन्न अंग है। अतः जीवन के एक अंग विशेष को काटकर अलग तो फेंक नहीं दे सकते?

विनय तालुकदार रिश्ते में शैलेन बरुआ का दूर-सम्पर्क का भतीजा लगता है। और मिनती की माँ स्वर्णलता महन्त शैलेन की दूर-सम्पर्क की बहन लगती हैं। बरुआ के साथ एक दिन विनय मिनती के घर आया था। मिनती के पिता योगेन महन्त प्रायः बीमार ही रहते हैं। उनके मन के अन्तरतम में यह धारणा जड़ जमाये बैठी है कि वे बहुत गम्भीर रूप से बीमार हैं। सवेरे-सवेरे भोजन पानी करके कलेक्टरी- कचहरी तक जाते हैं और दोपहर ढलते-ढलते घर लौट आते हैं। उसके बाद वे किसी भी दशा में फिर घर से बाहर नहीं निकलते। यहाँ तक कि उनसे मिलने के लिए अगर कोई आदमी उनके घर आता है, और उन्हें बाहर बुलाता है तो भी वे आकर बातचीत नहीं करते। अपनी नौकरी पर कार्यालय आते-जाते हुए भी वे सिर नीचा किये-किये ही जाते हैं, सिर उठाकर किसी ओर नहीं देखते। कार्यालय वे पैदल ही जाते हैं। उनके चलने का ढंग भी एक विशेष प्रकार का है। चलने के लिए पग बढ़ाते समय पहले उनकी एड़ी ही धरती पर पड़ती है, पंजे की ओर का हिस्सा बाद में पड़ता है। धोती भी वे एक विशेष पद्धति से पहनते हैं। सामने की ओर जहाँ गाँठ देते हैं, उसके बाद धोती के कपड़े का हिस्सा दाहिनी ओर कुछ दूर तक ले आकर कमर के पास खोंसकर फिर से सामने की ओर ले जाते हैं। यदि कभी कोई उनसे मिलता है और उनकी दृष्टि अपनी ओर आकर्षित करने के लिए पुकारता है, तो वे अपनी इधर-उधर अस्त-व्यस्त हुई दृष्टि को इकट्ठा कर एक केन्द्र में लाकर उस आदमी पर गड़ा देते हैं, फिर कुछ समय तक उसे लगातार देखते हैं। इस तरह किसी भी आदमी को पहचानने में उन्हें समय लगता है।

अगर वे घर के अन्दर होते हैं और बाहर से आया हुआ कोई आगन्तुक व्यक्ति दरवाजा खोलने के लिए खटखटाता है तो भी वो दरवाजा नहीं खोलते। ऐसी दशा में उनकी पत्नी अथवा मिनती ही आकर बातचीत करती हैं। उनके मन में क्या भावनाएँ हैं? इसे कोई भी नहीं जानता। उनकी पत्नी तक नहीं जानती कि वे क्या कुछ सोचते-विचारते हैं। किसी व्यक्ति के लिए अथवा किसी भी चीज के सम्बन्ध में वे कभी कोई अपना विचार प्रगट नहीं करते। हो सकता है कि उनका कोई विचार हो ही नहीं, अथवा यदि कोई विचार हो भी तो भी वे उसे अभिव्यक्त करना नहीं चाहते। देश-विदेश-प्रदेश अथवा स्थानीय राजनीतिक परिवर्तन, सरकारों का बनना-सँवरना-गिरना, देश में चारों ओर उठते नाना प्रकार के आन्दोलनों, उनसे से पैदा हुई अशान्ति वगैरह बातों में से कोई भी, कुछ भी उनके मन पर कोई प्रतिक्रिया नहीं उत्पन्न कर पाता। दक्षिण अफ्रीका में काले-गोरे की वर्णविभिन्नता और उससे पैदा हुए एक-दूसरे के प्रति घृणा का भाव हो, देश में सम्पूर्ण क्रान्ति लाने के नाम

पर छिड़ा जयप्रकाश नारायण का आन्दोलन हो, बेलसी गाँव में सामूहिक रूप से की गयी हरिजनों की हत्या की दिल दहला देनेवाली दुर्घटना हो, कुछ भी हो, उनके मन में तनिक भी चंचलता पैदा नहीं कर पाती। घर से अपनी नौकरी के दफ्तर और फिर दफ्तर से अपने घर, बस इतने तक ही उनका विस्तार सिमटा है। लोगों के साथ वे किस बात को लेकर वार्तालाप करेंगे? देश में मुद्रास्फीति की चिन्ताजनक हालत, कालाबाजारी के धन्धे, अत्याचार-उत्पीड़न—ये सब भी उन्हें इतना उत्तेजित नहीं कर पाते कि इनके सम्बन्ध में वे अपना कोई मत व्यक्त करें।

योगेन महन्त की पत्नी स्वर्णलता ने ही घर का सारा उत्तरदायित्व अपने ऊपर ले लिया है, यूँ कहें तो और सही हो कि लेने के लिए बाध्य हो गयी हैं। परन्तु यह भी उनकी असली भूमिका नहीं है। कभी-कभी वे परिवार का खर्च कम करने के लिए बहुत ही चिन्तित हो उठती हैं। तब खाने-पीने की चीजों का स्तर एकदम घटिया हो जाता है। फिर भी योगेन महन्त कुछ भी नहीं कहते। वे जो कुछ भी दे देती हैं, बस उसे ही खा लेते हैं। मिनती भी कोई आपत्ति नहीं करती। परन्तु प्रणति और आरती भोजन की थाली के सामने बैठकर उसमें पड़ी बेस्वाद एवं कुखाद्य सामग्री को देखकर नाक-भौं सिकोड़ती हैं और भुनभुनाने लगती हैं। यह देख स्वर्णलता को बहुत क्रोध चढ़ आता है। "शाही पोलाव-बिरियानी और अच्छे-अच्छे मांस चाहिए न राजकुमारी लोगों को? हाय-हाय रे महारानियाँ! भला इससे कम की चीजें कैसे भोग लगा सकेंगी। अरे जो मिल रहा है, उसे ही चुपचाप खा लो। यह जो कुछ पा रही हो न, बस यही तुम्हारे भाग्य में है।"

कभी-कभी वे काफी उदार भी हो जाती हैं। तब भोजन की वस्तुओं का स्तर काफी ऊँचा हो जाता है। उनकी बातचीत का लहजा और कथ्य भी बदल जाता है, "देखो, बेटियो! असली चीज है स्वास्थ्य। स्वास्थ्य ही अगर ठीक न रहा तो सारा कुछ व्यर्थ ही है। अब अगर स्वास्थ्य-वर्द्धक अच्छी-अच्छी चीजें नहीं खाओगी तो बीमार पड़ने पर सँभालेगा भला कौन? अरे-अरे, तुमने तो थाली में इतना सारा भात छोड़ ही दिया। नहीं, नहीं, ऐसा मत करो। अच्छा ठहरो, मैं अभी मछली का एक अच्छा टुकड़ा परसती हूँ।"

"या तो उनके पतिदेव महोदय एकदम से निखट्टू वाहियात, अकर्मण्य और महारद्दी किस्म के बुरे आदमी हैं और बाकी सारे-के-सारे लोग बहुत अच्छे हैं, अथवा फिर उनके पतिदेव ही एक मात्र सज्जन, सुशील, कर्मठ मनुष्य हैं और बाकी सारे लोग महाबेहया और महापतित हैं।"—स्वर्णलता महन्त के सामने चुनाव के लिए बस ये दो ही विकल्प थे। इन दोनों में से उन्होंने दूसरेवाले विकल्प को ही चुन लिया। उन्होंने अपने आपको विश्वास दिलाया कि उनके पति देवता श्री योगेन महन्त एक बहुत ही ऊँचे दर्जे के भले आदमी हैं, बाकी तमाम सारे लोग, यहाँ तक कि उनके अपने सगे-सम्बन्धी लोग भी उनके भयंकर शत्रु हैं। सारे-के-सारे लोग उन लोगों को ईर्ष्या की निगाह से देखते हैं, उनपर कीचड़ उछालते हैं, उनका अपमान करते रहते

हैं। इन सब बातों को बराबर दिमाग में पेरते-पेरते वे अपमान और अवज्ञा करने के नये-नये उदाहरण ढूँढ़ निकालती हैं। फिर तो ऐसी बातों पर उनका विश्वास और पुख्ता हो जाता है। जितने भी अपने घर-परिवार के लोग हैं, सगे-सम्बन्धी हैं उनकी एक-एक हरकतों एवं प्रत्येक बातों के अन्दर से वे अपने प्रति अपमान और अनादर की भावनाओंवाली चीजें करोंद-करोंदकर निकाल लेती हैं तथा परिणामस्वरूप और भी बौखलाती रहती हैं। और किसी बात में तो योगेन् महन्त को कोई दिलचस्पी रहती नहीं परन्तु पत्नी की इस तरह की भावनाओं के प्रति वे भी बहुत आग्रहपूर्वक सचेष्ट रहते हैं। इस क्षेत्र में पति-पत्नी दोनों का एक-सा ही हाल है। उनकी छोटी दोनों लड़कियाँ भी उन लोगों की इन्हीं भावनाओं के अनुरूप पली-बढ़ी हैं। इस तरह के बिन्दुओं पर वे पति-पत्नी जब विचार-विमर्श करते हैं तो मिनती को बहुत कोफ्त होती है, वह इन सब बातों में कोई हिस्सा नहीं लेती। "इस तरह की वाहियात बातों का लफड़ा उठाकर बेकार में क्यों विचार-विमर्श करते रहते हो, यह सब मुझे तनिक भी अच्छा नहीं लगता।"

"यह सब वाहियात बातें कैसे हैं रे? हमारी खोज-खबर लेता कौन है?"

"तो तुम्हीं लोग किसके कुशल-मंगल की चिन्ता करते हो?"

"अच्छा तो जरा तू ही बता न; कि तुम्हारे मामा वगैरह कितने दिन आकर हमारा कुशल-क्षेम पूछ गये हैं?"

"मामा वगैरह तो प्रायः ही आते रहते हैं। परन्तु माँ, तुम्हीं बताओ न, कि पिताजी उन लोगों के यहाँ कब गये थे?"

"क्यों जाएँगे तुम्हारे पिताजी उन लोगों के यहाँ? अरे वे लोग धन-सम्पत्ति, ओहदा-रुतबा सभी तरह से अब बहुत बड़े आदमी हैं, तुम्हारे पिताजी ऐसे लोगों के यहाँ अपमानित होने के लिए क्यों जाएँगे भला?"

"बिना किसी आधार की झूठी-मूठी व्यर्थ की बातें सोचकर बिलावजह क्रोधित हों और क्रोध की पिनक में बड़बड़ाकर खुद ही परेशान होते रहें, तो और कोई क्या करेगा?"

विनय नामक युवक को साथ लेकर शैलेन बरुआ एक दिन महन्तजी के घर आये हुए थे। विनय शील-स्वभाव से भला लड़का है, पढ़ने में भी तेज है। अर्थशास्त्र में प्रथम श्रेणी में एम.ए. उत्तीर्ण होकर यहीं के एक महाविद्यालय में पढ़ा रहा है।

स्वर्णलता देवी का दिमाग वैसे तो बहुत उग्र किस्म का है। घर के लोगों को तो चौबीसों घण्टे गाली-गलौज बकती रहती हैं, परन्तु बाहर से आनेवाले लोगों के साथ बहुत ही अच्छा व्यवहार करती हैं। अपनी इसी प्रवृत्ति के चलते उस दिन जब विनय विदा होकर जाने लगा तो उन्होंने बड़ी मधुर वाणी में आग्रह किया, "देखो बेटे! संकोच

मत करना। आते रहना। जब भी मौका मिले हमारे घर जरूर आना।" विनय हृष्टपुष्ट शिक्षित नवयुवक है। इस घर में तीन-तीन सुन्दर लड़कियाँ हैं। सो अनजाने में भी मन में आकर्षण पैदा हो जाना स्वाभाविक है। अचानक ही स्वर्णलता महन्त के मन में एक चिन्ता कुलबुलाने लगी। क्यों नहीं हो सकता जी? मिनती बिटिया तो देखने में भी बहुत सुन्दर है, पढ़ने में भी बहुत प्रखर बुद्धि की रही है। स्नातक (बी.ए.) कक्षा में अर्थशास्त्र (ऑनर्स) विषय लेकर पढ़ रही है। योगेन महन्त के बारे में जो ढेर सारी बड़ाइयाँ वे करती रही हैं वह सब एकाएक भूल गयीं। उसकी जगह अब मन-ही-मन भुनभुनाने लगीं। अरे इस आदमी के भरोसे रहने पर भला काम चलेगा? यह आदमी दौड़-धूप कर लड़की के लिए दूल्हा खोजेगा और अच्छी तरह विवाह कर देगा। इस आशा में हाथ-पर-हाथ धरे बैठे रहने से भला काम चलेगा? अलावा इसके, अपने निकट के सगे-सम्बन्धियों के भरोसे भी क्या लड़कियों के हाथ पीले किये जा सकेंगे? इन स्वार्थलोलुप नातेदारों से कुछ नहीं होने का। इन्हें किस बात की गरज है? सभी-के-सभी अपनी-अपनी गोंटी फिट करने में लगे हैं। दूसरों की बातें सोचने का भी उन्हें कहाँ समय है? रुपये-पैसेवाले महाधनाढ्य बड़े आदमी अगर होते तो सभी आगे बढ़कर आते। परन्तु अब उन लोगों की परवाह कौन करेगा भला?

विनय सचमुच ही बहुत भला लड़का है। इस परिवार से ऐसा जुड़ा है कि बिलकुल घर के लड़के की भाँति आता रहता है। उसके बात-व्यवहार में कहीं कोई नाज-नखड़ा या दिखावापन नहीं है। ऐसा वर मिल पाना तो बड़े सौभाग्य की बात है परन्तु न मिल पाने का भी कौन-सा कारण है जी? हो सकने की भावना मन में उठते ही स्वर्णलताजी और उत्तेजित हो उठीं। संसार के सम्बन्ध में उनका जो कुछ भी ज्ञान-ध्यान है, वह सारा कुछ परोक्ष भाव से ही है, अपना सीधा-सहज अनुभव कुछ नहीं है। घर-परिवार को जो चलाती हैं, तो उसके पीछे भी कारण यह है कि इस चक्की में तो उन्हें मजबूरन जुतना पड़ गया। अपने निजी जीवन की यन्त्रणा का ध्यान आते ही उनकी सोयी पीड़ा जाग उठी। उन्होंने सोचा—'इस निकम्मे आदमी के हाथ में पड़ जाने से उनके जीवन में कुछ भी नहीं हो पाया। पूरी-की-पूरी जिन्दगी बस खाना बनाने, खाने-पीने, माँजने-धोने में ही गुजर गयी। भला यह भी कोई मर्द है?'

उन्होंने मिनती को समझाया। "अपने सम्मान विषय (ऑनर्स कोर्स) के सम्बन्ध में तू प्रायः कहती रहती थी कि उसमें कुछ ऐसे कठिन अंश हैं जो तू बिलकुल ही नहीं समझ पाती। तो अब इतना पढ़ा-लिखा यह तेजस्वी युवक विनय तो है ही, इसी से वह सब क्यों नहीं समझ-बूझ लेती?"

बेचारी सीधे-सरल स्वभाव की महिला हैं। वे जो कुछ भी धारणा बना लेती हैं, वह सारा कुछ अनुमानों पर आश्रित होता है। प्रेम जैसे भाव के सम्बन्ध में उनकी कोई धारणा ही नहीं है। उसका कारण यह है कि केवल चौदह-पन्द्रह वर्ष की कच्ची

उम्र में ही उनका विवाह हो गया था। विवाह से लेकर आज तक उनके पतिदेव महन्त महोदय ने कभी भी उनसे प्रेम-पूर्ण बातचीत की ही नहीं। पारिवारिक स्थितियों के भार को सही ढंग से सँभाल सकने की ताकत बन जाए, उसके पहले ही उनकी बड़ी बेटी मिनती का जन्म हो गया। स्वर्णलता जिस परिवार में जन्मी, पली, बढ़ी थी, वह परिवार पुरानी परम्पराओं को छाती से चिपकाये रखकर चलनेवाला परिवार था। कुलमर्यादा की रक्षा हेतु बराबर सजग रहनेवाले ऐसे परिवार की लड़कियाँ कभी भी प्रेम-व्रेम के चक्कर में नहीं पड़तीं। सो प्रेम-प्रसंगों के बारे में उनका कोई अनुभव भी नहीं होता। ऐसे परिवार की कन्या स्वर्णलता को सिनेमा देखने और हल्के स्तर के उपन्यासों को पढ़ने से जो कुछ जानकारी हो सकी थी, प्रेम के सम्बन्ध में बस वही उसकी धारणाओं का मुख्य आधार थी। जीवन की वास्तविकताओं से इन घटनाओं का कोई सम्बन्ध नहीं था। अपने पूरे जीवन में वे असम प्रदेश के बाहर और कहीं गयीं ही नहीं। वैसे असम के बाहर की बात क्यों? असम की ही कितनी जगहें देखी हैं उन्होंने?

घर-गृहस्थी की शोचनीय आर्थिक दशा के होते हुए भी उन्होंने प्रभावती देवी, सरस्वती, सौरीन्द्र मोहन मुखोपाध्याय इत्यादि के बहुत कम प्रसिद्ध उपन्यासों तक को उनके बँगला भाषा के मूलरूप में ही खूब पढ़ा और याद किया है। बंगाली सिनेमा भी खूब देखा है। उनके जीवन की सबसे बड़ी विलासिता है सिनेमा देखना। अपनी पहुँच के सिनेमा हाल में लगनेवाली किसी भी फिल्म को देखने से वे नहीं चूकती थीं जबकि योगेन महन्त को इन सब चीजों से कोई मतलब नहीं था। सिनेमा जाने के लिए जब स्वर्णलता को संगी की जरूरत पड़ती है सो वे इसे-उसे, जिस किसी को भी पाती हैं, उसी को साथ ले चली जाती हैं। जब कोई भी साथी नहीं मिलता तो अकेले-अकेले भी चली जाती हैं। सिनेमा की फिल्म जितनी ही अधिक भावुकता-परक और रोमांचक होती है वह उन्हें उतनी ही अधिक पसन्द आती है। सिनेमा वृत्तचित्र में नायिका के जीवन में आशाओं के टेढ़े-मेढ़े परिणामों को देखकर वे रोमांचित हो उठती हैं। अवास्तविक, हवाई उड़ान की कहानियों से भरी घटनाओं से ही भावविह्वल हो उठती हैं। प्रेम के सम्बन्ध में उनकी सारी भावना उनकी कल्पनाओं पर ही आधारित है।

बाहर के बैठके से उठकर मिनती जब शयनकक्ष की ओर जाने लगी थी, तो उसे देखते ही स्वर्णलताजी मारे क्रोध के तिलमिला उठीं। नहीं, इस छोकरी का अब कुछ भी नहीं होने का। और कितना खोलकर कोई निर्देश दे सकता है भला? गुस्से के मारे उनका मुँह कसैला हो गया। फिर भी काफी कोशिश कर अपने मनोभावों को दबाकर सहज होने की कोशिश करते हुए उन्होंने बड़े प्रेम से मिनती को पुकारा, "अरे, ओ बेटी मिनती!"

"क्या है?"

"अरे जरा थोड़ी देर और बैठके में बैठो न। मैं अभी नाश्ता लेकर आ रही हूँ। बेचारा लड़का वहाँ अकेले बैठा हुआ ऊब रहा है।"

माँ की बातों पर कान न दे वह अपनी कोठरी में चली गयी। माँ की बातों का उत्तर दे सकने लायक भी उसकी दशा नहीं रही थी। एक असहनीय मानसिक अवस्था में उलझती हुई उसकी भावनाएँ किसी एक भाव पर टिक नहीं पा रही थीं। मन में हलचल मची हुई थी। अपने महाविद्यालय का हो अथवा दूसरे महाविद्यालय का हो, हर किसी अध्यापक के प्रति असमिया छात्र-छात्राओं के मन में एक आदर का भाव होता है। विनय तालुकदार स्वयं उनके घर आया है, यही उन लोगों के लिए बहुत बड़ी बात है। इस आदमी के अन्दर किसी भी प्रकार का घमण्ड नहीं है। कितना सहज-सरल व्यवहार करते हैं, कोई दन्द-छन्द, कोई कपट-छल नहीं। विनय उससे जब कभी कुछ भी कह देते हैं तो उसकी बुद्धि ही चकराने लग जाती है। उसका हृदय ऐसा जोरों से धड़कने लगता है कि मुँह से कोई बोल ही नहीं फूट पाता। ऐसे विनय के सामने किस तरह खड़ी होगी? खड़ी होगी भी तो दोनों हाथों को किस मुद्रा में रखेगी? यह निर्णय ही नहीं कर पाती।

"ऐसे क्यों खड़ी हो? बैठो भी।" कहते-कहते जरा-सा उठकर उसका हाथ पकड़कर थोड़ा-सा खींचते हुए विनय ने बैठने के लिए जब कहा था, एकाएक हो जानेवाली एक जरा-सी छुअन भर ही तो थी न। पढ़ने के लिए महाविद्यालय जाते-आते वह महानगर की बस में ही यात्रा करती है। ऐसी दशा में अनेक लोगों के शरीर से धक्का-धुक्की, ठेल-ठाल तो होती ही रहती है। इस तरह की घटनाओं की परवाह करने से तो काम नहीं चल सकता न। परन्तु अभी जब विनय ने एक जरा-सा स्पर्श किया तो उसके पूरे-शरीर में; नख-से-शिख तक बिजली का करण्ट-सा फैल गया था। वह किंकर्तव्यविमूढ़ हो भौचक्की-सी रह गयी थी। शरीर का अंग-अंग अपना स्वाभाविक कार्य कर पाने में असमर्थ-सा हो गया था। सारी इन्द्रियाँ जड़ हो गयी थीं। तो क्या यही मृत्यु है?

नहीं; वह विनय के पास कतई नहीं बैठ सकती। एकदम असम्भव है ऐसा कर पाना। इससे तो वहीं मरी पड़ी रह जाएगी। खड़ी रह पाना भी सम्भव नहीं है। क्योंकि खड़े-खड़े मूर्छित होकर गिर पड़ने में भी कोई देर नहीं लगेगी। सो माँ की बात पर ध्यान न देकर लड़खड़ाते पैरों से, एक कठपुतली की तरह वह अपने शयनकक्ष में पहुँची और अपने बिस्तरे पर लुढ़क पड़ी थी।

वही विनय तालुकदार जब अखिल भारतीय अर्थशात्रीय सेवा की ऊँची-सी अफसरी पा गया तो दूर चला गया। जब व्यक्ति में योग्यता है, ऊँचा उठने, उन्नति करने की प्रबल इच्छा है और उसके अनुरूप वह परिश्रम भी करता है तो उसे उसका फल क्यों

नहीं मिलेगा? सो अपनी योग्यताओं-चेष्टाओं के बल पर विनय तालुकदार को बहुत बड़ा पद प्राप्त हो गया और वह चला गया। ऐसा गया कि मिनती और उसके परिवार के लोगों को भनक भी नहीं लग पायी। कुछ दिनों तक तो वे लोग उसकी राह भी तकते रहे कि इतने दिनों क्यों नहीं आया? कि तभी सत्यजित ने सूचना दी अपनी खास शैली में, "सुना तुमने? गुनार मिर्डाल ने महाविद्यालय में पढ़ाने का काम छोड़ दिया और किसी ऊँचे पद पर चला गया।"

उसकी बात का कुछ भी अर्थ न समझ पाने के कारण मिनती बस टुकुर-टुकुर देखती भर रही। फिर भी जब बात साफ नहीं हुई तो पूछ बैठी, "कौन गुनार मिर्डाल, कहाँ गया जी?"

"अरे बाबा वही गुनार मिर्डाल, जो तुम लोगों के घर बीच-बीच में चक्कर मार जाया करता था। क्यों कुछ खटपट हो गयी थी क्या?"

"अब यह मजाक करना छोड़ो भी। साफ-साफ बताओ न कि किसकी बात कर रहे हो?"

"क्यों, तुम्हारी स्नातक कक्षा में अर्थशास्त्र (ऑनर्स कोर्स) है न शायद?"

"हाँ, है तो। मगर उससे क्या हुआ?"

"तो भी तुमने गुनार मिर्डाल का नाम नहीं सुना। उसने जो प्रसिद्ध पुस्तक 'एशियन ड्रामा' लिखी है क्या यह बात भी तुम नहीं जानतीं? विनय तालुकदार महोदय अपनी कक्षा में पढ़ाते समय अपने पाठ्यक्रम की बात न करके गुनार मिर्डाल के सम्बन्ध में ही भाषण देते हैं। इसी से सारे लोग उन्हें गुनार मिर्डाल ही समझते हैं।"

उसके बाद तो स्वर्णलता महन्त को कुछ ऐसा हो गया कि क्या बताएँ। दरअसल उनकी मानसिक दशा के इस बुरी तरह खराब हो जाने का मूल कारण यही था कि उन्होंने मन-ही-मन दृढ़ विश्वास बना लिया था कि विनय तालुकदार उनकी बेटी मिनती से अवश्य विवाह रचाएगा। एक नादान बच्चा चन्दा मामा माँगता है, तो क्या इसी आधार पर एक समझदार प्रौढ़ महिला भी चन्दा मामा माँग सकती है? इस सम्बन्ध में विनय तालुकदार को कोई दोष देना उचित नहीं होगा। किसी के मन में उसे लेकर कोई आधारहीन स्वप्न जड़ जमा चुका है, इस बात को तो वह जानता ही नहीं था। स्वर्णलता महन्त ने अपने कल्पित मनोभावों को विनय के ऊपर लाद दिया। सभी ओर से वंचित एक महिला के मन में उसने किस तरह के तूफान की सृष्टि कर दी थी, इस सम्बन्ध में वह कुछ भी नहीं जानता था।

स्वर्णलता देवी का दिमाग खराब हो गया। एक प्रकार से पागल ही कह सकते हैं। पागलपन की कोई सुनिश्चित दशा तो होती नहीं और इसकी अभिव्यक्ति भी किसी सुनिश्चित ढर्रे को मानकर नहीं चलती। विनय के करीब तो उन्होंने ही मिनती को

जबरदस्ती ठेल दिया था। अब वे फिर नये सिरे से मिनती की यौन-पवित्रता और मानसिक पवित्रता की रक्षा के लिए आवश्यकता से अधिक मात्रा में सतर्क हो उठी थीं। अब तो महाविद्यालय से लौटने में अगर मिनती को जरा भी देरी हो जाती तो वे छटपटाने लगती थीं।

"महाविद्यालय में पढ़ते हुए अब यह सब भी कर गुजरेगी। हम लोग भला महाविद्यालय में पढ़े ही कहाँ हैं?"

किसी नवयुवक से, यहाँ तक कि अपने निकट सम्बन्धी किसी नौजवान से मिनती को बातें करते देख लेती हैं तो मारे क्रोध के धधक उठती हैं, "अरे ओ मिनती! तू यहाँ क्यों गप्पें मार रही है? उधर घर का सारा काम पड़ा हुआ है? उसे कौन करेगा? मैं?"

मिनती ने आश्चर्यचकित होते हुए पूछा, "दुलू भाई साहब के सामने मुझ पर ऐसे क्यों डाँट पड़ी माँ?"

"अरे इन मर्द छोकरों के साथ देह-में-देह सटाने की कोई जरूरत नहीं है। तुम्हीं देखो न, कि विनय ने क्या किया? उसका पाँव छूने गयी थी न, मगर हुआ क्या? उसने वही पाँव झटकार मारा और दूर चला गया कि नहीं?"

मिनती को तो जैसे काठ मार गया। उसने तो सपने में भी नहीं सोचा था कि उसकी माँ ने अपने मन में विनय के सम्बन्ध में ऐसी कोई आशा पाल रखी थी। लाज और अपमान-बोध के मारे वह जैसे धरती में गड़ गयी। उसने सोचा—'माँ तो सचमुच ही महापागल हो गयी है। इस तरह की कोई बात हो सकेगी, यह विचार ही भला उसने कैसे पाला? यह ठीक है कि विनय एक ऊँचे कुल का सुसभ्य, चरित्रवान, गुणवान, सुन्दर, सुशील नवयुवक है। जीवन में कुछ कर दिखाने की, ऊँचे-से-ऊँचे पद पर पहुँचने की उसमें ललक है। काफी उन्नति करने की सम्भावना भी है। वह उनके जैसे निम्न आयवर्ग के साधारण परिवार की कन्या से विवाह क्यों रचाएगा भला?' अपनी माँ के मन में पल रही ऐसी व्यर्थ की आशा का पता पाकर मिनती को ऐसा गहरा धक्का लगा कि उसकी तो बोलती ही बन्द हो गयी।

मगर मिनती ने भी गलती की। जीवन की हर एक वेला में ही आदमी गलती करता जाता है। उसके लिए तो यह बात सोचने-विचारने की सीमा से ही बाहर है कि स्वर्णलता देवी स्वयं ही विनय के प्रेम में आत्म-विभोर हो गयी थीं। बात दरअसल यह है कि एक नायक के चरित्र में जिन-जिन गुणों की कल्पना की जा सकती है, विनय के व्यक्तित्व में वे सारे-के-सारे गुण विद्यमान हैं। ऊँचा कुल-गोत्र तो है ही धन-सम्पत्ति से भी भरा-पूरा है, समाज में इज्जत है। शरीर रूपवान है और विद्याबुद्धि भी तेज है। अपनी पूरी जिन्दगी में वे इस प्रकार के किसी एक भी पुरुष के निकट सम्पर्क में आयी नहीं थीं। इस तरह के चारित्रवाले पुरुषों से उनका परिचय केवल उपन्यासों के अध्ययन और सिनेमा के वृत्तचित्रों के देखने से ही हुआ था। उन्हें लगा,

जैसे सिनेमा के पर्दे से निकलकर नायक सीधे उनके बैठकखाने में आ गया है। तमाम सारी जिन्दगी तो हर तरह से धोखे की शिकार होती रहीं, मन का चाहा कुछ भी नहीं मिला, सारी कोशिशें व्यर्थ होती चली गयीं, किन्तु जिन्दगी के इस आखिरी मोड़ पर आकर अचानक कुछ रोगी किस्म के आकार-प्रकार के फूल खिल उठे हैं। उन्होंने बड़ी कोशिश से काफी जोर लगाकर अपनी आँखें उधर से हटा लीं। उन्होंने सोचा—यह जो सुन्दर और मन को लुभा लेनेवाला नाटक आरम्भ हुआ है, उसमें उनकी बेटी मिनती उनके अपने चरित्र को सार्थक रूप क्या नहीं दे पाएगी? किसी और दूसरे को इस चरित्र की भूमिका में उतरने देने की क्या जरूरत है? अगर अपनी बेटी यह भूमिका निभाये तो उसके प्रति तो कोई ईर्ष्या का भाव नहीं होगा। क्यों, क्या होगा?

17

असली वस्तु है विश्वास। मगर हालत यह है कि भृगु चौधुरी को अब पहले की तरह किसी वस्तु पर दृढ़ विश्वास ही नहीं होता। वस्तुतः अधिक लम्बे समय तक जीवित रहने से ही ऐसी समस्या आ खड़ी होती है। समय के बीतते-बीतते चीजें भी बीतने लगती हैं। जैसे-जैसे समय अधिक गुजरता जाता है, वैसे-वैसे सुन्दर-से-सुन्दर फूल भी कुम्हलाने लगता है। किसी मूर्ति में स्थापित देवता भी उस मूर्ति से अलग हो जाते हैं। भाँति-भाँति के देखे हुए सपने छिन्न-भिन्न हो बिखर जाते हैं। सार्त्र की एक रचना में एक नवयुवक कहता है, 'अगर यह महायुद्ध नहीं छिड़ा होता, और इसके चलते मुझे अपनी भूमिका निभाने की बाध्यता न आ पड़ी होती, तो मैं अपने बारे में यह सत्य कि 'मैं एक कायर हूँ', जाने बिना ही पूरा जीवन मस्ती से पार कर दिया होता।' इस तरह आयु के बढ़ते रहने के साथ-साथ मनुष्य की पहले से बनी आ रही धारणाएँ बदलने लगती हैं। अपने बारे में भी और दूसरों के सम्बन्ध में भी धारणाएँ बदल जाती हैं।

भृगु चौधुरी की धारणाएँ, विश्वास, मान्यताएँ वगैरह अब पहले की तरह सुदृढ़ नहीं रह गयी हैं। इतने समय तक जो धारणाएँ मन में सुरक्षित बची हुई हैं, वे भी ठीक-ठाक रूप से पूरी तरह शुद्ध बची हैं या नहीं, इस बारे में भी उनके मन में सन्देह पैदा हो गया है। आदमी के मन में जो कुछ भी धारणाएँ बनती हैं वे कुछ उसके मानसिक गठन, परम्परा, आस-पास का सामाजिक-प्राकृतिक परिवेश, उसका समय

विशेष, यहाँ तक कि उसकी भौगोलिक स्थिति तक उसके गठन में सहायक होती है। एक ही प्रकार की शिक्षा ग्रहण करनेवाले दो व्यक्ति परस्पर एक-दूसरे के बिलकुल विरोधी किस्म की विचारधारा रख सकते हैं। रखते भी हैं।

किसी भी एक पक्ष की ओर झुके बिना, पूरी तरह से विशुद्ध निरपेक्ष विचार रख पाना आज के जमाने में एक असम्भव बात है। इस तरह की बातें जो प्रायः कही-सुनी जाती हैं, वे झूठी नहीं हैं। मनुष्य के मन में जो आदिम संस्कार जड़ जमाये बैठे हैं, उन्हें सन्तुष्ट किये बगैर तर्क, युक्ति, बौद्धिक प्रयास कुछ भी काम नहीं कर सकता। विधवा विवाह की प्रथा चलाने के पक्ष में ईश्वरचन्द्र विद्यासागर ने नाना प्रकार के शास्त्रों के वचनों को उद्धृत करके उसे प्रभावशाली बनाने की कोशिश की। आखिर क्यों? वे स्वयं ही यह क्यों न कह सके कि विधवा विवाह न करने देना एक असभ्य और बर्बर प्रथा है, नारी-समाज के विरुद्ध भयंकर अत्याचार है? शास्त्र इसका समर्थन न भी करें, तो भी हम इस बर्बर प्रथा को सहन नहीं कर सकते। भृगु चौधुरी के मन में इस तरह के विचित्र विचार, जो प्रायः ही उभरते रहते हैं, उनकी ओर जब वे ध्यान देते हैं, तो स्वयं ही भौचक्के हो उठते हैं। समूची पृथ्वी पर फैले जन-समुदाय में समय-समय पर जो परिवर्तन हुए हैं, उनके अनुरूप विचारधाराओं और मान्यताओं में भी परिवर्तन होता रहा है, परन्तु धर्म एक ऐसा क्षेत्र है जिसमें हजारों-हजार साल से धार्मिक निर्देशों की प्रणाली में कहीं कोई परिवर्तन नहीं हुआ। इस तरह की विचारधारा विकास की धारा से बिलकुल खिलाफ नहीं है क्या? आज से हजारों-हजार साल पहले, उस जमाने के समाज की सामाजिक व्यवस्था के अनुकूल कोई महाज्ञानी सत्यद्रष्टा ऋषि कुछ आदर्शों की स्थापना कर गया, कुछ दिशा-निर्देश दे गया, अब इतने सालों बाद आज के जमाने की बदली हुई परिस्थितियों में वे निर्देश ठीक पहले ही की तरह उपयोगी बने हुए रह सकते हैं क्या?

भारतीय मानसिकता की यह एक विशेषता है। भृगु चौधुरी को अपने अध्यापक श्री सुरेन्द्रनाथ गुप्त की एक बात याद हो आयी। योरोप में एक-के-बाद एक दार्शनिक पैदा होते रहे और दर्शन के क्षेत्र में अपनी स्वतन्त्र विचारधारा को व्यक्त करते गये। मगर भारत की स्थिति इससे भिन्न है। यहाँ बहुत पुराने जमाने में दर्शन सम्बन्धी कुछ विशिष्ट सम्प्रदायों का उद्‌भव हुआ। उसके बाद भारत में दार्शनिक तो बहुत सारे पैदा हुए परन्तु उन लोगों ने पूरी सचेतनता से किसी नये दार्शनिक मतवाद की प्रतिष्ठा नहीं की। बस केवल नयी-नयी युक्तियों से पुराने दार्शनिक मतवादों या सिद्धान्तों का ही समर्थन करते रहे, उन्हें ही आगे बढ़ाते रहे।

भारत की जनता में ऐसा बद्धमूल विश्वास है कि पुराने जमाने से चले आ रहे आदर्शों और सिद्धान्तों को ठुकराया नहीं जा सकता। अतएव एक भारतीय व्यक्ति में जहाँ एक ओर तर्कपूर्ण वैज्ञानिक विचारधारा होती है, वहीं उसकी दूसरी ओर, साथ-ही-साथ आदिम काल से चले आ रहे विश्वास भी घुले-मिले रहते हैं।

हर एक क्षेत्र में बिलकुल नये ढंग से सोचने की जो प्रवृत्ति मन में हो गयी है, वह क्या कमजोरी का लक्षण है? अथवा फिर उनके हाथों की मुट्ठियों की पकड़ कमजोर हो गई है? केवल किसी एक ही चीज को जोर से भींचकर मुट्ठियों में पकड़े नहीं रह पाते वे? किस चीज की ऐसी जबरदस्त खोज है, जो बराबर नये-नये की ओर दौड़ते-भागते हैं? इन प्रश्नों के उत्तर भृगु चौधुरी खुद भी नहीं जानते।

उनकी बगल से एक मोटरकार सनाक् से गुजर गयी। देखा तो लगा कि कार का ड्राइवर गले में बेलबूटा कढ़ा हुआ अंगोछा लपेटे हुए है। अरे ओ, याद आया, आज तो बिहू का पर्व है। पूरे साल में बस एक दिन गले में यह फूलदार अंगोछा लपेट लेने भर से असमिया संस्कृति के पृष्ठ-पोषक कहलाने का यह एक हास्यास्पद प्रयास है। जबकि इन आदमियों की जीवनशैली से इसका कोई मेल नहीं। बल्कि यह तो उनका एक अजीबोगरीब आचरण है। उन लोगों का पहनावा-ओढ़ावा चाल-चलन, रहन-सहन, खान-पान, आचार-आचरण, मानसिक चिन्तन आज जैसा है वह, आज के कुछ शताब्दियों पहले के आदमियों से बिलकुल भिन्न है। महा प्रसाद खाने की बात उनके नित्य-कर्म का अंग नहीं है। महा प्रसाद तो बस एक दिन ही खाते हैं। यह तो एक व्यतिक्रम है, एक दिखावटी किस्म की प्रदर्शनी भर है। उस दिन पश्चिम की ओर की राह से जाते हुए उन्होंने देखा कि सड़क पर आवागमन पूरी तरह बन्द है। इस वजह से सड़क तरह-तरह की सवारियों और आदमियों की भीड़ से खचाखच भरी हुई है। आशंका हुई कि कोई दुर्घटना हो गयी है क्या? परन्तु वहाँ इकट्ठे आदमियों के चेहरों का हाव-भाव देखकर लगा कि नहीं, ऐसी कोई दुर्घटना हुई तो नहीं लगती। सायंकाल को हो जोनेवाली सामान्यतः भीड़ ही है। हर ओर खड़ी मोटर गाड़ियों के बीच से रास्ता निकालकर निकल पाना बड़ा कठिन कार्य है। उसके बाद के दूसरे दिन भी उधर से गुजरते हुए देखा कि ठीक उसी तरह की भीड़ फिर जमा है। लेकिन उस दिन जिस समय लौट रहे थे तो देखा कि भीड़ का तो नामोनिशान ही नहीं। सड़क बिलकुल खाली है। एक भी सवारीगाड़ी कहीं नहीं खड़ी है। पास में जो एक मकान है उसकी चहारदीवारी के अन्दर और बाहर हर जगह पुलिस के सिपाही जमे हुए हैं। क्या बात है भाई? इस महानगर में कहाँ, क्या कुछ हो रहा है? बतला पाना मुश्किल है। जबकि आज चालीस-पचास वर्षों पहले ऐसी कोई बात नहीं थी। मुहल्ले के किस आदमी की विवाहिता बेटी अपने पति के साथ अपने पिता के घर आयी हुई है, किस आदमी का नन्हा बेटा पिछले तीन दिनों से मलेरिया बुखार में तप रहा है, सारा-का-सारा समाचार सभी को मालूम रहता था। परन्तु आजकल तो अपनी पट्टी (छोटा मुहल्ला) में ही कहाँ क्या हो रहा है, कुछ भी पता नहीं चल पाता। जान पाना सम्भव भी नहीं है।

"बड़े भाई साहब! किधर से आ रहे हैं?"

चौधुरी ने माथा उठाकर गौर से देखा—अरे शैलेन बरुआ हैं। बरुआ की आदत

रही है कि कभी उन्हें मिस्टर चौधुरी तो कभी बड़े भाई साहब कहकर पुकारते हैं। जब कभी किसी खास मस्ती में होते हैं, तो अध्यापक महाशय या गुरुजी कहकर भी पुकारते हैं।

"यहाँ इतनी भारी संख्या में पुलिस के सिपाही क्यों डटे हैं?"

"अरे, सो कुछ न पूछें। एक महाचिकित्सक महोदय पधारे हुए थे—विश्वास परिपूरक डॉक्टर। जिस बीमारी को कोई भी डॉक्टर, वैद्य, हकीम ठीक नहीं कर पाता था, ऐसी असाध्य बीमारीवाले रोगी का ऑपरेशन कर वे उसे तुरन्त ठीक कर सकते थे।"

"ऑपरेशन, चीड़-फाड़ से रोग ठीक करने का काम? यहाँ पर? यहाँ पर कैसे ऑपरेशन करते हैं भला? यहाँ क्या कोई ऑपरेशन थियेटर है?"

"नहीं, नहीं! इन्हें काटने-वाटने के लिए छुरी-कटारी की कोई जरूरत नहीं होती। ऐसे ही फाड़-फूड़कर अन्दर का कल-कब्जा सब ठीक कर देते हैं। खून-वून साफ कर तुरन्त ही रोगी को वापस घर ले जाने देते हैं। काटने-सीने का कोई निशान भी कहीं नहीं रहता।"

"क्या कह रहो हो जी?"

"ठीक कह रहा हूँ। आश्चर्यजनक काण्ड है भाई साहब, रोगी झटपट ठीक हो जाता है।"

"बड़े अचम्भे की बात है।

"अचम्भे की कोई जरूरत नहीं। हम लोग चूँकि इन बातों पर विश्वास नहीं करते, इसी से ये अचम्भेवाली बातें लगती हैं। जबकि ऐसी बातें होती हैं। भाई साहब, मैं अपने व्यक्तिगत अनुभव की बात बताऊँ। उस समय मैं शान्तिपुर के इलाके में रहता था। मेरे पड़ोस में ही एक घासफूस की झोंपड़ी थी, जिसमें कई एक महाविद्यालय के लड़के एक साथ मिलकर रहते थे और पढ़ाई करते थे। उसी में खाना वगैरह भी एक साथ ही बनवा लेते थे। एक रात को उनमें से एक लड़का, जिसका नाम हेमधर था, झोंपड़ी के पिछवाड़े की ओर पेशाब करने गया। वहीं पर उसे एक साँप ने डँस लिया।"

इतना कहते-कहते शैलेन बरुआ ने अपना दाहिना पैर उठाकर अपने पाँव के उस विशेष स्थान को दिखलाया। जिस स्थान पर उस लड़के के पाँव पर साँप ने डँसा था।

"बड़ी जोर की एक चीख मारकर हेमधर तो वहीं पछाड़ खाकर गिर पड़ा। उस चीख को सुनकर बाकी लड़के एक लालटेन लेकर उधर दौड़े गये। जाकर देखा कि हेमधर धरती पर गिरा पड़ा है और फणिधर साँप उसके पास से ही सरसराता हुआ गुजर रहा है। लड़के यदि चाहते तो उस साँप को मार सकते थे, परन्तु उन्होंने मारा नहीं।"

"क्यों नहीं मारा?"

"साँप को मार डालने पर फिर साँप का विष झाड़नेवाले ओझा-वैद्य का कोई मन्त्र ही काम नहीं करता। सामने ही एक खुली जगह थी। लड़कों ने उसे उठा ले जाकर वहाँ लिटा दिया। फिर कहीं से एक मन्त्र के जानकार ओझा को बुला लाये। ओझा ने बहुत देर तक मन्त्र-तन्त्र कर मेहनत की किन्तु कोई सुफल नहीं निकला। पास में ही शशि वकील का मकान था। उनकी सलाह पर लड़के लगभग बारह बजे रात को उसे उठाकर अस्पताल ले गये। उस समय तक चिकित्सा महाविद्यालय अभी नहीं बना था। तब उसे सिविल अस्पताल कहते थे। अस्पताल के घेरे के भीतर ही डॉक्टर का भी आवास था। डॉक्टर ने आकर परीक्षा की। परन्तु तब तक कुछ कर सकने का कोई उपाय शेष नहीं था। इतनी देर बाद अस्पताल ले आने के कारण डॉक्टर ने लड़कों पर खूब डाँट-फटकार लगायी। उस लड़के को मृत घोषित कर डॉक्टर ने उसे मुर्दा घर में रखने का आदेश दिया। परन्तु उसके साथी लड़कों को डॉक्टर का यह आदेश पसन्द नहीं आया। फिर बाहर खुली जगह में लाकर उसे उन्होंने लिटा दिया। उस समय द्वितीय विश्वयुद्ध चल रहा था। लड़के हैरान-परेशान दौड़-धूप रहे ही थे कि किसी ने बतलाया कि शाल कोंचा की ओर का कोई एक मजदूर रोजी-रोटी के चक्कर में गुवाहाटी आया हुआ है। वह सर्पविष झाड़ने का बहुत बड़ा गारुड़ी (ओझा) है। फिलहाल फैंसी बाजार में रहता है। खबर पाते ही लड़के उतावले हो पड़े। शशि वकील के पास एक मोटर कार थी ही। उसी कार को ले, वे सब उसकी खोज में निकल पड़े। और ढूँढ़-ढाँढ़कर उसे बुला ले आये। उसने मन्त्र पढ़-पढ़कर हेमधर के मुँह पर पानी के छींटे मारना शुरू किया। बड़े विचित्र किस्म का मन्त्र था वह, बिलकुल अर्थहीन शब्दों का बेमेल मेल। लगता है अर्थ का कोई प्रयोजन भी नहीं था। केवल मन्त्र की जो सुर लहर निकल रही थी, वही प्रभावशाली थी।"

"किस भाषा का मन्त्र था जी? संस्कृत का?"

"नहीं साहब। संस्कृत का तो था ही नहीं, सुनने में भीं गड़बड़ लग रहा था— 'हल्टं-पल्टं नलेर गाजा, मैं हूँ तेरा पार्वती ओझा। झाड़ूँ-झुड़ूँनाही विष। ठीक होने पर एक रुपया दक्षिणा देना।' आदि-आदि कुछ बेमेल भावोंवाला मन्त्र था वह। लगभग एक घण्टा तक इसी तरह मन्त्र पढ़-पढ़कर पानी के छींटे मारते रहने के उपरान्त एक बार अचानक लगा कि लड़के ने सर को दूसरी ओर घुमाया है। कुछ समय और बीत जाने पर लड़के ने आँखें खोल कर चारों ओर निहारा।"

"क्यों जी। क्या तुम सच बता रहे हो?"

"अरे महाशय। उसके बाद तो लड़के ने करवटें बदलीं। फिर ओझा ने जब उसे बैठने को कहा तो उठकर बैठ भी गया। फिर ओझा ने कहा कि खड़े होकर शशि वकील के पास जाओ और उनसे बीड़ी माँगकर लाओ। जब वह ऐसा कर चुका तो ओझा ने उसे फिर सो जाने के लिए कहा। थोड़ी देर बाद जब वह फिर उठा तो ओझा

ने उसे फिर शशि वकील से बीड़ी माँगने को कहा। अबकी बार लड़का लाज से गड़ गया, उसने अपने से आयु में बड़े शशि वकील से बीड़ी माँगना उचित नहीं समझा और उस ओर एक कदम भी आगे नहीं बढ़ाया। तब तो ओझा प्रसन्न हो गया। बोला, अब तो कोई डर नहीं। बस इसे गरमागरम दूध पिला दो और सोकर आराम करने दो।"

"तो लड़का भला-चंगा हो गया?"

"अरे महाशय! अभी आज तक मेरे यहाँ प्रायः ही मिलने आता रहता है। खूब हट्टा-कट्टा तन्दुरुस्त है। अभी कुछ ही दिनों पहले उसने अपनी बेटी की शादी भी की है।"

"अच्छा! यह तो बतलाएँ कि यह सब कुछ आपने स्वयं अपनी आँखों से देखा था?"

"देखिए जी। उस दिन तो मैं वहाँ था नहीं। सो अपनी आँखों से तो देखा नहीं परन्तु जिस आदमी ने खुद अपनी आँखों से सारा कुछ देखा था, उसी से मैंने यह सब सुना है। उस समय गुवाहाटी के कलेक्टर थे ह्यूबार्ट साहब या कि क्या तो नाम था उनका। दूसरे ही दिन उन्होंने उस ओझा को अपने पास बुलाकर साठ रुपये इनाम में दिये थे।"

हो सकता है, ऐसा भी हो सकता है। परन्तु भृगु चौधुरी इस तरह की बातों पर विश्वास नहीं कर पाते और अविश्वास भी नहीं करते।

एकाएक एक दुपहिया स्कूटर भृगु चौधुरी के बिलकुल पास आकर खड़ा हो गया।

"मामाजी। कहाँ जा रहे हैं आप?"

"कहीं नहीं। बस यूँ ही निकल पड़ा हूँ?"

"तो इसका मतलब यह कि वह महाठग भाग गया।"

"कौन-सा ठग जी?"

"अरे वही विश्वास परिपूरक या कि क्या कहते हैं रोगी को देखने की जिसकी फीस प्रति रोगी रुपये पाँच हजार है। उस पर भी देखा न। बाप-रे-बाप कितनी भीड़! जरा हिसाब कर देखें, पाँच हजार रुपये प्रति रोगी के हिसाब से इतनी भीड़ का प्रति दिन का कितना लाख हुआ?"

"फिर वे गये कहाँ? और यहाँ पुलिस के इतने जवानों की भीड़ क्यों लगी हुई है?"

"बात यह है कि इस ठगबाजी को बन्द करने के लिए नवयुवकों ने धमकी दी है। अच्छा ही किया है। वैसे भी इस तरह के आदमी लगातार बहुत दिनों तक एक ही स्थान पर नहीं रहते। उनसे चिकित्सा करवाये हुए रोगी उनके सम्मोहन के फन्दे से छुट्टी पाकर सहज स्वाभाविक हो उठें, उसके पहले ही वे कहीं बहुत दूर भाग जाते हैं। कितने तरह के ठग, दगाबाज, जुवाड़ी वगैरह भरे पड़े हैं बाबा। यहाँ की

जनता भी कैसी है, क्या हो गया है उनको? तनिक-सा भी कोई चमत्कार देखा नहीं कि बस। फिर तो और किसी चीज की जरूरत ही नहीं उन्हें, आदमियों का भीड़-भड़क्का जहाँ थोड़ा जुटा नहीं कि दौड़ पड़ते हैं। इनमें से कुछ के पास काफी रुपया इकट्ठा हो गया है न, सो इसी तरह का कोई बहाना पाते ही उसे उड़ाते हैं।"

18

"इधर कुछ दिनों से हेमप्रभा का माथा बहुत गरम है।" सुनते ही मिनती ने पूछा, "कौन हेमप्रभा जी?"

"अरे! और कौन होंगी भला। वह महान् सत्यजित डेका की माताश्रीजी।"

"अच्छा तो यह बात है। अरे मैं तो उन्हें फूफीजी कहकर पुकारती हूँ। नाम लेकर बतलाने से कैसे पहचानूँगी। उनका नाम थोड़े ही जानती हूँ। मगर हुआ क्या है? क्या तुम लोगों पर बहुत क्रुद्ध हो गयी हैं? लगता तो नहीं।"

"तू हेमप्रभा देवी को समझ ही नहीं सकती। जब वे चीखती-चिल्लाती हों, सभी को डाँटती-डपटती हुई, गाली-गलौज बकती हुई घर के हर एक सदस्य को परेशान किये हुए हों, तो समझना बहुत प्रसन्न मिजाज में हैं। परन्तु जब एकदम शान्त हों, किसी पर बिगड़ नहीं रही हों, चुप मारे हुए हों, गाली-गलौज न देती हों, तब समझना कि उनका मस्तिष्क बहुत बिगड़ा हुआ है, अन्दर-ही-अन्दर जलकर राख हो रही हैं। सो कल जब मैं घर में वह जूता पहने ही अन्दर तक चला गया, जिसमें गोबर चिपटा हुआ था, जिससे सारा कमरा खराब हो गया, परन्तु यह देखकर भी जब वे एकदम शान्त बनी रहीं, तभी मैं समझ गया कि परिस्थिति बहुत कठोर हो चुकी है।"

"देखो जी। तुम लोग फूफीजी को बहुत अधिक तंग करते रहते हो।"

"हाँ, मगर वे तो वही चाहती भी हैं। अगर उन्हें तंग न करें, उन्हें उलाहना दे-दे कर परेशान किये न रखें तो सोचती हैं कि हम लोग तो उनकी कोई परवाह ही नहीं कर रहे। इन्हीं सब कारणों से तो बीच-बीच में कहना पड़ता है कि माँ! धोका का डालना खाने का मन हो रहा है। क्यों जी क्या बात हो गयी? सूखा पिठा बनाना तो तुमने छोड़ दिया आजकल। खाने में उसका स्वाद कैसा लगता है। हम तो भूल ही गये। इस तरह की परेशानी खड़ी कर देनेवाली बातें कहने पर वे क्रोधित तो खूब होती हैं। बड़बड़ाने लगती हैं—भला मैं अकेली कितना कुछ करूँ। तुम लोगों को क्या,

मुँह से बस फरमा भर दिया। बस छुट्टी। पर मेरी जान को तो फजीहत हो जाती है। परन्तु यह सब कहते हुए उनके चेहरे पर जो सन्तोष का भाव प्रकट होता है, उसे देखकर मन प्रसन्न हो जाता है। वस्तुतः अन्दर-अन्दर से बहुत प्रसन्न होती हैं तब। परन्तु इधर कुछ दिनों से उन्होंने बस एक ही रट लगा रखी है, 'अब अपनी इस उम्र में मैं यह घर अकेले सँभाल नहीं सकती।' "

"ठीक बात ही तो कहती हैं।"

सत्यजित के साथ मिनती के सम्बन्ध का स्वरूप किस प्रकार का है?

सहारा और सहानुभूति पाने का एक भरोसे-मन्द स्थान। एक सच्चे साथी से मनुष्य यह सब आशाएँ लगाये नहीं रखता क्या?

उस दिन मिनती का मन खराब हो गया। उसकी बहन प्रणति बहुत उड़न्तू स्वभाव की है जबकि आरती गुरु-गम्भीर स्वभाव की भली लड़की है। पढ़ने में भी काफी तेज है। इंजीनियरिंग कॉलेज में पढ़ती है। पिलानी के मशहूर अभियान्त्रिकी संस्थान में उसे प्रवेश मिल गया था। परन्तु उतनी दूर बाहर भेजने का मन मिनती का नहीं हुआ था। आखिर लड़की की जात है, अकेले-अकेले कहाँ जाएगी? सभी लोगों ने समझाया—"यहाँ का अभियान्त्रिकी महाविद्यालय भी खराब नहीं है। बैचलर आव इंजीनियरिंग की उपाधि यहाँ से लेकर उच्च शिक्षा के लिए बाहर जाने से अच्छा होगा। यहाँ से पढ़कर गये छात्र बाहर जाकर बहुत अच्छा नाम यश कमा चुके हैं।"

प्रणति का स्वभाव बहुत कुछ माँ के स्वभाव जैसा है। कल्पना के राज्य में ही निवास करती है। माँ के आचरण को देखकर तो मन में क्रोध उमड़ आता है। कभी-कभी तरस भी आता है कि बेचारी का सारा जीवन कष्ट उठाते ही बीत गया। जीवन में कुछ भी तो नहीं पा सकी। अन्त में पेट में ऐसा कैन्सर हो गया, कि जान लेकर ही माना। उस भयानक रोग की कोई दवा भी नहीं करवायी जा सकी, बिना किसी चिकित्सा के ही उनका प्राणान्त हो गया।

पत्नी की मृत्यु हो जाने के बाद तो योगेन महन्त ने अपने आपको और भी अधिक संकुचित कर लिया। वैसे पहले भी उनका बाहरी संसार से कोई सम्बन्ध नहीं था। अब तो और भी अपने आप में सिकुड़-सिमट गये हैं। सभी प्रकार की परिस्थितियों और हर तरह के आदमियों से उन्होंने अपने को अलग कर लिया है। घर-परिवार कैसे चल रहा है? कौन क्या कुछ कर रहा है, इसकी कोई खोज-खबर भी उन्हें नहीं रहती। योगेन महन्त के सेवा-निवृत्त हो जाने के बाद तो घर-परिवार का सारा उत्तरदायित्व अपने आप ही मिनती के ऊपर आ पड़ा। ऐसी-ऐसी भारी जिम्मेदारियाँ आ पड़ीं कि क्या कहें। इनमें से कुछ तो ऐसी थीं जिन्हें टाल भी सकती थी, परन्तु कुछ तो ऐसी थीं जिन्हें किसी भी रूप में टाला नहीं जा सकता था। इस

घर की देखभाल फिर करता ही कौन है? महन्त तो पूरे दिन भर बिस्तरे पर ही पड़े रहते हैं, बिना कुछ करे-धरे ही। ऐसा भी नहीं कि सोये-सोये कोई किताब वगैरह पढ़ रहे हों। घण्टे के पीछे घण्टे बस छत की कड़ियाँ गिनते-गिनते ही बिता देते हैं। जाने क्यों वे सत्यजित को बहुत चाहते हैं। केवल सत्यजित से ही कभी-कभार दो-चार बातें कर लेते हैं। यूँ भी वे बातें बस फुसफुसाहट के स्वर में ही करते हैं। बातें करते हुए वाक्य का कुछ अंश तो बस मुँह के भीतर ही अस्पष्ट बड़बड़ा लेते हैं फिर बाकी अंश कुछ स्पष्ट स्वर में कहते हैं। जैसे, "···सब मिनती ही··· ।"

"क्या सब?"

"उसने अपने पैसे से ही बनवाया है।"

"क्या?"

"सोफासेट।"

इस तरह की बातचीत में भी हास्यरस का कोई पुट छिपा हुआ है, यह समझ पाना किसी के लिए भी मुश्किल है परन्तु इतनी-सी बात पर योगेन महन्त बड़ी देर तक हँसते रहते हैं, वही शब्दहीन हँसी। सत्यजित चूँकि उनकी इस तरह की हँसी देखने का अभ्यस्त हो गया है, इसी से वह समझ पाता है कि योगेन महन्त हँस रहे हैं। नहीं तो ऐसा करते समय मुँह की मांस-पेशियाँ कुछ ऐसी बेढंगी खिंची होती हैं कि उन्हें देखकर तो पकड़ पाना ही मुश्किल है कि वे हँस रहे हैं या रो रहे हैं।

घर के सारे सामानों को बड़ी सज-धज के साथ एक सुन्दर परिपाटी के रूप में सजाकर रखने की मिनती की स्वाभाविक प्रवृत्ति है। बैंक की नौकरी पा जाने के बाद से उसने धीरे-धीरे करके दो-एक सामान लेते-लेते कुछ आवश्यक सामान घर में ला दिये हैं। छत से लटकनेवाला सिलिंग फैन, बैठने के लिए सोफासेट वगैरह। दरवाजे और खिड़कियों पर सुन्दर पर्दे लटका दिये हैं। यह सारा कुछ वह घर की परेशान कर देनेवाली परिस्थिति को भुलाकर एक उत्साहपूर्ण वातावरण बनाने के लिए करती है।

अपनी छोटी बहनों में आरती के लिए तो उसे कोई चिन्ता-फिक्र नहीं है क्योंकि वह बहुत गम्भीर स्वभाव की लड़की है। उसके इंजीनियरिंग कॉलेज में अभी ठीक ढंग से पढ़ाई शुरू ही नहीं हुई थी तो भी वह रात के बारह बजे तक पढ़ती रहती है। मिनती ही उसे डाँटती रहती है, "रहने भी दे, बहुत हो गया। अब सो भी जा। बड़े सवेरे ही फिर बस पकड़नी पड़ेगी।" चाहे हजारों किस्म की असुविधाएँ क्यों न आ जाएँ, आरती कभी एक कक्षा भी छोड़ती नहीं है।

परन्तु बहुत अधिक विपत्ति आ पड़ी है प्रणति को लेकर। क्यों कर यह लड़की इस तरह के स्वभाव की हो गयी? वह इसका ओर-छोर कुछ समझ नहीं पाती। पढ़ने-लिखने में तो उसकी कोई रुचि ही नहीं, कोशिश भी नहीं करती। दो बार तो बी.ए. की ही परीक्षा देकर फेल हो चुकी है। इसके लिए उसके मन में कोई पछतावा

भी नहीं है। कोई संकोच का भाव भी नहीं। वैसे ऐसी भी कोई बात नहीं कि उसमें बुद्धि की कोई कमी है। बी.ए. पास करना कोई बहुत कठिन काम भी नहीं है। मगर थोड़ी कोशिश तो करनी ही होती है। तनिक-सी चेष्टा से ही उत्तीर्ण हो सकती है, परन्तु वह है कि जरा-सी भी कोशिश नहीं करती। अब भला कितनी बार उससे कहें? हाथ में किताब लिये बगैर पास होगी भी कैसे? हाथ में किताब लेने को कहने पर ही मुँह तुम्बा-सा फुला लेती है। इस तरह से गाल-फुलाये देखने पर तो मन करता है कि जोर से तमाचा जड़ दे।

मिनती सोचती है, जब वह काम पर चली जाती है तो पूरे दिन घर में पड़ी-पड़ी प्रणति भला करती क्या है? स्वेटर बुनने के लिए ऊन मँगवाया था, सो पूरे-के-पूरे ऊन के वे लच्छे ज्यों-के-त्यों पड़े हैं। जबकि पिताजी के लिए एक स्वेटर बुन देना बहुत जरूरी हो गया है। सो वही कर देती। मगर नहीं, किसी काम में उसका मन ही नहीं लगता। मिनती उसकी इस प्रकार की लापरवाही से बेहद चिन्तित रहती है। परन्तु उस दिन तो गजब ही हो गया। उस दिन न जाने किस कारण से उसके बैंक में जल्दी ही छुट्टी हो गयी थी, सो बहुत जल्दी ही वह घर लौट आयी। सत्यजित ने अपने स्कूटर से उसे उसके घर के पास के तिराहे तक पहुँचा दिया था। वहाँ से चलकर जब वह अपने घर के करीब पहुँचने को ही थी कि उसने राना को अपने घर के अन्दर से बाहर निकलकर ज़ाते हुए देखा। क्षण भर में ही उसके माथे में आग की चिनगारियाँ छूटने लगीं। राना कैसे चरित्र का आदमी है, यह तो किसी से छिपा नहीं है। अभी कुछ दिनों पहले ही वह उसके भी पीछे पड़ा था। वही फिर उस ओर भी बढ़ेगा और ऐसी विकट समस्या उठ खड़ी होगी, ऐसा तो उसने कभी सोचा भी नहीं था। जल्दी-जल्दी चलकर वह घर के अन्दर दाखिल हुई। घर में इस समय तो कोई है नहीं, वह बैंक ही गयी हुई थी और आरती अपने महाविद्यालय पढ़ने जा चुकी है। पिताजी तो घर में खाट पर चित लेटे पड़े रहते हैं। उनका तो घर में होना भी न होने के समान है। तो फिर इस सुनसान दुपहरी में घर के अन्दर राना के साथ वह भला क्या कर रही थी। यह सोचकर उसे इतना प्रचण्ड क्रोध आया कि रो देने का मन हुआ, "राना यहाँ क्यों आया था?"—उसका कड़क प्रश्न सुनकर प्रणति तो एकदम सकपका गयी। पर तुरन्त ही सँभल गयी और उलटे ही पूछ पड़ी, "कौन राना?"

"अच्छा तो तू ऐसी भोली है कि राना को पहचानती तक नहीं? अरे कौन है जो उस गुण्डे को नहीं पहचानता? इतनी सयानी लड़की हो गयी है तू, और अपना भला-बुरा भी नहीं समझ पा रही है? बोल, इस भरी दुपहरी में वह छिछोरा क्यों आया था यहाँ, बोल!"

"नहीं आया था वह यहाँ। कोई भी नहीं आया था।"

"नहीं आया था? सच बोल रही है तू?" कहकर उसने तड़ाक से एक जोरदार

तमाचा उसके मुँह पर जड़ दिया। "मैंने अपनी आँखों से राना को यहाँ से निकल कर जाते देखा है और तू छोकरी कहती है कि नहीं आया था।" परन्तु वह इतना सब कह भी नहीं पायी थी कि प्रणति भी चिल्ला-चिल्लाकर मुँहतोड़ जवाब देते कह उठी, "आप तो एक नौजवान आदमी के स्कूटर पर बैठकर रात-दिन जहाँ मन होता है वहाँ सैर-सपाटा करती फिरती है, उसमें तो कोई दोष नहीं है, और यहाँ किसी आदमी से दो बोल बोल लिये तो भारी दोष हो गया। हुँह।"

मिनती को तो जैसे काठ मार गया। वह चाहती तो उसी ऊँचे स्वर से कह सकती थी, 'तेरा स्वभाव और मेरा स्वभाव एक-जैसा नहीं है रे छोकरी।' परन्तु सँभल गयी। कहने से कोई लाभ नहीं। उलटे उसने प्रणति की निगाह से ही अपनी ओर आलोचनात्मक दृष्टि से देखा। तब उसे अपना दृश्य भी सचमुच बहुत चुभनेवाला महसूस हुआ। एक नवयुवती एक नवयुवक के साथ बिना किसी शील-संकोच के निर्द्वन्द्व हो घूमती-फिरती है। ऐसा आँखों में चुभनेवाला दृश्य उसकी आँखों में भला अब तक चुभा क्यों नहीं। वस्तुतः अभी आज तक वह अपने को अपनी ही दृष्टि से देखती आ रही थी। आज जब पहली बार प्रणति की निगाह से अपने आपको निहारा, तब यह कटु दृश्य कुछ ऐसा मन को अखरा कि लाज के मारे मर जाने की इच्छा हो आयी। उसने मन-ही-मन निर्णय लिया—प्रणति को दोष देना ठीक नहीं। दोष तो खुद उसका अपना ही है। उसका स्वयं का आचरण ही ठीक नहीं रहा है।

दूसरे दिन जब सत्यजित स्कूटर लेकर आ पहुँचा तो प्रणति की आँखों की कोरों में दबी हँसी झलक उठी।

"बड़ी बहन तो बहुत पहले ही चली गयी।"

"चली गयी? क्यों जी, ऐसी क्या जल्दी थी। फिर कैसे गयी है?"

"एक भाड़े का रिक्शा लेकर।"

सत्यजित आश्चर्यचकित हो गया। 'क्यों कर उसने यह झमेला खड़ा कर दिया? आखिर बात क्या हो गयी? कुछ कहा है क्या? उसके मुँह में तो कोई लगाम नहीं है।'

'यह तुम्हारा ही दोष है रे सत्यजित। तेरा ही दोष है।'

उस दिन कार्यालय की छुट्टी हो जाने के बाद सत्यजित ने मिनती से कहा, "आओ! चलें।"

"तुम जाओ।"

"और तुम?"

"मैं नगर बस से जाऊँगी। अगर कोई नहीं मिली तो रिक्शे से चली जाऊँगी।"

"क्यों?"

"मेरी अपनी इच्छा।"

"तेरी इच्छा होने से ही सब हो जाएगा। अब देर मत कर, आ बैठ चलें।"

"मैं नहीं जाऊँगी।"

"नहीं जाऊँगी, कह देने से ही हो जाएगा क्या?"

"अगर नहीं गयी तो क्या करोगे? जबरदस्ती उठाकर ले जाओगे क्या?"

"अच्छा। उठाकर ले जाऊँगा। अच्छा मजाक बना रही हो।"

"अब इसमें मजाक की क्या बात हुई?"

"मजाक नहीं तो और क्या? बराबर हम दोनों साथ स्कूटर पर आते-जाते रहे हैं। इस तरह एक दिन अचानक बन्द कर देने से लोग क्या सोचेंगे भला।"

"क्या सोचेंगे? क्या कहेंगे? तुम्हीं बतलाओ न।"

"पगली कहीं की। क्या कहेंगे तू नहीं समझती? लोग कहेंगे दुष्ट सत्यजित ने जरूर ही मिनती के साथ कोई बहुत बुरा व्यवहार किया है। अगर ऐसा नहीं होता तो वह अचानक ही उसके साथ जाना क्यों बन्द कर देती? अब समझी कि आदमी लोग इस पर क्या कहेंगे?"

"अरे कह देने से ही वैसा मान लिया जाएगा क्या? जरा कहकर तो देखें।"

"किस-किस के मुँह पर जाबा डालोगी? जरा विचार कर देखो तो कि तुम्हारे ऐसा करने पर मेरी अवस्था कैसी हो जाएगी? किसी भले आदमी के घर की देहरी पर पाँव रखते ही वहाँ एक आतंक-सा फैल जाएगा। 'सँभलो, सँभलो' जैसी पुकार मच जाएगी। सत्यजित आ रहा है रे। सत्यजित आ रहा है। देखो! घर की सारी बहू-बेटियो! सावधान हो जाओ!"

"देखो बेकार की फालतूपने की बातें मत करो। हर बात में यह ठट्ठेबाजी अच्छी नहीं लगती।"

"तुझे क्या अच्छा लगता है, क्या अच्छा नहीं लगता, इसी चिन्ता में तो मैं पड़ा हूँ। अच्छा, अब बहुत गपबाजी हो चुकी। आओ सीट पर बैठो। अब चलें।" कहते हुए सत्यजित ने हाथ बढ़ाकर मिनती की बाँह पकड़कर उसे स्कूटर पर बैठा लेना चाहा। क्रोध से भर उठने पर उसका कड़ा विरोध करना चाहकर भी मिनती वैसा कुछ कर नहीं पायी बल्कि फफककर रो पड़ी। इससे विचलित होकर सत्यजित ने उसका हाथ छोड़ दिया। इस बार, उसने पहली बार अनुभव किया कि मिनती एक लड़की है, एक नवयुवती स्त्री है वह।

स्वयं मिनती ने कभी ऐसा सोचा भी नहीं था कि वह इस तरह से सरेआम रो सकती है। अपनी स्थिति पर विचार कर उसने शीघ्र ही अपने आपको संयत कर लिया। उसने अनुभव किया कि सब कुछ पहले जैसा होते हुए भी आज वह कंगाल हो गयी है। पहले तो वह यही सोचती रही थी कि रोज-रोज स्कूटर पर बैठकर सत्यजित के साथ आना, दरअसल महानगर की बसों की भीड़ से बचने का एक उपाय भर है। परन्तु आज उसने महसूस किया कि ऐसा करने के पीछे अकेले बस एक यही कारण नहीं है। बल्कि रोजमर्रा के जीवन की परेशानियों से छुटकारा पाने की दिशा

में उसकी यह एक सोची-समझी पहल थी, यूँ समझ लें कि चाहे थोड़े समय के लिए ही सही, घर-परिवार-समाज की झंझटों से अलग हो सपने के स्वर्ग में विचरने का भी यह एक सुन्दर उपाय था। यद्यपि यह एक बहुत तुच्छ किस्म की चीज थी, फिर भी थी बड़ी ही मनभावनी।

19

पहले के जमाने की बात ही अलग थी। मनुष्यों की पहुँच, उनका उठना-बैठना, उनका घूमना-विचरना सभी कुछ एक परिचित घेरे के अन्दर सीमित रहता था। पूरे दिन-भर के समय में उनकी भेंट-मुलाकात विशेष रूप से पहले से ही परिचित कुछ आदमियों से ही होती थी। घटित होनेवाली घटनाओं के सम्बन्ध में वे पहले से ही जैसा अनुमान लगाये होते थे, ठीक उसी के अनुरूप ही घटनाएँ घटती भी थीं। परन्तु आज का जमाना तो और ही प्रकार का है। घर से तनिक दूर आगे तक ही चहलकदमी भरी कि अप्रत्याशित रूप से जाने कितने भिन्न-भिन्न प्रकार के आदमियों से मुलाकात हो जाएगी, कहा नहीं जा सकता। मिलने-जुलनेवाले आदमियों में से भी प्रत्येक आदमी बस आंशिक रूप से ही परिचित होता है, विशेषरूप से पूरा सुपरिचित तो कोई मिलता ही नहीं। वैसे अब पहले की अपेक्षा अधिक आदमियों, अधिकाधिक चीजों से सम्बन्ध तो हो गया है। यानी सम्बन्धों की सीमाएँ तो बढ़ी हैं किन्तु उनमें गम्भीरता नहीं होती है।

प्रायः ही रास्ता घाट चलते जो लोग मिल जाया करते हैं, उनमें से हर एक से मिलते ही मन में किसी-न-किसी किस्म की एक विचित्र प्रतिक्रिया होती है। इस तरह नाना प्रकार की ढेर सारी प्रतिक्रियाओं की भीड़ के कारण मन के आँगन में एक असमंजस-सा, एक अबूझ गोरखधन्धा-सा बन जाता है।

उम्र के इस पड़ाव पर पहुँचकर भृगु चौधुरी जब बीते जमाने की घटनाओं को याद करते हैं तो कोशिश करने पर भी वे घटनाएँ जिस विशेष क्रम से घटी थीं ठीक उसी क्रम से धारावाहिक रूप से याद नहीं आतीं। उन्हें एक-के-बाद एक को ठीक क्रम से ढूँढ़ कर सजा पाना भी सम्भव नहीं है। पहले, दूसरे से लेकर अन्तिम क्रम तक कोई सुशृंखलता नहीं जान पड़ती। बल्कि ऐसा लगता है जैसे वे पहले और बाद के क्रम के अनुसार ऊपर-नीचे में क्रमशः न पड़कर किसी एक ही समतल मैदान में

अनेक वर्गाकार आकृतियों की बेतरतीब भीड़-भड़क्का लगाये हों। एक-एक वर्ग में एक-एक दृश्य बँधे हों। जब किसी एक वर्ग के दृश्यों पर प्रकाश की ज्योति पड़ जाती है तो वह चमक उठता है, फिर ज्योति जब वहाँ से हटकर दूसरे वर्ग पर पड़ती है तो पहलेवाला वर्ग अदृश्य हो जाता है और इस दूसरेवाले वर्ग के दृश्य झिलमिलाने लगते हैं।

परन्तु यह प्रकाश ज्योति जो उन पर पड़ती है उसका भी कोई सुनिश्चित नियम-कानून नहीं है। भृगु चौधुरी के मन में एकाएक डॉक्टर मुनहेंकर की बात याद हो आयी। डॉक्टर मुनहेंकर एक ईसाई मिशनरी अस्पताल के डॉक्टर थे। चौधुरी के बड़े बेटे का जन्म उसी अस्पताल में हुआ था। डॉ. मुनहेंकर की उन बातों को वे आज भी बड़ी श्रद्धा के साथ याद करते हैं। वे डॉक्टर साहब जैसे पूरी तरह से सर्वस्व त्यागी महात्मा थे। प्रत्येक रोगी के लिए उनके मन में अपार करुणा भरी थी। अगर कोई रोगी ऐसा है जिसकी बीमारी खरतनाक रूप ले उठी है तो वे पूरी-की-पूरी रात उसकी सेवा में लगे रहते थे। पूरे दिन भर ऑपरेशन करते रहने के बावजूद रात को भी इस कक्ष (वाड) से उस कक्ष तक चक्कर लगाते घूमते रहते थे। चौधुरी की पत्नी ने तब बताया था कि डॉक्टर साहब की धर्मपत्नी फ्लास्क में उबाला हुआ गरम पानी लिये हुए उनसे कुछ दूरी बनाये रखते हुए पीछे-पीछे घूमती रहती थीं। जब कभी डॉक्टर साहब फुरसत पाते, वे तुरन्त फ्लास्क बढ़ा देतीं। डॉक्टर साहब एक साँस में ही पानी पीते और फिर आगे बढ़ जाते। इस प्रकार के मनुष्यों के जीने का प्रयोजन है। उनके जीवन की सार्थकता भी है।

भृगु चौधुरी एकाएक झटका-सा खा गये। बिना कोई कदमों की आहट किये ही जाने कब रजत कलिता चुपके-चुपके वहाँ आ पहुँचे थे। भृगु चौधुरी इसकी आहट भी नहीं पा सके थे। अब जो उन्होंने उन्हें देखा तो उनके शरीर को विशेष तौर पर निहारा। उन्हें लगा कि पिछली भेंट से आज की इस मुलाकात के बीच जो समय गुजरा है, उसमें रजत कलिता काफी बुढ़ा गये हैं। उनके चलने की भंगिमा में वह तेजी नहीं रही, बहुत थका-थका-सा, बहुत धीमा-धीमा-सा डग वे भर पा रहे हैं। उनकी ओर देखकर चौधुरी ने एक सरसरी-सी मुसकान बिखेर दी, "अच्छा तो आप लेने आ ही गये। इधर मैं हूँ कि अब शुरू करूँगा, तब शुरू करूँगा, करते-करते भी अभी आज तक शुरू ही नहीं कर पाया।"

"कोई बात नहीं। कुछ दिन और लग जाएँगे। सो बाद में दे देंगे तो भी काम चलेगा। मेरी पत्रिका छापने का अनुबन्ध जिस ईस्टर्न प्रेस से हुआ था, उसका मालिक कह रहा था कि इस समय उसके प्रेस में छपाई के काम का भार बहुत अधिक हो गया है। पाठ्य पुस्तकों को छपवानेवाली किसी बड़ी संस्था ने बहुत सारा काम झोंक दिया है छापने को। करीब पचहत्तर हजार किताब छापकर तुरन्त देनी है। सो अब तो मेरे मामले में देरी होगी ही। उसका कहना है कि अब दो महीने बाद ही मेरी पत्रिका

प्रकाशित करने का काम वह शुरू कर पाएगा। अतः आप से आपकी रचना ले जाने के लिए मैं अब एक महीने बाद फिर आऊँगा।"

रजत कलिता का मुँह सचमुच ही मुरझा गया है। उसकी ओर लक्ष्य कर चौधुरी ने पूछ ही दिया, "रजत भाई! आपका चेहरा-मोहरा बहुत ही खराब लग रहा है, बात क्या है?"

"ओह! उस बारे में कुछ मत कहें। अब यही समझें कि एक न होनेवाली भयंकर बीमारी हो गयी है मुझे।"

"कैसी बीमारी?"

"मेरी पुरुष ग्रन्थि (प्रोस्ट्रेट ग्लैंड) काफी बढ़ गयी है। ऊपर से परेशानी ऐसी कि व्यर्थ की भाग-दौड़ काफी करनी पड़ रही है। पत्रिका के मुख पृष्ठ के चित्रांकन के लिए विमल चक्रवर्ती के पास बातचीत सुनिश्चित करने मालीगाँव (गुवाहाटी का पश्चिमी इलाका, कामाख्या मन्दिर के पास) तक भागता गया था, परन्तु उनसे भेंट ही नहीं हुई। शरीर की हालत ऐसी कि पेशाब करने की बड़ी तेज अनुभूति होती है, परन्तु पेशाब करने जाता हूँ तो काफी चेष्टा करने पर भी पेशाब नहीं उतरती। बड़ी असहनीय पीड़ा होती है। ऐसी दशा में भी महानगर की भीड़-भक्कड़वाली बस में खड़े होकर ऊपर की छड़ पकड़कर लटके-लटके कैसे गुवाहाटी पहुँच आया कि क्या बतलाऊँ।"

इसके बाद उन्होंने जो कुछ बतलाया उसका सारसंक्षेप यह कि रजत कलिता का एक अपना भगिना है अमल, उसका एक मित्र मेडिकल कॉलेज में गृह परिचारक (हाउस मैन) है। वह थोड़े-थोड़े दिनों बाद अमल के साथ रजत के घर आकर उनके रक्तचाप की परीक्षा कर जाता है। जरूरत पड़ने पर अमल उसे बुला लाता है। इधर कलिता की अवस्था ऐसी हो गयी थी कि सहने की सीमा ही समाप्त हुई जा रही थी। बार-बार पेशाबखाने के चक्कर लगाने पड़ते। लेकिन सब मेहनत अकारण। एक दिन दोनों मित्र मिलकर उन्हें चिकित्सा महाविद्यालय में लिवा ले गये। चिकित्सा के आचार्य (प्रोफेसर आफ मेडिसिन) की बाट जोहते हुए वे लोग एक कमरे में बैठे रहे। उस समय की पीड़ा सही नहीं जा रही थी। अमल तो अपने मित्र के साथ एक दिवसीय क्रिकेट मैच के सम्बन्ध में तर्क-वितर्क करने में मग्न हो गया। कलिता ने समझा कि अपने शरीर की पीड़ा अपने शरीर द्वारा ही महसूस की जा सकती है, दूसरे का शरीर उस पीड़ा की कसक कैसे जाने भला। फिर भी उन दोनों मित्रों ने उनके लिए काफी कुछ किया है। अगर वे न होते तो भारी विपत्ति का सामना करना पड़ गया होता। चिकित्सा आचार्य महोदय जो आये तो उन्होंने सब जाँच वगैरह कर लेने के बाद फिलहाल एक पाइप लगा दिया है। परन्तु यह भी चेताया है कि आगे चलकर एक बड़ा ऑपरेशन करना ही पड़ेगा।

चौधुरी ने घबड़ाकर कहा, "फिर ऐसी दुःखदायक अवस्था में आप आये क्यों? आये भी तो भला किस तरह आ पाये?"

"पैदल-पैदल ही आया हूँ। चिकित्सक ने पैदल चलने का सुझाव भी दिया है। कोई और भारी असुविधा नहीं है। बस क्लिप के जरा-सा ढीला पड़ जाने पर दो-चार बूँद···आप समझ रहे हैं न। अच्छा तो जरा एक बार आपके घर के पेशाबखाने में जा सकता हूँ?"

"निश्चय, निश्चय, आइए। मैं लिये चलता हूँ।"

उसके बाद की बातचीत के दौरान रजत कलिता ने विस्तार से बतलाया कि पत्रिका में लिखने के लिए उन्होंने अब तक किससे-किससे कहा है। उनमें से किन-किन लोगों ने उन्हें आश्वासन दिया है कि वे उनकी पत्रिका में लिखेंगे। उनके विवरण से पता चला कि पुरानी प्रतिष्ठित पीढ़ी के लेखकों में से उन्होंने किसी को भी छोड़ा नहीं है।

"इस तरह एक साथ ही इतने बड़े-बड़े लेखकों की साहित्यिक रचनाएँ किसी भी एक पत्रिका में प्रकाशित नहीं होतीं।"

चौधुरी ने उनसे कहा, "अच्छी बात है। मैं भी आपको कुछ-न-कुछ दूँगा। अगर उपन्यास लिखकर नहीं दे पाया तो एक लम्बी कहानी तो जरूर दूँगा।"

"तो फिर अन्दाजन कितने दिनों बाद आऊँ मैं?"

"देखिए, आपको कष्ट करके आने की कोई जरूरत नहीं है। मैं खुद ही पहुँचा आऊँगा। आपको मेरी बस यही सलाह है कि आप अब ज्यादा अधिक भाग-दौड़ न करें। डॉक्टर ने अगर ऑपरेशन करना अनिवार्य बतलाया है, तो फिर ऑपरेशन ही क्यों नहीं करवा लेते? बिला-वजह देरी करने से क्या लाभ?"

"देखिए फिर। ऑपरेशन करवाये बिना ही ठीक हो जाता है कि नहीं?"

"नहीं, नहीं। करवाना ही पड़ेगा। ऐसे काम नहीं चलेगा।"

"फिलहाल होम्योपैथिक चिकित्सा करवा रहा हूँ। कई एक लोगों ने बतलाया है कि इससे यह बीमारी ठीक हो जाती है।"

"परन्तु होम्योपैथी डॉक्टर का क्या कहना है?"

"वे तो कहते हैं कि ऑपरेशन करवाये बिना भी यह ठीक हो सकता है।"

"ठीक है। मगर मैं तो यही कहूँगा कि ऑपरेशन करवाने में डरने की कोई बात नहीं है।"

"अवस्था तो बहुत अधिक हो गयी है न। इसी से डर लगता है।"

"देखिए, यह बीमारी तो बहुत अधिक अवस्था हो जाने पर ही होती है। इसमें डरने की कोई बात नहीं। मेरे बड़े मामा ने तो अस्सी वर्ष की अवस्था में ऑपरेशन करवाया है।"

"डरने की कोई बात नहीं है, यह बात तो चिकित्सक भी कहते हैं। परन्तु आप ही विचारकर देखें न कि कितने शर्म की बात है।"

चौधुरी को बड़ा आश्चर्य हुआ। बोले, "रोग तो आदमी को होता ही रहता है। इसमें लाज-शर्म की क्या बात है?"

कलिता ने बड़े संकोच के साथ दबी-दबी जबान से कहा, "अब आपसे क्या छिपाना। लोगों का कहना है कि यह रोग यौन-क्रिया बहुत अधिक मात्रा में करने पर ही होता है। क्यों, है न ऐसी बात?"

"आप से इस तरह की वाहियात बात कही किसने?" उनकी ऐसी धारणा पर भृगु चौधुरी हँसें या क्रोध करें—कुछ भी समझ नहीं पाये। किस तरह के मनुष्य हैं ये कलिताजी महाशय! बिलकुल एक काल्पनिक जगत् में निवास करते हैं।

वैसे हँसने की कोई बात है कहाँ? अपने आपको उनसे ऊँचे दर्जे का मनुष्य समझने का भी कोई कारण नहीं है। उन पर तरस खाने की भी जरूरत नहीं है। करने के लिए रजत कलिता के पास एक उत्कृष्ट कोटि का काम तो है ही। एक अच्छा भला उद्देश्य लेकर वे जी रहे हैं। मृत्यु स्वयं जब उन्हें ले जाने के लिए आ पहुँचेगी तो वे कह सकेंगे, "थोड़ा-सा ठहरो। मैं जरा यह काम पूरा कर लूँ।" परन्तु भृगु चौधुरी! भृगु चौधुरी स्वयं क्या कह सकेंगे? क्या करने के लिए वे जी रहे हैं। जीने के लिए उनके पास क्या प्रयोजन है?

20

समय-समय पर एक बेचैनी का भाव भृगु चौधुरी के मन को घेर लेता है। बिना किसी उद्देश्य के होने, एक समझा न सकनेवाली अतृप्ति का भाव मन को कचोटता रहता है। हाँ, इतना जरूर है कि इस तरह का भाव बहुत देर तक बना नहीं रहता। जैसे एक लहर के ऊपर थोड़ी देर बाद ही दूसरी लहर आ चढ़ती है, ठीक उसी तरह ऐसी मानसिक बेचैनी की दशा के ऊपर शीघ्र ही दूसरी तरह की अनुभूतियों के भाव आ चढ़ते हैं जिससे पहले का भाव ओझल हो जाता है।

चौधुरी की धर्मपत्नीजी कुछ पुराने फोटोज को उलट-पुलट रही थीं। एक मनुष्य अपने पूरे जीवन-काल में कितने अनगिनत कागज-पत्र इकट्ठे करता है, इसका कोई हिसाब नहीं। कुछ आलमारियों में, कुछ मेजों की दराजों में, तो कुछ बिछौनों के नीचे

भी, यहाँ चौधुरी का तो बहुत बड़ा सन्दूक बस कागजों से ही भरा है। उसके अन्दर और कोई वस्तु है ही नहीं। तो भी कोई एक विशेष कागज यदि ढूँढ़ निकालना हो तो उसमें से निकाल पाना बहुत कठिन है। कठिन ही क्यों, बल्कि असम्भव ही समझिए। सबसे पहली बात तो यह कि इतने सारे गट्ठरों में से किस विशेष में है, यही समझना मुश्किल है। उसके बाद भी एक-एक पन्ना उलटते-पुलटते रहना पड़ेगा।

जब कभी कोई और काम करने को नहीं होता तो चौधुरी इन्हीं कागज के गट्ठरों में से कोई एक गट्ठर उठाकर उलट-पुलटकर देखते रहते हैं। इनमें से अधिकांश तो बिलकुल ही व्यर्थ किस्म के हैं जिनसे अब कोई काम नहीं बनने का। इन्हें यूँ सँजोकर रखने से भला क्या लाभ? बहुत पहले चौधुरी के पास एक मोटरकार थी परन्तु बहुत दिन हुए वह कार उन्होंने बेच दी। उसके कागज पत्र भी बँधे रखे हैं। एक समय था जब उनकी आवश्यकता थी। एक बार सड़क का शुल्क (रोड टैक्स) उन्होंने जमा तो कर दिया था फिर भी सरकार की ओर से नोटिस आयी थी कि शुल्क जमा नहीं किया गया। तब जमा की गयी रसीद दिखाने पर ही काम बना था। उस समय के लिए वह रसीद बड़े काम का कागज थी, सो सँभाल कर रखी हुई थी। मगर अब तो इन सबकी कोई जरूरत नहीं। एक समय ऐसा आता है कि अन्त में किसी भी चीज का कोई महत्त्व नहीं रह जाता। इस दृष्टि से गम्भीरता से देखें तो एक समय तक पहुँचते-पहुँचते प्रेम का भी कोई महत्त्व नहीं रह जाता। वैसे ही दुश्मनी या घृणा का भी महत्त्व नहीं रह जाता। अभी कुछ दिन पहले अचानक ही नीला से भेंट हो गयी थी। इस बार नीला को देखकर उनके मन में किसी भी प्रकार की कोई विशेष अनुभूति नहीं हुई। जिस तरह सामान्य रूप से परिचित किसी भी एक प्रौढ़ स्त्री से मुलाकात होने पर मन में जिस प्रकार का भाव सामान्यतः उठता है, ठीक वैसी ही अनुभूति हुई थी। इस बार नीला से मिलते हुए उन्होंने अपना श्वास-प्रश्वास बन्द हो जाने जैसी स्थिति का अनुभव नहीं किया। तो क्या अनुभव करने की उनकी ताकत खत्म हो गयी है? ठीक ही तो है, आज उसे जिस सभ्य प्रौढ़ महिला के रूप में देखा तो कोई भी विशेष प्रकार की अनुभूति नहीं जगी मन में। परन्तु इसके पहले के स्वरूप के प्रति, अपनी उस नीला के प्रति आज चालीस वर्ष पहले नीला को देखकर उनके मन में जो अलौकिक अनुभूति उतावली हो उठी थी वह अनुभूति तो अभी आज भी मन के कोने-कोने में हरी बनी हुई है।

चौधुरी की धर्मपत्नी ने एकाएक एक फोटो उनके हाथ में थमा दिया। "देखिए तो जरा। यह कौन व्यक्ति है? पहचान पा रहे हैं आप?"

कोट-पतलून-टाई पहने हुए एक स्वस्थ नवयुवक का फोटो है वह। सर के ऊपर बहुत ही घने बालों की लटें छायी हुई हैं। यह व्यक्ति भृगु चौधुरी हो ही नहीं सकता। कम-से-कम आज के भृगु चौधुरी तो वह कदापि ही नहीं। दिमाग में अब जो अनगिनत स्मृतियों का रेला लगा हुआ है, उन्हीं स्मृतियों में से यह भी एक स्मृति भर है। हाँ,

इतना जरूर है कि यह स्मृति बड़ी ही सुन्दर और बहुत ही मीठी स्मृति है।

चौधुरी ने सोचा, 'इस फोटो में यह जो भृगु चौधुरी है, मैं वही भृगु चौधुरी तो हरगिज नहीं हूँ। मैंने तो इस भृगु चौधुरी की स्मृति भर ढोकर आज के जमाने तक पहुँचा दी है। बीते हुए समय की अनुभूतियों को फिर से जिन्दा कर पाना सम्भव नहीं है। कोशिश करने पर भी वह अपने मूल रूप से अलग प्रकार की, बिगड़े-सिगड़े रूप में और हँसी-मसखरी की सामग्री के रूप में ही दिखाई पड़ेगी।'

यूँ ही जब बिना किसी काम के खाली बैठे होते हैं भृगु चौधुरी, तो कभी-कभी उन्हें अपने बचपन के संगी-साथियों की याद आती है। यह बात ध्यान रखने की है कि उनके उन लरिकाई के संगी-सोहबतियों में कोई भी ऐसा नहीं है जो आगे चलकर बहुत नामी-गिरामी विख्यात महापुरुष या बड़ा अफसर बना हो। हमारे देश में बड़े-बड़े लोगों की जो जीवन-स्मृतियाँ या जीवनियाँ प्रकाशित हुई हैं, उन्हें पढ़ने पर पता चलता है कि भविष्य में चलकर अन्य जो बड़े-बड़े मशहूर लोग हुए, वे सभी आपस में बचपन में एक-दूसरे के अति घनिष्ठ मित्र थे। महान् लोगों के साथ ही उनकी घनिष्ठता थी, आम आदमी तो उनकी जीवन परिधि में दिखाई ही नहीं देते। जबकि भृगु चौधुरी के बालकाल के मित्रों की स्थिति इससे एकदम भिन्न है। उनके साथ पढ़े हुए बचपन के दोस्तों में से कोई एक भी आगे चलकर बड़ा आदमी बन ही नहीं सका। इसे साहित्य की लच्छेदार भाषा में कहना चाहें तो कह सकते हैं कि उनके वे पुराने साथी जीवन-संग्राम में हारे हुए, थके हुए, उपेक्षित सैनिक हैं। ठोकरें खाकर किसी गड्ढे में चारों खाने चित पड़े हुए हैं। कदम-से-कदम मिलाकर प्रगति के पथ पर न चल पाने के कारण निराश पथिक, छोटी-मोटी दुकानों के दुकानदार, डाकघर के चपरासी, छोटे-मोटे उद्योगों में काम करनेवाले कुछ जरा उन्नत श्रेणी के मजदूर, बस इसी सब श्रेणियों के बनकर रह गये वे लोग। उनके सहपाठियों में अख्तर एक बहुत ही कुशल फुटबाल खिलाड़ी था। बस केवल आठवीं कक्षा तक ही तो पढ़ पाया था। आठवीं कक्षा में पढ़ते हुए ही वह हमारे उतने बड़े विद्यालय की फुटबाल टीम में चुनकर प्रतियोगिताओं में भाग लेता था। पूरी टीम में सबसे तेज खिलाड़ी वही था। आज से बहुत समय पहले एक बार जब उससे भेंट हो गयी थी तो वह चौधुरी को जोर देकर अपने घर लिवा ले गया था। चौधुरी उस समय एक छरहरे नौजवान थे। अख्तर की बीवी उनसे शर्म कर रही थी सो सामने नहीं आ रही थी। अख्तर ही चाय-नाश्ता ले आ रहा था। इस पर मजाक करते हुए चौधुरी ने कहा था, "अपनी बहू को बुर्का पहनाकर रखा है क्या? और आदमियों के सामने निकलने नहीं देते?" चौधुरी ने सोचा था कि अगर वे बाहर निकल आएँ तो थोड़ा मजाक कर उन्हें चिढ़ाएँ। काफी समय गुजर जाने के बाद अख्तर की बीवी साहिबा बाहर आयीं परन्तु तब हालत ऐसी हुई कि चौधुरी कुछ भी नहीं बोल सके। उन्होंने लक्ष्य किया कि वे तो अख्तर की माँ जितनी उम्र की प्रौढ़ महिला हैं।

लल का बेटा सुशील ठग या जुआबाज नहीं हो गया है क्या? फिर सुशील को और क्या कहेंगे? उस दिन मुलाकात हुई तो पूछ बैठा सुशील, "क्यों दोस्त! तुम्हें यहाँ से जाना कब है?"

"अरे अधिक दिन नहीं ठहर पाऊँगा यहाँ, बस तीन दिन बाद ही चला जाऊँगा।"

"तब तो इतने में मेरा सारा काम हो ही जाएगा। अब तुम्हें कोई फिक्र करने की जरूरत ही नहीं। मैं अगर कल की रात जाऊँगा तो परसों रात बीतते-बीतते ही यहाँ निश्चित लौट आऊँगा। इतने में ही मुझे शत-प्रतिशत लाभ हो जाएगा। तुझे एक बहुत उम्दा किस्म का फाउण्टेन पेन लाकर दूँगा। रुपये-पैसे देने की तुम्हें जरूरत ही कहाँ है?"

"लेकिन तू यह सब क्या बतला रहा है?"

अपनी योजना जो सुशील ने समझायी, उसके अनुसार वह पूर्वी पाकिस्तान (अब बाँग्लादेश) जाएगा। वहाँ से चीन देश में बना सुन्दर फाउण्टेन पेन और चोर बत्ती (टार्च) ले आएगा। रास्ता-घाट सब उसका जाना-बूझा है। इस व्यापार में रास्ते में जगह-जगह घूस-घास तो देना ही पड़ता है फिर भी सब कुछ दे दिवाकर भी एक रुपये की लागत पर एक रुपये का लाभ तो हो ही जाना है।

"लाचारी बस इतनी है कि अपने पास रुपये नहीं हैं। इसी से कुछ भी कर नहीं पा रहा हूँ। अब हालत यह है कि अपने पास कोई काम-काज ही नहीं, निठल्ले बेकार पड़े हैं। घर में दाने-दाने के लिए जो हाहाकार मचा है, अब तुमसे मैं क्या छुपाऊँ? अतः जितना भी रुपया दे सको, दो। कुछ सौ होने से भी काम चलेगा। लेकिन पहले से ही बता दे रहा हूँ, कि तुम्हारा मूल रुपया ही लौटाऊँगा। उस पर जो लाभ होगा, उसमें तुम्हें कोई हिस्सा नहीं दे पाऊँगा। हाँ, एक अच्छे-से-अच्छा फाउण्टेन पेन लाकर जरूर दूँगा। विश्वास करना।"

"देखो भाई! मुझे अच्छे पेन की कोई जरूरत नहीं है। मैं तो तुम्हें भी यही सलाह दे रहा हूँ कि इस तरह का खतरा मोल मत लो।"

"खतरा? अरे इसमें खतरे की क्या बात है। जब रास्ता-घाट सब जाना हुआ हो तो फिर खतरा किसका?"

"छोड़ो यह सब झंझट। मेरे पास भी समय नहीं। तीन दिन बाद ही मैं निश्चित रूप से लौट जाऊँगा।"

"अरे तीन दिन कहाँ लगेंगे? मैं तो परसों ही तुम्हें सारे रुपये लौटा दूँगा। घर की हालत ऐसी हो गयी है कि सारे प्राणी भोजन के अभाव में भूख से छटपटाते हुए सूख गये हैं। अब तो मरने-मरने को हो चले हैं। भैया! अब बस इतना-सा तो उपकार कर दो।" इतना कहकर सुशील चौधुरी का दोनों हाथ पकड़कर फफककर रो पड़ा था।

परन्तु रुपये जो लेकर गया तो तीन दिन की कौन कहे, चौधुरी उसकी प्रतीक्षा में सात दिन तक वहीं पड़े रहे, परन्तु सुशील का कहीं कुछ पता-ठिकाना ही नहीं मिला। उसे पूछने के लिए जब-जब उसके घर जाते, बस एक ही उत्तर मिलता, "नहीं, वे तो घर में नहीं हैं। बस अभी थोड़ी ही देर पहले ही तो कहीं निकले हैं, कब लौटेंगे, कुछ बता नहीं सकते।"

अपने साथ पढ़े हुए लड़कों में से अधिकांश का तो चौधुरी को अब नाम भी याद नहीं रहा। सहपाठियों में से एक लड़के के साथ उनकी विशेष घनिष्ठता हो गयी थी। नाम था—बीरेन या कि धीरेन? या फिर गजेन। हाँ, अब ठीक याद आया, गजेन ही था उसका नाम। बड़ा ही भोला-भाला लड़का था गजेन। कक्षा में बराबर डरा-डरा-सा, सकुचाया-सकुचाया-सा रहता था वह। पाठशाला के आगे जो गदाधर नाम की नदी है, उसे पार कर और चार मील दूर से वह पढ़ने आता था। आते-आते लगभग रोज ही उसे देरी हो जाया करती और कक्षा में घुसते ही कक्षा अध्यापक सुधीर बाबू उसे बेंच पर खड़ा कर देते। दरअसल, गजेन समाज के एकदम निचले स्तर का लड़का था। पढ़ानेवाले अध्यापकों से लेकर पढ़नेवाले छात्रों तक सभी-के-सभी उसका बराबर ही अपमान करते रहते थे। इतना अपमान, इतनी ठोकरें खा-खाकर भी वह क्यों वहाँ पढ़ने आया करता था, बतला पाना कठिन है। इस तरह की विपरीत परिस्थिति में पढ़ते हुए फिर कोई बहुत बड़ा अधिकारी बनकर अगर कभी वह इस इलाके में फिर आता, और यहाँ के वे ही लोग, जो पहले उसे लात-घूँसे मारते, दुत्कारते थे; तब उसके स्वागत के लिए ठेलमपेल मचाकर दौड़े होते, तब उसका यह वृत्तान्त एक बहुत सुन्दर कहानी का रूप ले सका होता। परन्तु जिस तरह से एक सुन्दर-सार्थक कहानी लिखना अपने आप में एक बहुत कठिन काम है, उसी तरह जीवन के असली रूप में इस तरह की घटनाएँ सचमुच में घटित हो पाना भी बड़ी मुश्किल से कभी-कभी ही सम्भव हो पाता है।

कक्षा सात की पढ़ाई पढ़ते-पढ़ते ही गजेन ने पाठशाला आना बन्द कर दिया। वैसे यह कोई आश्चर्य करनेवाली बात भी नहीं है। हमारे समाज के गरीब-गुरुबा साधारण श्रेणी के बालकों में यह नियम-सा ही है। पढ़ते-पढ़ते अचानक ही वे एक दिन पढ़ाई छोड़ देते हैं और पाठशाला आना बन्द कर देते हैं। उनकी खोज-पूछ फिर कोई नहीं करता। अगर कभी अचानक कहीं भेंट होती भी है तो उनमें से कोई कन्धे पर सब्जियों की काँवर उठाये, बोझा ढोनेवाले एक श्रमिक के विशेष रूप में बाजार की ओर जाता दिखलाई पड़ जाता है, तो कोई ऐसा ही कोई दूसरा काम करते हुए मिलता है। उसी प्रकार गजेन भी पाठशाला न आकर जाने कहाँ खो गया। जिन्दगी की भाग-दौड़ में उससे मिलने, उसका हाल-चाल जानने की किसी को फुरसत ही नहीं रही। मुझसे तो वह फिर मिला ही नहीं। हाँ, काफी दिनों बाद एक दिन एक आदमी, जो बहुत साधारण किस्म का मैला-कुचैला कपड़े पहने हुए था, भृगु चौधुरी का पता

पूछता हुआ आया। मुझे जानकर उसने एक पुस्तक मेरे हाथ में थमा दी। बड़ी ही सुन्दर ललछौंही-मूँगे के रंग की जिल्दवाली वह पुस्तक बड़े जतन से रखी जान पड़ रही थी। मैंने खोलकर देखा, अंग्रेजी की पुस्तक थी, ईसप्स टेल्स नाम की। तब याद आया, ओह तो गजेन ने स्वयं इस पर सुन्दर जिल्द चढ़ा दी है। बात यह थी कि वह पुस्तक हमारे पाठ्यक्रम में पढ़ाई जानेवाली पुस्तक थी। गजेन उसे खरीद नहीं सका था। सो उसने चौधुरी से कुछ दिनों के लिए उसे माँग लिया था। इस उद्देश्य से पाठ्यक्रम की कहानियाँ हाथ से कॉपी पर उतार लेगा फिर पुस्तक चौधुरी को वापस कर देगा। अब बहुत दिनों बाद उस आदमी ने बतलाया कि उन्हीं दिनों एकाएक गजेन को ज्वर चढ़ आया। यथासम्भव दवा-दारू की परन्तु वह ज्वर जानलेवा ही सिद्ध हुआ। मरने के पहले ही उसने अपने पिता से बार-बार अनुरोध किया था कि वह किताब वे अवश्य चौधुरी को लौटा आएँगे।

इस तरह के आचरण को हम क्या नाम दें? ग्रामीण सरलता कहें क्या? उस पुस्तक का मूल्य कितना था, चौधुरी भूल चुके हैं। फिर भी लगता है कि एक रुपये से भी कम ही रहा होगा, जबकि इससे अधिक की तो उसने जिल्दसाजी ही कर डाली थी।

ऐसे गजेन को आधार बनाकर अब कोई एक कहानी लिखने की सामग्री भी नहीं बची। हाँ, अगर वह अभी जीवित बचा रहता तो उसके आसपास नाना प्रकार की परिस्थितियों की जल्पना-कल्पना की जा सकती थी और तब निश्चय ही एक अच्छी-सी कहानी गढ़ ली जा सकी होती। वैसे यदि उसके निजी जीवन के आधार पर कोई कहानी नहीं भी गढ़ी जा सकी होती, तो दिखाया जाता कि गजेन अपनी आशा-आकांक्षा को अपने पुत्र के जीवन से ही पूरा कर लेने के लिए जी-जान से जुटा हुआ है। दिखाया जाता कि उसका बेटा विद्यालय की अन्तिम परीक्षा में पूरे प्रदेश में सर्वप्रथम स्थान प्राप्त कर गया है। जिस विद्यालय में चौधुरी स्वयं पढ़े हुए थे, उस विद्यालय के एक विद्यार्थी ने समूचे प्रदेश में नाम रोशन किया है, यह समाचार सुनकर चौधुरी का मन कमल-सा खिल उठता। उसके बारे में और जानकारी लेने दौड़ते, "क्यों भाई, उस लड़के के पिता का नाम तुमने क्या बतलाया? गजेन राय? कौन हैं ये गजेन राय साहब? गजेन, गजेन? अरे ठहरो, ठहरो। याद आया। महखूटि गाँव का गजेन तो नहीं? अच्छा वही गजेन। अरे भाई, हम लोग तो उसी विद्यालय में साथ-साथ पढ़े थे।"

परन्तु नहीं। अपने आपको आधार बनवाकर कोई भी कहानी रचने की सारी सम्भावनाएँ ही गजेन समाप्त कर गया है। आज लगभग पचास वर्षों बाद उस गजेन की याद सहसा ही भृगु चौधुरी को हो आयी। दरअसल, गजेन ने चौधुरी को बड़े ही विचित्र रूप से ममत्व दिया था। इसका एकमात्र कारण बस यही समझ आता है कि

उस समय पूरे विद्यालय में अकेले वही थे जो उसके साथ किसी भी प्रकार का कोई दुर्व्यवहार नहीं किया था।

पाठशाला के दिनों की याद आते ही चौधुरी के मन में अनेक मुख झिलमिलाने लगते हैं। पाँचवीं कक्षा में नाम लिखवाने के लिए कुछ नये लड़के आ गये थे। कहने भर को लड़के थे वैसे उम्र और कद-काठी में बहुत बड़े थे। वे पिछली कक्षा एम. बी. स्कूल से उत्तीर्ण करके आये थे। अंग्रेजी में काफी कमजोर थे किन्तु बाकी सभी विषयों में बहुत तेज थे। वैसे आगे चलकर वे अपनी वह तेजी भी बनाये नहीं रख सके। रमाकान्त, मुफीज और भी दो ऐसे लड़के थे। मुफीज की ही याद अधिक स्पष्ट आती है। लड़का क्या था? एक गम्भीर प्रकृति का आदमी ही था। बहुत अच्छा फुटबाल खेलता था। उसके खेल की करामात देखकर ही विद्यालय के खेल प्रशिक्षक रामेश्वर कलिताजी ने उसे विद्यालय की टीम में चुना था, यद्यपि कि वह निचली श्रेणी की कक्षा का विद्यार्थी था। जब एक बड़ी प्रतियोगिता का अवसर आया तो उन्होंने पूछा, "क्या कहते हो मुफीज? जीत सकोगे?"

मुफीज ने गम्भीर स्वर में उत्तर दिया, "आशा तो है गुरुजी।"

ये सब सारे बाल-बन्धु जाने कहाँ हेरा गये। उनमें से कोई एक भी तो नामी-गिरामी बड़ा आदमी नहीं बन सका। कोई तो ऐसा नहीं हुआ कि उसकी मृत्यु होने पर पाठशाला-महाविद्यालय आदि शोक में बन्द हो जाएँ। किसी भी एक के मरने पर जगह-जगह शोक-सभाएँ हों। विभिन्न पाठ्यक्रमों की पुस्तकों के पाठों में किसी का भी नाम नहीं छपा है। आस-पास के गाँवों से पढ़ने के लिए जितने सारे भी लड़के आये थे, उनमें से किसी का कुछ भी तो नहीं हुआ। कक्षा सात में डिंडिंगार गाँव से एक लड़का भर्ती होने आया था, नाम था नीलकमल। काफी सम्पन्न घर का लगता था। छात्रावास में रहकर पढ़ता था। उसने कक्षा में एक दिन कुछ शरारत कर दी थी। इस पर रामेश्वर गुरुजी ने उसे कक्षा से बाहर निकल जाने का आदेश दिया। जब वह खुद नहीं गया तो गुरुजी ने उसका हाथ पकड़कर खींचते हुए उसे कक्षा से बाहर निकाल दिया। उस पूरे रास्ते नीलाम्बर पेशाब करता हुआ गया था।

चौधुरी के साथ पढ़नेवाले लड़कों में से जो शहर के रहनेवाले थे, उन्हीं में से कुछ नौकरी-चाकरी की जुगाड़ कर सके, किसी कार्यालय में लिपिक (क्लर्क), किसी पाठशाला में अध्यापक जैसी छोटी-मोटी नौकरियाँ कर रहे थे। दो व्यक्ति ऐसे भी निकले जो केन्द्रीय एक्साइज विभाग में भी नौकरी पा सके थे। अभी कुछ दिनों पहले बदन शर्मा नामक पूर्व सहपाठी से भेंट हो गयी थी। वह किसी कार्यालय के अधीक्षक पद से सेवा निवृत्त हुआ था। इस तरह चौधुरी के साथ पढ़े हुए विद्यार्थियों में से कोई भी एक ऐसा नहीं था जिसने कोई बहुत बड़ी उन्नति कर ली हो।

हाँ, एक कमलेश्वर ही ऐसा सहपाठी था कि जिसके विषय में यदि कहें तो मान सकते हैं उसने उन्नति की है। सभी ओर से उन्नति की है उसने। कमलेश्वर मधुपुर पुलिस स्टेशन के हवलदार का बेटा था। इसी से कक्षा के सभी विद्यार्थी उससे

डरते थे और उसका विशेष सम्मान करते थे। वैसे वह बहुत ही दुबला-पतला और फीके चेहरेवाला लड़का था। इधर अचानक ही उस कमलेश्वर से भेंट श्रीपात्र गुरुजी के घर पर हो गयी। बहुत लम्बी-चौड़ी डील-डौल का भारी शरीर, काफी बड़ा और भरा-पूरा मुखमण्डल हो गया है उसका। वह उस समय एक बेंच पर तनकर बैठा हुआ था। दोनों घुटनों को फैलाये और दोनों सुदृढ़ बाँहों को फैलाकर बेंच पर टेके हुए। वह जो एक बहुत बड़ा आदमी बन गया है, इस बारे में वह स्वयं भी काफी सचेत था। उसकी महानता के सामने वह कुरसी बहुत छोटी लग रही थी। सभी चीजों से वह बड़ा लग रहा था। पात्र गुरुजी ने ही परिचय करवा दिया। "ये हैं बाबू कमलेश्वर सिंहजी। लकड़ी का इनका बहुत बड़ा कारोबार है। लकड़ी चिराई की कई मिलें हैं। प्लाइवुड का भी बहुत बड़ा कारखाना है। बहुत ही महान् आदमी हैं, कह सकते हो कि किंग आफ डिब्रूगढ़। डिब्रूगढ़ के राजा ही समझो।"

बड़े महान् व्यक्तित्ववाले हैं, यह समझने में सन्देह ही नहीं। उनके वहाँ विराजने से पात्र गुरुजी का बैठकखाना छोटा लग रहा था। बातें होते-होते पुराना परिचय उभर आया। वे ही बोल पड़े, "अरे भिरुगू तुम। तुम तो पहचान में ही नहीं आये। यह अपने शरीर की क्या दुर्दशा बना डाली है जी? जरा मुझे तो देखो।"

वहाँ के सभी अध्यापकों से उसका अत्यन्त घनिष्ठ परिचय है और यहाँ उसका बड़ा ही प्रबल प्रताप है, यह दिखलाने के लिए उसने बहुत ही भद्दी गाली भी बक डाली, यद्यपि उसके पहले इधर-उधर ताक-झाँक लिया। पूरा परिचय पा जाने के बाद भी भृगु चौधुरी कमलेश्वर को पहचान नहीं सके। यह आदमी भला कमलेश्वर कैसे हो सकता है? कमलेश्वर तो दुबला-पतला, सलोना-सा प्यारा बालक था। कोई भी बात कहने को होता तो उसके पहले उसके होठों पर हल्की-सी हँसी बिखर उठती थी।

21

थकी-हारी-सी मिनती जैसे-तैसे पाँव घिसटती अपने घर की ओर बढ़ी चली आ रही थी। एकाएक वह सकपका-सी गयी। उसने देखा कि उसके पिता योगेन महन्तजी बाहर के बरामदे में पड़े बेंच पर काठ मारे-से निश्चल बैठे हैं। यह अशोचनीय आश्चर्यजनक दृश्य था, ऐसा तो कभी होता ही नहीं, अतः एक अज्ञात डर के मारे

उसका कलेजा काँप उठा। फिर तो उसके पाँव अपने आप ही बड़ी तेजी से घर की ओर दौड़ पड़े।

"यहाँ क्यों बैठे हैं? आखिर बात क्या हुई?" योगेन महन्त ने कोई उत्तर नहीं दिया। बस अपनी दोनों आँखें उठाकर मिनती की ओर फटी-फटी नजरों से देखते रहे। उनकी वैसी निगाहों का कोई भी अर्थ न समझ पाने से मिनती और घबरा गयी। फिर तो वह एक साँस में दौड़ती हुई घर के अन्दर पहुँच गयी। वहाँ और भी विचित्र दृश्य था। इस कुवेला में भी प्रणति खाट पर पसरी सोयी हुई थी। वैसे मिनती ने इतना तो अच्छी तरह समझ लिया कि वह दरअसल सोयी नहीं है, बस सोने का बहाना किये लेटी पड़ी है। फिर कड़ककर पूछ बैठी, "ऐसे असमय में सोयी क्यों है रे?" परन्तु प्रणति ने उसका कोई जवाब नहीं दिया। तब उसने फिर पूछा, "हुआ क्या है? कुछ बतलाती क्यों नहीं? कुछ तो बता, कहाँ क्या गड़बड़ी हुई है?"

उसके बार-बार पूछते रहने पर भी प्रणति ने कोई भी उत्तर नहीं दिया। उधर उसके पिता योगेन महन्त भी कुछ नहीं बता रहे। ऐसी दशा में, 'क्या हुआ है?' इसका तो कुछ भी भेद मिनती नहीं पा सकी परन्तु इतना तो उसने निश्चित रूप से समझ लिया है कि कहीं कुछ अघटित जरूर घटा है। योगेन महन्त की विवशता यह कि वे जो कुछ घटित हो गया है, उसे क्रमबद्ध रूप से याद कर उसका स्वरूप निश्चित नहीं कर पा रहे। उनके मन के अन्दर एक गोरखधन्धा-सा लग गया है। जो भीषण समस्या उन्होंने महसूस कर ली है। उससे भाग जाना चाहते तो हैं परन्तु धुँधले-धुँध ाले रूप से यह भी महसूस कर रहे हैं कि ऐसी समस्या से भागना उचित नहीं है। इसी से उनके मन में अनिर्णय की स्थिति बन गयी है जिससे वे बेहद अकुला गये हैं।

मगर प्रणति चिल्लायी क्यों नहीं थी? वे तो भीतर के कमरे में थे ही। ऐसी परिस्थिति में तो कोई भी लड़की चीखे-चिल्लाएगी ही। क्यों, क्या नहीं चिल्लाएगी? तो फिर उसने ऐसा क्यों नहीं किया? ऐसी परिस्थिति आ जाने पर ऐसी लड़की के एक पिता को क्या करना उचित होता है? जीवन में वे कभी भी किसी समस्या के सामने डटकर खड़े नहीं हुए, हमेशा समस्याओं से आँख मूँदकर परे हटते रहे। पूरे जीवन में वे कभी भी बहुत ऊँची आवाज में कोई बात नहीं बोले, कभी भी किसी पर बहुत गुस्सा नहीं हुए। फिर किसी के साथ मारपीट करने की तो बात ही नहीं उठती। फिर एकाएक उस तरह उठकर वहाँ चले आने की उन्हें क्या पड़ी थी। परन्तु जब उस घटनास्थल पर पहुँच ही गये थे तो उस समय क्या करना उचित था? एक पिता को ऐसी परिस्थिति में क्या करना चाहिए? कोई निर्णय न कर पाने के कारण उस समय योगेन महन्त पथरायी नजरों से निहारते हुए राना के रास्ते को रोककर काठमारे-से खड़े रह गये थे।

राना ने कड़ककर जैसे ही गर्जना की, "हटो, जाने दो।"

बस तुरन्त ही बैठ उन्होंने उसके लिए रास्ता छोड़ दिया। उसके बाद से तो वे बस एक पत्थर की मूरत की तरह खड़े ही रहे। उन्होंने अपने आपको बेहद लाचार और असहाय महसूस किया। ऐसे भी वे सदा डरे-डरे-से सकपकाये-से रहते रहे हैं। चारों ओर से अपने आप में सिमटे हुए, अपने आपको छिपाये हुए-से, सभी से बचकर पड़े रहने की उनकी आदत है। अपने मन के किसी बहुत भीतर के स्तर से उन्हें अस्पष्ट-सी आवाज सुनाई पड़ी थी कि यूँ ही हाथ-पर-हाथ धरे रहने की जगह कुछ करने की जरूरत है। परन्तु क्या कुछ करना उचित है? इसी पर सोचते-सोचते वे जैसे रास्ता भूलकर अपने कमरे की ओर न जाकर बाहर बरामदे की ओर निकल आये। बरामदे में पड़ी बेंच को देखकर वे धपाक से उसी पर बैठ गये। एक चतुर और शक्तिशाली पहरेदार की भूमिका न निबाह सके तो भी खेतों में लगाये जानेवाले मानवाकृति के धोखों की तरह कौओं को भगाने की भूमिका तो निबाह ही सकेंगे।

प्रणति अपने आपको बचाये रखने के लिए जोरदार विरोध कर रही थी। उसमें वह कमजोर जरूर पड़ने लगी थी, परन्तु तब भी वह अभी पूरी तरह से निराश नहीं हुई थी और अवश हो उसने आत्मसमर्पण नहीं कर दिया था। तर्क और बुद्धि के बन्धन कुछ ढीले जरूर पड़ गये थे परन्तु संस्कारों के बन्धन अभी भी नहीं छूटे थे, वे पहले ही की तरह मजबूत बने हुए थे। राना उसे समझाये जा रहा था कि आजकल ये सब बातें सोचने-विचारने की रही ही नहीं। तू व्यर्थ ही इन बातों की चिन्ता क्यों करती है? और फिर उसे अपनी इज्जत-बेइज्जत की बात को लेकर कोई डर नहीं है क्या? बेकार में क्यों एक बखेड़ा खड़ा करेगा वह? आजकल तो ये सब साधन पान-तम्बाकू की दुकानों तक पर पाये जाते हैं, तो फिर? तो फिर चिन्ता किस बात की? आखिर वह इतना डर क्यों रही है? हाँ, पहले जमाने की बात जरूर दूसरे प्रकार की थी। तनिक-सा भी कुछ हो जाने से ही पूरी जिन्दगी तबाह हो जाती थी। परन्तु अब तो इतनी उन्नति हो गयी है, बचाव के इतने साधन सुलभ हो गये हैं कि अन्य दसों प्रकार की मौज-मस्ती की तरह यह भी एक बिना झंझट की एक मौज-मस्ती भर ही है।

प्रणति की विरोध करने की ताकत कमजोर होती जा रही है। वह भी एक अलौकिक अनुभव प्राप्त कर सकने की सम्भावना से उत्कण्ठित हो चली है, फिर भी मन के कोने में एक भारी डर समाया हुआ है। उसकी ऐसी असमंजस की अवस्था को देखते हुए राना को अपनी सफलता सुनिश्चित दिखाई देने लगी है। तभी उसने हाथ पकड़कर कहा, "चलो, चलें।"

उसने बैठकखाने से उठाकर उसे शयन-कक्ष में ले जाने का विचार किया। मन तो उसका भी छलाँगें लगाकर शयन-कक्ष में पहुँच गया किन्तु दोनों पाँव वहीं के वहीं जड़ीभूत-से हो रहे, जैसेकि किसी ने वहीं जमीन में कीलें गाड़कर उन्हें जड़ दिया हो।

वह स्वयं भी अस्थिर और अधीर हो उठी है परन्तु उस स्थिति में भी उसकी विचार-विवेचना लुप्त नहीं हुई है। अतः वह अभी भी तैयार नहीं हो पा रही है और उधर राना है कि अब उसे सोचने-विचारने के लिए एक पल का भी समय देने को तैयार नहीं है।

ऐसी चरम स्थिति पर पहुँचकर भी प्रणति की प्रतिरोध करने की भावना अभी पूरी तरह से लुप्त नहीं हो रही, इसे देखकर राना खिसिया गया। फिर तो उसका हाथ पकड़कर एक लम्बा झटका देते हुए वह दाँत पीसते हुए चिड़चिड़ा उठा, "धुत् साली। अभी भी नखरे करती है?"

उसकी ऐसी आवाज और ऐसा चेहरा देखकर प्रणति तो आतंक के मारे काँप उठी। राना की कामासक्त मूर्ति देख वह इतनी डर गयी कि मूर्छित होने-होने को हो गयी।

योगेन महन्त प्रायः पूरे-के-पूरे दिन अपने अन्दर के कमरे में ही घुसे रहते हैं। बहुत कम समय ही कभी बाहर आते हैं। अतः कोई इन्द्रियातीत संकेत ही कहीं से पाये होंगे, ऐसा भी सोचा जा सकता है; परन्तु वस्तुतः आकस्मिक रूप से ही योगेन महन्त एकाएक अपने कमरे से निकल पड़े थे और बैठकखाने की चौखट पर तब आ खड़े हुए थे। अचानक उस कमरे में आ पहुँचने पर वे फिर पत्थर की मूरत की तरह अचल हो गये थे। उन्हें देख राना भी अचम्भित हो उनकी ओर देखने लगा था। चूँकि सिर नीचे की ओर था अतः राना ने महन्त को एक विशालकाय बलिष्ठ मनुष्य के रूप में ही लक्ष्य किया था।

22

प्रेम-प्रीति का भाव भले ही कम न हो फिर भी बहुत लम्बे समय तक यदि एक-दूसरे से मिलना-जुलना न हो तो व्यक्तिगत सम्पर्कों में कुछ जड़ता जरूर आ जाती है। एक-दूसरे के प्रति उठनेवाली प्रतिक्रियाएँ अपने आप ही गायब हो जाती हैं। ऐसी दशा में मन के भावों को प्रकट करने के पहले थोड़ा सोचने-विचारने की जरूरत होती है। परिस्थितियों को तौलकर परख लेने की आवश्यकता होती है। बिना जाँचे-परखे कुछ भी कह बैठना उचित नहीं होता। एक साथ रहते-रहते एक व्यक्ति के सूक्ष्म परिवर्तनों के साथ दूसरे व्यक्ति में उसके अनजाने ही उसके अनुरूप अपने आपको ढाल लेने

की क्रिया चलती रहती है। यह एक बराबर होती रहनेवाली धारावाहिक प्रक्रिया है। साथ-साथ रहनेवाले इन परिवर्तनों को लक्ष्य कर नहीं पाते। परन्तु बहुत दिनों तक दूर-दूर रहनेवाले, एक-दूसरे को देखने का अवसर न पा सकनेवाले जब अचानक आमने-सामने पड़ जाते हैं तो इस बीच हो चुके परिवर्तन एकाएक आँखों में उजागर हो जाते हैं। अपना ही बेटा या अपनी ही बेटी बिलकुल अपरिचित जान पड़ती है।

भृगु चौधुरी की बेटी मामनि विवाह होने के पहले तक अत्यन्त चंचल तथा नटखट थी। परन्तु अभी कुछ दिनों पहले जो घर आयी थी, तो दिखाई पड़ा जैसे अति गहन-गम्भीर दायित्वशील भद्र महिला हो। अपने बेटे-बेटियों को जितने जोर से डाँट-डपट रही थी कि उसे देख भृगु चौधुरी को डर लगने लगा था। इसी से बेटे-बेटी दोनों जब कोई गलती करते तो उनकी गलती को ढँकने के लिए वे उनकी सहायता करने लगते थे।

बेटे को जब कभी अपने पास पाते हैं तो भृगु चौधुरी उसे एकदम से भिन्न रूप में ही देखते हैं। भाव-भंगी में एक विश्वास का भाव है। बातचीत में पूरी दृढ़ता है। अपनी देखभाल खुद कर सकने की शक्ति है उसमें। भृगु चौधुरी की सलाह लेने की कोई जरूरत नहीं। फलतः वे रंजन को देखकर गर्व करते हैं, ठीक-ठीक गर्व कहना ठीक नहीं है, आनन्द कहें तो ज्यादा सटीक होगा। प्रत्येक मनुष्य अपने निजी ढंग से जीता है। किसी दूसरे का होकर कोई भी जीवित बना नहीं रह सकता। भृगु चौधुरी ने अनुभव कर लिया है कि रंजन (उनका बेटा) अब उनकी छाया भर नहीं रह गया है। उसका अपना निजी स्वतन्त्र व्यक्तित्व उभर उठा है। जब बच्चा था तो घर से बाहर सड़क पर निकलते हुए रंजन भृगु चौधुरी का हाथ थाम लेता था फिर हाथ थामे-थामे चलते हुए ही पूरे रास्ते भर कितने विचित्र-विचित्र प्रकार के प्रश्न करता जाता था। एक बार की बात है कि सन्ध्या वेला में उनकी अँगुली थामे-थामे रंजन चल ही रहा था कि धोती-कुर्ता पहने, हाथ में छड़ी लिये हुए, विश्वविद्यालय के कुलपति महोदय उधर से टहलते हुए निकले।

"पिताजी! वह आदमी हाथ में लाठी लेकर क्यों चल रहा है?"

"ऐसे ही।"

"हमें मारेगा क्या?"

"नहीं जी। हमें क्या, किसी को नहीं मारेगा।"

"अगर मार ही बैठे, तो फिर आप क्या करेंगे?"

"मारेगा ही क्यों भला? तुम चिन्ता मत करो। नहीं मारेगा।"

"अगर मार ही बैठे तो?"

अबकी बार रंजन बहुत दिनों बाद घर आया है। अखिल भारतीय परिचर्चा संगोष्ठी के संचालन का भार होने के कारण प्रमिला अबकी साथ नहीं आ पायी है। पहले की अपेक्षा रंजन कुछ हृष्ट-पुष्ट भी हो गया है। चौधुरी और रंजन साथ-साथ

बैठे हुए नाश्ता कर रहे थे। रंजन ने बस एक पायजामा भर पहना था, ऊपर का शरीर नंगा ही था। चौधुरी ने लक्ष्य किया कि रंजन का पेट कुछ बाहर निकल आया है।

"तेरा पेट कुछ बाहर निकल आया है न?"

रंजन सीधा तनकर बैठ गया, पेट को अन्दर की ओर खींच लिया फिर अपने शरीर की ओर गौर से देखा, "नहीं तो। ठीक ही तो है।"

चौधुरी ने फिर उस प्रसंग पर कोई बात नहीं की। रंजन अपने पेट को बराबर देखता आ रहा है। चौधुरी ने काफी दिनों बाद देखा है। उसके बाद से तो रंजन बराबर एक कमीज पहने रहने लगा। कोई स्वीकार करे या न करे, सम्बन्धों में कुछ जड़ता आ ही जाती है।

विवाह का दिन स्थिर हो गया था। भृगु चौधुरी, उनकी धर्मपत्नी और रंजन तिनसुकिया मेल से चलकर ठीक विवाह के दिन ग्यारह बजे दिल्ली पहुँच जाएँगे। आरक्षण पूरी तरह प्रमाणित हो गया था। अतः चिन्ता की कोई बात नहीं। वह ट्रेन ठीक दोपहर दो बजे गुवाहाटी स्टेशन से रवाना हो जाती है। जालुकबारी (जहाँ गुवाहाटी विश्वविद्यालय बना है, देवी कामाख्या की पहाड़ी के सामने होने के कारण कामाख्या स्टेशन नाम है) तक पहुँच आने में पन्द्रह मिनट लगते हैं। थोड़ी-बहुत कुछ चीजें यहाँ से खरीदनी हैं सो उन चीजों को बाजार से खरीद कर रंजन गुवाहाटी स्टेशन पर ही गाड़ी में आ चढ़ेगा। भृगु चौधुरी और उनकी धर्मपत्नी काफी समय रहते डेढ़ बजे के करीब ही जालुकबारी (कामाख्या) स्टेशन पर पहुँच गये। स्टेशन सुनसान पड़ा था। कोई यात्री अभी दिखाई नहीं दे रहा था। कोई एक कुली भी नजर नहीं आ रहा था। प्लेटफार्म के दूसरे छोर पर एक आदमी के पास पहुँचे तो उसने प्रश्न किया, "अब इस समय आप कहाँ जाएँगे। किस ट्रेन में जाना है?"

"तिनसुकिया मेल में।"

"तिनसुकिया मेल तो चली गयी।"

"अरे अभी कैसे चली जाएगी। अभी तो दो भी नहीं बजे। दो बजे तो गुवाहाटी से ही छूटती है।"

"ओ राम! तो आपको पता ही नहीं। कल से ही उसका समय साढ़े बारह बजे हो गया है।"

उसकी बात पर विश्वास करने का मन तो नहीं हो रहा परन्तु दूसरा चारा ही क्या है? स्टेशन मास्टर से पूछा तो उन्होंने भी बतलाया कि पहली अक्तूबर से ट्रेन का समय बदल गया है। ठीक ही तो एक अक्तूबर से ही गाड़ी का समय बदल चुका है। ऐसी दशा में अब क्या उपाय है? रंजन भी गाड़ी में चढ़कर जा सका या नहीं? यदि वही चला गया हो तो भी मंगल है। क्योंकि विवाह तो उसी का होना है। विवाह के लिए दूल्हे की ही तो जरूरत होती है। सो कम-से-कम विवाह की वेला में दूल्हा तो उपस्थित रहेगा। चौधुरीजी की पत्नी महोदया तो धपाक से होल्डाल पर ही बैठ

गयीं और चौधुरी बेवकूफों की तरह प्लेटफार्म पर खड़े रह गये। उन्हें तो कुछ सूझ ही नहीं रहा था कि क्या करें। तभी रंजन आ पहुँचा। वह अपने छोटे मामा की मोटरकार साथ ले आया था। उसकी भी ठीक वही अवस्था थी। दिमाग कोई काम ही नहीं कर पा रहा था।

चौधुरी की श्रीमतीजी बोलीं, "इतने दिनों से इतना जोर दे-देकर कहती आ रही थी कि एक-दो दिन पहले ही चले चलो। पहले जाने से क्या काम ठीक नहीं होता? परन्तु मेरी सुनता कौन है? बिलकुल समय पर पहुँचने के इस नियम-पालन की क्या जरूरत थी? सो ठीक ही हुआ है। बहुत अच्छा हुआ।"

"अरे भागमान! क्या खाक अच्छा हुआ? अब थोड़ी देर शान्त तो रहो, कुछ सोचने दो।"

"परन्तु इस तरह पड़े रहने से क्या लाभ! चलो, घर चलें। घर जाकर जितना मन चाहे उतना सोचो-विचारो।"

रंजन के मामा ने सलाह दी, "कल हवाई जहाज से क्यों नहीं चले जाते?"

"हवाई जहाज से जाने की तो मैं भी सोच रहा था मगर आगामी सात दिनों तक कोई टिकट मिल पाने की आशा ही नहीं है।"

रंजन तो रेल का भी टिकट नहीं पा सका था। अन्त में रेलवे विभाग के एक बहुत ऊँचे पद के अधिकारी के माध्यम से वी.आई. पी. कोटे से तीन-टिकट रिजर्वेशन के पा सका। अभी थोड़े दिन पहले ही वह इसी ट्रेन से दिल्ली गया था। इसी बीच ट्रेन के समय में ऐसा परिवर्तन हो गया है, इसका कुछ खयाल ही नहीं किया।

श्रीमती चौधुरी की तबीयत काफी खराब लगने लगी थी। वे क्रुद्ध होती हुई बोलीं, "यहाँ पर यूँ पड़े-पड़े रहने से क्या होगा? तुम लोग रहना चाहो, तो रहो। मेरे लिए कोई एक इन्तजाम कर दो, मैं घर जाऊँ।"

तभी स्टेशन मास्टर ने एक बड़ी उपयोगी सलाह दी।

"मल्लिक साहब से कहें कि बगाई गाँव स्टेशन को फोन कर दें। ट्रेन वहाँ कुछ अधिक देर रुकी रहे। आप लोग मोटरकार से बगाई गाँव तक चले जाएँ। कोशिश करके देख सकते हैं।"

रंजन के मामा की मोटर गाड़ी की भी तो अवस्था वही है। गुवाहाटी से यहाँ तक आते-आते ही तीन बार बन्द हुई थी। एक टैक्सी जरूर मिली, परन्तु उसके पास कोई अतिरिक्त सुरक्षित पहिया-टायर नहीं है। सो इतनी दूर तक जाने का साहस नहीं कर रहा। रंजन के मामा की गाड़ी में एक अतिरिक्त सुरक्षित पहिया-टायर था, अतः उन्होंने उसे टैक्सीवाले को दे दिया। इस बीच एक जोड़ा यात्री और आ गये, उन लोगों ने भी ठीक वही गलती की थी। सो वे लोग भी चौधुरी वगैरह के साथ हो लिये।

नलबारी (असम का एक शहर) पार होते ही गाड़ी का एक पहिया फट गया। सुरक्षित रखा हुआ पहिया लगा लेना ठीक होगा याकि नलबारी में उसे ठीक करवा

लेना ठीक होगा? अभी तो सारा रास्ता बाकी पड़ा है। सो पहिये की मरम्मत करवाकर यात्रा फिर शुरू हुई। मानिकपुर पहुँचते-पहुँचते दूसरा पहिया पूरी तरह बर्स्ट कर गया। फिर देरी हुई। टायर बदलवाकर फिर यात्रा आरम्भ। अब फिर अगर कोई टायर फटा तो फिर करने को कुछ नहीं रहेगा। चौधुरी ने ट्रेन पकड़ पाने की आशा तो छोड़ ही दी। उधर अँधेरा भी घिरने लगा है। चालक बहुत तेजी से कार चला रहा है।

"जाओ। हो गयी छुट्टी।"

"क्या हुआ जी?"

"डाइनोमो काम ही नहीं कर रहा।"

अँधेरी रात है। अभी भी काफी दूर का रास्ता तय करना बाकी है। बैटरी के सहारे इतनी दूर तक जा पाना असम्भव है। परन्तु इसी बीच चालक के मन में उत्तेजना पैदा हो गयी। थोड़ी देर के लिए लाइट जलाता है फिर बुझा देता है। बाहर घना अन्धकार है। पिचरोड पर बीच-बीच में बड़े-बड़े गड्ढे निकल आये हैं। ऊँची-नीची सड़क पर गड्ढों में उछलती-कूदती चलती कार की झकझोर से रह-रहकर शरीर पर चोटें लग रही हैं। ऐसी दशा में मोटरकार सड़क से नीचे जा लुढ़के, कहीं किसी चीज से टक्कर मार दे, अथवा खण्ड-खण्ड होकर सड़क पर ही लुढ़की पड़ जाय, किसी भी चीज का कुछ ठीक-ठिकाना नहीं। क्षण भर के लिए सामने की हेड लाइट जलाने से प्रकाश होता है, फिर गहरा अँधेरा छा जाता है। बगाई गाँव स्टेशन अब पहुँच ही रहे हैं। चौधुरी ने आश्चर्यपूर्वक देखा कि ब्राडगेज लाइन पर ट्रेन अभी भी रुकी हुई है। इस बीच छह घण्टे की देरी हो चुकी है। मल्लिक महोदय के फोन के कारण तो नहीं ही रुकी होगी इतनी देर तक। वहाँ पहुँचने पर बाद में पता चला कि रेलवे के लोको स्टाफ के साथ असैनिक प्रतिरक्षा बटालियनवालों का कुछ झगड़ा-टण्टा हो गया था अतः रेलकर्मचारियों ने तुरन्त ही हड़ताल कर दी अतः ट्रेन वहीं खड़ी रह गयी थी। अतः चौधुरी वगैरह के वहाँ पहुँचते-पहुँचते ही दोनों पक्षों में जब कुछ सुलह-समझौता हो गया, तो ट्रेन चल पड़ी। टैक्सी से उतरते-उतरते उनकी पत्नीजी फिर टैक्सी के पास ही जमीन पर धम्म से बैठ गयीं। अब तो सभी लोग हताश हो गये। इतना कुछ होकर भी सुफल नहीं मिल पाया। सबसे ज्यादा हताश वह चालक हुआ। "जा साले। इतना होकर भी कुछ नहीं हुआ, जा।" तभी अचानक ट्रेन फिर रुक गयी। दौड़ो-दौड़ो, कुली-कुली? अरे छोड़ो भी कुली। चालक ने खुद ही होल्डाल वगैरह माथे पर उठा लिया। चौधुरी की पत्नीजी ने भी वह भारी सूटकेस बड़ी आसानी से उठा लिया। बाकी चीजें रंजन और चौधुरी ने सँभाल लीं। रेल लाइन से होकर ही सभी दौड़ चले। उस दिन के बारे में सोचते हुए चौधुरी को आज भी भारी अचम्भा होता है। घर पर रहते हुए इस सूटकेस को श्रीमतीजी दोनों हाथों से नहीं उठा पाएँगी, जबकि इसी सूटकेस को उठाकर रेलवे लाइन के कंकड़-पत्थर भरे ऊँचे-नीचे रास्ते पर दौड़ती चली गयी थीं। खैर, जैसे-तैसे उस दिन तो लोग ट्रेन में सवार हो ही गये थे।

पता चला कि झगड़े के कारण जब ट्रेन रुक गयी थी और झगड़े का कोई फैसला नहीं हो रहा था तो कुछेक यात्री यह सोचकर कि यह विवाद तो जल्दी हल होगा नहीं, बाजार में चले गये थे। वे अभी लौट भी नहीं सके थे कि ट्रेन चल पड़ी। जब उनके साथियों ने देखा कि वे ट्रेन में सवार नहीं हो सके हैं तो उन्होंने जंजीर खींचकर ट्रेन रोक दी थी।

अन्ततः भृगु चौधुरी ट्रेन पकड़ पा सके। अन्त में सब कुछ ठीक हो जाता है। उनके जीवन में घात-प्रतिघात, विपत्ति-आपत्ति कम नहीं आयी हैं। बहुत छल-प्रपंच सहना पड़ा है। बहुतों ने धोखा दिया, जगह-कुजगह घाव दिया है। केवल यही एक पक्ष नहीं रहा है। जीवन में अनगिनत आदमियों ने बिना माँगे ही समय-कुसमय में सहायता की है, सहानुभूति भी है। अपने निकट आत्मीय, नाते-रिश्ते या परिचित परिवेश के लोगों की बात तो छोड़ ही दें। पूरी तरह से अपरिचित, जिनसे दूर-दूर तक किसी जान-पहचान की सम्भावना तक नहीं, ऐसे मनुष्यों ने भी निःस्वार्थ भाव से उनकी सहायता की है। आगरा विश्वविद्यालय के हिन्दी भाषा के एक प्रोफेसर ने बिना किसी परिचय के ही उनकी कहानियों का अनुवाद हिन्दी में किया है।

एक बार की बात है, देश-भ्रमण के उद्देश्य से वे लोग पंजाब गये, जहाँ चण्डीगढ़ के एक होटल में ठहरे थे। कमरे में ठहरने भर का किराया ही रात भर का एक सौ दस रुपये था। महेन्द्र मोहन चौधुरी उस जमाने में पंजाब के राज्यपाल थे। चौधुरी एक बार उनसे मिलने गये। बातचीत के प्रसंग में ही राज्यपाल महोदय ने एक बार पूछा, "ठहरे कहाँ हो?"

"एक होटेल में।"

"कितना भाड़ा ले रहा है वह होटेल?"

"सस्ता ही समझिए, बस एक सौ दस रुपया प्रतिदिन। "

"अच्छा! तो बहुत अधिक रुपया हो गया है न तुम्हारे पास? मालाकर! (राज्यपाल महोदय का सेक्रेटरी) सुनो, एक काम तो करो। विधान सभा भवन के अतिथि कक्ष में कोई जगह खाली है न। एक मोटरकार ले जाओ और इन लोगों का सारा सामान उठा लाकर वहीं ठहरा दो।"

बहुत विशाल कमरा। रहने की सारी राजकीय व्यवस्था। फोन, टी.वी., गरम पानी वगैरह सभी कुछ। प्रतिदिन के हिसाब से केवल पाँच रुपये मात्र भाड़ा। यह तो बस एक उदाहरण भर है। एकाएक भृगु चौधुरी को जो याद आ गया था।

इससे पूरी तरह उल्टे तरह की परिस्थितियाँ भोगनी न पड़ी हों, ऐसी भी बात नहीं। परन्तु अब इस वेला में उन्हें याद कर-करके उत्तेजित होने से कोई लाभ नहीं है। उनके लिए किसी को दोष देने से भी कोई लाभ नहीं। कविगुरु रवीन्द्रनाथ ठाकुर के एक गीत की पंक्ति उन्हें याद हो आयी—

"कि पाईनि, तार हिसाब मेलाते

मन मोर नहे राजी।"

जीवन में क्या कुछ नहीं पा सका, इसका जोड़-हिसाब लगाने को मेरा मन तैयार नहीं है।

मेरी पतोहू बहुत अच्छी है, सचमुच में अच्छी है, केवल दिखावट के लिए ही नहीं। अर्थशास्त्र में एम. ए., पी-एच.डी. कर चुकने के बाद दिल्ली के ही एक महाविद्यालय में पढ़ाती है। रंजन के साथ उसका वहीं परिचय हुआ था। रंजन ने सारी बातें साफ-साफ चौधुरीजी को समझायी थीं। कुछ भी छिपाया नहीं था। यह भी कहता था कि "यदि आप (माता-पिता-परिवार के) लोगों को कोई आपत्ति हो तो हम इस प्रसंग को यहीं समाप्त कर दें, आगे न बढ़ने दें।"

"आपत्ति क्यों होगी जी? जैसा कुछ तुमने समझाया, उससे साफ जाहिर है कि वह लड़की तो बड़ी ही सुयोग्य और प्रिय स्वभाव की है।" फिर अपनी पत्नी को सम्बोधित कर पूछ बैठे, "कहो जी, तुम्हारी क्या राय है?"

उनकी धर्मपत्नी ने भी कोई आपत्ति नहीं जतायी। आपत्ति जताने की कौन कहे। उनका वश चलता तो उसके ठीक दूसरे दिन ही वे विवाह सम्पन्न करवा देतीं। सचमुच ही बहुत भली-लड़की है वह। शारीरिक गठन में सुन्दर, आचार-विचार बहुत ऊँचे दर्जे का और शील-स्वभाव भला। बहू न होकर जैसे अपनी जायी बेटी ही हो। विवाह के बाद के थोड़े ही दिनों में उसने पूरे घर को अपना बना लिया। भृगु चौधुरी के लिए यह भी एक मनोमुग्धकारी अनुभव है। शिक्षित लड़कियाँ सचमुच ही परिष्कृत विचार की और सुरुचिसम्पन्न होती हैं। यद्यपि वह नौकरी तो दिल्ली में ही करती है परन्तु जैसे ही समय पाती है, वह दिल्ली से झटपट घर चली आती है। प्रायः ऐसा होता है कि जब रंजन की छुट्टी नहीं होती, और उसकी होती है तो अकेले ही चली आती है। पूरे दिन भर चौधुरी की श्रीमती के संग-संग छाया की भाँति लगी रहती है। घर की नौकरानी न होने पर श्रीमती चौधुरी के हाथों से झाड़ू जबरन ले लेती है और घर झाड़ने-बुहारने लग जाती है। कभी-कभी तो ऐसा भी होता है कि आ जाने पर जाने का नाम ही नहीं लेती। छुट्टियाँ बीत जाने पर जोर-जबरदस्ती करके उसे भेजना पड़ता है। तब प्रायः ही कहती है, "अरे दो-चार दिन की देरी हो जाने से कुछ नहीं होगा। बहुत सारी छुट्टियाँ बकाया जमा हैं।" जिस दिन घर से विदा होना होता है, उस दिन दोनों ही स्त्रियों के आँसू नहीं थमते, हिचकियाँ बँध-बँध जाती हैं—एक पुराने जमाने की पुराने खयालों की वृद्ध महिला की तो दूसरी आज के नये जमाने की उच्च शिक्षा प्राप्त आधुनिक महिला, महाविद्यालय की अध्यापिका की। बिछुड़ते समय दोनों एकरस हो जाती हैं।

भृगु चौधुरी तब दूसरे ही किस्म की चिन्ताओं में डूबते-उतराते रहते हैं। इतनी लम्बी दूरी का सफर यह अकेली लड़की किस तरह गुजारती है? तब मन-ही-मन वे रंजन पर बहुत खिसिया उठते हैं। अरे स्वयं आकर साथ-साथ लिवा ले जा सकता

है। लेकिन नहीं, बाबू को इसका खयाल कहाँ। फिर वे यही पता लगाने में पूरे शहर का चक्कर काटने लगते हैं कि जान-पहचान का कोई आदमी दिल्ली तो नहीं जा रहा। प्रमिला (बहू) को नाना प्रकार से समझाते-बुझाते हैं, तरह-तरह की सीख देते हैं। वह चुपचाप बड़े ध्यान से सबकुछ सुनती जाती है। वह तो अकेले ही सारा यूरोप, अमेरिका घूम आयी है। परन्तु यह सब जानते हुए भी ऐसी वेला में चौधुरी को इस सबका ध्यान नहीं रहता। वे उसे असहाय युवती ही समझते हैं। यह उनका स्वभाव ही है। अपनी धर्मपत्नी को अकेले घर से बाहर जाने देने में उन्हें बराबर डर लगा रहता है। कहीं कोई मोटर कार, ट्रक वगैरह धक्का मारकर दूर फेंक दे सकती है या रास्ते में फिसलकर गिरने से हाथ-पाँव तोड़ ले सकती है। इस प्रकार की जाने कितनी सारी दुर्घटनाएँ घट जाने की सम्भादना करते रहते हैं। वे प्रमिला को बार-बार समझाते रहते हैं, "वहाँ पहुँचते ही पुलि के पास ट्रंक काल कर देना। उसका नम्बर तो याद है न? अच्छा ठहरो, मैं ही लिखकर दे देता हूँ।"

उनका नाती दीपू अब बड़ा हो गया है। बड़ा होने का मतलब यह कि धमा-चौकड़ी मचाता, उत्पात करता, दौड़ने-छुपने लगा है। चौधुरी जब उसे देखते हैं तो प्रायः संशय में पड़ जाते हैं, "अरे यह रंजन है या दीपू?"

"बाबा! तुम्हारे सर पर बाल क्यों नहीं हैं? बाबा! तुम हर समय इतनी सारी पुस्तकें क्यों पढ़ते रहते हो? बाबा! तुम काम करने कार्यालय क्यों नहीं जाते?"

कितने सारे प्रश्न? वह भी जब यहाँ आ जाता है तो लौटकर दिल्ली जाने को तैयार नहीं होता। नाना प्रकार की बहानेबाजी करता है—आज पाँव में दर्द है, तो कल दाँत पिरा रहा है, फिर पेट दर्द कर रहा है, आदि-आदि।

प्रमिला ने इस बार दीपू को यहीं छोड़ जाने का निश्चय किया। दीपू तो तुरन्त ही राजी हो गया। परन्तु भृगु चौधुरी ने इस प्रस्ताव को मन-ही-मन बहुत प्यारा मानते हुए भी, ऊपर-ऊपर से जोर देकर अस्वीकार कर दिया। "नहीं। नन्हे बेटे-बेटियों को माँ-बाप से अलग अन्यत्र कहीं छोड़ देना ठीक नहीं है। केवल बूढ़े-बूढ़ी लोगों के साहचर्य में रहने देना भी ठीक नहीं।"

अपने मन को अतिशय प्रिय लगनेवाली वस्तु भी जब मिलने लगे तो आतुर होकर उसे ग्रहण करने के लिए कंगालों की तरह से आँचल फैला देना ठीक नहीं। चौधुरी की धर्मपत्नी तो हृदय से चाहती थीं कि नाती किसी तरह यहीं रह जाय परन्तु चौधुरीजी ने जब इस प्रस्ताव को इतनी निर्ममता से नकार दिया तो वे आँखें उठाये देखती रह गयीं। उनका चेहरा फक्क पड़ गया। फिर उन्होंने कोई विरोध नहीं किया। चौधुरी की किसी भी बात पर कभी-भी, कोई भी विरोध करना, किसी भी प्रकार की बाधा खड़ी करना, उनके स्वभाव में ही नहीं। भला-बुरा जो कुछ भी हो चौधुरी को जो प्रिय है, वह उन्हें भी सहज स्वीकार है।

23

फैंसी बाजार (गुवाहाटी का मशहूर मुहल्ला) में भृगु चौधुरी की भेंट महेन्द्र दास से हो गयी। पता चला कि उन्होंने काहिली पाड़ा (गुवाहाटी के बाहरी किनारे पर बस रहा नया मुहल्ला) के किसी भीतरी क्षेत्र में एक छोटा-सा मकान खरीद लिया था, टूटा-फूटा एक बहुत मामूली-सा घर। वहीं रहते-रहते वह एक काफी बड़ा, आधुनिक साज-सज्जापूर्ण मकान बनवा रहे हैं। बिलकुल अकसरे आदमी हैं। दो बेटे हैं मगर दोनों ही विदेश में रहते हैं। परिवार में जो अपने भाई के लड़के थे, उनसे सम्बन्ध मधुर बना नहीं रह सका। सो वे बराबर परेशानियाँ खड़ी करते रहते हैं। फिर भी महेन्द्र दास अपने उद्यम में लगे हुए हैं। उनकी आयु चौधुरी से भी काफी अधिक है। उतना बड़ा मकान बनवाने में लगे हुए तो हैं परन्तु उसके पूरा होने तक स्वयं जीवित भी रह सकेंगे क्या? कौन कह सकता है? परन्तु हो सकता है कि वही उनके जीने का सहारा हो। घर बनवाने के चक्कर के कारण ही इतने कर्म व्यस्त हैं।

जालुकबारी (गुवाहाटी का पश्चिमी क्षेत्र जिधर विश्वविद्यालय बना है) में रहते हुए चौधुरी ने यहाँ का घर बनवाया था। कुछ दिनों तक इसी घर में रहे थे। चूँकि यहाँ आने-जाने के लिए मोटर-बस-टेम्पो की कौन पूछे—रिक्शे वगैरह की भी कोई सुविधा नहीं थी, अतः एक सुविधाजनक मुहल्ले में अच्छा घर पाते ही वे वहाँ चले गये थे। इधर रहते समय भी चौधुरी को छोड़कर मुहल्ले के किसी और से महेन्द्र दास का कोई अच्छा सम्पर्क नहीं था। प्रायः सभी से खिंचे-खिंचे रहते थे। चौधुरी चूँकि शिक्षक व्यक्ति थे अतः उन्हें दया का पात्र समझते थे। हो सकता है इसी कारण वे चौधुरी को मानते रहे हों। इसके अतिरिक्त वे चौधुरी को एक समझदार व्यक्ति भी समझते थे। अब इसके पीछे चाहे कोई और बहुत बड़ा कारण भी रहा हो, परन्तु एक बात यह भी हो सकती है कि उनकी ऊट-पटाँग तमाम सारी बातें सुनकर भी चौधुरी कभी उनकी किसी बात का विरोध नहीं करते थे। इसके अलावा दास जब मस्ती में आकर अपने हिसाब से बहुत रसभरी बातें सुनाते थे, तो उनकी बातों में कोई रस न रहने पर भी चौधुरी ऐसा भाव दिखाते थे जैसे रस से सराबोर हो रहे हों और हर्ष से गद्गद हो मुसकराने की कोशिश करते थे।

“समझ रहे हैं न चौधुरी—बलं, बलं बाहुबलं। बलों में श्रेष्ठ है अपना बाहुबल। जो कुछ भी मैंने किया है अपने बल के भरोसे ही किया है। पूरी जिन्दगी में कभी भी किसी के द्वारा एक तिल भर की सहायता नहीं पा सका था। कठिनाइयाँ तो बहुतों ने खड़ी कीं परन्तु सहायता का हाथ किसी ने नहीं बढ़ाया। पिताजी का नाम भी अजीब था—शुक्ना दास। मैंने ही उसे भी सँवारा और शुकराम दास नाम से प्रचारित किया। बस इतने से ही आप अन्दाजा लगा सकते हैं कि किस स्तर के परिवार से मैं आया हूँ।”

दास की बातें सुनते-सुनते चौधुरी कभी-कभी ऊब जाते हैं। "बच्चों को मुलायम-मुलायम रोटी चाहिए। मक्खन चाहिए। जबकि आप जानते हैं चौधुरीजी कि बचपन में हमने भात के अलावे और कोई चीज खायी ही नहीं थी। हमें और कुछ मिलता ही कहाँ था। नाश्ता कहो, भोजन कहो, जिस नाम पर भी खाओ, बस भात ही भात। और भी खाने-पीने की चीजें होती हैं, हम जानते ही नहीं थे। कभी-कभी तो दिन में छह बार भात खाते थे।"

"छह बार?"

"अरे मुँहघुट अँधेरे में ही बासी मड़गिल्ला भात खाकर हल-बैल लेकर खेत जोतने निकल जाता था। हल चलाकर लौटता तो भात खाकर पुस्तकें ले पढ़ने बैठता। कुछ देर पढ़ने के बाद भात खाकर पाठशाला पढ़ने जाता। पढ़कर लौटता तो फिर भात ही खाने को मिलता। भात खाकर फिर खेत-खलिहान देखने चला जाता। खेती-बारी का काम सँभालकर लौटता तो फिर भात खाने को मिलता। रात में सोने के पहले खाने को और क्या था सिवा भात के। सो कितनी बार हुआ।"

दास की बातें झूठी नहीं हैं। आज के जमाने में वे विश्वास करने लायक नहीं सुनाई देंगी परन्तु हैं सच। उन्होंने जितने कठिन कष्ट सहकर पढ़ाई-लिखाई की है कि उसे जानकर आदमी गम्भीरतापूर्वक सोचने को मजबूर हो जाता है। लगता है जैसे ऐसा हो पाना सम्भव ही न हो। अपने वंश-परिवार के अन्य लोगों को अर्द्ध- नग्न अवस्था में जब हल जोतते हुए देखते हैं, अथवा दैनिक मजदूरी पर खटते हुए पाते हैं तो दास के मन में किसी प्रकार के गर्व-गुमान का भाव पैदा नहीं होता बल्कि उनका कलेजा सिहर उठता है।

सत्य गोस्वामीजी के घर पर घरेलू चाकर की तरह रहकर उन्होंने बी.ए. तक की शिक्षा प्राप्त की। चाकर भी क्यों कहो? चाकर से भी अधम, गयी-बीती दशा थी उनकी। रात के पिछले पहर में ही उठकर, लालटेन जलाकर बरदउल (गोशाला) से सारा गोबर-मूत उठाकर बाहर ले जाना, घूरे पर फेंकना, फिर पूरी बरदउल झाड़-बुहारकर साफ करना। फिर बैलों को घास-भूसा खिलाते-पानी पिलाते। इस तरह अभी जब लोग सोये रहते तभी उनकी खटनी शुरू हो जाती थी। जीवन की आरम्भिक वेला में उन्होंने जो कष्ट सहे, उस पर भी लोगों की जो डाँट-फटकार, निन्दा-तिरस्कार सहा, उस सबने उनकी चेतना पर एक स्थायी प्रभाव थोप रखा है। जिसकी वजह से मन का जो स्वाभाविक विकास सम्भव था, उसमें बाधाएँ आ गयीं और कुछ अंशों में कुछ विकृति आ गयी।

अपने घर-परिवार, अपनी पत्नी, बाल-बच्चे, टोले-मुहल्ले के अड़ोसी-पड़ोसी किसी से भी महेन्द्र दास की ठीक पटती नहीं थी। किसी के साथ भी वह अधिक समय तक अच्छा सम्बन्ध बनाये नहीं रख सकते थे। कभी-कभी तो आधारहीन, व्यर्थ की बातों पर ही वे लोगों से झगड़ पड़ते थे। जब उनके बेटे विद्यालयों में पढ़ते थे,

उस समय उनके विद्यालय के संगी-साथी अगर उनसे मिलने के लिए घर आते और संयोग से उनकी भेंट महेन्द्र दास से हो जाती तो वे उनसे वकीलों की तरह जिरह करने लगते, "रबीन से आखिर तुम मिलना ही क्यों चाहते हो? उससे मिलने की आवश्यकता ही क्यों हो गयी है तुम्हें?"

"कोई विशेष काम नहीं है, चाचाजी। बस यूँ ही मिलने आ गया था।"

"यूँ ही आ गया। बिलावजह ही मिलने की आ पड़ी। पढ़ने-लिखने का तो नाम नहीं, बस चौबीसों घण्टे व्यर्थ की अड्डेबाजी। अपने तो आवारा हो ही गये, अब इसे भी नष्ट करने का क्या मतलब है? क्या समझ रखा है?"

उनकी इस तरह की बातों से बच्चों के संगी-साथी काफी अपमान महसूस करते, बुरा मानकर आना ही बन्द कर देते। रबीन और यतीन (महेन्द्र दास के बेटे) को जब उनके इस प्रकार के व्यवहार का पता चलता तो वे क्रोध के मारे जल-भुन जाते। साथियों के सामने लाज से उनका माथा झुक जाता। अपने पिता को तो कुछ कह नहीं सकते थे। परन्तु फिर मन-ही-मन अपने पिता के प्रति उनमें जिस प्रकार की धारणा बनती गयी थी, उस तरह की धारणा किसी भी बच्चे में अपने माँ-बाप के प्रति होना उचित नहीं। बेज बरुआ महोदय ने अपने घर की चहारदीवारी की दीवार उठवाना शुरू किया था कि महेन्द्र दास ने नौकर-चाकरों और राज मिस्त्री को डाँट-फटकार कर काम बन्द करवा दिया। उनका आरोप था कि जो चहारदीवारी उठायी जा रही है, उसका कुछ हिस्सा सड़क की सीमा के हिस्से में बढ़ आया है अतः ऐसा वे कतई नहीं होने देंगे। उनके सिद्धान्त से सारे-के-सारे आदमी ही अपने स्वार्थ के लिए कुकर्मों में लगे हैं। सभी लोग बुरे हैं। सभी दोषी, अपराधी हैं। कोई अपने घर में एक कमरा अधिक बना ले रहा है तो उससे भी उन्हें गुस्सा आ जाता है। कोई टी.वी. खरीद लेता है तो भी उन्हें बुरा लगता है। मोटर गाड़ी खरीदता है तो भी वे क्रोध से जल उठते हैं। सो ऐसे स्वभाववाले महेन्द्र दासजी से उस दिन फिर चौधुरी का सामना हो गया। "जरा बतलाइए तो चौधुरी! महाविद्यालय में प्रोफेसर पद पर काम करते हुए आप कितने रुपये प्रतिमाह वेतन पाते थे?"

"क्यों भाई? यह जानने की क्या जरूरत आ पड़ी?"

"बतलाइए तो। टाल-मटोल मत कीजिए।"

सो चौधुरी ने सही-सही बयान कर दिया। "तो फिर देखिए न। इतने अधिक रुपये प्रति महीने का वेतन पाकर भी आप क्या कर पाये? और जब आप इतना-सा भी नहीं कर पाये तो आप से इतना कम वेतन पाकर भी ये लोग उतना अधिक कुछ किस तरह से किये ले रहे हैं? किस तरह हो पाता है यह सब? अरे देश को लूट-लूटकर, नोच-खसोटकर खा गये सब।"

अपना घर-द्वार, जगह-जमीन बेचकर मुहल्ला छोड़कर जब महेन्द्र दास दूसरे अच्छे मुहल्ले में गये तो जाने के पहले उस वृद्धावस्था में भी एक भारी झगड़ा-झंझट

उठा था। हमारे मुहल्ले में ही मकान बनवाने की गरज से पाठकजी ने जमीन खरीद रखी थी। उनकी जमीन का वह हिस्सा खाली ही पड़ा था। वह खाली जमीन सरकारी सीलिंग की वजह से छूटी पड़ी है या कि क्या बात है, महेन्द्र दास यह सब ठीक से समझ नहीं पा रहे थे। फिर भी खाली बेकार पड़ी है, यह बात उन्हें कचोटती रही। अचानक महेन्द्र दास के मन में जनता जनार्दन के हित में उपकार का काम करने की भावना जाग उठी। उन्होंने उस खाली पड़ी जमीन पर मुहल्ले के नन्हे-मुन्हे बच्चों के लिए एक शिशु उद्यान बनाने की परिकल्पना कर ली। नगर निगम, सरकारी कार्यालयों एवं सभी सम्बद्ध विभागों में आवेदन पत्र भेज-भेजकर लिखा-पढ़ी करना शुरू कर दिया। जरूरत पड़ने पर जबरदस्ती कब्जा करके भी शिशु उद्यान की स्थापना करनी ही होगी। वे पूरे मनोयोग से इस काम में लग गये। उधर जब इस बात का पता पाठकजी को लगा तो वे घबरा उठे। उन्होंने झटपट एक छोटा-सा कमरा वहाँ बनवा देने की सोची। इसके लिए सड़क के किनारे के नाले पर उन्होंने एक बड़ा-सा लकड़ी का तख्ता रखवा दिया ताकि ईंट-पत्थर वगैरह पहुँचानेवाला ट्रक उनकी जमीन तक जा सके। ईंटें लेकर जब उनका ट्रक वहाँ पहुँचा तो महेन्द्र दास उसी तख्ते पर जाकर लेट गये। "ले जाओ ट्रक, अगर ले जाना चाहते हो तो मेरे शरीर के ऊपर से चलाकर ले जाओ नहीं तो हरगिज नहीं ले जाने दूँगा।" पाठक के दोनों बेटों ने जैसे-तैसे उन्हें उठाया और उठाकर बहुत दूर ले जाकर रख दिया। इस पर महेन्द्र दास पुलिस थाने में चले गये और उनके विरुद्ध मारपीट करने का मुकदमा दायर कर दिया।

व्यर्थ की बातों को आधार बनाकर यह आदमी सभी से झगड़ा-झंझट करता फिरता है। यह भी एक प्रकार की मानसिक व्याधि ही है। घर के मामलों में बराबर पत्नी को दोषी ठहराते हैं। बात-बात में बच्चों पर दोष मढ़ते रहते हैं। हर एक विषय में दूसरों की ही शिकायतें करते हैं।

हाथ में एक बड़ा-सा थैला लिये दुपहरी की तेज आँचभरी धूप में पसीना-पसीना हुए महेन्द्र दास बढ़ते चले आ रहे थे। बीच रास्ते में ही चौधुरी को जो पाया तो टेढ़ा होकर रास्ता रोके खड़े हो गये और बायें हाथ से ललाट का पसीना पोंछने लगे। बोले, "इसे ही कहते हैं भाग्य। नौजवान लड़का घर पर रहते हुए भी, खुद सौदा-बाजार न करें तो खाना-पीना मिलना ही दुश्वार हो जाए।"

जबकि चौधुरी जानते हैं कि अगर लड़के बाजार करके सौदा-सुलुफ ले आये तो उन पर नाना प्रकार के आरोप लगाने लगेंगे दास महाशय। 'सारा माल कचड़ा उठा लाया है, एक चीज भी काम की नहीं, हर एक सामान में ठगाया है। ठगाया क्या है हर एक सामान का मूल्य बाजार भाव से बहुत अधिक दे आया है। किसी चीज का दर-दाम मालूम हो तब न।' उनके भाँति-भाँति के आरोपों से तंग आकर दोनों लड़के बाजार से सामान खरीद लाने को तैयार ही नहीं होते। भृगु चौधुरी ने महेन्द्र दास का बाजार करना निकट से देखा है। एक प्रकार की असहनीय स्थिति

हो जाती है। प्रत्येक दुकानदार से ही झगड़ा हो जाता है। कभी चीजों के मूल्य को लेकर टण्टा खड़ा हो जाता है। कभी सामान की तौल में गड़बड़ी करने को लेकर विवाद छिड़ जाता है। कभी-कभी तो दुकानदार तंग आकर उनके हाथों से अपना सामान छीन लेता है—"ठीक है, रहने दीजिए। आप को खरीदने की जरूरत नहीं। मुझे नहीं बेचना है अपना सामान।"

फैंसी बाजार में मिल जाने पर महेन्द्र दास ने भृगु चौधुरी को समझाया। काहिली पाड़ा में विशाल आकार का मकान बनवा रहे हैं। उसी में बहुत व्यस्त हैं, साँस लेने की फुरसत नहीं। बड़े उत्साह से उन्होंने चौधुरी को मकान का समस्त नक्शा, उसकी एक-एक खूबियाँ, उसकी सभी परिकल्पना समझायीं। पाँच मंजिली इमारत की उपयुक्त मजबूत नींव डाल दी है। बहुत लम्बे समय तक के लिए स्थायी बन्दोबस्त कर दिया है, "आप तो जानते ही हैं, मैं कभी भी बिला वजह ज्यादा पलंजर नहीं बढ़ाता। सारी जिन्दगी खटते-खटते क्या कम कष्ट उठाया है कुछ पैसे इकट्ठे करने में? सो इतने कष्टों से जोड़े गये धन को किसे उड़ाने के लिए रख जाऊँ?"

बिलकुल ही उचित प्रश्न है। दोनों बेटों ने तो अमेरिका में रहते-रहते अमेरिका की ही नागरिकता ले ली है। वे तो अब लौटकर आनेवाले नहीं। भाई के बेटों (भतीजों) से पटरी बैठती नहीं, उनमें बस बुराइयाँ-ही-बुराइयाँ नजर आती हैं। फिर भी इस प्रश्न में कहीं कुछ गड़बड़ी जरूर है। वैसे ठीक उस समय चौधुरी उसे पकड़ नहीं पाये।

रजत कलिता ने अपने पूरे जीवन भर की सारी कमाई झोंककर एक उच्चस्तरीय साहित्यिक पत्रिका निकालने का निश्चय कर लिया है। तरह-तरह के रोगों से ग्रस्त, बूढ़ा-जर्जर शरीर है उनका किन्तु उत्साह में कोई कमी नहीं है। स्वभाव सिद्ध अध्यापक अनन्त दास परम उत्साह से दल-के-दल विद्यार्थियों को ट्यूशनखोरी के इस जमाने में भी बिना एक पैसा लिये ही सारे दिन पढ़ाते रहते हैं। वैसे तो वे अच्छी तरह चल-फिर भी नहीं सकते। एक पैर इतना खराब हो गया है कि उसे किसी तरह खींचते हुए घसीटकर चलते हैं। इस तरह प्रत्येक व्यक्ति अपने-अपने विशेष रास्ते पर निश्चित रूप से आगे बढ़ता जा रहा है। वे लोग क्या चाहते हैं? इसे वे अच्छी तरह जानते हैं। गन्तव्य स्थान के सम्बन्ध में भी उनकी सुनिश्चित धारणा है। उनका पथ स्पष्ट है, उन्हें जहाँ पहुँचना है वह मंजिल स्पष्ट है और उस पथ पर उनका बढ़ना भी स्पष्ट है। बस एक चौधुरी ही हैं कि अनिर्णय की हालत में रास्ते के किनारे पर अनिश्चित भाव से खड़े हैं।

सुख और दुःख के दो पाटों के बीच ही समस्त जीवन बीत गया। पृथ्वी के निर्माण होने के पहले से ही समय का प्रारम्भ हो गया था और पृथ्वी जब बर्फ-सी ठण्डी हो जाएगी, तो उसके बाद भी समय का प्रवाह समाप्त नहीं होगा। इस तरह काल का जो यह अनन्त कोटि वर्षों का सतत प्रवाह है, उसके समक्ष जीवन का जो यह छोटी-सी सीमा में बँधा अत्यन्त छोटा-सा आकार है, यह तो अत्यन्त उपेक्षणीय

है। इसका महत्त्व ही क्या है? तो फिर क्या यह सभी कुछ ही बेकार है? अप्रासंगिक है? शून्य से शुरू होकर शून्य में ही विलीन हो जानेवाला है? अगर ऐसी ही बात है तो फिर किसलिए यह रोना-धोना या फिर किस बात की हँसी-खुशी, उत्सव-उल्लास? क्षण भर के लिए क्यों यह अनगिनत विपरीत मुखी, परस्पर विरोधी आवेग और अनुभूतियों का उद्दाम आलोड़न-विलोड़न?

24

कहीं भी कोई बहुत अच्छी सुव्यवस्था न बैठा पाने के कारण अन्त में शैलेन बरुआ ने शिलांग (तत्कालीन पूरे असम प्रदेश की राजधानी) के विधान सभा सचिवालय में ही एक लिपिक के पद पर काम करना आरम्भ कर दिया। वैसे तो उसे क्लर्की के लिए भी कम पापड़ नहीं बेलने पड़े थे किन्तु इसे करते हुए उन्होंने ऐसा भाव दिखाया जैसे उन्होंने बस हँसी-मजाक के तौर पर ही इसे लिया है, मानो एक तमाशा ही दिखलाने की सोची हो। खेल-खेल में जैसे यूँ ही इसे स्वीकार कर लिया, "अब आदमी बिना कोई एक काम किये यूँ हीं बैठा-बैठा रह सकता है क्या? वे अगर चाहते तो जरा-सी चेष्टा करके ही अपने लायक एक उच्चस्तरीय अच्छा पद जुटा सकते थे किन्तु कौन लोगों की खुशामद करता फिरे? उससे अच्छा तो यही है कि कोई एक साधारण काम भी हो तो भी बहुत है।"

इस पद पर काम करने का भार ग्रहण कर लेने पर भी उन्होंने किसी भी दिन कार्यालय का कोई काम नहीं किया। कार्यालय तो वे प्रायः जाते ही नहीं थे, जाते भी थे तो भी अपनी मन-मर्जी से। जिस दिन जाते हैं, उस दिन जितनी देर कार्यालय में रहते हैं, उतनी देर गपबाजी में ही गँवा देते हैं। गपबाजी में उनका जवाब नहीं। बात वे बड़े सुन्दर ढंग से कर सकते हैं। चाहे दर्शन की बात हो चाहे साहित्य, राजनीति, आर्थिक समस्या, कोई भी क्षेत्र क्यों न हो, सभी में उनका अबाध प्रवेश है। प्रत्येक क्षेत्र में वे विशेषज्ञ के रूप में अपना मतामत प्रकट करते हैं। बातों को सरस बनाने की कला भी उन्हें खूब आती है।

'तो आप हमसे काम करने की फरमाते हैं। हमें काम करने के लिए वेतन दिया जाता है क्या? जी नहीं, हमें वेतन दिया जाता है कार्यालय आने-जाने के लिए। अब अगर किसी का कोई काम करवाना चाहते हैं तो काम करने के लिए अलग से पैसा देना पड़ेगा।'

परन्तु समस्या तो यह है कि शैलेन बरुआ ऊपर से पैसा लेने पर भी काम करने का नाम नहीं लेते। कोई कागज-पत्र अगर उनकी मेज पर पहुँचता है तो फिर वहीं का होकर रह जाता है। वहाँ से हिलता-डुलता ही नहीं। परन्तु अकेले शैलेन बरुआ को ही दोष देने से क्या लाभ! कार्यालय के अधिकांश लोग तो उन्हीं के जैसे हैं। अधिकांश लोग कोई काम नहीं करते। वैसे यह कहना कि काम नहीं करते, गलत ही होगा, काम तो बहुत सारा करते हैं। एक साधारण प्रस्ताव के चारों ओर इतना जाल-जंजाल इकट्ठा कर दिया जाता है, ऐसे-ऐसे दाँव-पेंच लगाये जाते हैं कि उसकी आकृति देखकर ही कलेजा दहल उठता है। हाथ से छूने की हिम्मत ही नहीं होती। फाइल उसी अवस्था में बहुत दिनों तक पड़ी रहती है। बहुत दिनों बाद अपने स्वार्थ से कोई विशेष आग्रह दिखलाता है तो दूसरे कुछ अधिकारी और कर्मचारी उल्टा कार्यक्रम चलाकर गाँठों को खोलने की कोशिश शुरू करते हैं। परन्तु वैसा करने से गाँठें और भी उलझती जाती हैं। हर चन्द कोशिश के बाद भी जब कोई ओर-छोर नहीं मिलता, तब वे लोग भी हताश होकर हाथ खींच लेते हैं। पिछला अधिकारी ही जो करे, सो करे। कहकर वे अलग हो जाते हैं। 'होगा कि नहीं होगा?' की स्थिति को स्पष्ट कर देने से जिस समस्या का समाधान हो गया रहा होता, उस विषय पर जमते-जमते फाइलों का ऐसा अम्बार लग जाता है कि फाइल पर्वताकार रूप धारण कर लेती है। एक समस्या का छोर पकड़कर एक और समस्या खड़ी कर देते हैं। हालत ऐसी हो जाती है कि सभी आवश्यक तत्त्वों का समन्वय कर पाना असम्भव हो जाता है। वित्त विभाग के किसी एक विषय की व्याख्या करने की आवश्यकता पड़ी। सो सचिव ने इसके लिए निर्देशक को लिख भेजा। एक महीने बाद निर्देशक महोदय के पास से जो कागज लौटा वह फिर बहुत ढूँढ़ने पर भी मिला ही नहीं। जब कि इसी बीच उससे सम्बन्धित एक और समस्या की व्याख्या करने की जरूरत आन पड़ी। फिर तो कागजों-फाइलों की आवाजाही शुरू हो गयी, इस ओर से उस ओर, फिर उस ओर से इस ओर। परिणामस्वरूप परिस्थिति पहले से और अधिक जटिल हो गयी। फिर तो उस काम में हाथ लगाने की किसी की हिम्मत ही नहीं हुई। अतएव वह काम उसी रूप में पड़ा रह गया, दिन के बाद दूसरे दिन तक, वर्ष के बाद अनेक वर्षों तक। अगर सम्बद्ध पक्ष हताश नहीं हुआ और फिर भी अपनी समस्या का समाधान करवाने में लगा ही रहा, तो सारी प्रक्रिया नये सिरे से उसी आरम्भिक बिन्दु से फिर शुरू की जाती है। विथ रेफरेन्स टु योर लेटर नम्बर दिस डेटेड दिस यानी आपके पत्र संख्या अमुक-अमुक के सम्बन्ध में निवेदन है कि···आदि-आदि।

भृगु चौधुरी के छोटे मामा का बेटा प्रद्योत गुस्से के मारे दाँत किटकिटाता बड़बड़ाता जा रहा था, "समझ रहे हैं न भाई साहब! सारी व्यवस्था ही पूरी तरह से सड़-गल गयी है। कहीं कोई एक भी काम करने को तैयार नहीं, बस व्यर्थ का बड़बोलापन। बेकार की डींग हाँकने में सभी व्यस्त हैं। सभी अपना प्रभाव, अपनी

ताकत, अपना अधिकार दिखाने में ही लगे हुए हैं। जो बड़ा अफसर है वह अपने बड़े रुआब के ढंग से, तो जो छोटा है वह अपने छोटे कारनामे से ही। साधारण जनता को दौड़ा-दौड़ाकर परेशान करते रहने से, अथवा उस पर अत्याचार-दर-अत्याचार करके अपनी ताकत दिखाने में ही सब मशगूल है। सभी के मन में जैसे लोगों के लिए बस एक यही भाव हो कि अपने 'आत्म-सम्मान को तिलांजलि दे दो, मेरे पैरों में पड़ कर नाक घिसो।'

भृगु चौधुरी ने इस समस्या पर गम्भीरता से विचार करने के बाद अनुभव किया कि इस सबके लिए कार्यालयों के सहायक कर्मचारियों को दोष देने से कोई लाभ नहीं है। अधिकार पा जाने के बाद कोई भी अपना सन्तुलन बनाये नहीं रख पाता। यह भारतीय नागरिकों के चरित्र की खास विशेषता हो गयी है क्या? राज्य का एक मन्त्री हजारों यात्रियों को भयंकर असुविधा में तड़पाता हुआ एक तीव्रगामी रेलगाड़ी को अपनी सुविधा के लिए घण्टों रुकवाकर रख सकता है। देखो तो मेरी ताकत। ऐसा लगता है जैसे अगर इनका वश चले तो ये चाँद और सूरज को भी अपनी सुविधानुसार रोके रखें। "मेरा नाम है ऐजमिण्डियास, राजाओं का राजा।" शासन के कुछ उच्च पदस्थ अधिकारी तो और भी भयंकर हैं। वे लोग तो अपने किये गये कामों के प्रति किसी के भी समक्ष उत्तरदायी नहीं हैं। राजनीति में जो दल सामयिक रूप से सत्तासीन है, उसके नेताओं के साथ तालमेल बिठाकर, उन्हें खुश रखते हुए, अपने प्रति उनका सद्भाव बनाये रखने मात्र से ही वह सभी कुछ करने में सक्षम बने रहते हैं। फिर तो उनके सामने कोई कुछ भी नहीं होता। भृगु चौधुरी को खुद अपने द्वारा भोगी गयी परिस्थितियों से मिले अनुभव की याद आयी। नौकरी से सेवा निवृत्त होने के बाद की बात है। किसी एक समस्या के समाधान हेतु वे कार्यालय के इस दफ्तर से उस दफ्तर का चक्कर लगाते-लगाते थककर चकनाचूर हो गये थे किन्तु उसके मूल कारण के रहस्य को समझ पाने में असमर्थ हो गये थे। इस तरह की दौड़-धूप करने का उन्हें कोई अनुभव भी नहीं था। ऐसी परिस्थिति में पड़ने पर उससे निस्तार पाने के लिए कहाँ पर क्या करना चाहिए, किस व्यक्ति विशेष की शरण में जाने पर काम सम्पन्न हो सकेगा? इसका भी कोई सूत्र वे नहीं पकड़ पाये। ऐसी ही भागमभाग में किसी अनुभवी व्यक्ति ने सलाह दी कि आप मण्डलायुक्त (कमिश्नर) से मिलें और उनके सामने अपनी कठिनाइयों का बखान करें। वे साहित्य और संस्कृति के प्रति बेहद ममत्व रखते हैं। स्वभाव चरित्र के सभी भले आदमी हैं। सो वे उसके कहे अनुसार कर बैठे, बस यहीं चूक हो गयी। साहित्य और संस्कृति में अगर किसी आदमी की विशेष रुचि हो तो बस इतने से ही कोई आवश्यक नहीं कि वह आदमी सुसंस्कृत शील-स्वभाव का होगा ही। चौधुरी जिस दिन आयुक्त महोदय से मिलने गये, तो उनके कमरे के बाहर से ही कमरे में उठ रही हँसी-किलकारी की आवाजें साफ सुनाई दे रही थीं।

मिलने आनेवालों के रजिस्टर में नाम लिख देने के कारण एक समय चौधुरी की बारी आ ही गयी सो आयुक्त महोदय ने उन्हें अन्दर बुलवा लिया। अन्दर जाने पर उन्होंने देखा कि अपनी श्रेणी के कई एक अधिकारियों के साथ बैठकर वे काफी पीते हुए गपबाजी कर रहे हैं। उन्होंने एक बहुत ऊँचे अधिकारी की विशेष दृष्टि से चौधुरी की ओर निहारा। उनकी आँखों के इशारे पर चौधुरी ने जैसे ही अपनी बात कहनी शुरू की कि उन्होंने उन्हें पहला वाक्य भी पूरा करने का अवसर नहीं दिया और गरज पड़े, "कार्यालय में, कार्यालय में। यहाँ नहीं। हरगिज नहीं। अपना प्रार्थना-पत्र कार्यालय में जाकर जमा करें। यहाँ यूँ आकर आप अपना तो अपना, मेरा भी मूल्यवान समय बर्बाद कर रहे हैं।"

25

शिलांग में रहते हुए शैलेन बरुआ वहीं की एक स्थानीय महिला के साथ रह रहे थे। बड़ा बाजार में उसकी एक अच्छी-खासी दुकान थी। आय को देखकर व्यय करने का अभ्यास तो बरुआ का कभी रहा नहीं। नौकरी से जो मासिक वेतन मिलता था, उससे तो उनका काम चलने का नहीं। सो समय-समय पर उस महिला से ही उधार भी माँगने लगे। अपनी आवश्यकता ऐसे प्रभावशाली ढंग से रखते थे कि जब भी माँगते, वह जरूर ही धन दे दिया करती थी। इतना विश्वास करने लगी थी उनका। एक दिन अचानक उसने अपनी एक नाबालिग भांजी को बरुआ द्वारा अपनी बाँहों के घेरे में लिया हुआ जो देखा तो फिर भारी शोरगुल मचा दिया। शोरगुल ही क्यों, बल्कि अच्छी तरह उनकी पिटाई ही कर दी।

शैलेन बरुआ को इससे भी कोई सीख नहीं मिली। वे तो बहुत आसानी से एक जगह से दूसरी जगह फिसलते चले जा सकते हैं। ठहरने की एक सराय से दूसरी सराय तक। शरीर का गठन आकर्षक है, चेहरा-मोहरा सुन्दर है और बातें रस में भिगो-भिगोकर कहने की कला में माहिर हैं ही फिर अभाव किस बात का। उन्हें अपनी बाँहों के घेरे में चाँप लेने के लिए कोई-न-कोई रतिक्रीड़ा भूखी स्त्री बराबर रहती ही है।

एक दिन भृगु चौधुरी भारत और पाकिस्तान के बीच हो रहे एक दिवसीय क्रिकेट प्रतियोगिता के दृश्य को टेलीविजन पर देखने में मग्न थे। खेल बहुत ही

उत्तेजनापूर्ण स्थिति में पहुँच गया था कि तभी दरवाजे की घण्टी बज उठी।

दरवाजा खोला तो सामने बरुआ खड़े थे। "अरे बरुआ, तुम? आओ, आओ।"

शैलेन बरुआ चौधुरी के घर आने से बराबर कन्नी काटते रहे हैं। बात यह थी कि बहुत दिनों पहले जब कलकत्ता में रेखा नामक लड़की ने शैलेन बरुआ के हरामीपने को देखकर क्रोध में भरकर भयानक गालियाँ उन्हें दी थीं, उस समय संयोग से चौधुरी वहाँ उपस्थित थे। उसे याद कर बरुआ प्रायः ही चौधुरी से दूर-दूर ही रहते। रास्ते बाजार में कभी करीबी आमना-सामना हो ही जाता तो भी दो-एक बातें करके ही परे हट जाते थे। कभी उन्हें मिस्टर चौधुरी कहकर पुकारते थे, कभी बड़े भाई साहब कहकर सम्बोधित करते थे। कभी-कभी तो आँखों में आँखें मिल जाने पर भी बिना कुछ कहे-सुने ही बगल से निकल जाते थे।

"क्रिकेट प्रतियोगिता देख रहे हैं? इस समय क्या स्थिति चल रही है?"

"और कुछ न पूछो। अभी तो एक ही जगह पर थमे हुए हैं। इतने सारे विकेट अभी बचे हुए हैं, फिर जाने क्या सोचकर बस रक्षात्मक खेल रहे हैं। अरे मारो 'धमाधम'।"

चौधुरी ने क्या कुछ कहा, बरुआ के कानों में कुछ भी नहीं गया। बात दरअसल यह थी कि उस समय स्पष्ट रूप से ही वह अत्यन्त आकुल-व्याकुल थे।

"एक बड़ी भारी बात हो गयी है। सुभद्रा के कारण एक महाविपत्ति ही आ खड़ी हुई है।"

"कौन···सुभद्रा?"

"अरे आपको याद नहीं आ रही। कुछ समय पहले आप के घर पर ही तो काम करती थी।"

ठीक, अब याद आया। एक शरणार्थी युवती थी तो सुभद्रा। लगभग तीस वर्ष उम्र रही होगी उसकी। काफी पहले ही विधवा हो चुकी थी। माँ-बाप के न रहने के कारण भाई के घर में आश्रय लिये हुए थी। देखने-सुनने, बातचीत, आचार-आचरण में किसी सभ्य और सुसंस्कृत परिवार की कन्या लगती थी। काम-काज भी बहुत सफाई से, बड़े सुन्दर ढंग से करती थी। प्रायः एक वेला आकर चौधुरी के घर का काम कर जाया करती थी। कुछ समय के लिए चौधुरी के बेटे रंजन के यहाँ जाकर दिल्लीवाले उसके घर में भी काम कर आयी थी। उसके काम-काज से सभी प्रसन्न थे। दिल्ली से उन लोगों के लौट आने के बाद से फिर वह इधर नहीं आयी। काफी दिन हो गये। उसकी कोई खोज-खबर मालूम नहीं हो पायी।

"अच्छा सुभद्रा की बात कर रहे हो। परन्तु सुभद्रा से तुम्हारी मुलाकात कैसे हो गयी?"

"मेरे घर पर ही तो काम करती है आजकल। वैसे मेरे यहाँ कोई ज्यादा काम तो है नहीं। बस दोनों वेला आकर थोड़ा-सा भोजन भर पका जाती है।"

इतना सुनते ही भृगु चौधुरी की दोनों भौंहें सिकुड़ गयीं। बरुआ की अवस्था यद्यपि अब पचास वर्ष के आस-पास जा पहुँची है, फिर भी तो वह बिना बाल-बच्चों का निपट अकेला आदमी है। उधर सुभद्रा की उम्र कोई अधिक है नहीं। उस उम्र की सुभद्रा को अपने घर-गृहस्थी का काम करने के लिए रखकर बरुआ ने कोई बहुत समझदारी का काम नहीं किया। इतने के बाद आगे बरुआ ने जो बात बतायी उसे सुनने को तो जैसे चौधुरी तैयार ही नहीं थे।

"इधर कुछ दिनों पहले उसके भाई ने उसे अपने घर से बाहर निकाल दिया। बेचारी को कहीं सर छिपाने के लिए भी कोई ठाँव नहीं रहा। रो-रोकर मेरे पीछे पड़ गयी तो कोई और उपाय न देखकर दो-चार दिनों के लिए अपने घर की ही एक कोठरी में उसे ठहरने के लिए जगह दे दी मैंने।"

इतना सुनते ही भृगु चौधुरी तो मारे क्रोध के काँपने लगे, "नहीं। यह काम तुमने उचित नहीं किया।"

"उचित काम न होने की बात आप कहते हैं? अरे यह तो बहुत बुरा काम हो गया। लेकिन मैं करता भी क्या? शहर में कोई भी किसी के कुशल-क्षेम की खोज-खबर तो लेता नहीं। और कहीं बात बढ़ जाती तो और भी मुश्किल हो जाती। सो हारकर अपने यहाँ ही शरण दे दी।"

चौधुरी को सचमुच ही बहुत बुरा लगा। एकाएक टी.वी. की ओर से जोरों की आवाज उठी तो उधर पलटकर देखा। पता चला कि कपिलदेव ने एक छक्का जड़ दिया है।

"मगर उसने कौन-सा बड़ा जुल्म कर दिया? और अगर कुछ किया भी हो तो मैं भला क्या कर सकता हूँ?"

"आप जरा उसे समझा दे सकते हैं।"

"क्या समझाऊँगा मैं?"

"अब देखिए न। कल से ही वह अपने कमरे का दरवाजा बन्द किये हुए है। हर तरह से आरजू-मिनती कर हार गया, दरवाजा खोलती ही नहीं। अन्दर पड़ी-पड़ी जाने कैसी हो? बुलाने पर तनिक-सा जवाब भी नहीं देती।"

अन्दर-अन्दर से तो चौधुरी बहुत ही क्रुद्ध हुए। बरुआ के प्रति घृणा-सी भर गयी। मगर फिर भी बोल पड़े, "ऐसे में मैं क्या कर सकूँगा भला?"

"देखिए, मुझे पूरा विश्वास है कि वह आपकी बात सुनेगी। क्योंकि आपको देवता के समान मानकर आपके प्रति भक्ति-भाव रखती है। कहती है कि आप उसे अपनी जायी बेटी की तरह रखते थे।"

"इतना है तो फिर चल।"

चौधुरी बरुआ को फिर आदरपूर्ण ढंग से सम्बोधित करना भी भूल गये। शैलेन बरुआ अन्दर से भरी आशंका से दहल उठे थे। वे सोचते थे कि कहीं सुभद्रा ने

आत्महत्या न कर ली हो। वैसे सुभद्रा की मृत्यु की बात सोचकर वे उतने अधिक भयभीत नहीं थे, जितना कि उसके मृत्यु के परिणाम के बारे में सोचकर परेशान थे। उनकी कल्पना में सुभद्रा का मृत शरीर छत के पंखे से टँगा लटका है। हवा के झोंके से अथवा रस्सी की ऐंठन के खुलने-उमठने से थोड़ी-थोड़ी देर पर हिलडुल रहा है, इस ओर से उस ओर तो कभी उस ओर से इस ओर। थाना-सिपाही सबका घेरा कस गया है, भारी शोरोगुल, थुक्का-फजीहत हो रही है। हालत ऐसी है कि हर किसी से कह भी तो नहीं सकते। किसी से सलाह-मशविरा भी नहीं ले सकते। इसी से पगलाये-से वे चौधुरी के पास आ पहुँचे थे। मन में उम्मीद लिये कि शायद उन्हीं से उद्धार हो जाए।

"सुभद्रा! अरे ओ सुभद्रा!"

कोई उत्तर नहीं मिला। घबराहट के मारे शैलेन बरुआ का कलेजा काँपने लगा। "दरवाजा तोड़ दूँ क्या? आपकी क्या राय है?"

"ठहरो जरा। घबराओ नहीं। अरे, ओ बेटी सुभद्रा। दरवाज़ा खोल दे बेटी। मैं हूँ तुम्हारा चौधुरी चाचा।"

अबकी बार कमरे के अन्दर कुछ हिलने-डुलने की आवाज हुई। दोनों जन साँस रोके प्रतीक्षा करने लगे। एकाएक दरवाजा खोलकर सुभद्रा बीच द्वार में आ खड़ी हुई। रूखा-सूखा चेहरा। आँखें अन्दर की ओर धँस गयी हैं। लगा जैसे एक डाकिनी ही आ खड़ी हुई हो।

"बड़े पिताजी! आपने अपने पैर यहाँ क्यों ला रखे? इस महानरक में आप क्यों आ गये?"

शैलेन बरुआ की ओर अँगुली से इशारा करते हुए उसने चौधुरी को सावधान किया, "इस कुक्कुर के पास हरगिज मत खड़े हों आप। हट जाएँ इसके करीब से।"

चौधुरी ने उसे सान्त्वना दी, "बेटी इतनी परेशान मत हो। थोड़ा धीरज धरो।"

तभी सुभद्रा बड़े वेग से कमरे के अन्दर वापस गयी और वहाँ से सोने के दो कंगन उठा लायी। उन दोनों कंगनों को बड़े जोर से बरुआ के मुँह पर दे मारा। "ले कुत्ते अपने ये कंगन सँभाल।"

"देखो जी। इतनी जोर से मत चिल्लाओ।"

इतना सुनते ही सुभद्रा और अधिक जोर से चिंघाड़ उठी। "न चिल्लाऊँ? अब भला मुझे किस बात का डर है रे! लाज ही किस चीज की रह गयी है? जो सर्वनाश हो सकता था, वह तो तूने कर ही दिया। फिर अब मुझे लाज किस बात की रह गयी और फिर डर भी किस चीज का रह गया है रे!"

सुभद्रा निरी पागल जैसी हो उठी है। बरुआ बहुत ही घबरा उठे हैं। अब वे मन-ही-मन अनुभव कर रहे हैं कि निश्चय ही इस बार उन्होंने सचमुच ही भारी गलती कर दी है। दुःख-दारिद्रय की नारकीय अवस्था में घुलते-पिसते हुए भी निम्न मध्यवित्त

परिवार के लोग जन्म-जन्मान्तर के संस्कारों को नहीं छोड़ सकते। परिस्थितियों से विवश होने पर मन में अदमनीय लोभ जग उठने, प्रलोभन को दबा पाने में असमर्थ हो जाने की अवस्था में जा पहुँचने पर भी अन्त में वे अपने आपको सँभाल लेते हैं। अपने कुल खानदान की लाज बचाने के लिए सजग हो उठते हैं तब सारे प्रलोभन पर लात मार देते हैं। सुभद्रा वैसे भी ब्राह्मण जाति की उच्च वर्ण की कन्या है। ऊपर से विधवा है। उसके संस्कार अत्यन्त कुलीन हैं। पवित्रता की रक्षा के लिए वह कुछ भी कर सकती है। अतः उसकी ओर हाथ बढ़ाना नहीं चाहिए था। सचमुच ही मुझसे भारी भूल हो गयी है। लेकिन और कोई उपाय भी तो नहीं था। अब शैलेन बरुआ की वह जवानी तो रही नहीं। उम्र भी ढल गयी है। पहले जैसी चमक अब चेहरे पर कहाँ रही? आकर्षित कर पाने का कोई आधार नहीं बचा। वशीकरण की कोई सामर्थ्य नहीं रही। बरुआ को अपने आप पर ही भयानक गुस्सा चढ़ आया। अब पछताने लगे कि वाहियात में ही इतने डर गये थे कि रक्षा हेतु चौधुरी को बुला लाये। हड़बड़ाहट में किया गया यह निर्णय ठीक नहीं रहा। चौधुरी पर भी भीषण क्रोध उमड़ आया। अब इस बुड्ढे के सामने तो सारी बात ही खुल गयी।

तभी सुभद्रा एकाएक चौधुरी का पैर पकड़ जमीन पर लेट गयी फिर उलटते-पुलटते हुए सिसकियाँ भर-भरकर रोने लगी। अब तक जो वह एक आक्रमणात्मक रुख अपनाये हुए थी, वह जाने कहाँ गायब हो गया, उसकी जगह परम असहाय दीनता का भाव उभर आया, "चाचाजी! आप मेरे पिता के समान हैं। आप ही बचाएँ मुझे पिताजी।"

अपने पूरे जीवन में उसने जिसे-जिसे अच्छा समझा था, जिन-जिन लोगों के प्रति श्रद्धा भाव रखा था, उन सभी की स्मृति उसकी आँखों के सामने चमकने लगी। अपने स्वर्गीय पति की भी याद आयी। जिन बहुत थोड़े से दिनों के लिए उनका साथ मिल सका था। उसकी एक-एक छवि विचारों में कौंधने लगी। हर तरह से परम पवित्र, कलंकरहित उसका विगत जीवन और अब धूलि-धूसर अनिश्चय के अन्धकार में डूबा आगामी भविष्य का डर, क्षमाहीन भयंकर अपराध-बोध और उसके परिणामस्वरूप मिल सकनेवाली भीषण दण्डात्मक कठिनाइयों की बातें—ये सब सारी-की-सारी स्थितियाँ एक साथ ही उसके मन में उमड़ने-घुमड़ने लगीं।

चौधुरी ने अनुभव किया कि शैलेन के पास रह पाना अब सुभद्रा के लिए असह्य हो उठा है। सम्भव है कि अभी तक वह कुछ भी अनुचित नहीं कर पाया हो, परन्तु आगे भी अगर वह यहीं रही तो वह क्या कुछ कर गुजरे, इसका कोई ठीक-ठिकाना नहीं। अतः बिना कुछ आगा-पीछा सोचे ही उनके मुँह से अचानक ही निकल पड़ा, "उठो बेटी। चलो, मेरे घर चलो।"

चौधुरी की श्रीमतीजी ने उनके इस निर्णय पर कोई आपत्ति नहीं की। दरअसल, वे चौधुरी की किसी बात का कोई विरोध नहीं करतीं। चौधुरी ने इस घटना की

परिस्थितियों को मोटे तौर पर उन्हें संक्षेप में समझा दिया। हो सकता है कि शुरुआत में सुभद्रा ने भी बरुआ को प्रोत्साहन दिया हो। अब जो भी हो, अब अवस्था इस दशा में आ पहुँची है।

"एक सभ्य-सुशिक्षित मनुष्य क्या इस प्रकार का हो सकता है? अरे भाई! उस आदमी की उम्र तो कोई कम नहीं है। इस धरती पर जाने कितने तरह के मनुष्य हैं, कुछ कह नहीं सकते।"

"पर करोगे क्या? मनुष्य बहुत दुर्बल प्राणी है।"

26

सत्यजित की माँ ने बतलाया, "उनके पिताजी और चाचाजी दोनों के बीच मात्र एक जोड़ा जूता था। काले रंग का पम्प जूता। गाँव में किसी दूसरे और परिवार का और कोई व्यक्ति तो जूता पहनता ही नहीं था। उनके घर जो वह एक जोड़ा पम्प जूता था, उसे भी वे लोग कपड़े में लपेटकर रखे रहते थे। एक दिन चाचा ने प्रस्ताव किया कि दो के बीच एक जोड़ी जूता ठीक नहीं जँचता अतः एक जोड़ी और खरीद लिया जाय। सुनते ही पिताजी गुस्सा हो पड़े और जोरदार विरोध किया। दो जोड़ी जूता की जरूरत ही क्यों है जी? अरे जब कभी शहर-बाजार जाते हैं तभी न जूता पहनते हैं। हम दोनों एक ही साथ तो कभी शहर जाते नहीं। फिर वाहियात में क्यों···?"

माँ की बातें सुनकर वे सभी ठठा-ठठाकर हँसने लगे। परन्तु अभी-अभी जो खेल की प्रतिस्पर्धा के लिए स्पोर्टिंग-शर्ट खरीदी गयी है उसे लेकर सत्यजित और उसके छोटे भाई दादुल के बीच ठीक उसी तरह की खींचतान हो रही है। जो भी पहले मौका पाता है वह उसी कमीज को पहनकर निकल पड़ता है।

"अरे ओ उल्लू के पट्ठे।"

"क्यों जी, क्या हो गया?"—सत्यजित की पुकार सुनकर दादुल ने अपने कमरे में बैठे-बैठे ही पूछा।

"वह कमीज ले आ अभी।"

"कौन-सी वह कमीज जी?"

"खेल प्रतिस्पर्धावाली, और कौन-सी?"

"नहीं भैया। उसे तो मैं नहीं दे सकता। इतनी तकलीफ उठाकर दबा-दबाकर इस्त्री की है मैंने।"

"तू तो महा शरारती हो गया है। तेरे उत्पात के कारण मैं एक अच्छी कमीज भी नहीं पहन पा रहा हूँ। अरे तू तो अभी पढ़नेवाला निरा बच्चा है, तुझे इतने ठाठ-बाट से सजने-सँवरने की क्या जरूरत है रे? किसी सुन्दरी किशोरी के प्रेम के फन्दे में तो नहीं पड़ गया है?"

"अच्छा तो मैं अब प्रेम में पड़ूँगा? जरा बोलो तो कितने रुपये देते हो मुझे मौजमस्ती के लिए? कहरते-कुहरते जो थोड़े से पैसे देते हो, उस थोड़े-से पैसे की थाती के भरोसे प्रेम-व्रेम किया जा सकता है क्या?"

"क्यों जी! यह रुपये-पैसे की कमी के संकट ने प्रेम को भी प्रभावित कर दिया है क्या?"

"क्यों नहीं प्रभावित करेगा भला? एक बार किसी अल्पाहार गृह (रेस्त्राँ) में जाकर खाने-पीने में कितने रुपये लग जाते हैं, इसके बारे में तुम्हें कुछ पता भी है?"

"निठल्ला कहीं का। तू तो महा लुंज-पुंज निकला रे। अरे हमारे समय में तो लड़कियाँ ही हमें खिलाती थीं। उसमें क्या कम रस्साकशी थी, एक इस ओर खींचती थी तो दूसरी उस ओर खींचती थी। अपना खर्च करने की तो बात ही दूर, लड़कियों का ही खर्च करवाने के लिए किसके बुलावे पर किधर जाएँ, यही निर्णय नहीं ले पाते थे। लँगड़ा आदमी होने के कारण इस खींचातानी में लुढ़ककर गिर जाने का खतरा पैदा हो जाता था।"

"ते हि नो दिवसा गताः···हाय, हाय रे! हमारे वे दिन जाने कहाँ बिला गये! तुम सब तो बहुत बुरे जमाने में पैदा हुए जी। तुम लोगों की दुर्गति देखकर दया आती है। तुमसे यह सब नहीं होने का सो जल्दी से प्रेम-व्रेम का यह चक्कर छोड़। अच्छा हाँ, बता तो परीक्षा की तिथियाँ निश्चित हो गयीं क्या? कब से शुरू हो रही है तेरी परीक्षा?"

"सात नवम्बर से।"

"ठीक है। अब गम्भीरता से पढ़ाई में जुट जा। इस दौरान मेरे स्कूटर को हाथ भी मत लगाना। अगर उसे छुआ तो मार-मार कर लँगड़ा कर दूँगा। सही ढंग से पढ़ाई कर, जल्दी काम-धाम करने लायक बन। खाने को तो तभी मिलेगा जब कुछ कर-धर सकेगा। अब मेरे सहारे कितने दिन रहेगा। मेरे अब बचे ही हैं कितने दिन? उम्र भी तो काफी हो चली।"

"सो बात तो बिलकुल ठीक है। अवस्था तो तेरी बहुत अधिक हो गयी भैया। अब जल्दी से एक भाभी ला दो न! ···अगर ऐसे ही कुछ दिन और बीते तो फिर बुड्ढे के साथ अपनी कन्या का ब्याह भला कौन करेगा?"

सत्यजित ने बहुत जोर देकर एक लम्बी उसाँस भरी, "क्या करेगा भाई। अभी ही कौन इस लँगड़े के साथ अपनी बेटी ब्याहने आ रहा है?"

"तो क्या हुआ? तू खुद ही किसी एक लँगड़ी को ही क्यों नहीं ले आता।"

"ले तो आऊँ, पर जानते हो क्या होगा, अपनी लँगड़ी टाँग से सबसे पहले तो तुम्हारे ही चूतड़ पर चार लात मारेगी और घर से खदेड़ देगी। उसके बाद फिर माँ को भी घर से बाहर निकाल देगी। ऐसी दशा में तू खुद क्या खाएगा और माँ को ही क्या खिला पाएगा? उस समय तो मैं एक पैसा भी नहीं दे सकूँगा। इसी से कहता हूँ कि मन लगाकर अच्छी तरह से पढ़ाई कर। मुझ बड़े-बूढ़े की सलाह मान। प्रथम वर्ष में प्रथम श्रेणी के अंक आ जाने मात्र से ही क्या होगा? इधर जो तेरी चाल-चलन देख रहा हूँ, उससे तो लगता है कि अन्तिम वर्ष की परीक्षा में गच्चा खा जाओगे।"

"अभी तू है किस दुनिया में? प्रथम श्रेणी पर जाने से ही अब क्या होगा? प्रथम श्रेणी पानेवाला ही आगे निकलेगा, अब ऐसी कोई व्यवस्था नहीं रही। अभी उस दिन प्राचार्य बरुआ महोदय हाई स्कूल के एक विषय के अध्यापक की नियुक्ति की बातें बताते हुए आशंका कर रहे थे। उनका कहना है, जिनका परीक्षा-परिणाम खराब है, उन्हीं को छाँट-छाँटकर नियुक्त किया जा रहा है। प्रथम श्रेणी में भी प्रथम स्थान पानेवाले को तो नौकरी दी नहीं गयी जबकि किसी-किसी तरह से घिसटकर द्वितीय श्रेणी पानेवाले, यहाँ तक कि तृतीय श्रेणीवालों को नौकरी में रख लिया गया है।"

"हाँ, ऐसे लोग ही तो नौकरी पाएँगे। तुम्हें हर एक चीज के लिए मूल्य चुकाना होता है—भैया, यह मेरी उक्ति नहीं है, बहुत महान् आदमी की उक्ति है। अब उतने महान् व्यक्ति की बात झूठ थोड़े ही होगी।"

"देखो ये सब फालतू बातें अब छोड़ो। उस भद्र महिला को क्या हो गया है? पहले यह तो बतलाओ। उसका दिमाग काफी गरम दिखता है। तुमने कुछ किया है क्या?"

"ऐसा क्यों पूछ रहे हो? उसने तुमसे कुछ कहा है?"

"अरे वाह! माँ की आदत क्या तुम नहीं जानते? दिमाग जब मस्ती में होता है तो खुद ही सब कुछ बकती रहती है।"

"तो चलो! देखते हैं, दरअसल बात क्या है?"

घर के पिछवाड़े के बरामदे में बैठकर सूप में दाल लिये उसमें से कंकड़-पत्थर बीन-बीन निकालने में व्यस्त थीं।

"कहिए माताजी! क्या समाचार हैं? ओह! लाओ दो, मैं बीन देता हूँ। तुम्हें जब हम लोग ही नजर नहीं आते तो फिर दाल में छिपे कंकड़-पत्थर कैसे दिखेंगे जो बीनने बैठ गयीं। खाते समय दाल की कटोरी में साँप ही तैरे या कि मेंढ़की ही तैरती दिखाई दे, क्या कोई ठिकाना है?"

सत्यजित वगैरह घर-गृहस्थी के हर किस्म के काम करने के अभ्यस्त हैं। खाना

बनाना हो, कपड़े धोने हों, घर-द्वार झाड़ना-बुहारना हो, या जो कोई भी काम हो, प्रायः स्त्रियों द्वारा किये जानेवाले कामों को भी वे बड़ी हँसी-खुशी से करते हैं। उनकी बहन मृण्मयी विवाह के बाद यहाँ से विदा होकर जो अपनी ससुराल चली गयी तब से तो फिर यह सब किये बिना और कोई उपाय भी नहीं है। सत्यजित शेखी बघारता है कि भोजन वही अच्छा बनाता है, तो उसका छोटा भाई दादुल कहता है कि उसके जैसा स्वादिष्ट भोजन तो कोई और बना ही नहीं सकता।

"कैसा बना है जी।"

"एक तरह से ठीक ही हुआ है।"

"एक तरह से क्यों? अरे फर्स्ट क्लास बना है कहो। क्यों क्या इतना अच्छा नहीं है?"—सत्यजित ने आँखों से घूरते हुए दादुल से पूछा।

"बहुत दिनों पहले बचपन में एक परीकथा पढ़ी थी।"

"अब इस बीच में परीकथा की बात की क्या जरूरत?"

"जरा सुन तो लो। जंगल के बादशाह सिंह महोदय का मन एक दिन शास्त्रीय संगीत गाने को मचल आया। फिर क्या था, जंगल के छोटे-बड़े सारे जानवरों को इकट्ठा कर महफिल लगा ली और बीच महफिल में बैठकर पक्के शास्त्रीय संगीत का आलाप भरने लगे। छोटे-मोटे जन्तुओं बेचारों के तो कान के पर्दे फटने लगे। फिर डर के मारे न कोई वहाँ से खिसकने की हिम्मत करता और न गाना बन्द करने की विनती ही कर पाता। बस, किसी तरह मन मारे सभी सहे जा रहे थे। गाने की बौछार जब शान्त हुई तो सिंह ने पास में बैठे गधे से पूछा, "बोलो जी, मेरा गाना कैसा रहा?" गधे के मुँह से एकाएक निकल पड़ा, "सच पूछो तो कुछ अच्छा नहीं जमा।" वह अपनी बात पूरी भी नहीं कर पाया था कि तभी एक जोरदार थप्पड़ उसकी कनपटी पर ऐसा पड़ा कि बेचारा चार ढिमलिया खाकर वहीं ढेर हो गया। छटपटाते हुए दम तोड़ बैठा। उसके बाद सिंह ने वही सवाल बैल से किया। बैल ने काफी आगा-पीछा सोचते-विचारते कहा, "अच्छा होने की कहे तो बहुत अच्छा भी कह सकते हैं। वैसे कुछ लोगों के विचार से ठीक नहीं भी कह सकते हैं।" तभी सिंह भयंकर रूप से दहाड़ उठा, "देखो इस तरह की चालाकी नहीं चलेगी, यह भी और वह भी के झूले में मत झूलो—जल्दी से मन को दृढ़ करो और एक स्पष्ट निर्णय बतलाओ।" तभी वहाँ मरे पड़े गधे की लाश की ओर बैल की दृष्टि पड़ी और उसने अपना स्पष्ट मत सुनाया, "बहुत ऊँचे दर्जे की सुन्दर गायकी रही।"

एक दिन मौका पाकर दादुल ने सत्यजित से पूछा, "क्यों भाई! आजकल मिनतीजी तुम्हारे स्कूटर पर बैठकर कार्यालय नहीं आती-जाती। आखिर क्या बात हो गयी?"

सत्यजित सकपका गया। फिर संयत हो बोला, "हाँ, ठीक ही तो, अब नहीं जाती।"

"मगर क्यों?"

"अब यह मैं कैसे बता सकता हूँ भला? हाँ! यह जरूर लगता है कि इस सम्बन्ध में किसी ने उसे कोई अखरनेवाली बात कह दी होगी।"

"लेकिन मिनतीजी तो किसी की किसी भी तरह की बात की परवाह करने वाली हैं नहीं।"

"सो तो ठीक है। मगर लगता है कि किसी ऐसे व्यक्ति ने कुछ कहा है जिसकी बातों की परवाह मिनती करती है।"

"तो क्या उसके पिता महन्तजी ने कुछ कहा है?"

"नहीं भाई! वे इस सबमें कहीं नहीं हैं। उन्हें इस तरह की फिक्र ही कहाँ रहती है?"

"तो क्या प्रणति ने कुछ...?"

"हो सकता है। परन्तु दृढ़तापूर्वक हम कुछ कैसे कह सकते हैं। अब छोड़ भी यह सब प्रसंग। कोई और बात कर।"

सही बात यह है कि इस साधारण-सी घटना ने सत्यजित के हृदय को असाधारण रूप से झकझोरकर उलट-पुलट मचा रखी है। यद्यपि मन को दिलासा देने के लिए कहता है कि न जाए मेरे स्कूटर पर, इससे भला मेरा क्या बिगड़ता है? मेरा नुकसान ही क्या है? फिर भी मन मानता नहीं। रह-रहकर सोच में डूब जाता है। कोई सन्तोषजनक समाधान न पाने से उदास हो उठता है। परन्तु उसका स्वभाव है कि वह किसी भी एक परिस्थिति को अपने मन की सुस्थिरता को अधिक देर तक बिगाड़े रखने नहीं देता। उसका सिद्धान्त है कि एक तो वैसे ही यह दुःखों भरा संसार है। अब उसके भी ऊपर से लोगों की बातें सुनकर अथवा उनके व्यवहारों की कटुता देखकर मन को और चोट पहुँचाने से दुःख तो और बढ़ेगा ही। उसके पिताजी की जब मृत्यु हुई थी तब सत्यजित अभी कुल दस वर्ष का नादान बालक था। उससे छोटी बहन मृण्मयी सात वर्ष की थी, और दादुल तो तब बस दो साल का गोदी का बच्चा था। कच्ची उम्र में ही विधवा हो गयी सत्यजित की माँ ने जाने कैसे-कैसे कष्ट झेलकर इन्हें पाला-पोसा। उस समय उसकी भी अवस्था भला कितनी थी? अभी तीस साल भी तो पूरे नहीं हुए थे। आजकल के जमाने में तो इतनी वय की स्त्रियाँ एक किशोरी छोकरी की तरह से उछलती-कूदती, धमाचौकड़ी करती घूमती रहती हैं। माँ ने जो असहनीय दुःख उठाकर उन्हें पढ़ा-लिखाकर मनुष्य बनाया है, उसका असर बच्चों के मन पर बड़ा गहरा है। यद्यपि बात-व्यवहार में वे माँ से काफी हँसी-ठट्ठा करते रहते हैं परन्तु अन्दर-अन्दर से माँ के प्रति उनके मन में अपार श्रद्धा और आदर का भाव है।

अपनी सबसे छोटी बहन हेमप्रभा को उसके भाई बहुत ही चाहते थे। जब वह इस असमय में विधवा हो गयी तो भाइयों ने उससे अनुरोध किया कि अब यहाँ

अपनी ससुराल में बेसहारा हो छोटे-छोटे बच्चों को लेकर कैसे रहोगी? चलो, हम लोगों के साथ। वहीं अपने पुराने घर में हम लोगों के साथ ही कुछ समय बिता लेना?

"ठीक है चली चलूँगी कभी, मगर अभी इसकी कोई जरूरत नहीं है। जब आवश्यकता आ ही पड़ेगी तो फिर तुम लोगों के यहाँ तो जाऊँगी ही।"

परन्तु भाइयों के विदा हो जाने के बाद उन्होंने अपने दस वर्ष की उस कच्ची उम्र के बच्चे सत्यजित को समझाया था, "जरूरत आ पड़ने पर दूसरे के घर खाना तो खा लेना, परन्तु किसी दूसरे के घर कभी रहने न लगना।"

फिर तो वे सब एकजुट होकर इस दुनिया की सारी चुनौतियों के सामने आ डटे थे। माँ भी जैसे उन बच्चों से ही एक बच्चा हो गयी थी। अत्यन्त साधारण किस्म का खाना मिल जाता तो उसी में ऐसी मौज-मस्ती से भर उठती कि क्या पूछना? किसी-किसी दिन तो पकाया हुआ कोई भी अन्न खाने को नसीब नहीं होता, बस भुनी हुई लाई मिल जाती तो उसी को खाने के लिए इतने उत्साह से छीना-झपट्टा मारते जैसे अमृत फल लूट रहे हों।

एक दिन की बात है। काफी समय से लगातार बारिश हुई जा रही थी। माँ ने उस दिन खिचड़ी पकायी थी। तीनों भाई-बहनों को उसने खाने के लिए खिचड़ी परस दी। तभी बच्चे बोले, "क्यों माँ! तू खाने के लिए क्यों नहीं बैठी?"

"तू सब खा न, तुम लोग खा लो तो फिर मैं आराम से खाऊँगी।"

दादुल ने खाने की थाली से हाथ पीछे खींच लिया। बोला, "सत्य भैया! माँ की चालाकी कुछ समझ पा रहे हो?"

तभी सत्यजित ने बटुलाही का ढक्कन हटा देने के लिए हाथ आगे बढ़ाया। माँ ने धक्का देकर उसका हाथ पीछे की ओर ढकेल दिया।

"अरे ओ महामहिषी जी! तुम्हारी चालाकी हम नहीं समझ पाएँगे, क्या ऐसा सोचती हो? और अगर तुम डाल-डाल चलती हो तो हम पात-पात चक्कर लगानेवाले हैं।"

मृण्मयी ने गम्भीर स्वर में कहा, "झूठ बोलना पाप है।"

सत्यजित तब महाविद्यालय में पढ़नेवाला विद्यार्थी था। उसने अपने गुरु लेखारू महाशय द्वारा कही गयी कहानी सुनी थी। सो उसने उतनी ही गम्भीरता से मृण्मयी की उक्ति के आगे और जोड़ दिया, "और अन्याय भी है।"

घर, गृहस्थी के सारे अभावों, सभी परेशानियों की परवाह न करके उन्होंने अपने ढंग से जीने का एक रास्ता निकाल लिया। अपना छोटा-सा दुर्दशाग्रस्त परिवार, अपना एक स्वतन्त्र किस्म का नियम, रीति-नीति और व्यवहार स्थिर कर लिया। जब आदमी के बुरे दिन आ जाते हैं, जब वह किसी को कुछ देने लायक नहीं रह जाता, धन, सम्पत्ति इकट्ठा करके पूँजी जोड़ पाने की स्थिति में नहीं रह जाता तो समाज के लोग उसकी कोई इज्जत नहीं करते, बल्कि उल्टे बात-बात में उसका अपमान करते हैं।

ऐसी-ऐसी हृदय विदारक टिप्पणियाँ करते हैं कि सह पाना मुश्किल हो जाता है। इस तरह की स्थिति आ पड़ने पर बच्चे जब खीझते-झुँझलाते हैं तो माँ उन्हें डाँट कर चुप करा देती, "अब रहने भी दो, बहुत हो गया। वैसे ही दुःखों का कोई ओर-छोर नहीं है। ऊपर से इन सब बातों पर ध्यान देकर मन को और खराब कर कष्ट बढ़ाने की कोई जरूरत नहीं है।"

माँ जब विधवा हुई थी तो उसके भाई लोगों के मन में उसके प्रति जो अपार ममत्व छलका था, वह अब धीरे-धीरे बुझने लगा था। दुनिया-जहान में प्रायः होती रहनेवाली एक साधारण-सी बात है यह। भावावेश में आकर कुछ कर बैठना एक बात है, और खूब गम्भीरता से, स्थिर चित्त से, आगा-पीछा सोच-विचार कर दिन-प्रतिदिन बराबर काम करना दूसरी बात है।

सत्यजित की बी.ए. की परीक्षा जब करीब आ गयी तो महाविद्यालय की जो ढेर सारी फीस बकाया थी, वह और साथ-ही-साथ परीक्षा की फीस का रुपया मिलाकर काफी रुपया जमा करने की जरूरत आन पड़ी। उसने सोचा कि क्यों न मामाजी से उधार ले ले। वे तो बराबर ही सहायता करने की कहते रहते हैं। तो जा पहुँचा मामा के घर। मामा का मिजाज उस दिन कुछ ठीक-ठिकाने नहीं था। घर का सेफ्टी टैंक ऐसा बिगड़ गया था कि उसे तुरन्त ठीक करवाना आवश्यक हो गया था। उसी बीच सत्यजित ने जाकर अपनी समस्या बतायी और परीक्षा शुल्क सहित शिक्षण शुल्क चुकाने के लिए रुपये माँगे। सुनते ही मामा बिफर उठे, "अरे वाह! तुम्हें रुपये की जरूरत है, बस इतने भर से ही तुम्हें तुरन्त रुपये दे सकूँगा क्या? ऐसा भण्डार भरा रखा है यहाँ? कब जमा करना है शुल्क?"

"अभी चार दिन का समय बाकी है।"

"तब ठीक है। परसों फिर आओ। देखूँ क्या कुछ कर सकता हूँ?" मामा की मुद्रा देखकर सत्यजित के कान गरम हो गये। चेहरे पर एक तरह का खिंचाव-सा आ गया। वह बहुत ही जल्दी वहाँ से चल पड़ने को उतावला हो गया। क्योंकि वह चाहता था कि मामा की बातों से उसके दिल पर जो चोट लगी है उसकी दशा का कोई अन्दाजा मामा को लगे, उसके पहले ही वह वहाँ से रफा-दफा हो जाए।

घर लौटने पर माँ ने जब रुपये मिलने के बारे में पूछा तो सभी बात बता चुकने के बाद उसने बताया, "मामा ने परसों बुलाया है रुपये देने को परन्तु मैं कतई नहीं जाऊँगा, भले ही परीक्षा न दे पाऊँ।"

"लेकिन बेटे, इसमें तुम इतना क्रोधित क्यों होते हो? अरे आदमी के सामने जाने कितनी तरह की समस्याएँ हो सकती हैं, जिनके चलते चाहकर भी वह कोई काम नहीं कर पाता।"

"ठीक है, न कर पाए। परन्तु एक अच्छा व्यवहार तो कर सकता है। अपनी बात अच्छी तरह समझा तो सकता है।"

माँ फिर अन्दर गयी और बचाकर रखे गये सोने के दो कंगन उठा लायी। जैसे ही वह कंगन सत्यजित को देने बढ़ी कि वह पीछे की ओर कूद गया, "नहीं, यह नहीं होगा। मैं इसे हरगिज नहीं बेच सकता।"

"क्या नहीं हो सकता? क्योंकर नहीं होगा? इन्हें बचाये रखकर ही क्या होगा? अब इस उम्र में, इस दशा में मैं इन्हें पहनकर नाचूँगी क्या?"

"देख माँ, तू इन्हें सँभालकर रख। इनके बिना भी मेरा काम चल जाएगा। मैं चौधुरी चाचा को पकड़ूँगा।"

"कौन चौधुरी चाचा?"

"वही भृगु चौधुरी चाचा। अभी कुछ दिन पहले ही तो मिल गये थे। फिर मेरी पढ़ाई-लिखाई के बारे में जाँचने-पूछने लगे थे। बात-बात में उन्होंने अपने बारे में भी बतलाया कि कितने कष्ट सह-सहकर उन्होंने पढ़ाई-लिखाई की थी। आवश्यकता पड़ने पर किस-किसने उन्हें कितनी-कितनी सहायता की थी, यह भी विस्तार से बतलाया था। उनके रिश्ते की एक बहन डिब्रूगढ़ के लड़कियों के एक स्कूल में पढ़ाती थी, उसने बिना माँगे अपनी ओर से ही चौधुरी को पाँच सौ रुपये महीने भेजे थे। फिर उन्होंने कहा था कि कभी भी जरूरत पड़े तो बिना किसी संकोच के मुझसे बतलाना। इसमें लाज-शर्म की कोई बात नहीं। मैं तुम्हारी पूरी सहायता करूँगा। फिर जब तुम कुछ काम-काज करने लायक हो जाना तो मेरे पैसे लौटा देना। इसमें फिर हिचकिचाने की क्या बात?"

उस बार सत्यजित जो मामा के पास रुपये लेने नहीं गया तो चौथे दिन मामा रुपये लेकर स्वयं ही उसके घर आ पहुँचे। सत्यजित तो घर पर था नहीं, सो उसकी माँ हेमप्रभा ने खुद ही अपने भाई से कहा, "देखो, भैया! अब की बार तुम्हारी सहायता की जरूरत नहीं रही। काम हो गया। सो अपने रुपये तुम वापस ले जाओ। आगे जब कभी जरूरत पड़ेगी तो हम तुमसे माँग लेंगे। अब जरूरत पड़ने पर तुमसे नहीं लेंगे तो और किससे लेंगे?"

भाई को कुछ नागवार गुजरा था। परिस्थिति को सहज बनाने के उद्देश्य से हेमप्रभा ने कहा, "देखो, भैया! अभी ऐसे ही मत चले जाओ। अभी थोड़ा आराम करो। मैंने बड़े मन से असम की श्रेष्ठ पिठा मिठाई सूखी-सूखी बनायी है। पर बड़ी ही स्वादिष्ट बनी है। गरमागरम खाकर तभी जाना।"

बी.ए. की स्नातक परीक्षा उत्तीर्ण कर लेने के बाद आगे स्नातकोत्तर श्रेणी (एम. ए.) में पढ़ाई जारी रखने के लिए सत्यजित किसी भी तरह राजी नहीं हुआ। उसके पिता जो कुछ भी बचाकर रख गये थे, वह सारा कुछ तो इस बीच समाप्त ही हो चुका था। बहन मृण्मयी और छोटा भाई दादुल दोनों ही पढ़ने में बहुत तेज हैं। अब उन दोनों की पढ़ाई भी तो होनी है। मृण्मयी का विवाह भी करना है। अतः अपनी पढ़ाई अब और आगे जारी रखने का कोई अर्थ नहीं। प्रतिभासम्पन्न बुद्धिमान लड़का

तो वह था ही। दौड़-धूप करके नाना परीक्षाओं में बैठते-बैठते एक दिन वह राष्ट्रीय बैंक की नौकरी पा लेने में सफल हो गया।

दादुल की अन्तिम वर्ष की परीक्षा सम्पन्न हो गयी है। बहुत अच्छी हुई है। अब वह अपने बड़े भाई सत्यजित को समझा रहा है कि वह अपने आपको चाहे जितना बड़ा बुद्धिमान क्यों न समझ रहा हो, परन्तु असलियत में वह एक मूर्ख ही है। वैसे यह बात वह पहले से जानता था किन्तु अपना स्वार्थ पूरा होने तक बतलाना ठीक नहीं समझता था। अब जब कि उसकी एम.ए. की आखिरी परीक्षा अच्छी तरह सम्पन्न हो गयी, तो अब बतलाने में कोई हर्ज नहीं। अब तो बिना किसी डर के डंके की चोट पर कह सकता है वह।

"तूने अपनी पढ़ाई छोड़कर मीनू बहन का विवाह संस्कार सम्पन्न करवाया। फिर मुझे पढ़ाया। तुम क्या यही सोचे बैठे हो कि भविष्य में हम लोग तुम्हारे प्रति बहुत कृतज्ञ रहेंगे। तुम्हारी बड़ी प्रशंसा करेंगे। किसी बात की मुश्किल आ पड़ने पर तुम्हारी बड़ी सहायता करेंगे? तुम्हारे उपकारों का बदला चुकाने के लिए बराबर तैयार बैठे रहेंगे? बोलो, बोलते क्यों नहीं सत्य?"

सत्यजित ने जोर से डाँट लगायी, "यह सत्य, सत्य क्या लगा रखा है रे। अपने बड़े भाई का नाम लेकर कोई बुलाता है क्या? यही शिक्षा पायी है रे उल्लूक?"

"अच्छा सुनो। तुम जो मुझे उल्लूक कहकर पुकारते हो, तो जानते भी हो कि इस शब्द के माने क्या है? जरा बतलाओ तो।"

"मैं तो बतला नहीं सकता। तुझे जरूरत हो तो शब्दकोश देख ले।"

"अरे ओ सत्य!"

"क्या बात है?"

"देखो पहले तो 'उल्लूक' जैसा कोई शब्द ही नहीं है। हाँ 'उलुक' के रूप में एक शब्द है और इस उलुक का अर्थ है फेंचा, माने रात में विचरनेवाला एक पक्षी।"

"अरे छोड़ भी। 'उलुक' भी क्या कोई शब्द हुआ। इसमें तो कोई जोर ही नहीं है। अतः 'उल्लूक' ही ठीक है। जैसे कि भल्लूक जाति की कोई एक चीज है न, ठीक उसी तरह। मगर ऐ उल्लूक, यह सब प्रसंग छोड़। बेकार की बातों में समय नष्ट करने से क्या लाभ?"

27

रजत कलिता ने भृगु चौधुरी को अबकी बड़ी जोर से पकड़ा। अब और हीला-हवाली नहीं चलेगी। उनकी पत्रिका में प्रकाशित करने के लिए एक उपन्यास लिखकर देना ही पड़ेगा। उनके आग्रह पर चौधुरी ने काफी सोचा-विचारा है। अनेक घटनाएँ मन में उमड़-घुमड़ रही हैं परन्तु उन्हें किस तरह संयत और सुन्दर ढंग से सजाकर रखें, यही वे ठीक नहीं कर पा रहे हैं। वस्तुतः लिखना भृगु चौधुरी की मूल वृत्ति नहीं है। लेखन को वृत्ति के रूप में अपनाने से चलना मुश्किल है। असम प्रदेश में बहुत ही कम लोग केवल लेखन पर निर्भर होकर जिन्दगी गुजार सकते हैं। केवल लिखने के भरोसे जी पाना मुश्किल है।

हाँ, पहले भृगु चौधुरी ने कुछ कहानियाँ जरूर लिखी थीं। अपनी सीमित जानकारी और अनुभवों के आधार पर रची थीं वे कहानियाँ। ऐसी कहानियाँ जिनके पढ़ने से पाठकों का कोई नुकसान नहीं हो सकता था, और अगर वे उन्हें न पढ़ें तो कोई लाभ भी नहीं। मध्यम श्रेणी की कहानियाँ थीं वे। बात यह है कि कोई भी मनुष्य अपने मानसिक-स्तर से ऊपर नहीं उठ सकता। चाहे वह लेखक ही क्यों न हो, या कि पाठक ही क्यों न हो। देखा जाता है कि प्रत्येक लेखक की कुछ लोग प्रशंसा करते हैं तो उसी की कुछ लोग भयंकर निन्दा भी करते हैं। यह प्रशंसा, निन्दा सब प्रत्येक क्षेत्र में उसके लेखन के गुण-अवगुण पर ही निर्भर होती है, ऐसी भी बात नहीं। यह सिद्धान्त केवल कहानी-उपन्यास के लेखन के सम्बन्ध में ही लागू होता है, ऐसी भी बात नहीं, बल्कि हर प्रकार की रचनाओं पर लागू होता है।

कोई व्यक्ति किसी की रचना को पसन्द करता है, तो कोई उसे पसन्द नहीं करता। कोई व्यक्ति पहले से ही साहित्य समालोचना का प्रशिक्षण लेकर कहानी-उपन्यास पढ़ने नहीं जाता। सही स्थिति तो यह है जो लोग साहित्य-शास्त्र और समालोचना के तत्त्वों पर गम्भीर अध्ययन और चर्चा-परिचर्चा करते रहते हैं उन्हें उपन्यास और छोटी कहानियों जैसी चीजें पढ़ने का समय ही नहीं है। कुछ साल पहले की बात है कि एक बहुत ही प्रसिद्ध विद्वान् समालोचक आकाशवाणी पर असमिया के कहानी साहित्य की सातवें दशक की समीक्षा पर भाषण देने आये हुए थे। उनके वक्तव्य की आधारहीनता पर जब लोगों ने बार-बार टोका तो सबके सामने उन्होंने सविनय स्वीकार किया कि सच्चाई तो यह है कि सातवें दशक में प्रकाशित होनेवाली असमिया कहानियों को पढ़ने का उन्हें समय ही नहीं मिला।

किसी भाषा में कहाँ कितने उपन्यास लिखे गये और प्रकाशित हुए हैं? कितनी कहानियाँ प्रकाशित हुईं? इस सबकी जानकारी रखना और उन्हें पढ़कर उनसे निकट परिचय रखना आज के नाना कर्मों में व्यस्त मनुष्य के लिए सम्भव भी नहीं है। भृगु

चौधुरी ने स्वयं सोच-सोचकर देखा कि अपनी गाँठ का पैसा खर्च कर वे कितनी असमिया पुस्तकें खरीदते हैं। यही नहीं, कोई रचनाकार लेखक अपनी कोई प्रकाशित रचना आदरपूर्वक भेंट भी कर जाता है तो उसे भी यह कहकर रख देते हैं कि बाद में पढ़ कर देखूँगा। परन्तु बाद में चलकर हालत यह होती है कि वे वह पुस्तक पढ़ने की बात भूल ही जाते हैं अथवा कभी पढ़ने की पूरी तैयारी कर भी लेते हैं तो लाख ढूँढ़ने पर भी वह पुस्तक मिलती ही नहीं, जाने कहाँ रख दी गयी होती है।

भृगु चौधुरी ने आजकल रच-रचकर लिखने का काम छोड़ ही दिया है। सच कहें तो छोड़ देने को बाध्य हो गये हैं। मानव समाज से निकट सम्पर्क नहीं रह गया है। अतः स्वयं के अनुभवों, यथार्थ जीवन की सच्चाइयों की अनुभूति के ज्ञानभण्डार में कुछ भी संचित नहीं हो पाया है। तो लिखें भी क्यों और कैसे? फिर भी रजत कलिता बार-बार आग्रह करने आ पहुँचते हैं। कभी उनकी कोई रचना पढ़कर रजत कलिता अभिभूत हो गये रहे होंगे। अथवा किसी जानकार आदमी ने उनकी रचनाओं की अच्छाई की प्रशंसा उनसे की रही होगी। वही स्मृतियाँ अभी भी कलिता की चिन्ताधारा को प्रभावित किये हुए हैं। इतने प्रभावशाली ढंग से कि आज की वृद्धावस्था के रुग्ण शरीर को लेकर भी वे इतनी दूर से पैदल-पैदल चलकर आते हैं।

श्रीमती चौधुरीजी एक प्याला चाय लेकर आ पहुँचीं।

"बैठे-बैठे इतना अधिक क्या सोच रहे हो?"

"ओह! बात यह है कि रजत कलिता एक साहित्य-पत्रिका प्रकाशित करने जा रहे हैं। उसके लिए उन्हें एक अच्छे उपन्यास की जरूरत है जिसे वे धारावाहिक रूप में कई अंकों में प्रकाशित करना चाहते हैं। अब वे जोर दे रहे हैं कि वह उपन्यास मैं ही लिखकर दूँ।"

"तो दे क्यों नहीं देते।"

"अरे वाह! दे देना, कह देने भर से क्या दे सकूँगा?"

"तो फिर मत देना।"

किसी कृति को रचना और फिर उसे कागजों पर उतारकर लिखना, उस लेखन का प्रकाशित होना, यह सब भृगु चौधुरी के जीवन में एक आकस्मिक घटना के रूप में घटा है। सचमुच ही यह आकस्मिक घटना ही है।

प्रत्येक भाषा के भिन्न-भिन्न अंचलों में शब्दों के प्रयोग उच्चारण की सुर लहर और अनुतानों का एक विशिष्ट रूप होता है जो दूसरे अंचलों के भाषा रूपों से भिन्न किस्म का होता है। भृगु चौधुरी जिस अंचल विशेष से सम्बन्धित हैं, उस अंचल की बोली की शब्द-योजना और उच्चारण पद्धति का प्रभाव उनपर इतना गाढ़ा है कि उनके शब्द-भण्डार और शब्दों के उच्चारण करने की पद्धति में एक खास तरह की शैली स्पष्ट होती है। आजकल के उनके पुत्र-पुत्रियाँ उनके अंचल की बोली में बातचीत करने में शरमाते हैं परन्तु चौधुरी जब कभी भी अपनी ओर के किसी आदमी को

पा जाते हैं तो बड़े उत्साह से उसकी ग्रामीण बोली में ही बतियाते हैं। जब वे जालुकबारी में रहते थे तो उनके पड़ोस में एक शिक्षित महिला रहती थीं—रमा फूकन। वे उन्हें चिढ़ाती थीं, "क्यों चौधुरी! निपट गँवार देश के आदमी हो न?"

चौधुरी ने एक दिन उनसे कहा, "देखिए जी। हमारे लोगों की भाषा-बोली पर हँसिए मत। हमारी तरफ के आदमी भी यदि मन करें तो साहित्यिक रचनाएँ लिख सकते हैं। बोलने पर आप लोग चाहे भले हँसी-ठट्ठा करें, मगर लिखने में तो उच्चारण की बात पकड़ में आती नहीं। अगर चाहूँ तो मैं भी एक साहित्यकार बन सकता हूँ। हाँ, व्याकरण की कारक-विभक्ति, लिंग-वचन वगैरह के प्रयोग में थोड़ी-बहुत गलतियाँ रह जा सकती हैं, मगर उसकी कोई चिन्ता नहीं, लिखकर दे दूँगा तो रत्न गोस्वामीजी उन्हें सुधार देंगे। परन्तु भाषा का इतना अच्छा ज्ञान होते हुए भी वे स्वयं कोई एक अच्छी-सी कहानी नहीं लिख सकते।"

"कौन रत्न गोस्वामीजी?"

"मालीकुशी बेसिक पाठशाला के अध्यापक। जब वे एक छुट्टी के लिए साधारण-सा प्रार्थनापत्र लिखते हैं, तो उसे पढ़कर भी रोयाँ-रोयाँ भरभरा उठता है। उनकी पाठशाला समिति के अध्यक्ष हैं दास साहब। उन्होंने एक दिन रत्न गोस्वामीजी द्वारा लिखा एक प्रार्थना-पत्र मुझे दिखलाया था।"

एक प्रकार का तमाशा खड़ा करने के उद्देश्य से ही भृगु चौधुरी ने एक कहानी लिखी। उनके एक मित्र श्रीमान शईकीया एक बहुत मशहूर पत्रिका के सम्पादक थे। चौधुरी ने अपनी वह कहानी उन सम्पादक महोदय को यह देखने के लिए दिखायी कि जरा देखें कि वह एक कहानी बन सकी है या नहीं? मगर शईकीया महोदय उस पर इतने लट्टू हो गये कि उन्होंने अपनी पत्रिका में उसे ज्यों-का-त्यों प्रकाशित ही कर दिया। बस वहीं से आरम्भ हो गया भृगु चौधुरी का कहानी-लेखन।

शराब पीने, सिगरेट पीने की लत पड़ जाने की तरह ही कहानी लिखने की भी लत पड़ जाती है। दरअसल, उसी तरह यह लत भी एक बुरी ही लत है। लेखक के लिए भी और पाठक के लिए भी। यह एक ऐसा बद-अभ्यास है जिससे किसी का भी कोई उपकार नहीं होता।

बाहर जोरदार बारिश हो रही है। भृगु चौधुरी बाहर नहीं निकल पा रहे। बैठे-बैठे बस यही सब बातें सोच रहे हैं। साहित्यकार के रूप में उनके परिणत होने की यही परिस्थितियाँ हैं। जितनी अधिक संख्या में पत्रिकाएँ प्रकाशित होती चली जा रही हैं, उसके अनुपात में उतने रचयिता-लेखक तो हैं नहीं। अब जब पत्रिका प्रकाशित हो रही है तो उसमें कुछ तो छापना पड़ेगा। केवल सफेद कागजों को बँधवाकर पत्रिका के रूप में तो निकाला नहीं जा सकता है। अतः कोई भी आदमी कुछ भी लिखकर दे दे, तो काम चले। इन्हीं आवश्यकताओं के चलते कुछेक पत्रिकाओं ने उनसे कहानियाँ माँगकर प्रकाशित कर दीं। बस फिर क्या था? देखा-देखी कुछ दूसरी

पत्रिकाओं ने भी उनसे कहानियाँ माँगना शुरू कर दिया। वैसे विचार कर देखने पर ऐसा जान पड़ता है कि उनकी कहानियों के सम्बन्ध में किसी की भी धारणा बहुत अच्छी नहीं थी, कि वे मानते हैं कि वे बहुत उत्कृष्ट श्रेणी की कहानियाँ लिखते हैं। इसी से तो कहानियाँ लिखने के पारिश्रमिक के रूप में कुछ रुपये देने की तो बात ही दूर, पत्रिकाओं के प्रकाशक प्रायः उस पत्रिका का वह अंक भी उन्हें नहीं देते थे, जिसमें उनकी कहानी प्रकाशित हुई होती थी। वह तो संयोग से कभी किसी पुस्तकों-पत्रिकाओं की दुकानों पर जब वे अपने लिए कुछ खरीदने गये होते थे, और उलट-पुलटकर कुछ पत्रिकाएँ देखते होते थे, तब पता पाते थे कि उस पत्रिका के उस अंक में उनकी वह कहानी प्रकाशित हुई है। शुरू-शुरू के उत्साह के दिनों में तो वे ऐसी पत्रिकाओं के वे अंक खरीद लेते थे। परन्तु बाद में उन्हें खरीदना भी छोड़ दिया। पैसे खर्चने लायक पत्रिका थोड़े ही है। ऐसी भी घटनाएँ याद आयीं कि कभी किसी सम्पादक ने बार-बार तकाजा कर उनसे कहानी लिखवायी, प्रकाशित करने के लिए ले भी गया, परन्तु उसने वह कहानी कभी भी अपनी पत्रिका में छापी ही नहीं और उसे लौटाया भी नहीं। उन्होंने अपनी उक्त कहानी की कोई प्रतिलिपि अपने पास रखी भी नहीं थी। फलतः उनकी अनेक कहानियाँ इस तरह खो ही गयीं। हाँ, यह जरूर है कि उनके खो जाने से उनकी या पाठकों की कोई क्षति हो गयी है, ऐसा चौधुरी कभी नहीं सोचते। वैसे, काफी सोच-विचार करें तो इन सबका कोई मूल्य नहीं है। अन्त में जाकर तो किसी का भी कोई मूल्य नहीं रह जाता। अंग्रेजी साहित्य के एक विख्यात विद्वान् ने कहा है कि एक कहानी का जीवनकाल मुश्किल से चालीस वर्ष का होता है। भृगु चौधुरी भी सोचते हैं कि उस विद्वान् की राय कोई झूठी नहीं है। विद्यालयों-महाविद्यालयों के पाठ्यक्रमों में शामिल न करने, अथवा किसी और उपाय से उसे जिलाये रखने की सुव्यवस्था न करने पर, अपनी ओर से कोशिश करके तो उसे बहुतों ने नहीं ही पढ़ा होता। पाठ्यक्रम में लगा दी गयी है, तब तो पढ़ना ही पड़ेगा, दूसरा कोई चारा ही नहीं। आजकल मोटी-मोटी जिल्दों में पुराने रचनाकारों की ग्रन्थावलियाँ प्रकाशित की जा रही हैं। खरीदी भी जा रही हैं। परन्तु वह सब पढ़ने के लिए नहीं होतीं, बल्कि अपने सुशोभन बैठकखाने को सजाने के लिए सजाकर रखी गयी चित्र-विचित्र चीजों के रूप में ही होती हैं। पुराने श्रेष्ठ परम्परित, स्थायी महत्त्व के साहित्य को बिना किसी दिखावट के भाव के, सच्चे मन से निष्ठापूर्वक पढ़नेवाले लोग बस गिनती भरके ही होते हैं। इसके पीछे भी एक प्रकार का अनुग्रह का यह भाव होता है कि इतने दिनों पहले वह आदमी तो श्रेष्ठ रचनाकार रहा ही है।

जब इतने महान् लेखकों की यह दशा है, तो फिर उनकी क्या दशा होगी? भृगु चौधुरी अच्छी तरह जानते हैं कि आधारहीन काल्पनिक सपने देखने से कोई लाभ नहीं है। सो उन्होंने रचना करने, लिखने का काम ही छोड़ दिया है। परिणाम स्वरूप लेखन-प्रकाशन के क्षेत्र में लोग उनकी बात भुलाने लगे हैं। उनका अपना जीवन-काल

समाप्त होने के पहले ही उनका रचना-जीवनकाल समाप्त हो जाएगा।

विख्यात विद्वान् डॉ. शर्मा चौधुरी को बहुत मानते थे। जब चौधुरी बड़े धूम-धाम से लिख-छप रहे थे, तभी भेंट होने पर डॉ. शर्मा ने कहा था, "आपकी पुस्तकें बहुत छोटी-छोटी हैं। पुरस्कार देने का मन होने पर भी उन्हें पुरस्कार नहीं दे पाते।" हो सकता है यह एक उचित युक्ति हो। परन्तु चौधुरी इस युक्ति को स्वीकार करने में बहुत कठिनाई महसूस करते हैं। कोई कृति पुरस्कार के योग्य नहीं है, ऐसा यदि कहा जाता है, तब तो उसका विरोध करने का कोई कारण ही नहीं है। परन्तु उसकी जगह यह कैसा तर्क है? क्या किसी रचना के गुण-अवगुण का निर्धारण तराजू पर तौलकर, उसके भारीपन को देखकर किया जाता है?

सभी तरह के लोगों के भक्त होते हैं। महात्मा गाँधी के भी भक्त हैं और राजनारायण के भी भक्त हैं। इसी तरह उनके भी कुछ अन्धभक्त ऐसे थे कि जिन्होंने कई बार कहा था, "आप ने कोई एक भी पुरस्कार नहीं पाया, आखिर कारण क्या है? वे अमुक सज्जन, जो इतना भारी-भरकम पुरस्कार पा गये हैं, वे क्या आप से अच्छा लिखते हैं? और वे फलाँ साहब? क्या वे आपसे अच्छा लिखते हैं?"

परन्तु यह सब कोई अच्छी युक्ति या अच्छे तर्क का आधार नहीं है। आइवान बूनिनेओ को नोवेल पुरस्कार दिया गया था। अब कोई इस पर आपत्ति कर कहे कि उतना बड़ा पुरस्कार एक अयोग्य व्यक्ति पा गया है, तो भी उसके इस तर्क को स्वीकार नहीं किया जा सकता। संयोग से कभी किसी एक अयोग्य व्यक्ति को कोई बड़ा पुरस्कार दे दिया गया हो तो इसी आधार पर छाँट-छाँटकर फिर अयोग्य व्यक्ति को ही पुरस्कार देना पड़ेगा क्या? भृगु चौधुरी को तो इस बात का भी भीषण क्षोभ है कि भाषा वैज्ञानिक अध्ययन की इतनी सारी उन्नति हो जाने पर, बहुत से विद्वान् चौधुरी की मूल बोली को असमिया भाषा मानने को ही तैयार नहीं हैं और यहाँ तक कि उनके क्षेत्र की उस बोली को बोलनेवाले उस अंचल के तमाम सारे लोगों को असमिया नागरिक मानने में भी कठिनाई महसूस करते हैं। बरपेटा (असम के पश्चिम क्षेत्र का शहर) में रहनेवाले चौधुरी के फुफेरे भाई प्रमथ ने योरहाट (उत्तरी पूर्वी असम का शहर) की लड़की से विवाह किया है। दुल्हन अभी भी मजाक में कहती है, "मेरे कष्टों की बात मत पूछो। श्वसुर के घर में नयी नवेली दुल्हन बनकर आयी हूँ। परन्तु यह कैसा समाज? किसी की बोली-बानी कुछ समझ ही नहीं पाती। ऐसी दशा में तो सिर पीट-पीटकर रोने का मन होता है। अब आप लोग ही बताएँ कि मेरे माता-पिता वगैरह को मेरा ब्याह ऐसे बंगाली-चंगाली के साथ कर देना क्या ठीक था?"

आज से चालीस वर्ष पहले एक परम्परावादी परिवार की लड़की जिस प्रकार की विचारधारा रखती थी, जिस ढंग से सोचती-विचारती थी, आजकल के अनेक शिक्षित लोग भी ठीक उसी ढंग से सोचते-विचारते हैं। अभी अधिक समय नहीं बीता। असम साहित्य सभा के एक भूतपूर्व सभापति महोदय उन पर भारी अनुग्रह करने की

दृष्टि से एक दिन उनकी प्रशंसा कर रहे थे, "वाह रे चौधुरी साहब, वाह! आप तो काफी अच्छी असमिया भाषा बोल लेते हैं।"

चौधुरी ने जब यह बात अपनी धर्मपत्नी को बतलायी तो उन्होंने कहा, "पलट कर तुमने भी क्यों नहीं तारीफ कर दी कि आप भी तो काफी अच्छी असमिया बोल लेते हैं।" परन्तु चौधुरी क्या कहते। वे तो ऐसी टिप्पणी सुनकर ही आश्चर्यचकित हो गये थे।

वस्तुतः एक सत्य को प्रतिष्ठापित कर देने के उद्देश्य से ही भृगु चौधुरी ने लिखना आरम्भ किया था। वह यह कि वे अपनी जन्मभूमि के जिस विशेष अंचल से आये हैं, वह अंचल असम में ही है, वहाँ के निवासी असमिया हैं। वे लोग भी असमिया लिख सकते हैं। व्यवहार की लिखित भाषा में कहीं-कहीं कुछ भिन्नता भी हो सकती है परन्तु इसे वे अलंघनीय व्यवधान नहीं मान सकते। सभी परिनिष्ठित भाषाओं के क्षेत्र में यह समस्या होती है। उसके अलावा भी क्या लिखित भाषा में भी परिवर्तन नहीं होते रहते? अंग्रेजी साहित्य के प्राचीन रचनाकार चासर की भाषा से आज की अंग्रेजी भाषा का कितना मेल है? आज की अंग्रेजी भाषा शेक्सपियर की अंग्रेजी-जैसी जी है क्या? अरे भाई बहुत दूर बाहर की ओर निहारने की जरूरत ही क्या है? श्रीमती शंकर देव की भाषा और आज की लिखित असमिया भाषा को क्या ठीक-ठीक एक जैसी ही कह सकते हैं भला?

नहीं, आज और कुछ पा लेने की आशा भृगु चौधुरी के मन में शेष नहीं है। कुछ न पाने से उनके मन में किसी प्रकार का कोई क्षोभ भी नहीं है। रजत कलिता ने जब इतने प्रबल आग्रह से पकड़ा है तो उन्हें एक उपन्यास वे लिखकर दे भी देंगे। उनका लिखा वह उपन्यास अच्छा होगा कि बुरा होगा, इसकी कोई चिन्ता नहीं। अब सभी लोग तो कालजयी सृष्टि कर नहीं सकते जो युग-युगान्तर तक चलती रहे। सो अहं भाव का पूरा परित्याग कर वे रजत कलिता को एक उपन्यास लिखकर जरूर दे देंगे।

विजय दशमी की पवित्र सन्ध्या का समय है। भीड़-भड़क्का तो होगा ही, सभी जानते हैं। कोई विशेष काम न हो तो भृगु चौधुरी धक्कम-धुक्की के माहौल में फँसना पसन्द नहीं करते। परन्तु आज तो हालत ऐसी है कि और कोई उपाय ही शेष नहीं। सुभद्रा के सर में इतना घनघोर दर्द हो रहा है कि वह बच्चे की तरह चीख-चिल्ला रही है। ऐसी हालत में दर्द रोकने के लिए शेरिडान-फेरीडान कोई एक दर्द-निवारक गोली तो लाकर देनी ही पड़ेगी। बाहर सड़क पर माहौल ऐसा है कि माँ दुर्गा की प्रतिमा को विसर्जित करने के लिए ट्रकों पर प्रतिमाएँ लादे ट्रक-के-ट्रक लोग, और एक के पीछे भारी शोभायात्रा का जुलूस उमड़ा चला जा रहा है। सड़क के दोनों किनारे के पगयात्री

मार्ग पर अनगिनत आदमियों का रेला लगा है। उस भीड़ में से रास्ता निकाल पाने का कोई उपाय नहीं है। प्रत्येक ट्रक के सामने लड़कों का एक झुण्ड उन्मत्त नाच नाचता चल रहा है। चौधुरी ने बड़े ध्यान से देखा। इसे ही डिस्को डांस कहते हैं क्या? कोई-कोई लड़का तो अपने पूरे शरीर को तोड़-मरोड़ रहा है। ऐसा लगता है जैसे उसके शरीर में कोई असह्य वेदना हो रही है जिसके कारण छटपटा रहा है। उनके शरीर के अंगों के इस तरह के जोरदार हिलाने-डुलाने में कोई क्रम-योजना नहीं है, कोई लय-छन्द या मसृणता नहीं है। अंग भंगी में भी कोई लालित्य नहीं है। कोई अपने दोनों हाथों को कन्धे की ऊँचाई-उठाये हुए है। एकाएक दाहिने हाथ को और ऊपर की ओर उछाल देता है कि तत्काल ही दाहिने हाथ को फिर पुरानी जगह लाते हुए बायें हाथ को भी और ऊँचाई में उछाल देता है। फिर तो ऊपर उछालने-नीचे पटकने का क्रम चालू हो जाता है। एक ही तरह की भंगिमा को अनगिनत बार दुहराता रहता है। कोई एक दूसरा लड़का अपने दोनों घुटनों को मिलाते हुए झुककर बड़े जोरों से पास-पास रखे हुए दोनों पैरों को दाहिने से बायें और बायें से दाहिने चलाने लगता है। उसके पीछे-पीछे चलते हुए एकाएक एक और लड़का कमर को सीधा कर खड़े-खड़े ही एक ऊँची छलाँग मार देता है। सचमुच ही यह तो अद्‌भुत क्रिया-व्यापार है।

चौधुरी मन्त्रमुग्ध हो वही सब देखते रह गये।

पूरे रास्ते को पूरी तरह घेरे हुए दूर-दूर तक फैला है यह जुलूस। मोटर कार, ट्रक, टेम्पो, रिक्शा वगैरह का जाम लग गया है। विभिन्न मोटर गाड़ियों के भोंपू बजाने की भाँति-भाँति की आवाजें, ढोल-दमामों की चोट-पर-चोट की उठती आवाजें, आदमियों की चिल्लपों की आवाजें तो तूफान उठाये ही हैं, ऊपर से ट्रकों पर लगायी गयी ऊँची आवाज की माइकों से प्रचार कर रही आवाजों के साथ हिन्दी फिल्मी गीतों की आवाजों का शोर मिलकर आवाजों का एक विचित्र सम्मिश्रण बन गया है। एक ऐसी क्रमहीनता जिसका बखान ही सम्भव नहीं। तो यही है प्राचीन धार्मिक उत्सवों का आधुनिकीकृत स्वरूप! कैसी विचित्र व्यवस्था है कि वहीं पूजा में निमग्न पुरोहित महाशय हैं तो वहीं बगल में डिस्को डांस भी चल रहा है। संस्कृत श्लोकों का विशुद्ध मन्त्र-पाठ चल रहा है, तो कानफोड़ू पॉप म्यूजिक भी पूरे दम से बज रहा है। एक ही मण्डप में प्राचीन और नवीन का कैसा विचित्र संगम हो रहा है। सचमुच ही यह तो सीना तानकर आत्मगौरव करने लायक आयोजन है।

सभी क्षेत्रों में ठीक यही एक जैसी अवस्था है। बड़ी पुरानी परम्परा को पकड़कर उसे चलाते रहनेवाले समाज की यह एक भारी समस्या है। इस ऐतिहासिकता के अधिकारी हजारों स्त्री-पुरुष एक विधवा युवती को जिन्दा जलाने के दृश्य को बड़े चाव से निहारते हैं और थोड़ी-थोड़ी देर बाद जयध्वनि कर-करके चिल्लाते हैं—जय हो, जय हो, सती मैया की जय हो। इस तुमुल कोलाहल में कोई भी एक आदमी

इस जघन्य दृश्य के विरोध में कुछ कहने की सोच ही नहीं पाता।

चौधुरी ने फिर सोचा कि हम लोग आधुनिक न हो पाने से भी तो नहीं बच पाये। आजकल के दूरदर्शन प्रचार-प्रसार में जो हिन्दी नाटक दिखाये जाते हैं, उसमें छोकरे-छोकरियाँ अपने माता-पिता को मम्मी-डैडी कहकर पुकारते हैं। क्या भारतवर्ष के सारे परिवारों में ठीक इसी ढंग के सम्बोधन प्रचलित नहीं हो गये हैं? और तो और अब तो जब दो व्यक्ति मिलते हैं तो स्वतःस्फूर्त भाव से चिल्ला पड़ते हैं, "हाय"। इस हाय-हाय का क्या औचित्य? लगता है चौधुरी अब बेहद पुराने पड़ गये। लेकिन कहाँ? उनके अपने ही परिवार का उनका नाती दीपू तो अपने पिता रंजन को 'बाबा' और माता प्रमिला को 'माँ' कहकर बुलाता है। हो सकता है यह नाती आधुनिक नहीं हो पाया है।

प्राचीन और नवीन के इस यान्त्रिक मिश्रण ने हमें कपट आचरण करना सिखा दिया है। हमारा व्यवहार दिखावटी हो गया है। पूरे वर्ष भर में एक दिन हम धोती पहनकर नंगे पाँव नामघर 'पूजामण्डप' में जाते हैं। पवित्रता का दिखावा करते हैं। परन्तु हमारा एक दिन का यह पवित्राचरण बाकी के तीन सौ चौंसठ दिनों पर क्या कुछ प्रभाव डाल पाता है? यह सब बस एक आचारनिष्ठ अनुष्ठान भर है। दिखाने भर की चीज। हम लोगों ने अपने प्रत्येक काम को आचारनिष्ठ प्रक्रिया में बदल दिया है। महात्मा गाँधी भी हमारे लिए वैसी ही एक प्रक्रिया हैं। इसी तरह अस्पृश्यता निवारण यानी कि छुआछूत की भावना से मुक्ति पाने की भावना भी हमारे लिए एक अनुष्ठान भर है। अरावली पहाड़ियों में आदिवासी की हत्या और जगह-जगह हरिजनों को जला मारने की घटनाएँ…ये सभी अनुष्ठान भर ही हैं।

नहीं, इस तरह से काम नहीं चलने का। दो नावों पर एक साथ ही एक-एक पैर रखकर आगे बढ़ते जाने की कोशिश करने से कुछ नहीं होने का। जब दो शक्तियाँ दो भिन्न-भिन्न दिशाओं से पदार्थकण के ऊपर अपनी शक्तियों का प्रयोग करती हैं वह पदार्थकण उनमें से किसी भी एक शक्तिपुंज की ओर न जाकर बिलकुल दूसरी ही दिशा में जाता है। पुरानी परम्पराओं के प्रचण्ड आकर्षण की उपेक्षा करके एकाएक कम्प्यूटर युग में पहुँच जाना कष्टकर तो है ही। ललाट पर चन्दन का टीका और सर पर दूब अक्षत चढ़ाकर ऐप्लायड इलेक्ट्रानिक्स की परीक्षा देने जाना अटपटा तो है ही। इसमें कोई तालमेल नहीं। प्राचीन को ग्रहण करें कि आधुनिक को, यानी अपने पूर्वी जगत् की मान्यताओं को अपनाएँ या पाश्चात्य जगत् की शैली को ग्रहण करें, इसका निर्णय गुणी-ज्ञानी मनुष्य ही करेंगे। मगर अब इसका निर्णय कर देने का समय आ चुका है, अब और हीला-हवाली ठीक नहीं। हम लोग हमेशा दोनों ही जीवन-मूल्यों के केवल बुरे पक्षों को लेकर ही जिएँगे, यह नहीं हो सकता। आज के जमाने में चारों ओर जो अलगाव की प्रवृत्तियाँ सर उठा रही हैं, उसका भी एक प्रबल कारण इन दोनों भिन्न जीवन-मूल्यों का अनमिल मेल ही है। पाश्चात्य जगत् की जीवनधारा भी

वेशभूषा, आहार-व्यवहार और मूल्यांकन के क्षेत्र में सभी मनुष्यों को एक जैसा करने में प्रयत्नशील है। इसी समानीकरण की प्रक्रिया को रोकने के लिए हर एक सम्प्रदाय अपने-अपने गोष्ठीगत वैशिष्ट्य को जी-जान से थामे रहने की कोशिश कर रहा है।

भृगु चौधुरी की यह एक नयी आदत बन गयी है। किसी भी परिस्थिति या किसी भी अवस्था में पड़ने पर आस-पास के परिवेश की बातें पूरी तरह भुलाकर वे गम्भीर चिन्तन में डूब जाते हैं। छाती फुलाकर, हाथों की दोनों मुश्कें शरीर के दोनों ओर बाहर निकाले भाँजते हुए जानेवाले एक लड़के ने ऐसा धक्का दिया था कि वे जल्दी दूर जा पड़े होते। अपने आप को बचाये रखने की कोशिश करते हुए जैसे-तैसे जब सँभल गये, तब जाकर अपने आस-पास के परिवेश के प्रति सचेत हुए। देखा कि एक आदमी अपनी गोदी में एक बच्चा लिये जा रहा है। उसकी बगल में चटकदार कपड़े पहने एक युवती, अपने पैरों चल सकनेवाले एक बच्चे का हाथ पकड़े चल रही है। उन लोगों के भी पीछे-पीछे जा रही हैं एक ढलती अवस्था की प्रौढ़ महिला, जिन्होंने बिल्कुल सफेद साड़ी पहन रखी है। जान पड़ा जैसे वे पूजा के उत्सव को देखने के लिए अपने गाँव से यहाँ शहर में अपने लड़के के घर आयी हैं। लड़के और बहू के साथ-साथ चलने की अवस्था में उनके चेहरे पर परेशानी और असहायता का भाव झलका पड़ रहा है। उनके दोनों पैरों में सैण्डिल पड़ी हैं। इन सैण्डिलों ने भी उनके चलने की भंगिमा में कठिनाई डाल रखी है। चूँकि अपने और बहू के साथ-साथ उन्हें घुमाने ले आया है अतः जान पड़ता है कि बेटे ने माँ को जबरदस्ती ही सैण्डिल पहना दिया है, ताकि देखनेवाले उसकी शान पर बट्टा न लगाएँ। चूँकि वे अपने पाँव डगमगाती किसी तरह चल पा रही हैं, इससे लगता है कि सैण्डिल पहनने का उनका अभ्यास नहीं है। चलते हुए ऐसी लगती हैं जैसे वे सड़क के किनारे के पैदल पथ पर न चलकर चिपचिपे पानी से भरे मैदान के बीच से ही पाँव रख-रखकर सँभलते-सँभलते आगे बढ़ रही हों।

28

भृगु चौधुरी को अपने धुर बचपन की याद हो आयी। विजयादशमी के त्यौहार के दिन छुरा, कटारी, बड़ा दाव, कुल्हाड़ी, झज्झर, सूप आदि धोयी जा सकनेवाली सभी चीजों को धो-धोकर साफ चिकना करके बाहर आँगन में सूखने को डाल देते थे।

सूख जाने पर प्रत्येक चीज पर सिन्दूर की बिन्दी लगाकर फिर बहुत सँभाल कर रख दिया जाता था। अपने घर के अड़ोस-पड़ोस में काफी संख्या में बंगाली परिवार भी बसे हुए थे। वहाँ रहनेवाले सभी लोगों के साथ उनका भी बहुत गहरा सद्भावनापूर्ण सम्बन्ध था। हम स्थानीय असमिया लोगों के अनेक आचारों-व्यवहारों को उन लोगों ने बड़े आदर के साथ ग्रहण कर लिया था। बदले में स्थानीय जनता ने भी उन लोगों के कुछ आचारों-व्यवहारों को अपना लिया था। विजयादशमी के दिन सन्ध्या समय प्रतिमा विसर्जन हो जाने के बाद चौधुरी वगैरह के घरों से जिन बंगाली परिवारों की विशेष घनिष्ठता थी, उन बंगाली परिवारों के लड़के-लड़कियाँ उनके घर आकर चौधुरी के माता-पिता को प्रणाम कर आशीर्वाद माँगते थे। इस वजह से उनके स्वागत हेतु माँ पहले से उनके लिए नमकीन-मिठाई आदि नाश्ते-पानी की व्यवस्था किये रखती थीं। इस सद्व्यवहार के प्रति उत्तर में चौधुरी वगैरह भी उन बंगाली घरों में जाते थे। इसके लिए अलग से विशेषरूप से कोई निमन्त्रण देने की आवश्यकता नहीं होती थी। यदि किसी कारणवश किसी परिवार में नहीं पहुँच पाये तो दूसरे दिन भेंट होने पर वे लोग शिकायत करते थे, "क्यों भृगु, तू कल आया क्यों नहीं?"

उस जमाने में धर्म एक-दूसरे की आन्तरिकता की स्थापना में कोई बाधा नहीं खड़ा करता था। रहमत चाचा की बेटी की शादी के समय हिन्दू धर्म के लोगों को खिलाने-पिलाने के लिए उन्होंने गोपाल चक्रवर्ती के घर पर व्यवस्था की थी। हिन्दू उनके घर खाना नहीं खाएँगे, इस बात को बहुत अधिक महत्त्व देकर हिन्दुओं से अलग रहने, बुरा मानने की बात वे सोच ही नहीं सकते थे, बल्कि उनकी भावनाओं का ख्याल कर खुद ही उनके लिए अलग समुचित व्यवस्था कर दी थी। हिन्दू- मुसलमान दोनों के बीच उस समय खाने-पीने में छुआछूत की भावना बड़ी ही कट्टरपने की थी, परन्तु उसकी वजह से उनके दिलों में कटुता नहीं होती थी। बल्कि उनके दिलों में एक-दूसरे के प्रति गम्भीर मुहब्बत थी। जबकि आजकल इसका ठीक उल्टा हो गया। खाने-पीने में तो भेद-भाव नहीं रहा किन्तु दिलों के बीच गहरी खाई आ गयी है।

जब चौधुरी विश्वविद्यालय परिसर में रहा करते थे तब प्रोफेसर रहमान उनके पड़ोसवाले मकान में रहते थे। एक बार अपनी माँ की बीमारी का समाचार पाकर चौधुरी की श्रीमतीजी बच्चे रंजन को साथ लेकर अपने मायके चली गयी थीं। चूँकि चौधुरी तब खुद ही पकाते-खाते थे अतः उनके इस क्रिया-कलाप को देखकर रहमानजी को बड़ा कष्ट होता था। मगर करते भी क्या? मुसलमान व्यक्ति थे अतः अपने यहाँ खाने-पीने की बात करने का भी साहस नहीं हो रहा था। एक दिन उन्होंने साहस कर पूछ ही लिया, "ऐसा है चौधुरी साहब! मैं पूछना चाहता था कि आप किसी मुसलमान के घर बना हुआ खाना खा सकते हैं क्या?"

"क्या बात करते हैं मियाँ? क्यों खाऊँगा मैं? क्या मेरी कोई जाति, मेरा कोई अपना धर्म नहीं है?"

"ओह! तो ठीक है। कोई बात नहीं।"

"कोई बात क्यों नहीं? आखिर जब पूछा है तो कुछ न कुछ बात तो है। क्यों पूछा है? बतलाएँ तो!"

"ऐसे ही पूछ लिया, माफ करेंगे।"

"जब पूछ लिया तो सुनिए। यद्यपि हम हिन्दू किसी मुसलमान के घर पका खाना नहीं खाते फिर भी हिन्दू धर्म बहुत लचीला है। खाने में कौन-कौन-सा पकवान बना है? यदि बढ़िया पकवान हुआ तो खा भी सकते हैं।"

फिर तो रहमान ने प्रस्ताव किया कि जब तक श्रीमती चौधुरी नहीं आ जातीं तब तक जो कुछ भी हमारे यहाँ पका आप खा सकें, कृपया खाएँ। बिलावजह खुद पकाने की तकलीफ न करें।

चौधुरी के संकोच करने पर रहमान को गुस्सा आ गया, "अजीब आदमी हैं आप भी। अरे आपके लिए अलग से कौन-सा बड़ा काम करना पड़ जाएगा? किस बात की असुविधा होगी भला?"

आज बिना किसी कारण के ही रहमान भाई की याद हो आयी थी चौधुरी को। सचमुच ही बड़े भले आदमी हैं रहमान साहब। उनके जैसा स्वच्छ हृदय का आदमी मिलना भाग्य की बात है। उनसे मित्रता स्थापित करने में धर्म-विचार ने कोई बाधा नहीं खड़ी की। प्रत्येक शुक्रवार को रहमान मसजिद में नमाज अता करने जाते थे। चौधुरी भी हिन्दुओं के प्रत्येक पूजा-पाठ, यज्ञ-अनुष्ठान में भाग लेते रहते थे। जिसका जो धर्म था, उसका वह आदरपूर्वक पालन करता था। रहमान का बेटा मुजीब चौधुरी की श्रीमतीजी को मौसी कहकर पुकारता था। जब कभी अपनी माँ के साथ चौधुरी के घर आ जाता तो वापस अपने घर जाने का नाम ही नहीं लेता था। अगर कोई जबरदस्ती ले जाना चाहता तो गुस्से में भरकर हाथ-पैर पटकने लगता, जो कुछ भी पाता, उसी को छींट-छितरा देने की कोशिश करता था। दोनों परिवार कई वर्षों तक साथ-साथ रहे। परन्तु बड़े होने पर चौधुरी के बेटे-बेटियाँ या रहमान के बेटे-बेटियाँ एक-दूसरे के प्रेम में दीवाने नहीं हुए। फिर भी दोनों परिवारों में अत्यन्त निकट आत्मीय सम्बन्ध था। एक के बेटे की दूसरे की बेटी से प्रेमजाल में फँसकर शादी कर लेने भर से ही आत्मीयता प्रगाढ़ नहीं होती। आत्मीयता तो दिलों की गहराई की चीज है। चौधुरी का पूरा विश्वास था कि उनके इलाके में चाहे घोरतम साम्प्रदायिक दंगा ही क्यों न फैल जाए, दोनों ही परिवार के लोग दूसरे की रक्षा करने के लिए अपनी जान की बाजी लगा देने से भी नहीं चूकेंगे। आजकल लोग परस्पर शादी-ब्याह स्थापन के आधार पर ही शान्ति और सुव्यवस्था बनाये रखने की बात करते हैं। मिलजुलकर रहने, एक-दूसरे का समादर करने के लिए इस तरह के यौन-सम्बन्धों को बना लेना ही कोई बड़ी बात नहीं है।

अरे राम! यह क्या आफत है! उस भीड़ के बीच में खड़े होकर, मनुष्यों की

उमड़ती-घुमड़ती भीड़ की ओर ध्यान से देखने लगे थे कि उनका सर चकराने लगा। 'ऐसी परिस्थिति में दोनों आँखें बन्द कर लेनी चाहिए'—किसी समझदार आदमी की कही हुई बात का ध्यान आया। उन्होंने तुरन्त ही आँखें बन्द कर लीं। फिर भी उनकी तबीयत में कुछ सुधार नहीं हुआ। सड़क के किनारे की पगडण्डी पर ही मानो लुढ़क पड़ेंगे, ऐसा जान पड़ने लगा। उन्होंने कुछ दूर आगे दिखाई दे रही एक बन्द दुकान के बाहर पड़े खाली पटरे को देखा तो वहीं पहुँचने के लिए लड़खड़ाते कदमों से आगे बढ़ने लगे। एक आदमी को जो कुछ धक्का-सा लगा तो वह क्रुद्ध होकर बिफर पड़ा, "देख रहे हैं न इस बुडढे की करतूत, भाँग, शराब चढ़ाकर नशे में धुत हो धक्का-मुक्की किये जा रहा है।" इतना कहकर उसने उन्हें बड़े जोर से एक ओर धक्का दे दिया। चोट तो आयी किन्तु एक प्रकार से भृगु चौधुरी के लिए यह अच्छा ही रहा। उसके धक्के के कारण वे भीड़ में से बाहर किनारे छिटक आये। उस बन्द दुकान के किवाड़ों का सहारा लेकर खड़े हो गये। जुड़ने की जगह पर पर्याप्त घर्षण न होने से जैसे लकड़ी की कील छिटक जाती है, ठीक उसी तरह वे भी छिटकते चले गये। उनके दोनों पैर अपने आप ही आगे की ओर बढ़ने लगे। इसी तरह बढ़ते-बढ़ते एक समय वे सचमुच ही बेहोश होकर गिर पड़े। एक बार जब कमर के नीचे जोरदार चोट लगी, तब उन्हें कुछ होश आया। हाँ, होश आने पर वे स्वयं यह बात नहीं जान सके कि वे दरअसल बेहोश हो गये थे।

"चाचाजी…!"

कोई उनके ऊपर झुककर बड़ी हड़बड़ाहट में उन्हें पुकारे जा रहा था परन्तु चौधुरी उसे देखकर भी पहचान नहीं पाये। लगा जैसे एक बहुत लम्बा-चौड़ा मुँह उनके ऊपर आ छाया है। फिर वह विशाल मुँह धीरे-धीरे छोटा होने लगा। एक समय तो गायब ही हो गया। मगर फिर क्रमशः बढ़ते-बढ़ते बहुत भारी आकार-प्रकार का हो गया। चौधुरी को जब खयाल आया कि उनके शरीर की अवस्था बिगड़ गयी है और इस तरह के सार्वजनिक स्थान पर यूँ पड़े रहने से सभी के लिए एक तमाशा बनी हुई है तो अन्दर-ही-अन्दर उन्हें बहुत परेशानी होने लगी। लेकिन करते भी क्या? इस पर सोच-विचार करने से क्या लाभ होना था। उनकी कारुणिक दशा को देखकर भी उधर से आ-जा रहे लोगों में से किसी के कदम अपनी तेज चाल को रोक नहीं रहे थे। सभी अपने काम में व्यस्त बढ़े जा रहे थे। हजारों-हजारों आदमियों की निगाहें उनके ऊपर पड़कर फिसलती हुई आगे बढ़ जाती थीं। उन्होंने सोचा, 'तो फिर यही मेरे जीवन की अन्तिम परिणति है। जान पड़ता है कि इस लम्बी-चौड़ी सड़क पर ही मृत्यु हो जाएगी। यद्यपि यह जगह उनके अपने घर से बहुत पास है, परन्तु आज की वेला में वह कितनी अधिक दूर हो गयी है।' लेकिन उन्होंने धीरे-धीरे स्थिति को स्वीकार कर लेना ही उचित समझा अतः उस स्थिति को लेकर ज्यादा हैरान नहीं हुए।

"चाचाजी!"

अबकी बार उस आदमी की आवाज में काफी बेकली जान पड़ी। यह सोचकर कि कोई उनकी दशा देख काफी चिन्तित हो उठा है, उन्होंने चेहरे पर हँसी लाने की कोशिश की। पर उन्होंने महसूस किया कि प्रयत्न करके भी वे हँस नहीं पाये हैं। उनके चेहरे पर मुसकराहट का भाव नहीं आ पाया है। फिर तो सत्यजित दौड़ा-भागा कहीं से एक लोटा पानी ले आया और उनके चेहरे पर जोर-जोर से छींटे मारने लगा। पानी के छींटों से चौधुरी को कुछ राहत महसूस हुई। धीरे-धीरे वे पूरी तरह होश में आ गये और फिर सहज स्वाभाविक हो गये।

"क्या हो गया था आपको?"

"कुछ ठीक-ठीक बता नहीं सकूँगा। एकाएक बड़े जोर से सर चकरा गया था। लेकिन बेटा, तुम कौन हो?"

"अरे मुझे नहीं पहचान रहे, मैं सत्य हूँ सत्यजित।"

चौधुरी तब भी ठीक से समझ नहीं पाये। परन्तु इस पर माथा-पच्ची करना भी ठीक नहीं समझा।

"अब जरा उठिए। चलिए, मैं आपको घर पहुँचा आता हूँ।"

"नहीं जी! इसकी अब आवश्यकता नहीं। मैं पूरी तरह स्वस्थ हो गया हूँ। मेरा मकान अब ज्यादा दूर भी नहीं है। बस यहीं पास में तो है। मैं स्वयं ही चला जा सकूँगा।"

"चले जाएँगे। मगर रास्ता भूलकर जाने कहाँ तो चले जा रहे थे। घर जाने के लिए इस ओर बढ़ने की क्या जरूरत थी?"— कहने को तो सत्यजित तैश में इतना कह गया परन्तु फिर अपने कहे पर उसे खुद ही पश्चात्ताप हो आया। इतने बड़े-बूढ़े सम्माननीय व्यक्ति हैं, उनसे इस तरह से बोलना ठीक नहीं हुआ। वह सचमुच ही उनके प्रति भारी श्रद्धा भाव रखता है।

उधर चौधुरी हँसे जा रहे थे उसकी बात सुनकर।

"अरे तुम हो, सत्य?"

"तो आप क्या झूठ समझ रहे थे?"—कहते ही सत्यजित ने फिर अपनी जीभ दाँतों तले दबा ली। फिर अपने आपको कोसते हुए बोला, 'सत्यजित! तुम्हें किसी बात का ध्यान नहीं रहता। कब, कहाँ और क्या कहना चाहिए। कितना कहने लायक तुम्हारा मुँह है? यह सब तुम्हें पता नहीं। दरअसल, यह तुम्हारी एक बहुत बड़ी कमजोरी है।'

29

एकदम रोग के कीटाणु जैसा ही है। शरीर के किसी एक छोटे भाग में पकड़ते ही जैसे रोग के कीटाणु बहुत जल्दी ही पूरे शरीर में फैल जाते हैं, उसी तरह अड़ोस-पड़ोस ही क्या, समूचे परिवेश के वातावरण को राना ने विष से भर दिया है। जबकि यह सब उसके लिए मात्र खेल-तमाशा भर ही है। जैसेकि कोई सूर्यमुखी के नये-नये खिले फूल के गुच्छे को तोड़कर चिन्दी-चिन्दी कर मसलते हुए गन्दगी में फेंककर अत्यन्त प्रफुल्लित हो उठे, ठीक उसी तरह अपनी काली करतूतों से वह बेहद प्रसन्न हो रहा था। यद्यपि भाग्यवश वह अपनी नापाक कोशिश में सफल नहीं हो पाया फिर भी उसने जो विषैली हवा इस घर में भर दी थी, उसके कारण इस परिवार के प्रत्येक व्यक्ति की रग-रग में विकार आ गया था।

योगेन महन्त उसके पहले तो चौबीसों घण्टे अपने कमरे के अन्दर समाये रहते थे। परन्तु उस दिन के बाद से अब चौबीसों घण्टे घर के बाहर के बरामदे की बेंच पर ही बैठ रहते हैं। सर ऊपर उठाकर तो वे किसी की ओर देखते ही नहीं। किसी को ठीक ढंग से देख भी नहीं पाते। बस पत्थर की मूरत की तरह एक ही अवस्था में पड़े रहते हैं। एक ऐसी मूरत, जिसका सारा रंग धुल-पुँछ गया है, शरीर के भाग पर जगह-जगह घाव के निशान पड़ गये हैं, हाँ इतना जरूर है कि पूरी तरह टूटकर बिखरी नहीं है। बाहर से देखने पर आदमी सोचेगा कि वे किसी बहुत बड़ी समस्या पर बहुत गम्भीर चिन्तन कर रहे हैं। परन्तु सच्चाई तो यह है कि वे अपनी जानकारी में किसी भी बात पर कोई चिन्तन करते ही नहीं। फिर भी उनके मन के अन्दर चिन्ता की धारा बड़े वेग से प्रवाहित होती चली जाती है। ऐसी चिन्ता जिससे वे खुद भी परिचित नहीं कि क्या है? अद्भुत और विचित्र ढंग की अनजानी- अनपहचानी चिन्ता में डूबे रहते हैं। कभी-कभी उन्हें लगता है कि चिन्ता के किसी विशेष रूप को वे पहचान रहे हैं। उनकी पथरायी आँखों में क्षण भर के लिए परिचय की कोई ज्योति चमक उठती है। उन्हें दिखाई पड़ता है अपना पुराना घर। घर के पीछे जो पहाड़ी नदी बहती थी, उसके प्रति उनमें बहुत भारी आकर्षण था। चूँकि घर के लोग उधर जाने से बराबर मना करते थे, अतः उधर का खिंचाव और ज्यादा खींचता था। अक्सर ही, वे अपने अनजाने ही नदीतट पर खिंचे चले जाते थे। पर आप जाते थे तो कोई बात नहीं मगर उस दिन अपनी छोटी बहन को उस बढ़ियाई नदी के किनारे ले जाना बिल- कुल उचित नहीं था। अपनी उस गुड़िया-सी छोटी बहन को वे बेहद प्यार करते थे।

दूसरों के साथ-साथ यदि मिलजुलकर उपभोग न किया जा सके तो कोई भी आनन्द उठाना फिर बेकार ही साबित होता है। चूँकि वे उसके बड़े भाई थे अतः उस दिन उन्हें और भी सावधान रहना चाहिए था। चूँकि वहाँ और कोई भी नहीं था, और

छोटी बहन मामनि को वे खुद ही लिवाकर गये थे इसलिए उनकी जिम्मेदारी और भी ज्यादा थी। परन्तु वे तो अपनी ही मौज में मस्त थी। उनका ध्यान तो उधर तब गया जब उस बढ़ियाई नदी के गड्ढे में वह जा गिरी। उसके गिरने से जो तेज आवाज हुई तभी वे उधर देख पाये। परन्तु तब तक तो जो होना था, हो चुका था। मामनि नदी के पानी में डूब गयी थी। उस वेला में उन्हें क्या करना चाहिए था? क्या मामनि को बचाने के लिए स्वयं नदी में कूद पड़ना चाहिए था? लेकिन यह तो असम्भव था। बरसात की बढ़ियाई नदी किनारे तोड़ती ऊँची-ऊँची उन्मत्त लहरें उठाती बड़े वेग से बही जा रही थी, उसमें कूद पड़ना क्या उनके लिए सम्भव था? कूद कर भी क्या वे मामनि को बचा सकते थे? बचाना तो दूर, क्या वे उसे पकड़ भी पा सकते थे? क्या कुछ करना तब उचित था उनके लिए? पर इस पर अब सोचकर भी क्या होगा? तब तो वे चुपचाप उस नदीतट से दूर हट आये थे।

योगेन महन्त बचपन की यह घटना भूल चुके हैं। कोशिश कर-करके वे यह बात भी भुला बैठे हैं कि मामनि नाम की उनकी कोई एक बहन भी थी। परन्तु उस दिन की उस घटना के बाद से उन्हें जिस आतंक, जिस निराशा और जिस प्रकार के अपराध भाव ने घेर रखा है, उसके घेरे को तोड़कर वे बाहर नहीं निकल पाये हैं। उसी दिन से वे अपने माता-पिता से आँखें मिला ही नहीं पा रहे थे। साथ ही तभी से किसी भी आदमी की ओर सर उठाकर उसकी आँखों से आँखें मिलाकर बात कर पाना उनके लिए महा मुश्किल काम हो गया। वे बराबर अपने आपको सबसे अलग, सबसे छिपाये रखने की कोशिश करते रहे हैं। वे उस घटना को तो भूल गये हैं, परन्तु उस दिन उनके मन पर उसका जो प्रभाव पड़ा, उससे उस दिन की वह मानसिक दशा हमेशा-हमेशा के लिए उन पर छा गयी है।

उस समय मामनि का शव भी नहीं मिल पाया था। दो दिनों की खोजबीन के बाद उसका शव पाया जा सका। योगेन महन्त तो उसके पास फटके तक नहीं थे। एकाएक योगेन महन्त की आँखों में परिचय की एक चमक आ पड़ी। उन्होंने एक नन्ही चंचल बालिका को कूदते-फलाँगते देखा। देखते ही उन्होंने बड़े जोरों से दोनों आँखें मींच लीं। उन्हें लगा था कि मामनि उनके सामने ही फुदक रही है। परन्तु जब पुनः आँखें खोलीं तो कहीं कोई मामनि नहीं थी। सब उनकी आँखों का भ्रम ही था। बस एक काल्पनिक दृश्य यूँ ही उनकी आँखों में उतर आया था।

लगता है इस घर में कुछ भूत-पिशाचों ने ही डेरा डाल रखा है। ऐसे शरीर हीन जीव, जो एक-दूसरे को छू तक नहीं पाते, सभी अपने आप में ही डूबे हुए। प्रणति पूरे दिन भर दीवार की ओर मुँह किये सोयी पड़ी रहती है। उसने इतना जबरदस्त विरोध कर दिया था, इसे लेकर मन-ही-मन दुखी थी, जबकि किसी तरह से उस दुर्घटना से बच गयी थी, इसके लिए मन में शान्ति और सन्तोष का भी भाव था। इस तरह की दो विरोधी मानसिक अवस्था के बीच वह झँकोले खा रही थी। राना

का इस तरह से उतना जोरदार विरोध करने की क्या जरूरत थी? तो कभी सोचती कि भाग्य अच्छा था कि ठीक समय पर पिता योगेन महन्त आ पहुँचे थे। फिर अन्दर-ही-अन्दर पूछती—राना अब दुबारा फिर आएगा क्या? अगर फिर वह उसके पास आया, तब क्या करेगी वह? इन विरोधी चिन्ताओं के चलते अपने आप कोई निर्णय ले सकने की शक्ति उसमें नहीं रह गयी थी। इस ओर से उस ओर फिर उस ओर से इस ओर, पेण्डुलम की तरह डोलती रहती थी।

मिनती की हालत ऐसी है कि उसे लगता है कि उसकी साँस अब बन्द हो जाएगी कि तब बन्द हो जाएगी। एक ही घर में रहते हुए भी उनमें से किसी का भी किसी से मन का मेल नहीं था। प्रत्येक व्यक्ति अपने आपको ऐसी दुर्भेद्य दीवार के भीतर घेरे हुए था कि वहाँ तक पहुँच पाना दूसरे के लिए कठिन था। कोई किसी के मन की भावना समझ नहीं पाता था। समझने की इच्छा भी नहीं थी उनमें। वैसे विचारने पर मिनती के जीवन में ऐसी कौन-सी महत्त्वपूर्ण घटना घटी है? हाँ, आजकल सत्यजित के स्कूटर पर जरूर नहीं जाती है। परन्तु यह तो उसकी जीवन-धारा पर प्रभाव डाल सकनेवाली अत्यन्त तुच्छ घटना है। इससे क्या बन-बिगड़ सकता है भला? हाँ, थोड़ी असुविधा जरूर हो सकती है। परन्तु असुविधा भी क्या है? चाहने पर वह आसानी से रिक्शा कर सकती है, जल्दी होने पर तिपहिया टेम्पो भी ले सकती है। आजकल इतना रुपया तो कमा ही लेती है कि आने-जाने का भाड़ा आराम से खर्च कर सकती है।

तो फिर उसे क्या हो गया है? अचानक इतनी निराशा उसमें क्यों भर गयी है? दरअसल, मिनती अब जीते रहने का कोई अर्थ ही ढूँढ़ नहीं पा रही। बड़ी ही दुःखद स्थिति है और उसे ही बार-बार होते रहना है। घर पर रहकर खाना पकाना, घर के और सारे रोजमर्रा के काम करना फिर काम करने कार्यालय जाना, फिर वहाँ से लौटना। एक रस, एक तान, एक ही जैसी चीज को रोज-रोज दुहराते रहना। यही क्या जीवन है? इस तरह से जीवित रहने की सार्थकता ही क्या है? गाड़ी के इंजन की छुकछुकी जैसे बन्द हो गयी है। अब तो ठेल-ठेलकर ले जाने की ही विवशता है। व्यर्थ का थकाऊ-ऊबाऊ क्रम लगातार चलाना है। इस तरह मिनती के मन में विरक्ति का भाव घनीभूत हो गया है। जितनी दूर तक दृष्टि जाती है—सर्वत्र बस धुँधला-धुँधला क्षितिज ही दिखाई देता है। चारों ओर अँधेरा। प्रकाश की कोई किरण नहीं। फिर किस चीज की आशा शेष है। किसके लिए प्रतीक्षा करनी है। चौतरफा सूनापन पसरा है। शबरी जो प्रतीक्षा कर रही थी, उसका भी कुछ अर्थ था? क्यों श्रीरामचन्द्रजी ने वचन दिया था कि वे उसके पास आएँगे। इसी से गहन अँधियारी रात के सूचीभेद्य अँधेरे में भी वह एक सुनिश्चित विश्वास से एक सुप्रभात के होने की प्रतीक्षा करती रही थी।

"बड़ी बहन! ओ बड़की बहना।"

आँखें खोले बिना ही मिनती 'आओ, आओ' किये जा रही थी। प्रणति ने तब उसकी देह पकड़कर जोर-जोर से झकझोरा, "अरी ओ बहन! क्या हो गया है तुम्हें जी?"

"क्यों, कहाँ क्या हुआ?"

"अभी जो जोर-जोर से चिल्ला रही थी, क्यों ऐसे चीख रही थी? कुछ ख्याल है। कोई बुरा सपना देख रही थी क्या?"

"नहीं तो।"

नींद खुलने के साथ-ही-साथ मिनती वह सब-कुछ भूल गयी जो थोड़ी ही देर पहले सपने में देख रही थी। बस एक शून्य भाव ही उसके मन में रह गया।

उसके बाद बार-बार वह सपने देखती है। ऐसे-ऐसे दृश्य, जिनमें कोई तालमेल नहीं, अद्‌भुत किस्म के जीव-जन्तु उसे दिखाई पड़ते हैं। ऐसी-ऐसी घटनाएँ दिखाई पड़ती हैं, जिनके हो सकने की कोई सम्भावना ही नहीं हो सकती। पिकासो ने स्पेन के गृहयुद्ध को मूर्तरूप देने के लिए जो विश्वविख्यात 'गुयेरनिका' नामक चित्र बनाया था, ठीक उसी तरह के भयंकर दृश्य उसे दिखाई पड़ते। परन्तु सपना देखते समय वे दृश्य उसे सहज-स्वाभाविक जान पड़ते थे। ऐसा लगता कि साधारण बुद्धि से जिन गूढ़ अर्थों को नहीं समझा जा सकता है उन अर्थों की पर्तें ये दृश्य बड़ी आसानी से खोल दे रहे हैं। जग जाने के बाद वह इन देखे हुए दृश्यों को याद नहीं रख पाती थी। नींद खुलते ही सारा कुछ शून्य में विलीन हो जाता था।

अब हालत यह हो गयी है कि मिनती को रात में ठीक से नींद ही नहीं आती। थोड़ी-थोड़ी देर पर ही उसकी नींद उचट जाती है। रह-रहकर वह जाग जाती है। "ऊ, ऊह् ओह्!"

"अरी ओ बड़ी बहन! अब फिर तुम्हें क्या हो गया?"

"बाप रे बाप! जान गयी रे! दाहिने पैर की नस तन गयी है। हे राम! यह पैर तो मैं हिला-डुला ही नहीं पा रही।"

"अच्छा, घबराओ मत! मैं इसे अच्छी तरह दबा-दबाकर ठीक किये देती हूँ।"

कभी-कभी मिनती सपने में ऐसे दृश्य देखती कि सपने में जो दृश्य देखा था उसकी छोटी-से-छोटी एक-एक चीज फिर दूसरे दिन सारा समय उसकी आँखों के सामने मँडराती रहती। ऐसी हालत में सपने के दृश्यों और वास्तविक जाग्रत जगत् के दृश्यों को अलग-अलग करके समझ पाना उसके लिए बहुत कठिन हो जाता था। ऐसी दशा से वह बहुत अधिक आतंकित हो जाती थी। कभी-कभी उसे डर लगने लगता। कहीं वह पागल तो नहीं हुई जा रही? काफी दिनों से वह आश्वस्त हो गयी थी कि उसके जीवन में विनय नामक जो नवयुवक आया था, उसे वह पूरी तरह भुला चुकी है। परन्तु आज की बीती सारी रात वह सपने में उसी विनय को देखती रही थी। परन्तु पहले जैसे वह विनय के साथ स्वच्छन्द व्यवहार करती थी, अब वैसा नहीं

था, वह विनय की ओर आँख उठाकर देख नहीं पा रही थी। यहाँ तक कि विनय द्वारा पूछी गयी बातों का जब-जब उत्तर देने की कोशिश करती, उसकी आवाज गले में ही अटककर रह जाती। स्वर बाहर फूटते ही नहीं थे। एक बार आगे बढ़कर, जैसे ही विनय ने उसे छुआ, कि तुरन्त ही पहले की ही तरह बड़ी तेज अनुभूति, प्रबल तूफान की तरह उसके सारे तन-मन पर छाने लगी। उसका सारा शरीर संज्ञाशून्य हो बेबस हो गया, तभी उसकी नींद खुल गयी। परन्तु इस बार जग जाने पर भी वह देखे गये उस सपने की बात भुला नहीं पायी। उस सपने की स्मृति ने पूरे दिन भर उसे एक विचित्र नशे में विभोर किये रखा। अपनी स्थिति पर उसने गम्भीरता से विचार किया तो एक झटका-सा लगा, 'यह सब क्या है?' उसने अपनी ही हँसी उड़ाते हुए अपनी दशा पर बार-बार प्रश्न उठाया, 'क्या है यह सब? क्यों ऐसा अनुभव कर रही हूँ मैं? क्या ऐसा सब सोचने-समझने में मुझे मजा आ रहा है, बस इसीलिए मैं ऐसा सब करती जा रही हूँ? अरे ओ मिनती! तू तो अब किशोरी और युवती की वयस्सन्धि की अवस्थावाली नादान भावुक छोकरी नहीं रही। तू तो एक समझदार, समाज में मर्यादा प्राप्त एक भद्र महिला है। एक उत्तरदायी कार्यकर्त्री है तू। अतः इस तरह की अनुभूतियाँ तुझे शोभा नहीं देतीं। यह व्यवहार तुम्हारी मर्यादा के अनुरूप नहीं है रे! फिर यह सब तमाशा क्यों किये जा रही है? यह कभी न हो सकनेवाला, फालतू किस्म का आधारहीन सपना तू क्यों देखती रहती है रे? अरे आदमी तो जाने कैसे-कैसे, विचित्र, अद्भुत सपने देखते हैं। तो क्या देखे हुए सपनों की वे रंगीन किरणें उनके मन को बराबर यूँ ही घेरे अवश-अभिभूत किये रखती हैं?'

सत्यजित के साथ मिनती के सम्पर्कों का स्वरूप बिलकुल अलग ही तरह का है। वस्तुतः सत्यजित बहुत ही अन्तरंग है। ऐसा व्यक्ति है जिसपर पूरा भरोसा किया जा सकता है। उसके साथ के सम्पर्कों में किसी किस्म की जड़ता नहीं है, कोई अलगाव-दुराव नहीं है, पूरी साफ-सुथरी स्वच्छन्दता है। दिल खोलकर सत्यजित से सब कुछ कहा जा सकता है। फिर क्या मैं मन खोलकर कभी उसके सामने रख पायी? क्या अपने मन की भावनाओं के सम्बन्ध में उससे साफ-साफ कह पाती हूँ? एक मामूली-सी घटना के कारण हम दोनों के बीच कैसी गलतफहमी आ गयी। उसके स्कूटर पर बैठकर पहले की ही तरह वह अब कार्यालय क्यों आ-जा नहीं पाएगी? यह छोटी-सी बात क्या मन खोलकर उससे कह पायी? क्यों नहीं बताया उसे? यह ठीक है कि बात-बात में हँसी-मजाक करना उसका स्वभाव है फिर भी वह बहुत ही विचारवान व्यक्ति है। अगर उसे समझाकर सारी स्थिति बताती तो बहुत सम्भव है कि वह स्वयं ही अपने स्कूटर पर लाने-ले जाने से मना कर देता। तो फिर उसने क्यों नहीं बतायी असली बात उससे? क्या किसी डर से? क्या प्रणति ने जो लांछन लगाया था, मन की किसी गहराई में उसमें सच्चाई छिपी है क्या? यदि ऐसी बात नहीं है तो फिर यह संकोच कैसा? सत्यजित तो उसका भला चाहनेवाला एक सच्चा मित्र

है। फिर उससे इस तरह का छुपाव-दुराव रखने की क्या जरूरत?

आजकल स्थिति यह है कि सत्यजित अपने सहज स्वाभाविक रूप में ही मिनती के होने की बात को अस्वीकार करता चल रहा है, मानो मिनती नाम की कोई युवती उसके संसार में कहीं हो ही नहीं। मिनती नाम की लड़की को जैसे वह जानता-पहचानता ही नहीं। यहाँ तक कि उसकी आँखों के सामने से वह गुजरती होती है तो भी लगता है जैसे उसे दिखाई ही नहीं पड़ती।

"अरे ओ सत्य!"

बुलाने पर भी कोई उत्तर नहीं। उसकी आँखों में परिचय की कोई किरण नहीं खेलती।

"ऐ सत्य!"

अबकी बार सूनी-सूनी निगाह से सत्य ने मिनती की ओर निहारा।

"सुन रहो हो?"

"क्यों, आप मुझसे ही कुछ कहना चाहती हैं क्या?"

मिनती का माथा गरम हो गया। कैसे मूरख अनजान की तरह बातें कर रहा है। कहाँ तो वह स्वयं अपनी ओर से पहल करके सारा झगड़ा-झंझट मिटाकर फिर से मेल-मिलाप करना चाहती है, कहाँ तो उल्लासपूर्वक उसके प्रस्ताव को स्वीकार करना चाहिए, कहाँ बाबू साहब की ओर से कोई उत्तर ही नहीं मिल रहा।

"नहीं! कुछ भी नहीं कहना है मुझे!"

सत्यजित पर उसे भीषण क्रोध हो आया। किस बात का गर्व-गुमान है जी। उसने स्वयं आगे बढ़कर उसे पुकार लगायी और वह है कि कोई उत्तर भी नहीं देता। फिर तो मिनती को अपने ऊपर भी क्रोध हो आया। उसका अपना अहंकार जो उसे चारों ओर से घेरे हुए है, उसे तोड़कर उसके घेरे से वह बाहर क्यों नहीं निकल सकती? 'तू अगर मुझसे बातें नहीं करेगा, तो मैं भी तुझसे बोलने क्यों जाऊँगी'—इस तरह की वाहियात जिद क्यों पाल रखी है?

मिनती को फिलहाल ठीक से पता नहीं है कि किस आदमी ने उसे यह समाचार दिया था। परन्तु इस समाचार को सुनते ही कुछ समय के लिए आँखें बन्द किये वह ऐसी निश्चेष्ट हो गयी थी जैसे काठ मार गया हो। परन्तु थोड़ी ही देर बाद सँभल गयी थी। जो हो, इसमें उसका क्या आता-जाता है भला? यह तो एक साधारण-सी घटना है, ऐसा तो प्रायः होता ही रहता है। हर एक कार्यालय में जाने कितने लोग दूसरी जगह से स्थानान्तरित होकर आते रहते हैं, जाने कितने लोग यहाँ से स्थानान्तरित होकर दूसरी जगह जाते रहते हैं। यह कोई ऐसी बात तो नहीं हो रही, जैसी कि कभी हुई ही न हो। बराबर होता ही रहता है ऐसा। नवीन नामक एक लड़का मंगल दै का रहनेवाला है। अब इस बैंक की एक शाखा मंगल दै में जो खुली है तो उसने स्वयं ही भाँति-भाँति की चेष्टाएँ करके अपना स्थानान्तरण मंगल दै शाखा में

करवा लिया है। उसकी देखादेखी अब सत्यजित भी बैंक की इस शाखा के हमारे इस कार्यालय से अपना स्थानान्तरण करवा लेने के लिए जी-जान से कोशिश कर रहा है। यह संवाद सुनते ही मिनती ने दोनों आँखें बन्द कर लीं और कुछ समय तक यूँ ही काठ-मारे-सी निश्चेष्ट मुर्दा-सी पड़ी रही। परन्तु कुछ देर बाद उसने सोच-विचारकर ऐसी कोशिश की कि लगे कि इस संवाद का उस पर कोई असर नहीं हुआ है। अपनी इस कोशिश में वह सफल भी हो गयी। जो हो, इससे उसका क्या? कुछ नहीं उसने अपने आप को समझाने की चेष्टा की कि इस बात को लेकर परेशान होने का कोई कारण नहीं है।

कम-से-कम इस समाचार को सुनकर उसका उद्विग्न होना तो बिलकुल ही ठीक नहीं है। कुछ समय तक यूँ ही स्थिर पड़ी रहने के बाद उसने अपनी आँखें खोलीं।

कार्यालय का यह बड़ा-सा हॉल बीच में लकड़ी की विभाजक दीवार लगवाकर दो भागों में बाँटा गया है। परन्तु लकड़ी की विभाजक दीवार ऐसी लगायी गयी है कि प्रायः नीचे की ओर घुटने भर जगह खाली है। घुटने के ऊपर से शुरू होकर इतनी ऊँचाई तक यह विभाजक दीवार है कि अगर उस पर कोई आदमी चलता हुआ जाए तो उसका मुँह वगैरह तो नहीं दिखाई पड़ेगा परन्तु घुटने तक के उसके दोनों पैर साफ-साफ दिखाई पड़ेंगे। इस ओर के कक्ष में बैठी मिनती ने लक्ष्य किया कि विभाजक दीवार के उस पार कोई आदमी कार्यालय से बाहर निकलता जा रहा है। और भी ध्यान से लक्ष्य किया कि उसका पैर थोड़ा लँगड़ाता हुआ है। फिर जाने क्या हुआ। वह स्वयं इस सम्बन्ध में कुछ बता नहीं सकती। एकाएक वह एक झटके में उठ खड़ी हुई और बड़े तेज कदमों से बाहर निकल आयी। उसने देखा कि सत्यजित अपने स्कूटर के खड़े होने की जगह की ओर तेजी से बढ़ रहा है। मिनती दौड़कर उसके आगे निकल आयी और उसका रास्ता रोक खड़ी हो गयी। "अभी तो कार्यालय की छुट्टी का समय ही नहीं हुआ। तो इतनी जल्दी अभी ही कहाँ जा रहे हो?"

सत्यजित ने आँखें उठाकर मिनती की ओर देखा। जब उसकी आँखों से उसकी आँखें मिलीं तो इस बार पहले की तरह वह उसकी उपेक्षा कर आगे बढ़ जाने का साहस नहीं कर सका। "चौधुरी चाचा उस दिन भीड़ में अचानक बेहोश हो गिर पड़े थे। बाद में उनके रक्तचाप की जाँच करवाने की सलाह चिकित्सक महोदय ने दी थी। परन्तु कुछ कारणों से अभी तक करवायी न जा सकी।" फिर कुछ हँसते हुए उसने कहा, "नहीं, चिन्ता की कोई बात नहीं। कुछ भी नहीं हुआ है। बस यूँ ही तो सोचा कि मोहनजी को ले जाकर उनके रक्तचाप की जाँच करवा लूँ। अगर अभी नहीं जाऊँगा तो वे फिर मिलेंगे नहीं। हॉस्पिटल चले जाएँगे। इसी से अभी चल देना चाहता हूँ।"

"ठीक है, थोड़ा ठहरो! मैं भी चलूँगी। बस एक मिनट भर, ज्यादा देर नहीं, जरा अपना थैला तो लेती आऊँ मैं। अभी गयी और बस अभी आयी।"

30

जाने किस कारण से पूरी देह दुखने लगी थी। विजयदशमी के दिन साँझ की वेला में घर से बाहर निकलना ठीक नहीं था। निकले भी तो लोगों की भारी भीड़ में जा पड़े। लोगों की धक्का-मुक्की, शोरगुल में घिरकर दुर्दशा ही हो गयी। अचानक ही उनका स्वास्थ्य गड़बड़ा गया था, शरीर अस्वस्थ हो गया था। परन्तु ऐसा अधिक देर तक नहीं रहा। भीड़ से बाहर निकलते ही फिर सब ठीक-ठाक हो गया। सत्यजित जाने कैसे आ पहुँचा था। कहीं से एक टैक्सी लाकर वह उन्हें घर तक पहुँचा गया था। वैसे उसकी कोई विशेष आवश्यकता नहीं थी। तब तक तो वे इतने स्वस्थ हो चुके थे कि टहलते-टहलते स्वयं ही घर आ सकते थे।

अब सत्यजित जिद किये हुए है कि उनके रक्तचाप की परीक्षा करवा ली जाय। करवा लूँगा, करवा लूँगा, कहते-कहते भी उसकी जाँच करवायी नहीं जा सकी। सही बात तो यह है कि जाँच करवाने की जरूरत ही नहीं है। अब तो उनका शरीर पूरी तरह स्वस्थ हो चुका है। परन्तु सत्यजित है कि मानता ही नहीं। उस दिन मोहन लाहन नामक एक चिकित्सक को साथ लिये हुए घर पर ही आ धमका। चिकित्सक ने बड़े मनोयोग से परीक्षा की। परिणाम में बतलाया कि रक्तचाप कुछ अधिक है। सो तो होगा ही। अवस्था अधिक हो जाने पर रक्तचाप तो कुछ अधिक होता ही रहता है। इसके लिए चिन्तित होने की क्या बात?

चिकित्सक मोहन लाहन अभी नयी उम्र का ही युवक है। परन्तु है बहुत भला। भृगु चौधुरी कहते हैं, "अ वेरी नाइस ब्वाय" अत्यन्त भद्र बालक। शरीर का रंग और गठन तो उसका अच्छा है ही, मन भी बहुत सुन्दर है। उसका शील-स्वभाव चौधुरी को बहुत पसन्द आया। विजयादशमी को नयी पीढ़ी के नौजवानों का हुड़दंग और उनका दुर्व्यवहार देखने के बाद इन जैसे नवयुवकों से मिलने की बहुत अधिक आवश्यकता थी। अन्यथा नयी पीढ़ी के प्रति एक गलत धारणा ही बनी रह जाती। सत्यजित, मोहन ये सब भी तो नवयुवक हैं, आजकल के ही नवयुवक हैं ये भी। अपने पड़ोस के मकान में दुष्टता करनेवाले नवयुवकों को देखकर ही, आज की समूची नवयुवक पीढ़ी के प्रति कोई धारणा बना लेना भारी भूल होती। सत्यजित के बात-व्यवहार की याद कर चौधुरी मुसकराने लगे। ऊपर-ऊपर से जरा फक्कड़ जरूर है मगर है बड़ा ही भला लड़का। बात-व्यवहार में बहुत ही विनम्र, सुसभ्य, उत्तर-दायित्वपूर्ण, गम्भीर स्वभाव का। बिना किसी लाभ के प्रयोजन के ही दूसरों का उपकार करने में सदा तत्पर। चौधुरी को याद है जब उसके पिता की मृत्यु हुई थी, तब तो वह निरा दुधमुँहा बच्चा ही था। परन्तु तभी से उत्तरदायित्व का जो भाव उसमें उगा, जिस ढंग से अपनी बिखरती गृहस्थी को उसने सँभाला, और अब अच्छी तरह सँभाले जा रहा है, यह सब देखकर चौधुरी का मन प्रसन्नता से भर उठता है।

उस दिन परेशानी तो जरूर हुई थी किन्तु उस परेशानी के चलते इधर जो कुछ हुआ, उसे समझकर चौधुरी सोचते हैं कि अच्छा ही हुआ। एक गलत धारणा समाप्त हो गयी। उन्हें पूरा विश्वास हो गया कि आजकल के समाज में भी बहुत अच्छे लड़के हैं। हाँ, ये अच्छे लड़के चूँकि बिलावजह हड़कम्प नहीं मचाते, हल्ला-गुल्ला नहीं करते, अपनी ओर ध्यान आकर्षित करने के लिए कोई प्रदर्शन नहीं करते, अतएव ये लोगों की निगाह में दिखाई नहीं देते। चौधुरी ने सोचा—यह भी उनका एक प्रकार का आविष्कार है, छुपे हुए नये तथ्य का आविष्कार। तारीफ तो यह कि यह एक लाभप्रद, सुखदायक-आविष्कार है। और वह लड़की मिनती? योगेन महन्त भाई साहब की कन्या। उस दिन उसने जरा-सा सुना कि मेरा स्वास्थ्य खराब हो गया है, बस तुरन्त ही सत्यजित के साथ-साथ दौड़ी चली आयी देखने। जबकि मेरे स्वस्थ्य की खराबी? खराबी न घण्टा। अरे मैं तो पूरे दम स्वस्थ ही हूँ। फिर भी आयी तो मेरे लिए चिन्तित हुई। बहुत ही अच्छे स्वभाव की लड़की है वह। एक ऐसी लड़की जिसके प्रति श्रद्धा होती है। जिसकी जितनी प्रशंसा करें, कम है। सच पूछो तो यह योगेन भाई साहब की बेटी नहीं, बेटा है। अपनी सारी सुख-सुविधाओं का त्याग कर अपने परिवार के भले के लिए सारा जीवन न्यौछावर किये हुए है। उसकी गृहस्थी क्या उसके पिता योगेन महन्त चलाते हैं? अरे राम, राम कहो। योगेन की तो बात ही करना बेकार है। घर में उनका रहना भी, न रहने के ही बराबर है। घर की असली धुरी तो है यही लड़की मिनती। यह भी एक प्रकार का आविष्कार ही है चौधुरी के लिए। एक सफल अनुसन्धान।

उनके बारे में सोचते हुए चौधुरी का मन आनन्द से भर उठा। अभी तक उनके मन में जो यह धारणा बनी हुई थी कि समूचा देश पतन और विध्वंस की ओर बड़ी तेजी से नीचे जा रहा है और इस विचार से मन में जो एक भारी डर समा गया था, वह सारा कुछ आज पूरी तरह से छँट गया। मन के किसी कोने में निराशा का कोई बिन्दु शेष नहीं रह गया।

इधर कुछ दिनों से भृगु चौधुरी के आत्म-विश्लेषण में एक कुशलता आ गयी है। यद्यपि वे एक ही व्यक्ति हैं। फिर भी आज के भृगु चौधुरी कुछ वर्ष पहले के भृगु चौधुरी से बिलकुल भिन्न हो गये हैं। बचपन के भृगु चौधुरी से वे जैसे एकदम अलग हो गये हैं। अगर शैशव के भृगु चौधुरी का आज के भृगु चौधुरी से समानुपातिक गणित बैठाया जाए, जैसे कि शैशवकालीन भृगु चौधुरी :: आज के भृगु चौधुरी तब यह समीकरण अशुद्ध हो जाएगा क्या? यह सब सोचते-सोचते उन्हें अपनी जननी-जन्म भूमि की इतनी प्रचण्ड याद हो आयी कि उन्होंने अपने जन्म स्थान के उस कस्बे में शीघ्र-अतिशीघ्र जाने का मन बना लिया। उन्होंने विचारा कि यह भी एक प्रकार का अनुसन्धान ही होगा, अपने विलुप्त हो गये शैशवकाल का फिर से अनुसन्धान।

अपने काम-काज के चलते भृगु चौधुरी अधिकतर अपनी जन्म-भूमि से बाहर-बाहर ही रहे हैं। इधर जब से गुवाहाटी में स्थायी रूप से रहने लगे, तब से तो जन्मस्थान से सम्बन्ध एक प्रकार से समाप्त ही हो गया है। चिट्ठी-पत्री के माध्यम से ही जो सम्बन्ध बना है, बस उतना भर ही सम्बन्ध रह गया है। उसमें भी उनका कौन-सा बड़ा आकर्षण है? कोई साथी-संगी नहीं, बातचीत करने के लिए अपने मन-मेल का कोई आदमी नहीं। फिर भी वहाँ जाने के लिए नये सिरे से यह इतना प्रचण्ड आकर्षण मन में क्यों उठा? पत्नी को देखकर उन्होंने एक तरह से फैसला ही सुना दिया, "अरी ओ! सुनती हो! मैं सोच रहा हूँ कि जरा एक बार अपने घर का चक्कर लगा आऊँ।"

वे क्या कहना चाह रहे हैं, उनकी श्रीमतीजी तो पहले कुछ समझ ही नहीं पायीं। जब समझीं तब पूछा, "कहाँ का चक्कर लगा आना चाहते हो?"

"अरे, अपने घर का। और कहाँ का? साँझ की वेलावाली बस पकड़कर जाऊँगा। दो-एक दिन रहकर फिर लौट आऊँगा।"

"यह तो बड़ी अच्छी बात है। चलो, मैं भी साथ चलती हूँ। कितना युग बीत गया कि हम लोग घर गये ही नहीं।"

"तुम भला कैसे जा सकती हो? घर में सुभद्रा को यूँ अकेले छोड़कर जाओगी कैसे?"

"उसे अकेला छोड़कर जाने की बात ही कहाँ उठती है? उसे भी साथ ले चलेंगे।"

सो एक दिन वे लोग रवाना हो ही गये। परन्तु बीच रास्ते ही बस खराब हो गयी। उसे ठीक-ठाक करके जब यात्रा फिर शुरू हुई, तब तक काफी देर हो गयी थी, सो वहाँ पहुँचते-पहुँचते काफी रात हो गयी। बस से उतरे तो फिर चौधुरी तो जैसे हैरान रह गये। यह कहाँ आ पहुँचे वे? उन्हें लगा जैसे किसी दूसरे ही अपरिचित स्थान पर उतर गये हैं। गलत जगह आ गये क्या? बस के कण्डक्टर से बार-बार पूछ करके वे निश्चिन्त हो लेना चाहते थे। जब उसने बताया, नहीं—यह गलत जगह नहीं है, ठीक उसी स्थान पर उतरे हैं, तब फिर ध्यान से सब ओर देखने लगे। इतनी रात गये भी यह जगह तो आदमियों के शोर-शराबे से कलरवपूर्ण है। सड़क के दोनों किनारों पर कतार-की-कतार ये दुकानें बनी हैं। होटेल, रेस्त्राँ, कपड़ों, प्रसाधन-सामग्रियों एवं अन्य तमाम तरह की चीजों की दुकानें सजी हैं। इतनी रात गये जहाँ यहाँ गाढ़ा अँधेरा पसरा रहता था, वहाँ चारों ओर भाँति-भाँति की बिजुलबत्तियाँ प्रकाश बिखेर रही थीं। भोजनालय की दुकानों से हिन्दी फिल्मों के गानों की धुन बज रही थी। तभी उन्हें उस नदी का ध्यान आया। अरे वह नदी कहाँ है? इस जगह की सबसे अच्छी देखने लायक वह प्राकृतिक दृश्यों से भरी नदी किस तरह लुप्त हो गयी? पूछने-जाँचने और देखने के बाद पता चला कि नदी के तट से सटकर बनायी गयी इन

कतार-की-कतार दुकानों ने नदी को पूरी तरह अदृश्य बना दिया है। बस अड्डे के एक ओर झुण्ड-के-झुण्ड रिक्शे खड़े थे। बस रुकने के साथ-साथ ही वे अपने-अपने भोंपू या घण्टियाँ बजा-बजाकर, चिल्ला-चिल्लाकर सवारियों का ध्यान अपनी ओर खींच रहे थे। चौधुरी कुछ देर तक तो एक तरफ यूँ अनिश्चय की दशा में खड़े सोचते रहे। उन्होंने अनुभव किया कि उनका सारा परिचित परिवेश लुप्त हो गया है। पहले की जानी-पहचानी चीजों के निशान तक नहीं दिखाई दे रहे। वृत्त के घेरे के मूल बिन्दु से लेकर अक्ष- रेखा तक सभी कुछ बदल चुका है। एक समय तो ऐसा लगा जैसे वे अपना घर भी स्वयं नहीं ढूँढ़ पाएँगे। कुछ देर ठहरने के बाद पूछते-जाँचते जैसे-तैसे अपने घर पहुँचे। देखा तो घर के सभी लोग तब तक गाढ़ी निद्रा में सो चुके थे। कहीं से भी किसी के जगने की आवाज नहीं आ रही थी।

द्वार पर खड़े होकर पुकार लगायी, "अरे ओ मण्टू!"

उत्तर में कोई आवाज नहीं आयी।

"ऐ मण्टू! जगो भी।"

तब किसी ने अन्दर से चिड़चिड़े स्वर में पूछा, "कौन है? इतनी रात गये क्या काम पड़ गया?"

"अरे पहले द्वार तो खोल मण्टू। मैं आया हूँ, साथ में तुम्हारी बहू रानी भी हैं।"

फिर तो कुछ देर के लिए शान्ति छा गयी। परन्तु यह शान्ति ऐसी भारी लग रही थी जैसे अनन्तकाल तक फैली रहेगी। रबीन चौधुरी विश्वास ही नहीं कर पा रहा था। कहीं कोई मजाक तो नहीं कर रहा। उसकी बोली-बानी में अभी भी आशंका बसी थी।

"कौन है? बड़े भैया?"

"पहले दरवाजा तो खोल। पूरी रात हम लोग यहाँ बाहर ही खड़े रहेंगे क्या?"

तब बरामदे की बिजुलबत्ती जली। द्वार खुल गया। परिवार के सभी लोग हड़बड़ी में बाहर निकल आये।

"अरे तू। यूँ अचानक। कहो क्या बात है? ऐसे क्यों आ पड़े?"

चौधुरी ने सोचा। हाँ, यह तो सचमुच ही बड़ा उपयुक्त प्रश्न है। आखिर क्यों आ गये?

परन्तु प्रश्न का उत्तर न देकर चौधुरी ने बनावटी क्रोध दिखाते हुए सभी को डाँट पिलायी। "क्यों आया? इसके माने? अरे अपने घर आया हूँ, अब इसमें जवाबदेही की क्या बात है?"

"नहीं भाई। ऐसी बात नहीं। यूँ ही पूछ बैठे। आओ, अन्दर तो आओ। बाहर ही क्यों खड़े हो?"

पैतृक घर-द्वार काफी कुछ बदल गया है, यद्यपि अभी भी पुराने सभी चिह्न

विलुप्त नहीं हुए हैं। इस कमरे में पिताजी सोते थे। काठ का वह जो बड़ा-सा सन्दूक है, पिताजी उसी में घर का कागज-पत्र सब रखते थे। पता नहीं वे कागज-पत्र सब अभी भी इसमें हैं या नहीं? खोलकर देखने की आवश्यकता नहीं। घर के बिलकुल सटकर जो कटहल का अत्यन्त विशाल पेड़ था, वह नहीं दिखाई दे रहा। कहाँ गया उतना बड़ा पेड़? पता चला कि आज से पाँच वर्ष पहले एक रात अचानक ही धराशायी हो गया। चौधुरी को याद है उतना विशालकाय वह महावृक्ष घर की छत की ओर ही झुका हुआ था। अगर अपने आप गिरा तब तो उसे घर पर ही गिरना चाहिए था क्योंकि जड़ से ही वह इधर ही टेढ़ा लटका था। मगर जैसा कि लोगों ने बताया कि एक रात वह महावृक्ष बिलकुल ही उल्टी दिशा में जा गिरा। उनके घर पर कहीं एक खरोंच तक नहीं आयी। रबीन बोला, "हमारा वह अत्यन्त पुराना वृद्ध महावृक्ष बड़ा ही ज्ञानी और समझदार था। तुम्हें तो विश्वास नहीं होगा परन्तु मैं पूरे विश्वास से कह सकता हूँ कि अगर पृथ्वी के सामान्य गुरुत्वाकर्षण का सिद्धान्त फलता तब तो उसका भार चूँकि हमारे घर की ओर ही लटका था; अतः वह हमारे घर पर ही भहरा गया होता परन्तु उस महाज्ञानी वृक्ष ने गुरुत्वाकर्षण के सिद्धान्त का उल्लंघन कर दूसरी ओर की खाली पड़ी जमीन पर गिरना ही उचित समझा। अगर हमारे घर पर गिरा होता तो घर तो चकनाचूर होता ही, घर में सोये आदमियों की भी रक्षा नहीं हो पायी होती। परन्तु उसने घर-जन सभी की रक्षा की। मैं तो पूरे विश्वास से कहता हूँ कि जान-बूझकर ही वह उस ओर गिरा।"

आज रबीन की ऐसी बात सुनकर भी भृगु चौधुरी ने अविश्वास की हँसी नहीं हँसी। जाने क्यों उनका अपना मन भी रबीन की इस बात पर विश्वास करना चाहता है।

अपने घर से बाहर निकलकर अपने मुहल्ले में ही भृगु चौधुरी अपने को जैसे एक अपरिचित स्थान पर भटका हुआ महसूस करते हैं। सड़क अब काफी चौड़ी हो गयी है। अनगिनत आदमी इधर से उधर, उधर से इधर आवागमन कर रहे हैं। परन्तु उनमें से कोई भी उन्हें नहीं पहचान रहा। वे भी किसी को पहचान नहीं पा रहे। इसी से वे बहुत जल्दी ही फिर अपने घर ही लौट आते हैं। अब तो बस यह घर ही उनका परिचित विश्रामस्थल है और घर के लोग ही उनके अपने आदमी हैं।

संझा की वेला में टहलने का उनका बड़ा पुराना अभ्यास है। मुख्य सड़क पर पहले जगह-जगह जो खाली स्थान पड़े थे, वे सब तो अब पूरी तरह भर गये हैं। जब यहाँ रहते थे, आते-जाते थे, तब तो यहाँ के प्रत्येक घर को वे अच्छी तरह पहचानते थे। यहाँ के प्रत्येक आदमी को निकट से जानते थे। चलते-चलते उन्होंने सोचा। अरे यह जगह? यहीं पर कहीं लक्ष्मण भाई का मकान था न? और इधर यहाँ तो काका बाबू का घर था। काका बाबू अर्थात् उस जमाने के विख्यात चिकित्सक डॉ. गगन चैटर्जी। उनके पास चिकित्सा विज्ञान की कौन-सी उपाधि थी यह तो चौधुरी नहीं

जानते, परन्तु उनके प्रति स्थानीय जनता की अटूट आस्था थी। चौधुरी ने सोचा—अब तक तो वे कभी के स्वर्ग सिधार गये होंगे। चौधुरी के पिता जी से अवस्था में यद्यपि छोटे थे, फिर यदि अभी तक जीवित रहे होते तो करीब नब्बे वर्ष के तो हो ही गये होते। अब ऐसे आदमी से मिलने के लिए उनके बारे में किसी से जाँच पूछ करना तो हँसी का पात्र बनना होगा। बगल में एक छोटी-सी पान की दुकान देखकर वे वहीं जा पहुँचे, "क्यों भाई, पहले यहाँ पर डॉ. गगन चैटर्जी नाम के एक चिकित्सक रहते थे न? क्या तुम उन्हें जानते थे?"

"पहले थे क्यों कह रहे हैं, अभी भी हैं साहब।"

"अच्छा तो जरा बतलाना तो कि उनका मकान कौन-सा है?"

"अपने मकान पर तो काकाबाबू इस समय हैं नहीं। पास में ही कहीं उनकी नतिनी रहती है, उसी के घर गये हुए हैं।"

उसी पानवाले से लक्ष्मण भाई का पता-ठिकाना ठीक से जानकर वे उनसे मिलने गये। "कौन है जी?"

लक्ष्मण भाई भी पहले तो भृगु चौधुरी को पहचान नहीं पाये। किन्तु जैसे ही पहचाना कि दोनों भुजाओं से घेरकर छाती से चिपका लिया, "अरे भृगु तो यह तू है! अरे ओ बलराम, ऐ यतीन—आओ रे, जल्दी आओ। जरा देखो तो कौन आया है।···अरे देख क्या रहे हो, पाँव छुओ इनके। तुम लोगों के चाचा लगते हैं। पैर छूकर प्रणाम करो।"

"अच्छा भैया! अब बतलाइए कि कैसे हैं आप?"

"बहुत अच्छी तरह हूँ। बहुत आनन्दपूर्वक हूँ। किसी तरह की कोई चिन्ता नहीं है।"

"अच्छा भैया, आपकी अवस्था कितनी हो गयी?"

"यही कोई बयासी तो पूरी हो गयी, अब तिरासी चल रही है।"

भृगु चौधुरी लक्ष्मण भाई साहब से बहुत छोटे हैं। परन्तु इतने उन्मुक्त कण्ठ से क्या वे भी कह सकेंगे कि बहुत-बहुत आनन्दपूर्वक हूँ? लक्ष्मण भाई साहब के निकट आने पर उन्होंने एक दूसरे ही प्रकार के अपरिचित आनन्द का अनुभव किया। बातें करते-करते लक्ष्मण भाई साहब के यहाँ ही काफी रात हो गयी। सोचा—रबीन चिन्तित होकर उन्हें ढूँढ़ता फिरेगा। काका बाबू डॉक्टर साहब से उस दिन भेंट न हो सकी थी। परन्तु दूसरे ही दिन एक रिक्शा लेकर डॉक्टर गगन चैटर्जी उनके घर ही आ पहुँचे। बड़े उल्लास से कहने लगे, "पता चला कि तुम कल शाम को मुझसे मिलने के लिए मेरे घर गये थे? मैंने आज अपने घर के सभी लोगों को खूब डाँटा-फटकारा है। अरे अपना परिचय दे देने के बाद भी उन सबों ने तुम्हें नाश्ता-पानी नहीं करवाया, कोई स्वागत-सत्कार नहीं किया। इतने असभ्य हो गये हैं सब कि क्या कहें?"

"देखिए, उन लोगों को दोष देना ठीक नहीं। भला वे बेचारे कैसे पहचान पाते मुझे?"

"हाँ, यह बात तो है। अरे तुमने तो यहाँ आना ही छोड़ दिया।"

"अच्छा, आपका शरीर तो ठीक है न?"

"हाँ, अवस्था के हिसाब से तो ठीक ही है।"

"आपकी अवस्था कितनी हो गयी?"

"नवासी चल रही है, कुछ ही दिनों में पूरी हो जाएगी।"

बातों-बातों में ही भृगु चौधुरी के पिताजी का भी प्रसंग छिड़ गया। कुछ प्रसंग ऐसे आ गये कि भृगु चौधुरी तो चुप ही रहे किन्तु काकाबाबू फूट-फूट कर रोने लगे।

"वे मेरे अपने सगे बड़े भाई से भी अधिक थे। यद्यपि मैं तो यहाँ का मूल निवासी नहीं हूँ। दूसरे प्रदेश का आदमी हूँ। काफी दूर की दूसरी जगह से आया हूँ। मेरी जाति भी दूसरी है। भाषा भी दूसरी है। किसी भी बात में मेरा उनका मेल नहीं था। फिर भी उन्होंने कभी एक दिन के लिए भी ऐसा अनुभव होने नहीं दिया कि मैं बाहर से आया हुआ आदमी हूँ जो पेट पालने की गरज से यहाँ आया हूँ। उन भाई साहब की वजह से ही यह सम्भव हो सका कि मैं दूर का होकर भी यहाँ का हो गया। उनके कारण ही इस जगह को अपनी जगह समझता हूँ। तुम लोग तो जानते भी नहीं कि उन्होंने किस-किस तरह से मेरी सहायता की थी। मेरे बेटे-बेटियों, नाती-नातिनियों—किसी में भी असमिया लोगों के प्रति कोई विद्वेष का भाव नहीं है। सभी के सभी अपने हाड़गोड़, शरीर के अवयव से लेकर दिल-दिमाग सभी से पूरी तरह असमिया हो गये हैं। चूँकि वे सब असमिया भाषा के माध्यम से ही शिक्षा-दीक्षा पा रहे हैं, अतः कुछ लोग इस पर मेरी हँसी भी उड़ाते हैं परन्तु मैं इसकी कोई परवाह नहीं करता। यह सारा कुछ तुम्हारे पिताजी के कारण ही सम्भव हो पाया।"

किस चीज का अनुसन्धान करने, कौन-सी चीज ऐसी थी जिसे पा लेने की लालसा लिये भृगु चौधुरी अपने जन्मस्थान के घर गये थे? इसे वे स्वयं भी नहीं बता सकते। परन्तु लौटकर उन्होंने बहुत अच्छी तरह अनुभव किया कि उनकी यह यात्रा व्यर्थ नहीं गयी।

31

सत्यजित मिनती पर खीझ उठा, "तभी तुमने मुझे बतलाया क्यों नहीं? बेटे का तभी तमाशा बना दिये होता।"

"क्या किये होते?"

"अरे जरा ढंग से धुलाई कर दी होती।"

"यह सब किस भाषा में कह रहे हो। मैं तो कोई मतलब ही नहीं समझ पा रही।"

दरअसल, तब मिनती बतला रही थी कि असली कारण क्या था जिसकी वजह से उसने उसके स्कूटर से आना-जाना छोड़ दिया था। उसने बतलाया था कि उसने राना को घर से निकल भागते देखा था। इसी प्रसंग में सत्यजित उत्तेजित हो उठा था और कह रहा था कि उस समय जाने होता तो उसने राना की खूब पिटाई कर दी होती। बाद में काफी सोच-विचाकर उसने कहा, "एक काम क्यों नहीं करती? उसे कहीं किसी नौकरी से लगा दे। घर में बैठी-बैठी अकेले रहते हुए यह सब नहीं करेगी तो और क्या करेगी? देखना, जब किसी काम धन्धे में लग जाएगी तो यह सब कुछ भी नहीं करेगी।"

"परन्तु कहाँ पर कौन-सी नौकरी पा सकेगी भला? कम-से-कम बी.ए. भी उत्तीर्ण हो गयी रहती, तो भी कोई बात थी।"

"मैं उसे किसी विश्वविद्यालय का प्रोफेसर बनवाने की तो कह नहीं रहा। किसी भी कार्यालय वगैरह में उसे घुसा दे। या फिर तू रहने दे, मैं ही किसी काम की व्यवस्था करूँगा। कल उसे तैयार रहने को कहना। सेवायोजन कार्यालय में उसका पंजीकरण कल ही करवा दूँगा। अगर एक महीने के अन्दर उसके लिए किसी काम का जुगाड़ नहीं बैठा दिया तो तू मेरा नाम उलट देना। लेकिन नहीं। इसमें तो तुम्हें ही परेशानी होगी। उलटा करके फिर क्या कहेगी भला? तजित्यस। बिलकुल वाहियात, अर्थहीन नाम। मैं तो फिर जैसा हूँ वैसा ही रह जाऊँगा।"

कहीं किसी जगह पर काम पाने की सम्भावना की बात सुनकर प्रणति भी काफी उत्साहित हो गयी। फिर तो उसका चाव इतना बढ़ गया कि सत्यजित को शान्ति से बैठने ही नहीं देती थी। संयोग से एक अच्छा सुयोग भी आ गया। ग्रामीण औद्योगिक सर्वेक्षण नामक केन्द्रीय सरकार की एक नयी संस्था जारी हुई थी, उसी की एक शाखा में दैनिक वेतनभोगी कर्मचारी के रूप में उसे एक काम मिल गया। चूँकि यह विभाग अभी नया-नया ही खुला था अतः इसकी नौकरी के लिए मारा-मारी नहीं मची थी। सो नौकरी की लाइन में बहुत थोड़े से ही लोग थे। अतः बड़ी सरलता से ही वह काम पा गयी।

"बहन! सवेरे-सवेरे बिस्तर पर ही चाय पिओगी?"

मिनती ने आश्चर्य के साथ देखा कि हाथ में एक प्याला चाय लिये प्रणति उसके बिस्तरे के पास खड़ी है। इतने सवेरे-सवेरे ही वह स्नान कर चुकी है। भीगे बालों को बाँधा नहीं है, यूँ ही झाड़कर पीछे की ओर छोड़ दिया है, जिससे उसके लम्बे बालों ने उसकी पूरी पीठ ढँक दी है। अभी भी कुछेक बूँदें टपक-टपककर उसके पल्लू को

भिगोये दे रही हैं। तुरन्त स्नान कर आयी हुई प्रणति ने पूरे कमरे में पवित्रता की कोमलता को ला समाया है। आज मिनती ने अनुभव किया कि उसकी छोटी बहन प्रणति सचमुच ही अतीव सुन्दरी है। बहुत समय से तो वह प्रणति की ओर आँख उठाकर देखती ही नहीं थी। आज जो देखा तो प्यार के मारे कलेजा जुड़ा गया।

"वाह! ले आ दे! आज थोड़ा आराम ही कर लूँ।"

"हाँ! ठीक है। तुम्हें सचमुच ही आराम की ज़रूरत है। मैंने दाल-भात चढ़ा दिया है। थोड़ी ही देर में पक जाएगा।"

"अरे! तू इस सब झंझट में क्यों पड़ने गयी?"

"तो सारे काम अकेले तू कितना करेगी? तुझे क्या अपने कार्यालय का काम भी नहीं करना है?"

"कार्यालय का काम तो तेरा भी है।"

"अरे मेरा कार्यालय! कोई कामधाम तो वहाँ है नहीं। बस बैठे-बैठे जी ऊब जाता है।"

आधी रात की वेला में मिनती की नींद खुल गयी। देखा कि प्रणति ने सोने जाने के पहले बत्ती नहीं बुझायी। पहले के दिन होते तो क्रोध से आग-बबूला हो जाती। कमरे से बाहर चले जाने पर भी बत्ती जलती रह जाती, पंखा घूमता रह जाता। आज बड़ी शान्ति से वह बत्ती बुझाने के लिए बिस्तरे से नीचे उतरी। देखा कि प्रणति तो अभी जगी हुई है, "अरे! तू अभी सोयी नहीं? इतनी रात गये तक जगी-जगी क्या कर रही है?"

प्रणति ने जैसे सफाई देते हुए कहा, "भारतीय संविधान का एक अध्याय पढ़ रही थी। अब इतने दिनों तक तो कुछ पढ़ा-लिखा नहीं न। सो जो पहले पढ़ा था वह भी भूल गयी हूँ। आजकल सम्पत्ति का अधिकार मौलिक अधिकारों में आता है न? लगता है यह पुस्तक काफी पहले की छपी है। इसमें तो वह लिखा ही नहीं है।"

बड़े ही सच्चे ममत्व से मिनती ने प्रणति की ओर देखा। फिर तो एक प्रकार के अपराध-बोध ने उसके मन को विकल कर देना शुरू कर दिया। बचपन से ही प्रणति बहुत स्वाभिमानी है। क्या अनजाने में ही मिनती ने अपने कार्यों से ऐसा कुछ प्रकट किया था। मैं जो कुछ भी कर रही हूँ, तुम लोगों के लिए कर रही हूँ, अपने लिए नहीं।

जालुकबारी से बड़ी तेजी से स्कूटर चलाते मिनती के घर के सामने पहुँचकर सत्यजित ने बड़े जोर का ब्रेक लगाकर घचाक से रोक दिया।

"अगर कोई उलटी दलील दूँ तो लोग मुझे पागल कहेंगे न?"

मिनती ने गम्भीर स्वर में कहा, "अब नये सिरे से प्रमाण देने की जरूरत ही

क्या है। लोग तो तुम्हें यूँ ही पागल समझते हैं। परन्तु आखिर बात क्या है? उलटी दलील देने की क्या आ पड़ी?"

"प्रणति ने विशेष उच्च श्रेणी (डिस्टिंक्शन) पाकर परीक्षा उत्तीर्ण की है।"

"अरे हटो भी। ऐसा मजाक क्यों कर रहे हो?"

"अब तुम ही बताओ। ऐसी बात कहकर मैं प्रणति के साथ मजाक करूँगा?"

तब तो मारे उल्लास के मिनती ऐसे जोर से चिल्ला पड़ी कि उसे सुनकर योगेन महन्त तक परेशान हो गये। मिनती आजकल खुशी के मारे चीखने-चिल्लाने लगी है। प्रणति अपने अध्यवसाय और कर्म-दक्षता के चलते जिस दिन उस परियोजना में अधिकारी के स्थायी पद पर नियुक्त हुई, उस दिन भी मिनती खुशी के मारे इसी तरह चिल्ला उठी थी।

प्रणति अत्यन्त आनन्दित है। मिनती भी प्रसन्न है। वह सोचती है अब तक अशान्ति रही है, उसमें उसका भी दोष तो कुछ था ही। अभिभावक का कर्तव्य- निर्वाह करने के चक्कर में वह अपनी समान अवस्था की बहन से बहुत दूर हो गयी थी। उसकी ओर उसने बिलकुल ध्यान दिया ही नहीं। यह समझकर उसका तो कुछ भी नहीं बन सकता, उसके प्रति एक हीनता की ग्रन्थि बन गयी थी। प्रणति इसलिए आनन्दित है कि उसके मन में अब काफी आत्मविश्वास आ गया है। मिनती से साफ-साफ खुलकर तो कह नहीं पाती परन्तु मन-ही-मन सोचती है कि उसकी बड़ी बहन की अब शादी हो जाना ही उचित है। सत्यजित के ही साथ हो जाए तो उत्तम है। इसमें किसी को आपत्ति ही क्या हो सकती है। और यदि कोई कुछ बुरा कहता भी है तो उसकी परवाह करने की क्या जरूरत? अब तो घर का सारा खर्च प्रणति स्वयं चला सकती है। उधर आरती इंजीनियरिंग कर ही रही है। वह इंजीनियर बनकर आ गयी तब तो फिर कोई बात ही नहीं। पहले वह जिस गड्ढे में स्वयं ही गिरती जा रही थी, उसके बारे में सोचकर उसका दिल काँप उठता है। भगवान् ने किसी तरह रक्षा की। किसी तरह उस घोर पतन से छुटकारा पा सकी। अब वह अच्छी तरह समझ गयी है कि वह स्वयं भी जो राना के प्रति आकर्षित हो गयी थी, वह दरअसल उसके प्रति प्रेम की भावना की तीव्रता के कारण नहीं। बल्कि वह एक नासमझ कम उम्र की किशोरी थी अतः उस आवारा लम्पट राना ने अपनी चतुराई से उसमें भीतर छिपे काम भाव को ऐसा उत्तेजित कर दिया था कि वह अपने को सँभाल नहीं पायी थी। वह भी कोई समझदार व्यक्ति थोड़े ही था, एक विचारहीन लम्पट भर था। उसके दुश्चरित्रपने के बारे में टोले-मुहल्ले के सभी लोग जानते थे, बस वही एक ऐसी अन्धी थी जिसे कुछ सुझाई नहीं दिया। अब तो वह भी सब जान गयी।

उस राना की मौत हो गयी, ऐसी मौत कि जिसकी कल्पना भी नहीं हो सकती थी। उसकी मोटरसाइकिल टुकड़े-टुकड़े हो दबी-कुचली सड़क के किनारे पड़ी थी और वह छिटककर दूर जा गिरा मरा पड़ा था। उसकी सारी देह पर जगह-जगह घाव के

निशान थे। उसकी मौत के सम्बन्ध में भिन्न-भिन्न लोग भिन्न-भिन्न प्रकार की बातें करते हैं। जिस दिन उसकी मौत हुई थी, उसी दिन शाम की वेला में उसको मोटर साइकिल की पिछली सीट पर एक युवती को बैठाकर ले जाते लोगों ने देखा था। परन्तु जब उसके साथ-साथ जाते समय ही दुर्घटना हुई तो फिर दुर्घटना के समय वह वहाँ नहीं थी, क्यों? और अगर वह भी थी तो उसका क्या हुआ? जहाँ दुर्घटना हुई थी, उसके आस-पास दूर-दूर तक कोई घर-द्वार कहीं नहीं है, ऐसे में अगर वह पीछे बैठी थी और दुर्घटना में घायल भी नहीं हुई तो भी वह गयी कहाँ? इस प्रसंग को लेकर लोग तरह-तरह की बातें कहते हैं। कोई कहता है कि अपनी पत्नी के साथ उसके गलत सम्बन्धों को देखकर एक क्रुद्ध पति ने अपनी जीप से कुचल कर राना की हत्या कर दी। उस दुश्चरित्र स्त्री का पति कोई बड़ा सैनिक अधिकारी था। तो कोई कहता है, किसी बहुत प्रभावशाली बड़े आदमी की कन्या से उसका गलत सम्बन्ध हो गया था। उस आदमी ने अनेक बार उसे मना किया किन्तु वह अपनी नापाक हरकतों से बाज नहीं आया। उस दिन की गाढ़ी अँधियारी रात में उस कन्या के कमरे में उसे पाकर उसके भाइयों ने उसे ऐसा मारा, ऐसा मारा कि अन्ततः उसकी मृत्यु ही हो गयी। और फिर उस रात के अँधेरे में ही उसे ले जाकर दूर फेंक आये। सच्ची या झूठी नाना तरह की अफवाहें उसकी मृत्यु के सम्बन्ध में फैल गयी थीं। जनता में भारी कोलाहल मच गया था। जाँच-पड़ताल के लिए काफी हड़कम्प मचा परन्तु जब विस्तृत जाँच बैठी तो उसका जो परिणाम घोषित हुआ, उसमें कुछ भी स्पष्ट नहीं हुआ। फिर तो जनता में यही बात फैलती रही कि चूँकि उस युवती का पिता बहुत ही प्रभावशाली अत्यन्त उच्चपदस्थ अधिकारी है अतः उसने सब कुछ दबा दिया। कोई सही तस्वीर प्रकाशित ही नहीं हो पायी।

राना की मृत्यु से मिनती जरूर परेशान हुई थी कि जाने प्रणति पर इसकी कैसी प्रतिक्रिया हो। परन्तु परेशानी की कोई आवश्यकता नहीं थी। क्योंकि प्रणति तब तक काफी समझदार हो चुकी थी। राना की ऐसी मौत उसे भी बुरी लगी थी परन्तु उसने फिर सोचा कि ऐसा तो होना ही था। एक भ्रष्ट चरित्र के नासमझ आदमी की शोचनीय परिणति तो होती ही है। फिर भी मृत्यु तो किसी की भी बुरी लगती है।

प्रणति अब मिनती के सम्बन्ध में और आग्रहशील हो गयी। अपनी सभी सुख-सुविधाओं को तिलांजलि दे बहन पूरे घर-परिवार को पालने में ही लगी हुई है। उसकी सहेलियों की शादियाँ हो गयीं, बाल-बच्चे हो गये। परन्तु उसके विवाह की चिन्ता किसी ने नहीं की। सोचेगा भी कौन? माँ होती तब तो कोई बात ही नहीं थी, परन्तु माँ तो रही नहीं। पिता ऐसे कि उनके होने-न होने में कोई फर्क ही नहीं। प्रणति सोचती कि अगर सत्यजित से मिनती बहन की शादी हो जाती तो बहुत सुन्दर होता। उसने सोचा—क्यों न यह बात वह स्वयं ही कहे? अब तो डरने की भी कोई बात नहीं। घर-परिवार सँभालने का तर्क भी अब नहीं। अब घर-गृहस्थी के बारे में चिन्ता

करने की उन्हें कोई जरूरत नहीं। मैं ही चला लूँगी मजे में। बहन की दशा अब देखी नहीं जाती। घर से बाहर निकलती है तो देखकर बहुत दुःख होता है। ऐसे रहती है जैसे कोई साठ वर्ष की बुढ़िया। उसने अपने लिए कभी भी कोई अच्छा कपड़ा न खरीदा, न पहना।

एक दिन प्रणति तीन बहुत ही सुन्दर किस्म की साड़ियाँ खरीद लायी। लाकर बहन को दिखाया। पूछने पर बतलाया कि सभी साड़ियाँ वह उसी के लिए ले आयी है। सुनते ही मिनती भड़क उठी, "मैं पहनूँगी इन्हें। इतनी सुन्दर-सुन्दर साड़ियाँ पहनकर निकलूँगी तो लोग क्या कहेंगे? मैं कोई पागल हो गयी हूँ जो ऐसी साड़ी पहनूँगी?"

"हाँ जी, ठीक ही तो कह रही हो, पगली सब ही तो इस प्रकार के कपड़े पहनती हैं। जिनका मस्तिष्क ठीक-ठाक है, वे इसे कैसे पहन सकते हैं? मैंने तो किसी स्वस्थ मस्तिष्कवाले को ऐसा कपड़े पहने कभी देखा ही नहीं। खास पगलियों के लिए ही बनाती है इसे कम्पनी।"

"ऐसी बात नहीं जी। मेरे कहने का मतलब है। धत्..."

"धत् किस बात का। तू इसे पहन तो सही। फिर कौन क्या कहता है? मैं देख लूँगी।"

और दिनों तो मिनती कार्यालय के लिए जाने को पूरी तरह तैयार हो बाहर फाटक पर ही आकर खड़ी रहती थी, परन्तु उस दिन सत्यजित आकर फाटक पर रुका-रुका स्कूटर का भोंपू बजाता रहा। उसे चिन्ता हुई कि आखिर इतनी देरी क्यों हो रही है? स्कूटर बन्द कर उसने एक ओर खड़ा कर दिया और स्वयं भी वहीं खड़े-खड़े प्रतीक्षा करने लगा। कुछ देर बाद बड़ी तेज चाल से मिनती सीधे बाहर निकल आयी। उसके पास पहुँचते-पहुँचते सत्यजित धपाक से धरती पर गिर पड़ा। अत्यन्त परेशान होकर झटपट दौड़ी उसके करीब आ गयी।

"क्या हुआ? क्या हुआ जी?"

किसी-किसी तरह धरती पकड़कर सत्यजित उठा और उठते ही दोनों हाथों से अपनी दोनों आँखें मल-मलकर निहारने लगा। "मुझे तो लगा कि धरती पर भूचाल आ गया है। शरीर सँभालना मुश्किल हो गया। अचानक ही एक अप्सरा अपने मोह-पाश में मुझे फँसा लेने के लिए मेरी ओर बढ़ती आ रही है, यह देखकर तो मेरा माथा ही घूम गया। लेकिन अब देखता हूँ कि अरे यह तो तू है। तूने यह सब क्या पहन लिया है? ऐसी चमत्कारपूर्ण पोशाक तू कहाँ पा गयी?"

32

रजत कलिता की साहित्य-पत्रिका के लिए भृगु चौधुरी ने एक उपन्यास लिखना आरम्भ कर दिया है। पिछले काफी लम्बे अरसे से लिखना बन्द कर दिया था अतः अब वह पुराना अभ्यास तो रहा नहीं। लिखने में अब जड़ता-सी आ गयी है। रह-रह कर रुक जाना पड़ता है। अब तो जोर-जबरदस्ती करके बैठें, तभी लिखा जा सकेगा। वैसे वह ऐसा कोई सपना लेकर नहीं बैठे हैं कि कोई बड़ा ही महान् श्रेणी का अत्यन्त उत्कृष्ट और विख्यात उपन्यास वे रच पाएँगे। यह सब कोई भावना उनके मन में कतई नहीं है। हो सकता है कि वे एक ऐसा उपन्यास लिख जाएँ जिसे लोग बड़ी उत्कण्ठा से पढ़ें। पढ़ने के लिए अत्यन्त लालायित हों अतः वह एक अति लोकप्रिय रचना के रूप में विख्यात हो जाय। परन्तु चौधुरी को यह अच्छी तरह पता है कि लोकप्रियता अथवा जनसमाज में अति प्रसिद्ध हो जाने मात्र से किसी रचना को उत्कृष्ट कोटि का साहित्य नहीं समझा जा सकता। लोकप्रियता उत्कृष्टता का समपर्याय नहीं है।

बहुत समय पहले एक दिन चौधुरी की श्रीमतीजी ने बतलाया था, “आज उत्तरा वगैरह तुमसे मिलने यहाँ आयी थीं।”

“कौन-सी उत्तरा जी?”

“अरे वही प्रोफेसर मिश्र की बेटी जिसने असमिया साहित्य में एम.ए. उत्तीर्ण किया है और अब एक महाविद्यालय में अध्यापिका भी हो गयी है।”

“किस महाविद्यालय में?”

“ठीक नहीं बता सकती। कोई नया-नया आरम्भ हुआ महाविद्यालय है।”

“मगर आयी क्यों थी यहाँ? ऐसे ही?”

“नहीं, नहीं, चन्दा उगाहने आयी थी। यहाँ एक सभागार बनवाएगी। बात-बात में मैंने ऐसे ही पूछ लिया कि तुम्हारी लिखी हुई कोई रचना उसने पढ़ी है या नहीं?”

“इस पर उसने क्या उत्तर दिया?”

“यह लड़की बहुत ही बेधड़क है। उसका कहना है कि उसने एम.ए. कक्षा में ही पढ़ा था कि उपन्यास किस प्रकार का होना चाहिए, परन्तु तुम जो उपन्यास रचते हो, उसमें तुम उन नियमों को मानकर नहीं चलते। पीछे-घटनेवाली घटनाएँ आगे रख देते हो, आगे-घटनेवाली पीछे। कोई स्पष्ट लीक नहीं बनती। सब गड्डमड्ड हो जाता है।”

“सही कहा है उसने। असमिया साहित्य के सम्बन्ध में निर्णय देने का उसे न्यायसिद्ध अधिकार है।”

बात कोई झूठ भी नहीं है। साहित्य के सम्बन्ध में भृगु चौधुरी की कोई

नियमपूर्वक शिक्षा-दीक्षा तो हुई नहीं है। साहित्य के क्षेत्र में उनका प्रवेश, एक प्रकार से अनधिकार प्रवेश ही है।

अभी कुछ दिनों पहले भृगु चौधुरी की भेंट डॉ. भुवन दत्त से हो गयी थी। डॉ. दत्त विश्वविद्यालय के सेवानिवृत्त हो चुके प्रोफेसर हैं। इतनी लम्बी उम्र के बावजूद शारीरिक और मानसिक दोनों ही दृष्टियों से अत्यन्त स्वस्थ हैं, अभी भी खूब परिश्रम करते हैं। बातचीत के प्रसंग में वे बहुत ही दुःख प्रकट करने लगे। कहने लगे कि असमिया भाषा और साहित्य में एम.ए. की परीक्षा उत्तीर्ण होने जा रहे छात्रों की मौखिकी परीक्षा लेने गया हुआ था। छात्रों से प्रश्न पूछे तो उन्होंने जो उत्तर दिये अथवा उत्तर के बदले जो बगलें झाँकते रहे, उसे देखकर असमिया के भविष्य के सम्बन्ध में मुझे बड़ी निराशा हुई। अधिकांश छात्र बी.ए. ऑनर्स कर चुके थे। एम.ए. उत्तीर्ण होने तो जा ही रहे थे, आजकल एम.ए. उत्तीर्ण होने से रोकता ही कौन? परन्तु सच्चाई यह कि भाषा और साहित्य के सम्बन्ध में कुछ भी नहीं जानते और न तो उनके मन में जानने की कोई लालसा ही है। परीक्षा देने के लिए जो रचनाएँ पाठ्यक्रम में लगायी हुई हैं उनके अतिरिक्त एक भी रचना उन्होंने नहीं पढ़ी है। अपनी मौखिकी में पूछे गये प्रश्नों और उनकी प्रतिक्रियाओं के सम्बन्ध में उन्होंने बड़े दुःख के साथ बतलाया :

प्रश्न किया, "असमिया उपन्यासकारों में से कुछ श्रेष्ठ उपन्यासकारों के नाम बतलाइए?"

उत्तर मिला, "रजनीकान्त बरदलै।"

"ठीक बतलाया। वे एक अच्छे लेखक थे। लेकिन और कोई नाम?"

"याद नहीं।"

"खैर कोई बात नहीं। आधुनिक काल में रचना कर रहे किसी उपन्यासकार का कोई उपन्यास पढ़ा हो तो बतलाएँ।"

कोई उत्तर ही नहीं।

"अच्छा इसे छोड़ो, असमिया के जो कवि तुम्हें बहुत प्रिय हों, उनमें से किन्हीं दो के नाम बतलाओ?"

उत्तर, "यतीन्द्रनाथ दुवरा, रघुनाथ चौधुरी।"

"अरे भाई आजकल के कवियों का…"

उत्तर, "आता तो है मगर अभी याद नहीं पड़ रहा।"

"अच्छा! अंग्रेजी की कोई पुस्तक पढ़ी है?"

"नहीं साहब। अपने पाठ्यक्रम में है भी नहीं।"

"आजकल जासूसी उपन्यास तो प्रायः ही लोग खूब पढ़ते हैं। तुमने कोई जासूसी उपन्यास पढ़ा हो, तो उसका ही नाम बतला दो।"

"नहीं महाशय! मैं नहीं पढ़ता ऐसी चीजें।"

"अच्छा, यह तो बतलाओ कि असमिया साहित्य का स्तर ऊँचा है क्या?"

"बहुत ऊँचा है।"

"पाठ्यक्रम में निर्धारित पुस्तकों के अलावा कोई भी एक पुस्तक पढ़ी हो तो बतलाना।"

"नहीं पढ़ी जी।"

"तुम्हारे पाठ्यक्रम की सूची में देखा है कि एक प्रश्न-पत्र सम-सामयिक पाश्चात्य साहित्य से भी सम्बन्धित है। उससे सम्बन्धित कोई पुस्तक पढ़नी चाहिए?"

"हाँ, जैसाकि क्राइम ऐण्ड पनिश्मेण्ट, केण्डिडा, आउट साइडर..."

"अच्छा इनके रचनाकारों के नाम तो बतलाओ।"

"याद तो था। फिलहाल भूल गया हूँ।"

डॉ. भुवनदत्त ने फिर बतलाया कि इस तरह के उत्तरों से जब मैं काफी दुखी हो गया, तब मजाक के तौर पर एक से पूछ बैठा, "किसी असमिया साहित्यकार ने नोबेल पुरस्कार पाया है या नहीं?"

"पाया है।"

"उसका नाम?"

"नाम इस समय याद नहीं आ रहा।"

फिर एक से पूछा कि किसी भारतीय ने नोबेल पुरस्कार पाया है या नहीं? इस प्रश्न का उत्तर भी नहीं दे पाया।

यह सब सोच-सोचकर भृगु चौधुरी ने निर्णय किया कि अब ज्यादा संकोच करने की जरूरत नहीं है। बिना किसी संकोच के वे रजत कलिता के लिए एक उपन्यास लिख सकते हैं। उनका लिखा वह उपन्यास अच्छा होगा या बुरा, इसकी चिन्ता करने की कोई आवश्यकता नहीं। वे लाख कोशिश करके भी अन्तर्राष्ट्रीय महत्त्व की कौन कहे, भारत में राष्ट्रीय महत्त्व पा सकने जैसा उपन्यास भी नहीं लिख सकते। वे तो अपनी शक्ति-सामर्थ्य के अनुरूप ही लिख सकेंगे। वे तो बस कोशिश करेंगे कि अपने लेखन से वे दूसरों के साथ कोई छल न करें साथ ही अपने साथ भी धोखा न करें। जो कुछ लिखें अन्तःकरण की पूरी सच्चाई से लिखें।

अपने समूचे जीवन में भृगु चौधुरी ने किसी युगान्तरकारी घटना में कोई महत्त्वपूर्ण भूमिका नहीं निभायी। ऐसी बात नहीं कि उनके जीवनकाल में कोई युगान्तरकारी घटना नहीं हुई। हुई और उनके सामने ही हुई किन्तु उनकी भूमिका परिधि के बाहर खड़े उत्सुक दर्शक की ही रही। स्वाधीनता संग्राम, अगस्त क्रान्ति, भारत छोड़ो आन्दोलन, देश विभाजन और तो और आजकल के असम के नाना प्रकार के आन्दोलनों के होते हुए सभी में एक उत्कण्ठित दर्शक की ही भूमिका में पड़े रहे। इन बड़ी-बड़ी घटनाओं से वे उतने उद्वेलित नहीं हुए जितना कि छोटी-छोटी घटनाओं ने उन्हें मथ डाला है। जिन घटनाओं को और लोग इतना तुच्छ मानते हैं कि उन्हें

किसी गिनती में ही नहीं लेते, उन्हीं तुच्छ घटनाओं ने कभी उन्हें आनन्द उल्लास से बावला बना दिया, तो कभी निराशा के घेरे में डालकर मरणासन्न कर डाला है। उनकी ऐसी दशा में जैसे कविगुरु रवीन्द्रनाथ ठाकुर के इन वचनों की प्रतिध्वनि सुनाई पड़ती है, "एक टुकु छोया लागे, एक टुकू कथा सुनि।"

कभी-कभी चौधुरी अपनी स्थिति पर विचार करते हैं तो उन्हें ऐसा जान पड़ता है कि वे जीवन-यथार्थ में निवास नहीं करते बल्कि एक झूठे, अवास्तविक, निराधार सपने के संसार में जीते हैं। उन्हें महसूस होता है कि उन्होंने यद्यपि अपनी आँखों से देखा, कानों से सुना है, फिर भी उन्होंने जो देखा वह वस्तुतः सत्य नहीं था, उन्होंने झूठ ही देखा, जो सुना वह भी झूठ ही सुना। उन्हें तो यहाँ तक लगता है कि उनके मन में जो भाव-विचार उठते हैं, जो अनुभूतियाँ होती हैं, वे भी सच्ची नहीं होतीं, वे भी बनावटी और काल्पनिक होती हैं। प्रत्येक अनुभूति के साथ व्यक्ति का परम्परागत संसार, सोचने-विचारने का अभ्यास और कुछ मात्रा में उसकी कल्पना भी घुली-मिली रहती है। चौधुरी तब अपने आप पर ही शंकित हो उठते हैं। वे अपने से ही पूछते हैं, "क्यों चौधुरी, तुम क्या सचमुच ही नीला से प्रेम करते थे?" और अचम्भा यह कि खुले दिल से वे इसे स्वीकार करने में भी हिचकते हैं। उचित-अनुचित का ख्याल रखे बगैर इस प्रेम शब्द का ठौर-कुठौर ऐसा व्यवहार होता रहा है कि इस 'प्रेम' शब्द ने अपनी चमक खो दी।

कभी जानने की इच्छा करते, "चौधुरी, अपनी पत्नी को प्यार करते हो न?" यदि कोई व्यक्ति यह अनुभव कर लेता है कि किसी दूसरे की समूची सत्ता अपने आप उसकी अपनी सत्ता से मिलकर एक हो गयी है, तो प्यार के किसी दूसरे ही शब्दकोशीय अर्थ पर विचार करने की क्या कोई जरूरत है भला? सुख में, दुःख में, सम्पन्नता में और महादरिद्रता की दशा में, उन्नति की वेला में और पतन के गर्त में लुढ़कते जाते रहने के क्रम में, हर एक हालत में एक लम्बे समय तक साथ-साथ बने रहनेवाले मित्र की तरह जीवन-पथ पर चलते-चलते वे लोग आज की इस स्थिति तक पहुँचे हैं। यह जरूर है कि जीवन की इस लम्बी राह में बीच-बीच में और भी साथी मिले किन्तु बस कुछ दूर तक का साथ निभाकर सभी सहयात्री फिर अपने-अपने रास्तों पर मुड़कर उनसे किनारा काट गये। यहाँ तक कि उनके अपने बेटे-बेटियाँ भी अपना-अपना रास्ता चुनकर अपनी मनपसन्द मंजिल की ओर बढ़ गये। उनको मंजिल तक पहुँचाने में मदद करने की किसी ने नहीं सोची। इस तरह जीवन की इस लम्बी राह में उनकी एक मात्र साथी उनकी पत्नी ही रहीं और पत्नी के एकमेव साथी वे स्वयं ही रहे। "मैं और मेरी छाया" की-सी दशा है। अब तो लगता है कि उन दोनों में से अगर कोई एक मर भी जाए तो उसके बाद भी उनका यह सम्बन्ध नहीं टूटेगा। मनुष्य के जीवन में अनेक प्रकार की आशाएँ-आकांक्षाएँ होती हैं। उनमें से कुछ पूरी हो जाती हैं, तो कुछ कभी भी पूरी नहीं हो पातीं। परन्तु जाने कैसे चौधुरी की पत्नी

तुरन्त ही उनकी चिन्ताओं को ताड़ जातीं, "अरे क्या हुआ उससे? उसके लिए इतनी चिन्ता करने की क्या जरूरत है?" परन्तु क्या अपनी पत्नी के मन की भावनाओं को कभी चौधुरी भी समझ सके? कभी-कभी ऐसा होता है कि एक बहुत मामूली-सी घटना मन के भीतर गहरा घाव कर जाती है। एक ऐसा घाव जो किसी भी तरह सूखता ही नहीं। चौधुरी के साथियों एवं अन्य परिचित श्रेष्ठजनों के घर विवाह, यज्ञोपवीत, नामकरण या जन्मदिन मनाने आदि के जो उत्सव होते, उनमें चौधुरी को प्रायः ही सपरिवार आने का निमन्त्रण मिलता था, परन्तु उनकी पत्नी इस तरह के उत्सवों में जाने से बराबर कतरातीं। कोई-न-कोई बहाना बनाकर वे रुक ही जातीं। चौधुरी के साथ वे ऐसे उल्लासपूर्ण उत्सवों में नहीं जाती थीं। कभी कहतीं—आज सर बड़े जोरों से दर्द कर रहा है। कभी तबीयत खराब बतातीं। कभी पेट का दर्द आड़े आता। परन्तु वे यह सब इतनी सावधानी से करतीं कि चौधुरी कभी भी इस मूल बात को पकड़ ही नहीं सके कि वे इस तरह के उत्सव-उल्लास में शामिल होना चाहती ही नहीं थीं।

उनकी इस हठधर्मिता के पीछे भी दरअसल चौधुरी का ही दोष था। साज-पोशाक, बनाव-शृंगार, ठाठ-बाट के प्रति वे स्वयं तो कभी सजग रहे ही नहीं, अपनी पत्नी के लिए भी उन्होंने कभी इन सब बातों की परवाह नहीं की कि उनके पास विभिन्न अवसरों पर पहनने लायक साड़ी-ब्लाउज, रिहा-मेखला, चादर वगैरह तथा गहने-गीठे, सुन्दर अलंकार आदि हैं भी या नहीं। उधर ध्यान देने की उन्हें न फुरसत थी न कोई चिन्ता ही। दरअसल, चौधुरी के मन में किसी प्रकार की हीन ग्रन्थि नहीं थी। वे किसी को भी अपने से छोटा नहीं मानते थे, इसके परिणामस्वरूप अपने को भी किसी से छोटा नहीं समझते थे। जिसके पास कुछ भी नहीं है वह भी आदरणीय था, और अपने पास और की तरह के साजो-सामान नहीं थे, तो भी अपने को हेठा समझने की कोई भावना नहीं थी। वे हर हालत में खुश रहते थे। उनका विचार था कि यदि कोई व्यक्ति उन्हें अपना मित्र समझता है, तो चौधुरी जैसे भी हैं, ठीक उसी रूप में उन्हें स्वीकार करना चाहिए।

असम प्रदेश विधान सभा के अध्यक्ष महोदय चौधुरी के अति घनिष्ठ मित्र थे। उनकी बेटी का विवाह-संस्कार सम्पन्न होने जा रहा है। इस मंगल अवसर पर उन्होंने बड़े आग्रह से चौधुरी को श्रीमती चौधुरी के साथ आने का आमन्त्रण दिया है। उनके आग्रह को देखते हुए चौधुरी भी अपनी स्वीकृति दे आये हैं। विवाह के दिन स्वयं तैयार होते-होते उन्होंने अपनी पत्नी को भी तुरन्त तैयार हो जाने के लिए कहा। फिर समय देखकर बोले, "अब चलो निकलो भी, देर हुई जा रही है।"

"कहाँ चलें? और देर कैसी?"

"क्यों, तुमसे बतलाया था न कि मेरे मित्र की बिटिया के विवाह में हमें जरूर चलना है। वह विवाह तो आज ही है। क्या उसमें नहीं चलोगी?"

"देखिए, आप चले जाइए। मैं नहीं जा सकूँगी।"

"मगर क्यों?"

"वैसी कोई बात नहीं। मेरा शरीर आज ठीक नहीं है, इसी से।"

"मैंने लक्ष्य किया है कि विवाह संस्कार वगैरह में जब भी जाना होता है, तभी तुम्हारा शरीर खराब हो जाता है। क्यों खराब हो जाता है? उस दिन तुम स्वस्थ क्यों नहीं रहतीं? और आज तो तुमने भोजन पकाने से लेकर, सफाई करने तक घर के सारे काम किये हैं। अभी भी मजे से सारे काम करती जा रही हो, बस जाने के नाम पर यह तुम्हें क्या हो जाता है?"

"देखिए, मैंने अपने न जाने की बात की न, सो मैं तो नहीं जा पाऊँगी। परन्तु आप क्यों देर करते हैं। आप जाइए न। मैंने आपको जाने से मना तो नहीं किया।"

"देखो, हर एक बात में ऐसी जिद क्यों कर बैठती हो। बहुत हुआ, अब चलो भी।"

"कहा न कि मैं नहीं जा सकूँगी।"

"मगर क्यों नहीं जा सकोगी? आज तो बताना ही पड़ेगा।"

"तो सुनिए। मैं इतने बड़े आदमी के घर नहीं जा सकती। हम लोग साधारण छोटे आदमी हैं। अतः छोटा बनकर ही रहेंगे।"

"इसमें छोटे-बड़े आदमी की बात कहाँ से आ गयी। अरे उन्होंने बुलाया है तो जाना हमारा कर्तव्य होता है।"

"अब तुम मानो या न मानो, लेकिन हर जगह छोटे-बड़े आदमी की बात है, हर जगह दोनों में फर्क किया जाता है, अलग-अलग निगाह से देखा जाता है। इतना ही नहीं, बड़े आदमी लोग तो छोटे आदमी को आदमी ही नहीं मानते।"

"क्या बेकार की ऊल-जलूल बातें कह रही हो?"

"ऊल-जलूल नहीं, बल्कि ठीक-ठीक कह रही हूँ। मैंने इस दुनिया के व्यवहार को बहुत निकट से देखा है, बड़े करीब से सबको जाना-समझा है इसलिए कह रही हूँ।"

"क्या जानती हो तुम? जरा मुझे भी तो सुनाओ।"

"सुन सकोगे?"

"कहो भी तो। सुन रहा हूँ।"

"तुम अपने मित्र फूकनजी की मित्रता की प्रशंसा करते नहीं थकते। उनके बेटे के विवाहोत्सव में तुम मुझे लिवा ले गये थे। याद है न? मैं बड़े उत्साह से वहाँ गयी भी। परन्तु वहाँ उनके सम्बन्धी तो दूर, उनके घर के भी किसी व्यक्ति ने मुझे पूछा तक नहीं। आये हुए लोगों में से किसी ने मुझसे बात तक नहीं की। क्यों करेंगे वह हम जैसे लोगों के साथ बात? वहाँ आयी हुई सारी महिलाएँ महँगे-से-महँगे, चटकदार, चमचमाती हुई पोशाकें पहनी हुई थीं। सिर से पाँव तक सोने के गहनों से लदी हुई

थीं। अपने बीच वे मुझे अनावश्यक धब्बा ही महसूस कर रही थीं। उनके हाव-भाव से लगता था जैसे कहती हों इन ऊँचे स्तर के लोगों के बीच यह चौकीदार चपरासी की कौन स्त्री आ गयी जी? तुम्हारे मित्र के घरवाली स्त्रियाँ मेरी दाहिनी ओर फिर बायीं ओर बैठी तमाम स्त्रियों को आग्रहपूर्वक बुला-बुलाकर भोजन कराने, स्वागत-सत्कार करने लिवा ले गयीं, परन्तु बीच में बैठी मुझे किसी ने पूछा तक नहीं।"

भृगु चौधुरी सुनकर सनाका खा गये। उनकी जबान से कुछ नहीं निकल सका। उनकी पत्नी ने जिस अपमान का अनुभव आज से उतने वर्ष पहले किया था, ठीक उतने ही गहरे अपमान का अनुभव चौधुरी ने इतने समय बाद अब स्वयं किया। उन्हें जान पड़ा जैसे वे स्वयं ही अपनी पत्नी की जगह स्त्री बनकर उत्सव आनन्द के एक समारोह में स्त्रियों की भीड़ में बैठे हैं। चमचमाते हुए वस्त्रों में सजी-धजी हीरे-मोती जड़े गहनों से लदी हुई स्त्रियाँ उनके चारों ओर बैठी हैं। वे सभी दिल खोकर आपस में चर्चा-परिचर्चा कर रही हैं। बात-बात पर हँस रही हैं। मजाक कर रही हैं। एक-दूसरे को किस्से-कहानियाँ सुना रही हैं। समारोह के आयोजनकर्ता के परिवार की स्त्रियाँ मुसकरा-मुसकराकर उन्हें बुलाती हैं। ले जाकर स्वागत-सत्कार कर रही हैं। वे उनके बीच ही बैठे हैं, पर जैसे किसी को वे दिखाई ही नहीं दे रहे। मनुष्य के रूप में जैसे उनकी कोई पहचान ही नहीं है। सभी लोगों के द्वारा सभी तरह से उपेक्षित-अवहेलित हो मन मारे बैठे हैं।

33

बहुत साधारण-सा, हलके-फुलके मजाकिया स्वभाव का दिखनेवाला सत्यजित वैसे काफी अध्ययन-मनन किये हुए है। यह रहस्य भृगु चौधुरी ने तब जाना जब कई एक विषयों पर उससे तर्क-वितर्क किया। उन्होंने जाना कि केवल असमिया पुस्तकें ही नहीं, बल्कि अँग्रेजी और बँगला की भी कई अच्छी पुस्तकें उसने गम्भीरता से पढ़ी हैं। आजकल का असमिया साहित्य किस स्तर का है? इस सम्बन्ध में भी उसकी स्पष्ट धारणा है। वह जो कुछ भी सोचता-विचारता है, स्वयं अपने बल-बूते पर। किसी दूसरे श्रेष्ठ समालोचक के विचारों को उधार लेकर अपनी बात नहीं करता। हमेशा किसी की अँगुली थामे चलने की उसकी आदत नहीं है। बर्ट्रेण्ड रसेल ने कहा है कि किसी

भी एक विषय के सम्बन्ध में मनुष्य के भाव-विचार, उस विषय के सम्बन्ध में उसके ज्ञान के अनुपात में ही बनते हैं।

"अब इसमें बेचारे बर्ट्रेण्ड रसेल साहब को क्यों घसीटते हैं। यह बात तो स्वयं अपने अनुभव से आप भी कह सकते हैं, मैं भी कह सकता हूँ। क्यों ठीक कह रहा हूँ कि नहीं?"

सत्यजित की इस प्रकार की बातें सुन-सुनकर भृगु चौधुरी मीठे-मीठे मुसकराते हैं। यद्यपि उनमें से एक काफी उम्र के बूढ़े व्यक्ति हैं और दूसरा अभी उभरता हुआ नवयुवक है, फिर भी उनमें जो आन्तरिक सम्बन्ध बनता चला गया है उसमें अवस्था के इस अन्तर ने कोई कठिनाई नहीं खड़ी की है। उस नवयुवती का क्या नाम है? अरे! हाँ, उत्तरा मिश्रा। सो एक वह उत्तरा मिश्रा है जो यह समझती है कि वह सारी बातें जानती है, सभी प्रसंगों में वह जैसे अन्तिम निर्णय सुनाती है और एक ये हैं सत्यजित?

"वाह! आप तो बहुत अधिक अध्ययन-मनन करते हैं।"

सत्यजित ने अपने अन्दाज में उत्तर दिया, "पुस्तकें पढ़ना भारत के मध्यवित्त समुदाय के मनुष्यों के लिए मनोरंजन का सबसे अच्छा और सबसे सस्ता उपाय है। तुम अगर गम्भीरता से विचार कर देखो तो पाओगे कि भारतीय समाज के जो बहुत साधन-सम्पन्न लोग हैं, यानी बहुत ही उच्च आय वर्ग के हर तरह से सम्पन्न लोग हैं, वे पुस्तकें नहीं पढ़ते। दूसरी ओर जो साधनों से हीन, मजबूर, निम्न आयवर्ग के लोग हैं, वे भी पुस्तकें नहीं पढ़ते। सो यह मध्य आयवर्ग जो पुस्तकें पढ़ता है, इसके पीछे किसी प्रकार का लाभ उठाने की बात नहीं है। बात केवल इतनी-सी है कि पुस्तकें पढ़ने से अपने सम्बन्ध में एक अच्छा विचार बनता है। आत्म-सन्तोष प्राप्त होता है; बस कोई और लाभ नहीं है इससे।"

"सच, क्या ऐसी बात है?"

"और नहीं तो क्या? मैं तो आपके पास भी बस ये दो ही हाथ देख रहा हूँ।"

"इसका क्या मतलब रे भाई?"

"मतलब यह कि आपने भी कोई कम पुस्तकें तो नहीं पढ़ी हैं? बहुत ही पढ़ी हैं। परन्तु इतना पढ़ने से आपकी देह में दो और अधिक हाथ तो नहीं जमे हैं।"

"सो तो ठीक कह रहे हो, मेरे कुछ अधिक हाथ तो निकले नहीं।" कहकर चौधुरी हँसने लगे। फिर एकाएक पूछ बैठे, "अच्छा, जरा यह तो बतलाओ, किसी भी विशेष विचारधारा की संस्था या पार्टी अथवा किसी खास किस्म के आदर्शों के प्रति तुम्हारी श्रद्धा है या नहीं?"

"देखिए, यह तो कमर के नीचे के भाग में गदा मारने जैसी बात हुई। पढ़े-लिखे श्रेष्ठ असमिया लोग असमिया बोलते हुए जिसे कहते हैं—हिटिं बिलो दि बेल्ट।"

"ऐसा क्यों?"

"ऐसा इसलिए कि नाना विचारधाराओं के लोग, तरह-तरह की पार्टियों के नेता हजारों-हजार सालों से बराबर मनुष्यों का कल्याण करने के लिए जो एक के ऊपर एक चढ़ते हुए, धमा-चौकड़ी मचाते रहे हैं, उसे देखते हुए तो अब तक इस धरती को स्वर्ग बन जाना चाहिए था।"

"तो तुम क्या यह कहना चाहते हो कि समाज का उद्धार करनेवाले इन लोगों या दलों से समाज में कोई उन्नति हुई ही नहीं?"

"क्यों नहीं होगी? हुई है, खूब हुई है। जैसेकि पहले जमाने में जहाँ लोग अपने गुलामों को खड़ाऊँ से मारते थे, अब मोटे-मजबूत तल्लोंवाले जूतों से मारते हैं। जितनी भी उन्नति हुई है, वह सारी-की-सारी विज्ञान की वजह से हुई है।"

"परन्तु कुछ लोग ऐसे भी तो हैं जिनका मानना है कि आज की धरती, धरती पर निवास करनेवाली मानव जाति की दशा, पहले की अपेक्षा और अधिक खराब ही हो गयी है।"

"पढ़े-लिखे विद्वान् लोग किसी भी विचारधारा के समर्थन के लिए आवश्यक उदाहरणों को ला-लाकर रख सकते हैं। लोभ, मोह, घृणा, दूसरे को अपने से अलग ठेलने की प्रवृत्ति, निष्ठुरता, पशुता की प्रवृत्ति इत्यादि भावनाएँ पहले भी थीं, अब भी हैं। आप तो प्रकाण्ड-पण्डित हैं, ऐतरेय ब्राह्मण में कही गयी कहनी का मर्म तो आप अच्छी तरह समझते हैं।"

"कौन-सी कहानी जी?"

"वही कि जिसमें बतलाया गया है कि राजा हरिश्चन्द्र की एक सौ रानियाँ थीं। परन्तु संयोग ऐसा कि उनमें से किसी से भी कोई पुत्र नहीं हो सका था। मुनि नारद ने व्यवस्था दे रखी थी, पुत्रहीन माता-पिता को मृत्यु के पश्चात् स्वर्ग प्राप्ति नहीं होती। इस दुःख से परेशान राजा वरुण देवता की शरण में पहुँचे। वरुण ने उन्हें पुत्र उत्पन्न होने का आशीर्वाद तो दिया परन्तु एक शर्त रख दी और वह यह कि उनके जो भी पुत्र पैदा होगा वे वरुण देवता के लिए उसकी बलि चढ़ा देंगे। राजा ने शर्त स्वीकार कर ली। परिणामस्वरूप उनके घर पुत्ररत्न ने जन्म लिया जिसके सौन्दर्य से अभिभूत हो राजा ने नाम रखा रोहिताश्व। परन्तु जब-जब बलि चढ़ाने की बात उठती, राजा तरह-तरह के बहाने बनाकर उसे टालते जाते थे। वे अपने सुन्दर-सुशील प्यारे इकलौते बेटे की बलि चढ़ाने की बात नाना प्रकार की लाचारियाँ दिखा, तरह-तरह के बहाने बना टालते रहते थे। जिससे क्षुब्ध होकर वरुण भी हठ कर बैठे। मृत्यु की निश्चित सम्भावना को निकट आते देख बेटा रोहिताश्व भागकर जंगल में जा छिपा। ढूँढ़ने पर वह जिस जंगल में मिला, वहीं अजीगर्त नाम के एक महादरिद्र ब्राह्मण रहते थे। राजा ने अपने बेटे को बचाने के लिए उनके सामने प्रस्ताव रखा कि अगर राजा के बेटे के बदले वे अपने किसी बेटे की बलि चढ़ाने को तैयार हो जाएँ तो वे उन्हें मुँहमाँगा इनाम दे सकते हैं। दीन-दरिद्र अजीगर्त सौ गायें पा लेने के बदले अपने बेटे शुनःशेप

की बलि, रोहिताश्व के बदले देने को तैयार हो गये। थोड़ा-बहुत नाहीं-नुकुर करने के बाद वरुण ने भी यह प्रस्ताव मान लिया। बलि के लिए बलिपशु को यज्ञभूमि में वध हेतु बने यूपकाष्ठ में लाकर पुरोहित बाँधता है तभी बलि चढ़ाई जाती है। परन्तु राजा के बेटे की जगह एक गरीब ब्राह्मण के बेटे शुनःशेप को लाकर यूपकाष्ठ में बाँधने के लिए कोई भी ब्राह्मण पुरोहित तैयार नहीं हुआ। ऐसा करनेवाले ब्राह्मण को सौ गायें देने का प्रस्ताव मिलने पर भी जब कोई ब्राह्मण तैयार नहीं हुआ, तो सौ गायें और पाने के लोभ में शुनःशेप के पिता अजीगर्त खुद ही तैयार हो गये। उसे लाकर यूपकाष्ठ में बाँध दिया। इसके बाद उसे बलिपशु की तरह से देवता के नाम पर बलि चढ़ाने के लिए उसकी गर्दन पर कुठाराघात करने की जरूरत पड़ी। तब कोई भी व्यक्ति इसके लिए तैयार नहीं हुआ। तब सौ गायें और पाने के बदले में बेटे का पिता खुद ही अपने बेटे का सिर काटने चला गया। लोभ और जंगली जानवरपने के व्यवहार की इससे अधिक घृणित बात की क्या कल्पना भी की जा सकती है?"

उसने अभी यहीं तक कहा था कि उसी बीच श्रीमती चौधुरी आ पहुँचीं और पूछ बैठीं, "क्यों रे सत्य! तू कभी फैन्सी बाजार की ओर जाता है?"

"क्यों नहीं जाऊँगा? मैं तो बराबर ही जाता रहता हूँ। जब कहिए तब चला जाऊँ।"

"नहीं, बराबर जाने की जरूरत नहीं है, इतनी जल्दी भी नहीं है। अगर कभी उधर जाना तो मेरा एक काम करते आना। मेरे प्रेस्टिज कुकर का सेफ्टी वाल्व खराब हो गया है, वहाँ से एक नया खरीद लाना। सात सात सात नम्बर का। उसकी खराबी के कारण काफी दिनों से उसका व्यवहार ही नहीं कर पा रही हूँ। इनसे तो कहते-कहते थक गयी। कई और लोगों से भी कहा परन्तु मँगवा नहीं पायी।"

"अब आप कोई चिन्ता न करें, मैं कल ही ला दूँगा।" चौधुरी ने पूछा, "क्यों जी, हमारी चाय का क्या हुआ? मैंने थोड़ी देर पहले सुभद्रा से कहा था कि हमारे लिए चाय लेती आए। अभी तक क्यों नहीं···?"

"वाह! क्या खूब बात कह रहे हैं। सुभद्रा तुम्हें चाय बनाकर पिलाएगी? कितने दिनों से तो उसने सारा काम छोड़ रखा है। काम ही क्यों? वह तो किसी से बात भी नहीं करती। पूरे दिन अपने कमरे में बन्द पड़ी रहती है। यहाँ तक कि खाना खिलाने के लिए बुलाते-बुलाते थक जाती हूँ। मगर जल्दी अपने कमरे से निकलती ही नहीं। तुम चाय बनाने के लिए कहने के लिए उसे कहाँ पा गये?"

"वहीं रसोई घर के बरामदे में खड़ी थी, सो तभी उसी से कह दिया।"

"ओह हाँ! दोपहर का भोजन उसने शाम ढलते समय आकर तब किया था।"

"मगर ऐसा क्यों चल रहा है? उसे हो क्या गया है?"

"मैं भला कैसे बता पाऊँगी। कुछ बतलाएगी तभी तो जानूँगी।"

34

अपने लम्बे जीवन-काल में चौधुरी ने अनुभव किया है कि प्रत्येक मनुष्य परस्पर विरोधी किस्म के भावों का एक मिला-जुला अद्भुत संग्रह है। इसी से किसी भी व्यक्ति की आँखों में किसी दूसरे व्यक्ति का असली परिचय दिखाई नहीं पड़ता। पहले आदमी के लिए दूसरे आदमी को वह जिस रूप में देखता है, वही उस दूसरे आदमी का परिचय होता है। दिखलाई पड़नेवाली कुछ भाव-भंगिमा के आधार पर ही लोग किसी आदमी की भाव-मूर्ति गढ़ लेते हैं। अब, जब किसी व्यक्ति के बारे में वे एक धारणा बना लेते हैं, तो उसके बाद वह व्यक्ति अगर उनकी आशाओं के अनुरूप कार्य नहीं करता, तो फिर लोग आश्चर्यचकित रह जाते हैं। सोचते हैं कि उस आदमी ने उनके साथ धोखा किया। जैसा वे उसके बारे में सोचते थे वैसा न कर उसने उनके विश्वास को धक्का दिया है। उसे मैं इतना भला आदमी समझता था और उसने इस तरह का काम कर दिया? हाय-हाय! अथवा फिर किसी के बारे में कहते हैं, "इस आदमी के बारे में तो मेरी कोई अच्छी धारणा नहीं थी, मगर अब ऐसा लगता है कि यह आदमी वास्तव में बुरा नहीं था।" इसी से वे इस निष्कर्ष पर पहुँचे हैं कि किसी के भी सम्बन्ध में हड़बड़ी में कोई धारणा न बनाओ। हड़बड़ी में बनायी गयी धारणा के कारण भविष्य में तरह-तरह की जटिलताएँ पैदा होती हैं।

सुभद्रा की भयावह दशा को देखकर हड़बड़ी में उसे अपने घर लिवा ले आने का काम चौधुरी द्वारा किया गया एक नासमझी का ही काम सिद्ध हुआ। जबकि उस समय उसकी दशा देखकर उन्होंने समझा था कि उसे ले चलना ही एक मात्र मनुष्यता का काम होगा नहीं तो अगर वह शैलेन बरुआ के घर ही रह गयी तो निश्चित रूप से आत्महत्या कर लेगी। यही तो एक विचित्र कठिनाई है। आदमी जिसका भला करता है, वही आदमी अपने उपकारी को गालियाँ बकता है, हर तरह से दोषी ठहराता है। किसके हृदय के अन्दर क्या है, इसकी खोजबीन करने से कोई लाभ नहीं। किसी का मंगल कर देने के बाद फिर उसकी गालियाँ खाने, उसकी शत्रुता का जोखिम उठाने, उसके द्वारा बदनाम किये जाने के चौधुरी को ढेर सारे अनुभव हुए हैं। अतः अब इसे लेकर परेशान होने से कोई लाभ नहीं।

दरअसल, भृगु चौधुरी अतिशय भावुक किस्म के आदमी हैं। आगा-पीछा सोचे बगैर, बुद्धि का प्रयोग किये बिना ही सुभद्रा को अपने घर लिवा ले आने की उनकी करतूत ही इसका प्रत्यक्ष उदाहरण है। उस समय जो वह यहाँ आयी, तो शुरू-शुरू में तो सब अच्छा ही लगा था। सब कुछ अच्छी तरह ही चलता जा रहा था। चौधुरी के घर में हरेक आफत-विपद से सुरक्षित आश्रय पाकर वह बराबर कृतज्ञता के भाव से भरी रहती थी। चौधुरी की श्रीमतीजी ने उनके इस निर्णय का विरोध तो नहीं किया था, परन्तु मन-ही-मन वे बहुत दहली हुई रहती थीं कि जाने क्या परिणाम हो? इसके

कारण कितने तरह की जटिलताएँ पैदा हो सकती हैं? इस बात पर चौधुरी ने सोच-विचारकर देखा ही नहीं। इन्हीं दुश्चिन्ताओं में जब एक महीना कुशल-मंगल से बीत गया तब वे निश्चिन्त हो गयीं कि चलो अब कोई घबराने की बात नहीं।

बड़े मजे से सब कुछ चल रहा था। चौधुरी जब अपने जन्मस्थान गये तो वहाँ भी सुभद्रा को साथ ले गये थे। इस तरह घूमने-फिरने का अवसर पाकर वह और भी आनन्दित हुई थी। परन्तु अब तो स्थिति एकदम से भिन्न हो उठी है। पिछले कुछ समय से उसे लेकर भीषण समस्या पैदा हो गयी है। चौबीसों घण्टे बस क्रोध से ही भरी रहती है। हर एक बात में गुस्सा। काम करने जाती भी है, यहाँ की चीज वहाँ फेंक देती है। तो कोई वस्तु उठाकर फर्श पर पटक देती है। ऐसे काम करती है कि दूर बैठे सभी आदमी भी जान जाते हैं कि हाँ, वह काम कर रही है। चलती ऐसे है, जैसे उसके कदमों से धरती काँप जाए। भृगु चौधुरी को याद आता है कि इसके बहुत समय पहले जब वह उनके यहाँ काम करने आयी थी तब भी तो वह घर का काम करती ही थी। कितने सलीके से कैसी सुन्दर परिपाटी से शान्त-सुस्थिर चित्त से सारा काम करती थी? कोई काम अगर एक बार कर दिया तो फिर दुबारा उसे करवाने की जरूरत ही नहीं होती थी। काम कितना भी हो उसके चेहरे पर परेशानी का कोई भाव ही नहीं आता था। उसके चेहरे पर बराबर एक कोमल मुसकान विराजती रहती थी। परन्तु अब यह क्या हो गया? ऐसा भारी बदलाव आखिर क्यों आया?

किसी काम के लिए एक बार कहो तो उसके चेहरे पर ऐसे-ऐसे भाव उभर आते हैं कि दुबारा कहने की हिम्मत ही नहीं होती। चौबीसों घण्टे जाने क्या-क्या भुनभुनाती रहती है।

"क्या कह रही हो?"

"कुछ भी तो नहीं कहा मैंने।"

"फिर यूँ भुनभुना क्यों रही हो?"

"किसी और को तो कुछ नहीं कहती हूँ मैं, अपने मुँह से अपने आप पर ही बड़बड़ा रही हूँ। इसमें औरों को क्या?"

"मगर तुम्हें इतना अधिक दुःख किस वजह से है?"

"दूसरे के घर में मुफ्त की नौकरानी बनकर रह रही हूँ फिर मुझे दुःख किस बात का होगा?"

"ओह! परन्तु पारिश्रमिक देने को कहा जाता रहा तब तो तुम्हीं कहती रहीं, नहीं, नहीं, मुझे किसी तरह के पारिश्रमिक की जरूरत नहीं। अरे भाई! हम तुम्हारे काम के लिए तुम्हें रुपये क्यों नहीं देंगे? तुम्हें जब भी जरूरत होगी, सहर्ष देंगे। मगर इसके लिए तुमने कहा ही कहाँ? माँगोगी तभी तो पाओगी!"

श्रीमती चौधुरी ने चौधुरी से कहा कि अब तो कोई व्यवस्था कर ही दें। इस तरह अब रह नहीं पाऊँगी।

एक दिन चौधुरी ने सुभद्रा को बुलाकर पूछा, "यदि तुम्हें यहाँ रहने में तकलीफ हो रही है, यहाँ रहने को मन नहीं मानता तो कोई बात नहीं। बतलाओ फिर कहाँ जाना चाहती हो? मैं स्वयं ही वहाँ पहुँचा आऊँगा। रुपये-पैसे की चिन्ता मत करो। जितना तुम समझती हो, उससे दो-चार सौ रुपये अधिक ही दूँगा।"

उनकी बात सुभद्रा ने बड़ी गम्भीरता से सुनी परन्तु कोई भी उत्तर नहीं दिया।

"अपने भाई के घर जाना चाहती हो? तो भी डरने की कोई बात नहीं। मैं उसे अच्छी तरह समझा-बुझा दूँगा। फिर वह तुम्हें कुछ नहीं बोलेगा। कहो तो वहाँ पहुँचा दूँ।"

इतना सुनना था कि सुभद्रा ऊँचे स्वर में हिचकियाँ भर-भर कर रोने लगी। फिर रोते-रोते ही उसने कहना आरम्भ किया—

"जरा देखो रे लोगो! इस आदमी ने तो मेरा सर्वनाश ही कर दिया। पहले तो बड़ी मीठी-मीठी बातें करके मुझे अपने घर लिवा ले आया और अब कुत्ते-बिल्ली की तरह खदेड़ देना चाहता है। अरे अगर मुझे रहने की कोई जगह होती तो मेरी ऐसी दुर्गति होती? कहीं कोई ठिकाना नहीं है तभी न ऐसी दशा हो रही है। हे भगवान! अब तुम्हीं इस अन्याय का फैसला करना।"

चौधुरी की पत्नी जी तो आतंकित हो उठीं। "सुन रहे हो? सुन रहे हो न? किस तरह सराप रही है।"

"शान्त रहो। धीरज मत खोओ। सब ठीक हो जाएगा।"

अपनी पत्नी को तो धीरज धरने की सलाह उन्होंने खूब दी, परन्तु उधर स्वयं ही धीरज रख पाना कठिन हो गया। बार-बार यही सोचते कि कोई एक व्यवस्था करनी चाहिए। परन्तु कौन-सी व्यवस्था करे? अब धक्के देकर घर से निकाल बाहर कर सड़क पर फेंक तो नहीं सकते। यह तो एक भारी झंझट खुद ही अपने सर लाद लिया। मगर अब क्या करें? एक समय तो ऐसा आया कि चौधुरी किसी मनोरोग चिकित्सक से परामर्श लेने का विचार करने लगे।

एक स्वस्थ-सहज ढंग से विचार करने की शक्ति सुभद्रा खो चुकी है। यद्यपि कि वह स्वयं इस बारे में सचेत नहीं है। उसके अनजाने ही उसकी ऐसी मानसिक दशा बन गयी है। और क्यों नहीं होती ऐसी दशा। अभी सोचने-विचारने लायक उसकी उम्र ही नहीं हुई थी कि बेचारी विधवा हो गयी। इतनी कच्ची उम्र में उसकी शादी हो गयी थी कि यौन परिपक्वता तक पहुँचने की अवस्था के बिना ही, उसे अपने पति के साथ सोने को विवश होना पड़ा। एक पत्नी के लिए अवश्य करणीय कर्तव्य समझकर मन मारकर उसने इसे स्वीकार कर लिया था।

सुभद्रा के पिताजी की आर्थिक दशा अच्छी नहीं थी। बेचारे अत्यन्त गरीब थे जबकि उनके वंश-परिवार के नीति-नियम बड़े ही कड़े थे, जिनका निर्वाह करना ही पड़ता था। जाति के बंगाली थे और बंगाली लोगों में कृष्ण-कीर्तन गाने, अभिनय करने

का ही विशेष रिवाज है। परन्तु सुभद्रा के पिता जो राम-कीर्तन करते थे। रामायण की विभिन्न कथाओं को आधार बनाकर वे राम-कीर्तन करते थे। बस यह राम-कीर्तन ही उनकी जीविका का एक मात्र सहारा था। शरीर के दुबले-पतले कमजोर आदमी थे। चेहरा चुचका-पिचका था। लम्बी-चौड़ी दाढ़ी, जो छाती तक लटकी हुई थी। कीर्तन गाते-गाते उनके मन पर भाव सवार हो जाता था, फिर तो गाते-गाते खड़े हो जाते तथा अतिभाव मग्न हो नाचने लगते थे।

"धा, धा, धिनि धा, रण भेरी बाजे रे।
धा, धा, धिनि धा।"

तरह-तरह की मुद्राएँ बनाकर, उछलते-कूदते वे राम और रावण के बीच हो रहे भयानक युद्ध को जनता के समक्ष जीवन्त रूप में प्रस्तुत करने की चेष्टा करते थे। इस आजीविका से कुछ विशेष प्राप्ति नहीं हो पाती थी।

आर्थिक दृष्टि से उनकी स्थिति बेहद खराब थी फिर भी सामान्य श्रेणी के बंगाली समाज में उनकी बड़ी इज्जत थी। लोग उन्हें 'ठाकुर मोशाय' (बड़े पण्डित जी) कहकर आदर से पुकारते थे। उनके तीन बेटे थे। उन्होंने हर सम्भव चेष्टा की परन्तु अपने बेटों में से किसी एक को भी अपने व्यवसाय रामकीर्तन में लगा नहीं सके।

सुभद्रा का विवाह जिस युवक से हुआ था, वह युवक कोई खराब नहीं था। वह बिजली मरम्मत करनेवाले मिस्त्री के रूप में बिजली का काम करता था। इसके लिए उसे जगह-जगह जाना पड़ता था। बिजली के खम्भों पर चढ़ना होता था। इसी प्रकार से बिजली ठीक करते-करते ही अचानक बिजली का करण्ट लग जाने से उसकी अकाल मृत्यु हो गयी। अत्यन्त छोटी उम्र में ब्याही हुई सुभद्रा बहुत थोड़े दिनों के वैवाहिक जीवन के बाद ही विधवा हो गयी। पति के घरवालों ने पति की मृत्यु के लिए उसे ही दोषी ठहराया। क्योंकि उनके विचार से वह भतरखौकी—पति को खा जानेवाली राक्षसी थी। उनके सारे अत्याचार सहकर भी पति के घर, अपनी ससुराल में रहने की उसने हर सम्भव कोशिश की परन्तु ससुराल में जी पाना उसके लिए अत्यन्त मुश्किल हो गया। उसके सहने की सीमा जवाब दे गयी।

ठाकुर महाशय का बड़ा बेटा लकड़ी के विभिन्न सामान बनाने का काम करता है। वैसे यह उसका स्वतन्त्र व्यवसाय नहीं है बल्कि लकड़ी-काठ के सामान बनाने की एक दुकान में काम करता है। दूसरा बेटा चोर है। चोरी का उसका यह व्यवसाय गुवाहाटी से बगाई गाँव रेलवे स्टेशनों के बीच ही सीमाबद्ध है। रेलयात्री ही उसके शिकार होते हैं। वैसे समय-समय पर पकड़ा भी जाता है। तब पिटाई भी खूब लगती है। जेल-हवालात भी जाना पड़ जाता है। परन्तु यह सब तो जीविका के व्यवसाय में पड़नेवाली छोटी-मोटी साधारण-सी कठिनाइयाँ हैं। हरएक व्यवसाय में कुछ-न-कुछ

संकट तो आते ही रहते हैं। ठाकुर महाशय का छोटा बेटा बहुत दिनों से लापता है। कहाँ है? किस हालत में है? मर चुका है या जीवित है? कोई भी कुछ नहीं जानता। जानने की किसी में उत्सुकता भी नहीं है।

सुभद्रा जब अपनी ससुराल में किसी भी तरह नहीं रह पायी तो हारकर अपने भाई के पास चली आयी। भाई का घर भी उसके लिए सुख-सुविधापूर्ण ठाँव थी, ऐसी भी बात नहीं। यहाँ आकर बस शारीरिक पिटाई भर से छुटकारा मिला था। भाई की भी कोई ऐसी आमदनी नहीं थी कि वह उसे खिला-पिलाकर आराम से रखता। असमिया लड़कियों की भाँति वह कपड़े बुनना और अन्य घरेलू औद्योगिक काम करना भी नहीं जानती थी। कोई और उपाय न देखकर वह दो-एक परिचित सुसभ्य घरों में जाकर उनके घर-गृहस्थी के छोटे-मोटे काम करने लगी। इसी क्रम में वह भृगु चौधुरी के घर भी आयी थी। चौधुरी ने अनुभव किया कि सुभद्रा का चाल-चलन अच्छा है। बात-व्यवहार भी ठीक है। काम बहुत ही होशियारी से और निष्ठापूर्वक करती है। चौधुरी और उनकी पत्नी दोनों ही उसके प्रति बहुत ही ममता रखने लगे थे।

शैलेन बरुआ के साथ उसका परिचय कैसे हुआ? यह बात अब सुभद्रा को याद नहीं। हाँ, यह जरूर है कि चौधुरी के घर आना-जाना हो तो रास्ते में पड़नेवाले बरुआ साहब के घर के सामने से ही आना-जाना होता है। देखने में बड़े ही सुन्दर चेहरेवाले प्रौढ़ावस्था के शैलेन बरुआ एक सभ्य-सुशिक्षित व्यक्ति लगे। उनके प्रति एक आदर का भाव जगा। आते-जाते मुलाकात होने पर कभी दो-एक बातें पूछ लेते, दो-एक बातें बता देते। बड़े ही सहानुभूतिशील व्यक्ति लगे। इच्छा हुई कि जानें उनके परिवार में कौन-कौन हैं। मगर पता चला कोई नहीं। निपट अकेले हैं। फिर रसोई पकाना, चूल्हा-चौका करना, यह सब कैसे हो पाता है? “खुद ही करता हूँ। अपना और है ही कौन जो यह सब करेगा?”

पता चला चौधुरी तो सपरिवार कुछ दिनों के लिए दिल्ली जा रहे हैं। इसका मतलब कि उन कुछ दिनों तो सुभद्रा के पास कोई विशेष काम होगा नहीं, सो उन कुछ दिनों सुभद्रा आकर उनके लिए दो कौर भोजन पका दे सकेगी? कम-से-कम उन कुछ दिनों तक तो वे थोड़ा आराम कर सकें। वैसे उसे कोई कठिनाई महसूस हो रही हो अथवा कोई आपत्ति हो तो फिर रहने दे, इसकी जरूरत नहीं। वे तो बस यही हँसी कर रहे थे। वैसे बैठे-बैठे पका-पकाया भोजन करने का लोभ जरूर है।

हाँ, लोभ तो सचमुच ही है परन्तु बैठे-बैठे भोजन करने भर का नहीं। शैलेन बरुआ की उम्र काफी जरूर हो गयी है, जवानी का वह जलवा नहीं रहा। फिर भी समाज के परिचित लोगों में उनका कोई सुनाम-यश नहीं है। अब यह जरूर है कि अब वह सामर्थ्य तो रही नहीं कि आदमी की उपेक्षा करके जैसा चाहें वैसा व्यवहार जिसके-तिसके साथ कर सकें। इतनी उनकी क्षमता नहीं, इतना प्रभाव नहीं और न तो रुपये-पैसे की इतनी सम्पन्नता कि मनमाना काम जिस किसी से साध लें। फिर

भी यौन-सम्बन्ध स्थापित करने के कार्य के अलावा और किसी उद्देश्य से वे किसी भी स्त्री की ओर नहीं देखते।

वे अकेले हैं और वह भी अकेली है। वह ऐसे ही अकेले जीवन बिता सकेगी क्या? दूसरे लोगों के घर का चौका-बरतन करते ही जीवन काट लेगी? हजार हो फिर भी है तो वह एक नामी-गिरामी खानदान की लड़की। उसके पिताजी भले ही गरीब थे फिर भी पूरे समाज के लोग उनकी श्रद्धा करते थे। उतने सम्मानित परिवार की होकर उसे इस तरह का मजदूरिनों जैसा काम करते हुए लाज नहीं आती क्या? यह बात ठीक है कि चौधुरी वगैरह बड़े भले आदमी हैं, उनके यहाँ काम करने में कोई वैसी बात नहीं है। फिर चौधुरी की अवस्था भी तो बहुत हो गयी है। ऐसे बूढ़े आदमी और कब तक? फिर उसके बाद? चौधुरी के न रहने पर फिर?

शैलेन बरुआ ने एक बार मन-ही-मन खूब सोच-विचार किया, सुभद्रा को वे हमेशा-हमेशा के लिए ही अपने साथ क्यों न रख लें? सचमुच ही क्यों न रख लें? यह तो बात साफ है कि स्त्री-संग बिना जीवन जी पाना उनके लिए कष्टकर है। उनकी भी अवस्था ढल चुकी है। सुस्थिर व्यवस्था करने लायक हो गयी है। वे भी अकेले हैं और वह भी अकेली है। वे चाहें तो विवाह भी कर सकते हैं सुभद्रा से। आखिर हर्ज ही क्या है? कोई कुछ कहेगा। क्या कहेगा कोई? फिर कोई कुछ कहे भी तो किसी के कहने की परवाह करने की क्या जरूरत है?

विधवा-विवाह क्या उचित है? क्यों नहीं उचित है जनाब? धर्मशास्त्र में तो कहीं भी मनाही नहीं है। सुभद्रा ने ईश्वरचन्द्र विद्यासागर महाशय का नाम सुना है या नहीं? कितने प्रकाण्ड पण्डित थे। सारे शास्त्रों को मथकर उन्होंने दिखा दिया कि विधवा-विवाह में किसी भी शास्त्र का कोई निषेध नहीं है। कहीं भी इसे मना नहीं किया गया है। उसने सर आशुतोष मुखर्जी का नाम सुना है? उनके जैसे उच्चस्तर के नामी-गिरामी आदमी पूरे बंगाल में कितने पैदा हुए हैं? ऐसे यशस्वी सर आशुतोष मुखर्जी ने अपनी निजी विधवा कन्या का दुबारा विवाह करवाया था।

बरुआ महाशय कैसी-कैसी आश्चर्यचकित करनेवाली बातें कहते हैं। कौन उससे विवाह करेगा अब? क्या है अब उसका? महादीन दरिद्र एक कमजोर भिखारिन भर।

उसने इस तरह का नाटक क्यों खड़ा कर दिया? मूर्ख कहीं की। बरुआ महाशय ने तो उससे विवाह करने तक का वचन दिया था। फिर एक साथ तो सोना ही पड़ेगा, एक दिन आगे या कि एक दिन पीछे। अगर उसे इस पर इतनी ही अधिक आपत्ति थी तो फिर रात में बरुआ की बोली सुनकर भी उसने दरवाजा क्यों खोल दिया था? आदमी के अन्दर के पशु को कोंच-कोंचकर जगा देने के बाद वह ऐसे ही क्यों शान्त हो जाएगा? बरुआ साहब का इसमें भला क्या दोष है! कोई दोष नहीं। खुद ही आगे बढ़कर जाओगी और फिर खुद ही तमाशा खड़ा करोगी, यह कैसी बात हुई जी?

इसी कारण से अब सुभद्रा को भृगु चौधुरी के ऊपर भयानक क्रोध हो आया है। तुम दूसरों के मामले में दखल देने क्यों जाते हो महाशय? तुम्हें क्या पड़ी थी? बरुआ तो दरवाजे पर दस्तकें दे-देकर उसे बुला ही रहे थे। वे तो बार-बार कह रहे थे, 'बाहर निकलो जरा। मैं आज ही माँ कामाख्या के मन्दिर में जाकर कोई एक व्यवस्था जरूर करूँगा।' अब उन्हें सुस्थिर होने के लिए कुछ समय तो देना ही चाहिए था कि पहुँच गये आप। जोर-जबरदस्ती कर यहाँ खींच लाये। अब तो तमाम सारी जिन्दगी भर दूसरे के घर में नौकरानी बनकर ही रहना पड़ेगा।

एक दिन बड़े तड़के भोर में ही श्रीमती चौधुरी परेशान-सी होकर दौड़ी आयीं, "सुनते हो जी। सुभद्रा घर में नहीं है। कहाँ चली गयी, भला?"

"जाएगी कहाँ? अपने कमरे में घुसी पड़ी होगी।"

"उसकी कोठरी का दरवाजा तो खुला है। उसमें तो वह है नहीं।"

"ठीक है। यहीं कहीं पास-पड़ोस में गयी होगी। थोड़ी देर में अपने आप आ जाएगी।"

"अरे वाह! पास-पड़ोस में जाना होगा तो कह कर तो जाना चाहिए।"

दरअसल अब चौधुरी को भी चिन्ता लगने लगी। इधर कुछ दिनों से उसका चाल-चलन सहज-सरल नहीं रह गया है।

दोपहर तक प्रतीक्षा की, नहीं आयी। शाम टलने को आयी, वह नहीं आयी। अब और तो हाथ-पर-हाथ धरे बैठे नहीं रह सकते। उसका भाई नयी गुवाहाटी में रहता है, जो यहाँ से काफी दूर है। वहाँ भी वह किस विशेष जगह पर रहता है? पता नहीं। अब ऐसी दशा में क्या करना उचित है? अस्पताल में खबर करनी होगी याकि थाने में सूचना लिखानी होगी?

संझा वेला में सत्यजित प्रेशर कुकर का वाल्व लेकर आ पहुँचा।

"सत्य! हम लोग तो एक बहुत बड़ी आफत में फँस गये। सुभद्रा नहीं मिल रही। अब उसे ढूँढ़ने हम कहाँ जाएँ, तुम्हीं बताओ। तुम कभी नयी गुवाहाटी की ओर गये हो या नहीं?"

"क्यों नहीं। उधर तो मैं बराबर ही जाता रहता हूँ। परन्तु आपको बता दूँ कि कहीं भी जाने की कोई आवश्यकता नहीं है। शान्त चित्त बैठिए।"

"क्या कह रहे हो तुम! एक नवयुवती घर से लापता हो गयी है। अब उसे खोजना-ढूँढ़ना क्या हमारा कर्तव्य नहीं बनता? कहीं सड़क पर मोटर-सोटर की चपेट में आकर दुर्घटनाग्रस्त हो पड़ी हो बेचारी तो?"

सत्यजित ने फिर बड़ी तीखी निगाह से भृगु चौधुरी की ओर निहारा। "चाचा जी! एक बात कहूँ। बुरा तो नहीं मानिएगा? यह बात तो स्वीकार करनी ही पड़ेगी

कि आपके पास विद्वत्ता है, गुरु-गम्भीर ज्ञान है परन्तु यह भी सच है कि साधारण ज्ञान बहुत कम है।"

"तेरे कहने का मतलब?"

"मतलब यह कि सुभद्राजी की कोई दुर्घटना नहीं हुई है। यदि इसे कोई घटना कहना ही चाहें तो सुघटना ही कहना उचित होगा।"

"इसे जरा साफ-साफ बतलाओ न।"

"फैंसी बाजार से सामान लेकर लौट रहा था तो देखा कि आदरणीया सुभद्रा देवीजी आदरणीय शैलेन बरुआजी के साथ एक ही रिक्शे में बैठी हुई जा रही थीं।"

"यह तुम क्या अचम्भे की बात कह रहे हो!"

"मैं बिलकुल सच बात कह रहा हूँ चाचाजी। दो चाहनेवालों की घरेलू जिन्दगी के झगड़े में पड़कर आपने पहले ही बहुत बड़ी गलती की है। पढ़ी हुई, रटन्त विद्या का प्रयोग करने से इस तरह की गलती होगी ही चाचाजी।"

"क्या कहा तुमने?"

"कुछ भी नहीं।"

35

यह अजीबोगरीब वार्तालाप अभी कितनी देर तक चल सकता है, कुछ कह नहीं सकते। विनय तालुकदार जब वहाँ पहुँचा तो योगेन महन्त को बरामदे में ही बैठा हुआ पाया। बड़ी ललक से वह उनके करीब जा खड़ा हुआ परन्तु उन्होंने सर उठाकर उसकी ओर देखा तक नहीं।

"क्यों मौसाजी! मुझे पहचान रहे हैं न?"

अबकी बार महन्त ने खोयी-खोयी निगाह से उनकी ओर देखा, "नहीं तो।"

"अरे मैं विनय हूँ। आपका चिरपरिचित विनय।" मगर उनकी नजरों में परिचय का कोई चिह्न नहीं झलका। वे पहले की ही तरह मूड़ी लटकाये हुए बेंच पर वैसे-के-वैसे ही बैठे रहे। विनय भी पहले ही की तरह उनके सामने खड़ा रहा। बड़ी ही असहनीय स्थिति बन गयी है।

"मौसाजी! सचमुच आप मुझे नहीं पहचान रहे?"

"नहीं।"

"मैं विनय हूँ, विनय।"

अब इस तरह का प्रश्न-उत्तर कितनी देर तक और चलता रहेगा, कुछ कहा नहीं जा सकता कि तभी किवाड़ खोलकर मिनती बाहर निकल आयी। विनय को देखते ही वह बिलकुल स्तम्भित हो गयी। एकदम जड़ीभूत निश्चल। उसका हृदय इतने जोर-जोर से हड़फड़ाने लगा कि सामान्य शिष्टाचार का पालन करने हेतु कर्ता-कर्म जोड़कर एक साधारण-सा वाक्य पूरा कर कहने की भी ताकत जाती रही। किसी-किसी तरह बैठक खाने में विनय को बैठाकर लुढ़कते-पुढ़कते अपने कमरे में जा पड़ी।

इस तरह की यह कैसी दशा है? वह इतनी अस्थिर क्यों हो गयी है? अपने को सँभालने की गरज से वह अपने कमरे में स्थिर होकर दृढ़ता से बैठी रही। प्रणति की पुकार सुनकर ही फिर उसे होश आया।

"अरे विनय भाई साहब! आप कहाँ से आ पधारे? हे भगवान! आज हमारा कितना बड़ा सौभाग्य जग उठा है। गरीब के आँगन में हाथी के कदम।"

अरे यह प्रणति जाने क्या कुछ कह बैठे, कोई ठीक नहीं।

"क्यों बड़ी बहन। विनयजी वहाँ अकेले-अकेले परेशान-से बैठे हैं, और तुम वहाँ गयी नहीं? क्यों?"

"अभी-अभी अपने कार्यालय से लौटी हूँ। बहुत अधिक थकान हो गयी है। तू ही जरा कपड़े बदलकर एक प्याला चाय बना दे।"

मिनती अभी भी अपने सारे अंगों को वश में नहीं कर पायी है। अगर कहीं स्वयं चाय लेकर देने गयी तो हाथों से छूटकर प्याला टूट जाय या चाय विनय के शरीर पर लुढ़क जाय, इसका कोई ठीक-ठिकाना नहीं।

वह कोई इतनी लाजवन्ती तो नहीं है। दिन भर में जाने कितने तरह के लोगों से बातें करनी पड़ती हैं। फिर इस तरह की यह अस्वाभाविक अवस्था उसकी क्यों हो रही है?

"कहिए क्या समाचार हैं, सब ठीक-ठाक है न?"

"हाँ! सब कुछ ठीक है।"

बस बातचीत करने के शब्दों का भण्डार इतने से ही समाप्त हो गया। बल्कि प्रणति ही बड़े उत्साह से विनय से बातें करने लगी। "कब जाएँगे? क्या काम है? अमेरिका के न्यूयार्क शहर में ही स्थायी रूप से रहेंगे क्या? मुझे भी अमेरिका में ही एक नौकरी क्यों नहीं दिलवा देते? किसी की व्यक्तिगत देखभाल करनेवाली नौकरानी अथवा रसोई पकानेवाली का काम, कोई कुछ भी होने से काम चल जाएगा। सुनते हैं कि हमारे यहाँ के बड़े-बड़े अधिकारियों से भी अधिक मासिक वेतन वे सब पाते हैं। क्यों? ठीक कह रही हूँ या नहीं।"

मिनती जीभ सिले-सी चुपचाप बैठी रही। वह जैसे अपने आपको सभी कुछ से अलग किये रखे हुए है। चूँकि वह उसके घर आया हुआ है अतः शिष्टाचारवश

ही दो-एक बोल बोल दे रही है। आता या न आता, इसे लेकर जैसे उसके मन में कोई इच्छा नहीं थी। दुबारा आने को कहने की भी कोई आवश्यकता नहीं।

"तो फिर यही हुई न असली बात। मूर्ख, हँसी की पात्र, सचमुच तुम्हारा यही भाग्य है।" मिनती ने अपने आपको मन-ही-मन लताड़ा। उसके आने से मिनती आनन्द से उतावली नहीं हुई। बल्कि वह अपने आपको बेबस, असहाय महसूस करने लगी। ऐसा जान पड़ रहा था कि जैसे वह एक ऐसे जाल में जा फँसी है जहाँ से निकलने का कोई उपाय ही नहीं है। तर्क, बुद्धि, दुनिया भर के अनुभव कोई कुछ भी काम नहीं आ रहे। पतिंगे दीपक की लौ पर पड़-पड़कर एक-पर-एक मरते जाते हैं। लाखों-लाखों वर्षों का देखा हुआ, भोगा हुआ अनुभव, आत्मरक्षा के जीवों की जन्मजात मूल मनोवृत्ति कोई भी रंचमात्र सहायता नहीं करती।

36

"इस लँगड़े-भचँगड़े को कौन पिता अपनी कन्या देगा?" यह बात सत्यजित यद्यपि हँसी-मजाक के लहजे में बड़े हल्के ढंग से कहता है परन्तु उसका छोटा भाई दादुल अच्छी तरह समझता है कि इस मजाकिया स्वर के भीतर एक सच्चा स्वर भी छिपा हुआ है। माँ से उसने बड़ी दृढ़ता से मना कर दिया है कि वह उसका विवाह करने की चिन्ता हरगिज न करे। अस्वीकार कर दिये जाने की लाज। इसके अतिरिक्त मान लो विवाह हो भी गया तो कन्या के घरवाले, उसके नाते-रिश्तेदार या अड़ोसी-पड़ोसी जब उसे देखेंगे तो मन-ही-मन कहेंगे कि इस लँगड़े के साथ बेबी का विवाह आखिर क्यों कर रहा है? उसकी माँ भी अब इस प्रसंग में कुछ भी ऊँचे स्वर में, हँसी-मजाक भी नहीं करतीं। वे अब इस विषय में बहुत संवेदनशील हो गयी हैं। इससे बचने की कोशिश करती हैं।

एक दिन की बात है कि अपने नाते-रिश्ते के आदमी ने आकर एक कन्या से उसका विवाह करवा देने का प्रस्ताव रखा। प्रस्ताव करने का उनका लहजा क्या था? क्या खूब! उसकी माँ से बोले—

"बहन! अब मैं अपने मुँह से क्या बखान करूँ? बहुत ही सुन्दर कन्या है। देखने-सुनने, लिखने-पढ़ने, हरेक क्षेत्र में बढ़-चढ़कर है। बस एक जरा-सी कमी जरूर है, वह यही कि उसकी एक आँख भर नहीं है परन्तु ऐसी है कि कोई भी आदमी

इस कमी को पकड़ ही नहीं सकता। सचमुच ही अत्यन्त रूपवती और भले स्वभाव की कन्या है वह।"

सत्यजित की माँ उस कन्या को पहले से ही जानती हैं। उन्हें अच्छी तरह मालूम है कि उसकी आँख तो बचपन से ही खराब है। उसके एक भानेज ने धनुष-बाण का खेल खेलते हुए उसकी एक आँख में ही निशाना लगाकर बाण मार दिया था, तभी वह फूट गयी। विवाह-प्रस्ताव लेकर आये सम्बन्धी महोदय ने अपने प्रस्ताव को और भी मनोहंर बनाने के उद्देश्य से कहा, "बहन! तुम जानो कि उस लड़की के पिता की बस केवल दो ही तो कन्याएँ हैं। बेटा तो कोई है नहीं। बड़ीवाली कन्या तो इससे बहुत वर्षों की बड़ी है। यह छोटीवाली ही पिता के विशेष लाड़-प्यार की कन्या है। पिता की सारी सम्पत्ति यही पाएगी।"

सत्यजित की माँ के हृदय में इन दुष्टतापूर्ण बातों से भयानक क्रोध उमड़ रहा था परन्तु घर आये मेहमान के सामने वे उसे दबाये रहीं। अपनी बातचीत में जरा-सा भी गुस्सा झलकने नहीं दिया। वे अच्छी तरह जानती थीं कि चूँकि सत्यजित के शरीर में एक खोट है इसीलिए शारीरिक खोटवाली कन्या का प्रस्ताव आया है। उस कन्या को उन्होंने देखा है। सचमुच ही वह एक भली लड़की है। अगर सत्यजित के शरीर में कोई खोट नहीं होती, वह परिपूर्णतः ठीक-ठाक होता तो इस खोटवाली कन्या से विवाह के प्रस्ताव को स्वीकार करने में उन्हें कोई आपत्ति नहीं होती, परन्तु चूँकि···।

उन्होंने बड़े गम्भीर स्वर में कहा, "भाई साहब! ससुराल की सम्पत्ति अगर नहीं भी मिली तो भी मेरा बेटा किसी-न-किसी तरह अपना पेट भर लिया करेगा। कभी भूखा नहीं रहेगा।"

"नहीं, नहीं; मैं सो बात नहीं कह रहा।" इसके बाद बातचीत और आगे बढ़ाने का साहस सत्यजित की माँ को नहीं हुआ। उन्हें डर था कि बढ़ते-बढ़ते यह आदमी सबके सामने ही कह दे सकता है, "तुम्हारे लँगड़े बेटे को हम अपनी बेटी क्यों देंगे जी?"

मिनती के साथ सत्यजित का घनिष्ठ मेल-जोल देखकर सत्यजित की माँ के मन में फिर आशा जगी है। सचमुच ही बड़ी भली लड़की है। उसकी जैसी एक लड़की को बहू के रूप में पाना बड़े भाग्य की बात है। परन्तु वे सोचतीं कि ये दोनों अभी तक यूँ ही क्यों पड़े हुए हैं? जो भी करना चाहते हैं, उसे जल्दी-से-जल्दी कर क्यों नहीं लेते? अवस्था तो दोनों की ही कोई कम नहीं है। अरे भाई! प्रत्येक काम करने का एक विशेष समय होता है। अब तक जरूर मिनती के लिए असुविधा थी, वह वाजिब भी थी कि अगर वह विवाहित होकर दूर चली जाएगी तो उसका घर कैसे चलेगा? परन्तु अब तो इस समस्या का समाधान हो गया है। प्रणति में अब इतनी सामर्थ्य हो गयी है कि मजे से घर सँभाल लेगी। आरती की भी पढ़ाई अब पूरी होने

को है। वह भी शीघ्र ही पासकर लौट आनेवाली है। पहले उनके मन में जरूर कुछ हिचकिचाहट थी। दोनों प्रायः एक ही अवस्था के हैं। जबकि पति को बड़ा होना चाहिए। परन्तु आजकल तो यह सब कोई बात ही नहीं रही। अभी-अभी शरतजी के बेटे जीवन ने बड़ौदा से ब्याहकर अपनी जो दुल्हन लाया है, वह जीवन की अपेक्षा कम-से-कम चार-पाँच वर्ष तो निश्चित ही बड़ी होगी। अरे वह तो पूरी तरह से एक वयस्क महिला है। मगर सत्य है कि जल्दी कुछ करता ही नहीं। सत्य का भारी दोष तो यही है कि हर एक काम में हीलाहवाली करता है।

जिस दिन मिनती ने सत्यजित से स्पष्ट कह दिया था कि वह उसके स्कूटर से अब कार्यालय नहीं जाएगी-आएगी, उसी दिन सत्यजित ने समझ लिया कि मिनती के साथ उसके सम्बन्धों में भारी परिवर्तन आ गया है। उसके मन की ऐसी दशा को समझकर वह आश्चर्यचकित रह गया था। अपनी बात पूरी करते-करते मिनती की आँखों से आँसू टपक पड़े थे। उसकी आँखों से टपकी आँसुओं की उन कुछ बूँदों ने उसके मन में एक अप्रत्याशित रासायनिक प्रतिक्रिया उत्पन्न कर दी थी। इसका परिणाम यह हुआ कि हर एक बात में हँसी-ठट्ठा करते रहनेवाला अत्यन्त खुशमिजाज स्वभाव का सत्यजित एकाएक अत्यन्त गम्भीर और चिड़चिड़े स्वभाव का हो गया था। उसके बाद तो वह स्वयं अपना स्थानान्तरण इस शहर से दूर करवाने के लिए पूरे जोर-शोर से लग गया था।

सत्यजित के शारीरिक गठन में जो कमी है, उसके प्रति वह स्वयं भी काफी सचेत है। वह उसे छिपाता भी नहीं बल्कि अपने संगी-साथियों के बीच वह उसे और बढ़ाकर और अस्वाभाविक ढंग से कदम डाल-डालकर चलते हुए अपनी चाल की खोट को दिखाता हुआ हँसी का पात्र बनते रहना चाहता है। वस्तुतः यह भी एक प्रकार का आत्म नियन्त्रण ही है। पाँव के लँगड़े होने के कारण उसमें चलने-फिरने, उछलने-कूदने उतरने की क्रियाओं में स्वाभाविक कमजोरी हो सकती है और इसके कारण मन में जो एक प्रकार की हीनता की भावना बन सकती है, उससे पार पाने के लिए वह इन कठिनाई-भरे सभी क्षेत्रों में बढ़-चढ़कर हिस्सा लेता है। पर्वतारोहण संस्था का सदस्य बन, पहाड़ों पर चढ़ने का अभ्यास कर, टाइक्वाण्डर का प्रशिक्षण लेकर वह अपनी शक्ति का प्रदर्शन करता रहता है। मिनती से वार्तालाप करते समय उसने 'धुलाई कर देने' जैसे शब्द का जो प्रयोग किया था, वह यूँ ही नहीं। बल्कि आवश्यकता पड़ने पर वह जबरदस्त मारपीट जैसी घटनाएँ भी कर सकता है। अपने दो ऐसे ही साथियों को साथ लेकर दोतल्ले मकान पर चढ़कर अपनी धुलाई-धुनाई से उसने राना जैसे गुण्डे का उपद्रव एक बार में ही बन्द कर दिया था।

सत्यजित का प्रश्न सुनकर मिनती को अपने मुख के भावों को स्वाभाविक रूप से बनाये रखने में भारी कठिनाई महसूस होने लगी। मनुष्य के मन के अतल तल में, उसके अनजाने में ही कौन-सी कामना लुकी-छिपी बैठी रहती है, यह बात वह

मनुष्य खुद भी बता नहीं सकता। मन के गहरे प्रकोष्ठ में बसी हुई यह इच्छा कभी-कभी तो इतनी दबी-ढँकी होती है कि मनुष्य अपना सारा जीवन बिता चुकने के बाद भी उसे जाने बिना ही मर जा सकता है। एक अस्पष्ट-सा, कुछ झलकता, कुछ छिपा हुआ-सा अभावबोध किसी असावधान क्षण में मन को थका-थकाकर परेशान कर देता है तो भी मनुष्य की यथार्थ कामना का रूप स्पष्ट नहीं हो पाता। चाहनेवाला आदमी स्वयं ही नहीं जान पाता कि वह आखिर चाहता क्या है? कविगुरु रवीन्द्रनाथ ठाकुर ने तो इस सम्बन्ध में यहाँ तक कहा है कि

"जाहा चाई ताहा भूल करे चाई
जाहा पाई, ताहा चाई ना ॥"

जो चाहते हैं, वह गलती से ही चाहते हैं या कि गलत ही चाहते हैं। चाहनेवाले का अभिप्राय होता है कि चाही गयी चीज को पाएँ, परन्तु जब उसे पाते हैं तो पता चलता है कि अरे! इसे तो हम चाहते ही नहीं।

तो उस दिन मिनती सत्यजित के जिस प्रश्न को सुनकर इतनी उद्वेलित हो गयी थी कि मन के अन्दर उमड़-घुमड़ आयी भावनाओं को चेहरे पर आ जाने, चेहरे का रूप बिगाड़ देने की सम्भावनाओं के चलते, अपने को स्वाभाविक बनाये रखने की जी-तोड़ कोशिश करने लगी थी, वह दरअसल एक साधारण-सा, सीधा-सादा-सा प्रश्न था। सत्यजित ने पूछा था, "गुनार मिर्डाल ने अपने विवाह के उत्सव में तुम लोगों को निमन्त्रित किया है या नहीं?" सत्यजित जो विनय को गुनार मिर्डाल कहकर पुकारता है, यह बात तो स्पष्ट है ही।

इस प्रश्न के शब्दों को सुनते ही मिनती को लगा जैसे किसी ने उसके हृदय के बीचोंबीच बर्छी चुभो दी है। इस कचोट से अपने आपको छुटकारा दिलाकर मानसिक सुस्थिरता पुनः बना लेने के लिए उसे अन्दर-ही-अन्दर बड़ी कोशिश करनी पड़ी।

"विवाह हो रहा है?"

बस इतना ही पूछा उसने। किसके साथ हो रहा है विवाह, किस दिन हो रहा है? जैसी सामान्यतः पूछी जानेवाली बातें, उसने कुछ नहीं पूछीं।

"बतलाओ न। तुम लोगों को बुलाया नहीं?"

अबकी बार मिनती का स्वर अनावश्यक रूप से रूखा हो उठा।

"हमें क्यों बुलाएँगे जी?"

"अरे भई। तुम लोगों से इतनी घनिष्ठता थी। तुम्हारे घर पहले प्रायः ही आता रहता था।"

"अच्छा? ऐसी बात है क्या?"

परन्तु यह फिर किस तरह का प्रश्न है जी?

37

उसके मन में क्या कामना-वासना थी, वह स्वयं ही नहीं जानती थी। अब उस पर पड़े हुए ढकने के हट जाने पर जब उसका रूप प्रकट दिखाई पड़ा तो मिनती स्वयं ही चकित रह गयी। उसकी बोली को जैसे काठ मार गया। फिर तो वह अपने-आपको बहुत निर्बल, बहुत असहाय समझने लगी। पूरी तरह से कंगाल। जान पड़ा कि मन में एक अपार शून्यता विराज रही है। एक ऐसी शून्यता कि जिसे संसार की सारी प्राप्तियों से भी भरा नहीं जा सकता है, एक अपूरणीय खालीपन। सुनसान प्रदेश के भीषण अँधेरे टटोल-टटोलकर किसी-किसी तरह धुँधले रूप में भटकते हुए संगी-साथीहीन जीवन की हताशा मिनती के अनजाने ही कभी-कभी लम्बी-लम्बी उसाँसों के रूप में बाहर निकल पड़ती थी। सारी पृथ्वी बदरंग और धूल-धूसरित हो गयी है। अब तो जीते रहने की स्थिति एक महाकष्टकारक प्रक्रिया बन गयी है, बिना किसी प्रयोजन की अर्थहीन पुनरावृत्ति। हर एक तरह की चाल-ढाल, शरीर के अंगों के प्रत्येक संचालन सभी कुछ जैसे मशीन के पुर्जों का-सा, दूसरे के नियन्त्रण के अनुसार चलने को बाध्य। अब तो जैसे वह मनुष्य ही नहीं रही, बल्कि असल में एक यन्त्र भर हो। यन्त्र के निर्धारित क्रम के अनुसार ही वह आने-जाने एवं अन्य सभी काम मशीन की तरह ही करती जा रही है। मिनती ने अनुभव किया कि वह चारों ओर से एक मजबूत जाल में फँस गयी है। जिस जाल से छुटकारा पाने का कोई उपाय नहीं है।

उसने फिर सपने देखने शुरू कर दिये। परन्तु अब की इन सपनों की विशेषता यह हो गयी थी कि सपनों के प्रत्येक दृश्य में विनय निश्चित रूप से आ घुसता था। तरह-तरह की भाव-भंगिमाएँ, तरह-तरह की परिस्थितियाँ। अनजाने-अनपहचाने आनन्द से उसका सारा शरीर रोमांचित हो उठता। किन्तु जैसे ही नींद खुलती, सपने की घटनाओं को सोचकर लज्जा और अपमान के मारे उसे रुलाई आने लगती। ऐसी विचित्र हालत हो गयी कि उन अवास्तविक सपनों को ही देखने के लिए मन में भारी उत्कण्ठा भी होती और उनसे भयानक डर भी लगता फिर तो बिस्तरे पर वह इस करवट से उस करवट बदलती छटपटाती पड़ी रहती।

"अरे ओ बड़की बहन! तुम्हें क्या हो गया?"

प्रणति का प्रश्न सुन मिनती को जैसे बिजली का करण्ट लग जाता। मुँह से अस्पष्ट-सा शब्द निकलता, "अएँ!"

प्रणति तब चकपकाकर सोचती, 'हे भगवान! मेरी इस बड़ी बहन को क्या हो गया? सत्यजित से किसी बात पर झगड़ा-झंझट हो गया है क्या? काफी सोच-विचार करने के बाद प्रणति ने निश्चय कर लिया कि अब और इन्तजार नहीं। वह खुद आगे बढ़ेगी। खुद ही प्रस्ताव लेकर जाएगी। अपनी इस बड़ी बहन का विवाह सत्यजित

से स्थिर करने का प्रस्ताव वह स्वयं करेगी। अब अगर वह नहीं करेगी तो फिर और कौन करेगा? पिता की वह हालत । माँ-भाई कोई है नहीं। तो मिनती बहन खुद ही घोषणा करेगी क्या कि अमुक तिथि, अमुक दिन, अमुक वेला में मेरा विवाह अमुक के साथ होगा।

सत्यजित मिनती का घनिष्ठतम मित्र है। सुख में, दुःख में, हर्ष में, विषाद में सदा वह उसके साथ आ खड़ा होता है। आवश्यकता हो तो वह सत्यजित के लिए अपने प्राण तक दे सकती है। अगर सत्यजित को बचाने के लिए कोई उसे दहकती आग में कूद जाने को कहे तो वह बिना आगा-पीछा विचारे आग में कूद जाएगी। ये सब बातें केवल बस मुँह खोलकर कहने भर की नहीं हैं बल्कि ये उसके जीवन के ध्रुव सत्य हैं। अब तो उसे ऐसा अभ्यास हो गया है कि सत्यजित के बिना वह धरती या संसार की कल्पना ही नहीं कर सकती। सत्यजित के साथ उसका जो इस तरह का सम्बन्ध बन गया है, वह उसके सहज स्वाभाविक प्रेम और निश्छल मैत्री सम्बन्ध का परिणाम है। इस सम्बन्ध में किसी प्रकार का कोई दाँव-पेंच नहीं है। बिलकुल सीधा-सरल सम्बन्ध है। सत्यजित को उसने हमेशा एक मित्र के रूप में ही लिया है। प्रेमी के रूप में नहीं। इसके बीच रोमांस का कोई स्थान नहीं है।

परन्तु सत्यजित ने अपने प्रति मिनती के मनोभावों के बदले हुए नये रूप को जो देखा तो आश्चर्य से अभिभूत हो गया। "अरे ओ लंग्गड़ बाबा, तुम्हारा यह मतलब है? और ऊपर-ऊपर से वो लम्बी-लम्बी बातें सुनाते हो?"

अच्छा उसके अपने मन में मिनती के लिए जो गूढ़ भाव छिपे हैं, उन्हें मिनती के सामने खोलकर कह देने में कोई लाभ है? अगर उससे मैं अपना प्रेम निवेदन करूँ तो मिनती फिर क्या कुछ प्रतिक्रिया करेगी? आश्चर्य के मारे ठिठककर स्तम्भित सी खड़ी रह जाएगी अथवा हो-होकर हँसने लगेगी, अथवा फिर आगे बढ़कर उसके दोनों गालों पर तमाचे जड़ देगी? ऐसी स्थिति में समाज में प्रचलित धारणा ही ठीक है क्या? कि युवक और युवती की घनिष्ठता का अर्थ ही है प्रेम। प्रेम कहना ही ठीक है, क्योंकि यह शब्द सुनने में भी बहुत मधुर लगता है। तब तो बात वही हुई। लोग कहेंगे कि दुनिया में और कहीं से कोई कन्या मिल पाने की तो कोई उम्मीद रही नहीं, सो मिनती से आन्तरिक घनिष्ठता स्थापित कर उसी से मनमाना सुयोग साध लेने की एक सोची-समझी चाल है।

दो हैरान, परेशान, आकुल-व्याकुल आत्माएँ, एक-दूसरे से इतनी दूर-दूर हैं। भौतिक दृष्टि से एक-दूसरे के इतने करीब होते हुए भी एक-दूसरे की बात सुन नहीं पाते।

मिनती फिर क्या करे? उसकी परेशानी यह है कि सारी बातें ही वह एकमात्र सत्यजित को ही बता पाती है और हरएक बात में उसी से विचार-विमर्श करती है, उसी की सलाह लेती है। पिताजी की हालत ऐसी कि उनसे कोई बात पूछने-समझने

से कोई फायदा नहीं। अब मजबूरी यह कि सत्यजित चाहे जितनी हँसी उड़ाए, हँसी-मजाक में बातें उड़ाने लगे फिर भी किसी बात में सलाह-मशविरा लेने के लिए उसके पास सत्यजित के अलावा और कोई है ही नहीं। सच्चाई तो यह है कि वही एक मात्र ऐसा व्यक्ति है जो उसका, उसके पूरे परिवार का हित चाहता है। आज प्रणति में जो परिवर्तन आया है, जीवन के सही और मंगलमय रास्ते पर जो वह लौट आयी है, वह सत्यजित की ही कोशिशों का परिणाम है।

परन्तु अब जो यह नयी विचित्र समस्या आ खड़ी हुई है, उसे सत्यजित को बता देने पर भी अपने व्याकुल मन को धीरज बँधाने का कोई उपाय मिल पाने की आशा नहीं। कहे भी तो कैसे? कितनी बड़ी लज्जा की बात है। किसी के सामने खोलकर कहने की अपेक्षा तो मृत्यु हो जाना ही बेहतर है। विनय तालुकदार का विवाह होगा, यह तो बहुत ही अच्छी बात है। भगवान उसका मंगल करें। परन्तु ऐसा सोचते हुए भी जाने क्यों मिनती की दोनों आँखों में आँसू झरने लगे।

उधर सत्यजित की हालत यह है कि अपने मन की कोमल भावनाओं को छिपाये रखने के लिए वह आजकल जानबूझकर अनेक बार फालतू हरकतें करता रहता है। उसने मिनती से बड़े उदास और गमगीन स्वर में कहा, "हाय-हाय रे! बेचारे गुनार मिर्डाल के लिए बहुत अफसोस हो रहा है। बेचारे का दुःख तो अब मुझसे भी सहा नहीं जा रहा, हाय-हाय रे!"

उसके इस वेदना-प्रदर्शन पर कोई ध्यान न देते हुए उसने अनमनेपन से ही पूछ भर लिया, "क्यों? ऐसा क्यों?"

"होता भी क्या? इस बुढ़ौती में विवाह करने के लिए व्याकुल होते-होते बेचारा चक्की के दो पाटों में ऐसा फँस गया है कि बच पाने का कोई उपाय ही नहीं। इतने समय तक तो उसने विवाह करने की बात कभी सोची ही नहीं थी, और फिर सोचता भी क्यों? विवाह करवाकर अपने गले में फन्दा क्यों डालता? अरे जितने समय तक किसी से विवाह न किया जाए उतने समय तक हजारों-हजार सुन्दर नवयुवतियों में से किसी एक को छाँट कर चुनने का पूरा अधिकार बना रहता है। जबकि एक-बार जब किसी एक से विवाह रचा लिया जाता है तो उस तरह की सारी सहूलियतें, सारी सम्भावनाएँ खत्म हो जाती हैं।"

"अगर ऐसी ही बात है तो अभी भी वह विवाह करने को क्यों तैयार हो गया?"

"अब करे भी तो क्या करे बेचारा। अब यहाँ तो रहना नहीं, अमेरिका जो जाना है। परन्तु पुराने खयालोंवाले उसके बाप ने कड़ा आदेश जारी कर दिया है—अमेरिका अगर जाना है तो साथ में किसी एक भारतीय कन्या के साथ विवाह रचाकर ही जा सकते हो, उसे साथ लेकर ही अमेरिका जा सकोगे, अकेले कदापि नहीं। इसके पीछे की आधार पृष्ठभूमि है कि मिर्डाल के एक चाचा साहब भी काफी पहले एफ.आर. सी.एस. की ट्रेनिंग देने अमेरिका गये थे, सो वहाँ की मेम ऐसी पसन्द आयी कि उससे

विवाह रचाकर फिर वहीं का होकर रह गये, आज तक लौटने का नाम ही नहीं लिया। सो अबकी बार बाण पूरा चौकस चौबन्द है, टस-से-मस नहीं।"

"तो इसमें कौन-सी बड़ी कठिनाई है कि तब से अनाप-शनाप जाने क्या-क्या बके जा रहे हो। अरे वे विवाह तो कर ही रहे हैं। फिर अपनी नव परिणीता वधू को साथ लेकर ही चले जाएँगे।"

"कुछ भी अनाप-शनाप नहीं बक रहा। तुम्हारा सोचना भी ठीक और सबकी परिकल्पना भी ठीक ही है। सब कुछ तो ठीक-ठाक ही है। विवाह के लिए कन्या, सुनिश्चित कर ली गयी है, विवाह का दिन-पहर-मुहूर्त्त भी अच्छी तरह गणना करवा कर ठीक कर लिया गया है, अब तो बस आज से केवल एक सप्ताह भर समय है, विवाह के बाद पत्नी को साथ लिवा ले जाने का प्रबन्ध भी पूरा ठीक-ठाक है। अगर कुछ ठीक नहीं है तो बस यही कि कन्या है कहाँ? कन्या तो ऐसे हवा हो गयी कि किसी को कुछ भनक भी नहीं लग पायी।"

"क्यों जी, कन्या क्यों हवा हो गयी?"

"अरे भाग गयी कहीं अब विनय बाबू बेचारे की उम्र तो कितनी भी कम आँकी जाय, पैंतीस वर्ष से कम तो हरगिज नहीं है और सत्रह-अठारह वर्ष की, बी.ए. में पढ़नेवाली कमसिन किशोरी से विवाह सम्बन्ध निश्चित हुआ है। गोद भरने वगैरह की सारी रस्में हो चुकी थीं। वर पक्ष से काफी गहना-कपड़ा वगैरह पहुँच ही चुका था। सो गहना-गींठों, कपड़ा-लत्ता सारा सरंजाम लेकर इस बुड्ढे को ठेंगा दिखाकर, हिन्दी-सिनेमा की नायिका की तरह गाना गाते-गाते अपने समवयस्क प्रेमी के साथ नौ-दो ग्यारह हो गयी।"

"हाय रे!"

"तनिक सोचकर तो देखो। अगर इसी कहानी को आधार बनाकर सिनेमा का वृत्तचित्र बनाया जाए तो कैसा लगेगा? रेलगाड़ी के डिब्बे में बैठकर दोनों भागे जा रहे हैं। अचानक सिनेमा की रील के पर्दे पर एक बर्फ से लदा-फदा पहाड़ दिखाई पड़ता है, मतलब यह कि एक पहाड़ी हिमशिखर का सुन्दर डाकबँगला या पर्यटन-स्थल है, रेलगाड़ी के डिब्बे में सभी गाना-बजाना करने में मस्त हैं। तरह-तरह के सामानों के बहुत बड़े विक्रेता दुकानदार के गाने की एक कड़ी गायी, कि तुरन्त ही उसकी दूसरी कड़ी एक गंजे बूढ़े आदमी ने गाकर पूरी की। सर पर ओढ़नी रखनेवाली एक महिला ने शर्म से मुँह दूसरी ओर फेरकर तीसरी कड़ी गायी। सब मिलाकर सारा दृश्य ही बड़ा ही मनोरंजक और बड़ा ही मर्मस्पर्शी बन उठेगा। उसी बीच नायक डिब्बे के ठीक बीच में खड़ा होकर हुलालाला, हुलालाला कहकर चिल्ला-चिल्लाकर उल्टा ताल ठोंक रहा है। वाह-वाह, कितना सुन्दर दृश्य है। ऐसा कि 'मारि कटारी मरि जाना।' "

सुन-सुनकर ऊब चुकी मिनती ने थके स्वर में कहा, "अब रहने भी दो, क्यों व्यर्थ का अनावश्यक झमेला बढ़ाते हो।"

"व्यर्थ का झमेला? तुम क्या समझ रही हो कि सारा कुछ व्यर्थ का झमेला भर है। नहीं, ऐसी बात नहीं। अरे दूल्हे के पिता ने तो पक्की जिद ठान ली है कि विवाह कार्यक्रम घोषित हो चुका है अतः उसमें अब रद्दोबदल नहीं होगी। पहले विवाह की जो तारीख निश्चित थी, अब भी विवाह उसी पहली तारीख को ही होगा। प्रोग्राम टलनेवाला नहीं। सारा बन्दोबस्त तो पहले से ही पूरा किया जा चुका है, फिर टले क्यों? बस एक कुमारी कन्या की ही तो आवश्यकता है। सो जो भाग गयी उसके पीछे क्यों पड़ें। कोई भी एक कन्या मिल जाए, तो बस। काम पूरा। सो अब वे किसी भी कन्या की खोज में लग गये हैं। अच्छा हाँ जी। ध्यान से सुनो। मैं कोई मजाक नहीं कर रहा। बल्कि गम्भीरतापूर्वक कह रहा हूँ, जब उन्हें कोई भी एक कन्या चाहिए तो प्रणति के विषय में क्या ख्याल है? बस एक अवस्था का ही अन्तर कुछ ज्यादा है, काफी साल बड़ा होगा वह; अगर इसे नजर-अन्दाज कर दिया जाए, तो प्रणति का विवाह उससे सम्पन्न करवाने की कोशिश करना कैसा रहेगा?"

"नहीं, बिलकुल नहीं। कोई आवश्यकता नहीं है इसकी, खबरदार! ऐसी बात अब फिर मुँह पर मत लाना।" मिनती ने बड़े उत्तेजित स्वर में जोर से डाँटते हुए मना किया।

38

प्रणति के साथ विनय तालुकदार की अवस्था निश्चय ही बहुत अधिक है। परन्तु उसकी अपनी अवस्था के साथ? उसकी अवस्था के साथ तुलना करके कुछ सोचने-विचारने की आवश्यकता क्यों नहीं महसूस की? सत्यजित ने प्रणति के बारे में ही क्यों कहा? क्या मिनती स्वयं विनय तालुकदार के योग्य नहीं है; इसलिए? सत्यजित के ऐसे मनोभाव को देख मिनती को उससे बहुत क्षोभ हुआ। फिर अपने आप विचारा कि कहीं वही तो पागल नहीं हुई जा रही। उसकी सारी चिन्तन-शक्ति, भले-बुरे की पहचान करने की क्षमता समाप्त होती जा रही है क्या?

यही भाग्य को स्वीकार है शायद। नहीं तो और क्या? मिनती अपने आपको ही धिक्कारने लगी। अब वह एक अनजान भावुक किशोरी तो रही नहीं। आवश्यकता से कहीं अधिक ही अवस्था हो चुकी है उसकी। इतने लम्बे समय का उसका विनय से परिचय रहा है। कभी एक बार भी विनय ने उसके बारे में सोचा? विवाह के लिए

अपने लायक समझा? नहीं, कभी नहीं। और अब भी क्या वह उसके बारे में सोचता है। अरे उसका विवाह तो उसकी मरजी के मुताबिक कहीं दूसरी जगह स्थिर हो ही गया था। वही लड़की तो उसे खास पसन्द आयी थी। अब जो वह लड़की भाग गयी, तो यह समाचार सुनकर वह स्वयं क्यों इतनी उतावली हो उठी है? क्या वह इसी तरह के किसी मौके के इन्तजार में थी। क्या अब वे लोग उस भागी हुई कन्या की जगह उसे ले जाकर विवाह-वेदी पर बैठा देंगे? विनय के साथ उसका विवाह करवा देंगे? सब फालतू बातें हैं। आकाश-कुसुम जैसी असम्भव चीज। मिनती ने इस तरह की हवाई उड़ान भरने की अपनी भावनाओं को दबा देने का प्रयत्न किया।

अपने कार्यालय से काम करके घर लौटी तो बैठक में पाँव रखते ही वह चकपका गयी। उसने देखा कि उसके पिता महोदय एक सभ्य, स्वस्थ, शिक्षित सम्मानित व्यक्ति की तरह बैठकर एक प्रौढ़ सज्जन से विचार-विमर्श कर रहे हैं। यह तो उसके लिए एक अस्वाभाविक घटना है। ऐसा तो कभी नहीं हुआ। उसके पिता योगेन महन्त खूब खुलकर हँस रहे हैं। यद्यपि उनके हँसने का अन्दाज ऐसा है कि कोई अपरिचित आदमी देखे तो समझेगा कि रो रहे हैं। परन्तु मिनती तो समझती है कि पिताजी की यह हँसने की ही मुद्रा है।

"अरे बेटी, तू आ गयी! आ-आ इनका पाँव छूकर प्रणाम कर। ये हैं श्रीमान …हाँ तो आपने अपना नाम क्या बतलाया था महाशय?"

"अम्बिका तालुकदार।"

"ठीक, ठीक। अरे आपके बेटे को तो मैं अच्छी तरह जानता-पहचानता हूँ। बस जरा नाम ही भूल गया हूँ।"

"विनय नाम है, विनय।"

"बिलकुल ठीक बताया आपने। हाँ, तो वह अमेरिका से कब लौटा है?"

"लौटा नहीं है, अमेरिका जानेवाला है।"

"ठीक है, ठीक है।"

मिनती को लगा जैसे सिर इतने जोर से चकरा रहा है कि अभी धरती पर गिर पड़ेगी। अतः दौड़ते-दौड़ते वह किसी तरह अन्दर चली गयी। उसके मन में बड़ा कुहराम-सा मचा था। ये अम्बिका तालुकदार महाशय यहाँ हमारे घर कैसे आ पधारे? कहीं दिन में जगते-जगते भी वह सपना तो नहीं देखने लगी? अगर इस तरह के दिवास्वप्न देखने की उसकी लत पड़ गयी तब तो पागल होने में बाकी ही क्या रहा?

तभी प्रणति बड़ी तेजी से दौड़ती हुई उसके पास आयी। "बड़ी बहन! एक बड़ा भीषण काण्ड हो गया। सर्वनाश ही हुआ समझो।"

"क्या? कुछ बताओगी भी।"

फिर प्रणति ने जो बतलाया उसका सार-संक्षेप यह था कि प्रणति अपने कार्यालय से काम करके जैसे ही घर पहुँची थी कि पिता योगेन महन्त उसे बुलाकर

अपने कमरे में लिवा ले गये। वह तो आश्चर्य के मारे अवाक् हो गयी। उसके पिता महन्तजी तो किसी के साथ बात तक नहीं करते। वह अभी इस अनहोनी पर सोच ही रही थी कि पिताजी बोले, "मिनू (मिनती) का विवाह तय कर दिया है।"

"क्या?"

"नहीं अब और रोकना-टोकना ठीक नहीं। बहुत देरी हो चुकी, अब और अधिक देर नहीं कर सकता।"

"तो किसके साथ ठीक किया?"

"अरे बहुत योग्य, बहुत भला लड़का है। लड़के का पिता स्वयं ही आया था। सो उन्हीं के लड़के के साथ मिनू का विवाह स्थिर कर दिया। बड़े सज्जन, बड़े इज्जतदार आदमी हैं।"

"उनका नाम क्या है?"

"ओह नाम ही तो भूल गया। लेकिन इतना याद है कि लड़का अभी थोड़े ही दिनों पहले अमेरिका से लौटा है। बहुत ही सुयोग्य वर है।"

"उस सुयोग्य वर का क्या नाम है?"

"नाम? उसका नाम? धत्तेरे की। यह नाम तो याद ही नहीं आ रहा। वैसे बहुत ही भला है। हाँ, एक बात जरूर है कि वे लोग विवाह बहुत जल्दी ही कर देना चाहते हैं।"

"बहुत जल्दी माने?"

"उस भले आदमी ने कोई एक दिन निश्चित रूप से बताया तो था, परन्तु फिलहाल मैं दिन की बात भूल गया हूँ। बस इतना ही समझो कि अधिक दिन नहीं हैं।"

क्रोध और घृणा के मारे प्रणति का मन हुआ कि अपना ही सिर दीवार पर दे मारे। सब कुछ पचाते हुए फिर भी मुँह से निकल गया, "यह सब क्या पागलों जैसी बातें कर रहे हैं?"

"नहीं जी, नहीं। चिन्ता करने की कोई बात ही नहीं। तू रुपये-पैसे की परेशानी की ही तो सोच रही है न? कोई परेशानी नहीं। सारी व्यवस्था हो जाएगी। अभी-अभी मैंने अपनी डाकखाने की पास-बुक देखी है। दो हजार सात सौ चौंतीस रुपये जमा हैं। कुछ और अधिक ही मिलेगा, आखिर ब्याज भी तो जुड़ेगा। तुम लोग मुझे पागल समझती हो न। मगर देखो मेरी नजर सभी ओर है।" इतना कहकर योगेन महन्त हँसने लगे थे। अनजान आदमी के लिए समझ पाना मुश्किल है कि हँस रहे हैं या रो रहे हैं। प्रणति चूँकि जानती है अतः समझती है। अरे पगलाने की भी एक सीमा होती है। किसके यहाँ विवाह हो रहा है, वर किसका बेटा है! विवाह कब होगा? इस सबका तो कुछ पता ही नहीं जबकि विवाह ठीक हो गया। मिनती दीदी कोई नन्ही बच्ची तो नहीं। विवाह ठीक करने के लिए उसके विचारों को जाने बिना पिताजी ऐसे

ही कैसे विवाह पक्का कर सकते हैं? अगर बड़ी बहन का विवाह होगा तो सत्यजित से ही होगा। और कहीं कैसे हो सकता है। क्रोध के मारे प्रणति का माथा गरम हो गया। पिताजी तो किसी भी बात में कोई सहयोग नहीं देते। घर का कौन व्यक्ति क्या करता है, क्या नहीं करता इस सबकी भी उन्हें कोई खोज-खबर नहीं रहती। और आज एक-ब-एक घर का मालिक-मुखत्यार बन कर विवाह जैसी महत्त्वपूर्ण चीज तय कर डाली? अब तो दो दिन बाद ही वर पक्ष से आभूषण-वस्त्र इत्यादि मांगलिक चीजें लाकर गोद भराई की रस्म पूरी करने अगर वे लोग न आ जाएँ, तभी कुशल है।

"बड़ी बहन। सर्वनाश हुआ ही समझो।"

"क्यों रे?"

"तुम्हारा विवाह जो पक्का हो गया।"

"मारूँगी एक थप्पड़। होश ठिकाने आ जाएगा।"

"सच रे। आज वो भले आदमी अपने बेटे से विवाह करवाने के लिए तेरा हाथ माँगने आये थे। पिताजी ने तो तुम्हारा विवाह उनके यहाँ निश्चित ही कर दिया है। कौन भले आदमी आये थे, वर का नाम क्या है? विवाह किस दिन होगा? बस यही सब पिताजी को नहीं मालूम।"

"लेकिन मुझे मालूम है कि वे कौन भले आदमी थे। मैंने स्वयं देखा था। पिताजी के साथ बातें कर रहे थे।"

"कौन थे वे?"

"अम्बिका तालुकदार।"

"विनय तालुकदार के पिताजी क्या?"

प्रणति मारे खुशी के उछल पड़ी। अभी थोड़ी देर पहले जो वह सत्यजित के बारे में प्रबल पक्षधरता से सोच रही थी, वह सब क्षण भर में ही भूल गयी। "वाह री बहन! कितना अच्छा भाग्य है तुम्हारा? अच्छा फिर यह तो बतलाओ कि विवाह होगा कब?"

"बस आज से पाँच दिन बाद ही।"

"कैसा सुन्दर सौभाग्य है तुम्हारा! विवाह के तुरन्त बाद ही अमेरिका चली जाओगी। जा बहन जा, जिन्दगी के मजे लूट। यहाँ की चिन्ता बिलकुल ही न करना। यहाँ का सारा प्रबन्ध मैं अच्छी तरह सँभाल लूँगी।"

"मगर एक बात है। यह विवाह हरगिज नहीं हो सकता। इस बात की सूचना उन लोगों को आज ही पहुँचा देनी होगी।"

प्रणति तो ठक्क रह गयी। थोड़ी देर बाद जब पुनः सचेत हुई तो मन-ही-मन सोच-विचार कर निष्कर्ष निकाला—सच, यह विवाह तो हो ही नहीं सकता। बड़ी बहन सत्यजित के अतिरिक्त किसी और से विवाह करने को क्यों राजी होगी भला?

39

यौवन जब आरम्भ हो रहा था उस समय मिनती के मन और शरीर दोनों स्वच्छ-सुन्दर और सदिच्छाओं से परिपूर्ण थे। अबोध बालक की भाँति वास्तविकता और कल्पना में भेद कर पाने लायक बुद्धि नहीं थी। मन में अनगिनत रंगों का एक रहस्यमय समारोह हिलोरें लेता रहता था। आकुल-व्याकुल भावोंवाले स्वच्छ हृदय से वह जैसे किसी की प्रतीक्षा कर रही थी। किसकी प्रतीक्षा कर रही थी, इसे वह स्वयं भी नहीं जानती थी। पंखोंवाले घोड़े पर सवार हो आकाश मार्ग से उड़ता-उड़ता कोई राजकुमार आ पहुँचेगा क्या? तब मन में बस एक ही भाव जाग्रत था। प्रतीक्षा, अनथक आग्रहपूर्ण प्रतीक्षा जैसे सूर्यमुखी सूर्य की प्रतीक्षा करती है। यद्यपि उसकी प्रतीक्षा के लिए यह उपमा बहुत पुरानी, घिसी-पिटी लगेगी, किन्तु यही प्रकृति का चिरन्तन धर्म है। तभी उसके जीवन जगत् में विनय तालुकदार का रूप धारण कर उसके सपनों का वही राजकुमार आ खड़ा हुआ। सचमुच का राजकुमार। रूप, यौवन, विद्या से सम्पन्न तथा महाधनाढ्य-महाप्रतापशाली पिता का एकमात्र सुपुत्र। मिनती वगैरह के महादुखियारे परिवेश में उसका हर तरह से चमचमाता-जगमगाता व्यक्तित्व राजकुमार का नहीं कहलाएगा तो और क्या कहा जाएगा। सचमुच ही आँखों को चौंधिया देनेवाला तेजस्वी सूर्य ही था वह। मिनती तो आँखें खोलकर उसकी ओर सीधे देख ही नहीं सकती थी। विनय कभी कुछ पूछता तो उसके स्वर उसके कानों में ऐसा जादू जगा देते कि वह किंकर्त्तव्यविमूढ़ हो जाती, कुछ उत्तर ही नहीं दे पाती थी। हृदय में नाना प्रकार की बातें कहने को हड़कम्प मचाये रहतीं पर शब्द गले से ऊपर आ मुँह से बाहर निकल ही नहीं पाते थे। मुँह से बोल फूटते ही नहीं थे। जब कभी अचानक विनय सामने पड़ जाता तो मिनती के शरीर और मन का पोर-पोर कदम्ब के फूलों की तरह रोमांचित हो उठता था। एक ऐसी अनुभूति उमड़ पड़ती जिसका कोई एक नाम नहीं, जिसका वर्णन वाणी द्वारा कर पाना सम्भव ही नहीं।

एक दिन तो ऐसा आया, जब कि विनय ने उसका हाथ पकड़कर उसे अपनी ओर खींच लिया। ऐसा उसने जानबूझकर किया था अथवा यूँही परिस्थिति के परिवेश में ऐसी घटना अनायास घट गयी थी, मिनती कह नहीं सकती। इसके सम्बन्ध में वह जानने की कोई इच्छा भी नहीं रखती। परन्तु उस क्षण उसकी सारी देह में बिजली की एक धारा-सी प्रवाहित हो गयी थी। उसे ऐसा जान पड़ा कि वह वहीं बेहोश हो गिर पड़ेगी फिर प्राण-पखेरू उड़ जाएँगे। तन-मन में जो एक विचित्र अनुभूति जग उठी थी वह अतिशय आनन्द की अनुभूति थी अथवा फिर असहनीय पीड़ा की अनुभूति थी? निश्चित रूप से वह कुछ समझ नहीं पायी। किसी ज्ञात ऐकिक नियम के आधार पर इस अनुभूति की मात्रा का परिमाण निश्चित नहीं किया जा सकता कि कितनी तीव्रता उसमें थी।

परन्तु इधर जो एक बहुत लम्बा समय गुजरा, उसके बाद तो मिनती ने सोच लिया था कि वह विनय की बात भूल ही गयी है। परन्तु सच कहे तो यह उसकी भूल थी। अपने हृदय के अतलतल में सतत विराजमान इच्छा को वह स्वयं नहीं जानती थी। उस सूक्ष्म दशा का वर्णन रवीन्द्रनाथ ठाकुर की एक कविता की निम्नलिखित पंक्तियों में बहुत अच्छी तरह हुआ है–

"भूले था का, नय से तो भोला।
विस्मृतिर मर्मे बसि रक्ते मोर दियेछे जे दोला।
नयन सम्मुखे तुमि नाईं।
नयनेर माझ खाने नियेछो जे ठाईं।"

(जो भूला हुआ जान पड़ता है, वस्तुतः भूला नहीं है। क्योंकि उसने तो विस्मृति की अतल गहराई के मर्म में बैठकर मेरे खून के कण-कण को झूले-सा झकझोर दिया है। आँखों के सामने जरूर ही तुम दिखाई नहीं दे रहे हो, परन्तु इसका अर्थ यह नहीं कि तुम कहीं दूर चले गये हो। तुम दिखाई पड़ोगे भी कैसे क्योंकि तुमने तो आँखों की पुतलियों में ही अपना ठिकाना बना लिया है। तुम दृष्टि-शक्ति के इतने करीब हो ऐसे एकाकार हो गये हो कि वह अलग से भला तुम्हें कैसे देख पाएगी।)

अब सच जो सामने आ खड़ा हुआ, तब पता चला कि नहीं, विनय की बात वह भूली नहीं है। अपने अन्तस्थल के अतलतल में उसने विनय की स्मृति को बड़े यत्न से सँभाल कर छिपा रखा था। बस उसके ऊपर एक आवरण पड़ गया था जिसके ऊपर गुच्छे के गुच्छे गेंदे और रजनीगन्धा के फूल फूलकर छा गये थे। फूलों की तह की तह ऊपर ऐसी जम गयी थी कि पता ही नहीं लगता था कि उसके नीचे कुछ है भी परन्तु इतने दिनों बाद इस आवरण की सारी तहों को भेदकर प्रचण्ड तीर की तरह से निकलती हुई स्मृति जब आज सामने प्रत्यक्ष हुई है, उसे देख वह स्वयं ही अवाक् हो गयी है।

विनय तालुकदार किस प्रकृति का मनुष्य है? यह वह नहीं जानती। परन्तु उसके विषय में उसे कोई चिन्ता भी नहीं है। वह एक सच्चरित्र व्यक्ति है या दुश्चरित्र है? इसका भी उसे कुछ अता-पता नहीं है और इसका पता लगाने की उसे कोई फिक्र भी नहीं है। इस सबकी जानकारी रखने की उसे कोई आवश्यकता ही नहीं है। मन ने उस ओर कभी कुछ सोचा ही नहीं। वस्तुतः विनय तालुकदार उसके लिए एक प्रतीक है, प्रतीक। फिर तो एक प्रतीक के साथ विवाह होने का कोई प्रश्न ही नहीं उठता। प्रतीक एक प्रतीक के रूप में बना रहे, इसी में भलाई है। सन्ध्या वेला के अस्पष्ट प्रकाश में वह अपना मायामय स्वरूप लिये विराजता रहे, बस यही अच्छा है।

विवाह करने के लिए मिनती को मानसिक दृष्टि से कोई आपत्ति नहीं है। उसके

हर तरह से वाहियात, अकारथ पिता ने उसकी इच्छा-अनिच्छा के बारे में उससे कुछ जाने-समझे बिना ही विवाह तय कर दिया, इसका भी उसे कोई मलाल नहीं। इस वजह से कोई विरोध करने की कोई बात नहीं। विनय तो क्या किसी भी दूसरे आदमी के साथ भी उसके पिता ने उसका विवाह तय कर दिया होता, तो भी बिना कोई ननुनच किये, रंचमात्र भी विरोध किये बिना ही वह पिताजी की व्यवस्था मान ली होती। अब तक तो वह इतनी बड़ी हो चुकी है कि उसकी अवस्था विवाह योग्य अवस्था से बहुत ज्यादा अधिक हो चुकी है। अब विवाह टालते रह कर यूँ पड़े रहने का समय नहीं है।

उसके लिए तो कोई भी वर हो, बस अपने उत्तरदायित्व को ठीक तरह से समझ सकता हो, उसके लिए तो बस इतना ही बहुत है। परन्तु विनय की भूमिका तो बिलकुल दूसरे ही प्रकार की हो जाएगी। उसकी बगल का एक आसन अचानक ही खाली हो गया है, यह देखकर वह उछलकर उस खाली आसन पर जाकर आरूढ़ नहीं हो सकती। यह तो स्पष्ट ही हो गया है कि उसकी बगल में बैठने के लिए किसी और को ही योग्य समझा गया था, अब वह न बैठी तो तू ही जाकर बैठ जा, वाली बात उसे जँचती नहीं। उसके विवाह में कन्या को वरण करने के लिए जो नाना प्रकार के नैवेद्य-अर्घ्य सजाये गये थे, वे सब उसे लक्ष्य करके तो सजाये नहीं गये थे। वे सब तो किसी और के पूजन की सामग्री थे। अब वह नहीं रही तो फिर कोई अनुराधा, कोई गीतिमाला नामक या फिर कोई भी किसी भी नाम की लड़की मिल जाती, उसी से काम चल गया होता। अब यह तो निहायत एक संयोग ही है कि इसके लिए हो रहे चुनाव में वही चुन ली गयी है। जहाँ जो कोई भी एक हो सकती थी, ऐसी हजारों में से कोई भी एक होने के रूप में वह तो नहीं ही हो सकती। यह स्थिति उसे स्वीकार नहीं। इतने समय से, इतनी सावधानी से संचित कर सहेज रखी गयी पवित्र कल्पना को अब वह कलुषित होने देना नहीं चाहती। मन-ही-मन उसने जैसे अपना आन्तरिक भाव प्रकट किया, "सच्ची बात कहूँ तो वह यह है कि मैं तुम्हें प्यार नहीं करती विनय। मैं तो तुम्हारी उस भावमूर्ति को प्यार करती हूँ जिसे मैंने अपने उभरते यौवन की वेला में अपने मन की कल्पना से गढ़ लिया था। तुम्हें खो देने से चाहे मेरा हृदय टूक-टूक होकर बिखर ही क्यों न जाए, कलेजा फटकर लहूलुहान ही क्यों न हो जाए, फिर भी मेरे लिए कोई और उपाय ही नहीं है। तुम्हारे साथ स्थिर किया हुआ यह विवाह तो किसी भी प्रकार हो ही नहीं सकता।"

40

कोई-कोई दिन और दिनों से एकदम भिन्न प्रकार का लगता है। उस दिन के सूरज का उगना, उसकी किरणों से झरता प्रकाश अधिक उज्ज्वल और उस दिन की मन्द-मन्द बहती बयार और दिनों की अपेक्षा बहुत अधिक निर्मल और सुखद जान पड़ती है। यहाँ तक कि उस दिन मिलने-जुलनेवाले लोग भी बहुत भले लगते हैं। आज का दिन भृगु चौधुरी के जीवन में एक ऐसा ही दिन है जबकि उनका मन बड़ा ही उत्फुल्ल, बड़ा उत्साहपूर्ण लग रहा है। रजत कलिताजी ने जो निःस्वार्थ भाव से उपन्यास लिखने का आग्रह किया था, उनके आग्रह को आज उन्होंने सादर पूर्ण किया। आज वह उपन्यास उन्होंने पूरा लिख दिया है। कलिताजी ने तो कहा था कि दो-दो, चार-चार अध्याय कर-कर के कई किश्तों में आराम-आराम से लिखकर दें। परन्तु चूँकि चौधुरी को पर्याप्त समय मिल गया था अतः उन्होंने उसे आरम्भ से अन्त तक सुव्यवस्थित रूप में लिखकर पूरा कर दिया। सिर पर जो एक भारी जिम्मेदारी थी, आज पूरी हुई। अब चिन्ता मिटी।

प्रातःकाल की आरम्भिक वेला में ही चौधुरी का एक बहुत पुराना शिष्य मिलने आ गया। आजकल बहुत ऊँचे पद पर बहुत प्रभावशाली शासकीय अधिकारी है। फिर भी सरकारी वाहन न लाकर अपनी निजी मोटर कार लेकर आया था, इससे उसके नैतिकता-बोध का तो पता लगता ही है, यह भी स्पष्ट होता है कि आर्थिक दृष्टि से वह स्वयं भी सम्पन्न है। आकर विनयपूर्वक प्रणाम कर बड़े श्रद्धा भाव से उसने निवेदन किया—

"गुरुजी! आपके आशीर्वाद से एक नया घर बनवाया है। आगामी बुधवार को ही गृह-प्रवेश का शुभ मुहूर्त्त निकला है। उस दिन गुरुआनीजी को साथ लेकर आपको मेरे घर चलकर चरणधूलि देनी होगी। मेरे मन में यह इच्छा बहुत दिनों से थी कि अपने घर में आप दोनों का स्वागत करने का सौभाग्य पाऊँ। अतः गृह-प्रवेश के दिन मेरे घर पधारकर हमें आशीर्वाद देने की कृपा करें।"

"यह तो बड़ी अच्छी बात है। अगर उस दिन अचानक ही कोई और अड़चन न आयी तो निश्चय ही आऊँगा। तुम ऐसा करो कि एक कागज पर स्थान का पूरा विवरण, और यहाँ से चलकर कैसे-कैसे, कहाँ-कहाँ से होकर जाना होगा, सब विस्तार से लिख दो। उसी के सहारे हम आ जाएँगे।"

"गुरुजी! जाने की चिन्ता आप न करें। मैं स्वयं आकर आप लोगों को अपने साथ ले जाऊँगा।"

"अच्छा, कितने वर्ग फुट में घर बनवाया है?"

"कुछ ज्यादा ही बड़ा क्षेत्रफल रखना पड़ा गुरुजी। हमारा परिवार चूँकि बड़ा

है अतः छोटी जगह में काम नहीं चल पाता। घर में सदस्यों की संख्या ज्यादा है न।"

"तुम्हारे बेटे-बेटियाँ कितने हैं?"

"आपके आशीर्वाद से दो बच्चे हैं। एक बेटी है जो कक्षा नौ में पढ़ती है। बेटा अभी बहुत छोटा है। परिवार इसलिए बड़ा है कि अपने बड़े भाई साहब का परिवार भी साथ रहता है। मेरे बड़े भाई साहब ने मेरे लिए कितना कुछ किया है? इसका बखान करने लगूँ तो एक दिन में पूरा नहीं कर पाऊँगा; गुरुजी। वैसे वे एक प्राइमरी पाठशाला के मामूली से अध्यापक थे। प्रभु की कृपा से बाल-बच्चे अधिक थे। परन्तु अपने बेटे-बेटियों को भूखा रखकर आधा पेट खिलाकर, पैसे बचा-बचाकर मेरी पढ़ाई के लिए खर्च जुटाकर मुझे पढ़ाया। मेरे बड़े भाई ने असहनीय कष्ट झेलकर मुझे अच्छी-से-अच्छी शिक्षा दिलाने की कोशिश न की होती, तो गुरुजी, मैं आप लोगों के सम्पर्क में आ ही कहाँ पाता। फिर आज आपके निवासस्थान पर आकर यहाँ कैसे बैठता। अगर कभी आता तो अधिक से अधिक एक दाव (लकड़ी काटने-छाँटने का एक हथियार) लेकर आपकी फुलवारी में अनावश्यक रूप से उग आये झाड़-झंखाड़ को साफ करने के लिए आ पाता। मेरे पिता तो धुर बचपन में ही स्वर्गीय हो चुके थे। बड़े भाई जिस पाठशाला में पढ़ाते थे, वह घर से चार मील दूर थी। भाई साहब के पास एक साइकिल थी, उसी से आते-जाते थे। एक बार मेरी परीक्षा की फीस देने के लिए कुछ अधिक ही रुपये जमा करने थे। पैसे कहीं और से इन्तजाम न हो पाने से भाई साहब ने वह साइकिल ही बेच दी, और मेरी फीस जमा की। कुछ दिनों तक उन्हें घर से पाठशाला पैदल ही आते-जाते देखकर एक दिन मैंने पूछा कि साइकिल क्या हो गयी जो पैदल आ-जा रहे हो? तब भाई साहब ने समझाया कि अवस्था अधिक हो जाने और वृद्धावस्था करीब आ जाने पर साइकिल चलाना स्वास्थ्य के लिए हानिकारक होता है। चिकित्सक बताते हैं कि रीढ़ की हड्डी में कोई भयानक खराबी आ जाती है। यह कहकर वे इतना हँसे कि उन्होंने मेरी सारी जिज्ञासाओं को हँसी में उड़ा दिया। अब आपकी कृपा से उनके बेटे-बेटियाँ यानी मेरे भतीजे काफी योग्य निकले हैं। मेरी बड़ी भतीजी तो प्रीयूनिवर्सिटी परीक्षा के पूरे असम प्रदेश में द्वितीय स्थान पर आयी है।"

"वाह! यह तो बड़ा शुभ समाचार है।"

भृगु चौधुरी को बहुत खुशी हुई। अच्छे-भले आदमी से जब कभी भी भेंट हो जाती है तब सचमुच ही सब कुछ अच्छा-अच्छा लगता है। यह भी बड़ा सुखद संयोग है। इस प्रकार का कोई एक शिष्य ही हर तरह से शक्त-समर्थ हो जाने पर भी अपने द्वारा बनवाये गये भवन के गृह-प्रवेश पर अपने पुराने शिक्षक को याद करता है। चौधुरीजी को इस बात का अनुभव है कि पुराने छात्रों के भी तीन प्रकार होते हैं। कुछ ऐसे होते हैं कि कोई गुरु अगर सामने से आता दिखाई पड़ गया और उसकी कार ठीक उनके सामने ही आ गयी तो दूसरी ओर मुँह घुमाकर, न देखने का भाव

दिखाते हुए फिर बड़े फर्राटे से निकल जाते हैं। दूसरे प्रकार के वे होते हैं कि रास्ता-डगर में कहीं भेंट हो गयी तो स्वयं ही आगे बढ़कर आते हैं और प्रणाम अभिवादन करते हुए बड़ी ही आन्तरिकता से बातें करते हैं। और तीसरे प्रकार के वे होते हैं, जो कि इस प्रशान्त की तरह के होते हैं। जैसेकि यह प्रशान्त गोस्वामी आज स्वयं आया है, और अपनी खुशी के मौके पर, अपने गृह-प्रवेश की शुभ-वेला में अपने पुराने शिक्षक की अपने घर पर उपस्थिति चाहता है।

ठीक दुपहरी में चौधुरी को अपने बेटे रंजन का पत्र मिला। उसके यहाँ का सारा समाचार बहुत अच्छा है। उसका बेटा दीपू बराबर अपने बाबा यानी कि भृगु चौधुरी की ही बातें करता रहता है, उनसे मिलने को आतुर रहता है। उसकी पत्नी प्रमिला की गर्मी की छुट्टियाँ होनेवाली हैं सो वह दीपू को साथ लेकर यहाँ घर आएगी। अगर सुयोग मिला तो दो-चार दिन के लिए वह स्वयं भी यहाँ का चक्कर लगा जाएगा।

साँझ की वेला में एक विवाहोत्सव में भाग लेना आवश्यक था। अपने घर से पारस्परिक प्रेम के ऐसे सम्बन्ध थे कि उसे किसी भी बहाने टाला नहीं जा सकता था। चौधुरी काफी पहले ही बस अड्डे पर आ खड़े हुए। आजकल की नगर बस सेवा की प्रत्येक बस में ही इतनी भयानक भीड़ भरी होती है कि क्या कहें। दो-दो बसें आयीं और चली गयीं, चौधुरी घुस भी नहीं पाये। ठेला-ठेली, रौंदा-रौंदी की उस प्रतियोगिता में बस में चढ़ने की उनकी क्या बिसात? सौभाग्य से एक ऐसी बस आ गयी जिसमें कुछ कम भीड़ थी और चढ़नेवाले भी कम रह गये थे, सो चौधुरी बस में चढ़ सके।

आने-जाने में जो भारी कठिनाई होती है अगर उसकी बात छोड़ दें, तो विवाहोत्सव वेला में विवाहवाले घर पर जाने में चौधुरी को बहुत अच्छा लगता है। सबसे बड़ी सुविधा तो यह है कि वहाँ इकट्ठे अनेक परिचित-अपरिचित लोगों से भेंट हो जाती है। आजकल के समय में सामाजिक सम्बन्धों का निर्वाह करने के लिए किसी के घर जाने के लिए आदमी के पास न तो समय है और न उतनी सुविधा ही। अतएव विवाह के अवसर पर सबके समागम से यह कर्तव्य निर्वाह सुविधापूर्वक हो जाता है। उस दिन जिस विवाहोत्सव में गये थे, वहाँ लोगों का समागम कुछ अधिक ही था। खाना-पीना सम्पन्न कर वहाँ से निकलते-निकलते काफी रात हो गयी। तब चिन्ता हुई, नगर सेवा की बसें चलने का समय तो नहीं समाप्त हो गया। बसें चलनी बन्द हो गयीं क्या? इतनी रात गये रिक्शा पाना भी कठिन होगा। रिक्शेवाले जिस दिशा की ओर मुँह करके खड़े होते हैं, उससे उलटी दिशा में जाने के लिए तो किसी भी कीमत पर तैयार होना नहीं चाहते। अगर अकेले आये हुए होते तो धीरे-धीरे टहलते-टहलते ही किसी तरह घर वापस पहुँच जाते। परन्तु चूँकि आज पत्नी को भी साथ लाये हैं। अतः आज अगर पैदल लौटने लगे; तब तो पत्नी बेचारी पर भारी विपत्ति

आ पड़ेगी। इन्हीं सब उधेड़-बुनों में सड़क के एक किनारे वे लोग खड़े थे कि मोटरकार बगल से पार हो गयी। एक ही क्यों ढेर सारी कारें सरसराती हुई निकलती चली जा रही हैं। इस मोटरकार पर ध्यान इसलिए गया क्योंकि थोड़ी दूर आगे जाकर ही वह एकाएक रुक गयी।

फिर तो पीछे की ओर हटते-हटते वह मोटरकार उनके सामने आ खड़ी हुई।

"गुरुजी! इस ओर आप कहाँ आये थे? अब घर जाएँगे क्या?"

"हाँ; जाना तो है।"

"तब आइए बैठिए। मैं आप लोगों को घर पहुँचाते हुए चला जाऊँगा!"

फिर तो वह लड़का, माने चौधुरी की दृष्टि में तो वह अभी लड़का ही था, कार से नीचे उतर आया और गाड़ी की पिछली ओर का दरवाजा खोल दिया। उनके बैठते ही गाड़ी चल पड़ी।

"तुम किस ओर रहते हो?"

"उधर काला पहाड़ के इलाके की ओर।"

"और मैं किधर रहता हूँ, कुछ जानते भी हो?"

"बहुत अच्छी तरह जानता हूँ, सर।"

"तो फिर?"

"इससे कोई परेशानी नहीं होगी, सर। जरा घूमकर ही जाऊँगा।"

"अच्छा, जरा थोड़ी देर सोचने दो। तुम्हारा नाम ही याद नहीं आ रहा।"

"मैं राजेन हूँ राजेन।" वह हँसने लगा। "याद भी कैसे आएगा सर। पढ़कर उत्तीर्ण हुए कितने अधिक वर्ष बीत गये।"

"अच्छा तो अब तुम क्या करते हो?"

"व्यापार करता हूँ, सर!"

"इसमें क्या कुछ सफलता मिली?"

"हाँ। मोटे तौर पर सब ठीक ही चल रहा है।"

इसी तरह की बात-चीत चलते-चलते रजत कलिताजी का प्रसंग छिड़ गया तब राजेन ने कहा—

"कलिताजी का मकान तो मेरे घर के पास ही है। उन्हें तो मैं बहुत निकट से जानता हूँ। प्रायः ही वे आपके बारे में चर्चा करते रहते हैं। लगता है कि आप के प्रति उनमें विशेष आदर का भाव है। एक प्रकार से आपके भक्त ही हैं। जब से नौकरी से सेवा निवृत्त हुए हैं, तब से असमिया में एक अच्छी पत्रिका प्रकाशित करने के अभियान में जी-जान से जुटे हुए हैं।"

"तुम्हारे घर के पास ही रहते हैं। तब तो बड़ा ही अच्छा हुआ। उन्होंने अपनी पत्रिका में प्रकाशित करने के लिए मुझसे एक उपन्यास लिख देने का बड़ा आग्रह किया था। जैसे-तैसे मैंने उसे लिखकर पूरा कर लिया है। सोचता था कि अब

पहुँचाऊँगा, तब पहुँचाऊँगा। इसी में प्रोग्राम टलता रहा। अब मैं उतनी दूर पहुँचाने क्यों जाऊँ? और उसे लेने के लिए उन्हें भी इतनी दूर आने की क्या जरूरत? चलो तुम्हें ही सौंप देता हूँ। तुम ले जाकर उन्हें दे देना···।"

"थोड़ा रुकें, सर। इस बीच एक बड़ी शोचनीय दुःखद घटना घट गयी है। उन्हें अपनी पौरुष-ग्रन्थि में दर्द तो वैसे पहले से ही रहता था, जिसके लिए दवा-दारू, ऑपरेशन वगैरह में परेशान रहते थे। ऊपर से इस पत्रिका के प्रकाशन के फेर में पड़कर इधर-उधर रातोंदिन चक्कर लगाते, भाग-दौड़ करते रहते थे। जाने कहाँ-कहाँ भागते फिरे थे, जब लौट रहे थे, घर से कुछ दूर पहले ही पड़नेवाले एक पुल के पास कल दोपहरी में बेहोश होकर गिर पड़े थे। तब से वहीं पड़े थे। कौन किसकी परवाह करता सर! वह तो संयोग ही था कि मैं भी उधर से गुजरा। देखा तो मेरे तो होश उड़ गये। किसी तरह उठा-पठाकर गाड़ी में ले जाकर घर तक पहुँचाया।"

"राम, राम। अब कैसी हालत है उनकी?"

"बहुत अच्छी नहीं कह सकते सर! घर पर हालत और भी बिगड़ती ही चली जा रही थी, सो अन्ततः उन्हें मेडिकल कॉलेज हास्पिटल ले गया। वहीं भर्ती करवा दिया है। अब ढंग से चिकित्सा हो रही है। परन्तु अभी तक उनका होश लौटा नहीं है। वहीं से तो लौट रहा था, सर।"

41

"देख रहे हैं? सारे के सारे ऊनी गर्म कपड़ों को कीड़ों ने किस बुरी तरह से काट खाया है?"

श्रीमती चौधुरी एक ऊनी कम्बल निकालने गयी थीं। आलमारी खोलकर देखा, कम्बल जो तहाकर रखा हुआ था, उसकी हरएक मोड़ को कीड़ों ने बुरी तरह काट डाला था। वे तो ऐसी घबरा गयीं कि आलमारी में रखे सारे ऊनी कपड़ों को बाहर निकालने लगीं। लगभग हर एक कपड़े को ही कीड़ों के काट डाला था। जगह-जगह बड़े-बड़े छिद्र हो गये थे। पहले उनके पास ओढ़ने के लिए कोई अच्छा ऊनी शाल नहीं था। चौधुरी जब अपने कार्य से सेवा निवृत्त होने लगे, तो महाविद्यालय के लोगों ने, अध्यापकों और विद्यार्थियों ने उनकी विदाई का बहुत ही प्रेम-पूर्वक आयोजन किया। उसमें श्रीमती चौधुरी को भी बुलाया था। विदाई उपहार के रूप में चौधुरी

के साथ-साथ उन्हें भी एक बहुत सुन्दर ऊनी शाल भेंट किया था। ओढ़कर बाहर निकलने लायक वही एक बहुत सुन्दर शाल था। पर आज देखा तो पूरे शाल पर जगह-जगह बड़े-बड़े छेद हो गये थे। नहीं, अब यह शरीर पर रखने लायक नहीं रहा।

"हाय रे हाय, अब क्या होगा?"

उनकी हाय-हाय सुनकर चौधुरी ने भी बहुत दुःख प्रगट किया। परन्तु यह उनका आन्तरिक दुःख नहीं था, बस श्रीमती चौधुरी के मन को सान्त्वना देने की दृष्टि से ही, ऊपर-ही-ऊपर उन्होंने भी दुःख प्रगट कर दिया था। बस शिष्टाचार रक्षा के लिए। वस्तुतः वे इससे बहुत दुःखी नहीं हुए। अब उम्र की ढलान की इस वेला में साज-पोशाक की सुन्दरता और मात्रा की अधिकता होने के लिए हाय-हाय मचाने की क्या जरूरत? इस सबसे कुछ नहीं होने का। यह तो दुनिया का नियम ही है। सभी-की-सभी वस्तुएँ यूँ ही पड़ी रह जाएँगी।

"दिनान्ते, निशान्ते शुधू पथप्रान्ते फेले येते होय।"

शरीर को सुन्दर और महिमामय बनानेवाले सारे पदार्थों को, सभी सामग्रियों को जीवन की अन्तिम वेला में, जीवन-यात्रा के पथ के किनारे फेंक कर, यूँ छोड़कर चल देना होता है। ये कपड़े अगर पूरी तरह ठीक-ठाक सजे-धजे बने-ठने ही रहें, तो भी कौन पहनेगा इन्हें? यह फैशन यहीं अचल होकर रह जाएगा। आगे की पीढ़ी इसका व्यवहार नहीं करेगी। चौधुरी के पिताजी का एक जोड़ी पैंट कोट (सूट) अभी भी बड़ी सावधानी से सँभालकर रखा हुआ है। मक्खन रंग के कपड़े की जमीन पर लम्बी-लम्बी काली-काली धारियाँ खिंची हुई हैं। अपने जमाने का सबसे अच्छे फैशन का सूट है। बड़े यत्न से रखा हुआ है। परन्तु कभी भी किसी के किसी काम नहीं आया, न आएगा। रखा है। बस चौधुरी के मन को इससे सन्तुष्टि मिलती है, इसलिए। एक छीजती हुई स्मृति के चिह्न के रूप में।

उन्होंने इतने श्रम और इतनी ममता से यह जो उपन्यास रचा, लिखकर पूरा किया, इसकी पाण्डुलिपि भी यूँ ही पड़ी रहेगी। इसके पन्ने धीरे-धीरे पीले पड़ जाएँगे। ऊपर नीचेवाले पन्ने तो एक-एक कर फटकर निकलते चले जाएँगे। 'भविष्य में कभी प्रकाशित करवाएँगे', ऐसा सोचकर उनके बेटे इसे सँभालकर रख देंगे। परन्तु जैसे-जैसे समय बीतता जाएगा, प्रकाशित करने की वह इच्छा भी कमजोर होती चली जाएगी। फिर एक समय ऐसा आएगा कि प्रकाशित करवाना बिलकुल अर्थहीन लगेगा। पुराने ढंग पर लिखी गयीं पुस्तक पढ़कर नये जमाने के आदमी क्या उसे अच्छा कहेंगे?

रजत कलिता महाशय की जो हालत हो गयी है, उससे तो वे अपनी पत्रिका अब कभी प्रकाशित करवा ही नहीं पाएँगे। और कोई दूसरा प्रकाशक उनके लिखे इस उपन्यास को प्रकाशित करने आने से रहा। एक बूढ़े आदमी द्वारा लिखी गयी रचना। नाम भी मत लो, नये जमाने का आदमी उसमें भला क्या रस पाएगा?

व्यक्तिगत रूप से पीछे पड़ जाएँ तो सम्भव है कि कोई प्रकाशक आँख की लाज बचाने के संकोच में सामने छापने से इनकार न कर सके और तब उसे अपने पास रख ले। परन्तु बस रखने के लिए ही रख लेगा वह, छापने की बात टालता ही रहेगा कि जब भी सुविधा मिलेगी छाप देगा। परन्तु ऐसी सुविधा उसे फिर कभी मिलेगी ही नहीं। इसी टाल-मटोल में समय गुजरता जाएगा। सम्भव है इसी दौरान भृगु चौधुरी की मृत्यु ही हो जाए। तब तक प्रकाशक उस पाण्डुलिपि की याद भी भूल चुका होगा।

रजत कलिता अब पत्रिका प्रकाशित नहीं कर सकेंगे। कलिता को अस्पताल से घर ले आया गया है। अब उनकी चेतना लौट आयी है। परन्तु शरीर का दाहिना हिस्सा पक्षाघात से बेकार हो गया है। उसके अतिरिक्त पेशाब निकलने के लिए 'केथिटार' यन्त्र लगा हुआ है। देखने पर बड़ा ही दुःख होता है। अत्यन्त दयनीय हालत हो गयी है। चौधुरी उन्हें देखने गये तो कलिता की बिटियाँ उन्हें घर के अन्दर बुला ले गयीं। पूरे घर में दरिद्रता की निशानी फैली थी। चीजें ऐसी अस्त-व्यस्त, उलट-पुलट जैसे कि प्लेटफार्म पर कुछ थोड़े समय का ठहराव भर हो। सामानों को यथावश्यक तरतीब से सजा-धजाकर रखने की कोई सुव्यवस्था नहीं। कलिता की खाट के पास जो मेज रखी थी, उसके ऊपर का कपड़ा नीचे जमीन पर लुढ़का पड़ा है। मेज के ऊपर एक तश्तरी में दूध में भीगा हुआ पावरोटी का आधा टुकड़ा पड़ा है।

चौधुरी को रजत कलिता पहचान गये। पहचानते ही बड़े व्यग्र हो उठे। जल्दी-जल्दी में वे चौधुरी से कुछ कहने भी लगे। परन्तु चौधुरी उसका एक अक्षर भी समझ नहीं सके। बड़ी ही कारुणिक स्थिति हो गयी है। एक आदमी अपने मन के अतिआवश्यक भावों को बड़ी बेकली से दूसरे आदमी तक पहुँचाना चाह रहा है, परन्तु दूसरा आदमी उसे पकड़ नहीं पा रहा है। उनके लिए कलिता की तमाम बातों का कोई अर्थ ही नहीं, केवल लगातार होता हुआ आवँ, आवँ के अस्पष्ट स्वर के अलावा और कुछ नहीं। उनकी बातें न समझ पाने की अपनी कमजोरी पर चौधुरी को अपने पर ही ग्लानि होने लगी। हालत तो यहाँ तक आ गयी कि मानने लगे कि कब कलिता के पास से हटें। उनके सामने से परे हट जाने पर ही शायद कुछ शान्ति मिले।

अतएव यही है असली बात। कलिता के लिए चौधुरी के मन में बड़ा दुःख हुआ। इस भले आदमी को क्या मिला इस जीवन से। इस आदमी के जीवन की सबसे बड़ी अभिलाषा थी कि एक अच्छी पत्रिका निकालकर अपनी भाषा, अपने समाज की सेवा कर सकें। वह भी पूरी नहीं हो सकी। एक अनुभवी वृद्ध मनुष्य की कितनी अति क्षुद्र साधारण-सी अभिलाषा। पत्रिका के प्रथम पृष्ठ पर स्पष्ट अक्षरों में छपा होगा—सम्पादक : श्री रजतचन्द्र कलिता।

अब तो ये रजत कलिताजी बिछौने से उठकर कभी अपनी पत्रिका प्रकाशित कर ही नहीं सकते। इसका एक पक्ष यह भी है कि इतने कष्ट से तिल-तिलकर जो

धन इकट्ठा किया था उन्होंने, वह धन पत्रिका के प्रकाशन में नष्ट नहीं होगा, ऐसा सोचकर उनकी दुःखियारी पत्नी और बालबच्चे कुछ राहत महसूस करेंगे। उनके घर के अन्दर-बाहर पूरे वातावरण में दरिद्रता का राज्य स्पष्ट था। उसे देखकर भृगु चौधुरी के हृदय को बड़ी वेदना पहुँची। एक इतने भले आदमी की पूरे जीवन की एक मामूली-सी इच्छा भी पूरी नहीं हो सकी।

कलिता की दशा देखकर चौधुरी का मन विह्वल हो उठा। उन्होंने अपने आपको ही उपदेश देने की कोशिश की। इस स्थिति से क्यों हृदय को दुखाना? गम्भीरता से सोचकर देखें तो किसी भी बात का क्या अर्थ है? मनुष्य अपने सार्थक सपनों को यूँ ही फेंककर चला जाता है। मृत्यु हो जाने के बाद किसी भी चीज का क्या मूल्य है? उसे 'स्मृति' कहकर पुकारें अथवा कोई भी दूसरा शब्द ही इसके लिए क्यों न प्रयोग करें, कोई भी क्या जीवन-मृत्यु की सीमा-रेखा को पारकर जा सकता है भला?

उस सीमा-रेखा के इस पार ही तो जीवन है। प्रत्येक व्यक्ति अपने द्वारा रचे गये जगत् में अपने द्वारा ही उत्पन्न किये गये सूत्रों के आधार पर अपना जीवन व्यतीत करता है। प्रत्येक व्यक्ति का अपना एक निजी परिवेश स्वतः सिद्ध होता है। उसके अपने जगत् की एक सुनिश्चित लम्बाई-चौड़ाई होती है। उसी को आधार बनाकर वह अपना एक विशेष जगत् निर्माण कर लेता है। दूसरा कोई व्यक्ति क्या अनुभव करता है, किस प्रकार की धारणा रखता है, क्या कुछ सोचता-समझता है, उसे जान पाने का फिर कोई उपाय नहीं रह जाता। केवल अपने-अपने ढंग से हम अनुमान भर लगा सकते हैं। किसी दूसरे की भाषा कोई दूसरा समझ नहीं पाता, यही कारण है कि जीवन में जो सबसे निकटतम साथी होता है, जो बराबर बिलकुल करीब रहता आ रहा होता है, वह भी अपरिचित ही रह जाता है। "मनुष्य के अपने ही मन में क्या है? इसे ही ठीक से क्या वह जानता है?" भृगु चौधुरी ने अपने आप से प्रश्न किया।

42

विनय तालुकदार की बात तो इतने दिनों में मिनती भूल ही चुकी थी। परन्तु इतने दिनों बाद विनय तालुकदार को उस दिन अचानक जो देखा तो बन्द दरवाजा जैसे फिर से खुल गया। इस बीच जो इतना लम्बा समय बीता था, वह उसकी पहले की अनुभूतियों की चमक और तीव्रता को मिटा नहीं सका था। अभी तक वे ज्यों-की-त्यों

हरी-भरी लहलहा रही थीं। विनय विवाह की बात ठीक हो जाने के बाद ही उस दिन घर आया था क्या? परन्तु उसने उस दिन ऐसा कुछ बताया तो नहीं। उनके मन में कहीं, किसी रूप में मिनती की बात छिपकर बैठी हुई तो नहीं थी? या फिर एक सुन्दर नवयुवती लड़की का संग-लाभ करने की पुरुषों की सहज प्रवृत्ति के कारण ही आया था? मिनती कुछ भी निर्णय नहीं कर पाती। इन सब पहलुओं पर उसने विचार कर देखा भी नहीं है। केले के पौधे की छाया से लेकर विवाह की वेदी तक जाते हुए एक वर पास में खड़ी एक सुन्दर कन्या की ओर मुग्ध दृष्टि से ताकता रह सकता है, यह बात मिनती नहीं जानती। सत्यजित के मुँह से विनय के विवाह का समाचार पाकर वह स्तब्ध रह गयी थी।

"एक लड़की उसे जी-जान से प्यार करती है।" विनय यह बात कभी भी नहीं जान सकेगा। मिनती जानती है कि वह फिर से विनय की बात भुला बैठेगी। विनय को न पा सकने के गम में वह रेलवे लाइन पर अपना सर रखकर आत्महत्या नहीं करेगी। एक नादान, चंचल मति किशोरी जैसा आचरण वह हरगिज नहीं करेगी। जीवन में जिसे ही पाने की ललक जागेगी, उसे ही पा जाना कोई अनिवार्य नियम नहीं है, उसे नहीं भी पा सकते हैं। परन्तु इससे उद्वेलित होने का कोई अर्थ नहीं। चन्द्रमा को पकड़ने के लिए हाथ बढ़ाने पर अगर वह हाथ नहीं आता तो उसके लिए रोने-धोने, सिर पीटने का कोई अर्थ नहीं। विनय के लिए एक कन्या तो निश्चित हो ही गयी थी, यह मात्र एक संयोग ही ऐसा आ गया कि उसके साथ उसका विवाह नहीं हो सका। अब उसका जो स्थान खाली पड़ा है, उसे हजारों कन्याओं में से कोई भी एक जाकर भर सकती है। मिनती इन हजारों कन्याओं में से वह कोई एक कन्या नहीं हो सकती।

अम्बिका तालुकदार ने आँखें टेढ़ी कर प्रणति की ओर देखा। "यह लड़की फिर कौन आ टपकी?" अन्ततः पूछ ही बैठे—

"किसे ढूँढ़ती आयी हो? किससे मिलना है तुम्हें?" उनके व्यवहार और बात करने के ढंग से प्रणति को बहुत बुरा महसूस हुआ। परन्तु अब करे भी क्या? उपाय ही नहीं है कुछ। उसने परिचय दिया, "मैं मिनती दीदी की छोटी बहन हूँ।" इतना सुनते ही अम्बिका तालुकदार के चेहरे का सारा भाव ही पलट गया। बड़े उत्साहपूर्वक बोले, "आओ, आओ। अरे वाह! वहाँ क्यों खड़ी हो? इधर आओ।"

परन्तु प्रणति ने जब अपनी बात स्पष्ट रूप से उनके सामने कह सुनायी, फिर तो वे मारे आश्चर्य के अवाक् रह गये। उनके हृदय में हड़कम्प मच गया। यह पृथ्वी आखिर क्या हो गयी है? संसार को हो क्या गया? उनके बेटे से विवाह होने का अवसर मिलना, दुनिया की किसी भी कन्या की सात-सात पीढ़ियों के सौभाग्य का ही परिणाम

समझना चाहिए। इज्जत, हैसियत, बेटे की सुन्दरता, शिष्टता, योग्यता, क्षमता एक-एक चीज ऐसी कि उसे पाने के लिए कन्याएँ तपस्या करें। पर यह हो क्या रहा है? पहले जिस कन्या से विवाह तय हुआ, वह तो भाग ही गयी। एक ऐसी अनहोनी बात जिसके विषय में कोई सोच ही नहीं सके। मूर्ख, महामूर्ख। अब चूँकि उनकी जिद के कारण तुरन्त ही किसी योग्य कन्या की जरूरत पड़ी अतः मिनती की बात याद आ गयी। सचमुच ही बहुत सुन्दर, बड़ी ही प्यारी कन्या है वह। अभी जब वह छोटी थी, तभी देखा था। उस समय की बात अभी भी उनके मन में ताजा है। उसका प्रभाव मन में गहराई तक था सो उसी के चलते यह निर्णय ले लिया। परन्तु यहीं पर भारी गलती हो गयी। उन्होंने तो उसके रूप का ही विचार किया, उसके रूप पर ही विमुग्ध हो गये, उसके परिवार, उसके परिवेश, उसकी वंश-परम्परा, उसके वंश की समाज में इज्जत-आबरू आदि पर विचार कर देखा ही नहीं। वस्तुतः नीच श्रेणी के इन सब आदमियों की मानसिक प्रतिक्रिया उनकी समझ की सीमा के बाहर की चीज है। क्षुद्र लोगों की प्रतिक्रिया वे समझ ही नहीं सकते। तभी तो ऐसी जगह सम्बन्ध स्थापित करने का निर्णय कर लिया। वे इतने नीच, इतने अधम न होते तो फिर भला उनके बेटे से मिले विवाह के इतने उत्तम प्रस्ताव को वे यूँ ठुकरा देते? ऐसी दुर्बुद्धि की तो कल्पना भी नहीं की जा सकती। क्रोध के मारे काँपते हुए वे बोल उठे, "अगर ऐसी ही बात थी, तो तुम्हारे पिता ने मुझे वचन क्यों दिया था?"

"क्षमा करेंगे। मेरे पिता की बातों का खयाल न करें। वे बेचारे तो सांसारिक किसी बात में कोई भी भूमिका नहीं रखते। उन्हें इस सबका कुछ ज्ञान ही नहीं।"

अब वे अपनी पर उतर आये और चिड़चिड़े स्वर में बोले, "सभी समझदार लोगों ने मुझे बार-बार मना किया था। बतलाया था कि महन्त ने तो अपनी इस कन्या को इतनी छूट दे रखी है कि उसके मन में जो आये सो ही करे। कहीं कोई बाधा-बन्धन नहीं। एकदम स्वतन्त्र। इतनी बड़ी जवान लड़की दिन-रात एक लँगड़े के साथ घूमती-फिरती है। कहाँ जाती है? कहाँ रहती है? कोई भी बता नहीं सकता। फिर भी मेरी मति मारी गयी थी। अब तुमने आकर साफ-साफ सूचना दे दी। बड़ उपकार किया हमारा। धन्यवाद!"

"देखिए, इस तरह की बातें मत कहिए। सत्यजित भाई बहुत ही सदाचारवान् आदमी हैं। उनके जैसे निश्छल, सच्चरित्र व्यक्ति के साथ कार्यालय आने-जाने में कहीं किसी भी तरह की बुराई नहीं है।"

"नहीं जी नहीं, कोई बुराई नहीं, कोई दोष नहीं। अरे किस-किसकी आँखों में धूल झोंकोगी? एक स्वस्थ सुन्दर जवान लड़की एक जवान लड़के के साथ अपनी इच्छानुसार मौज-मस्ती करती फिरती है तो उन दोनों के बीच किस तरह का सम्बन्ध होगा? यह बात मुझे मत समझाओ, हाँ।"

"देखिए, आप फिर भी गलत समझ रहे हैं। वे दोनों सचमुच बस एक-दूसरे के घनिष्ठ मित्र भर ही हैं।"

अम्बिका तालुकदार ने मुँह बिगाड़ते हुए खीझकर कहा, "मित्र! युवक-युवती के बीच की मित्रता मित्रता नहीं होती।"

मित्रता न होकर क्या कुछ होता है इसे अश्लील भाषा में, अश्लील भंगिमा बना-बनाकर वे समझाने लगे।

घर लौटने पर प्रणति क्रोध के मारे ऐसा आपा खो बैठी थी कि जो भी मुँह में आ रहा था, वही बकती जा रही थी। वहाँ उन सबके बीच सत्यजित भी बैठा हुआ है, इस ओर भी ध्यान नहीं दे रही थी, "कैसा बुड्ढा है वह जी? जो भी उसके मन में आया, एक लड़की के सामने सब बकता गया। शिष्टाचार का भी ध्यान नहीं। सत्यजित भाई साहब को लेकर तुझे ऐसी भद्दी-भद्दी बातें कहीं, कोई नीच-से-नीच भी क्या कहता। खैर, चलो ठीक ही हुआ। लोगों की इस तरह की बातें क्यों सुनते रहेंगे हम? जब दुनिया कह ही रही है तो क्यों न इसे करके ही दिखा दें। अच्छी बात है, सत्यजितजी के साथ ही तुम्हारा विवाह सम्पन्न हो जाए।"

"प्रणति ऽ ऽ ऽ!"

मिनती ने इतने जोर से डाँटा कि प्रणति तो चकपकाकर एकाएक चुप ही हो गयी।

"तू अपना होश-हवास ऐसा खो बैठी है कि एक मतिभ्रष्ट गन्दे बूढ़े के मानसिक स्तर तक गिरती जा रही है। उसके जैसे विचारों तक नीचे मत गिरो। समझी। वह तो एक युवक और एक युवती के बीच उसकी नीच भावना के अतिरिक्त कोई और भी सम्बन्ध हो सकता है, इसकी कल्पना ही नहीं कर सकता। नवयुवक ही क्यों? उनके विचार से तो एक युवती को एक जर्जर बूढ़े के साथ रखना भी खतरे से खाली नहीं है। इस तरह के लोगों में जिस तरह की मान्यता प्रचलित है, उसके अनुसार तो बूढ़ा ही बदमाशी शुरू कर देगा। तुम ऐसे लोगों की बातों से उत्तेजित मत होओ। सत्य और मैं दोनों परस्पर मित्र हैं, अतिशय घनिष्ठतम मित्र; बस। इसके अतिरिक्त हमारे सम्बन्धों का कोई दूसरा अर्थ ढूँढ़ने कदापि न जाना।"

तो फिर असली मर्म की बात यही है। सत्यजित के अन्तरतम की जो गूढ़ भावनाएँ क्रमशः प्रकट होते-होते अब तक बाहर निकल आयी थीं, मिनती के मुँह से निकली इन बातों को सुनकर उन्हें उसने पुनः उसी तरह अन्दर खींच लिया जैसे कोई कछुआ अपने सिर के निकले हुए हिस्से को अन्दर खींच लेता है। उसने मन-ही-मन सोचा कि आकस्मिक रूप से ही सही, यह बहुत अच्छी बात हो गयी कि घटना इसी बिन्दु पर आकर समाप्त हो गयी। मिनती के हृदय में अपने प्रति बसी भावनाओं के अनुसार उसका जो सम्बन्ध है, उसे वह निश्चित तौर पर जान गया। मित्र, अतिशय

घनिष्ठतम मित्र, बस। बहुत अच्छी बात है। किन्तु प्रकट में बोला—

"तो फिर मेरे लिए ऐसी दशा में क्या करना उचित है?"

"यह तुम क्या पूछने लगे? क्या करना उचित है? पूछने का मतलब?"

"यही कि आत्महत्या तो मैं कर पाऊँगा नहीं। उससे मुझे बहुत डर लगता है।"

"आत्महत्या? आत्महत्या करने की आवश्यकता ही क्यों आ पड़ी है?"

"वाह एक सुन्दर नवयुवती द्वारा इस प्रकार से धक्का मारकर ठुकरा दिये जाने पर युवकों द्वारा आत्महत्या कर लेने का नियम नहीं है क्या?"

"हे भगवान! तुम किस मिट्टी के गढ़े मनुष्य हो?"

"किस मिट्टी के मनुष्य का मतलब?"

"तुम तो हर एक बात को मजाक के रूप में ही लेते हो। स्थिति की गम्भीरता भी नहीं देखते। उम्र भी तो कोई कम नहीं हुई। फिर भी तनिक-सी गम्भीरता नहीं आयी।"

"मैं अपनी पूरी चेतना से, अत्यन्त गम्भीर रूप से बात कर रहा हूँ, मेरी आदरणीया लेडी।"

43

"अच्छा तो तुम विवाह नहीं करोगे क्या भैया?" दादुल ने पूछा ही था कि सत्यजित बड़े जोर से डाँट पड़ा।

"मैं विवाह करूँ या न करूँ; तुझे इसकी इतनी क्यों चिन्ता खाये जा रही है?"

"अरे वाह! ये सुनो। मुझे इसकी चिन्ता नहीं होगी तो फिर और किसे होगी? अरे आगे की पटरी साफ रहेगी तो दूसरी गाड़ी निकल सकेगी। अब आगे का रास्ता खाली हो जाए तब अपने लिए मैं भी कुछ आशा बाँधूँ।"

"बेचारे की लालसा तो देखो। जैसे लार टपक रही है। विवाह तो करा लेगा, परन्तु जिसे ब्याह कर ले आएगा, उसे खिलाएगा क्या? महाविद्यालय में अध्यापक नियुक्त हो गया है, सो ठीक है, परन्तु महीने में वे वेतन के नाम पर देते कितना हैं?"

एम. ए. परीक्षा उत्तीर्ण होने के बाद दादुल ने पास के ही एक महाविद्यालय में लेक्चरर पद पर कार्य करना शुरू कर दिया था।

"देते हैं कुछ।"

"देते हैं सो तो देना ही चाहिए। परन्तु कितना देते हैं? जरा वह तो जानूँ।"

"कुछेक देते तो हैं ही।"

"बीते इन तीन महीने में मेरे लिए एक जोड़ी जूता, माँ के लिए एक साड़ी, अपने लिए एक कमीज गिनकर तेरह नग सन्देश (मिठाई) और दो सौ ग्राम नमकीन ही तो घर में ले आते देखा है। तू सोचता क्या है? मेरी निगाह सभी ओर रहती है। अरे यह सब छोड़। इस कमाई से कुछ नहीं होने का। शोध छात्रवृत्ति के लिए आवेदन किया है कि नहीं? अगर न किया हो तो सब छोड़-छाड़कर आई. ए. एस. के लिए जमकर तैयारी कर। यहाँ लड़के-लड़कियाँ गुरुजी, गुरुजी कहकर बुलाते हैं तो इसी में फूलकर कुप्पा मत हो, इसी आनन्द में लिप्त रहने से काम चलेगा भला?"

दादुल सिर नीचा करके कान खुजलाने लगा। "नहीं, सो तो नहीं। परन्तु तुम्हारा कुछ हो जाता तो मैं भी धीरे-धीरे किसी के साथ प्रेम की पेंगें बढ़ाने की सोच सकता।"

"विवाह, विवाह, विवाह। जैसेकि विवाह करवाना ही मनुष्य-जीवन का प्रधान कर्तव्य है। विवाह करवाये बिना भी मनुष्य महान् व्यक्ति बन सकता है। जैसेकि स्वामी विवेकानन्द की ही बात लो।"

"माँ, ओ माँ! ये स्वामी विवेकानन्दजी महाराज क्या कह रहे हैं? सुन रही हो?"

"मैं किसी की बात नहीं सुनती। मेरा तो सारा जीवन ही बेगार खटने में चला जाएगा। मैं क्या कभी सुख का मुँह देख सकती हूँ? इस तरह का भाग्य लिखवाकर लायी हूँ क्या?" क्रोध के मारे माँ उस कोठरी से उठकर चली गयी।

तब दादुल ने बड़े शान्त और गम्भीर स्वर में सत्यजित से पूछा, "क्या तुमने सचमुच ही विवाह न करने का पक्का इरादा कर लिया है?"

"वैसा ही समझो।"

"तुम्हारा एक पैर खराब है, क्या इसीलिए?"

"हाँ, वह भी एक कारण है, किन्तु वही मुख्य कारण नहीं है।"

"तो फिर?"

"कुछ ऐसी गहन-गोपन बातें हैं, जिन्हें किसी के सामने प्रकट नहीं कर सकता हूँ। यहाँ तक कि अपने सामने भी प्रकट करने में संकोच होता है।"

सत्यजित की वाणी में सच्ची वेदना का ऐसा स्वर फूट उठा कि फिर दादुल मजाक करना ही भूल गया। वह भी शान्त और सहज हो गया। अबकी बार उसने अत्यन्त सरल भाव से पूछा, "तो सचमुच ही तुम अपना विवाह नहीं करवाओगे?"

"हाँ, सच रे दादुल! तू मेरी चिन्ता छोड़। अपना विवाह शीघ्र करवा ले। तुम्हारे बेटे-बेटियों के बीच ही मैं अपना जीवन सार्थक समझूँगा। अब इतने से सुख से मुझे वंचित मत करना। लोगों को दिखाने के लिए कुछ करने का मेरा स्वभाव नहीं है। तुम लोगों को मैं कितना प्यार करता हूँ, इसे तुम लोग नहीं जानते। अब तू बड़ा हो गया है भाई तो भी यदि कभी तुझे लौटने में रात हो जाती है तो मैं अत्यन्त उद्विग्न हो जाता

हूँ। परन्तु यह तो सही ही है कि तू अब सयाना हो चुका है। अपने जीवन का रास्ता स्वयं चुन सकता है। मैं अपनी सलाह तुम्हारे ऊपर थोपूँगा नहीं।"—इतना कहकर सत्यजित हँसने लगा। फिर बोला, "पिताजी का जब स्वर्गवास हुआ था तब तेरी अवस्था बस दो वर्ष की थी। पिताजी के अभाव में मैंने ही पिता की भूमिका निभानी शुरू की। कच्ची अवस्था का एक नन्हा बालक दाढ़ी-मूँछ लगाकर जैसे एक वृद्ध की भूमिका करे, जिसे देखकर हँसी आए। दुनिया चाहे मेरी भूमिका पर हँसती रही हो, परन्तु मैंने अपनी भूमिका को बहुत गम्भीरता से लिया था।"

"सब जानता हूँ। पिताजी की कोई भी बात मुझे स्मरण नहीं है। जब थोड़ा ज्ञान हुआ और सिर उठाकर ऊपर देखा तो तुम्हें ही देखा था। अतः मुझसे ये सब बातें बताने की जरूरत नहीं। परन्तु मैं मन-ही-मन चाहता था, यहाँ तक कि मन-ही-मन आशा भी बाँधे हुए था कि··· ।"

उसकी इस बात पर सत्यजित से कुछ बोला नहीं गया। कुछ देर मौन रहने के बाद दादुल ने फिर बड़े संकोच से कहा, "मैं आशा कर रहा था कि मिनती जी मेरे घर आएँगी।"

"नहीं। यह आशा बेकार है। हम दोनों बस मित्र हैं, घनिष्ठतम मित्र।"

"यह तथ्य तुम अच्छी तरह जानते हो?"

सत्यजित वहाँ से उठकर चला गया। जान पड़ा जैसे दादुल का प्रश्न उसके कानों तक पहुँचा ही नहीं।

44

मिनती क्या कभी इस तथ्य का पता पा सकेगी कि सत्यजित उससे प्रेम करता है, या प्रेम करता था? किस प्रकार जान सकेगी? सत्यजित की ओर से आनेवाले प्रत्येक संकेत को तो वह एक घनिष्ठ मित्र की ओर से आनेवाला संकेत ही समझ लेगी। कभी क्या कोई यह जान पाएगा कि सारे तर्कों-वितर्कों, सारी बौद्धिक चिन्तन की कसरतों से पूर्णतः विपरीत मिनती अत्यन्त असहाय रूप से विनय तालुकदार को प्रेम करती रही थी?

आज एक बहुत लम्बे समय के बाद भृगु चौधुरी के मन में नीला की स्मृति उभर आयी है। आज की नीला की स्मृति नहीं, बल्कि यौवन आरम्भ होने की

पहली-पहली वेला में विस्मय-विमुग्ध दृष्टि से देखी गयी जो नीला थी, उस नीला की स्मृति। उन्होंने अपनी समूची कल्पना-शक्ति से उस नीला की एक भव्य मूर्ति गढ़ ली थी। एक विशेष क्षण में आँखें उठाकर देखा था तो नीला को ही देखा था और उनकी इस मानसिक अवस्था में उनकी आँखों में नीला ही बसी हुई थी। नीला क्या कभी यह तथ्य समझ पाएगी कि एक अत्यन्त भावुक नवयुवक के मन में उसने कैसे अमूर्त सपने की सृष्टि की थी?

परन्तु ठीक उसी क्षण ही चौधुरी नीला की बात फिर पूरी तरह भूल गये। नीला से सम्बन्धित याद हो आयी थी यह बात भी भूल गये। हाँ, ऐसा ही होता है। एक बड़ा ही लुभावना प्यारा-सा सपना देखते-देखते ही अचानक नींद उचट जाय तो सपने की सारी बातें मन से तुरन्त ही लुप्त हो जाती हैं।

45

महेन्द्र दास बहुत अधिक व्यस्त हो गये हैं, दम लेने की फुरसत नहीं। उन्होंने जो अपना विशाल मकान बनवाना शुरू किया था, वह अभी तक पूरा नहीं हुआ। हो पाना मुश्किल है। आरम्भ होने से अब तक कितने ठेकेदार बदले जा चुके हैं। किसी भी ठेकेदार का काम महेन्द्र दास को पसन्द नहीं आया। ऐसे भी क्या ठेकेदारी होती है? ईंटें ठीक से भिगोई ही नहीं गयीं, सीमेण्ट-चूना-मसाला वगैरह ठीक मात्रा में और सही ढंग से मिलाया ही नहीं गया। इधर की दिशा की दीवार की पंक्ति एक इंच टेढ़ी हो गयी है। आदि-आदि नुक्स निकालकर ठेकेदारों पर बराबर डाँट-फटकार, फलस्वरूप बराबर झगड़ा तकरार। रोज-रोज की कचाइन से ऊबकर कोई भी ठेकेदार फिर टिक नहीं पाता। काम छोड़कर भाग जाता। अब उन्होंने ठेकेदारों की सहायता लेना ही बन्द कर दिया है। अब वे दैनिक वेतन पर मजदूरों को लगाकर अपने ही निरीक्षण में भवन-निर्माण का काम पूरा करवाने में लगे हैं। यद्यपि अभी ढेर सारा काम अधूरा ही पड़ा है, फिर भी चूँकि एक बहुत ही शुभ घड़ी गृह-प्रवेश की एक दिन पड़ रही थी, अतः भवन-निर्माण पूरा होने की प्रतीक्षा न कर उन्होंने गृहप्रवेश-संस्कार सम्पन्न करवा लिया। काम पूरा नहीं हुआ है, न हो, इसे लेकर वे तनिक उद्विग्न नहीं हैं। गृह-प्रवेश के शुभ अवसर पर उपस्थित रहने के लिए वे चौधुरी को बुलाने स्वयं आये थे।

ठीक समय पर चौधुरी जा पहुँचे। देखा, महेन्द्र दास एक साधारण-सी लुंगी और मैली-कुचैली बनियान पहने भवन के प्रवेश-द्वार पर स्वागतार्थ खड़े हैं। परन्तु चौधुरी यह देखकर हैरान थे कि यहाँ तो कोई भीड़-भाड़ नहीं। यह कैसा गृह-प्रवेश? उन्होंने तो सोचा था बहुत से लोग वहाँ उपस्थित होंगे। परन्तु यहाँ हालत यह कि उनके अलावा कोई और दिखाई ही नहीं दे रहा। क्यों भाई, यह क्या बात हुई? और लोगों को क्यों नहीं बुलाया?

"क्यों बुलाऊँगा? किस साले ने मेरे लिए क्या किया है? मेरी परवाह किसने की? मेरे अपने कहलानेवाले मेरे कुटुम्बी, मेरे तथाकथित हितैषी सभी-के-सभी बस एक ही ताक में हैं कि किस तरह मुझे चूस-चूसकर मुझसे अधिक-से-अधिक धन प्राप्त कर लें।"

दासजी फिर अन्दर गये और एक तश्तरी उठा लाये। फिर कागज का एक छोटा-सा डिब्बा खोला। उसके अन्दर एक कलाकन्द मिठाई और एक सन्देश मिठाई पड़ी थी बस। दोनों तश्तरी में रख चौधुरी के सामने परस दिया।

भृगु चौधुरी ने प्रश्न किया, "और आपका?"

"अरे वाह! आप भी क्या गजब की बात कर रहे हैं? आप तो जानते ही हैं, मैं यह सब कैसे खा सकता हूँ भला? मुझे जो भयंकर मधुमेह का रोग है।"

"ओह! याद आया। अच्छा तो उसकी नियमपूर्वक चिकित्सा तो करवा रहे हैं न?"

"किस बात की चिकित्सा जी? अच्छे-से-अच्छे चिकित्सक, हकीम, वैद्य को दिखाऊँ तो बस वही एक बात कहेगा—चीनी मत खाना, मिठाई मत खाना। अब यह सुनने-भर के लिए चिकित्सक की जरूरत क्यों पड़ेगी? यह सब तो मैं खुद ही जानता हूँ। खुद ही बार-बार अपने से कह सकता हूँ।"

"ऐसी बात नहीं है दासजी। चिकित्सक देखेगा तो कुछ आवश्यक दवाएँ वगैरह भी तो बतलाएगा। उससे तो लाभ होगा।"

"चिकित्सक भला क्या दवाएँ देगा। मैंने स्वयं ही इसकी अच्छी व्यवस्था कर ली है। आप से तो बतला सकता हूँ। आपका मुँह तो चुगली करने, झगड़ा करने, यहाँ की बात वहाँ फैलाने के लिए खुजलाता नहीं। मैं स्वयं एक तान्त्रिक साधना कर रहा हूँ। नियम के अनुसार उसे खाने से बहुत अच्छी नींद आती है। शरीर भी भला-चंगा रहता है।"

चौधुरी आश्चर्यचकित रह गये। इस बुढ़ापे में यह आदमी शराब तो नहीं पीने लगा? क्यों?

कौन, कब क्या करता है? यह बात जान लेने के बाद तो सब कुछ जान लिया जाता है।

महेन्द्र दास ने अपने मकान के ऊपर-नीचे के प्रत्येक हिस्से में ले जाकर चौधुरी को सभी कुछ दिखाया। जो कुछ अधूरा था, वह पूरा होने पर किस प्रकार का होगा;

इसे भी समझाया। उनकी दृष्टि में तो पूरी तरह बनकर सजा-धजा भवन ही दिखाई पड़ रहा था, सो उसी को लक्ष्य कर सब समझा रहे थे। उन्होंने यह जो महान् रचना रचकर खड़ी कर दी थी, इसके लिए उनकी आँखों में सफलता और गर्व की भावना चमक रही थी।

नहीं, चौधुरी ने सोचकर देखा, अपने आपको महेन्द्रदास से अधिक ऊँची श्रेणी का बड़े आदमी समझने का कोई कारण नहीं है। फिर उन्होंने अपने आपको ही चेतावनी देते हुए कहा, "दास द्वारा बनाया गया यह भवन, इसकी कोठरियाँ वगैरह मेरे द्वारा रचित और पुस्तकाकार प्रकाशित मेरी पुस्तकों की अपेक्षा अधिक टिकाऊ होंगी, अधिक समय तक मजबूती से खड़ी रहेंगी। अगर आज नहीं, तो फिर बाद में ही सही, कभी ये कोठरियाँ, ये बरामदे, यह पूरा भवन कुछ लोगों के काम आएगा अवश्य।"

परन्तु नहीं, ठीक यही बात वे अपनी रचनाओं, उनके पुस्तकों के रूप में प्रकाशित ग्रन्थों के बारे में इतने ही विश्वास, इतनी ही दृढ़ता के साथ नहीं कह सकते हैं।

46

एक सूचीभेद्य गहन अँधेरी कोठरी में, जहाँ हाथ को हाथ सुझाई न दे रहा हो, एक काली बिल्ली की खोज करना। अपने तमाम सारे जीवन-भर भृगु चौधुरी एक अस्तित्वहीन वस्तु, जो कहीं है ही नहीं, को ही ढूँढ़ते रहे हैं। ढूँढ़ने की अपनी इस अटपटी प्रवृत्ति के कारण वे सभी लोगों, और सभी परिस्थितियों से छिटककर अलग जा पड़े हैं। किसी से भी सम्बन्ध-सूत्र जुड़ा नहीं रह पाया। अच्छी तरह विचार कर कहें तो; वे किसको पहचान पाते हैं? औरों की बात तो जाने ही दें, क्या वे अपनी धर्मपत्नी को भी पहचानते हैं? अथवा उनकी धर्मपत्नी श्रीमती चौधुरी ही क्या उन्हें पहचान पायी हैं? अगर निष्पक्ष दृष्टि से, सोच-समझकर देखें, तो क्या वे अपने-आप को ही अच्छी तरह से पहचान पाये हैं? प्रत्येक मनुष्य अपनी-अपनी स्वतन्त्र पृथ्वी में वास करता है, सबका अपना अलग-अलग स्वतन्त्र संसार होता है। किसी एक व्यक्ति की पृथ्वी में, किसी एक व्यक्ति के संसार में, उसके अपने लोक के घेरे में किसी भी दूसरे व्यक्ति को प्रवेश करने का कोई अधिकार नहीं है। प्रत्येक पृथ्वी,

हरएक जगत्, एक-एक लोक अलंघनीय, अछेद्य-अभेद्य ढकने से ढका हुआ है। किसी भी ढकने को हटाकर उसके अन्दर छिपे तत्त्व को ढूँढ़ पाना, समझ पाना कठिन है। बहुत हुआ तो दर्शनीय स्थलों को दिखाने की प्रचारित-प्रसारित भ्रमण-सूची जैसी ही स्थिति हो सकती है। पर्यटक, भ्रमण कर-करके सभी कुछ देख लेने की इच्छा रखनेवाला भी उन दर्शनीय स्थलों में क्या कुछ देख पाता है? जो कुछ उसे दिखाया जाता है, बस उतना अंश ही देख पाना सम्भव है। पूरा परिदृश्य कहाँ दृष्टिगोचर होता है। बस उसका एक अंश एक हिस्सा क्या, एक हिस्से का भी एक टूटा हुआ भाग ही दिखाई पड़ता है।

सभी से सम्पर्क-सूत्र टूट चुके हैं। इस तरह सबसे दूर-दूर छिटककर भृगु चौधुरी अलग एकाकी खड़े हैं। आज तो स्थिति यह है कि आदमी बिना कुछ सोचे-विचारे, बिना किसी कारण के ही आदमी की हत्या कर रहा है, यहाँ तक कि इसी क्रम में स्वयं भी मारा जा रहा है। उस हत्या काण्ड के पीछे कोई महान् उद्देश्य हो, ऐसी भी बात नहीं। अत्यन्त क्षुद्र किस्म की ओछी बातों के चलते हत्या-दर-हत्या की जा रही है। कम-से-कम चौधुरी तो ऐसा ही समझते हैं कि वे हत्याएँ अत्यन्त तुच्छ कारणों से हो रही हैं। आज के नौजवान असहनीय-अकथनीय दुःख झेलकर अत्यन्त कठिन रास्तोंवाले दुर्गम पर्वतों, नाना कष्टों से भरे जंगलों में पहुँचकर मारने और मरने का प्रशिक्षण ले रहें हैं। ऐसा पागलपन इस नयी पीढ़ी पर क्यों सवार हो गया है? पंजाब में, श्रीलंका में, लेबनान में। देश-विदेश सब जगह। कहाँ नहीं हो रहा है ऐसा? चारों ओर जैसे विध्वंस का वहशीपन फैला है जिसके धधकते अग्नि-कुण्डों की ओर टकटकी लगाये वे आश्चर्य से देख रहे हैं।

47

विवाह जिस वर्ष हुआ था, तब से लेकर आजतक कितने युग बीत गये। परन्तु इतने लम्बे समय में भृगु चौधुरी ने अपनी धर्मपत्नी की ओर आँख उठाकर अच्छी तरह कभी देखा ही नहीं। उनके मन में सदा यह भाव जाग्रत रहा कि उनकी धर्मपत्नी हैं, उनके बिलकुल निकट हैं। बस इतने से ही आश्वस्त रहे। गर्दन घुमाकर, मुख उनकी ओर कर उन्हें देखने की कोई आवश्यकता ही नहीं। इतने लम्बे कठिन रास्ते को पार करते हुए आते समय पीछे-पीछे चलती आ रही पत्नी की ओर कभी मुड़कर देखा ही नहीं

कि थकान से चूर-चूर हो वे कहीं रास्ते में ही तो नहीं रह गयीं? वस्तुतः भृगु चौधुरी सदा-सर्वदा निश्चिन्त रहे, चाहे जो कुछ भी हो, जैसे भी हो, उनकी धर्मपत्नी उनके साथ-साथ ही रहेंगी, साथ-साथ ही हैं।

अच्छा तो भृगु चौधुरी अपनी धर्मपत्नी से प्रेम करते हैं न? इस प्रश्न का सकारात्मक उत्तर दे पाना कठिन है। कोई मनुष्य स्वयं अपने से प्रेम करने में दीवाना होता है क्या? कोई अगर अपने से ही प्रेम करता है तो उसे ही सम्भवतः आज की मनोवैज्ञानिक आत्मरति (आटोइरोटोसिज्म) कहते हैं। यह प्रेम नहीं, बल्कि एक प्रकार की मानसिक विकृति (ऐबनार्मैलिटी) है। क्यों नहीं है क्या?

अब स्थिति जो भी हो, किन्तु बात ऐसी ही है। इसे प्रेम करना कहेंगे अथवा जानबूझकर की गयी उपेक्षा कहेंगे? चौधुरी ने कभी भी अपनी धर्मपत्नी की ओर पीछे मुड़कर देखा ही नहीं। प्रेम से निरखने की तो बात ही दूर, वे क्या चाहती हैं, क्या कुछ सोचती-विचारती हैं? इस ओर चौधुरी ने कभी ध्यान ही नहीं दिया। इसे समझने की कभी कोई कोशिश ही नहीं की। उनके लिए तो वे केवल उनके हर तरह के प्रयोजनों को पूरा करने की मशीन भर रही हैं। क्यों ऐसी ही बात है न? इतना सीधा-सरल समाधान रहा है।

पत्नी को संग लेकर भी कहीं जाते तो रास्ते में अगर कोइं बहुत सुन्दर लड़की पास से गुजरती तो उसकी ओर मोहमुग्ध दृष्टि से निहारने लग जाते थे। इस बात का ध्यान ही नहीं कि पत्नी क्या सोचेगी। उनका तो बस यही भाव होता कि किसी भी अत्यन्त सुन्दर संरचना को मनुष्य मुग्ध होकर निहारता ही है।

वैसे लोग प्रायः कहा करते थे कि भृगु चौधुरी की पत्नी भी बहुत सुन्दर हैं। परन्तु वे इस बारे में कुछ कह नहीं सकते। लगता तो है कि सुन्दर रही हैं। उन्होंने अनेक बार स्वयं देखा है कि जब कभी वे पत्नी के साथ कहीं जाते होते तो रास्ते में कई लोग गर्दन मोड़-मोड़कर पीछे की ओर उन्हें देखने लगते थे। ऐसे लोगों की ओर देखकर वे मुसकरा पड़ते थे। प्रायः ऐसा करनेवाले आदमी तब घबरा उठते थे।

"नगर महापालिका सड़क के किनारे-किनारे तुम्हारे पैदल चलने पर चाहे तो प्रतिबन्ध लगा सकती है। देख नहीं रही हो कि वह आगे जा रहा आदमी, और वह पीछे की ओर निकल चुका आदमी भी कितनी डिग्री के कोण में अपनी गर्दन मोड़कर तुम्हारी ओर देख रहे हैं? क्या इससे दुर्घटना नहीं हो जाएगी?"

पिछले कई वर्षों से नाना प्रकार की बीमारियों से त्रस्त होते-होते चौधुरी की श्रीमतीजी का चेहरा जाने कैसा हो गया है। शरीर का सोने-सा दमकता रंग अब बदरंग हो गया है। ऐसा लगता है जैसे उस पर किसी ने राख मल दी हो। सिर पर के लम्बे-लम्बे केश भी झड़ते-झड़ते अब खत्म होने लगे हैं। इधर कुछ दिनों से तो वे काफी अस्वस्थ रहने लगी हैं।

वे जिस कोठरी में सोयी हुई हैं, उसमें बहुत मद्धिम शक्ति का बिजली का बल्ब जल रहा है। साफ-सुथरी उज्ज्वल मच्छरदानी लगायी हुई है फिर भी चौधुरी उन्हें बहुत अच्छी तरह साफ देख पा रहे हैं। सोने की उनकी वही चिरपरिचित विशेष मुद्रा है। दाहिने हाथ को कुहनी से मोड़कर हथेली से गर्दन को बायीं ओर से पकड़ रखा है। चौधुरी ने आज तक इस बात पर ध्यान नहीं दिया था कि उनकी श्रीमतीजी के सोने की यही एक विशेष मुद्रा है। परन्तु आज इस मुद्रा को देखकर उन्होंने पिछला जीवन जो याद किया तो मालूम हुआ कि अरे वे तो बराबर इसी ढंग से शयन करती रही हैं। लोग कहते हैं कि उनकी श्रीमतीजी का चेहरा बिलकुल ही बिगड़ गया है, पहले जैसा तो बिलकुल ही नहीं रहा। परन्तु चौधुरी इसे सुनकर जब उनका चेहरा देखते हैं, तो उन्हें तो ऐसा कुछ नहीं दिखाई देता, उन्हें तो अच्छा ही लग रहा है। बल्कि उन्हें तो पहले की अपेक्षा कुछ सुन्दर ही दिखाई दे रही हैं। फिर वे अटके। पहले की अपेक्षा के माने? इस तुलना की क्या उपयुक्तता? वे पहले कैसी थीं? क्या वे ठीक-ठीक बता सकते हैं? अब यह सब बताने की आवश्यकता भी हैं क्या?

अब तो हालत ऐसी हो गयी है कि कोई भी दवा असर ही नहीं कर रही है।

अलौकिक घटना क्या नहीं घटती है? घटती न होती तो अनेक अनुभवी लोगों ने ऐसी अलौकिक घटनाओं के घटने का विस्तृत विवरण इतने परिश्रम से लिख-लिखकर क्यों रखा होता? यदि ऐसा नहीं होता तो उसके होने का झूठा वर्णन वे क्यों करते? झूठ बोलने से उनका भला क्या लाभ होनेवाला था। तर्क-वितर्क, युक्ति इत्यादि के बन्धनों को छोड़कर चौधुरी का मन काल्पनिक आकाश में विचरण करने के लिए उड़ने की कोशिश करने लगा।

वे पलक झपकाये बिना, एकटक निगाह से अपनी पत्नी को निहारने लगे। देखते-देखते आश्चर्यचकित हो सोचने लगे—बिना किसी जानी-समझी कोशिश के ही दो आत्माएँ कैसे मिलकर एकाकार हो जाती हैं? इस अद्‌भुत संयोग का सूत्र क्या है?

अचानक चौधुरी को एक बहुत हल्की-सी छुअन का अहसास हुआ। बहुत हल्की, बहुत जरा-सी, फिर भी पूछने-जाँचने की सीमा से परे। उन्होंने पहचाना—यह तो उनकी अपनी धर्मपत्नी श्रीमती चौधुरी की छुअन है। उनका ही अतिकोमल स्पर्श है। वस्तुतः प्रत्येक प्रकार के स्पर्श का अपना एक अलग स्वतन्त्र स्वरूप होता है। जैसाकि सभी जानते हैं, प्रत्येक व्यक्ति की अँगुलियों के निशान बिलकुल अलग-अलग होते हैं। परन्तु सभी की आँखें इस अलगाव को, सबके अलग-अलग भिन्न प्रकार के और स्वतन्त्र ढंग के होने की बारीकी को पकड़ नहीं सकतीं। इसे वही पकड़ सकता है जो इस प्रकार के सूक्ष्म निरीक्षण का विशेषज्ञ है। इसे अच्छी तरह जानता-पहचानता है।

हल्के से अति सूक्ष्म स्पर्श से ही चौधुरी जग पड़े। जगकर इधर-उधर देखते हुए फिर ध्यान से अपनी पत्नी की ओर निहारा। देखा कि वे आँखें खोले, टकटकी

लगाये, लगातार उन्हीं को देख रही हैं। जैसेकि पहले से पूर्णतः निश्चित जानती थीं कि उनके पतिदेव चौधुरीजी जग जाएँगे। इसके लिए मुँह खोलकर पुकारने की कोई आवश्यकता नहीं, बिलकुल निकट आने की भी कोई आवश्यकता नहीं।

"सोये नहीं। नींद नहीं आ रही? कितनी रात हो गयी?"

"ठीक है, ठीक है।" स्पर्श का अनुभव हुआ। छुअन महसूस हुई। परन्तु जब उनकी पत्नी, श्रीमती चौधुरी नहीं रहेंगी; तब भी वे इस स्पर्श का अनुभव करेंगे क्या?

वस्तुतः यही तो उनका वह अज्ञात रहस्य है जिसे ढूँढ़ने के लिए वह हमेशा कोशिश करते रहे हैं और जो बराबर अनजाना-अनपहचाना ही रह गया है।

□□□